U0043428

戰爭與社會

理 論 、 歷 史 、 主 體 經 驗

主編　汪宏倫

序

　　一本嚴肅的學術專書，頂著「戰爭」如此沉重的題目，似乎不該以過於輕鬆的話語開場，否則易顯突兀，反損整體價值。尤其這是一本集體創作，若是染上過多個人色彩，難保不招來居功掠美之譏。不過，每一本書的背後總有些緣起軼事，若不趁著寫序的時候交代，將來恐怕再無機會。

　　幾年前，在一個學術討論的場合，我力陳戰爭對理解當代社會的重要性，一位同事（顯然他沒有被我說服）半開玩笑地對我說：「戰爭？我對戰爭沒興趣。我這個人熱愛和平，討厭戰爭。」

　　是的，我們假設大部分的人都熱愛和平，討厭戰爭，我自己也不例外。然而，或許正是因為這樣的心理傾向，使得我們有意無意忽略戰爭在日常生活與（許多人的）生命歷程中所扮演的角色，也低估了戰爭對社會深遠而持久的影響。和平據說是當今世上的主流價值，但人們似乎也因此不願正視戰爭。戰爭所引發的種種負面意象與聯想——殺戮、殘酷、死亡、動盪、離亂、悲慘、創傷——也使得人們易於壓抑與戰爭相關的記憶或想法。當我剛開始轉行投效社會學時，從來就沒想過有一天我的研究會碰觸到戰爭這個引人不快的幽暗題材。

　　戰爭作為學術研究的題材，並非完全不曾被碰觸過。在歷史學、政治學乃至文學與藝術，都不乏處理戰爭的研究。然而，在社會學界，這樣的研究尚不多見，也還缺乏系統化與理論化的知識努力。這本書，正是嘗試填補這樣的空缺。

　　上述的空缺也反映了一種普遍印象：社會學是研究社會的，而戰爭並不存在於社會的日常運作中，因此社會學鮮少碰觸戰爭議題，是理所當然的事。在一個看似承平的年代，戰爭經常被視為是一種「例外狀態」。戰爭只發生在特定的時空脈絡，被鎖在某個記憶的角落。只有關心某一特定時空（例如研究戰時歷史的文史學者）或特定議題（例如軍事專家與國際關係學者）的人才需要關心戰爭，否則的話，戰爭和一般百姓的日常生活，其實是沒有太大關係的。

　　這本書，便是嘗試扭轉這樣的印象。戰爭和社會的關係，其實遠超過一般的想像。許多人都曾聽過這麼一句話：「戰爭是政治的延續。」這本書則試圖告訴讀者：政治是戰爭的延續——不，不僅如此而已。整個社會都可說是戰爭的延續。你我生活所在的當下台灣社會亦然。

　　在研究東亞民族主義的過程中，我逐漸發現戰爭對理解當代社會的重要性，而近年來國外社會學界出版的幾本英文專書，也印證了我的看法。然而，戰爭所牽涉的問題太多、影響層面太廣、太複雜，我發現一個人不可能處理周盡，非集體智慧不為功，因此興起了結合同道共同創作的想法。此時正好社會所蕭新煌所長責成我為所內籌辦一個小型研討會，我便利用這個機會，集結分散各地的朋友們，開了一場工作坊。這便是這本書的由來。

　　不過，要提醒讀者的是，這不是一本「會議論文集」，甚至不是一般意義下的「論文集」。這裡面的各篇論文並不僅僅因為在同一場會議發表而收錄在一起，也不是處理相近的題材而已。它們各篇之間彼此呼應，相互唱和，主題環環相扣，論證層層開展，從理論、到歷史、再到主體經驗，為「戰爭與社會」

這個尚未完全成型的研究領域設定議題架構，形成一個有機的整體。與其說是一本論文集，不如說是一部結合眾人心力、由九位作者共同譜寫的學術專著。

本書所收錄的各篇論文，是以 2011 年 12 月 9 日中研院社會所主辦、東海大學社會系協辦之「戰爭與社會」工作坊所發表的論文為主，另外再加上朱元鴻的〈正義與寬恕之外：戰爭、內戰與國家暴行之後的倫理〉一文而成[1]。在工作坊的前後，我和各篇作者也曾在東海大學舉行過「會前會」與「會後會」，針對各篇的主題設計、寫作方向與全書的整體性，反覆琢磨對話。當時參與工作坊的各場次主持人、評論人，以及現場聽眾都提供了具有啟發的意見，這些人包括了李丁讚、黃崇憲、蔡英文、柯志明、張隆志、陳永發、吳乃德、吳介民、黃丞儀、張茂桂、范雲、蕭阿勤、蘇碩斌等來自不同學科領域的同儕先進，在此重申謝忱。

這本書能以目前的樣態問世，要感謝許多人。首先是中研院社會所的蕭所長，如果不是他當初的督促與支持，我一開始的「集體創作」夢想大概沒有實現的機會。感謝《文化研究》期刊編委會，尤其是主編劉紀蕙與執行編輯陳惠敏，在原已繁重的編務之外願意接下額外的代審專書工作，幫忙覓得稱職的審查人選。感謝兩位細心負責的匿名審查人，接下吃力不討好的包裹審查工作；他們仔細閱讀了全書每一篇章，逐篇提供了許多精采的洞見與建議，也給〈導論〉的寫作帶來許多靈感啟發。感謝聯經出版公司發行人林載爵先生慨允出版本書，叢書主編

1 　趙彥寧收錄於本書的論文則為重新寫就，與原工作坊發表之論文有所不同。

沙淑芬小姐以極高的效率協助本書付梓。從最初的工作坊籌備到最後的定稿成書，助理張育齊一路任勞任怨，協助整理文稿與所有繁瑣庶務，是幕後功臣。當然，最需要感謝的，是每一位作者的貢獻與付出。如果沒有他／她們前後一貫的持續參與，以及對我這個主編的信任與包容，這個集體創作無法克竟全功。

過去幾年，我曾在台大與清大開設「戰爭、記憶與認同」的課程，原本以為是個冷門的題目，沒想到意外引來超乎預期的學生，其中不乏來自日本的同學。顯然地，戰爭看似離我們漸遠，但關於「戰爭與社會」的探究興趣，正方興未艾。最後，容我重複〈導論〉中的籲求：期許本書的面世，能讓「戰爭與社會」成為一個引發正視的研究領域，吸引更多研究興趣的投入，同時能為台灣學界對相關問題的思考帶來刺激，開啟新的研究方向。

「把戰爭帶回（研究視野中）來 ！」

汪宏倫

2014 年 1 月　謹識於南港

目次

導論

把戰爭帶回來！——重省戰爭、政治與現代社會的關聯

汪宏倫

> 凡是認真思考歷史與政治的人，莫不留意到暴力在人
> 類事務所扮演的巨大角色，但乍看之下令人訝異的
> 是，暴力很少被單獨挑出來特別討論。⋯⋯這顯示暴
> 力及其任意性在多大程度上被視為理所當然而遭到忽
> 略；沒有人質疑或探究這看起來眾所周知的事。

—— Hannah Arendt, *On Violence*（1970）

　　上述這段話，是知名的政治思想家漢娜·鄂蘭在其膾炙人口的小書《論暴力》中提出來的。鄂蘭引用列寧，指出20世紀其實是個暴力充斥的世紀，而她所針對的，除了左翼與後殖民的暴力反抗理論（如馬克思與法農）外，也包括了戰爭與革命的集體暴力。這段話放在21世紀的今日東亞來看，同樣也十分貼切，發人深省。環顧四周，當前東亞區域存在的幾個重大問題點，幾乎都與國家的集體暴力極端形式——戰爭或戰爭遺緒（即戰爭所創造或殘留未決的問題）——有關。即以各國內部的基本重大社會分歧來說，台灣所謂族群、國家認同與統獨問題，說到底，其實是個戰爭遺緒的問題；韓半島的分斷體制與反美民族主義，是個戰爭遺緒的問題；日本的「新民族主義」、「歷史修正主義」、「和平憲法」與沖繩美軍基地爭議，也是戰爭遺緒的問題；中國內部的「新民族主義」、新疆與西藏問題，不同程度上也是戰爭遺緒的反映。除了內部的社會分歧外，在各國之間存在的重大爭議，也幾乎都和戰爭遺緒有關，包括台灣海峽的兩岸關係，日韓之間的領土糾紛與仇恨記憶、中日之間有關歷史記憶的爭議（歷史教科書、靖國神社、南京大屠殺等），

乃至近年來牽涉中、日、台三方的釣魚台／尖閣諸島紛爭等。這些爭議或問題，究其源頭，無一不指向戰爭，尤其近代（19世紀以來）發生在這個區域的各個大小戰爭。

　　何以說這些問題都和戰爭有關？以台灣社會最為切身的統獨問題或國家認同問題為例，其實這也是從 19 世紀以來一連串戰爭所遺留下來的後果。如果不考慮鄭成功擊退荷蘭人與施琅攻台之役，和台灣歷史地位命運息息相關的戰役就有：中日甲午戰爭、第二次世界大戰（包含中日戰爭與太平洋／大東亞戰爭）、國共內戰，乃至韓戰。這裡面只要有任何一場戰爭的勝負逆轉或是未曾發生，今天的台灣社會內部的主要分歧（無論是統獨、族群、民族主義、國家認同等），很有可能是完全不同的另外一種樣貌。每一種有關台灣地位與前途的論述，幾乎都是在肯定或否定前面戰爭的結果，或對之進行片面的歷史闡釋。在此意義下，我們可以說，台灣的國族問題本身即是東亞戰爭遺緒的一環。再以中、日之間紛擾多年的所謂「歷史認識」問題為例，幾乎所有的爭議，都是集中在如何記述（與紀念）中日戰爭的問題，因此所謂「歷史認識」，其實是個「戰爭認識」的問題。同理，兩岸之間其實也是「戰爭認識」問題，也就是如何詮釋戰爭（國共內戰）的意義、如何看待與處理戰爭結果的問題。不同的民族主義立場，背後都隱含著對戰爭及其後果的態度與評價，雖然這些態度與評價在大多時候並沒有言明 [1]。

　　過去十多年來，我們也觀察到關於戰爭遺緒的研究與討論——如戰爭記憶、戰爭責任、創傷與賠償等問題——陸續增加。

1　關於此一問題的進一步討論，參見本書第三章。

即使在非學術的文化與媒體領域，我們也看到關於戰爭及戰爭遺緒的文學、報導、戲劇、電影與藝術創作越來越多[2]。控訴國家暴力與戰爭傷痕的論述與活動日益頻繁，例如原殖民地出身的日本兵與慰安婦向日本政府要求道歉與賠償。在當前的東亞社會，從台灣、中國、日本、韓國、沖繩等地，處處可見戰爭所留下來的遺緒與國家暴力的傷跡，人們忙著撫平傷痕、保存記憶、控訴迫害、要求賠償、反抗壓迫[3]。這個趨勢的背後有幾個成因，其中之一是冷戰體制的瓦解。 1989 年之後世界局勢劇變，東歐與蘇聯共產政權一一解體，美蘇兩大陣營相互頡頏的局面不再，使得冷戰體制在東亞也產生鬆動，區域局勢重整，許多原本被壓抑凍結的戰爭遺緒問題逐一浮現。另一方面，歷史週期感與世代意識也是刺激戰爭記憶論述與研究的因素之一。所謂歷史週期感，指的是人們對於特定數字的週年總是存著必須特別加以紀念的心理傾向，而戰爭記憶便會被週期性地反覆炒熱[4]。至於世代意識，牽涉到的是某些參與或經歷過重大戰爭的

2　例如台灣近年來引發風潮話題的兩部電影《海角七號》與《賽德克‧巴萊》，後者處理的是戰爭，前者看似與戰爭無關，實則為戰爭遺緒。另外像中國的《南京南京》、《建國大業》，日本的《男人們的大和號》等電影，也都屬於同樣的例子。由於這些作品背後隱含了不同的「戰爭之框」（見本書第三章與第七章之討論），因此懷抱著不同「戰爭之框」的觀眾對這些作品的理解與評價也會十分不同，這也是我們在觀察這些電影引發的爭議時能清楚看到的現象。參見本書第十章。

3　放在更大的脈絡看，這種情形不只見於東亞，也出現在全球各地，可說是當前「道歉與修補政治」的一環（Torpey 2003）。這個道歉與修補的政治，其實也是戰爭遺緒的一部分。此處限於篇幅，僅點出此一事實，但不擬多加討論。

4　例如 2005 年二戰結束六十週年各地的紀念活動，2009 年在海峽兩岸

世代，當人們意識到這個世代逐漸開始凋零時，產生一種「留下歷史見證」乃至「搶救歷史記憶」的努力。這種趨勢在許多國家都可以看到，在近二十年來的日本尤為明顯。由於敗戰之故，日本社會對戰爭與軍人的評價在戰前戰後完全逆轉，許多曾經參與「大東亞戰爭」的士兵在返回故里之後絕口不提戰場經歷，成為一個噤聲沉默的世代。直到最近，這些逐漸凋零的沙場老兵開始發聲訴說自己的故事，有些為自己曾經犯下的錯誤惡行道歉反省（最知名的是前幾年過世的東史郎），有些則嘗試撫平戰爭創傷，乃至為自己與昔日同袍平反，嘗試挽回「大東亞戰爭」的榮光[5]。

的確，環繞著戰爭與戰爭遺緒的論述與實作正在大量增加中，但令人好奇而不滿的是，除了少數的例外，少有人反省戰爭作為集體暴力的本質，或深入探討戰爭對近現代東亞的意義。如鄂蘭所指出，從克勞塞維茲到恩格斯，從左派到右派，大部分的論者都只是把戰爭視為政治或經濟的延續，因此主要的分析概念語彙仍是帝國、殖民、民族國家與資本主義。鄂蘭指出，戰爭與暴力的任意性往往被視為理所當然而遭到忽略；但在當前的東亞，戰爭所造成結果的任意性並沒有被視為理所

出現大量回顧 1949 年國共內戰的通俗與學術作品，其中又以龍應台（2009）的《大江大海 一九四九》最為知名、引發的爭議也最多。

5　參見吉田裕（2005），福間良明（2009）。關於東史郎的案例，參見東史郎（1987, 2001）。另外一個類似但性質不同的例子是關於猶太人大屠殺（Holocaust）的記憶。許多曾經經歷過集中營的猶太人由於創傷過深，很長一段時間噤聲不語，形成空白。近年來這些人也逐漸凋零，開始有第二代、第三代為他們發聲，搶救記憶，形成大屠殺研究的風潮（Winter 2006）。

當然，而是不斷受到來自不同陣營與立場的人持續挑戰，也因此引發種種爭議。所謂歷史認識問題，很大一部分是如何詮釋戰爭，如何合理化暴力的問題；而所謂記憶與遺忘的政治，則無非是戰爭以另一種手段的延續——因此戰爭的記憶，很容易就變成記憶的戰爭。在此意義下，戰爭從未結束，只是從軍事場域進入到符號象徵的場域。因此，在歷史認識的爭議中，我們只看到不同立場的人們把戰爭從軍事場域延伸到象徵場域，然而這些爭議所缺乏的，卻是對戰爭或集體暴力自身的反省。難道戰爭只是個隨機的變數，而歷史的闡述，居然只是這些隨機變數的函數結果？

　　上面的考察使我們發現，儘管我們生活在一個看似和平的年代，但無論從時間或空間來看，戰爭離我們其實不遠；更重要的是，我們一直生活在戰爭遺緒當中。歷經兩次世界大戰，當代的社會，某種意義下其實可說是「戰爭所孕育出來的社會」（荻野昌弘 2013）。然而，令人訝異的是，在主流社會學中，戰爭似乎是個不受重視的研究領域，這個狀況直到近年來才有所改變。的確，戰爭可說是人類社會恆常存在的現象，它的歷史幾乎和人類的歷史同樣悠久。戰爭是形塑政治與社會發展的一股重要力量，也是探討現代性（modernity）問題時不可或缺的一環。然而，相較於其他現代性的議題領域（例如資本主義、工業化、官僚化等），當前的社會科學對於戰爭的探討與研究卻相當地少，關於戰爭的理解也仍舊處於低度理論化的狀態。主流教科書中的古典社會學幾乎不處理戰爭，孔德與史賓塞等人甚至認為現代工業社會與過去的軍事社會不同，將逐漸遠離戰爭、邁向和平。社會學家缺乏對戰爭的關注，這似乎已經是個「共識」；晚近幾乎每一位觸及戰爭此一研究主題的社

會學者，都會肯認並檢討這個事實。然而，從社會學的發展史來看，早期的社會學者並不缺乏對戰爭的關注，但耐人尋味的是，在社會學建制化的過程中，歷經兩次世界大戰，那些戰爭與軍事的主題反而被逐漸篩選過濾掉，尤其二戰以後，以美國社會學為首所建立的主流社會學對戰爭的議題並不重視，甚且在理論與研究中有意無意忽略。這背後有著看似弔詭的知識社會學原因：提倡和平價值的自由主義，以武力擊敗了尚武的法西斯主義。在自由民主體制下發展出來的美國主流社會學，有意無意地貶抑暴力與戰爭，具有代表性的結構功能學派，明顯地流露出將社會和平化（pacifying）的傾向。即使與結構功能學派對蹠的衝突學派，所關注的也是微觀或個人層次的衝突，而較少關注宏觀層面的國家暴力與武力衝突[6]。

　　另一方面，英語的主流社會學界其實不乏「戰爭社會學」或「軍事社會學」的傳統，例如國際社會學會便有 "Armed Forces and Conflict Resolution" 的研究委員會（Research Committee），而美國社會學會也有 "Peace, War and Social Conflict" 的研究分支（section）。就像社會學中大部分的次領域一樣，「戰爭社會學」與「軍事社會學」這樣的次領域，主要關注的是戰爭與軍事本身，而他們所做的研究，不外乎是採用社會學的理論、概念與研究方法，分析戰爭、和平、衝突，以及與軍事相關之現象與課題[7]。

6　關於社會學中的軍事傳統與戰爭議題如何在學科建制化過程中逐漸被篩選過濾掉，可參見 Mann（1988），Joas（2003），Malešević（2010），Joas and Knöbl（2013）等。

7　參見 Kiser（2000, 2001）。這個傳統經常與政治學中的國際關係領域有著不少重疊，經典的作品包括 Aron（1958, 2003），Shaw（1984,

　　然而，與前述「戰爭社會學」或「軍事社會學」的傳統有所不同的是，本書所關注的，與其說是戰爭與軍事本身，毋寧說是嘗試將戰爭納入社會學的整體思考中，除了「將戰爭問題化」之外，更企圖探討戰爭與其他社會現象（例如宏觀層次的歷史社會變遷、人口遷徙流動、政治治理，以及微觀層次的個人生命經驗、記憶與創傷等）之間的關聯——一言以蔽之，即戰爭的非軍事面向（non-military dimensions of war）。從這個意義上說，本書的關懷，和歷史社會學中所謂「新韋伯學派」較為接近，但企圖更為寬廣一些。簡單地說，所謂「新韋伯學派」，是把權力、暴力與衝突帶回被帕森思所「結構功能化」的韋伯理論中，探討暴力與衝突在大規模歷史社會變遷中所扮演的角色。代表性的學者，如 Theda Skocpol（1979），Charles Tilly（1985, 1992），Michael Mann（1986, 1988），Anthony Giddens（1985）等人，都曾在他們的歷史研究或理論著作中將戰爭納入分析。近年來有越來越多研究把戰爭與暴力納入視野，尤其在 911 恐怖攻擊事件之後，對戰爭與暴力的關注明顯增加，而探究的主題，除了國家形成與國族建構等典型議題外，還包括了將平民納入戰爭體系的動員過程、敵我關係的建構與處置，以及戰爭中的意義追尋、認同與記憶的建構等議題；重新將戰爭帶入理論思考與模型建構，也成為新的趨勢（Kestnbaum 2005, 2009, Joas 2003, Malešević 2010, Joas and Knöbl 2013, Wimmer 2013）。

　　把視野拉回與台灣較為接近的日本來看，日語學界向來不缺乏對戰爭的思考與反省，與戰爭相關的研究也極為豐富，這

1991）等。國內則有郭盛哲（2008）曾介紹此方面的文獻。

和日本特殊的歷史脈絡與國族情境有關。由於戰敗的經驗，以及特殊的和平憲法，日本的知識思想界對於戰爭（與和平）的探索可說不遺餘力。不過，過去大部分的著作，多集中在人文學科領域（例如史學、文學、哲學等），相對來說，社會學（或廣義的社會科學）的研究還是較為少見。近年來，社會學界也有逐步將之理論化與系統化的努力，其中較值得矚目的是關西學院大學社會系的荻野昌弘所主持的「戰爭所孕育的社會」研究計畫的系列成果（荻野昌弘 2013，島村恭則 2013），以及年輕一輩的社會學者近年來所提倡的「戰爭社會學」，例如野上元與福間良明（2012）所編的《戰爭社會學書籍導讀：解讀現代世界的 132 本書》，以及上述二人結合其他學者所編的《戰爭社會學的構想：制度、體驗、媒體》（福間良明、野上元、蘭信三、石原俊 2013）等 [8]。顯然地，如何把戰爭適切地納入社會學研究視野，並運用社會學的理論專長來對戰爭及其相關現象進行分析，在當前的日本學界也是個方興未艾的主題。

在台灣，情形多少有幾分類似。雖然近年來也開始有不少歷史學者針對台灣的戰爭記憶與戰爭遺緒從事整理考掘的工作，但主流社會學對「戰爭」這個主題仍大多保持緘默 [9]。社會學

8　然而，放在本文討論的脈絡來看，「戰爭社會學」未必是一個用來標示這個新研究領域的理想名稱，畢竟這個詞很容易讓人望文生義，以為是「以社會學的方法來研究戰爭」，也就類似於美國主流社會學的 "military sociology" 或 "sociology of war" 的傾向。但事實上，我們所關注的範圍遠比戰爭本身來得廣，用荻野昌弘提出的「戰爭所孕育的社會」來概括也許更為貼切。參見本文結尾的討論。

9　嚴格說來，台灣的歷史學界並不缺乏對戰爭的關注，尤其研究中國近代史的學者，或多或少會碰觸到戰爭議題（如鴉片戰爭、甲午戰爭、抗

界將戰爭當成研究主題的努力並非完全沒有，但相較於其他蓬勃發展的領域與主題（如經濟社會學、階層化研究等），畢竟仍屬於零星少數。黃金麟與朱元鴻都曾經針對「戰爭與現代性」以及「戰爭／內戰」等主題，舉辦過研討會[10]，黃金麟（2009）的歷史社會學專書，也凸顯出戰爭作為主題之一。鄭祖邦（2006）的博士論文，則可說是第一本以戰爭為主題、嘗試將戰爭理論化的博士論文。這些先驅性的努力，為本書奠定了基礎，而上述的學者們，也都成為這本專書的貢獻者。

　　在上述背景下，這本書可以說是台灣社會學界（或廣義的社會科學界）嘗試將戰爭主題化（thematize）與理論化的集體努力[11]。它並非只是一般的「會議論文集」，而是具有清楚而強烈的研究議程設定（research-agenda setting）的意圖。雖然限於時間與人力，我們無法窮盡所有與戰爭相關的可能議題，但以目前

　　日戰爭、國共內戰等）。然而，以台灣本身為主體來探討戰爭（如日本戰爭動員體制下的台灣、台籍日本兵、慰安婦等），卻是相對晚近的事情。這除了和一般所知不同「史觀」的消長有關外，也和台灣內部存在不同的「戰爭之框」有關，本身也可說是戰爭遺緒的一環。參見本書第三章。

10　這幾場研討會分別為：（1）2006/5/13，東海大學社會學系主辦，「戰爭與現代性」學術研討會。台中：東海大學社會科學院。（2）2005/6/24-27，交通大學社會與文化研究所、交大人文社會理論研究室、東吳大學政治系，「戰爭・內戰」研習營。宜蘭：冬山厝。（3）2007/6/30，交通大學社會與文化研究所、中研院人社中心、交大人文社會理論研究室，「戰後正義，寬恕，歷史否認」小型學術研討會。台北：交通大學台北校區。

11　讀者可以注意到，九位作者中包括了七位社會學者，一位歷史學者，以及一位臨床心理學者。

的論文組成來說，已經相當完整地涵蓋了在台灣從事戰爭與社會的研究時，應該碰觸到的層次、面向與議題。而這樣的研究議程，也反映在本書的章節安排上。

這本書呼籲「把戰爭帶回來」，意思當然不是要重啟戰端、也不是要宣揚什麼尚武精神或軍國主義。這句話的靈感來自 1985 年出版的《把國家帶回來》（Evans, Rueschemeyer, and Skocpol 1985）一書。在這本具有重要里程碑意義的社會學文集導論中，編者之一的 Theda Skocpol 呼籲把長期受到社會學與政治學者忽略的「國家」帶回社會科學的分析，進而提出「國家自主性」（state autonomy）的概念（Skocpol 1985）。同樣地，把戰爭帶回來，意思是把戰爭重新帶入我們的研究視野，當成一個理解現代社會的重要線索來看待。這條線索，可以追溯到克勞塞維茲的經典命題，也就是戰爭與政治之間的關係。在其經典名著《戰爭論》中，克勞塞維茲提出了如今廣為人知的命題：「戰爭無非是政治以其他手段的延續」（Clausewitz 1976: 87）。這個命題長久以來影響人們對戰爭的思考：戰爭只是一種手段、一個政策工具，政治才是最後的目的。或許是因為如此，戰爭一直被視為是個暫時的過渡階段，而不是恆常狀態。然而，一個多世紀之後，傅柯將克勞塞維茲的命題做了一百八十度的翻轉，為戰爭與政治的關係開啟了新的詮釋空間。傅柯宣稱：「政治乃戰爭以其他手段的延續」（Foucault 2003: 48）[12]。這個翻轉命題並非只是玩弄花稍的概念修辭或語言

---

12 嚴格來說，傅柯不是第一個翻轉克勞塞維茲命題的人。鄂蘭在《論暴力》中，即將克勞塞維茲命題做了翻轉，說「和平是戰爭以其他手段的延續」（Arendt 1970: 9）。不過，鄂蘭這麼說是為了諷刺紐約的

遊戲，而是富有深刻的寓意與洞見。傅柯的這番話隱含著「對內」與「對外」兩層解讀的意義，而這兩層意義，都牽涉到現代政治的核心問題。在對內的層次上，戰爭指的不是主權國家之間的戰爭，而是一種「社會內戰」；這種社會內戰指的也不是實際發生的戰爭，而是指不同個體與群體之間蘊含的內在衝突狀態。換句話說，這裡的戰爭作為一種隱喻被擴大解釋，用來描述權力的運作模式。在此，「政治乃戰爭以其他手段的延續」其實呼應著韋伯對國家與權力的界定：國家是壟斷合法暴力的政治社群，而權力則是在即使面對抵抗的情況下也能使他人參與共同行動的實現意志能力（Weber 1958: 78, 180）。如果我們對照克勞塞維茲把戰爭視為「以暴力迫使敵人屈服於己方的意志」的行為（Clausewitz 1976: 75），我們就不難理解為什麼傅柯把政治視為戰爭的延續──戰爭與權力都是要屈服對方的意志，僅僅是形式不同而已。然而，正是這種混淆了權力與暴力的觀念，引發鄂蘭的不滿與抨擊。對鄂蘭來說，權力指的是人類群體協調行動（to act in concert）的能力，是共同生活必然的產物，因此權力並不屬於個人，而屬於群體。權力並不需要被正當化（justified），但需要合法性（legitimacy）。相對地，暴力只有可能是一種工具，使用暴力必須有正當的理由，因此暴力必須被正當化，但暴力毫無合法性可言。對鄂蘭來說，現代政治最根本的謬誤，就反映在韋伯對國家與權力的界定上：暴力

蘭德智庫（Rand Institute）所出版的《鐵山報告》（*Report from Iron Mountain*）。鄂蘭認為，現代政治混淆了權力與暴力，才會有如此手段與目的顛倒的狀況；而大規模毀滅武器（如核武）的出現，也徹底改變了戰爭與政治的關係。詳見下文討論。

不可能是「合法」的，而權力也不是暴力，並不以屈服別人的意志為行使條件。傅柯把政治視為戰爭的延續，從經驗現實的意義上來說，的確相當精準地捕捉了現代政治的現況；但從規範意義來看，這無疑是現代政治（或者廣義地說，現代性）的問題根源之一，也正是鄂蘭在《論暴力》的第二節中所尖銳批判的（Arendt 1970: 35-56）。

在對內的層次上，傅柯的翻轉命題主要聚焦在「治安的裝置」，也就是國家如何透過生命政治的統治技藝來壟斷暴力與行使權力；在對外的層次上，傅柯則是討論了「軍事—外交的裝置」，所謂「安全體系」（2007: 296-297，另參見本書第一章）。在此，我們回到了傳統或一般意義下的戰爭，也就是主權國家之間的戰爭。傅柯翻轉克勞塞維茲命題，是在 1976 年的課堂演講《必須保衛社會》（Foucault 2003）中，而他聚焦討論「領土、人口與安全」的議題，則已經到了 1978 年（Foucault 2007）。此時傅柯已經不再強調「政治是戰爭的延續」，而是在國家主權的戰爭中再次肯認了克勞塞維茲的命題（2007: 305-6）。然而，恰恰是在這點上，傅柯錯失了擴大他自己的理論洞見的機會，而這個機會，正是本書想要進一步深化與挖掘的。政治是戰爭的延續，這裡的戰爭不僅僅是個隱喻，而是實實在在發生過的、歷史上的戰爭。如本文一開始所述，當今東亞各國內部與外部之間所存在的重大分歧，其實都與 19 世紀以來的各場戰爭有著密不可分的關係。在這個意義下，我們可以說，當前的各國內部（國族）與外部（國際）的政治，都是過去戰爭的延續。台灣內部的藍綠／族群問題是如此，海峽兩岸的統獨問題是如此，中日、日韓之間的領土爭議與歷史記憶問題，莫不都是過去戰爭「透過其他手段的延續」。更進一步說，由於國家

的擴張滲透使得政治權力在現代社會中無所不在，戰爭也就透過政治而變得無所不在。在此情形下，我們想要探討的是：戰爭透過什麼樣的手段、如何被延續？這些延續中的戰爭，對於我們理解當代社會的各種問題與樣態，有何關聯或啟發？

　　在這樣的問題意識導引下，本書各章的主題與安排，背後有一定的脈絡可循。戰爭對社會的影響是廣泛全面且深刻久遠的，但在不同的階段，其作用與效應有所不同，我們嘗試以「戰爭」與「戰爭遺緒」來加以區分。質言之，若以「戰爭的發生與終結」來作為分界點，則本書的前五章所處理的，主要可說是「戰爭本身」（war itself），而後面五章，處理的則主要是「戰爭遺緒」（war legacies）。換句話說，戰爭雖然結束了，但戰爭卻創造出許多懸而未決的問題，使得戰爭以其他方式延續著。當然，這樣的劃分並非絕對，例如第三章所提到的「戰爭之框」，其實也在戰後成為一種戰爭遺緒，繼續形塑人們對這個世界的看法。整體而言，這十篇文章所設定的研究議程，可以總括在四組坐落在不同層次的問題意識之下：

　　第一組問題，主要關切的是理論與宏觀歷史（macro history）層次的問題：如何將戰爭理論化？戰爭在過去的社會理論中曾經被如何概念化？戰爭與現代性有何關聯？作為「壟斷合法暴力」的現代民族國家如何出現、與戰爭的關聯為何？從 19 世紀以來，環繞著戰爭與國家暴力的現象與概念，歷經了什麼樣的變化？什麼樣的理論概念或分析架構，可以幫助我們理解戰爭及戰爭遺緒？而戰爭與戰爭遺緒，又如何形塑、框架著人們對世界的認知？本書的第一、二、三章，可說分別從不同的理論層次與面向，嘗試對上述問題提出答案。

　　第二組問題，則是對戰爭期間（wartime）與戰爭狀態（the

state of war）的具體分析。處在戰爭期間的國家，如何遂行動員，並進行統治？而長期處在「戰爭狀態」之下的社會，又是一個什麼樣的社會？戰爭與治理之間，存在著什麼樣的關係？國家如何兩面作戰，一邊對付「外部敵人」，一邊對付「內部敵人」？在什麼意義下，我們可以像傅柯一樣翻轉克勞塞維茲的命題，宣稱「政治是戰爭的延續」，甚至如第五章所宣稱，「社會是戰爭的延續」？這是第四與第五章所探討的主題。

第三組問題，則是戰爭所牽涉的倫理問題，包括終戰之後的正義，以及記憶與遺忘的政治。戰爭是一種集體暴力的極端形式展現，要訴諸戰爭，必然牽涉到「是否應該使用暴力」、「如何正當化戰爭」的倫理問題，而這也是「正義戰爭」這個古老概念所探詢的課題。然而，戰爭結束之後，還有更為複雜而艱難的倫理問題等待解決：戰爭犯行如何界定？戰犯要由誰、如何審判？正義如何恢復，或得到確保？我們是否應該寬恕，又該如何寬恕？戰爭應該如何被人們記憶，或不被記憶？哪些人與事被記憶，又有哪些人與事被排除在記憶之外？戰爭的記憶與權力及認同之間，構成了什麼樣的回路？對照於記憶所造成的負擔，遺忘是否更好、甚至必要？本書的第六、七、十章，便專注探討上述有關戰後正義與戰爭記憶的問題。

第四組問題，則是從微觀或個體的層次，探索戰爭之「零餘主體」與負面經驗。所謂「零餘主體」，是相對於冠冕堂皇的「戰爭之框」所建構出的國族主體（見第三章），指那些被排除在框外，或是被壓抑忽視的主體[13]。這裡面包括被國家利用後

13「零餘主體」的概念來自一位審查人意見的啟發，筆者感謝審查人的提點。

卻遭到拋棄的戰犯（第七章）、慰安婦（第八章），以及因為戰亂所造成的流亡主體（所謂「外省人」，第九章）。這些零餘主體，在戰爭期間與戰爭之後所經歷的是什麼樣的生命經驗？尤其值得留意的是，戰爭其實是一個高度性別化的現象，通常由男性所發起，被動員到戰場上從事戰鬥行為的也絕大多數是男性。那麼，女性在戰爭中所扮演的角色與體驗過的經歷，又是如何？性與性別，如何幫助我們理解戰爭與戰爭遺緒？戰爭對個人所造成的種種創傷，又該如何理解、如何療癒？第八章與第九章，為我們提供了非常深刻的省思。

　　循著上面四組不同層次的問題意識，本書各章的論證次第開展，從理論、到歷史、再到主體經驗，彼此之間形成了有機的對話。第一章從宏觀歷史與理論的層次，為我們梳理了戰爭與現代性的關聯，並探討社會理論中的戰爭如何被概念化。鄭祖邦追本溯源，從馬基維利與克勞塞維茲開始爬梳戰爭與現代性的接合點。馬基維利對國家理性的強調，預示了以「民族國家」為主體的國際體系將會取代過去羅馬帝國的統一權力，而克勞塞維茲的戰爭理論，尤其是「戰爭是政治通過另一種手段的延續」此一知名命題，則是為民族國家使用武力的正當性提供了理論基礎。馬基維利的國家理性與克勞塞維茲的戰爭理論，深刻影響了韋伯對現代國家與地緣政治的思考，尤其反映在他〈就職演講〉、〈政治作為一種志業〉等前後期著作中。對韋伯而言，現代政治共同體（民族國家）的特殊性是建立在「合法暴力的壟斷」上，因此武力的運用，便成了思考政治倫理的關鍵，而韋伯也據此發展出他知名的「支配類型」與政治倫理學說。韋伯對國家理性與正當暴力的強調，長期主導了學界對戰爭與民族國家的看法，也啟發了後來被稱為「新韋伯學派」

的歷史社會學的研究。不過，傅柯權力理論的出現開始改變了
這樣的局面。馬基維利與克勞塞維茲的影響再度浮現，但也得
到了新的闡釋與修正。傅柯翻轉了克勞塞維茲的知名命題，強
調「政治是戰爭通過另一種手段的延續」，傅柯以「戰爭狀態」
來認識權力關係的特性，而藉由翻轉克勞塞維茲的命題，傅柯
也批評了霍布斯的「契約—壓制」權力模式，強調「戰爭—鎮
壓」的權力模式。另一方面，傅柯的「生命政治」與「治理性」
的概念，同樣也翻轉了馬基維利的「國家理性」，後者僅強調了
「國家的保存」，而前者更關心的是「力量關係的保存、維持與
發展」。鄭祖邦對馬基維利、克勞塞維茲、韋伯與傅柯四人的理
論影響與對話的考察，幫助我們進一步思考如何「將戰爭理論
化」，而近年來恐怖主義與去疆域化的戰爭，也使理論化的工作
面臨新的挑戰。

　　第二章幫我們梳理了過去一百年來關於戰爭與革命相關現
象與概念的改變。朱元鴻首先批評了諸多作者與理論家將 19 世
紀視為「和平的世紀」的盲點，指出其背後帶著歐洲中心主義的
傲慢與偏見。進入 20 世紀後，隨著兩次大戰的開展與落幕，
西方與全球對於戰爭的觀念與態度也有所轉變，使得戰爭更為
「文明化」或「人道化」。朱元鴻也引用了鄂蘭，指出戰爭與革
命可以說是現代世界社會變遷最重要的催化因素，而戰爭與革
命之間密切相尋的組構關係，也切入了兩者之間所有暴力或非
暴力的反抗／鎮壓形式。本章進而探討了 1918 年布爾什維克政
權開始的「戰爭共產主義體制」（War Communism）模式，以及
其後藉武裝衝突而蔓延興盛的戰爭革命模式，包括毛澤東時期
的中國、1975 年後的越南，以及波帕的赤柬政權等。相對於此
一戰爭革命組態，則是一種非暴力的政治鬥爭模式，作者稱之

為「公民抵抗」。這種強韌的模式，可見於 1974 年葡萄牙「康乃馨革命」，希臘、西班牙，以及拉丁美洲國家在之後的 1980 年代相繼跟進的民主化革命，1980-1990 年代中東歐推翻共產政權的社會革命，乃至 2011 年阿拉伯世界的民主革命。從過去一個世紀的歷史來看，可以發現「戰爭共產主義」的模式逐漸減少，而「公民抵抗」的模式增加。這一消一長之間，作者歸納出其背後的條件與背景，包括農民戰爭的消失、殖民主義的終結、烏托邦的失落、選舉權的普及、全球治理機構的介入、全球公民社會的興起、全球媒體的即時報導，以及互聯網的政治動員潛力。

　　第三章處理的則是戰爭如何改變人們對世界的認知、而人們又如何感知戰爭的問題。汪宏倫結合了社會學者 Erving Goffman 的「框架分析」與 Judith Butler 的同名書，提出了「戰爭之框」之框的概念，藉此說明戰爭如何框構世界（framing）以及被框構（framed）的過程與作用。戰爭之框主要的作用在區辨敵我、劃分出「可悲傷的生命」與「不可悲傷的生命」。一場戰爭可能創造出新的認知框架，影響人們對世界的看法，而這樣的框架可能延續到戰爭結束，成為國族之框，繼續形塑人們對世界的認知。在所有的民族主義背後，都有一個或數個戰爭之框。本章進一步分析了存在於日本、中國與台灣等地的不同的戰爭之框，指出這些戰爭之框如何被塑造出來，又如何形塑人們對世界的看法。本章嘗試指出，這些不同的戰爭之框，除了造成社會內部的分歧（如日本與台灣）之外，同時也造成不同社會之間的對立、導致民族主義情緒高漲。本章的結論則是再一次碰觸到戰爭與現代性的問題，指出東亞的現代性與戰爭存在著密不可分的關係──無論是在日本或是在中國，人們都是透

過戰爭（或戰爭威脅）來認識「何謂現代」的，在他們認識到西方現代文明之前，先見識到了西方的船堅炮利，而整個現代化的過程，可以說是伴隨著戰爭的經驗（無論戰勝或戰敗）一道開展的。也就是在這個過程中，台灣成了戰爭下的犧牲品，其主權歸屬也隨著不同戰爭的結果而有所變動。因此，本章主張，要理解東亞現代性，解開當前民族主義的死結，必要先從反省戰爭、清理戰爭遺緒著手。這是個難以迴避也無法繞開的問題。

　　第四與第五章的共同主題，是戰爭與治理之間的關聯。不過，兩篇論文的視角卻有明顯不同，提供了我們思考戰爭與治理之間關係的兩個不同面向。如標題所提示，第四章的重點放在統治技藝。黃金麟以中國的抗美援朝戰爭（台灣稱為「韓戰」[14]）為例，探討此一戰爭在中國國內的經營歷程（包括台灣問題在動員過程中的「隱形」）和其所涉及的戰爭動員技藝（如控訴會、決心會、愛國公約和各種革命競賽的進行等），如何與共產黨的建國（state-building）需要緊密相連。黃金麟斷言，如果沒有朝鮮戰爭，共產黨還是會以特定的方式從事建國工作，但肯定會和愛國主義高張，反美帝動作頻仍下的結果有所不同。「前方打美帝，後方挖美根」，成為中共建國初期營造統治權的有利基點。而以日本侵華的路線，作為美帝即將透過朝鮮侵略中國的比照路線，以此（歷史記憶和想像的恐怖結合堆砌）凝聚集體的意識和愛國情操，也分明表現在當時的群眾意識生產上。本章從理性與情感政治的分析，切入戰爭與治理的關聯。作者指出，就功能關係和因果角色而言，戰爭與治理有如連體

---

14 對同一場戰爭的不同命名，其實背後也隱含著不同的「戰爭之框」。參見本書第三章。

雙胞胎，只顧及一方而忽略另一方，都無法對其中任何一方作清楚的分析。

第五章同樣也探討戰爭與治理的關聯，但切入的角度和第四章明顯不同。從表面上來看，這章似乎不是處理戰爭本身，而是把戰爭當成一種比喻，探討國家如何對付內部敵人，但事實上，我們不要忘記，其實本章所處理的兩個時期——日治初期，以及 1991 年以前的國民黨統治時期，兩場具體的戰爭是確確實實存在著的：日本殖民政府的征台之役，以及國共內戰。這兩個戰爭又分別具有不同的理論意涵。就前者來說，日本雖然在甲午之役打敗清廷，並根據馬關條約「獲得」了台灣這塊殖民地，但對於日本帝國來說，要接收這塊土地，還需要另一場戰爭。這說明了一個「現代民族國家」即使以武力擊敗一個「前現代帝國」，並依據現代國際法訂立了條約，但在接收一個「前現代」的戰利品時，仍要透過武力征服（對內壟斷暴力）的過程，而不識「現代國家」為何物的「無識土匪」林少貓與日本殖民政府的交涉過程與下場，竟透出幾許荒謬的喜感與悲涼！至於第二場戰爭——國共內戰，同時提醒我們戰爭對台灣的影響如何深遠巨大。國民黨政權之所以能夠以「敵人」的方式來處理「匪諜」，原因恰恰不在於戰爭是一種「隱喻」，而是台灣的確處在戰爭狀態（所謂的「動員戡亂時期」）中。姚人多凸顯「戰爭狀態」以及「敵我區辨」等因素在決定台灣社會基本樣貌時的支配性力量，分析一個永恆處於戰爭狀態、被戰爭原則所支配與分化的社會，如何不斷地在內部搜捕「國家的敵人」。姚人多提出「社會是戰爭的延續」的主張，其實為傅柯翻轉克勞塞維茲命

題，做了最佳的詮釋[15]。

　　值得一提的是，第四章與第五章的背後，其實還有一個更大的背景架構值得分析——冷戰。換言之，台海兩地的政權對峙，長達四十多年處在隱形的戰爭狀態中，其實是冷戰結構下的產物，而韓戰即是開啟冷戰序幕的關鍵一役。冷戰是另一個值得分析的議題，本書雖然沒有一篇論文是直接處理冷戰，但第四與第五章所處理的議題，其實也提醒我們，不該忘記冷戰的存在。

　　本書的後半部（六至十章），處理的主要則是戰爭遺緒。第六章探討了困難但重要的終戰正義的問題。戰爭結束了，但戰爭所創造與殘留下來的種種問題，才正要開始。朱元鴻指出，在每一場戰爭與內戰之後，總會衍生諸多關於正義、寬恕、和解、記憶、遺忘與否認等問題。尤其二戰以後的戰犯審判，更為戰後正義掀起了一番全球性的高潮。儘管正義與寬恕依循的是不同的邏輯，它們卻都同樣要求記憶的義務，因此也無可避免牽涉到歷史否認的問題。本章以尼采和魯迅作為引子，探討遺忘的力量，和操作化的正義與儀式化的寬恕形成對比。朱元鴻批判地檢視了對記憶的過度沉溺，以及將過去的苦難作為一種累積政治資本的盛行做法，認為以苦難悲情的記憶（大屠殺、二二八等）來作為國族經驗的基礎將導致難以解決的困境。本章最後對「度盡劫波兄弟在，相逢一笑泯恩仇」這句出自

15　姚人多也在文章最末提到傅柯對克勞塞維茲命題的翻轉，但認為傅柯只是暫時借用這個講法來表達他對權力的想像，但其實並沒有真正進入到克勞塞維茲的脈絡裡去討論。筆者則認為，如果我們把傅柯的話擴大解讀，還是可以發現許多洞見；在此脈絡下，本章則是「政治乃戰爭之延續」的絕佳寫照。參見本文相關之討論。

魯迅《題三義塔》的著名詩句的另類解讀，為我們開啟了一個新的想像空間的可能。本章的結尾為讀者提示了戰爭終結的可能性，而其所碰觸到的記憶與遺忘的問題，則構成了第十章的主題。

第七、八、九三章，則可說是戰爭的「零餘主體」，他們是被主流的戰爭之框（或其後的國族之框）所排除或遺漏的。台籍戰犯、慰安婦與外省老兵，看似三個不同群體、不同屬性的人，但他們都是被主流的戰爭之框所形塑的國族敘事所排除、壓抑甚至刻意遺忘的一些人。他們都曾被不同的政權所動員、利用，但最後也都遭到被背叛的命運，成了零餘的主體[16]。第七章的台籍戰犯，呼應了第三章「戰爭之框」以及第六章「戰後正義」的概念。什麼樣的正義才是正義？被不同國族的「戰爭之框」所排斥的群體，要向誰請求正義？本章同樣也使用

---

16 值得注意的是，利用他們這些人的政權，都是在戰爭中戰敗的一方，這不禁讓人聯想：如果這些政權是戰勝者、而非戰敗者，這些「零餘主體」的命運是否會不同？創傷與悲劇是否可以避免？答案也許是，也許不是。對於慰安婦來說，無論日本戰勝或戰敗，他們的創傷大概是不會改變的，但如果國民黨打贏了內戰，是否就不會產生獨特流亡經驗的外省老兵？如果日本沒有戰敗，台籍戰犯的悲劇是否就可以避免？這些與事實相反的假設性提問並非毫無意義，但背後的倫理意涵必須進一步釐清。很少人願意去提問：「如果當年是軸心國戰勝同盟國，那麼當前的世界會是什麼樣子？」提問這樣的問題很容易被誤解為「站在邪惡的一方」，而大部分的人總是願意心安理得地假設「正義必然戰勝邪惡」，因此戰爭的結果是無可置疑的。然而，正如本文與第三章所指出，如何解釋戰爭的結果，本身即受戰爭之框的形塑，某種意義下也可說是一種「戰爭的延續」，而在這些延續的戰爭中，「如何解釋（或是否接受）戰爭的結果」也是被高度挑戰的。

了 Judith Butler 的「戰爭之框」概念來探討台籍戰犯的問題。藍適齊指出，第二次世界大戰期間，超過了二十萬名的台灣人被徵召到亞洲各地的戰場，其中超過三萬人喪命於戰場，更有上百名台灣人在戰後接受了各個盟國所進行的 B/C 級戰犯審判。但是在戰後的歷史書寫和集體的戰爭記憶中，台灣人和台灣本土的戰爭經驗有相當長的一段時間遭到邊緣化甚至忽略。作者分析戰後各盟國在其東南亞殖民地所進行的 B/C 級戰犯審判的審判紀錄、相關外交文件，和已經出版的口述歷史紀錄，發現在發還原籍執行刑期、赦免減刑，以及釋放和遣返等諸多「跨國性」的議題中，台灣戰犯在法律上的權利義務以及國籍身分的界定等方面出現了許多的爭議。這些爭議過程凸顯了在多國和跨國的脈絡之下所進行的台灣戰犯審判中，台灣戰犯的身分是處在一種矛盾而同時不穩定的狀態。在他們的身上，國家主權界限之間產生了彼此重疊和滲透的情況。更重要的是，上述的幾點爭議呈現出了二戰之後——在戰後新的國際環境、去殖民，和冷戰的脈絡之下——台灣人及其戰爭經驗的「國族屬性」無法被清楚界定的情況。透過對台籍戰犯歷史的研究，藍適齊指出，由於其「可悲傷性」未受到認定，經歷過戰爭經驗的台灣人他們的生命價值也未曾受到肯定，進而導致了在戰後的戰爭記憶中對台灣人及其戰爭經驗的忽略。

同樣處理的是「零餘主體」，第八章與第九章則把我們進一步帶入了微觀層次的分析。這兩章有不少共通的主題，其中之一是戰爭所帶來的創傷，另外一個不可忽略的共同主題，則是戰爭中的性別與性。自古以來，發動戰爭、上戰場打仗的，絕大多數是男性；雖然歷史上不乏「巾幗英雌」或「聖女貞德」之類的紀錄或故事，近年女性從軍也被常態化，但無可諱言地，

從事軍事活動的仍是以男性為主，而戰爭也充滿了被視為「男性特質」的陽剛暴戾之氣。在此性別脈絡下，女性在戰爭與戰爭遺緒中扮演什麼角色？起過什麼作用？相對於男性的戰場經驗，女性在戰爭中又遭遇過什麼？彭仁郁與趙彥寧的文章，為我們提供了十分不同的圖像。

　　彭仁郁的論文處理的是棘手而複雜的慰安婦問題。在以男人為主的戰場上，女人的身體被物化成洩慾的工具，藉以滿足無數男性士兵的生理需求。這種看似體貼士兵的「人道關懷」，卻導致了極度非人道的後果。日軍在二戰期間設立的「慰安」制度，可以說是「戰爭性產業」的極致，如彭仁郁指出，國家機器透過直接或間接暴力的手段取得性服務提供者的來源，不但剝奪人身自由，且對受害者的身體、心理施予折磨酷刑，而戰場上的殺戮氛圍所挑起的權力欲與面對死亡的焦慮感，更可能導致戰士以性暴力的形式作為發洩管道。這個由多重不平等所形成的暴力結構，在慰安婦的身心留下巨大深刻而難以磨滅創傷。彭仁郁也引用了 Butler 的「戰爭之框」概念，來說明這些女性的生命如何被排除在戰爭主事者的認知框架外。弔詭的是，戰後有關慰安婦的討論，卻在一度冷漠沉寂而又重新公開訴說後，引發種種爭議與議論，造成了這些阿嬤在生命暮年面臨二度傷害。透過心理創傷的精神分析研究，本章嘗試指出，創傷分析療癒的終點，可以是為主體社會實踐的起點，對主體特異性和詮釋權的重視，有助於使創傷憶痕表徵化，一方面協助敘說主體化的生成，令個別經驗敘事在匯入大歷史的同時，也能保留挑戰主流敘事的異質力量。這也是精神分析與社會學可以彼此銜接對話之處。

　　第九章處理的是因為戰爭而流亡的人們，尤其一般俗稱的

「外省老兵」。雖然這群人（曾經上戰場的男性士兵）和慰安婦
所處的脈絡完全不同，但性、性別與創傷也同樣構成了趙彥寧
這篇論文的主題。透過引人入勝的民族誌敘事，作者向我們展
示了國共內戰及其後長達四十年的兩岸分隔，對當年隨著國府
來台的底層士兵造成了難以彌補的創傷。這種創傷的核心情感
有兩種來源，一是與母親／原鄉的強迫分離，二是被抓兵與從
軍期間的苦痛與憤怒。創傷並非唯一的戰爭／流亡情感主軸，
現代性的文化媒介（如電影、歌曲與象徵文字）不僅創發了新
興多元的感知能力，更為個人所挪用以表述創傷情感。然而，
經過四十年後，母親／原鄉雖然「失而復得」，卻不見得保證流
亡身分的終結，反而可能引發另一段扭曲的生命歷程。透過分
析榮民照顧體系中諸多看似瑣碎、服膺黨國霸權且違反「工具
理性」的日常實作，趙彥寧分析了這些從沙場退下來的老兵如
何建立起一種主流社會所難以理解的親密關係，成為自我滿意
的照顧者。本章另一個值得留意的貢獻在於，一般對台灣所稱
「外省人」，經常將之放在政治社會學的脈絡下以「省籍問題」
或「族群矛盾」來理解。然而，如果放在戰爭與流亡的脈絡下來
看，我們可以發現 1949 年隨國府遷台的「外省人」，其實是因
躲避戰亂或政權更迭所造成的離散流亡者（diasporists），這樣
的現象放到國際中極為常見，而這個以流亡主體作為戰爭遺緒
的研究視角，也擴大了外省人研究的視野與可能的對話對象。

　　第十章處理的是另一種常見的戰爭遺緒，也就是戰爭記憶
的問題。莊佳穎以 2008 年以後在台灣造成話題的三部電影——
《一八九五》（2008）、《海角七號》（2008）與《賽德克·巴
萊》（2011）——來探討戰爭記憶如何在新生代影視工業的文
化生產中，被再現、再製和浪漫化。莊佳穎指出，戰爭在台灣

社會具有三種層次的意義：存在於歷史和集體記憶中的戰爭、遍布日常生活中的戰爭隱喻，以及影視文化商品中各種真實與虛擬的戰爭。在全球化風潮及消費主義興起之後，多年來盤旋於台灣人心底，長達半個世紀悠長而隱晦的戰爭記憶，逐漸幻化為透過科技和符號美學所呈現的表意系統。對於年輕世代而言，戰爭不再是一個具體、二元和絕對的概念，而是一個可被再製與消費、可供表述填充和組裝的流動意符。年輕世代透過一種由文化商品所建構的機制，去認識、揣摩和感受他們未曾經歷的戰役；在層疊的符號所交織的片刻虛擬實境中，動容於戰爭本身的殘暴和人類普遍的不幸。在此脈絡下，上述幾部由年輕世代所生產的電影，挪用了日本文化元素和好萊塢的文化生產格式，重新定義戰爭的記憶，並因此重新塑造了台灣電影文化的地景。這些被「輕盈化」的戰爭記憶，反襯出戰爭經驗本身的不可承受之重；而作者在最後提出的「歷史記憶的集體民主化」，也讓我們回想到第六章的沉重扣問：在「記憶—權力」的回路之外，我們是否能夠真正找到一種「不受仇怨禁錮的、不再教條僵化的、放下牽掛的、無憂的、不一樣的回憶」？

讀完這些篇章，讀者可能會恍然悟出，原來戰爭與戰爭遺緒，在我們生活的社會中幾乎無所不在。在台灣這樣一個深受重層戰爭遺緒影響的社會，忽略戰爭所留下來的深刻印記，是一件多麼令人惋惜的事。或者，換個角度說，對於過去歷史上多重戰事所留下的種種印記，在台灣社會並沒有完全受到忽略；從較為沉重的台籍日本兵、慰安婦、外省老兵與流亡經驗，到已經逐漸融入大眾文化與消費社會（尤其近年蔚為潮流的「文創產業」）的戰爭記憶電影、眷村懷舊文化、金馬戰地觀光，再到每日爭吵不斷的統獨議題等，台灣社會以不同的節

奏、頻率、強度與比重，處理面對著這些不同的戰爭遺緒。然而，遺憾的是，人們很少把這些看似紛雜的現象與議題，系統性地放到戰爭與戰爭遺緒的脈絡下來整體觀照。把戰爭帶入我們的思考中，對於擴大視野、重新省察台灣與東亞的歷史脈絡，有著深刻的啟發與幫助。

本書各章所帶出來的研究議程，有一般性的普遍理論意涵，也有東亞與台灣脈絡的特殊性。這些篇章分別處理了幾個不同層次的問題，彼此之間可以形成有趣的對話，交織出不同的主題，本書目前採取的組織編排方式僅是眾多方式中的一種，讀者可以自行根據興趣作不同的創意組合[17]。雖然單憑著一本書，很難完整呈現和台灣與東亞相關的戰爭與戰爭遺緒全貌，但無論就議題或主題來說，本書已經相當程度涵蓋了相關領域，包括戰爭與社會理論、戰爭組態樣貌的歷史演變、大東亞戰爭、國共內戰、韓戰（抗美援朝）、正義與寬恕、台籍日本兵、慰安婦、外省老兵、大眾媒體中的戰爭記憶等。這些論文，雖然不能說面面俱到鉅細靡遺，但基本上能夠反映出台灣（社會）學界對戰爭問題的集體努力的成果。這本書雖然不敢誇稱是「第一」，但至少是台灣社會學界少有的針對「戰爭」此一主題進行全盤思考與系統性考察的論文合集。我們期待它能夠具有開拓議題的作用，啟發學界對戰爭與戰爭遺緒的進一步思考與討論。當然，這背後還有許多未能提出深究的問題，例如冷戰結構的影響、反戰和平運動等，這些都有待未來研究者

---

17 筆者要特別感謝兩位匿名審查人，在他們的審查意見中，分別為本書各篇章之間的對話可能性與潛藏的主題提供了不同的想像與建議，這篇導論也受到他們的啟發甚多，謹此誌謝。

的進一步探索。

　　回到傅柯的**翻轉命題**：「政治是戰爭以其他手段的延續」。如果現代社會的特徵之一是「政治無所不在」，那麼我們也可以說「戰爭無所不在」——無論是作為隱喻的戰爭，或實際發生過的戰爭。重新審問戰爭，探索戰爭與政治間的複雜關係與多重變貌，將是反思台灣與東亞目前高漲的國族主義的一個契機。「把戰爭帶回來」，並不是要從事戰爭，而是要把戰爭帶回到當代政治與社會的討論核心之中；我們不僅要反省戰爭，更要反省戰爭在現代政治運作與社會形構過程中，扮演了什麼樣的角色。這本書所要提倡的，不是一個新的「戰爭社會學」領域——這樣的領域在英語學界的主流社會學早已存在，我們的關心也遠比戰爭社會學來得廣。毋寧說，我們希望這本書能幫助讀者們重新思考戰爭、認識戰爭、反省戰爭與各種形式的暴力在現代社會中所扮演的關鍵角色。誠如 Owens（2007: 149）所指出的，戰爭帶來許多迷思幻想，因為關於它的神話與謊言是如此強而有力；戰爭可說是眾多事物之根源，因為戰爭既破壞又創新、集毀滅與新生於一旦；戰爭刺激人們最大極限的想像，因為它把最為對立的事物壓縮到最短的時間與最小的空間內，把生與死的問題推到極限，逼使我們不得不去面對許多關於人類社會存在的根本問題。環繞著戰爭所引發的種種問題與現象，同時涵蓋了經驗的、歷史的，與理論的層次，值得進一步深入探究。本書的標題幾經周折，最後仍定為「戰爭與社會」，便是著眼於戰爭與社會之間的關聯廣泛、全面、久遠且複雜。事實上，「戰爭與社會」在英語學界其實已經是個稍具歷史且半制度化的研究領域，不少大學設有相關的研究中心或學程，甚至有以此為名的學術期刊。不過，上述領域還是以歷史學的研究為

主，社會學涉入極少，理論化的程度也較低。台灣也有不少歷史學者從事戰爭相關議題的研究，但似乎仍缺乏一個以「戰爭與社會」為整體觀照的問題意識。本書嘗試建立「戰爭與社會」作為一個研究領域，涵蓋理論、歷史與主體經驗，除了可以和國外既有傳統對話，也希望能號召更多不同人文與社會學科的參與，共同開發此一課題。期待本書的面世，能為台灣學界對於戰爭與戰爭遺緒的整體思考，開啟新的視野與方向[18]。

參考書目

一、中文及日文書目

吉田裕，2005，《日本人の戦争観：戦後史のなかの変容》。東京都：岩波書店。

東史郎，1987，《わが南京プラトーン：召集兵の体験した南京大虐殺》。東京都：青木書店。

東史郎，2001，《東史郎日記》。熊本市：熊本出版文化会館。

島村恭則（編），2013，《引揚者の戦後》。東京都：新曜社。

荻野昌弘（編），2013，《戦後社会の変動と記憶》。東京都：新曜社。

---

18 感謝朱元鴻提點相關訊息，並建議將「戰爭與社會」（War and Society）作為此一研究領域的名稱（猶如「科技與社會」，STS）來加以提倡。

郭盛哲，2008，〈當代歐美戰爭社會學研究〉。《國立政治大學社會學報》39:119-146。

野上元、福間良明（編），2012，《戦争社会学ブックガイド：現代世界を読み解く 132 冊》。大阪市：創元社。

黃金麟，2009，《戰爭、身體、現代性：近代台灣的軍事治理與身體 1895-2005》。台北：聯經。

福間良明，2009，《「戦争体験」の戦後史：世代・教養・イデオロギー》。東京都：中央公論新社。

福間良明、野上元、蘭信三、石原俊（編），2013，《戦争社会学の構想：制度・体験・メディア》。東京都：勉誠出版。

鄭祖邦，2006，《戰爭與現代性：以「民族國家」為起點的社會學分析》。台北：國立政治大學社會學研究所博士論文。

龍應台，2009，《大江大海一九四九》。台北：天下雜誌。

二、英文書目

Arendt, Hannah. 1970. *On Violence*. New York: Harcourt, Brace & World.

Aron, Raymond. 1958. *On War*. Lanham, MD: University Press of America.

Aron, Raymond. 2003. *Peace and War: A Theory of International Relations*. New Brunswick, NJ: Transaction Publishers.

Clausewitz, Carl von. 1976. *On War*. Princeton, N.J.: Princeton University Press.

Evans, Peter, Dietrich Rueschemeyer, and Theda Skocpol (Eds.).

1985. *Bringing the State Back In: Strategies of Analysis in Current Research*. Cambridge: Cambridge University Press.

Foucault, Michel. 2003. *"Society Must be Defended": Lectures at the Collège de France, 1975-76*. New York: Picador.

Foucault, Michel. 2007. *Security, Territory, Population: Lectures at the Collège de France, 1977-1978*. New York: Palgrave Macmillan.

Giddens, Anthony. 1985. *The Nation-State and Violence*. Oxford: Polity Press.

Joas, Hans, and Wolfgang Knöbl. 2013. *War in Social Thought: Hobbes to the Present*. Princeton: Princeton University Press.

Joas, Hans. 2003. *War and Modernity*. Malden, MA: Blackwell.

Kestnbaum, Meyer. 2005. "Mars Revealed: The Entry of Ordinary People into War among States." pp. 249-285 in *Remaking Modernity: Politics, History, and Sociology*, edited by Julia Adams, Elisabeth S. Clemens, and Ann Shola Orloff. Durham: Duke University Press.

Kestnbaum, Meyer. 2009. "The Sociology of War and the Military." *Annual Review of Sociology* 35:235-54.

Kiser, Edgar. 2000. "War." pp. 3241-45 in *Encyclopedia of Sociology*, edited by Edgar F. Borgatta and Rhonda J.V. Montgomery. New York: Macmillan Reference USA.

Kiser, Edgar. 2001. "War, Sociology of." pp. 16363-16367 in *International Encyclopedia of the Social and Behavioral Sciences*, edited by N. J. Smelser and Paul B. Baltes. Oxford: Pergamon.

Malešević, Siniša. 2010. *The Sociology of War and Violence.* Cambridge: Cambridge University Press.

Mann, Michael. 1986. *The Sources of Social Power, vol. 1.* Cambridge: Cambridge University Press.

Mann, Michael. 1988. *States, War, and Capitalism: Studies in Political Sociology.* New York: Basil Blackwell.

Owens, Patricia. 2007. *Between War and Politics: International Relations and the Thought of Hannah Arendt.* Oxford; New York: Oxford University Press.

Shaw, Martin (Ed.). 1984. *War, State, and Society.* New York: St. Martin's Press.

Shaw, Martin. 1991. *Post-Military Society: Militarism, Demilitarization and War at the End of the Twentieth Century.* Cambridge: Polity Press.

Skocpol, Theda. 1979. *States and Social Revolutions: A Comparative Study of France, Russia and China.* Cambridge: Cambridge University Press.

Skocpol, Theda. 1985. "Bringing the State Back In: Strategies of Analysis in Current Research." pp. 3-43 in *Bringing the State Back In: Strategies of Analysis in Current Research*, edited by Peter Evans, Dietrich Rueschemeyer, and Theda Skocpol. Cambridge: Cambridge University Press.

Tilly, Charles. 1985. "War Making and State Making as Organized Crime." pp. 169-191 in *Bringing the State Back In*, edited by Peter Evans, Dietrich Rueschemeyer, and Theda Skocpol. New York: Cambridge University Press.

Tilly, Charles. 1992. *Coercion, Capital, and European States, AD 990-1992*. Cambridge, Mass.: Blackwell.

Torpey, John (Ed.). 2003. *Politics and the Past: On Repairing Historical Injustices*. Lanham, MD: Rowman & Littlefield.

Weber, Max. 1958. *From Max Weber: Essays in Sociology*. New York: Oxford University Press.

Wimmer, Andreas. 2013. *Waves of War: Nationalism, State Formation, and Ethnic Exclusion in the Modern World*. Cambridge; New York: Cambridge University Press.

Winter, Jay. 2006. "Notes on the Memory Boom: War, Remembrance and the Uses of the Past." pp. 54-73 in *Memory, Trauma and World Politics: Reflections on the Relationship between Past and Present*, edited by Duncan Bell. New York: Palgrave Macmillan.

第一章

戰爭與社會理論：一種現代性的視角

鄭祖邦

一、前言

　　現代性（modernity）是當代學術思潮中最為核心的主題之一，對於現代性的認識也正是我們（現代人）對自身生活處境的認識。從本文所關懷的角度來看，我們想要去理解的是，如何從「戰爭」（war）的角度來拼湊現代性的樣貌，戰爭如何刻畫著現代性呢？如何從戰爭與現代性的相互理解中來認識我們的時代、我們的生活？從西方歷史的發展軸線來看，在過去三百多年來有三件標誌著時代變化的重大事件：1789 年的法國大革命（伴隨著 19 世紀初的拿破崙戰爭）、1906 年與 1917 年的俄國革命（伴隨著第一次世界大戰 1914-1918 年）、2001 年美國紐約世貿大樓所經歷的 911 恐怖攻擊，這些事件都在一定程度上為我們揭示了現代性的深層變動。法國大革命與拿破崙戰爭摧毀了歐洲長久的封建秩序，使得現代的、以全體人民為主體的「民族國家」（nation-states）在 19 世紀的歐洲紛紛興起。此種政治共同體的出現也為現代總體戰（total war）的戰爭形式提供了能量與可能性，20 世紀兩次世界大戰的爆發正是最佳的歷史註腳。而與第一次世界大戰伴生的俄國共產革命，也為現代性的思考與發展提供了另外的走向，亦即，它讓全球的人們徘徊在資本主義還是共產主義的歷史十字路口。此外，共產俄國的誕生一方面揭示了未來兩極冷戰（cold war）架構的格局，在另一方面，則對第三世界的革命與戰爭產生了深遠影響，特別是以游擊戰（guerrilla war）作為主要的作戰形式，進一步顛覆了由民族國家構築的總體戰的正規性框架。到了 21 世紀初期，當

全球的人們正在歡慶千禧年的來臨，並且強化了對全球資本主義發展的信心之際，911 的恐怖攻擊卻發生了。它帶給西方的強權國家以及廣大的人們許多的震撼與衝擊，這樣的事件又將如何改變現代性的未來圖像呢？隨著全球性連結的不斷增強，是否我們會進入一種所謂的「全球內戰」的狀態呢？這種種的問題都可以說是戰爭與現代性在未來思考上的重大課題 [1]。

1　限於篇幅以及論證完整性的考慮，筆者在本文中無法全面性地闡釋本段所提到的所有歷史與理論性主題。在行文中，筆者最主要嘗試去掌握「民族國家與戰爭」這條現代性的發展面向，藉由馬基維利與克勞塞維茲作為思考的源頭，來重新審視古典社會學理論中（特別是韋伯）對於民族國家與戰爭使一議題在思考上的延續，最後，再利用當代傅柯對馬基維利和克勞塞維茲的思想翻轉中來與前者形成一種思考上的對照，希望透過此種「延續與翻轉」的思想擺盪來鋪陳出一條帶有思想史意涵的理論軸線。筆者認為，無論是革命與游擊戰、全球化與恐怖攻擊等面向都需要奠基在民族國家與戰爭此一思考基礎上。例如，游擊戰的現象就帶出了「正規性／非正規性」此一理論議題，所謂正規性的戰爭就是以主權（民族）國家為主體，而其對立面就是所謂非正規性的戰爭，它可以透過內戰、起義或游擊戰等等形式來加以呈現。儘管本文無法進一步對於此一議題有所著墨，不過，在本書朱元鴻〈百年來戰爭與革命組態的改變〉一文中，就涉及相關主題的討論。在該文中對 Polanyi 以「百年和平」來描述歐洲 19 世紀的發展進行了反省，因為，此一「和平」的概念是以主權國家的正規性框架（歐洲國際公法）來看待的，如此就掩蓋了當時發生在許多西方國家之外的、非正規的戰爭與騷動。此外，筆者在〈革命與戰爭：馬克思主義戰爭理論的發展與轉折〉（2008：201-216）一文中也曾透過馬克思主義的角度對非正規戰爭的議題做出若干討論。儘管非正規性戰爭在馬克思主義的討論中獲得了許多理論上的成果（特別是 Lenin、毛澤東、Che Guevara 等人），不過，在馬克思主義之外早在克勞塞維茲時已提到「人民武裝」、「小戰」（Kleinkrieg）的問題，可以參閱 Freudenberg（2008:

　　從上面的歷史簡述中，我們已經可以在一定程度上感受到戰爭與現代性兩者之間的複雜糾結。然而，戰爭這樣的議題似乎在社會學的發展過程中，一直處於一種低度與邊緣化的知識生產狀態。所以，這也不禁讓我們想去問：我們可以如何通過社會理論的角度來理解戰爭與現代性兩者之間的關聯呢？或者，社會理論可以如何去思考戰爭與現代性這樣的議題呢？我們認為，英國著名的社會學者紀登斯（Anthony Giddens）提供了我們反思上述相關問題的起點。在 1971 年時，紀登斯（1971）出版了一本重要的古典社會理論的詮釋性著作《資本主義與現代社會理論》（*Capitalism and Modern Social Theory*）。在該書中，紀登斯是以三大家（馬克思、涂爾幹、韋伯）為對象，通過紀登斯這本書的詮釋與傳播，似乎也使得古典社會理論三大家的地位在英語世界中日益確立與穩固。不過，此處值得我們注意的是紀登斯所採取的寫作策略，亦即，他是以「資本主義」作為詮釋與貫穿三大家著作的主軸。此書的標題已經透露了紀登斯該書的問題意識，亦即，以資本主義來作為探討現代性或現代社會的關鍵切入點，並且，資本主義似乎也構成了三大家彼此之間的共同關懷重點。所以，我們也可以說，紀登斯點出了在社會理論的發展過程中，資本主義一直構成了對現代社會最重要的知識生產框架。不過，紀登斯本人卻在後來的著作中反省了這樣的知識生產框架，特別是他質疑了社會學對戰爭議題的長期忽略與漠視（Giddens 1986: 152）。事實上，紀登斯這樣的反省獲得了若干的共鳴，美國歷史社會學者 Michael Mann 在 1980 年代末就提出了類似的看法，

279-314）的歷史性討論。

並且，他還認為大多數社會學者對於戰爭議題並不是單純的忽略，而是一種深思熟慮的結果（Mann 1988: 147），一種資本主義式的和平觀點主導著 19 世紀以來的社會學論述。此外，早在 1957 年，法國社會學者 Raymond Aron 在參加英國倫敦政經學院所舉辦的一系列紀念孔德的演講中，發表了以「戰爭和工業社會」（War and Industrial Society）為題的演說。在這篇演說中，Aron 更是痛陳從啟蒙運動以來乃至古典社會學的奠基過程中，「戰爭」議題在社會學知識發展上所受到的抑制（Aron 1980: 5-16）。

從紀登斯、Mann 和 Aron 等人的討論中也可以讓我們發現到，事實上，社會學一直是以具有經濟意涵的修辭來描繪著「社會」（society）這個概念，例如：「資本主義社會」、「工業社會」、「市民社會」（「市民」指的正是資產階級）等等。所以，我們可以說，正是從戰爭與現代性這樣的角度上，讓我們察覺到傳統社會學的知識體系經營正是建立在對資本主義的觀察基礎之上，而這樣的觀察點也凸顯了傳統社會學知識可能帶來的界限與盲點。那麼，我們是否也可以反過來從戰爭的角度來構想「社會」這個概念？基本上，從紀登斯、Aron 以及以 Mann 為代表的歷史社會學著作中，他們都是以「民族國家與戰爭」這樣的命題來開展相關的討論。的確，不容否認地，無論從思想或實際歷史發展的角度來看，現代戰爭理論總是環繞著民族國家此一議題加以開展的，如同本文開頭所述，民族國家之間的戰爭也標示出過去數百年來現代性的根本特點之一。所以，本文主要想嘗試進行的工作是：首先，將社會學對於「戰爭－國家」的相關思考模式置入更廣闊的思想史脈絡中，藉此來進一步豐富社會學對戰爭與國家議題的理論想像。其中，

有兩條重要的思想史軸線：馬基維利（Niccolò Machiavelli）
的「國家理性」（*raison d'état*）以及克勞塞維茲（Carl von
Clausewitz）的「戰爭理論」。兩人的觀點可以提供我們思考「戰
爭－國家」此一模式的思想入口，而克勞塞維茲的理論更可以
為我們在三大家之外從戰爭的角度提供對現代性觀察的另類視
角。其次，再從思想史的回顧與整理中回到社會理論發展軸線
上，其中，我們可以發現到韋伯（Max Weber）和傅柯（Michel
Foucault）都在一定程度上對這樣的思想史線索做出了檢討或回
應，進而形成了他們對相關議題的不同看法，亦即，如果韋伯
是「民族國家與戰爭」此一理論原型的創始者（之一），那麼，
在傅柯的理論中讓我們看到了他翻轉了這樣的理論原型。或
許，也正是在這樣「創始／翻轉」的理論對比與擺盪中，讓我們
可以去更完整地思索戰爭理論的現代性議題。當然，我們也希
望透過這些思考，進一步去提問邁向更具普遍性的戰爭社會理
論的可行性。

二、戰爭與現代性的思想入口：從馬基維利到克
　　勞塞維茲

（一）馬基維利與「國家理性」

　　馬基維利曾在《論李維》（*Discourses on Livy*）一書的開
頭寫下這樣的一段話：「受到那股天生的欲望所驅使，我總是
感到必須毫不猶豫地去從事那些我相信會帶給每一個人共同
利益的事，我已經下定決心走入一條還沒有人踏過的路徑。」
（Machiavelli 2003: 15）什麼是一條還沒有人踩過的路徑
呢？我們應該如何從思想史的層面，來理解馬基維利這段話

的意義呢？政治哲學家 Leo Strauss 在〈現代性的三次浪潮〉
（The Three Waves of Modernity）一文中就指出，馬基維利的
思想代表了第一波的現代性浪潮（現代思想與古典政治哲學的
第一次斷裂）（Strauss 1989: 84），並且，他認為馬基維利所表
現出的思想原創性的關鍵之一在於：「馬基維利所關注的乃是
事實性的（factual）、實踐性的真理，而非想像（fancies）。」
（Strauss 1989: 88-89）Leo Strauss 此處點出了馬基維利思想上
的特性，亦即，馬基維利尋求的是一種「現實性」（實然）而非
「想像性」（應然）的知識[2]。此種思想發展的特殊意義，或許
應該從馬基維利當時身處的知識處境來加以理解。馬基維利自
己就提到，在他的時代，許多人喜歡談論著古代的羅馬，一尊
古代雕像的殘片會被高價收購，因為可以放在身邊為住家增輝
（Machiavelli 2003: 15）。只是讓馬基維利驚訝的是，許多人
在文學、藝術、民法、醫學都會向古人效法，但是，「在治理共
和國、維持國家（*stato*）、統治王國、治理軍事與經營戰爭、
審判臣民、拓展版圖等方面，竟沒有發現一個君主、一個共和
國、一個軍事領袖或一個公民，曾經求助於古人的楷模。」
（Machiavelli 2003: 15-16）從馬基維利的角度來看，當時的人
文主義者不願意去面對義大利當下所面對的現實難題，亦即，

2　在當代的國際關理論中，往往將馬基維利視為是現實主義（realism）
　　的思想源頭之一，並且，大致上會將所謂的「現實」（real）化約成「國
　　家利益的盤算」諸如此類的想法。不過，筆者認為，馬基維利思想中的
　　「現實」不是純粹是一種「利益」的問題而已，不是只是在尋找所謂的
　　「好處」，而更應該是「認清局勢」。韋伯也曾提出國家領導人必須具
　　備「切事性」（Sachlichkeit）的特質，也就是要就事論事、不能因自己
　　的情感而影響了對局勢的判斷，這樣的思考才是與馬基維利相近的。

義大利的境況就是由於投靠外國君主所陷入的不幸、教皇的干涉、共和國之間的互相征伐。然而，許多的人文主義者談論羅馬，卻只是為了懷念過去羅馬帝國的光榮、想像著古羅馬帝國「統一權力」的恢復。馬基維利正是觀察到永遠不可能再去打造出統一偉大的羅馬帝國，當下的政治難題就是要在無數國家之間不可調解的鬥爭與衝突之中打造義大利民族的統一，馬基維利這項現代性的意見，全面打破了中世紀對政治與歷史的思考。馬基維利預示了以「民族國家」為主體的全球體系將會取代了過去「羅馬帝國」的統一權力。所以，我們可以說馬基維利不是一位「中世紀的哲學家」，他徹底地排除了整個經院哲學的傳統，或者說，「他完成了一種超克整個占統治地位的意識型態的思想」（Althusser 1999: 8）。所以，馬基維利對現代政治共同體的認識，是對當時主流知識的反對、一種認識論上的翻轉，並且，五百年前馬基維利的這項洞見已經成為我們現代人的日常生活的熟悉之事了。

　　馬基維利知識上的創新以及思想上的現代性，並不僅僅在於他意識到了多元的國家體系的發展，另一個特點還在於他由此所引領出的一種極具爭議的國家理性的思想傳統。從《君王論》一書的討論來看，「君主如何確保國家的創建與持久」可以說是當時國家理性思想的核心。不過，我們可以很容易地發現到，純粹這樣的想法並不是新的，古羅馬時代塔西圖（Cornelius Tacitus）的著作早就充斥著相近的思考，他可以說是「國家理性的聖經」（Foucault 2007: 240）。那麼，馬基維利與塔西圖究竟有何差別呢？簡單地來說，他們的處境不同。Fridrich Meinecke 就提到，古代世界並沒有忽略批判國家理性的罪，但是他們並沒有非常在意，「在古代世界人類價值的世俗性使

之有可能以某種平靜的心態看待『國家理性』，將其認作不可制
服的天然力量的結果。古代的罪仍是一種完全天真的罪，還未
被基督教開啟的天堂與地獄之間的鴻溝弄得心神不寧、膽戰心
驚。……它〔指基督教天堂與地域的二元世界圖景〕使得『國家
理性』問題帶有被深切感知的悲劇色彩，那是它在古代從未有
過的。」（Meinecke 1998: 29）所以，馬基維利在國家理性知識
上的現代性，就是他把政治倫理與宗教倫理區分開來之後，就
徹底顛覆了西方長期以基督教價值為核心的一元論傳統，「馬基
維利用這把短刃（dagger）造成了一個永難癒合的傷口」（Berlin
1980: 76）。對馬基維利而言，只有清楚地意識到武力使用是政
治共同體運作的根本，才能徹底清楚地意識到一切政治共同體
相關的問題，例如：武力的使用就會涉及到個體生命的犧牲，
那麼，誰應該去犧牲呢？這是只有支配者站在共同體持存的
基礎上才能決斷的倫理問題。正是在這樣的推論基礎上，馬基
維利強烈地主張「基督教的道德不等於全部的道德」（Skinner
1980: 131）。不過，Leo Strauss 提醒我們要去注意，馬基維利
並不是要去批判或否定宗教的價值，也並非不渴望自己的靈魂
能得到救贖，他只是在宗教倫理與政治倫理之間做出了一種
「衡量」：「相較於自己靈魂的救贖，馬基維利更為關心祖國的
拯救。因此，他的愛國主義背後的設定是，在祖國的位置分量
與靈魂的位置分量兩方之間進行全面的衡量。正是這種全面的
衡量，而不是愛國主義，才是馬基維利思想的核心。」（Strauss
1978: 10）[3]

3　Strauss 從「衡量」的角度來詮釋馬基維利的思想，在一定程度上也呼
　　應了韋伯在諸神之爭或價值多元論中對「價值選擇」的討論。此外，筆

（二）克勞塞維茲的「戰爭理論」

克勞塞維茲生活在拿破崙戰爭的時代中，他更親身參與過1806 年、1812 年、1813 年、1815 年在普魯士與俄國的多次戰役，經歷了拿破崙軍隊占領日耳曼的屈辱以及席捲歐洲的震撼，他試圖透過實際的戰爭經驗來建構出一種具普遍性的戰爭理論（the universal theory of war）以作為富國強兵之道。基本上，克勞塞維茲可以說是第一位把戰爭本身提高到在研究上具有認識論（epistemology）與本體論（ontology）地位的人，而《戰爭論》（*Vom Kriege*）一書可以說是他對拿破崙戰爭的具體知識回應[4]。在這本書中，克勞塞維茲至少提出兩個重要的理論

者認為馬基維利知識上的創新與現代性可以歸結為他對兩種普遍形式（universal forms）的反對（反省），亦即，古羅馬帝國統一的政治權力與中世紀基督教的普遍性。我們可以在第四節傅柯相關的論述中獲得進一步的討論。

4　《戰爭論》基本上是一本未經克勞塞維茲完整修訂，而在其死後（1831）由妻子（Marie von Clausewitz）所整理出版的書。按照其妻的說法，克勞塞維茲大約是在 1816 年反法戰爭結束不久，開始了最初的研究工作，在 1818 年擔任柏林軍官學校校長開始專注於該書的寫作，這個工作一直持續到 1830 年，後因職務調動工作忙碌而暫停了寫作。在 1827 年的一篇文章中，克勞塞維茲曾表達，在全書八篇中，第一到第六篇尚須改寫，第七和第八篇仍屬草稿性質，不過，他也指出：「儘管這部著作沒有完成，我相信一個沒有偏見的、追求真理和理解的讀者會承認如下的事實，亦即，本書前六篇——儘管形式不完整——包含了那些經過多年對戰爭的反思和熱心研究所獲得的成果。讀者們甚至於會發現到書中所包含的基本觀念可能在戰爭理論中引發一場革命。」（Clausewitz 1984: 70）而在更晚年的一篇未完成的文章中，他提到：「我認為僅就本書第一篇第一章可以算是已經完成的。這一章提供了完整性，它指出了我在全書到處都要遵循的方向。」（Clausewitz

分析軸線：從「戰爭的本質」（nature of war）來討論現代戰爭
的概念以及「政治與戰爭兩者之間的相互關係」（戰爭是政治通
過另一種手段的繼續），這兩條軸線也可以說是一種「本質式」
／「關係式」的不同思考模式[5]。透過這兩條理論軸線的鋪陳，克
勞塞維茲試圖去處理戰爭轉型（transformation of war）的議題，
亦即，經由戰爭轉型來認識現代戰爭的特點（拿破崙戰爭所呈
顯的現代性）。基本上，他指出兩種戰爭的形式：「絕對戰爭」
（absolute war）和「有限戰爭」（limited war）。前者呈現出一種
純粹戰爭邏輯的運作，強調敵對雙方在暴力運用上的徹底性；
後者則是克勞塞維茲為了對歷史上各種各樣的戰爭取得更具普
遍性的解釋，而提出不同的政治目的會對暴力運用的徹底性形
成制約。

　　從「戰爭」的角度，克勞塞維茲轉移了現代性的關注焦點，
不再是 1789 年的法國大革命，而是拿破崙的軍隊、拿破崙所
引領的戰爭形式對於歐洲整體秩序的改變。克勞塞維茲見證了
「絕對的戰爭形式」（absolute form of war）成為我們這個時代
的現實：「在法國大革命做了簡短的前奏以後，肆無忌憚的拿
破崙迅速地把戰爭推到這一點上〔指絕對戰爭〕。在拿破崙的
指揮下，戰爭毫不停頓地進行著，直到對手失敗為止，而且，
還擊也幾乎是同樣毫不停頓地進行的。」（Clausewitz 2004:
342）這是一個戰爭（軍事）技藝（art of war）轉型的年代，拿

1984: 70）

5　由於《戰爭論》是一本未完成之作，如此也帶來了理解詮釋上的不穩定
　　性，其中一條爭議的主軸就是在於這兩條理論軸線在克勞塞維茲整體
　　分析中的定位問題，可以參閱 Gat（1989: 215-250）對於此一爭議的說
　　明。

破崙的軍隊正是一支現代性的隊伍，它擊潰了所有歐洲傳統君主的軍隊。英國著名的戰略學者富勒（J.F.C. Fuller）就指出：「現在〔指法國大革命後〕有兩種不同的戰爭形式同時存在著，一種是古老的有限形式，另一種是正在萌芽中的無限形式。」（Fuller 1996: 39）

　　對於克勞塞維茲而言，兩種戰爭形式的關鍵差異正是在於：「〔18世紀的〕戰爭還只是政府〔或君主〕的事務……而19世紀初，作戰雙方的人民（Völker）已經是舉足輕重的力量了。」（Clausewitz 2004: 344-345）克勞塞維茲從一般性的歷史事件來進行檢視，他就提到普魯士的腓特烈大帝（Frederick the Great）在1742年、1744年、1757年和1758年，向奧地利採取軍事行動時，「並不是想通過這一行動打垮奧地利，而是一個次要的目標，那就是想要贏得時間和力量。追求這個次要目標就不用去擔憂，因為這並非將國家的生存孤注一擲」（Clausewitz 2004: 344）。在這種有限戰爭的形式中，「戰略是以消耗為主，而不是以殲滅為主，目的是消耗敵人的精力，而不是要殺死他。」（Fuller 1996: 31）相反地，在絕對（無限）戰爭的形式中，「由於人民參加了戰爭，於是，不再是政府和國王的軍隊，而是全體人民具有舉足輕重的分量了。……當這一切在拿破崙手中都趨於完善以後，這支依靠全體人民的軍隊（Kriegsmacht）就信心百倍地踏遍歐洲，粉碎了一切抵抗，在任何舊式的國王軍隊前面沒有產生過猶豫」（Clausewitz 2004: 352-353），所以，我們可以發現到，在絕對戰爭的形式中，就是要集中力量去殲滅敵軍，只有戰鬥、只有毀滅。

　　為何能形成上述兩種戰爭形式的差異和歷史轉型？這是需要進一步深究的問題。基本上，我們可以沿著克勞塞維茲所提

出的兩條理論軸線來進行討論。首先，克勞塞維茲透過「戰爭本質」的說明，一方面描述了拿破崙絕對戰爭的特點，另一方面也為我們提供了一個思考現代「戰爭概念」的方向；其次，經由「戰爭是政治通過另一種手段的繼續」此一命題，克勞塞維茲提出了以 18 世紀末歐洲整體政治秩序的變化，來作為理解拿破崙絕對戰爭形式迸發的關鍵，並且，此一命題的建構也使克勞塞維茲的理論建構取得更大的普遍性。

　　克勞塞維茲認為：「理論的任務就是把戰爭的絕對型態（absolute Gestalt）放到首要的地位，並且也需要將它看作是研究問題的靶心（Richtpunkt）。」（Clausewitz 2004: 343）而他對此一戰爭概念的建構，一方面是通過其對拿破崙戰爭的實際體驗來加以討論的：「正是 1805 年、1806 年和 1809 年的戰役以及以後的戰役，才有助於我們得出現代的絕對戰爭的概念。」（Clausewitz 2004: 345）另一方面，則是通過歷史的比較來凸顯、辨識出 19 世紀戰爭的現代特點。克勞塞維從戰爭的角度對西方的歷史進行了扼要的分期：古代的共和國、中世紀的封建領主和商業城市、18 世紀的專制君主、19 世紀的君主和人民。不同的時代環境形塑了不同的戰爭方式和軍隊型態。古代的共和國把廣大的平民排除在軍隊之外，戰爭只局限於掠奪和小規模的行動；封建軍隊的戰爭是短暫的，建立在個人（騎士）戰鬥的基礎上，克勞塞維茲評論說：「在歷史上沒有一個時期像這個時期〔指封建時代〕那樣，國家的連帶是如此的鬆動，各個國家成員是如此的獨立自主」（Clausewitz 2004: 347-348），而同一時期的商業城市則使用雇傭兵（*condottieri*）來進行戰爭，軍隊人數大大受到限制，作戰不再帶有仇恨感和敵對心，戰爭成為了交易用的商品；到了專制君主時代，對於整塊領土的統治強

化了國家的結構，長期領軍餉的士兵代替了短期的雇傭兵和封建的騎士，以國庫供養的常備軍（standing army）在歷史上開始萌芽，不過，就軍隊型態的演進來看，一直到 18 世紀還能看到雇傭兵的個別殘跡。克勞塞維茲認為，一直要到 1893 年，全體**法國人民直接參與**了對抗反法聯軍的戰爭，這才使得戰爭的概念取得絕對的型態：

> 自從拿破崙出現以後，戰爭首先在作戰的一方，爾後又在另一方變成全體人民的事情，於是戰爭獲得了完全不同的性質，或者更確切地說，戰爭獲得已經**非常接近了其真正的性質，接近其絕對完善的型態**（*absoluten Vollkommenheit*）。戰爭中作用的手段已經沒有明顯的限制（Grenz），這種限制已消失在政府及其臣民的幹勁和熱情之中。……於是戰爭的元素從一切因襲守舊的桎梏中解放出來，爆發出全部自然的力量。這是因為各國人民參加了這項重大的國家事務。而人民之所以參加，一方面是由於法國革命在各國內部產生了影響，另一方面是由於各國人民遭到了法國人的威脅。（Clausewitz 2004: 353；強調為原文所有）

對克勞塞維茲而言，所謂絕對戰爭的絕對性，就是表現在**戰爭自身內在邏輯運作的徹底性**。所以，克勞塞維茲所建構的戰爭概念，也就是在闡明戰爭自身運作的邏輯規律。在《戰爭論》一書的首篇所討論的就是「論戰爭的本質」，克勞塞維茲為該篇第一章所下的標題就是：「什麼是戰爭？」一開始克勞塞維茲就為戰爭這個概念提出一個至為關鍵的要素：「雙方的鬥

爭」（Zweikampf），他明確而簡要地做出了如下的界定：「戰爭無非是擴大的雙方鬥爭……想像一下兩人搏鬥〔打架〕的情況。」（Clausewitz 2004: 9）而在第二篇「論戰爭的理論」中，他還是繼續以「戰爭－鬥爭」的討論作為開頭：

> **戰爭就其根本的意義來說就是鬥爭。**因為在廣義上稱為戰爭的複雜活動中，唯有鬥爭才是有效的原則（wirksame Prinzip）。鬥爭是雙方精神力量和肉體力量通過後者所進行的一種較量……由於鬥爭的需要，人們很早就作了一些專門的發明〔主要是指武器和裝備〕，以便在鬥爭中使自己處於有利的地位，因此鬥爭起了很大的變化。但是，不管鬥爭怎樣變化，它的概念並不會因此有所改變，它仍是構成戰爭最本質的東西。（Clausewitz 2004: 55；強調為筆者所加）

在「戰爭－鬥爭」的理解基礎上，克勞塞維茲為「戰爭」這個概念提出了一個重要的界定：「**戰爭也就是一種迫使敵人服從我們意志的暴力行為。**」[6]（Clausewitz 2004: 9；強調為原文所有）我們可以從「手段」和「目的」這兩個層面來進一步說明此一界定，亦即，對克勞塞維茲而言，戰爭就是要藉由「暴力」的手段來達成「將自己的意志強加於敵人」這樣的目的。在目的這個層面，克勞塞維茲進一步解釋說：「**因為戰爭既然是迫使敵人服從我們意志的一種暴力行為，它所追求的就必然始終**

6　原文為：Der Krieg ist also ein Akt der Gewalt, um den Gegner zur Erfüllung unseres Willens zu zwingen.（Clausewitz 2004: 9）

是而且只能是打垮敵人，也就是使敵人無力抵抗」（Clausewitz 2004: 23；強調為原文所有），所以，要達成戰爭的目的就是要「打垮敵人」、「使敵人無力抵抗」。再從手段的層面來說，克勞塞維茲強調，所謂的暴力就是一種「身體的暴力」（physische Gewalt）（Clausewitz 2004: 9），「一切都要在**武器解決**（*Waffenentscheidung*）這個最高法則之下……要用**流血的方式解決危機**，亦即，目標就是消滅敵人的軍隊」（Clausewitz 2004: 33；強調為原文所有）。所以，在戰場上實際的鬥爭手段就是「戰鬥」（Gefecht）（Clausewitz 2004: 30），而通過「軍隊」實現的戰鬥也會是**唯一的**手段。此處，我們可以注意到克勞塞維茲在「鬥爭－戰鬥－軍隊」三者之間所形成的延伸性推論，它們也構成了理解整體戰爭概念的基本架構。而基於上述的理解，也使克勞塞維茲得以把戰爭同其他暴力衝突的形式區別開來：「**戰爭是一種巨大的利益的衝突，這種衝突是用流血的方式進行的，並且，它與其他衝突不同之處也正在於此。**」（Clausewitz 2004: 75；強調為原文所有）克勞塞維茲還提醒我們：「文化教養（Bildung）的增長絲毫沒有妨礙或改變戰爭概念所固有的消滅敵人的傾向。」（Clausewitz 2004: 10）最後，我們可以再回過頭來進一步思索克勞塞維茲在一開始為我們提供的戰爭意象或比喻，亦即，戰爭就像兩個人在搏鬥、打架，克勞塞維茲透過此種比喻其背後想要去傳達的一個重點在於：戰爭是「兩股**活的力量**（lebendigen Kraft）之間的衝突。」（Clausewitz 2004: 11；強調為原文所有）由於雙方在運作上都有徹底消滅對方的傾向，所以，在兩股力量的交互作用下，戰爭就會趨向極端的發展。克勞塞維茲從這樣的想法中推導出，在戰爭概念中所內含的最重要的邏輯規律就是：「**戰爭就是一**

種暴力的行為，而暴力的使用是沒有界限的。」（Clausewitz 2004: 11；強調為原文所有）

克勞塞維茲為了能夠建立一個具有普遍性的戰爭理論，他並不滿足於僅僅只是去說明戰爭的概念，他在《戰爭論》第八篇題為「戰爭計畫」（Kriegsplan）的討論中，就為自己提出了一個相關的理論難題：

> 我們是否應該只保留戰爭的原始概念（ursprünglichen Begriff des Krieges），不管戰爭離開原始概念多麼遠，對一切戰爭都根據這個原始概念來判斷呢？是否應該根據這個原始概念推論出理論中的一切結論呢？……從亞歷山大直到拿破崙以前所進行的一切戰爭，我們又如何解釋呢？……我們必須告訴我們自己，在今後十年內也許又會出現同我們的理論相違背的戰爭種類。（Clausewitz 2004: 342）

為了克服戰爭的多樣性所形成的理論難題，克勞塞維茲就提出：「戰爭無非是政治通過另一種手段的繼續」[7]這個命題（Clausewitz 2004: 21），我們「必須把它〔戰爭〕看作是**另一個整體**（Ganzen）的一部分，而這個整體就是政治」（Clausewitz 2004: 364；強調為筆者所加）。在這個層面上，戰爭就是手段，政治就是目的（可以對照在戰爭概念中手段和目的的討論）他強調：「**由於戰爭只是政治交往的一部分，所以絕不是什麼自發**

7　原文為：Der Krieg ist eine bloße Fortsetzung der Politik mit andern Mitteln.
　　英譯為：War is merely the continuation of policy by other means.

的東西（Selbstänndiges）」（Clausewitz 2004: 364；強調為原文所有），切斷兩者的聯繫，只會得到一種毫無意義和毫無目的的東西。更進一步地來看，正是政治所形成的意圖才賦予了戰爭行動的意義，反過來，克勞塞維茲告誡我們說：「如果人們一開始就不能在心中清楚冷靜地知道要用戰爭意圖達到什麼，以及意圖如何去指導戰爭，那麼就不能開始戰爭。這個主要思想規定了所有的方向，確定了使用手段的範圍和所用力量的大小，而且一直影響到軍事行動的最小環節。」（Clausewitz 2004: 341）那麼，克勞塞維茲是如何去討論政治意圖的形成呢？首先，克勞塞維茲將「政治」的概念界定為：

> 政治在它本身中集中和協調內政（inneren Verwaltung）的一切利益，也集中和協調個人的一切利益和哲學理解上所能提出的一切其他利益；因為**政治本身不是別的，對其他國家而言，它無非是這一切利益較為赤裸的代理者**（bloßer Sachwalter）。……軍事技藝在任何情況下都不能作為政治的導師。在這裡**我們只能把政治看作是整個社會的一切利益的代表**（Repräsentanten）。（Clausewitz 2004: 365-366；強調為筆者所加）[8]

所以，政治意圖是要從整個政治共同體的利益（民族國家的利

8　事實上，對於克勞塞維茲「政治」概念的理解，仍是有待更多的引申和討論的。例如，Herberg-Rothe（2007: 141-147）就提出政治雙重性（doubling）的問題，亦即，在克勞塞維茲著作中「主觀性的政治」／「客觀性政治」的不同面向。

益、國家理性）來加以辨識的。從社會學的認識角度而言，「民族國家＝社會」是克勞塞維茲存而不論的預設，也是我們必須注意的理解前提。在這樣的脈絡下，我們就可以理解為什麼克勞塞維茲會認為戰爭屬於「人類社會生活的領域」，他曾論證說：「戰爭是在一國本身的社會狀況和國家彼此之間的關係中產生的」（Clausewitz 2004: 10），只有在這整體的利益脈絡中，來對各種可能的情境進行檢視，才能判斷即將來臨的戰爭、戰爭行動可以追求的目標和必要的手段。

從這樣的討論中，我們可以了解到，克勞塞維茲建立了兩條重要的理論軸線：「戰爭的本質」和「戰爭與政治的互動關係」。從戰爭本質的討論中，他描述了現代戰爭的絕對型態，此外，為了建構一種更具普遍性的戰爭理論，他進一步提出將戰爭納入政治的整體中來加以觀察的做法。然而，在前面對於戰爭本質和概念的討論中，我們已經指出，克勞塞維茲強調了絕對戰爭在理論上的首要性，那麼，似乎就會與政治因素首要性的考慮會產生理論論證上的矛盾？我們認為可以從兩個方向來加以回答。首先，在理論上，克勞塞維茲會強調**戰爭的絕對型態仍是在某種政治條件下產生的**，亦即，全體人民直接參與的政治，所以，克勞塞維茲認為：「戰爭的特點越接近於絕對戰爭，戰爭的輪廓包括交戰國的群眾並把他們捲入這漩渦之中，那麼戰爭的各次事件之間就越有聯繫，就越有必要在邁出第一步以前先考慮好最後一步」（Clausewitz 2004: 345），這也就是說，當戰爭同整個民族生存的關係越大時，戰爭也就會越接近絕對的型態；另一方面，則是可以從克勞塞維茲的價值關聯來加以解答，他曾說了一句值得我們反覆思索的話：「**政治目的也不是因此就可以成為專橫的法則制定者**（despotischer

Gesetzgeber），**它自身必須適應手段的性質。**」（Clausewitz 2004: 21；強調為筆者所加）這句話似乎又強調了戰爭對政治的主動作用，這點可以如何來理解呢？我們認為這句話是無法從純粹的理論邏輯來推導的，這涉及到克勞塞維茲的現實關懷，對克勞塞維茲而言，**他並不是只是要作一位理論家，他更關心的是當下普魯士的生存與強大，他費盡心力去澄清拿破崙戰爭的重要意義，就是希望他的君主與國家能去認清時代的變化與現實性。**所以，我們可以說，「戰爭不過是政治通過其他手段的繼續」這個命題在普遍戰爭理論中是首要的，然而透過「絕對戰爭」這個概念的建構才能充分凸顯出克勞塞維茲理論的時代意義。

　　以上述的論證為基礎，我們可以再回過頭來對法國大革命後的歐洲局勢進行檢討。克勞塞維茲認為，法國大革命與拿破崙軍隊所取得的勝利，其原因不是在軍事範圍內尋找，而是由於舊制度（*ancien régime*）錯誤的政治認識：

> 法國革命對外所產生的巨大影響，與其說是由於新的戰爭領導的手段和觀點引起的，不如說是由於國家和內政管理的徹底變化、新的政府特點和法國人民的狀況改變等等所引起的。至於其他各國政府未能正確地認識這一切，企圖用慣用的手段同那些新的和壓倒一切的力量抗衡：**所有這些都是政治的錯誤**（*Fehler der Politik*）。（Clausewitz 2004: 368；強調為原文所有）

等到這些錯誤完全暴露出來時，拿破崙的軍隊早已橫掃一切，專制君主的政治認識最終無法「察覺到在法國所迸生出

來的力量性質，以及，理解到歐洲所取得的新的政治關係」
（Clausewitz 2004: 368）。所以，政治的錯誤也造成了舊有軍事
技藝的錯誤，君主慣用的手段早已不能應付眼下的政治要求。
拿破崙徹底「打垮敵人」的戰爭技藝與專制君主以「戰術調動」
（manœuvres）為主的戰爭技藝形成了強烈的對比。傳統的軍
隊是由君主的金庫培養的，屬於君主私人的，不涉及人民的利
益（Lawrence 1997: 16）。在君主時代，敵對雙方的力量和限度
都是彼此可以估計出來的，戰爭失去了暴力運用的徹底性（極
端性），如同紙牌遊戲的外交取代了戰爭，歐洲各國共同發展
出了「權力平衡」（balance of power）的政治秩序。然而，如
同前面已經提到過的，當 1793 年時，反對大革命的封建聯軍
集體入侵法國，年輕的法蘭西共和國實行了「徵兵制」，這樣
的制度使得戰爭成為全體人民之事。國王的戰爭結束了，人民
的戰爭開始了，克勞塞維茲認為，這樣的變化使得戰爭更接近
其絕對形式：「**改變了的政治狀況提供了不同的手段和力量，
並且，產生了在其他情況下難以想像的作戰能量**（*Energie der
Kriegführung*）。」（Clausewitz 2004: 369；強調為原文所有）

　　正是從戰爭－政治的認識圖示，讓我們理解到了整個軍事
技藝轉型的歷史意義與成因，拿破崙的軍隊不僅是一支全新
的軍事力量，更是一種新的國家、經濟與社會形式的呈現。此
外，相較於在革命之前，由整個歐洲舊體制所維持的長期權力
均衡，被拿破崙的軍隊打破了，法國以單一的國家挑戰了整個
歐洲大陸（Gat 1989: 200），把法國大革命從法國的歷史轉變為
歐洲的歷史（Hobsbawn 1997: 83），歐洲第一次見證到了民族
主義作為一項軍事工具所達到的意識型態效果；並且，拿破崙
軍隊的入侵，也反向地激起了歐洲各國民族主義的情緒，以及

19 世紀一系列現代民族國家的改革。

三、戰爭與民族國家：韋伯的理論創始

　　從社會學對於戰爭與民族國家的相關研究來看，韋伯的理論觀點可以說是具有奠基性與創始性的地位 [9]。因為，在社會學的發展過程中，這些相關研究幾乎都與韋伯的理論思想有所牽連，他們包括了英國的紀登斯 [10]、法國的 Aron 和美國的歷史社會學（除了 Mann 以外，還有 Theda Skocpol、Charles Tilly 等人）。紀登斯的重要著作《民族－國家與暴力》正是以韋伯的「國家」概念為基礎。至於 Aron 則可以說是在法國社會學圈中，最重要的韋伯詮釋者與傳播者，他自己也親身寫作了許多有關戰爭、國家乃至於延伸至國際關係層次的著作，此外，他還在 1971 年到 1972 年間法蘭西學院的演講課程中，講授了克勞塞維茲的戰爭思想與哲學（Aron 1983）。美國的歷史社會學派則是在 1970 年代中期開始重新探討韋伯學說中國家權力與現實政治的部分，因而也被稱為「新韋伯學派」，並且，他們的研究超越了單一民族國家的分析框架，把視野擴展到國際關係

9　本文試從較為概念性與理論性的層面來討論韋伯對於戰爭與民族國家的相關思考，相較於此，許多具體的、具經驗性質的歷史社會學分析可以讓我們更清楚地了解到現代戰爭與民族國家行程之間更為錯綜糾結的歷史關係。Nobert Elias（1999）在「文明化過程」（the civilizing process）的研究中就利用「權力型態」（power figuration）這個概念來解釋戰爭與歐洲民族國家形成這個歷史課題。

10　英國的社會學發展中，對戰爭議題的關注還可以注意到 Martin Shaw（1991）, Marry Kaldor（2006）等人。

的層次（汪宏倫 2011：263）。從上述的學術發展脈絡來看，我們認為，相較於馬克思或涂爾幹，韋伯在戰爭與民族國家的議題上占據著關鍵的理論地位。所以，我們不能僅是以資本主義的知識生產框架而是要用戰爭與國家的知識生產之框來認識韋伯的思想與著作，從而提煉出更多社會學對相關議題的思考空間[11]。

（一）解讀韋伯：在「政治社會學」中的「地緣政治學」

在韋伯著作的傳播過程中，由於其作品本身呈現出多樣與繁雜的內容，所以，曾經造成過許多詮釋上的爭議。在 1975 年時，著名的韋伯研究者 Tenbruck（1980）發表了〈韋伯著作中論題統一性的問題〉（The Problem of Thematic Unity in the Works of Max Weber）這篇文章，在文中力陳《經濟與社會》（*Wirtschaft und Gesellschaft*）並非韋伯主要代表作這樣的觀點，姑且不論此一觀點的正確與否，這篇文章使得韋伯作品史的「論題統一性」（核心的問題意識）成為以後韋伯研究再也無法迴避的問題。一般而言，社會學對於韋伯作品的解讀往往環繞在《新教倫理與資本主義精神》（*Die protestantische Ethik und der Geist des Kapitalismus*）、《宗教社會學論文集》（*Gesammelte Aufsätze zur Religionssoziologie*）、《經濟與社

---

11 如果總體戰是民族國家之間戰爭最重要的形式，那麼通過兩次世界大戰的經驗，我們可以發現到德國是總體戰時代最重要的戰爭發動機。在這樣的背景下，我們的確可以在 19 至 20 世紀的德國發現到一條不同於英國自由貿易而強調國家與軍事的思想傳統，除了韋伯和克勞塞維茲之外，還可以包括了 Ludwig Gumplowicz, Gustav Ratzenhofer, Franz Oppenheimer, Carl Schmitt 等人（Joas 2003: 142; Malešvic 2010: 28-33）。

會》和《方法論》（*Gesammelte Aufsätze zur Wissenschaftslehre*）等中後期的著作之上，所以，也往往會認為韋伯的核心問題意識就是以理念或文化的角度來解釋西方資本主義的發展。其實這樣的解讀是深受帕深思（Talcott Parsons）的影響，因為，他一方面翻譯了韋伯《新教倫理與資本主義精神》和《經濟與社會》的部分篇章，另一方面，他也以韋伯的理論來作為建立「結構功能論」（structural functionalism）的重要起點之一。帕深思過去的這些努力也就形成了英語世界解讀韋伯作品的共識，乃至於一種「偏見」。此外，我們也應該注意到，韋伯學說能在美國受到重視，與當時冷戰的脈絡有著密切的聯繫，因為，他的學說被公認為是最能夠和馬克思主義相抗衡的思想力量（在帕深思的代表作《社會行動的結構》[*The Structure of Social Action*] 一書中就沒有討論到馬克思主義的觀點），而《新教倫理》也還進一步與當時美國現代化理論的研究結合起來（顧忠華 1992：28-30）。

　　相對於英語世界的解讀趨勢，Aron 卻對韋伯著作中的「論題統一性」提出了不同的看法。他在《社會學理論的思潮》（*Les etapes de la pensee sociologique*）這部法國版的社會學理論教科書中，提出了不同於紀登斯在《資本主義與現代社會理論》一書中的看法，他認為「韋伯的政治社會學直接受到當時德意志帝國和西歐形勢解釋的激發」（Aron 1967: 233）：「許多社會學家都像涂爾幹相信國家的軍事功能已經過時了，韋伯則不認為如此。他相信強權國家將不斷地互相傾軋……他所注意到的當前的社會問題──如德國東部波蘭人民的問題──都是根據一個至高無上的目標，即德意志民族的強大。」（Aron 1967: 242）從 Aron 的觀點中，我們可以發現到對於韋伯論題統一性的另

一種詮釋方向：不是資本主義，而是一種以民族國家為核心且帶有地緣政治觀點的政治社會學透露出了韋伯整體著作問題核心。

　　藉由上述的討論讓我們發現到帕深思對韋伯著作詮釋上的偏見與盲點，事實上，他讓我們忽略了 1890 年代的著作與中後期著作之間的整體聯繫，如此，也就無法將政治社會學這個面向的論題統一性凸顯出來（Barbalet 2008: 15）。從 1892 年起，韋伯（Weber 1993）就針對德國東部的農業勞動問題進行了兩次調查，立基在上述調查研究的材料上，形成了他在佛萊堡（Freiburg）大學的就職演講〈民族國家與國民經濟政策〉（Der Nationalstaat und die Volkswirtschaftspolitik）（1895）。這篇就職國民經濟學教授的演講內容，實際上觸及到了後俾斯麥時代德國整體政治經濟問題的核心，例如：新興資產階級與舊有容克貴族的對立、西部工業城市與東部農業莊園地經濟模式的對立。韋伯站在維護德國民族利益的立場上討論了波蘭人（廉價勞動力）日益入侵德國東部邊境所造成的經濟生存鬥爭的問題。所以，韋伯對易北河東部的農業勞動問題的研究，使他在 1890 年代就涉入了後俾斯麥時代德國政治問題的核心（Tribe 1989: 86），並且，他是以一種地緣政治的角度來思考德國民族國家的發展問題。韋伯此種以地緣政治的角度來思考民族國家利益的特點，事實上到了一次世界大戰期間的政論文章也更徹底的表達出來，例如：他對當時德國所採取的無限制潛艇政策所做的檢討，包括了〈日益加劇的潛艇戰〉（Der verschäfte U-Boot-Krieg）、〈在歐洲強權底下的德國〉（Deutschland unter den europäischen Weltmächten）等文章（Weber 1984），都在在透露出韋伯對於當時德國地緣政治的思考。在〈在歐洲強權底

下的德國〉[12] 一文中，韋伯強調以一種「切事政治」（sachliche Politik）而非「仇恨政治」（Politik des Hasses）或「情感政治」（Gefühlspolitik）來理解德國的處境（Weber 1984: 164）。韋伯認為德國是一個強權國家（Machtstaat）是一個不可避免的命運（Schicksal）（Weber 1984: 163），所以，重點在於切事的去承擔這樣命運所帶來的歷史任務。韋伯花了許多篇幅討論了德國當時的地緣處境，包括了與俄國、英國、法國等強權的關係，甚至兼論了周遭小國的問題（例如：比利時、波蘭等）。韋伯也反駁了戰爭的爆發是純粹基於一種經濟性的理由（Weber 1984: 171），他強調「最終決定性的戰爭理由」（der letzte entscheidende Kriegsgrund）就是「我們是一個強權國家」（Weber 1984: 190）。所以，對韋伯而言戰爭並非只是為了經濟利益，更根本的是強權國家的權力乃至於背後的尊嚴與榮譽。我們認為，從 1914 年到 1918 年戰爭時期的政論文章中，或許可以延伸出對 1919 年〈政治作為一種志業〉這篇代表性演說的內容更進一步且確切的理解。

（二）韋伯論「國家理性」：繼承與延伸

德國歷史學者 Wolfgang Mommsen 在其 1959 年所出版的《韋伯與德國政治：1890-1920》（*Max Weber und die deutsche Politik: 1890-1920*）一書中，就認為「民族國家」是韋伯整體研究上最重要的價值關聯：「韋伯的民族概念的性質對於他的

12　韋伯在 1916 年 10 月於慕尼黑進步人民黨（Fortschrittlichen Volkspartei）的公開集會中以「德國世界政治的處境」（Deutschlands weltpolitische Lage）為題發表了演說，這正是〈在歐洲強權底下的德國〉該文的前身。

政治價值系統來說是具核心性的：對韋伯而言，民族國家的權力是根本的價值，並且，所有的政治目標都要完全服從民族的要求。」（Mommsen 1984: 48）不過，值得我們進一步思索的是，韋伯對民族國家此一概念的探討有何特殊之處？ Mann 在〈戰爭與社會理論〉（War and Social Theory）一文中就指出，無論是馬克思主義或是自由主義的傳統都是透過「階級」這個帶有經濟意涵的概念來界定「國家」這個概念，例如，馬克思主義將國家視作是支配階級利益的反映，自由主義則將國家視作是諸階級之間的中介與調解的制度（Mann 1988: 151）。相較而言，在韋伯的理論中是從各社會價值領域分化（如：政治、經濟、宗教等等）的角度，來將國家此一政治領域視作是具有自身固有法則性（Eigengesetzlichkeite）的價值領域。此外，紀登斯在《民族－國家與暴力》一書中提出了更進一步的看法。他認為無論是社會演化理論或是馬克思主義理論，批判的重點並非是指國家的概念被他們棄置了，例如，在 20 世紀許多的馬克思主義者，就發展出了豐富的國家理論，但是，紀登斯認為：「所有這些著作，事實上都專注於國家在經濟生活中的角色，或專注於國家乃是『內部』壓迫（'internal' oppression）的焦點。」（Giddens 1987: 28）所以，我們可以說，傳統社會學並非棄置了對於國家本身的討論，而是**從民族國家的特殊性**（specificity）來理解社會實在的角度被棄置了，這才是紀登斯對傳統社會學知識的反省中所要凸顯出的問題癥結，也只有從這樣的角度也才能凸顯出韋伯國家概念的理論特點。那麼，什麼是民族國家的特殊性呢？韋伯對（現代）國家的概念界定中，清楚地說明了這一點，其中最為關鍵的就是：「**正當的物理**

性質的暴力**壟斷**（*Monopol legitimen* physichen Zwangs）。」[13]（Weber 1976: 29；強調為原文所有）簡單而言，現代國家最巨大而特殊的統治手段就是「暴力（武力）的使用」，而這樣的界定也就讓我們可以在韋伯的理論中將國家與戰爭這樣的議題聯繫起來。

　　韋伯在 1919 年德國戰敗國內政治情勢動盪之際，於慕尼黑大學發表了著名的〈政治作為一種志業〉這篇演說。在不算短的演講內容中，韋伯幾乎將他過去所有對政治社會學的思考一氣呵成地表達出來。韋伯首先進行的工作就是對「政治」這個概念做出了界定，其中最核心的就是他以「民族國家」為前提來進一步精確化「政治」這個概念：「我們今天所謂的政治，指的是對一個**政治團體**——這在今天是指**國家**——的領導，或對這種領導所施的影響。」（Weber 1992[1991]: 157[170]；強調為原文所有）從這樣的界定中，我們可以發現到，韋伯一方面將民族國家與政治的概念連結在一起，另一方面，他還更進一步界定出**政治就是支配者對國家的領導**。後者凸顯出韋伯如同馬基維利一般，在對政治共同體（民族國家）的思考上都很著重支配者（一人統治）與共同體持存之間的關係，在《君王論》一書中馬基維利所提出的是「新君主」，韋伯在〈政治作為一種志業〉一文中提出的則是「志業政治家」。馬基維利之所以提出新君

13　就德文的用字而言，韋伯在界定國家概念時有時會用 "physichen Zwangs"，有時則會用 "physiche Gewalt"（可譯為「身體的暴力」），這個用法就與克勞塞維茲在界定戰爭概念時一致（"Gewalt" 也同時擁有「暴力」、「武力」的意涵）。此外，"Monopol legitimen physichen Zwangs" 也可譯為「正當身體強制的壟斷」，正文中所使用的翻譯（正當的物理性質的暴力壟斷）是採用了張旺山（2007：158）的見解。

主，就是因為這是解決當時義大利政治形勢難題的最佳形式，這是一個有德性的超常個人，調動起在他領導下統一義大利所需要的那些力量。所以，馬基維利（Machiavelli 1997）為了凸顯新君主對於當下義大利政治形勢的重大意義，在第一章中，他就先將君主國分門別類，然後，從第二章到第十一章，就對它們——加以評析，他的例證從古代的到現代的、從我們熟悉的到不熟悉的，從好的到不好的、從值得效法的到不值得效法的。韋伯在〈政治作為一種志業〉的前半部花了相當的篇幅，透過一系列的類型學分析對「職業／志業政治家」（依賴／為了政治而活）進行了結構與制度面向的討論。相對於此種外在結構，韋伯更強調志業政治家的「人格」條件，因為，對韋伯而言，只有從一種主觀性與內在意義的角度才能凸顯出「志業」這個概念的特點。韋伯對志業政治家人格的強調可以說呼應了馬基維利在《君王論》對新君主「德行」（virtue）（君主內在的素質與能力）的論證。韋伯強調經由志業政治家所具備的三項人格特質（熱情、責任感與判斷力）來面對政治「命運」，而馬基維利則認為要透過君主的德性（如機智、敏銳、決心與判斷的能力）來克服外在客觀且不確定的「機運」（fortune）（機會、偶然、意外、運氣等等）。總體而言，我們可以說韋伯對於支配者的強調，可以說是延續了馬基維利君王論的思考傳統，而〈政治作為一種志業〉也可以被視為《君王論》一書的現代版。

　　基本上，我們認為韋伯在一定程度上是馬基維利思想的繼承者，不過，韋伯不同於（超越於）馬基維利之處正是他對「正當性」此一概念的討論。相較於馬基維利「國家理性」的想法，韋伯以「支配／正當性」這組概念延伸與推進了我們對於國家權力或政治共同體的思考。韋伯認為任何一種支配行動之所以

可能必須立基於一種「內在的心理根據」（innere Begründung）
（Weber 1992[1991]: 161[173]），亦即，一種「正當性的信念」
（Legitimitätsglaube），不同的正當性信念也就形成了不同的支
配類型（法理型、傳統型、卡里斯瑪型）。所以，我們可以進一
步從支配的「信念」來延伸對於民族國家的討論，亦即，信念對
於建構現代政治共同體的重要性。對於韋伯而言，現代政治共
同體的形成不是依賴於純粹的「血緣」，而是同種的「信念」，
亦即，一種基於語言和文化的共同體歸屬感，這樣的歸屬感是
後天習得、教養（Bildung）的結果。韋伯強調一旦與共同體的
聯繫消失或斷絕，共同體的歸屬感亦不復存在，無論在血緣上
有多麼地親近（Weber 1976: 241）。此外，我們可以發現到，
「團結一致感」與其他民族間所產生的敵對性有關。所以，
韋伯指出共同體信念形成的一個首要條件就是「**政治的共同命
運**」（politisch gemeinsame Schicksal）（Weber 1976: 241；　強
調為筆者所加）。從知識發展的角度來看，韋伯此處的討論會
涉及到德國在 19 世紀的歷史與思想發展，也就是從拿破崙戰
爭一直到德國統一（1871）以來，在民族國家的思考基礎上，
馬基維利的國家理性與德國觀念論兩股思潮的的相遇與融合。
基本上，馬基維利對於國家理性的想法在日耳曼和義大利獲得
了極大的共鳴，因為，這兩個地區「在創建『國家』的路途上遭
遇到最艱難的問題，這也是為什麼這兩個國家生產出大量反省
國家理性論的著作」（Foucault 2000: 314）。在拿破崙入侵、占
領德國之後，費希特（Johann Gottlieb Fichte）和黑格爾就分別
寫下討論馬基維利思想的相關文章。當時克勞塞維茲（1809）
就讀到費希特所寫的〈身為作者的馬基維利〉（On Machiavelli
as Author）這篇長文，讀後他大受感動因而寫了一封信給費希

特表達他的敬意（Paret 1985: 169）。此處，我們可以清楚地發現到，馬基維利的思想與觀念論在費希特和克勞塞維茲的著作中實際相遇，而克勞塞維茲和韋伯對於戰爭和民族國家的思考也都一定程度地表現出這樣的歷史因緣。我們可以說，在德國創建民族國家的過程中，馬基維利的國家理性作為重要的思想基礎，而觀念論的發展則徹底彰顯了德國「民族」概念的特色，亦即，民族不是一種機械的構造，而是具有生命的整體。不是外在的制度，而是內在的意義，或者說，內在的精神、意志、信念才標示出 19 世紀德國「民族」概念的特色。 Isaiah Berlin 就明確地指出這樣的思想特點正是從德法之間長期的敵對性中醞釀出來的，對德意志民族而言：「存在著一個即使是驕傲的法國也無法觸及的區域，即精神性的、真正的內心生活的區域——德國人保留了未被侵犯的自由的、自主的人類精神，一種尋求自己的實現道路，不會因為物質利益而出賣自己的精神。」（Berlin 1997: 240）[14] 所以，德國正是以一種退回內在生活的方式來面對長期被征服與政治落後的國家命運。從上述簡要的知識史考察中，我們就可以了解到，不僅可以從韋伯 1890 年代的研究來理解其民族國家的價值關聯，我們更可以從 19 世紀德國的創建與統一中發現到韋伯思想的時代特色。

　　此處，我們要進一步將討論的重點放在克勞塞維茲、韋伯和馬基維利三人的比較上。在對民族國家的思考層面上，克勞塞維茲和韋伯承繼了馬基維利君王論的傳統，強調支配者與共同體持存之間的關係。如果馬基維利所強調的是新君主，那麼韋伯強調的就是「志業政治家的領導」，而克勞塞維茲所關注的

---

14 克勞塞維茲（1992）在 1807 年時也發表了〈德國人與法國人〉一文。

就是戰場上的「軍事天才」（統帥），三人之所以會同時強調支配者對共同體的領導，正是著眼於武力的使用、戰爭狀態的考慮。此處，我們可以透過克勞塞維茲的看法來補充說明這樣的論點。對克勞塞維茲而言，戰爭是一種**活的**、**充滿偶然性的**活動[15]，他相當認同拿破崙對戰爭的比喻：「**這是一道連牛頓這樣的人也可能會被嚇退的代數難題。**」（Clausewitz 2004: 346；強調為原文所有）所以，戰爭理論不屬於邏輯學或數學的領域。克勞塞維茲就說明了戰爭「理論」在作用上的局限：

> 理論給人們帶來的好處應該是使人們在探索各種基本概念時有所收穫和得到啟發。**理論不能給人們提供解決問題的公式，不能通過死板的原則為人們指出狹窄的必然的道路。理論要給予人們洞察大量事物和它們之間關係的眼光（*Blick*），然後讓人們再進入較高的行動領域，**使人們根據天賦的力量的大小發揮一切力量的作用，使他們具有清楚地判斷**真實**與**正確**東西的能力。（Clausewitz 2004: 340；強調為原文所有）

所以，對克勞塞維茲而言戰爭更是一種技藝，亦即，一種能迅速從大量事物中進行判斷尋找最具意義事物的能力，正是

---

15 馬基維利和韋伯也不斷地提到以君主的德行或志業政治家的人格特質來克服「機運」、「命運」的課題。此外，Davis（2009: 136）在對 Aron 的詮釋中就指出，為什麼韋伯和克勞塞維茲會吸引他？這是因為他們都是強調「不確定性的理論家」（theorists of uncertainty），他們都堅持一種獨斷論的形式（form of dogmatism）。從本文的角度來看，或許馬基維利也算是其中之一。

這樣的能力凸顯出軍事天才在戰爭活動中的地位和角色。克勞塞維茲就認為軍事天才必須具備兩種特性：「一是在這種茫茫的黑暗中仍能發出內在的微光以照亮真理的能力；二是敢於跟隨這種微光前進的勇氣。前者在法語中被形象地稱為眼力（Scharfblick），後者就是果斷（Entschlossenheit）。」（Clausewitz 2004: 36）這種軍事天才的人格特質，正可以和韋伯對志業政治家（判斷力）的要求有著一定程度的呼應，對韋伯的政治社會學而言，支配者的領導對於共同體的興衰榮辱、生死存亡是不可或缺的考量因素。

　　然而，在另一方面，不同於馬基維利，克勞塞維茲和韋伯兩人由於受到了德國觀念論的薰陶，所以，都十分注意共同體行動中主觀層次的問題。在「民族國家與戰爭」這個命題上，他們就十分強調「意志」和「信念」的重要性，韋伯就提出所謂「民族威望感」的問題：「經驗表明，威望（Prestige）的要求歷來就給戰爭的發生注入一種難以估量的、一般無法確定的、但是明顯可感的特性。……威望感同時也適合於用來增強在鬥爭的情境時對於自信心很重要的、崇高的、對於自己權力的現實存在的信念。因此，任何一個政治的權力實體（Machtgebildes）的特別有關利益者就傾向於系統地維護那種威望感。（Weber 1976: 520-521）克勞塞維茲在分析如何在戰爭中「最大限度地使用力量」這個問題時，他也指出力量的計算有兩個不可分割因數的乘積：「**現有手段的多少和意志力（Willenskraft）的強弱。**」（Clausewitz 2004: 11；強調為原文所有）前者是指物質性的，後者則是指精神性的。這樣的論點也可以進一步透過韋伯和克勞塞維茲兩人對於「鬥爭」這個核心基本概念的討論來加以證明。韋伯對於「鬥爭」的界定是：「當

行動是企圖貫徹行為者的**意志**（Willens），以抵擋其他團體的抗拒時，此種社會關係可被視為『鬥爭』。」（Weber 1976: 20；強調為筆者所加）克勞塞維茲則說：「鬥爭是雙方精神力量和物質力量（geistigen und körperlichen Kräfte）進行的一種較量，不言而喻，在這裡不能忽視精神力量，因為正是心靈狀態（Zustand der Seele）對軍事力量具有決定性的影響。」（Clausewitz 2004: 55）顯然地，我們可以發現到「意志」和「精神」對於兩人「鬥爭」概念的建構是相當重要的。克勞塞維茲也進一步說：「當我們說消滅敵人軍隊時，並不是僅僅只消滅敵人物質性的武裝力量（physische Streitkraft），而是包括摧毀敵人的精神力量。」（Clausewitz 2004: 31）所以，對於克勞塞維茲而言，所謂戰爭的「勝利」是建立在敵人精神力量的瓦解之上。從德國的思想脈絡來看，戰爭不僅是武器和技術，民族的意志和信念更能標示出總體戰的時代特色，現代的總體戰與德國的思想脈絡是密不可分的。

四、戰爭與社會治理：傅柯的理論翻轉

傅柯曾在訪談中表示過，對於軍事和戰爭的研究是他一項未竟的志業（轉引自 Reid 2003: 1）[16]。不過，事實上，在他中後期的作品中，仍然留下了許多可供我們探究與思考的線索，其中最為關鍵的就是以「權力分析」作為戰爭研究的入口。

---

16 在「必須保衛社會」的演講中，傅柯也提出了類似的學術構想：「直到現在，或粗略地說在過去五年間，我基本上講的是紀律的問題；在以後的五年中，問題將是戰爭、鬥爭和軍隊。」（Foucault 2003:23）

從作品史的角度來看，1975 年 2 月所出版的《規訓與懲罰》
（*Discipline and Punish*）一書標示了傅柯思想上的重大轉折，
亦即，從認識論的層面轉向存有論上的關懷，一直到 1980 年
代初期，「權力」可以說一直是傅柯研究上最顯著的標誌。
我們認為，在這階段中，傅柯提出了幾個重要的權力分析模
式。在《規訓與懲罰》一書中提出「規訓權力」（disciplinary
power）的概念之後，傅柯在 1976 年法蘭西學院的授課就以
「必須保衛社會」（Society must be defended）為標題，進而
提出「社會內戰」（social war/war in civil society）的想法。在
講稿中傅柯以一種縱貫古今的方式，詳細地討論了「權力」
（權力關係）與「戰爭」（戰爭狀態）之間的關係。此外在該
課程中，他也首度提出了「生命權力」（bio-power）的概念。
而在同年 10 月《性史》（*The History of Sexuality*）第一卷正式
發表，在該書最後一章傅柯再度討論到「生命權力」的問題。
隨後，傅柯在 1978 年開授了「安全、領土與人口」（Security,
Territory, and The Population）的課程，明確地提出了「治理
性」（governmentality）的問題。他一方面對馬基維利國家理
性的傳統進行詮釋，另一方面，卻同時採取不同於馬基維利的
思考方式。緊接著，在 1979 年就以「生命政治的誕生」（The
Birth of Biopolitics）為授課標題，同年 10 月受邀到美國史丹福
大學（Stanford University）發表演講，傅柯的講題是「全體與單
一：邁向批判政治理性之途」（*"Omnes et Singulatim"*: Toward
a Critique of Political Reason）。在演講中除了延續治理性的討
論，還詳細且全面性地解說現代「治安」的權力技術所具有的
基督教「牧養權力」（pastoral power）之根源，這一篇演講也
可以說對傅柯生命政治的概念（以「治理性」與「治安」兩個概

念為基礎）作了相當完整的展現。傅柯在 1980 年繼續講授了
「論活人的治理」（On the Government of the Living）。不過，
到了 1981 年，傅柯的興趣似乎有所轉變，開始去探討「自我
的技術」（technologies of Self），在法蘭西學院開授了「主體
性與真理」（Subjectivity and Truth）的課程，以及 1982 年於維
爾蒙大學（University of Vermont）先後發表了「自我的技術」
和「個體的政治技術」（political technology of individual）兩篇
演講。對政治個體的討論可說延續了前幾年生命政治的問題，
不過，基本上，傅柯此時對「自我」（self）的關懷似乎已經超
過對「個體」的關注，我們也可以說，傅柯再度從權力的存有
論轉向倫理學、美學的研究方向。總體而言，我們認為「生命
政治」可以說是傅柯對於其權力分析的總結性回應，而「規訓
權力」、「社會內戰」、「治理性」等不同階段所發展出來的概
念都是為完善生命政治此一概念所做出的努力。這些概念分別
內含了幾個最重要的分析模式：「紀律與肉體」（discipline and
body）、「戰爭與種族」（war and race）、「生命與人口」（life
and population）。在本文中，我們主要集中在討論「必須保衛社
會」和「安全、領土與人口」這兩個課程文本，特別是傅柯如何
透過「社會內戰」和「治理性」的概念來分別與克勞塞維茲和馬
基維利的觀點進行對話，從而衍生出他對於權力與戰爭的理論
性思考。

（一）社會的內戰：對克勞塞維茲命題的翻轉

　　我們可以從兩個方向來理解傅柯討論克勞塞維茲的用意：
首先，傅柯是以「戰爭」（戰爭狀態）來類比「權力」（權力關
係），亦即，從戰爭狀態來認識權力關係的特性；其次，傅柯嘗
試藉由翻轉克勞塞維茲的戰爭命題，來指出權力模式的轉型問

題，亦即，從「契約－壓制」（contract-oppression）的模式轉換到「戰爭－鎮壓」（war-repression）的模式，傅柯藉由翻轉克勞塞維茲的命題進而對霍布斯的權力觀加以批判。

基本上，傅柯對於「權力」概念的建構與克勞塞維茲對於「戰爭」概念的建構存在著相似性，並且，傅柯在「必須保衛社會」演講中的一個重點就是強調以「戰爭」來作為理解「權力」概念的適當基礎。我們可以從傅柯對於「權力」概念的界定方式來作為討論的起點。傅柯認為他並不是要去建構一種「權力的理論」（the theory of power），而是要去進行一種「權力的分析」（the analytic of power）（Foucault 1980: 198-199）。所以，傅柯所要提出的問題是：「權力**如何**被行使？」（How is power exercised?）而不是「權力是**什麼**（what）？」「**為什麼**（why）會有權力？」（Foucault 2000: 336；強調為筆者所加）就前者（what）來看，傅柯強調權力既不具有某種「本質」（essence），也不是一種「實體」（substance）的存在，「權力」是無法以一種抽象、永恆和先驗的方式來加以界定的（不是本體論也不是形上學），權力不是一種可以交換的「商品」（馬克思主義），也不是一種可以讓渡的「權利」（契約論），權力不是一種可以被「占有」、被「獲取」的東西（Foucault 2003: 14）。此外，從後者（why）來看，相較於馬克思的「階級鬥爭」或韋伯的「支配社會學」，傅柯權力研究的一個特殊之處在於，他不去探尋權力的成因，如同馬克思以「勞動剝削」來解釋資本家的權力，韋伯則是指出支配者的權力源自於「正當性」。基本上，傅柯認為「什麼」和「為什麼」的提問方式會使得極端複雜的實在構成（configurations of realities）被忽略掉了（Foucault 2000: 336），亦即，以這兩種方式進行的權力研究會固定了某一個歷

史階段的權力圖像，如此，就會僵化了我們對於**當下的**權力想像。通過對權力的技術、運作和效果的關注，亦即，「權力是如何被行使的？」這樣的一種切入角度，使得傅柯的權力分析獲得了很大的靈活性。

傅柯說：「權力就是意味著**關係**。」（Power means relations.）（Foucault 1980: 198；強調為筆者所加）所以，精確地來說，傅柯所謂的「權力分析」就是對「權力關係」（relations of power）進行分析，在「必須保衛社會」的演講中，傅柯提出了如下的研究進路：

> 如果權力確實是一種**力量關係**（a relationship of force）的實施與部署（deployment），那麼，相較於使用放棄、契約、讓渡這樣的術語，或用生產關係再生產這類的功能性術語來分析，難道不更應當首先用衝突（conflict）、對抗（confrontation）或**戰爭**（war）這樣的術語來分析嗎？（Foucault 2003: 15；強調為筆者所加）

在這段引文中，值得我們進一步注意的是，傅柯以「戰爭」來作為認識和描述權力關係的方式，如此也使得傅柯對「權力關係」的討論和克勞塞維茲對「戰爭本質」的討論有著理論上的銜接點，我們可以將兩人的思考加以對照。在前面的討論中已經提到，克勞塞維茲對「戰爭」這個概念界定就是：「戰爭無非是擴大了的搏鬥……想像一下兩個人搏鬥的情況。」（Clausewitz 2004: 9）「戰鬥（鬥爭）才是核心的軍事活動。」（Clausewitz 2004: 136）相對來看，那什麼是傅柯所謂的「權力關係」

呢？他說：「我們所有人都在彼此戰鬥。」（We all fight each other.）（轉引自 Fontana and Bertani 2003: 282）無論在任何的權力關係中，我們都要辨識出「支配」（domination）與「反抗」（resistance）兩方：「人們到處都在鬥爭……每時每刻，人們從反抗到支配，從支配到反抗，我試圖揭示的正是這整個永恆的騷動。」（轉引自 Fontana and Bertani 2003: 280）傅柯說他不提出一種權力的一般理論，每一次對權力關係的描述（例如：規訓權力、生命權力、治理性）都是一種「『重讀』、重新定位、重新詮釋他的早期研究」（Fontana and Bertani 2003: 275）。再回過頭來看，克勞塞維茲也強調，戰爭理論並非是要提出解決問題的公式，或是指明一條必然的道路，這種智力活動是要「成為一種能通過迅速的判斷從大量事物和關係中找出最重要和有決定意義的東西的能力。」（Clausewitz 2004: 346）所以，所謂的戰爭「理論」更是一種戰爭「技藝」（art），對傅柯和克勞塞維茲兩人而言，無論是「權力（關係）」或「戰爭（狀態）」都是不斷變動的，它們的實際狀況都無法在純粹的邏輯狀態下被固定下來。

　　在上面的討論基礎上，我們可以進一步來思考，為什麼傅柯要去翻轉克勞塞維茲的戰爭命題，而說「政治是戰爭的一種延續」？這樣的做法可以擴大我們對於克勞塞維茲戰爭命題的理解嗎？傅柯在「必須保衛社會」的演講課程中，其中所進行的一個提問是：「在什麼範圍內和什麼方式的力量關係能夠歸結（be reduced to）為戰爭關係呢？」（Foucault 2003: 46）他告訴我們的其中一個思考線索是：「從 18 世紀甚至於在 19 世紀時那些被人們所熟知的戰爭技藝（戰略、戰術等等）中所派生出來的想法，能否自身構成對分析權力關係有效的和適當的工具

呢？」（Foucault 2003: 47）無疑地，傅柯指涉到了 19 世紀克勞塞維茲的想法，如果從克勞塞維茲的角度來看，傅柯對戰爭命題的翻轉會是荒謬的，不過，傅柯在《規訓與懲罰》一書中，就已經提出且堅持這個命題翻轉的重要性：

> 或許戰爭在戰略上是政治的延續（war as strategy is a continuation of politics）。但是，我們不能忘記，「政治」作為防止國內動亂（civil disorder）的基本手段，也曾被視作是一種繼續，即使不是嚴格地被視為是戰爭的繼續，也至少被視為是軍事模式（military model）的繼續。政治作為一種內部和平和秩序的技術，嘗試在調動和運作上實施理想的軍隊機制，這個機制就是講求紀律的群眾、柔順有力的部隊……在 18 世紀的大國中，軍隊確保了國內和平……並且，由於軍隊也是一種技術和一種知識體（a body of knowledge），能夠把它們的圖示投射到社會體（social body）之中。……思想史的研究者往往認為 18 世紀的哲學家和法學家創造了一個完美社會的夢想；但是，當時也有一個軍事社會的夢想；它的基本指涉並非是自然狀態（the state of nature），而是一部機器中精心附設的齒輪，不是原初的社會契約，而是永久的強制，不是基本的權利，而是不斷改進的訓練方式，不是普遍的意志（general will），而是自動的柔順（automatic docility）。（Foucault 1979: 168；強調為筆者所加）

在此，我們可以發現到，傅柯在《規訓與懲罰》一書中就已經對克勞塞維茲的命題和社會內戰的概念提出了初步的構想，並

且，他也清楚地點明了這樣的思考聯繫到對於契約論此一政治
思想傳統的反省。而正是在「必須保衛社會」的授課演講中，傅
柯全力地延伸處理這樣的課題，他在課程內容中就拋出了一個
不為人知的思想線索而辯解說：「我認為，實際上，政治是戰爭
通過其他手段的繼續的原則比克勞塞維茲的原則早得多，克勞
塞維茲不過是翻轉（inverted）了在 17 和 18 世紀廣為流傳的一
個既分歧又特定的論點」（Foucault 2003: 48）：

> **權力就是戰爭**（power is war），它是戰爭藉由其他手段的
> 繼續。在此，我們可以翻轉克勞塞維茲的命題，而去說政
> 治就是戰爭藉由其他手段的繼續。……在我們這樣的社
> 會中運作的權力關係，基本上是建立在某種力量關係之
> 上，**這樣的力量關係是在特定的歷史時刻在戰爭中並經由
> 戰爭所建立的**。……如果說政治權力（political power）結
> 束了戰爭，並且嘗試建立社會內部的和平（peace in civil
> society）時代，這麼做並不是為了擱置戰爭的影響……**政
> 治權力的角色乃是藉由一種無聲的戰爭來再一次銘刻這
> 樣的力量關係**。……這就是翻轉克勞塞維茲格言的初始意
> 義：政治是戰爭藉由其他手段的繼續，換句話說，**政治確
> 認和再製了在戰爭中所表現出來的力量不平衡**。……在
> 「國內和平」（civil peace）的政治系統中，這些政治的鬥
> 爭、關於權力的衝突、力量關係的調整，所有這些都必須
> 以戰爭的繼續來加以解釋，並且，它們都要以戰爭本身的
> 插曲、片段、移位來加以解釋。**當人們書寫和平和制度
> 的歷史時，他們所寫的總是這個戰爭的歷史**。（Foucault
> 2003: 15-16；強調為筆者所加）

在這段引文中，可以整理出傅柯兩個主要的思考方向。首先，傅柯延續了在《規訓與懲罰》一書中的關懷，強調以戰爭來作為理解（政治）權力的方式，並且，這樣的權力分析是不同於契約論強調的「國內和平」。其次，傅柯透露出以戰爭作為權力思考方式的不僅在於反省傳統的權力觀，戰爭不僅是一種抽象的構想和比喻，並且，他也要透過實際的戰爭、戰鬥來對西方的歷史發展重新進行檢視，這也是他在「必須保衛社會」一系列演講中的主要軸線之一，亦即，從「戰爭」和「征服」來思考西方的權力史。藉由這樣的分析，傅柯從「社會內戰」延伸出兩部分人的「種族戰爭」這樣的概念，而對於「種族」的關注也帶領傅柯站在「生命政治」探究的入口。在下面的討論中，我們將對這兩點做出說明。

傅柯在「必須保衛社會」的演講中，是從西方征服史（實際的戰爭與戰鬥）與思想史兩條軸線的交錯中來反省霍布斯所代表的主權－法律的傳統。傅柯認為在 16 世紀末和 17 世紀初的思想發展中，「戰爭」開始作為權力關係的分析器（an analyzer of power relations）（Foucault 2003: 89），其中最具代表性的就是霍布斯以「戰爭狀態」（自然狀態）作為其理論上的構想點，不過，傅柯卻質疑了霍布斯的思想地位。對於霍布斯而言，戰爭狀態正是一場「一切人對一切人的戰爭」（the war of every man against every man），正是在戰爭狀態的維度上，構成國家、主權者和利維坦的巨大裝置。不過，傅柯卻認為霍布斯抹剎了戰爭以及在真實戰場上的力量關係與主權建立之間的聯繫。簡要地說，傅柯質疑是否社會的發展如同霍布斯所說，由於懼怕「每個人對每個人」的原始戰爭狀態，而要進入一種契約狀態來共守「國內和平」。相應於此一和平秩序的就是所謂「戰

爭的國家化」，亦即，民族國家集中、壟斷暴力的現代過程，
逐漸地戰爭、戰爭活動和戰爭制度基本上傾向於僅僅在邊境，
在大的國家統一體的外部邊界作為實際的或威懾的暴力關係存
在。傅柯認為此種主權－法律的權力觀，以國家作為對外戰爭
的主體，其在思想上所造成的影響就是：「國家壟斷所造成的立
即效果就是，社會體（social body）之中、人與人之間、集團與
集團之間人們所謂的日常戰爭狀態（day-to-day warfare）和實際
上所謂的『私人戰爭』（private warfare）被抹去了。」（Foucault
2003: 48）傅柯不贊同當武力由國家壟斷之後，就會進入霍布
斯所謂國內和平的狀態，他認為社會的權力關係就是要把「戰
爭理解為恆常的社會關係（permanent social relationship）」
（Foucault 2003: 49）。傅柯的立論是從對「戰爭狀態」這個概
念的檢討來切入的，他的一個關鍵詮釋就是認為，霍布斯所說
的是人處於「**戰爭狀態**」（state of war）之中，而不是「**戰爭**」
（war）之中（Foucault 2003: 92）。從傅柯的解讀角度來看，霍
布斯所謂的戰爭狀態指的是在實際戰爭間的一個狀態，如此，
不是戰爭的力量關係，而是一種兵戎相見的「意願」和「恐懼」
使得主權和國家得以建立。傅柯認為，這一切都顯示出霍布斯
並不是一位以戰爭關係作為權力關係的原則和基礎的理論家，
他抹去了真實歷史中的戰爭，他沒有注意到戰爭加工著我們的
社會（Foucault 2003: 98）。

　　傅柯認為，不是「主權－法律」的論述，而是「歷史－政
治」的論述（historico- political discourse）才是真正的戰爭論
述，而這樣的歷史－政治論述在 17 世紀英國內戰（英國的市
民革命）中就已經清晰地表現出來。這裡值得注意的是，英國
內戰也正是霍布斯寫作《利維坦》一書的現實基礎。傅柯試圖

以戰爭的論述重新解讀英國的歷史，他要以「征服－起義」
（Conquest-rebellions）來打破霍布斯所豎起的「利維坦之
牆」，亦即，他強調在一個社會的內部存在著兩個種族之間的
對立與戰爭，傅柯指出：「一系列因素允許在一個種族對另一
個種族的征服和支配的歷史形式中對巨大的社會對立進行編
碼（coded）。這種編碼，或者允許這種編碼的因素是很古老
的。」（Foucault 2003: 101）從 1066 年哈斯丁戰役、威廉諾曼
的征服（William's Norman Conquest）開始，一直到亨利七世，
也就是 16 世紀初英國國王都是以征服權利的名義來履行主權，
在法律實踐中，征服的存在同樣表現出來，下級法院和皇家法
院的矛盾是不可調和的，由上層制定並使用外國語言的法律在
英國是外來的烙印，是另一個民族的標誌（Foucault 2003: 99-
100）。相反地，在征服的歷史中也存在著起義的歷史記憶，它
指的是一種與必須驅逐外國人相聯繫的英國人民的權利，在 16
世紀末和 17 世紀初，一種新的政治鬥爭形式出現，市民階層
一邊，貴族和君主政體是另一邊，這種對於君主權利和人民權
利的法律－政治爭論，其出發點就是征服的事件，一個種族對
另一個種族的支配關係和被征服者對征服者的起義（Foucault
2003: 100）。從這樣的歷史解讀中，傅柯就是要去強調戰爭和
征服並不是隨著主權權力和利維坦的建立，就會被阻擋在國家
的邊境之外，相反地，法律和秩序並非是戰爭的休止，「社會**秩
序**就是一場**戰爭**」（The social order is a war.）、「戰爭表現為社
會關係的永恆特點」（Foucault 2003: 110；強調為原文所有）。
所以，對傅柯而言，政治不是作為「一種維持內部和平與秩序
的技術」（Foucault 1979: 168），相反地，政治是一種權力關係
的反映，是一種戰爭式的權力關係。傅柯翻轉了克勞塞維茲的

命題，而說「政治是戰爭通過另一種手段的繼續」，正是要去指出戰爭式的權力關係布滿在整體社會之中，每一個點上的權力運作都是一次戰鬥、鬥爭、支配和反抗，透過權力關係的分析，我們觀察到的會是一場「社會內戰」。對於傅柯而言，軍事與戰略的領域不再僅是為了對外戰爭的準備，也成為內部社會秩序安排（internal ordering of society）的手段，社會內部的權力技術成為戰爭人口動員的準備（Reid 2006: 76）。

（二）治理性：對馬基維利命題的翻轉

　　如果傅柯是以戰爭式的權力關係來反省霍布斯的主權權力，那麼，他對於「政治理性」（特別是「治理性」）的思考，可以說是與馬基維利的「國家理性」有著針對性的。基本上，傅柯在《安全、領土與人口》的演講中，提出了兩個與馬基維利理論思考上的分離點。首先，他認為馬基維利的問題核心不是國家本身，而是君主與國家之間的關係，重點在於君主如何保衛他對國家領土與人民的支配權力（Foucault 2007: 243）。其次，嚴格來看，傅柯不僅檢討馬基維利本身，他還探討其後整個國家理性的思想史，在這樣的探究縱深中，傅柯認為傳統國家理性的思想發展只強調了「國家的保存」（the preservation of the state）而忽略了另一個面向，亦即，「一種力量關係的保存、維持與發展」（the preservation, maintenance, or development of a relationship of forces）。所以，他從現代歐洲所發展出的權力平衡中討論了兩種安全機制：軍事－外交的裝置（military-diplomatic apparatus）和治安的裝置（the apparatus of police）。基本上，這兩條理論思考上的分離點，最終都促使傅柯將重點引導到「治安」議題的思考上。所以，我們可以說，治安的面向構成了傅柯「生命政治」與馬基維利「國家理性」在思考國家權

力上的根本差異。下面，我們將對這兩條理論分離點做出進一步說明。

　　傅柯認為馬基維利對 16 世紀之後關於「治理技藝」（the art of government）的討論提供了思考基礎（Foucault 2007: 88）。不過，他指出「治理性」的概念與馬基維利的「國家理性」在治理對象上有所不同，一個關鍵的差異在於，馬基維利強調「君主與國家之間關係的強化」（Foucault 2000: 407），亦即，君主要能持存與保有他創建、征服的領土，而傅柯則是主張「治理就是對事物的正確處理〔或譯：部署、配置〕」（Government is the right disposition of things.）（Foucault 2000: 208）。所以，傅柯認為「治理技藝」要與「君主能力」（capacity of prince）區分開來：「最根本的事就是，他們〔指馬基維利的詮釋者〕嘗試去闡明一種內在於治理藝術的合理性（rationality），但又不想將這種合理性置於比君主及其所統治的王國（principality）之間的關係此一問題架構更次要的地位。」（Foucault 2000: 204）接續著這樣的想法，傅柯進一步去回答所謂治理的「事物」指的是什麼？而這樣的提問也將會更進一步地改變了馬基維利原有的思考方式。首先，就傅柯的考察，他說在 17 世紀的時候治理技藝的類型是多種多樣的，其中包括了「自我治理」（self-government）、「家庭治理」（the government of the family）、「君主治理」（Foucault 2000: 206），所以，馬基維利所謂君主對於國家的統治只是其中一種。其次，在這些治理類型之中，傅柯認為「家庭治理」才是最為核心的治理技藝，也是他發展「治理性」概念的原型，而家庭治理就是指「在家庭範圍內管理人、物、財產的正確方式」（Foucault 2000: 207）。他同時還提醒我們注意，在當時所謂「經濟」（economy）一詞指的就是家

庭治理[17]，而整個治理技藝的核心問題就是：「把經濟引入到政治實踐中」（Foucault 2000: 207），換句話說，就是「如何把父親對於家庭這種無微不至的關注引入到國家整體的治理中？」不過，傅柯認為這項任務的達成需要配合一系列總體的歷史過程，特別是 18 世紀時資本主義的擴張和人口數目的增長，而家庭的治理技藝正是通過「人口」問題的浮現，才找到了進入整體國家治理的入口（Foucault 2000: 215），人口問題才解決了「家庭」與「國家」這兩種治理技藝之間結合的矛盾性與障礙，這也使得傅柯對於國家權力的討論有了嶄新的看法：

> 一方面，主權框架（framework of sovereignty）過於龐大、抽象、僵硬；另一方面，治理理論又過分依賴一種過於纖細、無力、脆弱的家庭模型——一種建立在家庭模型上的致富經濟（economy of enrichment），是不太可能對領土占有和王室財政的重要性做出適當回應的。（Foucault 2000: 214-215）

所以，對於傅柯而言，只有當家庭的治理技藝進入整體的國家治理之中，才能脫離馬基維利君主治理的「主權－法律」框架，並且，人口本身固有的一系列總體效果（aggregate effects）是無法再化約回家庭的模型之中，「家庭」在治理技藝中的重

---

17 此處我們已經可以發現到，傅柯把「經濟」與「治理性」（權力）的討論聯繫在一起，而「經濟」一詞的意義也遠超過時下「經濟學」學科內容中所作的界定，當時經濟一詞應包括了「經營」、「管制」、「管理」之意。

要性要開始讓位給「人口」了。因此，我們可以發現到，傅柯所謂的治理性指的就是「**人口的治理**」，而非傳統的「**領土的治理**」（Foucault 1997: 67；強調為筆者所加）。此外，我們也可以同時觀察到，傅柯透過「權力／知識」的思考方式指出，「經濟」此一實在領域（area of reality）也從家庭模型中分離出來（Foucault 2000: 215），而 18 世紀的政治經濟學（political economy）開始成為治理技藝所依附的知識形式，「國家治理—經濟—人口」也成為政治經濟學最重要的問題架構。

從上述的討論中，我們已經可以初步了解到，傅柯觀察到馬基維利思考國家理性的特色在於國家保存與一人統治之間的關係。不過，更進一步來看，傅柯還透過一種超越馬基維利而藉由國家理性思想史的回顧，對國家保存的思考進行了反省。他認為，在馬基維利之後，許多國家理性的談論者（Plazzo、Botero、Chemnitz 等人）強調的都是國家的保存，國家理性就是要確保「國家的完整性」（the integrity of the state）（Foucault 2007: 287）。但是，傅柯認為，國家保存的論點是無法充分地說明政治的實際操作以及國家理性的執行（Foucault 2007: 289）。傅柯認為，在三十年戰爭（1618-1648）結束、威斯特伐利亞條約簽訂（1648）之後，歐洲諸國必須要去面對嶄新的歷史現實：歐洲的政治運作不再是帝國（empire）與教會（church）此種普遍性（universality）的形式（Foucault 2007: 289），而是「國家的多元性」（a plurality of states），亦即，不再是君主之間的對立，而是國家之間的競爭（Foucault 2007: 290）。在國家多元性的政治形勢中，國家理性所需要思考的核心主題就是：「競爭—擴張」（competition/expansion）（Foucault 2007: 292）。國家之間的彼此接壤，帶來了政治與經濟上的競爭，在一個彼此競爭

的環境中，擴張成為了國家存在的主要原則，國家要透過增加自己的力量來保護自身。從這樣的角度出發，傅柯認為傳統的國家理性文獻只考慮到「國家的保存」，而沒有思考到「力量」（force）已經成為政治理性的新元素或政治理性的理解原則（the principle of intelligibility of political reason），政治的首要目標就是力量的運用與計算（Foucault 2007: 295）。所以，治理性所涉及的問題不僅是國家的保存還涉及到力量關係的保存、維持和發展。正是在這樣的理解基礎上，傅柯提出當時西方社會發展出兩種國家力量理性化的裝置：「軍事－外交的裝置」和「治安的裝置」。前者的重點在於歐洲國家之間的力量平衡，後者則是國家內部力量的強化。傅柯認為軍事外交的裝置發展出一套安全體系（the system of security），這個體系的主要目標就是「歐洲的平衡」（the balance of Europe）（Foucault 2007: 297）。歐洲平衡內含著三項基本原則：第一、平衡主要意味著最強的國家也不可能強加法律在其他國家身上（對最強大國家力量的限制）、第二、國家之間的平等會被保持（特別是強國之間的平等）、第三、集團之間力量的平衡（較弱國家聯合對抗強國的可能性）（Foucault 2007: 298-299）。為了維持使一平衡存在著下述的手段：第一、戰爭。相較於中世紀所進行的是一種權利的戰爭，戰爭就如同法律程序，而當前則是國家的戰爭，只要靠外交理由（特別是力量平衡的破壞）即可發動戰爭（Foucault 2007: 300）。第二、外交。在威斯伐利亞條約之後，外交原則是一種國家之間的物理學，不再是以主權者的權利為核心。此外，開始出現持續協調的外交組織，並且會關注各國力量狀態的資訊系統以及國際公法的建立（Foucault 2007: 302-303）。第三、在和平時期常備軍事機器的部署（the deployment of a permanent military apparatus）。透過上述這些面向傅柯闡述了他對「軍事－外交」裝置的想法，然而，對他而言，在多元國家體系的力量關係中，治安的權力裝置是強化國家力量的另一個面向，也是被傳統國家理性文獻所忽略的面向。

此處，我們想要進一步去闡釋的是，傅柯透過與馬基維利思想上的差異點，進一步去指出治安在國家理性思考上的意義。我們認為正是從治安的面向上，相較於韋伯將國家理性連結到德國觀念論的思考上，傅柯則是將國家理性引導到與功利主義和自由主義反思上。為什麼我們可以說傅柯的權力分析是對自由主義社會的反思？此處，我們可以先去注意到傅柯從權力分析的角度對「自由主義」此一概念所做出的界定：「我嘗試去分析『自由主義』，但不是將其視為是一種理論或一種意識型態……而是將其視為一種操作（practice），意思就是說將其視為是一種『做事的方式』（way of doing things）……。我們要將自由主義視為是一種使治理的運作得以理性化的原則和方法，而這樣的理性化遵循著經濟極大化（maximum economy）的內在原則──這也是該理性化的特點。」（Foucault 1997: 73-74）儘管在上述關於生命政治概念的討論中，我們可以發現到整體化和個體化這兩個權力技術運作的方向，但是，以「個體生命」作為權力分析的對象才構成了傅柯研究上的根本特點，而從「個體」的角度出發可以讓我們有效地理解傅柯思想中對自由主義的反思性色彩。

如果可以從「法律」和「權利」來標示自由主義社會最重要的特色，那麼，傅柯就是要去強調隱藏在兩者背後的權力技術，每一個個體既會是「權利主體」也會是「權力主體」，這也可以讓我們去理解傅柯為何要區分「主權法律」／「權力戰略」

兩種模式。更進一步地來看，傅柯從規訓權力到生命政治，都
試圖把資本主義納入國家的政治實踐中來加以考慮，也就是要
將「國家權力」與「資本主義」進行整合，「治安」的權力技術正
是此一整合的具體呈現。我們可以從思想發展的角度來釐清此
一系譜。傅柯認為治安的權力技術可以追溯到 18 世紀德國所發
展出來的治安學，他認為當時的治安學是以國家理性的原則為
主導的，這也呼應了馬基維利和國家理性思想在該地區的散布
現象。不過，傅柯個人對於治安此一權力技術的完整建構，卻
是以 18、19 世紀的英國社會為對象，其中最為重要的思想傳統
就是「功利主義」。所以，傅柯是連結了「國家理性」與「功利主
義」這兩個思想傳統，透過「治安」來表現出他對政治理性的思
考特點。

　　如同前面討論到的，傅柯認為治安的政治技術是以個體
的生命為對象，其中的關鍵就是要讓個體具有效益（utility）
地整合進整體之中，他將此稱作是一種「政治的邊際效用」
（political marginal utility）。我們可以將這樣的想法連結到《規
訓與懲罰》一書的內容，在該書中對於規訓權力最為核心的例
證就是，傅柯提出了邊沁（Jeremy Bentham）所設計的圓形監獄
來作為其權力分析的模型。此處，傅柯很明確地將其規訓權力
的問題意識，直接與英國 18 世紀末和 19 世紀上半葉的政治思
想傳統聯繫起來（Foucault 1997: 76）。他認為當時的英國思想
就是夾雜在「個體」與「整體」的辯論中，例如：在確保個體的
自由經營（free enterprise of individuals）時，如何能夠納入對
人口現象的考慮？這典型地表現在 19 世紀公衛政策的立法中
（Foucault 1997: 73）。傅柯這樣的論點其實還涉及到了 19 英
國政府的治理革命（Conway 1990: 71），而在整個國家與行政

管理的擴張過程中，以邊沁為首的功利主義者扮演著重要的角色。我們可以發現到，當時的功利主義者並不全然熱中於邏輯嚴密的思想體系之創造，他們更關心社會政策的立法和實際的行政管理，邊沁本人就做出了許多主張：出生、死亡和婚姻要進行全面中央化的登記；政府要廣泛地承擔教育與醫療的責任；永久性警察力量的建立；興建全景敞式監獄等等（Conway 1990: 76-7）。正是功利主義者將「功利計算」的思想帶入了「政治計算」（政治實踐）之中吸引了傅柯的注意。所以，不是要去追問自由主義社會或國家的本質，而是具體呈現的權力技術。總體來看，傅柯從功利主義與政治經濟學的檢討中表現出不同於霍布斯和馬基維利的主權－法律傳統：「自由主義並非源自於法學思想，而是來自於一種經濟分析。自由主義並非誕生在一種奠基於契約連帶（contractual ties）上的政治社會（political society）之理想；我們是在尋求一種自由主義的治理技術。」（Foucault 1997: 76）所以，對於功利主義的討論，使得傅柯一方面從個體式的資本主義面向反省了傳統國家理性對於治理技藝的討論；另一方面，他也從國家理性（更貼近傅柯的概念是「治理性」）批判了功利主義，乃至於更廣泛的自由主義和個人主義，也就是傅柯反覆強調「權利」和「權力」兩者之間的共生關係，既是「法律的主體」也同時是「權力的主體」。或許我們可以說，傅柯在揭露自由主義社會底層權力運作的同時，也同時為我們建構、確認了自由主義社會的特質[18]。

18 如果全球化是以一種解除管制的自由主義政治態度為核心，那麼，傅柯此處讓我們可以對當前的全球發展有著更為深度的反省與思考，正如 Reid（2006: 1-5）就注意到了戰爭與自由主義現代性（liberal

五、結語：邁向一種戰爭的社會理論

　　克勞塞維茲認為每個時代都有每個時代的戰爭，也都保有每個時代的戰爭理論。（Clausewitz 2004: 354）的確，藉由克勞塞維茲的戰爭理論，他提供了社會學觀察戰爭與現代性的另類視角。不再是 18 世紀的英國工業革命或是 1789 年的法國大革命，而是由 18、19 世紀之交的拿破崙戰爭所標示出的以民族國家全體人民為主體的現代戰爭。民族國家的創建奠定了現代戰爭的核心基礎，而戰爭的準備與發動也讓民族國家（體系）的發展達到了前所未有的高峰。正是在這條現代性歷史的發展軸線上，本文透過「戰爭－國家」的連結來作為一種社會理論建構的基礎，或是說一種不同於以資本主義為核心的知識生產框架。

　　面對「戰爭－國家」這條理論建構的軸線，我們透過了韋伯和傅柯來分別與馬基維利和克勞塞維茲的思想進行對話。如果馬基維利提出了國家理性的傳統作為現代戰爭的思想前導，那麼韋伯與傅柯卻帶領著我們進入不同的理解方向，從兩人不同方向的對話中可以展現出一種在理論思維上的對比和擺盪。如同馬基維利一樣，韋伯政治社會學的內涵突出了外部政治（external politics）的首要性（Aron 1971: 85），不過，不同於當代國際關係理論中現實主義的討論，在韋伯的思考中（這也包括了克勞塞維茲）還進一步連結了觀念論傳統的思想特點，使我們更深入了現代民族國家戰爭的理論內核，這也是 Aron 對韋伯權力政治的詮釋中所忽略之處。相對地，傅柯則透過對克勞塞維茲和馬基維利命題的雙重翻轉，將戰爭的思

---

modernity）兩者之間的連結而非斷裂。

考帶入了民族國家的國境之內、社會之中。傅柯在對國家理性的檢討中強調了馬基維利的思考特點在於君主（一人統治）與國家保存之間的關聯，而他關心的是從國家保存的角度翻轉出一種力量關係的面向。至於韋伯和克勞塞維茲則維持了馬基維利一人統治的思考（Titunik 2005: 153），並進一步將國家理性的思想與德國觀念論傳統結合起來。相對地，傅柯則是將國家理性的思想延伸到對治安此一權力技術的思考，進而對功利主義與自由主義的社會發展進行反思。從戰爭的角度來看，如果傅柯反省的是「必須保衛社會」的問題，那麼，韋伯和克勞塞維茲思考的就是「必須保衛國家」。民族國家之間的戰爭是一種「例外狀態」（the state of exception），而傅柯的社會內戰涉及到的是一種「規範化社會」（常態化社會）（normalizing society），從「正常／不正常」（normal/abnormal）的差異中，去辨識出人口中的危險、社會內部的敵人（例如：瘋子、囚犯、同性戀等等）。所以，傅柯提問的關鍵並不在於國家的創建與持存，而是在規範社會中個體化權力的反抗。戰爭並非止步於國家的邊界之外，現代國家的建立並不帶來市民社會內部戰爭的移除。或許再進一步借用傅柯的想法，我們可以將韋伯的思考模式稱作是一種「社會的國家化」（the statization〔*étatisation*〕），而將傅柯的思考模式視作是「國家的『治理化』」（the "governmentalization" of the state）（Foucault 2000: 220），不是由上而下的君主權力，而是從社會的底層、末端和細微處入手才構成權力關係的分析對象。總體而言，兩者觀點的對比與擺盪為我們形塑了更為豐富的戰爭與現代性的理論圖像。

　　或許，在邁向一種更為普遍的將戰爭理論化（theorizing

war）的工作中，本文所提出的「戰爭－國家」的觀點將只是一項基礎性的準備工作，如同 Mansfield（2008）在《將戰爭理論化》（*Theorizing War: From Hobbes to Badiou*）一書中，就是以霍布斯和克勞塞維茲作為戰爭理論的經典，從而延伸出許多當代思想家關於戰爭議題的思考，其中包括了佛洛伊德的「戰爭與曖昧性（ambivalence）」、Bataille 的「戰爭、消費與宗教」、Deleuze 和 Guattari 的「戰爭機器」（war-machine），此外還包括了傅柯、Derrida、Badiou、Virlio、Bauman 等人。儘管要在一本書中將這些紛雜的理論流派與觀點提出一種整合性的看法是一項艱鉅的工作，不過，透過作者的鋪陳也讓我們可以感受到一種跨學科的現代戰爭理論具備的潛在空間。我們可以注意到，近年來國際社會學界中許多學者都嘗試對 911 事件後的全球秩序進行一種反省，並且，他們從各種不同角度（空間〔Bauman 2002, 2005〕、速度〔Virilio 2004〕、技術、媒體〔Baudrillard 2003〕、民主等等）來結合戰爭議題的討論，相信在對戰爭更進一步的理論化過程中，這些討論都將會豐富了戰爭此一主題的研究潛力和未來性。

參考書目

一、中文書目

汪宏倫，2011，〈國家與戰爭：歷史社會學與國際關係的邂逅〉，收於包宗和編，《國際關係理論》，頁 259-286。台

北：五南。

張旺山，2007，〈韋伯的「國家」概念〉，收於蔡英文、張福建編，《現代性的政治反思》，頁157-194。台北：中央研究院人文社會科學研究中心。

鄭祖邦，2008，〈革命與戰爭：馬克思主義戰爭理論的發展與轉折〉。《社會理論學報》11(2):173-226。

顧忠華，1992，《韋伯學說新探》。台北：唐山。

二、英文書目

Althusser, Louis. 1999. *Machiavelli and Us*. London: Verso.

Aron, Raymond. 1967. *Main Currents in Sociological Thought* II：*Durkheim/ Weber/ Pareto*. New York: Basic Books.

Aron, Raymond. 1971. "Max Weber and Power-politics." pp. 83-100 in *Max Weber and Sociology Today*, edited by Otto Stammer. New York: Harper ＆ Row.

Aron, Raymond. 1980. *War and Industrial Society*. Westport: Greenwood Press.

Aron, Raymond. 1983. *Clausewitz: Philosopher of War*. London: Routledge ＆ Kegan Paul plc.

Barbalet, Jack. 2008. *Weber, Passion and Profits: 'The Protestant Ethic and the Spirit of Capitalism' in Context*. Cambridge: Cambridge University Press.

Baudrillard, Jean. 2003.《波灣戰爭不曾發生》，邱德亮、黃建宏譯。台北：麥田。

Bauman, Zygmunt. 2002. "Reconnaissance Wars of the Planetary Frontierland." *Theory, Culture & Society* 19(4):81-90.

Berlin, Isaiah. 1980. *Against the Current: Essays in the History of Ideas*. New York: The Viking Press.

Berlin, Isaiah. 1997. *The Sense of Reality: Studies in Ideas and their History*. New York: The Viking Press.

Clausewitz, Carl von. 1984. *On War*. Princeton: Princeton University Press.

Clausewitz, Carl von. 1992. *Historical and Political Writings*. Princeton: Princeton University Press.

Clausewitz, Carl von. 2004. *Vom Kriege*. Erftstadt: Area.

Conway, Stephen. 1990. "Bentham and the Nineteenth-Century Revolution in Government." pp. 71-90 in *Victorian Liberalism: Nineteenth-Century Political Thought*, edited by Richard Bellamy. London: Routledge.

Davis, Reed M. 2009. *A Politics of Understanding: The International Thought of Raymond Aron*. Baton Rouge: Louisiana State University Press.

Elias, Nobert. 1999.《文明的進程：文明的社會起源和心理起源的研究》（II，社會變遷文明論綱），袁志英譯。北京：三聯。

Fontana, Alessandro, and Mauro Bertani. 2003. "Situating the Lectures." pp. 273-293 in *Society Must Be Defended* by Michel Foucault. New York: Picador.

Foucault, Michel. 1979. *Discipline and Punish: The Birth of the Prison*. New York: Vintage.

Foucault, Michel. 1980. *Power/Knowledge: Selected Interviews and Other Writings 1972-1977*. New York: Pantheon Books.

Foucault, Michel. 1997. *Essential Works of Michel Foucault 1954-1984, volume 1, Ethics: Subjectivity and Truth*. New York: The New Press.

Foucault, Michel. 2000. *Essential Works of Michel Foucault 1954-1984, volume 3, Power*. New York: The New Press.

Foucault, Michel. 2003. *Society Must Be Defended: Lectures at the Collège de France 1975-1976*. New York: Picador.

Foucault, Michel. 2007. *Security, Territory, Population: Lectures at the Collège de France 1977-1978*. New York: Palgrave Macmillan.

Freudengberg, Dirk. 2008. *Theorie des Irregulären: Partisanen, Guerillas und Terroristen im modernen Kleinkrieg*. Wiesbaden: VS Verlag.

Fuller, John Frederick Charles. 1996.《戰爭指導》，鈕先鍾譯。台北：麥田。

Gat, Azar. 1989. *The Origins of Military Thought: From the Enlightenment to Clausewitz*. Oxford: Clarendon Press.

Giddens, Anthony. 1971. *Capitalism and Modern Social Theory: An Analysis of the Writings of Marx, Durkheim and Max Weber*. Cambridge: Cambridge University Press.

Giddens, Anthony. 1986. *Sociology: A Brief but Critical Introduction*. London: Macmillan.

Giddens, Anthony. 1987. *The Nation- State and Violence*. Berkley and Los Angeles: University of California Press.

Herberg-Rothe, Andreas. 2007. *Clausewitz's Puzzle: The Political Theory of War*. Oxford: Oxford University Press.

Hobsbawm, Eric. 1997.《革命的年代》，王章輝等譯。台北：麥田。

Joas, Hans. 2003. *War and Modernity*. Cambridge: Polity Press.

Kaldor, Mary. 2006. *New & Old Wars*. Cambridge: Polity Press.

Lawrence, Philip K. 1997. *Modernity and War: The Creed of Absolute Violence*. London: Macmillan Press.

Machiavelli, Niccolò. 1997. *The Prince*. New Haven & London: Yale University Press.

Machiavelli, Niccolò. 2003. *Discourses on Livy*. Oxford: Oxford University Press.

Malešvic, Siniša. 2010. *The Sociology of War and Violence*. Cambridge: Cambridge University Press.

Mann, Michael. 1988. "War and social Theory: into Battle with Classes, Nations and States." pp. 146-165 in *States, War and Capitalism: Studies in Political Sociology*. New York: Basil Blackwell.

Mann, Michael. 2001. "Globalization and September 11." *New Left Review* 12:51-72.

Mann, Michael. 2003. *Incoherent Empire*. New York: Verso.

Mansfield, Nick. 2008. *Theorizing War: From Hobbes to Badiou*. Hampshire: Palgrave Macmillan.

Meinecke, Friedrich. 1998. *Machiavellism: The Doctrine of Raison d'État and Its Place in Modern History*. New Brunswick: Transaction Books.

Mommsen, Wolfgang J. 1984. *Max Weber and German Politics, 1890-1920*. Chicago: The University of Chicago Press.

Paret, Peter. 1985. *Clausewitz and the State*. Princeton: Princeton University Press.

Reid, Julian. 2003. "Foucault on Clausewitz: Conceptualizing the Relationship Between War and Power." *Alternatives* 28(1):1-28.

Reid, Julian. 2006. *The Biopolitics of the War on Terror*. Manchester: Manchester University Press.

Reid, Julian. 2008. "Life Struggles: War, Discipline and Biopolitics in the Thought of Michel Foucault." pp. 65-92 in *Foucault on Politics, Security and War*, edited by Michael Dillon and Andrew W. Neal. London: Palgrave Macmillan.

Shaw, Martin. 1991. *Post-Military Society: Militarism, Demilitarization and War at the End of the Twentieth Century*. Cambridge: Polity Press.

Skinner, Quentin. 1980. *The Foundations of Modern Political Thought (Volume one: The Renaissance)*. Cambridge: Cambridge University Press.

Strauss, Leo. 1978. *Thought on Machiavelli*. Chicago: The University of Chicago Press.

Strauss, Leo. 1989. *An Introduction to Political Philosophy: Ten Essays*. Detroit: Wayne State University.

Tenbruck, Friedrich H. 1980. "The Problem of Thematic Unity in the Works of Max Weber." *British Journal of Sociology* 31:313-351.

Titunik, Regina F. 2005. "Democracy, Domination, and Legitimacy in Max Weber's Political Thought." pp. 143-163 in *Max Weber's Economy and Society: A Critical Companion*, edited by Charles Camic, Philip S. Gorski and David M. Trubel. Standford: Standford University Press.

Tribe, Keith. 1989. "Prussian agriculture — German Politics: Max Weber 1892-1897." In *Reading Weber*, edited by Keith Tribe. New York: Routledge.

Virilio, Paul. 2004.《欺蒙的戰略》，陳惠敏、蕭旭智譯。台北：麥田。

Weber, Max. 1976. *Wirtschaft und Gesellschaft — Grundriss der Verstehenden Soziologie*. Tübingen: J.C.B.Mohr (Paul Siebeck).

Weber, Max. 1984. *Gesamtausgabe* I/15. Tübingen: J.C.B.Mohr (Paul Siebeck).

Weber, Max. 1992[1991]. *Gesamtausgabe* I/17. Tübingen: J.C.B.Mohr (Paul Siebeck). (中譯本：《學術與政治：韋伯選集（Ⅰ）》，錢永祥編譯。台北：遠流。)

Weber, Max. 1993. Gesamtausgabe I/4. Tübingen: J.C.B.Mohr (Paul Siebeck).

第二章

百年來戰爭與革命組態的改變

朱元鴻

一、百年和平

Caesar dominus et supra grammaticam

　　至高權力者也是文法的上師。特別是何謂「戰爭」何謂「和平」的文法。想要理解既定的國際體系如何運作，不能不先問問「戰爭」與「和平」是如何界定的。本文所觀察的這個世紀，大約接著博藍尼（Karl Polanyi）在《大轉型》（*The Great Transformation*, 1944）一書所描述的 1815-1914 年所謂「百年和平」（Hundred Years' Peace）。「百年和平」指的是從拿破崙戰爭結束到第一次世界大戰爆發之間的整整百年間，戰爭與戰場上的死亡顯著低於先前世紀，尤其是相較於不斷戰爭的拿破崙時期。博藍尼認為歐洲列強不願意戰爭是因為一個新的資本主義體系，或所謂市場經濟的體系，已經形成了一個更為相互依存的社會與國際架構。他一筆帶過了克里米亞戰爭（1853-1856），這場主要由土耳其、英、法對俄國的戰爭，奧地利、普魯士涉入斡旋，義大利小規模參與，雖然海陸戰場牽涉廣泛，戰鬥卻只進行了十八個月。他也一筆帶過了普法戰爭（1870-1871），雖然在 19 世紀這場戰爭堪稱激烈，卻也只進行了不到一年。

　　更有意思的是，博藍尼以約略一頁多的篇幅帶過了 19 世紀頻繁發生於歐洲內外的其他形式「衝突」。我們可將其分為三類：其一是頻繁發生於歐洲的叛亂、內戰、革命、鎮壓，例如匈牙利 1848 年的革命、西班牙在 1820-1868 年間反覆的叛

亂或革命，以及由神聖同盟（Holy Alliance）——奧地利、普魯士、俄羅斯於 1815 年結盟，扮演衛護基督教價值的歐洲警察角色——在日耳曼各邦、比利時、波蘭、瑞士、丹麥、威尼斯各地進行武裝鎮壓或平亂。其二是 19 世紀後半德國、義大利國家統一的武裝鬥爭，比利時、希臘、羅馬尼亞、保加利亞、塞爾維亞、匈牙利的革命或獨立的武裝鬥爭。其三是在歐洲邊陲或域外發生的，鄂圖曼、埃及帝國的瓦解、中國在武力入侵下被迫開放、非洲大陸的瓜分、俄國在中亞的軍事征服、英國在印度與非洲、法國在北非、敘利亞、馬達加斯加、中南半島等地的無數殖民地武裝抗暴與軍事鎮壓，以及美俄兩國的勢力擴張。不過，博藍尼認為所有他這一頁帶過的「衝突」，要麼是局部地方的，要麼由歐洲列強聯手行動或是妥協解決，有時藉著「進步」、「自由」的意識型態召喚，有時藉著王權或宗教的權威，有時藉著優雅的利益交換，有時藉著賄賂收買，有時藉著開明的道德訴求，有時藉著撻伐與恫嚇。總之，博藍尼的強調是：**和平受到維持**（peace was preserved）（Polanyi 1957: 6）。

　　所謂「百年和平」，不只博藍尼這麼說。「19 世紀的和平」，是個當代普遍接受的說法，例如季辛吉（Kissinger 1994）也這麼說，Kalevi Holsti（1991）、Michael Mann（1993）、Giovanni Arrighi（2007），或者有些不同的商榷或強調，卻都引述著這麼說[1]。由一個非西方社會學者的感受性，很難理解這

1　例如 Holsti 計算之後認為與 18 世紀的對比並不那麼截然，也強調在 19 世紀統一建國與獨立建國的戰爭或革命比率上更為顯著。 Arrighi 則接受博藍尼的說法，以「19 世紀和平」的特殊來強調歐洲體系軍事競爭才是常態，對比出歷史上的東亞體系更為和平。

麼個「世紀和平」的說法。若不直言那是個昭彰的神話，就必須探討在什麼特定識框之下如此相對界定什麼算是「戰爭」什麼算是「和平」。不算入頻繁而廣泛的殖民地軍事征服與武力鎮壓，這麼個「和平」顯然是個歐洲中心的視角。而不算入發生於歐洲的頻繁內戰、叛亂／起義（insurgency）、鎮壓／平亂（counter-insurgency），甚至國家統一運動或獨立革命的武力衝突，那麼只能說那是個在「歐洲公法」（*Jus Publicum Europaeum*）的識框之下，唯有歐洲主權國家之間能夠有權從事國與國「戰爭」的國際關係與地緣政治裡認識的「和平」。

　　約與博藍尼《大轉型》同時，史密特（Carl Schmitt）在戰後發表的《大地之法》（*Der Nomos der Erde in Völkerrecht des Jus Publicum Europaeum*, 1950）可能最早而且深刻地為「歐洲公法」決定世界秩序的時代作了輓歌。他所洞察的是從一戰結束的凡爾賽和約（1919）到二戰結束的紐倫堡審判（1945-1946）之間，國際體系的變遷如何瓦解了「歐洲公法」識框下的世界秩序。從他追悼般地回顧，我們認識到他眼中的「歐洲公法」，一個大約成形於 17 世紀，以國家（State）為主體的，新的歐洲中心的國際體系。史密特強調這是個歐洲了不起的成就，有幾方面的重要意義。其一，國家綏靖了內戰的理由，特別是超克了因為宗教派別或信仰歧異而發生內戰衝突的理由；戰爭不再從屬於教權而是徹底從屬於國家政治的事物，唯有主權國家能夠宣示與從事戰爭。其二，雖然歐洲國家有大小強弱之別，戰爭成為歐洲主權國家同等位格之間的關係。其三，歐洲國家明確的領土與疆界具有國際法的地位，截然不同於歐洲之外廣袤新世界可由歐洲人占用的自由土地與開放海域，但前者與後者共同構成一個歐洲中心的全球空間秩序。這樣一個歐洲國際法

的體系，從 16 世紀末到 19 世紀末的三百年間，成就了一個從屬於國家的戰爭概念，一方面綏靖了宗教派別之間殘酷血腥的內戰，一方面將海外對海盜與殖民地土著的衝突置於戰爭的括弧之外，「歐洲公法」成功地範限並括弧了戰爭的形式。對此，史密特不吝接連用最高級讚詞：「真正的進步」、「戰爭理性化與人性化的最高可能」、「近乎神蹟」、「人類理性的高妙成果」，因而「歐洲土地上兩百年不曾發生摧毀性的戰爭」[2]。

　　區別對待戰鬥人員與平民百姓、不作無謂殺戮或過度摧毀的比例原則、投降的規則、戰俘的權利、區別對待「正當敵人」（*Justus hostis*, Just enemy）與罪犯，確實這些算是戰爭理性化的文明資產。我質疑的是，史密特所推崇的這個戰爭人性化的文明資產這三百年來究竟庇蔭多廣？新世界可由歐洲人占用的自由空間並非無人無主之地，而殖民地的土著社會遭受的征服與武力鎮壓卻根本未被視為「戰爭」，當然不受此文明範限。即便是歐洲大陸上頻繁發生的叛亂、革命、鎮壓與內戰，因為不屬於主權國家對主權國家經宣戰而以正規軍交戰的戰爭，所以也未受此文明庇蔭。至於三百年來在「歐洲公法」轄內實際發生於歐洲的戰爭，在行為與實踐上跟法學者史密特標榜的那些戰爭理性化原則有多少落差，則未經歷史的考察，本文只能存疑。經過這麼解析，依照博藍尼以及史密特直到 1950 年的「戰爭」概念，19 世紀「百年和平」的說法可以知道是怎麼回事兒

2　諸如 "real progress", "the strongest possible rationalization and humanization of war", "nothing short of a miracle", "a marvelous product of human reason"。不過全章最後說 "there were no wars of destruction on European soil for two hundred years"，史密特沒有具體指明這個比「百年和平」更長的時期。上述引句全出自 Schmitt（2003[1950]: 140-151）。

了。

史密特在 1962 年，以 74 歲高齡發表了一篇暮年之作〈游擊隊理論：對「政治的概念」的一個評注〉。誠如他在「前言」說明的，此篇並非對他早先論題的補充，而是一篇獨立作品。但正是這麼一篇獨立作品對於他自己在「戰爭」概念的視域上，可說是個顛覆性的「補遺」（supplement）[3]。史密特在這篇裡承認，以往歐洲公法的古典戰爭法中根本沒有游擊戰的位置。他以 1808-1813 年間西班牙人民抵抗外來征服者拿破崙軍隊而進行的游擊戰作為開場例說。但他發現的例子實在多的稱得上普遍。早在 17 世紀前半德意志土地上的三十年戰爭時期，以及現代歷史上每當有內戰與殖民戰爭，或是國家瓦解離亂的時期，都屢屢發生所謂的游擊戰現象。俄國軍隊遭遇到亞洲山區民族的游擊戰；拿破崙潰逃的軍隊遭遇到俄國農民的游擊殲滅；日本侵華遭遇到中國人民的游擊抗戰；第二次世界大戰期間大多被德國占領的地區，俄國、波蘭、法國、巴爾幹半島、希臘，都成了游擊戰區；二戰之後中南半島法國殖民武力遭遇到越南共產黨組織的游擊戰。當然，他在 1962 年所見到非正規游擊戰最具代表性的是接連成功奪取政權——亦即造成主權更迭——的案例，從俄國列寧、南斯拉夫狄托、中國毛澤東、到古巴卡斯楚與格瓦拉的革命戰爭。史密特說：原則上而言，戰爭始終是受到範限的，而游擊戰卻外在於這些範限。其實，史密特所謂的「游擊隊理論」概括承認了「歐洲公法」古典戰爭法難以解決的情境，亦即其「戰爭」概念的括弧外，包括了群眾起義、內

3　Carl Schmitt（2004[1963]）。在我讀來，這是〈游擊隊理論〉一文最重要的意義，否則這篇令人激賞之處並不多。

戰、殖民地戰爭、革命戰爭。

二、歐洲公法的輓歌

　　從一戰結束的凡爾賽和約（1919）到二戰結束的紐倫堡審判（1945-1946）之間，史密特最早洞察了國際法脈絡之下戰爭概念的變遷（Schmitt 2003, 2011）。他指出，凡爾賽條約第 227條起訴遜位德皇威廉二世，以及第 231 條所謂「戰爭罪」條款，必須被視為戰爭的一個全新概念的重要徵候。在「歐洲公法」的脈絡下，相互承認的主權國家之間進行的戰爭不能被視為罪行。「正當敵人」（*Justus hostis*）的概念亦即指國家之間的戰爭不能被罪行化，「正當敵人」必須與罪犯區別。在古典歐洲國際法，「戰爭罪」只能指遂行戰爭之手段正當性（*jus in bello*）的違犯，卻不能指戰爭本身是罪行。第 227 條以戰爭罪起訴遜位德皇威廉二世，而且是唯一被告，意味著此一新款戰爭罪的起訴以國家元首為對象。但此一條款的起訴違背了傳統歐洲國際法，也不符「無法律即無犯罪，無法律即無刑罰」的原則（*nullum crimen, nulla poena sine lege*），因而引起一些歐洲民意的反感，荷蘭女皇拒絕引渡流亡受庇護的威廉二世，美國威爾遜總統也反對引渡，英、法於是只能擱置，很快地便被草草遺忘。然而第 231 條「戰爭罪」條款中出現了「侵略」的詞彙，卻開啟了 1920-1939 年間試圖將戰爭非法化的一系列努力。

　　國際聯盟（League of Nations）1924 年「和平解決國際爭端」日內瓦議定書，出現了「侵略戰爭是一項國際罪行」的宣稱，但是對於「侵略行為」、「侵略戰爭」的定義仍有困惑的爭議（例如正當自衛的先制戰爭是否也遭禁止的兩難），議定

書終未能落實為法律。 1928 年巴黎「非戰公約」（the Kellogg Pact），正式宣布不得以戰爭作為國家政策的工具性手段，但仍保留作為自衛以及執行國際聯盟責任的必要戰爭。「非戰公約」的重要意義在於美國的簽署表達了對歐洲事務的承諾。 1932-1934 年間的世界裁軍會議，由國際聯盟以及非成員國的美國、蘇聯共同參與，為「侵略」提出了相當明確的定義。但史密特批評，這般定義仍只能形式主義地判定「侵犯他國領土」、「發動敵對行動」的一方，卻不能判讀哪一方是正義或不義，而且戰爭的深層原因反倒被刻意漠視而退隱不見了[4]。確實，從 1920 到二戰前夕的 1939 年這二十年間，日內瓦議定書、非戰公約、裁軍會議的系列努力都未能夠力挽德國擴軍、歐洲捲入二戰的狂瀾，但是侵略戰爭的罪行化卻逐漸被視為公認的要求、甚至被視同為法律。到了戰後，在紐倫堡審判所依據的 1945 年 8 月 8 日「倫敦國際軍事法庭憲章」，歐洲公法的戰爭概念終於遭到拋棄，歐洲國家不再能夠據以自決；而在美、蘇兩強的主導下，1919 年凡爾賽和約開端卻未能實現的「將戰爭罪行化」企圖，終於在紐倫堡審判獲得實現。

　　二戰之後，聯合國（United Nations）於 1945 年成立，取代了國際聯盟。可惜史密特對於聯合國不再有評論。聯合國繼續以阻止國家之間的戰爭、提供對話平台為其使命。其明文宗旨在於：促進在國際法、國際安全、經濟發展、社會進步、人權

4　史密特提及被刻意漠視的深層原因的例子如「缺乏安全感而再度大舉武裝擴軍」（德國囉！）見 Schmitt（2003: 278）。我懷疑這個論點足以有效質疑形式主義對「侵略」的判定。法西斯義大利入侵阿比西尼亞（衣索匹亞）宣稱是「維安行動」，日本侵華也有其正義之說：排拒西方帝國主義的東亞共榮。推遠鏡頭，正義在哪一方真的毫無定論。

及實現世界和平等方面的合作。迄今聯合國共 193 個成員國，除了梵蒂岡之外所有獲得國際承認的主權國家都成為會員國。

在紐倫堡與東京的戰犯審判之後，聯合國大會認為需要成立一個常設的國際法院來審理對戰爭暴行有罪責的政治領袖，在 1950 年代初期曾經兩度起草，但因為冷戰局面使得國際刑事法院的設置在政治上不切實際而遭擱置。出於懲治非人道暴力的需要，聯合國於 1993 年設置了「前南斯拉夫國際刑事法庭」，1994 年設置了「盧安達國際刑事法庭」。2002 年終於在海牙成立了常設的「國際刑事法院」（International Criminal Court）。這個機構代表著一個超乎國家主權的司法管轄權，其作為實際上破壞了傳統國際法的國家主權。例如起訴塞爾維亞政治領袖米洛塞維奇，是否違犯南斯拉夫法律並不相干，因為起訴的罪名是「危害人類罪」（crimes against humanity）。依據「國際刑事法院羅馬規約」的定義，「危害人類罪」是指那些對人類尊嚴構成嚴重侵犯與凌辱的罪行；並非指一般孤立或偶發事件，而是出於政府的政策，或是受當權者縱容的暴行，例如對民眾的謀殺、消滅、酷刑、強暴、政治性的、種族性的或宗教性的迫害，以及其他有系統、大規模的非人道行為。

「危害人類罪」，以及「國際刑事法院」，是在國家法律甚至國際法之外，一個新出現的「全球」或「帝國」層次的法律與司法（Hardt and Negri 2004: 29）。然而這個全球的司法並沒有「法律之前的平等」，而是複製了全球的政治權力層級。美國拒絕加入「國際刑事法院」，特別有意思地說明了這一點，因為美國有實力對他者加諸法律制裁，無論是藉由該國國內司法體系（例如審判海珊）或是經由特別設置的任務機構（例如關達那摩監營），而美國卻不會讓他們的政治領袖受其他超國家的法

律機構審判（例如曾有要求起訴美國前國務卿季辛吉在寮國與
高棉的戰爭罪，不曾有法律行動）。事實上，聯合國的政治法律
職能相對於美國霸權的模稜關係，在冷戰期間即已現端倪。在
1970 年代後期，喬姆斯基（Noam Chomsky 1979: 12）提出一個
尖銳的質問：為什麼聯合國沒有能保護越南不受美國的侵略？
為什麼這項失能沒有受到譴責？其實，聯合國，尤其是第三世
界國家為多數的「聯合國大會」是有可能出現牴觸美國戰略利
益的決議。例如 1975 年底，冷戰期間，因為擔憂葡屬東帝汶的
獨立會出現共產政權，在美國福特總統與季辛吉的許可與後援
下，印尼蘇哈托政權的軍隊入侵東帝汶，造成暴行屠殺並持續
宰制二十五年。而自 1975 年 12 月以迄 1982 年，聯合國大會每
年皆通過對於東帝汶的多數決議：依據聯合國憲章之原則，以
及〈給予殖民地國家暨人民獨立〉之宣言，承認民族自決與獨立
為不可剝奪之權利。但由於聯合國沒有常設的維和部隊，極度
短缺的經費更仰賴強國例如美國國會的批准，因此美國得以成
功攔堵，使得不受其控制的聯合國大會決議無法落實行動。

　　在 21 世紀全球政治的治理上，是否美國單邊的地緣政治
戰略將繼續限制與侵蝕聯合國的政治法律職能？是否聯合國可
能成為美國單邊控制與全球霸權的表現舞台？或許可以反過來
問，是否可能出現如此案例：聯合國大會議決並且行動「保護
某國不受美國或任何安理會強國的侵略」？這將需要如今尚未
存在的條件，例如：聯合國自身需要有一支能夠勝任人道干預
與維持和平任務的軍事武力；國際刑事法院需要具有依其自身
原則逕行逮捕的權力；而且二戰勝利的五國永久常任且擁有否
決權的安理會寡頭統治結構也必須改變。否則，這將是難以出
現的夢幻案例。

　　美國強權的世界角色受到相當普遍的懷疑，即便是美國公民也懷疑。聯合國的成員是主權國家，而不干預其他國家，以及人民的自決，是規範原則。但經常仍有例外狀態使得干預成為迫切的必要。專制者的暴政、意識型態的狂熱、族群的仇恨、宗教的迫害，造成國內無武裝的平民大規模受害，特別是弱勢族群與婦孺。此時，自決不具有任何意義或可能性，而外來的干預卻成為迫切的道德必要。 1994 年盧安達的族群屠殺，大約在百日期間內殺戮八十萬人，1995 年塞爾維亞軍隊在波士尼亞 Srebrenica 一城即屠殺了約八千名穆斯林，並強制流徙約三萬人。在這兩個案例中，完全不堪勝任的聯合國維和部隊，自身構成了悲劇的一部分。而在類似緊急狀態下，不干預的沉默、冷漠、遲不行動的僵滯，不僅道德上難以忍受，也可能任令殘酷的事態擴大蔓延，造成更大的政治代價[5]。此時，總得有哪方面出手干預，那麼，誰？用華爾澤（Michael Walzer）的譬喻，沒人願意見到美國扮演世界警察的角色，但有緊急事故卻又企盼消防隊的救援。干預，既惹不易脫身的風險，又惹道德爛泥的污穢。右派認為事不干美國具體利益（波士尼亞或盧安達）沒有理由干預，左派則寧願等待多邊決議授權由多國部隊介入，同樣無濟於回應緊急狀態的迫切需要[6]。

5　當前敘利亞狀況可以做個註腳，阿塞德專制政權過去兩年間的鎮壓行動已造成接近十萬名無辜民眾死亡，包括許多婦孺。但聯合國安理會無法通過進行人道干預的決議。俄國與中國以不干預主權國內政為由持續否決，美英為首的西方國家則強調緊急狀態人道干預的道德必要。

6　Walzer（2004: 76-80）提了些推想。設想若有某個具實力的強國在盧安達族群衝突之初立即遣軍進入，那麼大屠殺、大流徙、霍亂瘟疫都可能得以避免，但那支軍隊卻可能還得滯留在那兒，也沒人知道會發

　　聯合國的政治法律職能與全球霸權之間的模稜關係將持續是個值得觀察的角度。**侵略**或是**援救**？**戰略利益**或是**人道干預**？並無法清楚自明地分類不同事件，卻常常是對同一個事件同一個決斷，來自不同方面全然對立的指認。以 2011 年利比亞內戰為例，聯合國授權使用武力保護利比亞平民的人道干預，不僅格達費呼喊是西方帝國主義的侵略，兩位左派法國哲學家——巴迪烏（Alain Badiou）與儂曦（Jean-Luc Nancy）——的公開爭議也為此表現出對立的觀點。儂曦承認西方帝國主義的後遺陰影仍造成憂慮，而跨過不干預原則的援救行動也有遭懷疑為西方潛在利益動機的風險，但今日世界已不再是西方傲慢自負的帝國主義時代，而是相互依存以行動創發共同生活的時代，這也是何以必須關注阿拉伯國家的人民反抗對我們表達什麼，承擔起這個必須謹慎為之的援救任務（Nancy 2011）。巴迪烏反對儂曦的公開信很具有徵候性：在利比亞他沒看到人民的反抗或革命，他看到的是英法在背後策動推翻格達費的陰謀；受託付援救任務的正是那些具有石油與霸權動機的那幫人，而「人道」之傘不過是藉受害者之名的煽情勒索；他警告勿墜入西方帝國主義操弄的陷阱（Badiou 2011）。

　　這兩封公開信重點不在於主權國家之間的戰爭，而在於對於 "insurgencies"（叛亂／反叛／起義）兩種截然不同的歷史感受。儂曦展望的是個新局：在相互依存、以行動創發共同生活的時代，對於某些國家以暴力鎮壓其內部人民的反抗，必須關

　　生些什麼。我很同意他的如下推想：假設聯合國能夠自身有一支夠實力的軍隊，能夠在殺戮戰場上獨立行動，也將難保不陷入混亂戰場上搞髒雙手的道德泥濘。

切並謹慎承擔援救任務。巴迪烏卻目中完全看不見利比亞人民
抵抗獨裁者鎮壓爭取自由的革命。這看似有點費解，但其實一
成不變地重複了列寧在〈戰爭與革命〉裡反駁他工農聽眾的邏
輯：

> 他們相信是他們在打這場仗：「**我們工人、我們農民，為了
> 我們自己的自由而戰。**」我永遠忘不了在一場會議後他們
> 對我的質問：「**為什麼你永遠在談反對資本家？我們不是
> 資本家，對吧？我們是工人，我們在衛護我們的自由。**」
> 你們錯了！你們在為你們的資本家政府而戰。對這些工人
> 與農民，我不意外，他們不懂政治，他們不懂外交的秘密
> 或是金融劫掠的圖像。……他們自稱是革命的人民……而
> 這沒有半點意義。（Lenin 1964）

　　在 2011 年 4 月初的公開信，巴迪烏對利比亞的革命群眾視
若無睹，我相信即便 10 月下旬內戰結束，利比亞群眾的四處歡
呼也不會動搖他的視域。那是個從列寧迄今已經將近一個世紀
的信念，一個被預先決定的歷史感受——什麼是革命，什麼不
是。

三、兩種革命／戰爭的場景

　　主權的概念不足以理解自國家內部生成的戰爭，無論是在
19 世紀或是我們當代。如史密特指出的，現代的主權意涵就是
禁制內部的戰爭——叛亂或內戰。然而當史密特強調「一個政
治上統一的人民（a politically united people）響應主權決斷而準

備為了他們的存在、獨立、自由而戰」是個比任何戰術、組織、勝算的問題更為根本的政治問題（Schmitt 1996: 45-6），他卻再三地將此呼應主權決斷的「政治上統一的人民」視為當然的既給狀態，從來不曾探討其脆弱的社會存在：統治者與被統治者之間、保護與服從、權利與義務之間，有著雙向、易變、危機潛伏、可能招致反叛的關係。

如果我們不從已構成的主權來看，而是從"insurgency"（叛亂／造反／起義）的向度觀察，可能獲致更為相干的脈絡來理解許多歷史上重要的戰爭，例如美國獨立／革命戰爭、美國內戰（南北戰爭），以及史家視為傳統戰爭最後經典的遼瀋、平津、淮海等大型戰役的國共內戰。這些不屬於主權國家之間的戰爭概念，而是獨立／革命、分裂、攫奪主權的戰爭。"Insurgency"，中文我還沒找到能夠綜合兩價的對應譯詞，從既有主權者的角度是「叛亂」，從否定既有主權者的反叛勢力角度是「起義」。相對的"counter-insurgency"，從既有主權者的角度是「平亂」或日譯的「治安戰」，從反叛勢力角度是「鎮壓」。在接下來三節中，我們將以 1917 年 10 月俄國布爾什維克革命序幕的世界共產革命，對比 2011 年序幕的「阿拉伯之春」，回顧一個世紀以來兩種"insurgencies"模式的消長，試著理解其間全球性條件的變遷，以及戰爭與和平的語法演變。

我們以推遠鏡頭（zooming out）的方式來交錯對照所比較兩個舊政權的末路時刻以及內戰的場景。

舊政權末路時刻

1918 年 7 月 17 日，統治俄羅斯三個世紀的羅曼諾夫王

朝（1613-1917）的末代遜位沙皇，尼古拉二世，及其王室成員，凌晨兩點被喚醒，著裝，被帶入地下室。布爾什維克軍官 Yakov Yurovsky 帶領著七名共產黨士兵行刑隊，向他們宣布，烏拉爾工人蘇維埃委員會（列寧親自策劃指令，未經過政治局）判決了他們的死刑，隨即在房間內以左輪槍行刑，處決了王室所有成員，連同沙皇的御醫、御廚、皇后的女侍以及一名男性僕役。目擊者見證尼古拉二世的最後話語是：「你們不知道你們做什麼！」（You know not what you do!），這也是耶穌在十字架上的最後話語。

　　2011 年 10 月 20 日，統治利比亞四十二年的強人格達費，在他家鄉蘇爾特附近，他的車隊被美國掠食者（Predator）無人偵察機鎖定，隨後遭到北約戰機空襲。倖存的格達費與幾位侍衛在道路下方排水涵洞中避難。中午時分，格達費被利比亞「全國過渡委員會」（National Transitional Council）的部隊尋獲、俘虜，旋即遭擊斃。至少四支手機視頻顯示格達費在死前曾遭粗暴對待。格達費的最後話語是：「不要開槍，不要殺我，我的子民！」（Don't shoot, don't kill me, my sons!）

俄國內戰（The Russian Civil War, 1917-1923）

　　1917 年二月革命，尼古拉二世退位之後，俄羅斯成立「臨時政府」。但隨後發生的十月革命，由紅衛兵、布爾什維克黨指揮的工人、棄職兵員與武裝團體控制了彼得格勒（聖彼得堡），並開始立即武裝接管原帝俄境內的城市與村莊。 1918 年元月，在「制憲議會」選舉失利的布爾什維克，依恃工業地區蘇維埃的勢力，解散了俄羅斯「制憲議會」，宣告俄國蘇維埃新政府成

立。1918 年 3 月 6 日，布爾什維克政府與德意志帝國在 Brest-Litovsk 簽訂「蘇德停戰條約」宣布退出戰爭。此舉引起俄國國內外各種反對布爾什維克的民族主義者的反彈。由於列寧受德國外交部庇護返國從事革命活動，孟什維克與社會革命黨也視布爾什維克政府為德意志帝國的代理政權，考慮跟自由派與憲政民主派聯合，然而最終仍因分歧而歸於失敗。不過，臨時政府時期原帝俄皇家陸軍的結構已經破壞，俄羅斯人民對於繼續對同盟國戰爭抱持懷疑，反對戰爭的情緒高漲。布爾什維克紅軍與國內外鬆散結合的反布爾什維克勢力，所謂的白軍，展開了一系列的戰鬥。結果是紅軍擊潰了領土上所有反對勢力的軍隊，肇致 1922 年「蘇聯」的成立。1923 年 6 月，白軍在太平洋岸最後的據點陷落，內戰結束。

俄國內戰 1918-1921 年期間的政治與經濟措施，日後被稱為「戰爭共產主義」（war communism）或「軍事共產主義」（military communism），這段形成期的經驗塑造了布爾什維克的黨集權組織與政治文化模式。日後史達林時期的蘇聯、毛澤東時代的中國、1975 年後的越南、波帕的赤柬政權、尼加拉瓜的桑定政權、衣索比亞以及莫三比克的共產主義軍政府，都企圖或表現了這個影響深遠的模式。我們將於第四、五兩節分析此一革命模式，及其參與構造的冷戰國際結構。

2011 年 利比亞內戰（2011 Libyan Civil War）

2011 年 2 月 15 日，班加西的抗議示威導致國安武力向群眾開槍，抗爭隨即升高並蔓延為全國性的反叛。反對格達費的力量成立「全國過渡委員會」，於 9 月 16 日受到聯合國承認，

成為取代格達費政權的利比亞合法代表。聯合國安理會早在 2
月 26 日通過一項決議，凍結格達費及其親信的資產，限制其出
境，並將案件交付「國際刑事法院」調查。 3 月初，格達費部隊
向東推進，占領沿岸城市並進攻班加西，聯合國進一步決議授
權成員國對利比亞實施禁飛航區（no-fly zone）。格達費政府宣
布停火但並未履行。 8 月，反叛武力重新奪回沿岸城市並攻下
首都的黎波里，格達費及效忠他的殘部逃逸並從事後衛戰鬥，
直到 10 月 20 日被俘獲並遭擊斃。「全國過渡委員會」於 10 月
23 日宣布利比亞解放、內戰正式結束。

　　利比亞內戰是當前仍在展開的所謂「阿拉伯之春」世界場景
的一部分。 2010 年 12 月 18 日在突尼斯因為青年 Bouazizi 抗
議警察腐敗濫權而自焚引發了示威與抗議的革命浪潮，隨即蔓
延至阿拉伯世界，迄今革命浪潮已推翻了四個長期統治的強人
政權：突尼西亞的本阿里、埃及的穆巴拉克，在數週的大規模
人民抗議之後流亡或辭職離境，利比亞的格達費經過八個月的
內戰最後被俘虜擊斃，葉門執政三十三年的總統薩利赫則簽署
協議移交政權以換取免受起訴的司法豁免權。在巴林、阿爾及
利亞、伊拉克、約旦、摩洛哥、阿曼發生大規模抗爭。在科威
特、黎巴嫩、茅利塔尼亞、沙烏地阿拉伯、蘇丹、西沙哈拉、以
及以色列邊界也引發抗爭活動。一年多來敘利亞的人民反叛與
血腥鎮壓逐漸惡化進入內戰狀態，迄今是世界關注的焦點。這
一波的革命浪潮，即便利比亞與敘利亞在淪入內戰之前也不例
外，充分發揮了公民抵抗（civil resistance）的技術，包括罷工、
示威、遊行、集會，特別是在國家企圖對互聯網實施壓制與檢
禁的狀況下充分運用互聯網與社交媒介來組織、傳播、召喚大
規模抗爭活動。在利比亞內戰期間，聯合國安理會在禁飛航

區、凍結資產、限制出境、交付「國際刑事法院」調查等決議，
這些關鍵因素都是在 1917-1922 年俄國革命時代不曾存在的全
球治理制度角色。我們將於第六節探討公民抵抗策略與全球治
理制度的演變如何根本地改變了當代革命與戰爭的條件。

四、共產主義世界革命

　　20 世紀影響最廣泛深遠的戰爭脈絡，不是法西斯與納粹。
法西斯與納粹從崛起到覆滅前後約十五年，戰爭延燒僅及於歐
洲、北非以及大西洋水域。共產主義革命發生的時間比法西
斯、納粹更早，支配的時間更長。尼古拉二世王室遭到刑決的
俄國場景是世界歷史上首次實現的共產主義革命，直到 1991 年
蘇聯解體，前後鼓動風潮超過七十年，在歐、亞、美、非四大洲
留下深刻烙印，甚至廣泛鼓舞知識菁英對於現代性、反殖民或
社會正義的烏托邦憧憬，可以說是 20 世紀戰爭與革命最重要的
角色。

　　共產主義革命，以馬克思主義觀點為根據，企圖經由無產
階級革命而將資本主義世界體系置換為共產主義，而以社會主
義為過渡階段。 1871 年「巴黎公社」，普法戰爭法國戰敗後巴
黎工人與底層市民起義，在 3 月 18 日到 5 月 28 日兩個多月的
無政府狀態下巴黎城市的短暫自治，成為共產主義運動「無產
階級專政」與「廢除國家」革命理論的濫觴。 1905 年俄羅斯帝
國境內發生大規模的政治社會騷亂，工人罷工、農民暴動、軍
事叛變。元月 22 日和平示威向沙皇尼古拉二世請願的遊行民眾
遭到皇家衛隊射殺，史稱「血腥星期天」，加劇了革命動力，彼
得格勒首度出現了「蘇維埃」工人委員會的政治組織，日後「蘇

維埃」成為「蘇聯」（1922）革命政府以及稍後中國共產革命地區（1927）政治組織的名稱。

歐洲

列寧深信俄國革命是歐洲共產主義革命大潮的先驅。在1917年俄國革命的立即衝擊之下，歐洲於1918-1919年之間確實發生了數起共產主義革命，卻都在短暫的數個月內遭到挫敗。1918-1919年德國革命一度宣告「社會主義共和」，兩位領導人，李卜克內特（Karl Liebknecht）與盧森堡（Rosa Luxemburg），不久卻遭綁架謀殺。1919年4月「巴伐利亞蘇維埃共和國」宣布成立，首都慕尼黑，但僅一個月即遭德國自由軍團（*Freicorps*）剿滅，約七百人遭逮捕處決。「匈牙利蘇維埃共和國」由昆貝拉（Kun Bela）領導於1919年3月成立，旋即因羅馬尼亞攻占布達佩斯而遭解散，歷時不到五個月。此後歐洲並未發生列寧預期由俄國起頭的共產主義革命大潮，直到二十多年之後，1941-1945年間，南斯拉夫共產黨由狄托（Josip Broz Tito）領導的游擊隊在英國支持下進行反抗納粹德國勢力的人民解放戰爭，1945年獲得勝利成立「南斯拉夫社會主義聯邦共和國」。

亞洲

在廣袤農業社會的亞洲，共產主義革命與統治的影響更為深廣長久。1921年在俄國紅軍支持下，蒙古人民革命黨推翻了中華民國與白軍支持的傀儡政權，於1924年成立「蒙古人民共和國」，直到1990年都是蘇聯的附庸國家。1948年，蘇聯支持的朝鮮勞動黨在金日成領導下宣布成立「朝鮮民主主義人民共和國」。更具重要性的是中國與越南相繼成功的共產主義革命。在中國，共產黨與國民黨自1927年開始內戰，1949年共

產黨獲得勝利，成立「中華人民共和國」。 1954 年在蘇聯與中
共支持下胡志明領導的越南共產黨在奠邊府戰役擊潰了法國在
中南半島的殖民武力，建立了河內的北越政權。接著在 1957-
1975 年的越南戰爭中以持久的游擊戰逐出了占領越南的美軍勢
力，推翻了西貢政權，統一南北越，成立「越南社會主義共和
國」。越南戰爭的後果對於中南半島鄰邦寮國與高棉有立即的影
響。 1975 年受蘇聯與越南人民軍支持的寮國人民革命黨推翻了
薩旺‧瓦達納國王反共的聯合政府，建立了「寮人民民主共和
國」。同年，赤柬攻占首都金邊，建立了毛主義「民主柬埔寨」
政權。赤柬獲中共支持，實行極左恐怖統治，當權將近四年期
間屠殺超過百萬人，是 20 世紀最血腥暴力的政權之一。 1978
年越南因邊界衝突入侵高棉，推翻了赤柬政權。儘管越南也是
個極權的共產國家，這項終結鄰邦殘酷暴政的「干預」，國際社
會仍大多視為正當的援救行動，然而卻埋下了支持赤柬的中共
1979 年對越南戰爭的導火線。

　　1925 年中國共產黨在新加坡建立了南洋共產黨，後來衍
生出馬來亞共黨（1930）與泰共黨（1942）。馬共的游擊組織與
活動在 1948 年造成馬來亞當局宣布戒嚴，1949 年馬共成立馬
來亞人民解放軍，以建立包括新加坡在內的馬來亞人民民主共
和國為目標；戒嚴長達十二年，在馬來西亞 1957 年獨立後到
1960 年才解嚴。越戰與中國文革期間，馬共游擊活動相應轉趨
於劇烈，直到 1989 年才放棄武裝鬥爭。泰共也大約在冷戰結束
的 1990 年才消失。印尼蘇卡諾政權的後段，在印尼共產黨的支
持下外交政策顯著地與西方拉開距離並轉向親共產陣營，退出
「受帝國主義支配」的聯合國，並企圖組織反帝國主義的「新興
勢力會議」（Conference of New Emerging Forces, CONEFO）以

為對抗，直到 1965 年的蘇哈托政變。馬共反對英國在馬來亞的殖民勢力，印尼共黨支持的蘇卡諾則反對荷蘭在印尼的殖民勢力以及英美的文化，美國電影與書籍被禁、披頭四唱片被焚、演唱搖滾樂的樂團遭到逮捕監禁。

在 1990 年冷戰結束後，幾個僅存的武裝組織，是在 1960 年代隨著蘇聯中共的分裂對立而出現的極左毛派共產黨。 1967 年武裝叛變的納薩爾派（Naxalite）印度共產黨，以及 1969 年成立的菲律賓「新人民軍」，迄今仍繼續從事游擊活動。尼泊爾毛派的聯合共產黨，成立於 1994 年，發動反抗尼泊爾專制君主的革命戰爭，已於 2006 年停火，2007 年參與國會選舉並加入聯合內閣。阿富汗於 1965 年出現的毛派「進步青年組織」，卻被受蘇聯支持於 1978 年軍事奪權的阿富汗人民民主黨政權視為首要敵人，直到這個政權在 1992 年被聖戰士推翻。 2001 年美軍入侵阿富汗之後，毛派組織於 2004 年聯合成為阿富汗毛主義共產黨，最近仍對賓拉登被刺殺事件發表反美宣言。

拉丁美洲

在拉丁美洲，古巴革命的成功模式是火車頭。 1959 年，反對古巴總統巴蒂斯塔藉政變延任的城市暴動蜂起，眼見情勢失控的巴蒂斯塔棄國逃亡，卡斯楚與格拉瓦在鄉間的游擊武力輕鬆開進首都哈瓦那奪得古巴政權。遵循古巴模式，尼加拉瓜的武裝反對運動於 1961 年成立「桑定民族解放陣線」（FSLN），與蘇穆薩獨裁政權的國民衛隊進行內戰，在 1979 年獲得勝利。桑定政權向古巴看齊，將婦女、工人、農民編為受層級控制的大隊，普遍檢禁新聞與出版，印第安原住民社群失去了原本享有免於稅收、兵役以及語言的自主，被強制遷徙，村落遭到摧毀，抗議的原住民與礦工遭到桑定軍隊的處決或屠殺。很快地

全國各地燃起了抵抗桑定極權傾向的武裝組織，爆發了新的內戰（Fontaine 1999: 668-670）。桑定政府在 1984 年恢復了總統選舉，企圖以民主的信用確立一黨專政，然而因為沒有真正的政黨自由，對手杯葛撤出選局，由桑定陣線的奧蒂加當選總統，卻無助於遏制全國的動盪與緊張，內戰與政治迫害繼續惡化。無法以武力完成極權統治的桑定政權於 1990 年再度讓全國投票，結果桑定下台，尼加拉瓜經歷了第一次政權和平轉移。

　　1960 年代末，古茲曼（Abimael Guzman）建立秘魯共產黨，自 1980 年成為活躍的毛派游擊組織，號稱「光明之路」（*Sendero Luminoso*）。首領古茲曼自稱是繼馬克思、列寧、毛澤東之後的「第四把劍」。他將刺殺地主、警察的行動稱為「人民司法」，游擊活動包括攻擊公共建築、電纜油管、橋梁，在族群衝突的地區煽動仇恨，設置勞改營懲罰任何背叛「人民勢力」的人。在一千九百萬人口的秘魯，古茲曼宣稱革命的勝利至少需要一百萬條人命。1984 年秘魯政府在十個省分宣布戒嚴，被挾持在兩方之間的農民經常遭到屠殺。1992 年古茲曼被捕之後光明之路趨於沒落，但餘燼未熄，破壞、恐怖主義、心理戰的游擊活動持續。2012 年春季餘部首腦相繼被捕，但剿滅或是復燃，於今未卜。

　　拉丁美洲從 1960 年以來的叛亂／起義或內戰有著接近的冷戰模式。例如，桑定陣線奪權後，首府馬那瓜到處可見古巴的軍事顧問，稍後反桑定的「自由鬥士」則受到美國的支持。同樣的，瓜地馬拉內戰（1960-1996），一方面是受古巴支持的左翼武裝游擊隊，另一方面是受美國支持進行鎮壓的軍政府。薩爾瓦多內戰（1980-1992），一方面是受古巴支持的馬蒂民族解放陣線（FMLN），另方面也是受美國支持進行鎮壓的軍政府。格

瑞那達 1979 年由馬列主義先鋒政黨 "New Jewel Movement"
政變成立的臨時革命政府在古巴協助下建立常備軍，而在 1983
年美軍入侵之下被推翻。在拉丁美洲，不同於列寧、托洛斯基
的布爾什維克革命或是毛澤東、武元甲等從屬於政黨的軍事領
袖，古巴模式的游擊武力拒絕從屬於一個傳統共產黨的控制。
卡斯楚的古巴也是在軍事奪權之後才成立政黨。古巴模式游擊
戰所謂 "foco"（小股、細胞、縱隊）各自為戰的戰略，被認為
是更自由的游擊經驗。但其實游擊隊從來不是自主的單位而是
由軍事權威控制的，尤其在勝利奪權之後更是（Hardt & Negri
2004: 75）。解放後的政權繼續以軍事結構為其基礎。不過，如
福山（Fukuyama 2011: 357）指出的，除了卡斯楚的古巴，在拉
丁美洲沒有任何威權的或革命的政權具有足夠的強制力來抄奪
富有菁英階層的財產，不曾像蘇聯與中共那樣發動並完成集體
化，也不曾發生如史達林或毛澤東政權那般大規模的殺戮。革
命叛亂或是治安鎮壓，受害的皆屬非菁英的農民、礦工、原住
民。富有的菁英已經學會如何與非民主的國家權力共存，並且
藉著體制化的腐敗而獲利。

非洲

　　或許馬克思未曾想像共產主義在非洲部族社會的實現樣
態，非洲卻在 1969-1975 年間相繼出現了一波馬列主義一黨專
政的共產政權，並且在 1990-1992 短短數年之內紛紛垮台或是
轉型。 1969 年巴雷將軍（Siad Barre）經由政變奪權，建立「索
馬利民主共和國」並自任總統，解散國會，擱置憲法，以索馬利
革命社會黨進行壓迫性的一黨專政，直到 1991 年被推翻。剛果
共和國在 1970 年遭遇一場左翼軍事政變後宣布成立一個馬克思
列寧社會主義的「剛果人民共和國」，由剛果勞動黨一黨專政，

與蘇聯關係緊密，直到 1991 年廢除馬列共產體制，恢復剛果共和國的國號、國旗、國歌，轉型為國會多黨制。 1972 年達荷美共和國軍方在強人克雷庫（Mathieu Kérékou）領導下政變奪權，1975 年成立「貝南人民共和國」，由貝南人民革命黨一黨專政，開始清算整肅前政權代表人物、鎮壓反對者並刑虐政治犯，經濟上則與蘇聯、古巴、東德、北韓建立合作關係。 1990年東歐共產政權崩解，克雷庫宣布放棄共產主義，被國民會議剝除權力，並在總統選舉中落敗；同年成立的轉型政府回歸多黨民主體制。

　　1974 年衣索比亞軍事政變推翻了國王海爾賽拉西（Haile Selassie），孟格司徒（Mengistu H.M.）領導的共產主義軍政府，將銀行與保險公司收歸國有，廢除土地私有制，鎮壓企圖搞農民公社的毛派學生組織，召喚人民攻擊「革命的敵人」，造成 1977-1978 年的紅色恐怖，搞史達林式的政治謀殺，約一萬人被冠以「反動」、「反革命」、「反人民顛覆分子」等標籤受害，還有許多失蹤人口。衣索比亞斷絕與美國的軍事關係之後，蘇聯與古巴帶來大量人員與設備的援助。原本尚未有共產黨的衣索比亞在莫斯科鼓勵下成立了「衣索比亞勞工黨」，四分之三成員卻是軍人與公務員，工人不到四分之一，而占人口 87% 的農民卻只占黨員 3%（Santamaria 1999: 690）。所謂「村落化」（villagization）政策以控制食物供給的「飢餓武器」（hunger weapon）強制游牧人口遷徙，造成許多部落的血腥抵抗，最終造成近百萬人餓死的饑荒。孟格司徒的共產政權也跟蘇聯共產政權同步沒落，1990 年反抗共產統治的勢力蜂起，他企圖擴大動員強制徵兵，但局面仍失去控制，終於在 1991 年逃亡辛巴威。 2008 年衣索比亞高等法院在孟格司徒缺席下以種族

屠殺罪（genocide）判他死刑，未來是否受到引渡則不得而知。

　　非洲的葡屬殖民地安哥拉與莫三比克在 1974 年葡萄牙「康乃馨革命」之後很快地便陷入內戰，由不同的內戰團體分別宣布獨立的政權。「安哥拉人民解放運動」（MPLA）獲得蘇聯、古巴、葡萄牙共產黨的支持，傾向毛派農村路線的「安哥拉全面獨立民族同盟」（UNITA）則受到美國雷根政府與南非白人政府的支持，是個奇怪床伴的冷戰代理內戰。在蘇聯集團瓦解，古巴與南非撤出之後，MPLA 十五年來一黨專政、經濟失序、強制徵兵的政策不得人心，於是在 1990 年變革改行市場經濟與多元政治，這個轉型也使得 UNITA 的對抗無以為繼，輸掉了 1992 年的選舉。「莫三比克解放陣線」（Frelimo）自 1962 年即已存在，同時獲得蘇聯與中共的軍事支持，1974 年底自葡萄牙軍方接收之後，堅定採行馬克思列寧社會主義路線，成為專政的黨國，藉著獨立的熱情，建立集體農場，實行改造鄉野的「造村」（villagization）政策，強制 80% 的農民人口遷離傳統居地住進「新村」，並以層級的共產小組網絡控制鄉村，在全國設置「人民安全強制再教育」的勞改營（SNASP）（Santamaria 1999: 701-702）。結果反抗的農民、部族、以及逃離勞改營的民眾紛紛加入「莫三比克民族抵抗運動」（Renamo），一個成立於 1975 年，受到南非支持的反共組織。 Renamo 也同樣使用野蠻的暴力手段，但規模上遠不如 Frelimo 系統性浸透全國的國家暴力。跟衣索比亞的紅色政權一樣，Frelimo 以控制食物供給的所謂「飢餓武器」作為政策強制的手段，在其統治期間也造成六十萬人死於饑饉的慘劇。隨著蘇聯共產政權解體，1992 年 Frelimo 與 Renamo 簽署羅馬和平協議，終止了內戰。莫三比克在 1994 年舉行了歷史上首次的多黨選舉。

　　為什麼 1990 年之前，馬克思列寧共產主義對非洲許多國家特別具有魅力？反殖民、反帝國主義、反南非種族主義的鬥爭脈絡顯然是原因之一。其二，在非洲可以更清楚地看到共產主義世界網絡的作用。社會主義政權是保證蘇聯大規模經濟與軍事援助的招牌。當 1975 年蘇聯與古巴顧問大舉抵達安哥拉時，卡斯楚熱情地表示：「非洲是帝國主義連環鎖裡的弱環節，在那兒有絕佳的機會從部族主義直接過渡到社會主義，而無須經過世界其他各處必須經歷的不同階段。」（Santamaria 1999: 697）其三，不需要經由整個社會權力關係產生共產主義嚮往，先鋒政黨遵循意識型態的專政更為重要。最後，馬克思列寧主義不僅為武裝奪權與軍政府一黨統治提供正當化的標語，也是武裝鬥爭能夠具體獲致成功的模式。

五、世界的內戰，冷戰

　　漢娜・鄂蘭《論革命》一書的序言標題是「戰爭與革命」。戰爭與革命之間相互依存的關係並非新現象，美國革命的解放戰爭，法國革命之後的防衛與侵略戰爭都是例子，而她在 1962 年寫這篇序的時候指出，在我們的世紀，俄國革命的後遺效應在二戰後正發動著一種全然不同類型的事件，一種在全世界進行的內戰（Arendt 1963: 17）。史密特在同年發表的〈游擊隊理論〉（1963）提到列寧反轉克勞塞維茲「戰爭是政治的延續」的說法，也指稱當時正在發生的「世界的內戰」（*Weltbürgerkrieges*）（Schmitt 2004: 66）。今日，距離鄂蘭與史密特評論的時點即將半個世紀，可以做個回顧與展望。

　　自 1917 年的布爾什維克革命到 1979 年世界共產主義革

命最後一個武裝奪權的尼加拉瓜桑定政權，沒有一個共產主義政權不是藉著戰爭背景或是經由武裝鬥爭的內戰而取得政權。其途徑大略可分幾類：其一，在一場政變之後經過數年內戰取得政權，例如俄國；其二，以農村地區為基地的武裝鬥爭，逐漸擴展蠶食既有政權社會經濟所依賴的區域，終而取得政權，例如中國、南斯拉夫、古巴、越南；其三，在不同的戰爭背景或外在武力威脅下被強加或扶植的政權，例如東歐、蒙古、北韓。最後一類，由軍事政變的強人或軍政府逕行宣布成立馬列社會主義政權，而極權的政策企圖招致抵抗的叛亂或內戰，例如衣索比亞等非洲模式。總的說，我們可以將這麼個在 20 世紀最廣泛最重要的「叛亂／革命」（insurgency）模式概稱為「戰爭共產主義」（war communism）。

　　「戰爭共產主義」，原本是個特定指涉，指的是俄國內戰 1918-1921 年間的政治與經濟措施。例如，主張無論條件多麼艱難或是民眾如何抗拒，為了達到社會主義目標必須在社會經濟領域運用軍事化手段，包括工業全面國有化、糧食物資由國家分配與徵用、禁制私人買賣、鼓吹國家計畫經濟、由膨脹而複雜的官僚結構處理經濟事務並逐漸擴展到管理生活事務。這段形成期的經驗塑造了布爾什維克的黨集權組織與政治文化模式，「戰爭共產主義」因此也指稱這種軍事化布爾什維克革命的政治文化：對武力狂熱、革命唯意志論、隨時訴諸強制手段、集權的行政命令、速審速決的司法、共產黨人的傲慢、行為及語言散發著內戰氣焰、隨時準備跟階級敵人或外國敵人鬥爭。對於媒體與出版物的檢禁，以及秘密警察體系，由內戰時期的「全俄肅反委員會」（Cheka，契卡）到 1922 年改組的「國家安全保衛局」（GPU，格別烏），再到 1954 年更名為「國家安全委

員會」（KGB，克格勃），也都是出自此「戰爭共產主義」的體制。無論就社會經濟政策或是政治文化模式，史達林時期的蘇聯、毛澤東時代的中國、1975 年後的越南，以及波帕的赤柬政權，都承繼發揮了這個影響深遠的「戰爭共產主義」。在拉丁美洲如尼加拉瓜的桑定政權則是企圖卻沒有能力貫徹這個模式。而衣索比亞、莫三比克等馬列社會主義政權則以獨特的非洲型態表現。

「戰爭共產主義」以兩重意義表現了「內戰與政治的互為延伸」。其一是國內的，其二是國際或世界的。國內的，1922 年的蘇聯或 1949 年的中國，內戰結束了卻不可能結束，而以「受控制的階級戰爭」繼續，對象從地主階級、資產階級、小資產階級、異議分子，直到黨、政、軍各階層的內部敵人。例如中共從土改、鎮反、肅反、反右、到文革的整肅歷程，與之前蘇聯的「古拉格」（Gulag）、「大清洗」（Great Purge）以及之後在亞、非、拉美共產政權以不同樣貌重複的刻板實踐相並置。若不閉鎖於我族隔離的（ghettoized）感受框架，可以看清毛澤東的政策與整肅運動並沒有什麼獨特的原創新意。毛的大躍進效踵於蘇聯的第一個五年計畫；毛發動的文革，乃史達林「一國之內的社會主義」的翻版，同樣是由領袖企圖發動對黨的破壞性整肅，只不過史達林藉著國安局警察，而毛藉著紅衛兵；《毛語錄》則與史達林編輯作序的列寧主義教義問答（*Questions of Leninism*）同一文類；領袖個人崇拜則在這類黨國社會裡是毫無例外而遍在的刻板景觀。

在國際或世界的層次，亦即鄂蘭與史密特所謂「世界的內戰」，俗稱「冷戰」的結構，也表現了「內戰與政治的互為延伸」。西方資本主義國家通常被歸於冷戰「鎮壓／圍堵」

（counter-insurgency）的一方。而實存的社會主義體系（actually existing socialism），則直到 1970 年代末始終在「世界的內戰」中占據著召喚「造反／革命」（insurgency）對抗西方帝國主義的位置，無論就其宣傳的語藝或是國際左翼的信念皆如此。但這並不符合實情。在波蘭、中歐與東南歐，自 1944 年紅軍抵達的時刻，即已是個鎮壓的武力。1953 年東德反叛，1956 年匈牙利革命，1968 年布拉格之春，1981 年波蘭團結工聯危機，每一次都是道地由工人發動而公民普遍參與的起義／反叛（insurgencies）。結果東德、匈牙利、捷克的起義／反叛都在蘇聯與華沙公約的坦克與軍隊入侵下遭到鎮壓，波蘭則在避免蘇聯駐軍介入的藉口下以鎮暴部隊鎮壓並宣布戒嚴。僅從這些「事件」來認識，不免忽略了這些東歐國家的公民社會經歷了不同階段不同型態但四十五年未曾間斷的破壞與壓迫（Paczkowski 1999; Bartošek 1999）。

在蘇聯與中國，當「內戰結束」的 1922 年與 1949 年成為「永續內戰」的逗點，也就成為「起義」（insurgency）與「鎮壓」（counterinsurgency）意義反轉的標點。古拉格、大清洗、鎮反、肅反、反右、文革……不必歷歷細述這些即便名稱都不避諱「鎮壓」、「肅清」的黨國暴力運動。然而在世界革命的神話之下，這些被抽象了的黨國暴力，跟他們迫害的對象——也被抽象了的階級敵人、右派、走資——卻專斷地凍結在正價的「革命」與負價的「反革命」兩端。於是如奈格里（Negri 1999: 298）指出的，列寧式的政黨，原本是組織群眾造反、武裝鬥爭奪權的歷史傑作，卻蛻變成凌駕群眾之上、消滅反叛或革命創制力量、專政僵固的體制怪物。

共產主義世界革命在 1979 年之後即便對第三世界也喪失

了號召力。除了計畫經濟在發展上的無能，一個更重要的原因即在於：毫無例外，這些原本召喚起義反叛、代表革命創制力（constituent power）的運動，弔詭地在奪權後蛻變為以黨國暴力消滅繼起創制力的壓迫性體制。 1989-1991 年間，東歐與蘇聯體制瓦解，非洲與拉美既存的共產政權跟著紛紛垮台（索馬利亞、衣索比亞），或轉型為選舉的多黨國會體制（尼加拉瓜、剛果共和國、貝南、安哥拉、莫三比克），同時間亞洲的泰共消失，馬共放棄武裝鬥爭。今日持續武裝游擊活動的只剩下菲律賓的新人民軍、印度的納塞爾派、秘魯的光明之路等少數毛派組織，但是很難再炮製毛澤東式的人民戰爭。這款在 20 世紀風雲七十多年的世界革命模式算是淡出歷史舞台了。

　　習慣在列寧或毛派革命典範下理解世界的部分左派學者感嘆 1980 年代之後「世界的去政治化」。然而不曾有任何左派學者預見的 2011 年阿拉伯世界的反叛／革命，再度說明了「世界的去政治化」畢竟只是特定識框之下視而不見的悲嘆。同樣的徵候，許多左派學者不願承認 1989-1991 年間東歐蘇聯的瓦解是源自其內部十多年或更長久的一波強韌的社會革命終於獲得成功。捷克斯拉夫自 1977 年以來的七七憲章（Charter 77）運動，波蘭自 1981 年以團結工聯自主工會運動進行的政治鬥爭，蘇聯自 1980 年代中期的「開放」政策（glasnost）期間在釋放政治犯、鬆動媒體檢禁、批評史達林崇拜甚至列寧意識型態、歷史翻案與平反等方面的鬥爭，若對如此強韌而廣泛的政治行動都視而不見，那麼反諷地，這樣的左派只能相信跟他們對手所慶賀的同一論調──1989-1991 年純粹是西方冷戰圍堵的勝利──然後繼續悲悼「世界的去政治化」。

　　當然，共產革命政權的極端暴力以及東歐蘇聯最終掙脫共

產主義都不能辯護冷戰另一強權美國在圍堵戰略下對第三世界國家進行干預的暴力。美國不承認那些第三世界國家受蘇聯鼓勵支持的民族解放陣線或反殖民鬥爭也是內部發生的革命運動。冷戰四十五年之間美國在亞、非、拉美曾經干預的第三世界國家將近三十個。除了南韓與台灣兩個獲致顯著成長與穩定民主的特例，遭受美國干預的第三世界國家許多同樣經歷著悲慘的後果，例如戰爭對生態環境與社會心理的遺害、專制政權因傀儡功能而受庇護持續，以及思想的忠誠安全檢查（台灣稱白色恐怖，美國稱 McCarthyism）。

冷戰遺緒迄今仍是理解當前世界局勢的必要脈絡。北緯38°停戰線仍然將朝鮮半島分隔為兩個國家。中東也仍受冷戰負面後遺的糾纏。伊朗於 1951-1953 年執政的首相穆薩德（Mohammad Mosaddegh），是位受西方教育、世俗自由派的改革家，尋求伊朗獨立自主而與西方相互尊重友善。穆薩德實施漸進的社會改革政策，包括失業救濟、傷殘福利，以及解放佃農的土地改革，因此受到愛戴並享有頗高的聲望。但他將石油國有化的政策損及英國在伊朗的石油利益。財政拮据的英國，戰後迅速沒落的帝國，慫恿美國中情局策動伊朗政變，推翻穆薩德政府，並扶植其對手沙王巴勒維。英、俄在伊朗長期競爭勢力的歷史背景嫁接為 1950 年代的冷戰脈絡。這齣策動的政變，濫觴了美國在中東數十年扶植劣質專制政權的政策，不僅在 1979 年伊朗推翻巴勒維政權的革命期間遭到反美浪潮的反撲，也造成整個中東地區對於美、英深刻的仇視與不信任。2000 年紐約時報依據中情局檔案揭露了策動政變推翻穆薩德的秘辛，美國柯林頓政府國務卿歐布萊特表示懷悔，承認這齣政變深刻地挫傷了伊朗的政治發展，造成伊斯蘭神權政治以及長

期的反美氛圍（Bellaigue 2012: 3）。

　　蘇聯以及稍後中國、古巴的「輸出革命」與美國的「反共圍堵」是兩套相對作用的干預主義，兩種不同的意識型態與發展模式，廣泛地在政治、社會與文化各方面形塑了冷戰期間亞、非、拉美的第三世界國家。很難想像如果不曾有冷戰，這些地區今日的面貌會是如何。Odd Arne Westad（2005）指出「冷戰」與「第三世界」是兩個同時出現的新詞彙，在 20 世紀後半同時成為支配性的論述：冷戰是「第三世界」被兩個競爭的強權拽上國際政治舞台的方式。

　　冷戰結束迄今的二十年間，由於大量檔案的解密，對於冷戰的文化與歷史研究有豐富的產出，使我們得以回溯理解冷戰如何滲透並結構著 1945-1990 年代，我們一個半世代成長其間的政治、經濟與文化。軍事主義對於性別與情慾的文化影響（Enloe 1993; Corber 2011），不僅在藍波電影，更早在於我們年輕時穿梭的台北中山北路與台中五權路的俱樂部。爵士、搖滾、牛仔褲、流行樂與舞蹈，我們天真接受的美國通俗文化，在東西柏林與冷戰圍牆的兩邊卻有著政治象徵的敏感與截然不同的接收（Poiger 2000）。我們習焉不覺的大學知識體系，尤其是政治學、傳播學、人類學、區域研究，乃至英美文學與史學的政治性，有著深刻的冷戰脈絡（Chomsky 1997）。甚至藝術、文學、音樂的創作與評論：納波可夫、沙特、史特拉汶斯基、布列茲……乃至巴黎香榭麗舍劇院的演出，也都敏感地糾結著冷戰意識型態的敵友區辨（Carroll 2003）。

　　冷戰是如何結束的？在我們熟知的事件情節背後，最近出版的三卷《劍橋冷戰史》主編在首章（Westad 2010）中指出三項改變世界的變遷使得冷戰成為過時作廢的國際結構。其一，

投票選舉權。 20 世紀初，只有少數國家、種族、男性、優勢階層具有選舉權，到 20 世紀晚期，選舉權擴展至全球眾多人口，隨之擴展的是政治參與以及民主體制。其二，資本主義市場的擴張。工業社會的世界性成長，經濟的全球化，在衝突與不均衡之中畢竟深化了利害相關、休戚與共的整合。其三，殖民主義的終結。二戰之後的最後一波對抗殖民統治與建立新國家的鬥爭跟蘇聯主導反帝國主義的對抗性意識型態相呼應結盟。但隨著約七十五個新國家脫離殖民統治而獨立，這項歷史任務在 1970 年代末已大致完成。這三項世界性的變遷使得蘇聯模式及其意識型態顯得不利、過時；甚至選舉權和政治參與成為蘇聯東歐內部瓦解共產主義的訴求。

　　這三項世界性的變遷不僅是讓冷戰過時作廢的因素，也改變了當代革命與戰爭的條件。但 Westad 的說法仍顯得簡略，尤其是「資本主義市場的擴張深化了全球經濟的整合」一說仍然粗糙。我們將於結論的第七節對此作批判性的檢視。

六、阿拉伯之春，公民抵抗的淵源與前景

　　當前這一波阿拉伯世界的革命，到底發生了什麼？意味著什麼？將帶出什麼樣的未來？這些仍是各界熱切探討與推測的問題。這兩年之中看到的是其立即的衝擊、蔓延、進退周折，但或許需要十至二十年才略可綜觀阿拉伯世界這波革命在憲政、民主化以及社會發展的結果。世界史 1949-1979 年之間的系列革命：中國、古巴、越南、高棉、伊朗、尼加拉瓜，終局是建立起共產主義或是伊斯蘭教的政權。共產主義革命與伊斯蘭教革命，曾經是發展中國家對抗資本主義國家所偏好的兩

種革命模式，但無論就經濟發展或是回應人民的責任政治，在1980年之後都漸失魅力。阿拉伯之春的革命浪潮，明顯不同於這兩類革命運動，既不依賴也不創造諸如列寧、毛澤東、何梅尼這般肖像盤據全國數十年的革命領袖，既不依賴也未產生集權統治的革命政黨，在制憲與民主選舉的訴求之外沒有意識型態壟斷的教條或路線。但是推測「阿拉伯之春」的繼起與後效，並非沒有歷史參考的模式。

1974年葡萄牙「康乃馨革命」所啟動的所謂「第三波民主化」浪潮，是個相關的背景脈絡。二戰之後歐洲列強的許多亞非殖民地紛紛在1950-1960年代獲得獨立。葡萄牙強人薩拉查（Antonio Salazar）的獨裁政權不讓殖民地獨立。1973年薩拉查欽定接班人卡丹奴（Marcelo Caetano）遭遇到葡屬幾內亞、安哥拉、莫三比克等非洲殖民地追求獨立的游擊戰爭。葡萄牙政府決意繼續控制海外領土，卻因此陷於強制徵兵與軍費耗鉅的泥淖中。1974年4月25日，國內高漲的不滿情緒爆發，民眾走上街頭手持紅色康乃馨為起義軍隊的士兵歡呼，終結了長達四十八年的獨裁政權。經過十八個月騷亂的「過渡時期」，葡萄牙實現了憲政民主的政府，並宣布放棄海外殖民地，世界各葡屬殖民地於是紛紛脫離葡國統治而獨立。「康乃馨革命」日後被用來指稱以和平方式，沒有經過大規模的暴力衝突而實現政權更迭的革命，開啟了日後所謂「第三波民主化浪潮」。康乃馨革命之後三個月，希臘推翻了統治七年的軍事獨裁政權。1976年，獨裁四十年的佛朗哥過世之後的西班牙也開始了民主轉型與國會選舉。葡西兩國的民主轉型對其在美洲的前殖民地深具影響。1978年多明尼加共和國威權統治的強人政府被推翻，產生了首次真正民選的政府。同年秘魯制定新憲構成民選的國會

與政府。 1979 年厄瓜多轉型為民主選舉的政府。 1982 年阿根廷獨裁政府在福克蘭島戰役失敗後垮台，翌年就任的 Alfonsin 總統進行了法治與人權的體制改革。巴西則在 1985-1988 年間實現民主化、自由化、制定了新憲法。在亞洲，曾經是西班牙前殖民地的菲律賓也在 1983-1986 年間發生持續的公民抵抗，抗議政府濫權、暴力、選舉舞弊，終於推翻了馬可仕二十年威權統治的壓迫政權，被稱為「人民力量革命」（People Power Revolution）。

　　「康乃馨革命」到「人民力量革命」所表現的非暴力公民抵抗的革命模式啟發了 1989 年底開始的骨牌，東德推倒柏林圍牆、捷克的「絲絨革命」以及匈牙利、波蘭、保加利亞相繼推翻共產政權的革命。原本已具有民主社會與文化的捷克斯拉夫與匈牙利恢復了民主體制，其他許多國家則首度有了民選的政府首長，以及多黨選舉的國會。 Larry Diamond（2008: 46-51）因此稱其為第三波的二度爆發。其中，東歐最史達林式的獨裁者，羅馬尼亞的喬塞斯古，在 1989 年 12 月反政府示威遍燃全國、軍隊叛變的混亂中，與其妻一起被俘並遭就地槍決，場景跟利比亞格達費相彷彿，但在這波以非暴力公民抵抗成功變天的大潮來說是個例外。

　　阿拉伯之春，繼康乃馨革命、人民力量革命、絲絨革命與推倒柏林圍牆的東歐變局，再度讓人們注意到這一種跟布爾什維克或毛派「戰爭共產主義」截然不同的「反叛／起義」（insurgency），一種強韌的非暴力政治鬥爭模式：「公民抵抗」（civil resistance）。這兩種模式自 1970 年代中期開始彼消此長。有幾個對比的例子，可以讓我們比較武裝游擊鬥爭與非暴力政治反叛行動在獲致成功變革的可能性。 1975 年「東帝汶

武裝解放陣線」（Falintil）接收葡萄牙部隊留下的武器在山區叢林進行游擊戰對抗印尼蘇哈托軍隊的入侵，結果是 1980 年代在印尼的殘酷鎮壓之下東帝汶喪失了近三分之一的人口。自 1988 年東帝汶青年運動的「祕密陣線」改變路線發展非暴力抵抗的策略，在東帝汶、印尼以及國際上，在外交場合抗議、使館前靜坐、以廣泛散布的網絡執行各種非暴力抗爭。印尼軍方對非暴力抗爭同樣不留情地鎮壓，但屠殺非暴力抗爭者的影片在國際間流傳，為印尼政府帶來強大的壓力。 1999 年東帝汶 80% 贊成獨立的公投之後再度遭到印尼支持的民兵焦土鎮壓，聯合國授權澳洲帶領的多國部隊介入維和，並成立轉型政府。東帝汶在 2002 年獲得獨立，不是因為 Falintil 武裝游擊鬥爭，而是民眾廣泛參與非暴力鬥爭的成果。同樣的，菲律賓毛派的「新人民軍」自 1970 年代後期以來的武裝游擊鬥爭，只招致了國家軍隊的鎮壓，卻從未能夠奪權。而 1980 年代中期非暴力的「人民力量革命」卻成功推翻了長期獨裁的馬可仕政權（Chenoweth & Stephan 2011: 3-5）。

　　依據「非暴力與暴力抗爭及其結果」資料組（Nonviolent and Violent Campaigns and Outcomes, NAVCO）對 1900-2006 年間 323 個案例的分析，我們看到在 1970 年代之後非暴力抗爭的發生率與成功率雙雙顯著上升，而自 1980 年代以迄今日武裝鬥爭的成功率卻顯著減少。不僅「公民抵抗」與「戰爭共產主義」兩個模式自 1970 年代中期起有著此長彼消的關係，而且「公民抵抗」不能局限在冷戰結構中理解。誠然，1989-1991 年間東歐蘇聯共產政權的骨牌崩解是表現「公民抵抗」的成功案例，但過去三十多年，「公民抵抗」同樣顯著表現在反抗右翼獨裁政權、推翻軍政府或強人統治，例如智利的皮諾切、南非的種族隔離

政權、從葡萄牙到菲律賓的「第三波民主化」，以及 2011 年序幕的阿拉伯之春。

　　此外，巴勒斯坦加薩與西岸 2000 年再度爆發的「起義」（Intifada）逐漸從以往傳統游擊組織轉型為由地方鄰里年輕人橫向連結網絡的鬥爭。墨西哥薩帕塔原住民族解放軍在 1990 年代也逐漸從拉美以往游擊組織的軍事層級結構轉型為橫向網絡組織的非暴力運動形式（Hardt and Negri 2004: 83-85）。同樣不該忽略的是，「公民抵抗」也以基進民主運動發生在美國與西歐社會的內部：1960 年代的民權運動，一路延燒到 1970 年代抗拒徵兵支持逃兵的反越戰運動（Roberts & Ash 2009: 28）。1990 年代中期在歐洲出現的 *Tute Bianche*（White Overalls），名稱意思是抗爭時穿著防禦警察攻擊的「白色防護裝」。他們占據廢棄建築物經營書店、廣播電台、咖啡鋪、演講廳，一應俱全的社交中心，始終拒絕從屬於任何政黨或政治群體。他們從歐洲都會復甦的無產階級延伸到墨西哥跟薩帕塔原住民族解放運動（EZLN）結盟，反抗新自由主義全球化，在 1999 年 WTO 西雅圖爆發抗爭時與美國的公民不服從行動分子匯流。在 2001 年熱內亞 G8 峰會時，他們是動員超過三十萬行動分子參與抗爭的組織之一，示威行動盡其所能地抵抗警察的催淚瓦斯、警棍、子彈；一位成員在警察暴力中死亡，在歐洲引起對警察暴行的輿論與司法行動。在熱內亞 G8 峰會之後他們決定解散消失，不希望成為一個僵固占據領導地位的先鋒組織（Hardt & Negri 2004: 264-267）。

　　突尼斯與開羅數週之內推翻長期獨裁統治的數百萬人集結，「公民抵抗」非層級的橫向網絡、運用社群媒介溝通、靈活集結、大規模協同行動、廣泛公民參與、非暴力紀律等各方面

而言，都是極為顯著的政治鬥爭行動。對此視而不見而始終在
列寧與毛派傳統革命模式的暗夜街燈下尋找「政治」的某些左派
評論家，確實會覺得缺少了他們熟悉的特徵：沒有先鋒政黨、
沒有神魅領袖、革命主體不符規格、欠缺世界革命藍圖。當然
這也意味著不再有列寧、史達林、毛澤東、胡志明、卡斯楚這
類在革命後長期盤據社會的領袖崇拜，不再有消滅數個世代新
生創制力的專制政黨。

　　什麼算是成功的革命？「公民抵抗」並非總是在數週衝
刺的起義便成功帶來民主與自由。我們回顧的例子更多是三
年五年，甚至十幾年歷經鎮壓的長期鬥爭（智利、南非、東
歐……）。即便是 2011 年推翻穆巴拉克政權的埃及，仍然在街
頭集結公民鬥爭的波折之中磨合新生的民主體制。然而，不再
有經過戰爭／內戰的武裝鬥爭所鞏固的神魅領袖，不再有壟斷
槍桿子的專制政黨，非暴力「公民抵抗」本身是基進民主的運動
形式，可以是不斷繼起的創制力量，卻不具有搖身翻轉為消滅
新生創制力、變成鎮壓體制的結構傾向。

　　人們或許質疑：「究竟當前的公民抵抗不過是一種類中產
階級性質的社會運動，還是具有顛覆能量的革命行動？缺乏
革命政黨的領導，公民反抗能否推動革命大潮，掀起內戰？
抑或是，它不過是警察力量的對反，是終將被鎮壓與消化的騷
亂？」[7] 這般提出疑問，反映了我們對於「革命」有著某種既定
模式的期待，也預想了「革命」具有某些道德與政治上可欲的意
涵。也就是說，我們因襲著某種「革命意識型態」，而其淵源，
在晚近歐洲的思想界出現了一些反省。例如，布希亞以《亞美

7　此處借用評審之一的追問，以下這個段落是回應的討論。

利加》（Baudrillard 1988: 91）作為反諷之鑑：歐洲（左翼）的政
治哲學，接受馬克思認為「歷史轉形可以客觀掌握」的前提，而
根據以法國大革命為模型的革命意識型態，批評美國：為什麼
這個自由的新國度，先進資本主義的橋頭堡，沒有發生革命？
他引述托克維爾（Alexis de Tocqueville）的洞見，指出歐洲模
式的革命意識型態與美國並不相應：美國精神並不是在新「國
家」中尋求救贖，而是在實際實用的、日常生活中進行的習俗
的、民德的、合法性的、生活方式的革命。僅就這一點而言，
比起歐洲夢想卻無法實現的「革命意識型態」，美國的革命是成
功的。相較於布希亞刻意反諷的對比，法國史家傅瑞（François
Furet 1981）則嚴肅地看待一個問題：為什麼法國左翼文化對於
20 世紀共產主義的災難經驗視而不見？因為他們的革命意識
型態將布爾什維克革命橋接上了法國大革命，當作是線性相繼
的歷史進步。不僅史達林主義自認繼承了雅各賓傳統而藉由革
命躋身為世界歷史的前衛，馬克思主義史學詮釋也以法國大革
命的恐怖統治為前例來辯護布爾什維克的暴力。傅瑞重新詮釋
法國大革命，目的即在於解開這個猶如俄羅斯娃娃般連續套裝
的謎陣，也就是糾纏著歐洲左翼而終於幻滅的革命意識型態。
2009 年由 Andrei Zubov 集結四十五位史學家完成兩卷各千頁
俄文出版的《二十世紀俄國史》[8]，將造成俄國內戰，建立蘇聯，
並於其後七十年間鼓動世界風潮，召喚中國、古巴、越南等武

8　Aleksandrov K.M. Artemov N. Balmasov S.S.（Ed.）2009. *История
　　России. XX век*（*History of Russia, XX Century*）*: 1894 -1939*. Publisher:
　　AST; Sekacheva E.（Ed.）2009. *История России. XX век*（*History
　　of Russia, XX Century*）*: 1939-2007*. Publisher: AST. Book Review see
　　Kishkovsky（2009）.

裝鬥爭的「十月革命」還原歷史細節，並正名為 1917 年 10 月的
「布爾什維克政變」（Bolshevik Coup d'Etat）。這些史家當然不
僅是還原政變的歷史細節，也是對蘇聯極權統治七十四年的歷
史意義究竟是引領世界的革命進步還是導致災難與幻滅的政變
歧途所下的春秋之筆。

這段討論的重點不在於說服接受任何一方的歷史判斷，而
在於提醒有必要檢視我們所因襲的革命意識型態。「有革命政黨
的領導，能推動大潮、掀起內戰」是否就更符合革命的圖像？
又能否保證不再出現 20 世紀歷史如此昭彰的弔詭與幻滅？問
「什麼算是成功的革命？」不該忘記鄂蘭所給的清澄界定：革
命所正當追求者，唯自由而已！

七、世紀展望：相互依存的複雜性

**戰爭的實存狀態迫使每個國家轉變為威權的或極權的，即
便那些自詡為民主的國家也不例外**，就如 1914-1918 年的
世界大戰，在非民主的義大利與德國導致了法西斯極權主
義，在非民主的俄國造成了布爾什維克極權主義，而在這
個國家（美國）助長了政治、經濟，與智識上的反動。身體
上的相互依存必須轉化為道德上與人性上的相互依存，這
是民主的課題，然而現在據說竟然是要靠著戰爭來拯救民
主國家！

—— 杜威（John Dewey, "Democracy and America,"
Freedom and Culture）

戰爭的終結就是革命；而革命所正當追求者，唯自由而已。

—— 鄂蘭（Hannah Arendt, "War and Revolution," *On Revolution*）

這段杜威引文裡黑體（本文作者所加）強調的字句，可以不變地作為百年前與今日同樣有效的警語。戰爭是否深刻地形塑了當代的政治體系？是否成為當代社會最主要的組織原則，成為控制整個人口及其所有社會生活面向的統治形式？世界秩序的維持是否需要恆常的戰爭狀態？在冷戰中成長的我們當然對這些問題感受很深，即便在冷戰後的 21 世紀初，911 事件及其後的反恐戰爭又再復甦了對於邪惡敵人與國家安全的修辭，都使得這些問題仍是相干的憂慮或懷疑。但另一方面，儂曦所說：「今日世界已不再是西方傲慢的帝國主義時代，而是相互依存以行動創發共同生活的時代」，是否也有可以期待的依據？

戰爭已經轉變了型態，戰爭受到了拘束，還可能進一步受到約制。1970 年代末跨過了某個歷史拐點，「戰爭共產主義」趨於沒落。但冷戰的另一邊，也在 1970 年代中後期跨越了某個意義重大的歷史拐點，那就是美國在越南戰爭的失敗及其後遺。據華爾澤（Walzer 2004: 7-11）的回顧，經歷了反越戰運動，反戰陣營重新發現了「正義戰爭」（Just War）的語言。越戰結束後，大學裡紛紛開啟「正義戰爭」的學術主題，檢討失敗的越戰：發動戰爭理由的正當性（*jus ad bellum*），以及遂行戰爭手段的正當性（*jus in bello*）。正義再度被視為軍事上的必要。一個在國內不能受到人民支持的戰爭不可能獲致軍事勝利。而一個正義與道德性受到人民懷疑、不能夠以正當手段對待敵方

（越南）平民百姓的戰爭，將會喪失軍事勝利所必要的國內外政治支持。在現代戰爭裡的道德性關聯成為普遍的新認識，華爾澤認為這是軍事史上的新里程。「越南症候群」（Vietnam Syndrome）本是個美國右翼與保守派如雷根總統用在政治爭論的術語，用來指 1980 年代初美國民意偏向反戰、反干預主義的外交政策，以及卡特政府的冷戰「低盪」（Détente）的政策傾向。華爾澤為「越南症候群」賦予了後遺教訓的深一層意義。他認為伊拉克戰爭中，美國總統與軍方都受到了「正義戰爭」條件的約制，戰略選擇必須顧慮造成伊拉克平民傷亡的因素，不可能再發生如韓戰與越戰中漫無節制的轟炸。在世界媒體即時報導的狀況下，對平民的殺戮已經不可能被容忍。無處不在的媒體，全世界都在看，戰爭必然要隨之改變。

正義戰爭理論受到許多質疑，尤其因為小布希的反恐戰爭挪用了對抗恐怖主義「邪惡」的正義戰爭術語。華爾澤於是給予了重要的釐清與限定：正義戰爭理論全然不同於為任何單邊道德十字軍提供辯護，其意義不在於為任何一場特定戰爭作辯護，而在於**公民對其國家所進行的戰爭持續不懈地進行批判性檢查，這是極為重要的民主活動與公民責任**（Walzer 2004: 15）。如此，則正義戰爭論只可能是永遠開放的爭議場域，而絕不可能是對任何戰爭狀況接受為當然的定論或辯護。那麼，包括華爾澤自己在評論近二十年來諸多戰爭的規範性判準，當然都是可受質疑與反駁的。例如，他界定恐怖主義之「惡」在於：「不僅是殺戮無辜，而且為日常生活注入恐懼，侵犯私領域、造成公共空間的不安全感、無休止的強迫警戒。」（Walzer 2004: 51）那麼反駁他的意見將是：依此同樣判準回顧美國在阿富汗與伊拉克執行的反恐戰爭，難道不就是由國家執行的恐

怖主義？為什麼自由民主的西方對於自殺炸彈攻擊的邪惡如此敏感地指認為伊斯蘭的死亡文化，卻對其自身軍事行動執行恐怖與殘酷的死亡事業沒有絲毫感受？（Asad 2007）正義戰爭論於是遭遇到一個不能迴避的根本問題：對於戰爭苦難能夠或不能夠感同身受的界線在哪兒？是否有可能改變？例如設想：是否可能在阿富汗與伊拉克遭到美國以反恐戰爭之名殺害的每一位無辜受難者，都能夠如同 911 世貿雙塔的三千多位受難者一樣，呈現影像、姓名、故事，以及親友同事對他們生命的證詞，讓我們都能看見、知道、感同身受？（Butler 2009: 39）

我們曾目睹，自詡民主的美國社會在遭受 911 攻擊的一兩年之內，反恐戰爭與愛國法案在輿論以及在國會如何獲得壓倒性優勢。新聞媒體不僅未能制衡反而參與製造主流論述，甚至在伊拉克戰爭中接受國防部安排在戰地進行影像與觀點經過控制的「嵌入式新聞報導」（embedded reporting），對 Abu Ghraib 虐囚影像外洩事件以及關達那摩集中營狀況實際配合檢禁的措施。如杜威洞察的，戰爭的實存狀態即便在民主的美國也助長了政治與智識上的反動。

我們也目睹，數年之內，在自由民主的制度空間下，公民與國際社會如何抗拒戰爭的捏塑。透過各種社群媒介的公共議論以及自由的出版，反對侵奪民權、人權，以及不正義戰爭的言論，逐漸在主流媒介與國會拾回制衡的力量。最高法院判決關達那摩集中營違憲必須關閉，制衡了反恐戰爭的行政裁量。同時，國際特赦組織、聯合國人權委員會甚至更早即已介入調查美英等國在戰爭中涉及的人權侵犯問題。而美英民主政黨競爭的選舉也足以選出新的國家領袖，回應公民乃至國際公民社會的新輿論而改變或修正戰爭的路線。

　　杜威說，道德上與人性上的相互依存是民主的課題。儂曦說，今日世界是相互依存以行動創發共同生活的時代。如何以民主的問責政治、言論自由，以及分權的制度空間來束縛戰爭，而不再是任由戰爭形塑我們的政治體系與社會生活[9]。這個展望仍有賴於擴展我們的認識與感受：在今日世界，任何戰爭所企圖壓制的對象，不可避免的也是與我們相互依存的他者。

　　然而，對於當今世界「因相互依存而束縛了戰爭」的說法，必須有批判性的檢視。《劍橋冷戰史》主編 Westad 指出，使得冷戰過時而終結的世界性變遷之一是「資本主義市場的擴張深化了全球經濟的整合」。這或許是當今世界如何「相互依存」最常見的說法。但最早提出這個觀點的卻是六十多年前博藍尼的《大轉型》，正好是提出來解釋「百年和平」的說法。博藍尼指出，從 1871 年到 1914 年，讓列強迴避重大戰爭、維繫和平、連結世界經濟、外交與政治，卻超乎個別政府之上的，有個未被命名的神秘體制，他稱之為「高層國際金融」（*haute*

9　評審之一提議一個標題概念：「戰爭民主化」。他點出本文所發現的現象，從 1970 年代中葉開始，公民抵抗逐漸取代戰爭共產主義，其實也可以看成一種「戰爭民主化」。我認為這個概念或許值得發想，但仍有許多駁雜的意涵無法成為本文清晰展開的標題概念。首先，民主體制的國家是否更傾向於和平，威權政體是否更為好戰？社會學家對此不具任何共識，鑑諸半個世紀以來美、英、法、以色列的實際作為，也沒有根據作如此假定。其次，相較於穩定的威權政府或成熟的民主體制，正在經歷「民主化」轉型過渡的國家更傾向於好戰的國族主義：塞爾維亞、克羅埃西亞、亞塞拜然、亞美尼亞，都是在成為選舉民主的轉型期表現出好戰的國族主義。最後，民主體制未能避免某些輕啟戰端的機轉，尤其是公民能力較弱的民主社會，例如政治領袖以戰爭來轉移公眾爭議的焦點，或企圖以野心的戰爭目標來動員公眾的支持。

finance）。他認為此一人類歷史上最為複雜的體制，並非為了維繫和平而建構的組織工具，其存在的興趣其實在於獲利、權力與征服。其維繫和平的作用，不過是意外附帶的功能，因為重大戰爭會阻撓世界經濟的商貿。這個觀點跟列寧認為「金融資本服務於帝國主義」的看法並無不相容之處。而博藍尼也指出當攘奪殖民地新興市場的競爭趨於激烈，「高層國際金融」斡旋迴避戰爭的能力也隨之迅速消失（Polanyi 1957: 9-19）；那即是百年和平終結，進入兩次世界大戰的背景。

　　二戰之後 1944 年「布雷頓森林協定」（Bretton Woods conference）建立了兩大國際金融機構，即「國際貨幣基金組織」（IMF）和「世界銀行」（World Bank），以及後來於 1995 年由「世界貿易組織」（WTO）取代的「關貿總協」（GATT）。博藍尼所指的匿名而神秘的「高層國際金融」在戰後終於成為正式命名的全球治理機構，援助解決戰後貧窮問題，預防導致貧窮的內戰與暴力衝突，成為明文的宗旨之一。然而這些超國家機構跟戰爭的關係並不超然。首先，冷戰期間即已明顯，史達林決定蘇聯不加入，而自 1977 年起，美國施壓阻擋世銀對戰後越南的援助；事實上對於任何從「自由世界」淪陷的國家，例如中國、古巴、尼加拉瓜，這種攔阻成了一種模式（Chomsky 1979: 26）。其二，世界銀行的貸款與國際貨幣基金的短期融資使得西方殖民國家，例如法國與葡萄牙，能夠繼續以戰爭手段壓制其殖民地的解放鬥爭（Westad 2005: 153）。其三，這些超國家經濟組織宣稱其任務在協助第三世界的窮人脫貧，然而貸款債務造成持續貧窮，結果是維持並複製了全球經濟的既定秩序以及財富與權力上的層級分化。尤其在亞、非、拉美的農村經濟，執行援助與開發計畫的過程中，提供貸款與外資的世界銀行與

國際貨幣基金經常跟本國政府、地主、外國政府，以及跨國農企業形成複雜的連環鎖，有系統地剝除小農的土地所有權及其自足的經濟（Hardt & Negri 2004: 119）。最後，這些經濟組織的一百八十多個成員國並不具有平等投票權，而是依據出資比率而享有等比例的決策權。貸款、貨幣救濟與紓困計畫的接受國因此必須在國家主權上做相當的妥協，在政策上屈從於全球體系裡優勢國家的支配，例如財政撙節、削減福利與公共支出等強制方案（Hardt & Negri 2004: 272）。

　　由以上分析我們認識，單純在資本主義全球經濟治理的意義下假定今日世界的「相互依存」，只能算是個抽象的婉稱，或許更是個破綻日顯的意識型態。這也是為什麼自 1999 年西雅圖世貿組織會議的抗爭以來，每遇到世界銀行、國際貨幣基金、八大工業國組織（G8）、世界經濟論壇（World Economic Forum）等全球經濟治理機構的重要峰會，都不例外地形成來自全球抗議者的抗爭行動；非暴力、節慶式、戲劇性，卻與日俱增的抗爭，要求改革甚至推翻這些超國家經濟組織的統治。不過，如哈特與奈格里指出的：消滅掉國際貨幣基金組織與世界銀行並不會改變全球經濟的層級秩序，要麼將出現相似功能角色的機構取而代之，不然可能出現更糟的災難狀況：優勢國家與跨國企業的資本將因為沒有任何規約而漫無節制（Hardt & Negri 2004: 176）。又如 Andre Gorz（1999: 16）所強調的：我們反對的不該是全球化本身，也不可能從全球化退返回歸到什麼狀態，而是應該在當前的全球化脈絡之中鬥爭，嘗試以跨國界的團結、願景、新的藍圖，開展一個不同形式的全球化。

　　當前的全球治理機構不具有民主問責的代表機制。世界銀行與國際貨幣基金組織依據出資比率的決策代表結構可比擬

為資本主義的家父長制。即便是全球政治組織如聯合國，其沿襲二戰結束之戰勝國的常任安理會所享有的否決權，使得美、俄、中、英、法五國實際上居於不受問責與制裁拘束的法外之境。在這些戰後成立的全球治理機構支配之下，全球經濟不均衡發展與不平等交換的層級分化頑固持續，強權單邊軍事主義遂行的戰爭也未曾受到有效約制。一個不一樣的全球化新願景，可以從制度創新的實驗想像開始，例如全球治理機構的代表制改革、「國際刑事法院」的增權（令其足以制裁強權單邊軍事行動中發生的戰爭罪行）、合作但獨立於個別國家的真相調查／和解委員會（諸如「慰安婦」、轉型正義之類的跨國爭議得以受到調查與仲裁）、超國家防治貪污的司法機構（例如美國恩隆公司〔Enron〕跨國行賄在非洲、拉美、菲律賓、印度造成貪腐影響，俄羅斯與中國的跨國企業也不多讓）等等。在全球治理的改革願景之外，過去二十年一個可稱史無前例的當代現象是所謂「全球公民社會」（Global Civil Society）的蓬勃成長：跨國界的、非政府組織、非營利機構，迄今超過兩萬多個不從屬於國家與市場機制的組織，自下而上、以跨國界溝通與協同行動形成新的公共領域。與此同時蓬勃發生的是當代的網際社會，以及同時突破專制政府與商業媒體巨頭對資訊生產／流通／擁有的壟斷，形成草根、行動、國際新聞網絡的獨立媒體。

　　「全球公民社會」跟「公民抵抗」的非暴力起義／革命模式，這兩個當代日趨顯著的趨勢之間有什麼關係？兩方面的主題研究目前似乎尚未匯聚，本文也未及探究。作為結論對於21世紀的展望，一些區別與釐清是必須的。「全球公民社會」在參與上是有局限的，行動與理念的發起者偏向於原本已具活躍公民社會的自由民主（資本主義）國家。在公民社會長期被壓制的

前共產主義國家（如東歐）以及專制國家（如中國），在全球公民社會的參與能力也必然是相對滯後的。再者，全球公民社會是行動也是論述的空間，對於全球霸權的支配結構可能造成挑戰卻也可能提供正當化與再製。對於發生於個別國家的「公民抵抗」鬥爭，全球公民社會可以協助資訊的傳播流通、聲援受壓迫的異議分子、形成跨國界團結的政治壓力。然而本身處於全球霸權結構之內，全球公民社會的「外來」力量也可能招致本土民粹的懷疑，成為在地國主權者運用宗教或國族意識分化支離起義訴求的反宣傳，實際上成為在地革命動員與行動上的反作用力[10]。

即便在 21 世紀，最終可能獲致社會與國家轉型的，不是全球化的訴求或運動，而是個別國家能夠具體回應民怨與國家願景，得以形成快速、強大、持久動員的「公民抵抗」。但他們的命運，鑲嵌在全球治理機構以及新興全球公民社會持續以論述及行動爭奪定義的戰爭文法之中：是必要的人道救援或是違犯主權的侵略？是打擊邪惡的正義之師或是不成比例的國家恐怖主義？當今世界誠然是相互依存的時代。但「相互依存」卻仍具有霸權與衝突的複雜性，容得最樂觀與最悲觀的展望。

八、結語

回顧過去一個世紀，自 1917 年俄國內戰、成立紅軍開始，「戰爭共產主義」成為 20 世紀革命最顯著的支配模式，中國、

---

10 Asef Bayat（2010: 233-238）討論在全球化時代伊斯蘭革命的狀況。我思考的則是全球公民社會對於中國與伊朗政治改革的狀況。

古巴、越南皆循此模式，直到 1979 年尼加拉瓜桑定游擊組織奪得政權，成為「戰爭共產主義」經由內戰武裝奪權成功的最後一例。而自 1974 年葡萄牙「康乃馨革命」開始，非武裝「公民抵抗」的發生率與成功率俱增，1980 年代拉丁美洲諸國與菲律賓的「人民力量」、1990 年代東歐國家的「絲絨革命」、2011 年的「阿拉伯之春」，非武裝的「公民抵抗」已成為今日世界最顯著的革命模式。這兩種模式的消長，從本文的討論可歸納出重要背景條件的遞漸轉換。我舉三個消失的條件，五個新興的狀況。

一、農民戰爭的消失。依據聯合國「世界都市化」的分析，即便在亞洲與非洲，1950 年農村人口超過 80%，今日農村人口都僅占 50% 左右，且比率持續降低。儘管如二戰後的中華民國那般的弱國家（weak states）或失敗國家（failing states）可能不時出現，例如今日的索馬利亞、葉門、馬利，仍可能淪為跨國恐怖組織進駐寄生的溫床，然而毛澤東、武元甲模式的農民革命戰爭卻已難重現。

二、殖民主義的終結。二戰之後的最後一波對抗殖民統治與建立新國家的鬥爭跟蘇聯主導反帝國主義的對抗性意識型態相呼應結盟。但隨著數十個新國家脫離殖民統治而獨立，反殖民統治的民族解放運動與共產主義世界革命的結盟在 1970 年代末大致終結。

三、烏托邦的失落。共產主義世界革命始終仰賴著對未來的允諾而生存，得以辯護或無視於其自身造成的壓迫與災難。自 1970 年代中，當蘇聯不再是個受到尊崇的模式，歐洲

以沙特、阿圖塞領銜的知識界流派轉向毛主義，美國的激進學生則轉向卡斯楚，尋求共產主義彌賽亞的替代圖像。然而就實際革命運動而言，毛派激進主義僅滋生了一些小規模的恐怖主義群體，而卡斯楚很快地由革命的青年英雄衰變為史達林樣的老派獨裁者。當 1989-1991 年蘇聯東歐共產政權崩解的時候，曾經鼓舞一個世紀革命激情的烏托邦也早被蝕空而遭一併抹除。儘管未來仍可能出現對於共產主義的復古懷舊，卻不再有機會重振為一個允諾未來鼓舞革命的烏托邦。後共產主義的時代，幸或不幸，人們必須如其所是地面對一個不再有烏托邦的世界（Furet 1999: 501-502）。

四、選舉權的普及。 20 世紀初，只有少數國家、種族、男性、優勢階級具有選舉權，到 20 世紀晚期，選舉權擴展至全球眾多人口。近二十年，甚至聯合國發展指標後段三分之一的許多非洲國家也實行了選舉民主。選舉只是初步、有限、不充分的民主。然而投票權不受族群、性別、信仰或社會地位所限制的普選，是擴展政治參與深具意義的指標，也是持續催化社會變革的機制，包括了文盲比率的降低、公眾論政所必要的言論與新聞自由、女性的參政、不同宗教與多元族群之間的世俗寬容。這項變遷使得「戰爭共產主義」武裝革命的模式顯得過時；甚至選舉權和政治參與成為蘇聯東歐內部瓦解共產主義的訴求。

五、全球治理機構的介入。在列寧革命的時代，如聯合國、國際刑事法院、世界銀行、國際貨幣基金會、世界貿易組織

等國際治理機構都尚未存在。 1950 年，在蘇聯杯葛缺席下聯合國經決議首次以聯合國部隊介入朝鮮半島戰爭，在與中國、蘇聯（空戰）交手之後停戰，形成迄今兩韓分立的狀況。時至今日，一國之內的叛亂革命或鎮壓，可能受到全球治理機構的多重干預，包括執行禁飛航區、部署維和部隊、對使用被聯合國禁止的生化武器進行國際刑事調查、決議界定內戰的衝突性質、承認過渡政府、對獨裁者家族實施國際資產凍結，以及追究鎮壓事件涉及危害人類罪的國際刑事審判等等。這些全球治理機構仍各自有其局限，但在 21 世紀世界各地革命與鎮壓事件中他們所擔負的角色及其演化，是當今世界受到矚目的焦點。

六、全球公民社會的興起。相較於全球治理機構，全球公民社會是 1989 年蘇聯東歐政權瓦解之後才出現的概念。今日兩萬多個非營利、非政府、跨國界行動的組織，對個別國家主權構成另一種監督與牽制，對發生於個別國家的「公民抵抗」鬥爭，可以協助資訊的傳播流通、聲援受壓迫的異議分子、形成跨國界團結的政治壓力。然而全球公民社會在人口學而言是有局限的，偏向於原本公民社會能力較強的自由民主社會，甚至被質疑是資本主義國家的社會菁英主導的新殖民方案。全球公民社會的「外來」力量可能招致本土民粹的懷疑，成為主權者運用本土國族意識與宗教來分化公民抵抗運動的反宣傳，實際上成為在地革命動員與行動上的反作用力。全球公民社會的政治潛力仍有待考驗與觀察。

七、全球媒體的即時報導。一個世紀前，列寧革命的時代，
　　只有少數報紙的新聞特派員報導事件的進展，影像更是稀
　　有，接收新聞的人口也有限。例如中國抗戰與內戰期間，
　　華北的中共游擊組織可以壟斷廣大農村地區的宣傳與灌
　　輸。然而 20 世紀最後二十年，電視已日漸普及。 1980 年
　　CNN 全球新聞 24 小時衛視開播，1989 年 5-6 月的北京天
　　安門事件，11 月的柏林圍牆作廢，都受到全球廣大觀眾 24
　　小時持續數週的關注。 1991 年波灣戰爭，法國理論家布
　　希亞以《波灣戰爭不曾發生》（Baudrillard 2003）三篇時論
　　反諷戰爭已經與媒體景觀充分互涉：海珊轟掉民房好讓人
　　們相信這是一場齷齪戰爭，美軍編輯衛星通訊內容好讓人
　　們相信這是場乾淨戰爭，各方都極力藉媒體來操弄戰爭印
　　象。在全球媒體即時報導的狀況下，對平民殺戮的景象已
　　經不可能被容忍。世界新聞呈現戰爭印象的戰略意義受到
　　各國重視，1991 年 BBC World，1992 年 Deutsche Welle，
　　2005 年 Russia Today，2006 年 Al Jazeera English 相繼開
　　播。無處不在的媒體，全世界都在看，不僅戰爭的印象整
　　飾成為戰略的一環，公民抵抗的事件也表現了敏感的全球
　　媒體意識，以英語或特定語文製作的海報與塗寫隨時出現
　　在鏡頭前向世界表達其訴求。

八、互聯網的政治動員潛力。過去二十年，幾乎每一次革命事
　　件都刷新了我們對於互聯網政治潛力的認識。最早的例子
　　是 1991 年葉爾欽的改革派遏制了共黨死硬派發動的八月
　　政變，互聯網 BBS（電子布告欄系統）號召公眾支持，發
　　揮了關鍵角色，那是蘇聯垮台的歷史時刻。 2001 年，電子

郵件與行動電話簡訊 "Go 2EDSA, Wear blck" 號召第二次
「人民力量」革命，集結了百萬菲律賓市民，四天之內推翻
了貪污的艾斯特拉達總統，啟發了科技文化觀察家 Howard
Rheingold（2003）的 書 名 標 題 *Smart Mobs: the Next
Social Revolution*。 2009 年 6 月伊朗抗爭事件爆發之後
Andrew Sullivan 一篇報導標題宣告 "The Revolution Will
be Tweeted"，之後受到沿用直到「阿拉伯之春」。 2011 年
1 月底埃及當局為了遏制街頭抗議穆巴拉克政權的群眾而
對互聯網實施全面封網斷訊，結果群眾反而以史無前例的
規模湧向街頭，不到兩週穆巴拉克政權即告終結。展望未
來，21 世紀的未來革命事件，互聯網仍將扮演重要角色。

參考書目

Arendt, Hannah. 1963. *On Revolution*. New York: Penguin.

Arrighi, Giovanni. 2007. *Adam Smith in Beijing: Lineages of the Twenty-First Century*. New York: Verso.

Asad, Talal. 2007. *On Suicide Bombing*. New York: Columbia University Press.

Badiou, Alain. 2011. "An open letter from Alain Badiou to Jean-Luc Nancy." Available from http://www.versobooks. com/blogs/463 (Accessed 15 November 2011).

Bartošek, Karel. 1999. "Central and Southeastern Europe." In *The Black Book of Communism*, edited by Stéphane Courtois et al. Cambridge, MA: Harvard University Press.

Baudrillard, Jean. 1988. *America*, translated by Chris Turner. London: Verso.

Baudrillard, Jean. 2003.《波灣戰爭不曾發生》，朱元鴻編，邱德亮、黃建宏譯。台北：麥田。

Bayat, Asef. 2010. *Life as Politics: How Ordinary People Change the Middle East*. Stanford, CA: Stanford University Press.

Bellaigue, Christopher de. 2012. *Patriot of Persia: Muhammad Mossadegh and a Tragic Anglo-American Coup*. New York: HarperCollins.

Butler, Judith. 2009. *Frames of War: When Is Life Grievable?* New York: Verso.

Carrol, Mark. 2003. *Music and Ideology in Cold War Europe*. Cambridge: Cambridge University Press.

Chenoweth, Erica, and Maria J. Stephan. 2011. *Why Civil Resistance Works: the Strategic Logic of Nonviolent Conflict*. New York: Columbia University Press.

Chomsky, Noam. (Ed.) 1997. *The Cold War and the University*. New York: The New Press.

Chomsky, Noam. 1979. *Towards a New Cold War: Essays on the Current Crisis and How We Got There*. New York: Pantheon.

Corber, Robert J. 2011. *Cold War Femme*. Durham, NC: Duke University Press.

Dewey, John. 1989. *Freedom and Culture*. Amherst, NY: Prometheus.

Diamond, Larry. 2008. *The Spirit of Democracy: the Struggle to Build Free Societies throughout the World*. New York: Henry Hold & Company.

Enloe, Cynthia. 1993. *The Morning After: Sexual Politics at the End of the Cold War*. Berkeley: University of California Press.

Fitzpatrick, Sheila. 1985. "The Civil War as a Formative Experience." pp. 57-76 in *Bolshevik Culture*, edited by Abbott Gleason et al. Bloomington: Indiana University Press.

Fontaine, Pascal. 1999. "Communism in Latin America." In *The Black Book of Communism*, edited by Stéphane Courtois et al. Cambridge, MA: Harvard University Press.

Fukuyama, Franҫis. 2011. *The Origins of Political Order*. New York: Farrar, Straus and Giroux.

Furet, François. 1981. *Interpreting the French Revolution*, translated by Elborg Forster. Cambridge: Cambridge University Press.

Furet, François. 1999. *The Passing of An Illusion: The Idea of Communism in the Twentieth Century*, translated by Deborah Furet. Chicago: the University of Chicago Press.

Gorz, André. 1999. *Reclaiming Work: Beyond the Wage-Based Society*, translated by Chris Turner. Cambridge, UK: Polity Press.

Hardt, Michael, and Antonio Negri. 2004. *Multitude: War and Democracy in the Age of Empire*. New York: Penguin.

Holsti, Kalevi J. 1991. *Peace and War: Armed Conflicts and International Order, 1648-1989*. Cambridge: Cambridge

University Press.

Kishkovsky, Sophia. 2009. "A History of 20th-Century Russia, Warts and All." *The New York Times*. November 24. Available from http://www.nytimes.com/2009/11/25/arts/25iht-russia.html?_r=0 (Accessed 9 October 2013)

Kissinger, Henry. 1994. *Diplomacy*. New York: Simon & Schuster.

Lenin, Vladimir I. 1964. "War and Revolution." pp. 398-421 in *Lenin Collected Works, Volume 24*. Moscow: Progress Publishers. Available from http://www.marxists.org/archive/lenin/works/1917/may/14.htm (Accessed 11 November 2011)

Mann, Michael. 1993. *The Sources of Social Power vol. II: The Rise of Classes and Nation-States, 1760-1914*. Cambridge: Cambridge University Press.

Nancy, Jean-Luc. 2011. "What the Arab People Signify to Us," translated by G. Leung from the original article in Libération (28 March). Available from http://www.versobooks.com/blogs/455-what-the-arab-peoples-signify-to-us-by-jean-luc-nancy (Accessed 15 November 2011)

Negri, Antonio. 1999. *Insurgencies: Constituent Power and the Modern State*, translated by M. Boscagli. Minneapolis: University of Minnesota Press.

Paczkowski, Andrzej. 1999. "Poland, the 'Enemy Nation'." In *The Black Book of Communism*, edited by Stéphane Courtois et al. Cambridge, MA: Harvard University Press.

Poiger, Uta G. 2000. *Jazz, Rock, and Rebels: Cold War Politics and American Culture in a Divided Germany*. Berkeley: University of California Press.

Polanyi, Karl. 1957. *The Great Transformation*. Boston: Beacon Press.

Rheingold, Howard. 2003. *Smart Mobs: the Next Social Revolution*. Cambridge, MA: Perseus.

Roberts, Adam, and Timothy Garton Ash. (Eds.) 2009. *Civil Resistance and Power Politics*. Oxford: Oxford University Press.

Santamaria, Yves. 1999. "Afrocommunism: Ethiopia, Angola, and Mozambique." In *The Black Book of Communism*, edited by Stéphane Courtois et al. Cambridge, MA: Harvard University Press.

Schmitt, Carl. 1996. *The Concept of the Political*, translated by G. Schwab. Chicago: The University of Chicago Press.

Schmitt, Carl. 2003. *The Nomos of the Earth in the International Law of the Jus Publicum Europaeum*, translated by G.L. Ulmen. New York: Telos Press.

Schmitt, Carl. 2004. *The Theory of the Partisan: A Commentary/ Remark on the Concept of the Political*, translated by A.C. Goodson. East Lansing: Michigan State University.

Schmitt, Carl. 2011. *Writings on War*, translated by T. Nunan. Cambridge, UK: Polity.

Tucker, Robert C. 1977. "Stalinism as Revolution from Above." In *Stalinism*, edited by Robert C. Tucker. New York: Norton.

Walzer, Michael. 1977. *Just and Unjust Wars*. New York: Basic.

Walzer, Michael. 2004. *Arguing about War*. New Haven: Yale University Press.

Westad, Odd Arne. 2005. *The Global Cold War: Third World Intervention and the Making of Our Times*. Cambridge: Cambridge University Press.

Westad, Odd Arne. 2010. "The Cold War and the International History of the Twentieth Century." In *The Cambridge History of The Cold War, Vol. 1*, edited by Melvyn P. Leffler and Odd Arne Westad. Cambridge: Cambridge University Press.

第三章

東亞的戰爭之框與國族問題：對日本、中國、台灣的考察

汪宏倫

一、導言：東亞的國族問題與戰爭遺緒

回顧 2012 年的東亞，可說是國族主義烏雲罩頂的一年。首先，韓國總統李明博在 8 月間登上日本也同樣宣稱擁有主權的獨島（日方稱竹島），引發日方不滿而召回大使，雙方外交關係緊張。韓國足球選手在倫敦奧運期間，也因為在場內高舉「獨島是我們的」的標語，失去獎牌資格，引發爭議。9 月間，日本政府為了因應東京都知事石原慎太郎購買尖閣諸島（中國稱之釣魚島，台灣稱之為釣魚台）的計畫，收購釣魚台將之「國有化」，引發中、港、台等地新一波的保釣風潮，中國各地爆發規模前所未見的反日示威抗議，釀成外交危機。台灣與中國分別派遣海巡船艦與飛機到釣魚台附近宣示主權，與日方對峙，儼然有劍拔弩張、兵戎相見之勢。此外，中國政府在南海主權問題上採取強硬立場，屢屢與菲律賓、越南等國齟齬摩擦，更在新版護照上將「九段線」畫入，將南海諸島畫入中國版圖以宣示主權，引發鄰近諸國的不滿與抗議。同樣地，中國的新版護照中將台灣的日月潭等景點納入，也被認為是侵犯台灣（中華民國）主權，引發綠營與獨派人士的強烈不滿與抗議。在台灣，國民黨的馬英九政府在兩岸問題上採取較為溫和的政策與立場，卻不斷激起反對陣營「傾中賣台」的批評聲浪，而 2008 年的總統大選，敏感的統獨議題或族群因素並未像過去選戰成為爭辯議題，然而更為隱而未顯的「中國因素」，以「九二共識」的議題為中介，巧妙地影響著選舉的結果，同時也在選後引發了更多的疑慮與批評。

　　很顯然地，東亞的民族主義風潮，在近年有逐漸上升的趨勢，表現在中、日、韓、台之間的歷史認識、領土問題、主權爭議等議題上，甚至有引爆戰火的隱憂。這股民族主義風潮，並非一朝一夕形成，而是具有深遠的歷史背景與結構因素；尤有甚者，這些民族主義之間彼此交織牽連，構成了交錯的民族主義圖像（石坂浩一等 2005）。筆者過去對台灣、中國、日本的研究也發現，在交錯的民族主義之下，其實存在著「重層的怨恨結構」。換言之，東亞的幾個社會，都曾經因為歷史上的屈辱、挫敗、苦難與悲情而存在著明顯的怨恨心態（ressentiment），甚而進一步形成了「怨恨的共同體」。這些怨恨的共同體之間並沒有因為彼此曾經共有的被壓迫與受害經驗而更加了解彼此或形成共同連帶，反而彼此怨懟嫌惡，形成了東亞重層的怨恨結構（汪宏倫 2006, 2010, Wang forthcoming）。無論是交錯的民族主義或是重層的怨恨心態，在東亞出現的這些現象，都和近代國家形成（state formation）與國族建構（nation-building）有著密不可分的關係。如同本書導論所指出的，追本溯源來說，當前東亞的國族問題，乃至現代政治的許多癥結，其實都與近代史上一連串的戰爭及其遺緒有關。如何把戰爭帶入分析，是一個理論與實踐上同樣重要的問題。如果不對戰爭與戰爭遺緒加以問題化，那麼我們便難以捕捉到這些問題的原來面貌，而這些爭議或問題將很難有（和平）解決的一天[1]。進一步說，現代性在東亞的開展推進與戰爭有著密不可分的關係，如果要理解東亞現代性的特質並對現代性有所批判，戰爭與集體暴力將是核

1　對於某一部分的人來說，解決這些問題不可能和平，和平也不見得可欲。關於這種觀點與思維方式，將在第四節討論。

心的關鍵。

　　從這個觀點來看，我們可以繼續追問幾個值得釐清與深究的問題：為什麼東亞諸國重要的內部分歧與外部爭議，都與戰爭及其遺緒有關？戰爭在形塑這個區域的現代歷史過程，究竟扮演什麼角色？如何理解戰爭及戰爭遺緒的作用？我們又該如何將戰爭問題化，從根本處來反省戰爭？戰爭所導致的最壞結果是大量個體的死亡，發動戰爭、參與戰爭，意味著有可能犧牲生命。這幾乎是個人所能付出的最高代價。在什麼狀況下，人們會願意以高昂的生命代價為賭注而訴諸戰爭？人們又如何合理化自己的暴力行為？

　　作為一種人類集體暴力的極端形式，戰爭深刻地形塑著人們看待世界的方式；反過頭來說，人們看待世界的方式與價值觀，也決定了戰爭的發生與否，以及戰爭的型態與進行方式。本文將以「戰爭之框」來指稱這種認知方式。在下兩節中，筆者將闡釋「戰爭之框」的分析概念，並探討戰爭之框如何形塑著日本與中國的國族建構過程，同時也將分析這些戰爭之框如何影響台灣的國族政治。最後一節，則嘗試針對現代性與集體暴力提出理論反省。

　　在進一步討論之前，有必要不厭其煩地對「東亞」此一概念稍作說明。自從薩伊德的《東方主義》（Said 1979）問世之後，人們對於指涉文明、文化與地域的統稱詞彙總是格外小心謹慎，生怕落入語意的陷阱而遭受「東方主義」或「自我東方化」的指責。「亞洲」是西方殖民者與帝國主義來到此地之後才創造出來的概念，「東亞」也不例外。本文所稱「東亞現代性」中的「東亞」，自然也不是個本質主義的實體指涉，一方面指的是地域，一方面則指這個地域在歷史文化的建構性與共通性，包

括相同或類似的歷史命運與社會形構（參見 Duara 2003, 白永瑞 2009）。就地理範圍來說，本文所稱的東亞包括當前的中國、日本、台灣與韓國、朝鮮（北韓）等地。不過，因筆者學力有限，無法直接掌握韓文的一手資料，對韓國與朝鮮的情形大多只能依靠譯著與二手資料，不敢擅發議論，因此本文的主要分析對象將僅限於中國、日本與台灣；然而，本文對戰爭與戰爭遺緒的分析，基本上也適用於迄今仍被冷戰體制割裂的韓半島 [2]。

　　本文的主要論證可簡述如下。戰爭是一種集體行使組織化暴力的極端形式；由於其極端暴力的性質，戰爭經常成為轉化既有社會結構的歷史事件。透過這樣的歷史事件，舊有的社會結構被摧毀或改變、新的社會結構則透過戰爭過程與戰後重建而逐漸形成。本文用「戰爭之框」來指涉這種框構（framing）的過程。戰爭之框有兩層意涵。第一個意涵，是由戰爭所創造出來的結構框架；第二個意涵，則是關於戰爭的認知框架，透過這個框架，戰爭被賦予意義、並根據此框架被加以詮釋與記憶。由於現代民族國家的形成過程，或多或少都經歷了戰爭或武裝衝突的過程，因此幾乎每個民族國家背後，都存在著戰爭之框，而這些戰爭之框並不隨著戰爭結束而消失，反而因為民族國家的建立而被制度化，成為「國族之框」。這些從戰爭之框演變而來的國族之框，在現代政治運作中，對於區辨敵我、鞏固認同，具有基本而重要的功能與作用。戰爭之框能被「定調」與「再定調」；近代以來，戰爭之框多半以國族主義為其基調，尤其在一次大戰前後的歐洲達於頂峰。二戰之後，西歐的

2　白永瑞認為這僅是狹義的東亞，而廣義的東亞應該包括東南亞。本文所界定的範圍與討論脈絡僅限於狹義的東亞。

戰爭之框多半不再以國族主義為基調，強調的是跨越國族的普世人道主義精神；然而，在當前的東亞，國族主義仍是戰爭之框的基調，而這些存在於不同國家與地域的戰爭之框往往彼此扞格不入，這些戰爭之框不但形塑著國內的政治分歧，更成為今日東亞潛在衝突不斷且難以達成和解的原因。本文嘗試指出，在東亞目前各國之間與之內的國族主義紛爭，其實背後隱含了不同的戰爭之框，這些戰爭之框一方面為過去的戰爭所創造出來，但並不隨著戰爭結束而消失，反而成為重要的認識框架，形塑著人們對於過去歷史、現實情勢與未來走向的判斷與認識。

　　必須特別說明的是，本文的目的主要在於提出戰爭之框作為分析概念，並簡要地勾勒當前存在中、日、台各地幾種不同的戰爭之框，梳理這些戰爭之框與國族主義的關聯。換句話說，本文的首要目的在於理論概念的建構，而不是關於歷史個案的經驗分析。關於日本、中國、台灣三個個案的討論，在本文僅是作為闡釋理論概念與分析架構之用。限於篇幅，本文僅能提出初步的綱要，至於進一步的細緻分析，還需要來日的研究[3]。至於本文必須同時討論三者、而非集中在單一個案深入處理，主要原因在於本文的目的是要闡釋，這些不同的戰爭之框如何相互排斥、交織牽連，把彼此當作框外的「不可悲傷的敵人／他者」，如此才能凸顯出戰爭之框背後所隱含的問題。如果僅僅集中在其中之一，我們便失去了一個完整分析的視野，

---

[3]　事實上，本書中的部分篇章（例如第七章與第十章），已經反映出了不同的戰爭之框在台灣的存在與運作。至於有關中國的戰爭之框的進一步分析討論，可參見汪宏倫（2013）。

也難以看出他們彼此之間的互動關聯。正如 Joas（2003: 53）所說，此時迫切需要的，不是蒐集更多的細節材料，而是指出並分析這些現象、議題之間的彼此關聯，方能有助我們獲得全盤思考、理解整體圖像 [4]。

二、理論與概念：戰爭、「戰爭之框」與國族建構

對於戰爭與戰爭遺緒，本文採取較為寬鬆的界定方式。所謂戰爭，主要指兩個有組織的武裝政治團體（其中通常至少一方為國家）之間進行的暴力抗爭。在國際法上，主權國家之間的戰鬥行為被視為戰爭，但不是主權國家的交戰團體，通常不被視為戰爭，而被視為叛亂、暴動或內戰 [5]。本文對戰爭的界定並不循此。只要兩個武裝團體的暴力抗爭是以政治權力的分配、遂行或爭奪為目的，就可以視為戰爭。因此，台灣早期漳泉、閩客之間的械鬥不太能算是戰爭，但「霧社事件」可說是個戰爭，1927 年 8 月 1 日發生於南昌的武裝鬥爭（國民黨稱之為「南昌暴動」，共產黨稱之為「南昌起義」）也是戰爭。至於稱

---

[4] 當然，這裡的意思並不是說，細節與資料不重要。細節與資料，往往能幫助我們釐清過去許多誤解與偏見，甚至藉由新事證的提出來反駁既有的看法。不過，當前有關戰爭與戰爭遺緒的研究，所欠缺的正是一個整體互動的圖像。許多過分執著於細節的考證，或是僅針對單一個案經驗（例如日本）的考察，反而容易衍生「見樹未見林」的疑慮。

[5] 這種看法的典型，可參見 Bull（1977: 184-186）。事實上，這種把戰爭與主權國家相連結的界定方式，正是現代性問題的一環，本身值得深入反省批判。關於西方主流「戰爭」概念的反省批判，另可參見朱元鴻（本書第二章）。

之為「事件」、「暴動」還是「起義」，端視詮釋者所仰賴的框架而定，也就是下文將要討論的「戰爭之框」。以武力為手段進行的革命，也是一種戰爭，因此鄂蘭在《論革命》一書中引用列寧的說法，將革命與戰爭關聯起來（Arendt 1963），而朱元鴻（本書第二章）則是將俄國與中國的共產革命稱之為「戰爭共產主義」。至於「戰爭遺緒」，則是泛指戰爭所造成的結果，以及（戰爭之後）環繞戰爭而衍生的種種政治、經濟、社會與文化活動，例如領土疆界、主權歸屬、賠償、審判、戰爭責任的追究、歷史書寫、戰爭記憶等問題。

　　有關戰爭與現代民族國家建構之間的關係，過去已有不少學者討論。有些學者強調強制手段的集中與資源榨取（Tilly 1992），有些強調徵兵動員、公民養成與內部綏靖的過程（Giddens 1985），有些從生命政治（bio-politics）與治理性的角度來理解戰爭（Foucault 2003, Rose 1999），有些則強調集體記憶與紀念儀式對形塑國族認同的影響（Mosse 1990, Winter 1995）。這些面向與切入角度固然重要，也提供了豐富的洞見，但為了探討人們如何理解戰爭、而戰爭又如何形塑人們的世界觀，本文將嘗試提出「戰爭之框」作為主要分析概念。

　　所謂「戰爭之框」（frames of war）主要有兩個概念來源，首先當然是來自 Judith Butler（2009）同名之作的啟發。在 *Frames of War* 一書中，Butler 利用英語 frame 一字兼具「框架」、「構陷」等多重意涵，界定「戰爭之框」為「選擇性地刻畫作為戰爭行為本質之經驗」的方式，從而構成了一種感知生命的認識論架構。她以美國在伊拉克戰爭的虐囚照片為例，探討「戰爭之框」如何讓人們區分「可悲傷的」（grievable）與「不可悲傷」（non-grievable）的生命。 Butler 進一步借用此一比喻，

探討包括性別政治在內的主體形成，哪些生命是被認為有價值的，而哪些生命是被刻意忽略，甚至不被認為有資格形成主體的。

和 Butler 的文學比喻手法有所不同的是，本文對「戰爭之框」的界定與分析方式，主要還是承襲第二個來源，即社會學中「框架分析」（frame analysis）的傳統。社會學的框架分析主要可追溯自 Goffman 的同名之作。在《框架分析》這本被廣為引用的著作中，Goffman 將框架界定為「管理社會事件以及我們對其主觀涉入的組織原則（Goffman 1974: 10-11）。根據 Goffman，在任何社會中都存在著一些基本框架（primary frameworks），人們必須透過這些基本框架來認識世界、理解當下；缺乏這些基本框架，世界將變得毫無意義可言。

Goffman 承襲 Schutz 的現象學傳統，關心的是人們如何感知外在、界定現實的問題。個人面對這個世界紛然雜陳的刺激、現象與事件，必須仰賴一些基本的原則來選取與組織她的經驗，才能產生意義，而這些基本原則就是 Goffman 所稱的框架，或可稱為識框（cognitive frame）。我們可以說，框架或識框指的是建構意義時所依據的要素選取原則，行動者藉此選取原則來界定其所面對的現實。這個理論觀點後來被大量應用在社會學及相關領域的研究中，包括媒體研究與心理學等其他學科也都有「框架分析」的傳統。在社會學領域，框架分析被廣泛用在社會運動的研究，研究者以此概念來連結微觀層次的個人心理動力與宏觀層次的政治機會結構，指出社會運動的參與者在投入社會運動時，必須透過框構（framing）的過程，賦予行動以意義（Snow et al. 1986, Benford and Snow 2000）。

框架並非一成不變，而是可以被「定調」與「再定調」

（keying and rekeying）的。Goffman 借用了音樂的類比來使用「調性」（key）這個概念，將之界定為「一組慣習，這種慣習將原本根據基本框架已經有意義的活動，轉化為另一種同樣模式的活動，但對其參加者來說其意義已經有所不同」。Goffman 舉的例子是一群看似在打架的孩童（或動物），他們從事的活動從外表來看與爭鬥無異，但其實他們僅僅是在玩耍，而不是真的在爭鬥[6]。框架的定調／再定調可視為是一種框架的轉化（transformation of frames），而這又牽涉到再一次的框構過程（Snow et at. 1986）。

　　根據這個「框架分析」的傳統，本文所稱的「戰爭之框」包含兩種意涵，第一種意涵指的是戰爭所創造出來的結構框架，第二種意涵則是指人們藉以界定、理解、詮釋戰爭及其遺緒的認知框架。這兩種意涵是相關的，但內容不完全相同。戰爭作為一種有能力改變社會結構的歷史事件[7]，本身即可能創造出一種新的認知框架，這種認知框架會影響到人們看待自我與世界的方式，當然也包括對戰爭及其遺緒的認知方式。和社會運動類似的是，戰爭需要集體動員，戰爭之框便是動員與被動員者建構戰爭意義的主要框架。然而，戰爭動員的層面比起社會運動來得廣泛全面得多，尤其在現代，戰爭之框經常涉及國族建構，並非所有的國族成員都被動員直接參與戰爭，但戰爭之框卻提供了國民全體理解與詮釋戰爭的框架。現代戰爭與前現代

6　Goffman 另外舉的例子還有：假裝（make-believe），競賽（contests），儀式（ceremonies），以及技術重複（technical redoing，如練習等）（Goffman 1974: 48-60）。

7　關於歷史事件如何改變結構，參見 Sewell（2005）。

的戰爭相較，除了武器因科技與工業化的發展而導致戰爭型態與戰略思維的改變外，另外一個關鍵的不同，在於平民百姓被廣泛地動員涉入戰爭之中（Kestnbaum 2005），而這個動員過程，其實也就是現代民族國家建構的基礎之一。和國族的建構一樣，戰爭之框也有「從上而下」與「從下而上」的雙向框構過程。在一開始的時候，戰爭之框比較有可能是國家由上而下的建構過程，用意在區辨敵我，動員人力與物力參戰。但隨著戰事的進展與時間的推移，戰爭之框也會不斷被知識分子、文化菁英與一般民眾加強、放大乃至重塑。因此戰爭之框不僅可見於國家的動員文宣與行動，更可見於諸多描述、討論與詮釋戰爭的相關論述與實作裡，諸如文學、戲劇、電影、藝術作品等。

作為一種提供意義與價值的框架，戰爭之框首先要劃定界線，區辨敵我。Butler 的戰爭之框指的是框架／構陷那些戰地攝影作品的有形／無形的框，而本文的戰爭之框指的則是框構戰爭群體內外之別的無形的框。和 Butler 的戰爭之框類似的是，本文的戰爭之框也同樣區分了「可悲傷 vs. 不可悲傷／不值得悲傷」，甚至是「值得活 vs. 不值得活」的生命。框外的敵人不是野蠻的匪徒、邪孽的妖魔就是萬惡不赦的反動派，他們不僅是「非我族類」，而且不是「人」，不值得同情憐憫，非僅可殺，而且該殺。消滅這樣的生命不僅不值得惋惜，還該慶幸，甚至要積極參與。抗日戰爭期間中國人管日本人叫「鬼子」，國共內戰時國民黨與共產黨互稱「共匪」、「蔣逆」，二戰時日本把盟國稱為「鬼畜米（美）英」、盟軍的宣傳也是竭盡醜化日本之能事，把日本人說成是猴子，這些都是著名的「戰爭之框」把對手「非人化」的例子。

在戰爭之框的內部，則是可悲傷的生命。共同的受苦經驗

是激發團體凝聚力的最佳祕方，古今中外皆然。Renan 在其
〈何謂國族〉的知名演說中便曾有名言：「共同的苦難比起歡愉
更能團結人民。對國族記憶來說，悲憤比勝利更有價值，因為
它〔對公民〕施加義務，要求同心協力。」（Renan 1990〔1882〕：
19）戰禍總是帶來人民的死傷、財產的損失與家園的破壞。戰
爭之框一方面要保護框內人民的身家財產安全，一方面要為已
經產生的禍害與死傷提出解釋。除了苦難所造成的「受害者」意
識外，戰爭還需要英雄、需要鬥士，也需要殉道者（烈士）。戰
爭之框要深沉地哀悼苦難死亡，更要激憤昂揚，尋求救贖。因
此，戰爭之框不只是一種暫時的「情境定義」而已。作為一種關
涉到人的個體生命的終極存在──生與死──以及集體暴力的
極端形式可能帶來的災害與苦難，戰爭之框必須承載極為沉重
的意義，背後或多或少必然隱含一種神義論（theodicy），為人
們在戰爭中所遭受的不公不義、苦難與傷亡提供最終的補償與
救贖。在過去，這種神義論大多由宗教提供；在現代，民族主
義成為神義論的主要來源。正是在這個意義上，民族主義可說
是現代社會的宗教。幾乎所有現代民族國家都歷經不同程度的
戰爭或集體暴力（如內戰與革命）的洗禮，也都有其哀悼、紀念
乃至祭祀的儀式[8]。

　　戰爭的名稱，也是戰爭之框的反映。同一場戰爭，交戰
雙方的命名方式很有可能極為不同。當日本發動的「大東亞戰

8　值得留意的是，在悼亡與紀念方面，西方與非西方似乎也存在一種時
　　間差。歐洲為戰死者悼亡紀念的高峰是在第一次世界大戰，亞洲則是
　　在二戰之後。參見 Mosse（1990），Winter（1995），高橋哲哉（2007，
　　2008），子安宣邦（2004）。關於這個差異，第四節將進一步探討背後
　　的意涵。

爭」在戰後被改稱為「太平洋戰爭」時，戰爭之框已經改變了（見下節討論）。戰爭之框既然提供了人們認識世界的框架，其作用猶如孔恩所稱的「典範」（paradigm, Kuhn 1969）。不同的典範之間可能是「不可共量」的，戰爭之框也是如此。不同的戰爭之框，可以相互連結，但相互敵對的戰爭之框，則往往是不可共量的。戰爭之框與一般所稱的「史觀」不同，在於其所強調的不僅只是一種觀點，而是一種理解世界的基本架構，包含了意義、價值、生死觀等。不同的觀點之間或許可以相互包容，但相互衝突的戰爭之框間卻是不可共量，也難以彼此包容的。

　　作為一種認知框架，戰爭之框與意識型態之間的關係也值得進一步探究。認知框架本身並不是意識型態，它可能受到既有的意識型態形塑影響，但也有可能透過有意識的建構而發展出新的意識型態[9]。和 Bourdieu（1977）的生存習性（habitus）的概念類似，戰爭之框同時有可能「框構與被框構」（framing and framed）。在某種意義下，我們可以說意識型態可以為戰爭之框「定調」（例如軍國主義的意識型態將「大東亞戰爭」定調為「聖戰」）；而當意識型態發生轉變，戰爭之框也可能被「再定調」（如下文所討論的日本戰後出現的「和平基調」）。再如，當代中國的戰爭之框，受到長期以來的帝國意識與天下觀影響，因此會特別強調洗刷戰敗的恥辱、恢復昔日的榮光，再加上「戰爭共產主義」（見本書第二章）意識型態的影響，使得戰爭之框更加牢不可破。

9　在社會運動的文獻中，認為框架與意識型態之間的關係很難被以機械、單向的方式來界定。參見 Oliver and Johnston（2000）, Snow and Benford（2000）, Snow（2004）。

　　框架並不是一種本質性的存在，因此在社會運動中，框架可以被動員、重組、聯合、挪用。就個人層次來說，作為一種組織經驗與定義情境的原則，框架可以被建構，更可以被傳承、習得、採用。在基本的微觀互動中，一個人在面對他者時，他／她要如何與對方互動，取決於其認知框架。如果他將對方視為敵人，那麼他會採取對抗或競爭的行動；如果他將對方視為朋友，那麼他會採取友善或互助的行動。

　　相互衝突的框架彼此不可共量，但人們可以選擇給框架重新定調、跳脫框架，或是拆散框架。在某些情境下，跳脫框架並非易事，但也不是完全沒有可能——儘管要付出相當大的代價。例如在日本發動大東亞戰爭時，國內並非完全沒有反對的聲音，但是反戰者往往被「消音」甚至被迫「轉向」，否則可能面臨牢獄之災[10]。在現代民族國家，戰爭之框可能被制度化或常態化，透過教科書、電影電視、歌謠戲劇、紀念碑、博物館等各色各樣的媒介散播複製，代代相傳。因此，戰爭之框並不是只有經歷戰爭的人才擁有，也會傳承給未曾經歷過戰爭的世代。反過來說，經歷戰爭的人也許已經放棄以戰爭之框來看待事物，但沒有經歷戰爭的人反而有可能執著以戰爭之框來看待世界。在集體的層次，戰爭之框可能構成了某個社會的基本框架，但這並不意味著所有成員都無法從這個框架跳出來。戰爭之框的概念對於我們理解戰爭遺緒之所以重要，在於它提醒我們，戰爭所帶來的影響不僅是在物質、資源、人力動員等事情

---

10 「轉向」是日本戰時與戰後知識思想界的一大課題，許多左派的反戰分子或出於被迫，或出於自願，紛紛轉向支持戰爭，而這也導致了敗戰之後許多人對於未能堅持立場的悔恨心情。參見鶴見俊輔（1982）。

上面，而更在認知與精神層面。這些影響也不是暫時的，不會隨著戰事結束而消失；相反地，這些認知與精神層面的影響會因為戰爭之框而持續到戰後，甚至深刻地形塑人們的生命觀與世界觀。戰時這種「你死我活」的戰爭之框，並不會因為戰爭結束就銷聲匿跡。在民族主義的時代，以民族為名而進行的戰爭，戰爭之框也成了「國族之框」。戰爭之框在戰後經過制度化而成國族之框，形成了一種以國族為中心的世界觀或「國族觀」（nation view, Duara 1995, 汪宏倫 2001），提供人們理解國族、界定自我與他者的框架。在此意義下，國族之框可說是一種戰爭遺緒。即使戰爭結束，關於戰爭的詮釋、戰史的書寫、戰爭的記憶，戰爭之框仍會以國族之框的方式繼續起著作用。由於現代民族國家的建立過程背後都牽涉到不同程度的戰爭暴力，因此我們可以說，大部分的民族主義背後都隱含（或至少曾有過）一個或多個戰爭之框。

　　從戰爭之框到國族之框，並不是一個自然發生的過程，必須在物資、人力與精神上不斷地動員才有可能達成。本節一開始所提到的種種機制（資源榨取、徵兵動員、公民規訓、生命治理）也都必須發揮作用。此外，無論戰爭之框或國族之框，涉及的都不只是人，還有領土。土地的價值甚至高過於人的生命，因此為了「神聖（不可分割）的領土」，人的生命是可以被犧牲的。即使是在同一個國族之框內部，為了維護領土的完整（以及國家主權的遂行），居住在這塊土地上的生命也會變成「不值得悲傷的」，形成「框內之框」。這在許多現代國家的邊陲地區，包括日治時期的台灣、朝鮮，當代中國的新疆與西藏，這樣的例子都數見不鮮。這牽涉到現代國家的內部暴力，將在第四節中進一步討論。

　　戰爭之框不必然只牽涉到某一個特定的戰爭；和社會運動的框構過程一樣，戰爭之框會隨著敵人的改變以及外在環境的變化而有所調整，不同的戰爭之框也可能存在聯合放大的效果[11]。但唯一不變的是，戰爭之框必須合理化戰爭及其結果。暴力的結果經常是任意專斷的（arbitrary），作為一種集體暴力，戰爭也是如此。然而，戰爭之框與國族之框卻不接受戰爭及其結果的任意性；相反地，它們拒斥戰爭的任意性，反而想要從國族的歷史敘事賦予這些任意性相應的意義。因此，無論戰勝或戰敗，結果都不是任意的，而必須被戰爭之框與國族之框納入解釋。生命不能無故犧牲，鮮血不能任意白流，民族主義的神義論就在此發揮作用。蒼生不能無端受苦，犧牲必須有所回報：現在的犧牲是為了後世子孫的幸福，而繼起的國族成員則保證將會永遠紀念那些被犧牲的生命。國族的建構成了救贖的來源，這是為什麼民族主義特別看重新生、死亡與紀念（Anderson 1998）。

　　總結來說，戰爭之框不僅區分敵我、鞏固內部，還必須提供救贖，對戰爭的任意性賦予意義，更要合理化暴力的使用。歌頌暴力，表彰烈士英雄，鼓吹犧牲生命，都是戰爭之框所必須樹立的價值觀。自 18 世紀後半以降，以「建立民族國家」為訴求的國族主義，是戰爭之框的主要基調，這股經過戰爭歷程來建立民族國家的熱潮，在第一次世界大戰前後達於頂峰。二戰之後，歷經了慘絕人寰的大屠殺與前所未有的大規模毀滅浩

---

11 關於框架在社會運動過程中的聯合（alignment）與放大（enlarging）效果，可參見 Snow et al.（1986）。同樣地，戰爭之框也存在著類似的框構過程。

劫，歐洲各國間力求和解，嘗試以區域整合來超越民族國家，而殖民主義在亞非各地節節敗退，戰爭之框也不再以國族主義為基調。冷戰時期，是以「共產集團」對上「自由民主陣營」為主要的框架，而在冷戰結束後，強調的則是人道主義與所謂「普世價值」（如自由、民主、人權、反恐、人道救援等）。在東亞，以國族主義為基調的戰爭之框仍主宰著這個地區的人們對過去的記憶、對現在的認識、以及對未來的想像。而這也是當今東亞局勢充滿潛在的衝突與緊張的來源。以下，將針對日本、中國與台灣的戰爭之框，分別析論。

三、東亞的「戰爭之框」：日本、中國、台灣

東亞的近現代史可說是一部被戰爭打開的歷史，因此東亞諸國之中都存在著不同的戰爭之框。本節以日本、中國與台灣為例來檢視存在此一區域的幾個重大的戰爭之框。限於篇幅，下面的討論只能以一種韋伯式的「理念型」方式勾勒每一個戰爭之框的大致輪廓與特質，儘管現實中這些戰爭之框的具體呈現與表述，往往比本文所勾勒的要遠為複雜許多。

（一）日本：從「大東亞戰爭」到「太平洋戰爭」與「和平基調」

和大多數的國家一樣，日本的現代國家形成，和一連串的戰爭及戰爭威脅有關。 1840 年中英鴉片戰爭，清廷的敗北給日本幕府帶來了警訊，1853 年的「黑船來航」事件則把西方殖民者的戰爭威脅直接帶到江戶灣。德川幕府在中國鴉片戰爭的前車之鑑，以及迫在眼前的軍事威脅的情況下，接受美國的「勸告」，結束鎖國政策，而有日本近代史上第一次的「開國」。

　　日本的現代國家形成，雖然不像中國烙著一連串戰敗恥辱的印記，但刺激其開國並採取維新政策的最終因素，終究仍與戰爭有關。和中國相較，日本的戰爭之框一開始僅是隱而未顯，雖然黑船來航並未帶來真正的戰爭，但戰爭的威脅與清朝鴉片戰爭的慘敗教訓，已經讓幕末菁英有所警惕，最終促成大政奉還，開啟明治維新，邁向現代國家的建設之路。此後，日本接連在日清、日俄戰爭中獲得勝利，帶給日本政府與國民無比的自信，對於日本近代民族國家的肇造具有不可磨滅的重要意義。在日清戰爭中，日本打敗昔日盟主，一躍而成為新的區域強權，更獲得了第一個海外殖民地台灣，也為日後併吞朝鮮預先鋪路。日俄戰爭則是證明（東方的）黃種人能夠打敗（西方的）白種人，使日本正式加入列強之林。對於急於「脫亞入歐」的新興日本帝國來說，要合理化這兩場戰爭並不困難。「文明開化」意味著接受西方近代文明的價值觀，而先進強大的武力正是文明開化的重要手段之一。一個國家要達到文明開化，必要提振軍力向外擴張，這是西方先進諸國在世界各地所做的事，作為後進國的日本也有樣學樣。日本後來發動滿洲事變、支那事變、珍珠港事變，企圖擴張版圖，卻也一步一步陷入戰爭的泥淖，最終以敗戰收場。戰後日本的政治與社會產生了鉅大的變化，可以說是戰爭遺緒所造成的結果。

　　簡要地說，當前日本存在著兩個對立的戰爭之框，即「大東亞戰爭」與「太平洋戰爭」兩種戰爭之框，以及一個試圖拆解所有戰爭之框的「和平主義」基調。這「兩個戰爭之框與一個基調」的形成，各有其歷史脈絡與問題，以下僅能簡略勾勒其大致樣貌。

（1）大東亞戰爭之框：

　　在明治維新時期，日本的政治菁英戰戰兢兢地向西方學習，一心趕上歐美列強，唯恐淪為列強的殖民地。當時整個時代的氛圍是「優勝劣敗」的社會達爾文主義，西方列強在亞洲強取豪奪，日本要避免成為列強的俎下之肉，除了要效法歐美，更要盡快擺脫亞洲的「惡友」，免受其牽累（福澤諭吉 2003：265）。經過短短不到三十年的改革，日本帝國軍力大幅提升，接連打敗大清帝國沙俄帝國，日本的現代國家建造也進入了一個新的階段。

　　為了合理化這個階段的戰爭，日本除了延續日俄戰爭時期的「自衛戰爭」的說法外，更加入了「殖民地解放戰爭」的說法。日本一方面想效法列強，和列強在世界舞台爭一席之地，一方面對亞洲近鄰又以文明開化的指導者自居，要幫助亞洲從西方白種殖民者的手中「解放」出來。「大東亞戰爭」即是在這個背景下提出。這種說法對於不滿西歐近代文明的知識分子尤其具有說服力，我們從「世界史的立場與日本」與「近代的超克」這兩場被認為是替日本軍國主義擦脂抹粉的著名論壇可以看得非常清楚[12]。這也就是竹內好後來在重提「近代的超克」這場座談會時提到的大東亞戰爭的兩個面向：一方面是對殖民地的侵略戰爭，一方面是抵抗帝國主義的戰爭（竹內好 2005：322）。竹內好引述了多位曾經參與「近代的超克」的作者來說明戰爭的二重性，但其實我們從竹內好自己在珍珠港事變、日美開戰之後所寫的〈大東亞戰爭與吾等之決意〉，也可以看得十

12　這兩場座談會的紀錄，參見高坂正顯等（1943），河上徹太郎、竹內好（1979）。

分明白：

> 歷史被創造出來了！世界在一夜之間改變了面貌！我們親眼目睹了這一切。……十二月八日，當宣戰的詔書頒布之時，日本國民的決意匯成一個燃燒的海洋。心情變得暢快了。……建國的歷史在一瞬間盡數閃現，那是不必說明的自明之事。有誰曾預想到事態會進展為這樣的局面呢？我們在戰爭爆發前夜仍然相信戰爭是應該盡量避免的。我們只想到戰爭悲慘的一面。其實，這種想法本身才是悲慘的。那是卑微、固陋、被禁錮著的想法。**戰爭突然降臨，在那個瞬間，我們了解了一切。**（竹內好 2005：165；黑體為筆者所加）

> **從東亞驅逐侵略者，對此我們沒有一絲一毫進行道德反省的必要。敵人就應該快刀斬亂麻地徹底消滅。**我們熱愛祖國，其次熱愛鄰邦；**我們相信正義，我們也相信力量。大東亞戰爭成功地完成了支那事變，使它在世界史中獲得了生命；**而現在使大東亞戰爭本身得到完成的，應該是我們。（竹內好 2005：167；黑體為筆者所加）

　　這兩段文字讓我們看到「大東亞戰爭」之框如何在知識菁英階層確立的過程。在一開始，日本國民與知識菁英對於日本為何涉入在中國的軍事行動，其實是說不出個所以然來的。因此竹內好提到，在日美開戰之前，心情極為鬱悶，也認為戰爭應該避免。然而，日美開戰之後，心中的陰霾一掃而空，一種新的戰爭之框出現，戰爭被提升到世界史的高度，有了新的意

義。竹內好和眾多日本國民一樣，在「戰爭降臨的瞬間了解了
一切」：原來日本的戰爭是為了抵抗西方帝國主義的入侵，把白
種殖民者從亞洲驅逐出去。此時戰爭不只不應該避免，而且更
要積極參與，因為「我們相信正義，我們也相信力量」，前進道
路上的障礙就應該大刀闊斧地掃除，「敵人就應該快刀斬亂麻地
徹底消滅」。

　　和許多曾經支持納粹或法西斯、卻在戰後極力遮掩湮滅證
據的人相較，竹內好並未嘗試遮掩他在戰時這段從戰後看來並
不光彩的言論。竹內好在戰後被視為具有批判性的進步知識人
代表，但即使是這樣的知識分子，在戰時也不免深受「大東亞
戰爭之框」的鼓舞與影響。這個戰爭之框深入人心，一直到戰
後新民族主義的熱潮仍被不斷複製。

　　為了動員人民效忠國家、參與戰爭，日本自明治時代便頒
布《軍人勅諭》（1882）與《教育勅語》（1890）。這兩份文件
是軍國主義教育的兩大支柱，要求人民效忠天皇，必要時更必
須犧牲自己的性命。至於那些為天皇而戰死的人，則被奉讚為
神，以「英靈」之名供奉在靖國神社當中。在大東亞戰爭期間，
成千上萬的戰死者被迎入靖國神社，並舉行多次臨時大祭加以
追悼感謝。透過這些祭典，家屬們對戰死的悲傷被轉化為「光
榮犧牲」的喜悅，原本「一無是處」的平凡生命，因為得到天皇
的肯定與國家的褒揚而變得有價值起來 [13]。

---

13 高橋哲哉（2007）將此過程稱為「感情的鍊金術」。事實上，這種「感
　情的鍊金術」不只存在日本或靖國神社，也存在許多民族國家的悼亡
　與紀念儀式中。民族國家透過動員、戰爭、悼亡等過程，將一般的泛
　泛之眾（mass）變成國民（citizens）甚至「烈士／英靈」，這在第一次
　世界大戰前後看得特別明顯（Mosse 1990），而這些紀念與悼亡儀式，

　　日本敗戰之後，這個大東亞戰爭的識框曾經銷聲匿跡過一段期間，尤其在美軍占領時期，即使「大東亞戰爭」的名稱都被視為禁忌，必須改為「太平洋戰爭」（詳見下述）。然而，大東亞戰爭的識框並沒有完全消失，而是隨著日本保守派政府的重新掌權而繼續存在，反映在戰後諸多右翼民族主義者的言論當中。林房雄的《大東亞戰爭肯定論》（1964），可說是戰後重新回復「大東亞戰爭之框」的早期代表。至於小林善紀的《戰爭論》（1998），則是將此一戰爭之框以漫畫的方式通俗化與普及化，在1990年代新民族主義的浪潮中起著推波助瀾的作用。林房雄將大東亞戰爭的起源回溯到弘化元年（1844），德川幕府決定在東京灣以及其他地區的沿岸建立炮台以防止美、英、法等國商船開港通商的要求。這個年份，比起一般認為促成日本近代開國、刺激明治維新的「黑船來航」事件，還要早了將近十年。從這個框架來看，日本自19世紀以來從事的一連串戰爭行為，都是出於自衛，而非侵略。而日本之所以進軍中國與東南亞，純粹只是為了把白種殖民者逐出東亞地區，從而建立以日本為首的大東亞共榮圈。根據這個識框，日本非但不是什麼侵略者，而且還是「被壓迫者」與「受害者」，尤其廣島與長崎的原爆經驗，使日本成為「人類史上唯一遭受原子彈轟炸的民族；這種「被害者意識」，一直是戰後日本國族認同裡很重要的組成要素。既然日本發動戰爭是出於「自衛」、「被國際情勢所迫」，而最終結局是被打敗，成為被害者，那麼日本自然無

　　並不純然是現代的發明創造，而是與社會原有的宗教傳統有所關聯（Winter 1995），這也說明了，日本的「感情鍊金術」現象並不是那麼特殊。

需為任何戰爭行為道歉，也無責任可言。日本如果有任何錯，在於輸掉戰爭，因此也輸掉了詮釋戰爭的話語權。換句話說，因為輸掉戰爭，戰爭之框也被改變了。因此日本必須做的並不是認錯道歉，而是重新奪回有關戰爭的話語權，並修改「和平憲法」，讓日本成為「正常國家」（參見下文討論）。這是戰後日本右派與保守派所一再重複的論調。大東亞戰爭之框在戰後美軍占領期間雖然被極力拆解，但在靖國神社與遊就館這樣的地方，大東亞戰爭之框仍被制度化而保存下來。 1990 年代引起軒然大波的《新歷史教科書》，也是嘗試在教育體制中延續這種戰爭之框。

（2）太平洋戰爭之框：

　　第二種關於戰爭的識框，可稱為「太平洋戰爭之框」。日本戰後主流社會對戰爭的態度與評價倏忽一變，與戰前相比可說轉了一百八十度的彎，這個轉變並不是來自任何精神上的啟蒙或思想上的突變，而是來自「敗戰」這個沉重的一擊。 1945 年 8 月 15 日，日本天皇透過「玉音放送」宣布接受波茨坦宣言無條件投降，正式宣告戰爭結束。以美軍為主的盟軍部隊進駐東京，開始為期長達六年七個月的美軍占領時期。在這段期間，美軍的首要任務便是徹底摧毀日本的軍國主義與戰爭機器，原先的「大東亞聖戰」之框當然也必須拆除，取而代之的是勝利者美國的「太平洋戰爭」之框。戰爭不再是國民的驕傲與統治者的合法性來源，而是失敗與恥辱的印記。歷史被重新改寫，而且必須按照勝利者的語言及觀點來記述。不只是歷史，整個價值觀與世界觀被頭下腳上地顛倒過來了：原來的善變成惡，原來的惡變成善。少數政治人物與軍事領袖（而不是人民、更不

包括天皇）被認為應該對戰爭負責，其中一部分被當成戰犯送審，是為著名的「東京審判」[14]。「放棄戰爭、不保有武力」的條文被寫入憲法，「和平主義」取代軍國主義，一變而成為戰後日本的「立國精神」。

這一切戲劇化的轉變之所以可能發生，完全不是來自內部深刻的反省批判，而幾乎可說是在美國以高傲的戰勝者姿態指使與策劃之下完成。當然，戰前日本也有反戰的思潮，也有批判軍國主義的聲音，但這些都在軍政府的高壓統治下被迫噤聲乃至轉向（鶴見俊輔 1982）。也有為「和平憲法」辯護的人指出，日本在戰前就有非戰主張與和平主義思潮，和平憲法只是體現了日本戰前被壓抑的理想，並不完全是被美國「強押著走」（山室信一 2007）。然而，不容否認的事實是，這一切之所以可能發生，日本之所以有「戰後」，都是因為另一個強權——美國——靠著優勢的武力，將日本徹底擊潰。如果沒有美國的軍事「解放」，左派與和平主義的思潮幾乎沒有在日本出現的機會。

如前所述，「太平洋戰爭」是美國對二戰期間太平洋對日戰線的稱呼，而這個識框在戰後也因美軍的勝利被帶入日本。在美軍占領期間，盟軍總部首先禁止使用「大東亞戰爭」的名稱，並在主要報紙連載了《太平洋戰爭史》，而後更集結成書，分

---

14 這些戰犯有些被處以絞刑，有些則安然無恙，最後甚至復出日本政壇，再度掌握權力（最有名的例子是岸信介，2006 年後兩度出任首相的安倍晉三即為其外孫）。東京審判的過程充滿了盟國（尤其美方）的便宜算計，其正當性與妥適性事後同時遭到來自左派與右派的質疑，也成了日本戰爭遺緒的重大爭議之一。參見 Minear（1971），牛村圭（2005），高橋哲哉（2007：43-45）等。

發給中學生閱讀。太平戰爭之框讓人們相信，日本發動戰爭乃是一小撮懷抱野心的軍人與政客共謀的錯誤決策，絕大多數的老百姓都是無辜的，只是被政府所欺矇而協助戰爭，因而付出了慘痛的代價。包括教育改革在內，占領期間所施行的各種改革，奠定了太平洋戰爭之框的制度基礎，而 1960 年代之後，以美日安保條約為基礎的美日同盟關係，更是讓「太平洋戰爭之框」顯得理所當然，畢竟日本已經與美國站在同一陣線。

太平洋戰爭之框可說是戰後日本社會的主流，但其本身卻隱含了不少問題。首先，將戰爭的名稱從「大東亞」改為「太平洋」，等於是把視線從日本左側的亞洲大陸轉移到右側的太平洋，而其結果便是使日本把戰爭的焦點放在與美國的戰爭之上，而忽略（甚至忘卻）了日本在亞洲發動侵略戰爭、拓展殖民帝國的問題。再者，以美國為主要對手的太平洋戰爭在 1941 年才開打，但日本所從事的戰爭，其實可以回溯到 1931 年的滿洲事變（中方稱「九一八事變」）。把戰爭責任歸諸少數軍部與內閣成員，也使得一般老百姓失去反省身為國民在戰爭中所扮演的角色與應負的責任。

為了避免上述問題，有了「十五年戰爭」與「亞洲太平洋戰爭」（アジア・太平洋戦争）的說法。「十五年戰爭」是鶴見俊輔於 1982 年的《戰時期日本精神史》書中首先提出，後來為部分學者所採用，成為取代「太平洋戰爭」的另一種說法。鶴見認為，第二次世界大戰，應該從 1931 年滿洲事變（九一八事變）所引發的中日戰爭開始算起，至 1945 年日本戰敗為止。在這十五年間，日本國內外局勢均發生重大變化，而這場戰爭也被稱為「十五年戰爭」。 1990 年代以後，有些學者則倡議用「亞洲太平洋戰爭」來取代「太平洋戰爭」，其用意也是在平衡「太

平洋戰爭」一詞所造成的偏頗（木坂順一郎 1993，倉沢愛子等 2005）。和「大東亞戰爭之框」相較，無論「太平洋戰爭」、「十五年戰爭」或「亞洲太平洋戰爭」的識框都更傾向於承認日本所發動的戰爭是侵略性質，也更願意反省日本在戰爭期間所犯下的罪行及其責任。

（3）和平基調（pacifist key）：

和平基調基本上反對戰爭，也不以戰爭之框來看待世界；無論過去的戰爭被理解為「大東亞戰爭」還是「太平洋戰爭」，和平基調都希望將之拆解轉化，變成「未來不再從事戰爭」的誓言。和平基調不僅只是一種反戰的和平主義思潮或主張，而是具有相當明確的制度基礎。除了憲法第九條明確規定「不保有武力」、「否定交戰權」外，和平教育也是學校教育的主流。和平憲法的制定與和平教育的推行，固然與美國在占領時期所主導的戰後改革有密切關係，但和平思潮能在戰後日本社會生根，與日本的敗戰經驗及普遍的被害者意識有關。除了社會各階層對戰時生活的艱苦記憶外，廣島、長崎作為國族創傷（national trauma）的象徵，更是被害者意識的重要來源。「人類史上唯一被原子彈轟炸過的民族」的傷痕被反覆強調，成了戰後日本國族認同的重要標誌（Saito 2006, Orr 2001, Yoneyama 1999, Igarashi 2000）。這種「戰爭的被害者意識」，配合上「放棄發動戰爭、不保有武力」的和平憲法，「熱愛和平、反對戰爭、誓言不戰」的和平主義思潮似乎也成了戰後日本社會的主流。

和平基調試圖拆解所有的戰爭之框，看似化干戈為玉帛，但其實背後也是問題重重，充滿矛盾與衝突。首先，和平基調

可說是「太平洋戰爭之框」的衍生物，畢竟和平基調的制度基礎——和平憲法——是在日本戰敗、美國占領之後才有可能出現。儘管許多論者嘗試指出，日本在戰前即有和平主義的思想，和平憲法不能完全說是外來的產物，但也有不少人主張，和平憲法是「在武力的脅迫下被逼著放棄武力」，可以說本身即充滿了矛盾與扭曲（ねじれ），也是造成日本戰後政治與社會諸多問題的來源（加藤典洋 1997）。

再者，和平基調在日本國內雖有制度基礎（即使這個制度基礎被認為充滿扭曲而受到質疑），在國際上則不然。國際之間仍把戰爭視為解決某些問題的合法手段，而絕大多數的國家也都保有軍事武力。即使日本在憲法中明文規定「不保有武力」，也仍擁有自衛隊，造成名實不符的問題，引發更多的扭曲與紛爭。此外，和平教育傾向於避重就輕，較少深入探討發生戰爭的結構性因素，只一味強調戰爭的悲慘與禍害，教導人們厭惡戰爭；然而，如何從結構上避免戰爭、預防戰爭的發生，和平教育卻較少提及。這使得和平教育在現實政治中顯得蒼白軟弱，也很容易成為右派攻擊的對象[15]。面臨現實主義當道的國際局勢，和平主義的主張其實顯得相對空洞無力，它只是不斷地強調戰爭所帶來的悲慘禍害，告誡人們勿重蹈覆轍（誰的覆轍？），不要再從事戰爭。但是，對於戰爭起因、責任歸屬等問題，則是避重就輕，甚至刻意模糊[16]。儘管有著美好的理想與

---

15 事實上，不僅右派，左派在戰後初期對於空洞軟弱的和平教育也有相當多的批判。參見小熊英二（2002：359-368）。

16 最具代表性的例子是廣島原爆紀念碑的碑文，最後一段寫著：「安息吧！因為錯誤將不再重複。」這段話沒有主詞，因此留下不同詮釋的空間。究竟是誰的錯誤、誰將不再重複錯誤，不同政治立場的人可以

動人的口號，和平基調卻無力挑戰主流的民族國家軍事體制，也無法改變國家作為「壟斷合法暴力」的現代政治組織型態。

上述各種因素所造成的結果，便是名實不符，徒有和平憲法之名而卻保持擁有軍隊之實（儘管以「自衛隊」為名），而且在軍事戰略上成為美國的附庸。日本的和平必須仰賴美國，極具爭議的「美日安保條約」，等於是將日本納入美國的戰爭之框裡。這一連串的扭曲，造成日本戰後政治體制與民族主義爭議擾攘不安的根源。

上述的「兩個框架與一個基調」可以幫助我們理解戰後日本許多與民族主義相關的爭議事件，包括教科書問題、歷史認識問題、靖國神社問題等。在敗戰之前，戰爭之框等於國族之框，但是在敗戰之後，原來的「戰爭之框＝國族之框」被拆解翻轉，在此情況下，如何解釋敗戰，如何面對敗戰的事實並賦予意義，如何詮釋日本過去發動的戰爭，如何重新界定日本的國族，成了日本戰後政治界、知識界與文化界極大的課題，也是諸多重大政治與社會分歧的所在[17]。 1990年代起出現的「新民族主義」（ネオナショナリズム）以「歷史修正主義」的面貌出現，而其中一大半的爭議是環繞著戰爭，可說毫不令人意外[18]。

許多被稱為進步與批判的知識分子都曾撰文批判民族國家的建國神話，嘗試拆解目前還殘存在日本國內的（大東亞）戰爭

有不同解讀。

17　關於此可參見 Dower（1999），Seraphim（2006），小熊英二（2002）等著作中的討論。

18　其中較知名的例子除了先前提到的《戰爭論》小林よしのり〔小林善紀〕外，尚有西尾幹二（1999）《國民的歷史》，藤岡信勝、自由主義史觀研究會（1996）《教科書沒教的歷史》等。

之框（高橋哲哉 2007, 2008，子安宣邦 2004）。但這些批判大多僅針對日本，而不是對所有其他國家一體適用。這種不對等的批判，更是無法進入應該被批判的對象——民族主義者——的耳中，反而更加深他們的不平，也落實了他們的指控：只清算戰敗的日本，不敢清算其他強權，日本才是受害者。勝者的正義談不上正義。

正如竹內好在〈大東亞戰爭與吾等之決意〉所說，「大東亞戰爭」的目的是為了「從東亞驅逐侵略者」，日本對此「沒有一絲一毫進行道德反省的必要」。戰後日本民族主義者也持續相同的看法。退一步說，日本發動戰爭，充其量僅是效法列強的行徑而已，僅僅是因為敗戰，便要日本負擔所有帝國主義與殖民主義者的罪虐，對於民族主義者來說，是極不公平的。如果要日本承認戰爭的罪惡與錯誤，那麼，不去追究那些比他們發動更多戰爭、屠殺更多人民，甚至最後將日本慘重擊敗的美國與西方殖民者的戰爭罪責，是完全無法接受的事。如果歷史的解釋權是靠戰爭勝利才能奪取，日本自然沒有必要自甘居於戰敗的弱勢，而必須重振武威雄風。換句話說，對於大東亞戰爭，日本如果有什麼需要反省檢討之處，在於「戰敗」，而不是在於「做了應該道歉的錯事」。從這個角度看，日本非但無須與鄰國妥協，也不必為任何事情道歉。

除了層出不窮的「大東亞戰爭肯定論」之外，包括日俄戰爭之內的戰爭之框仍不斷被重新建構，例如司馬遼太郎（1978）著名的歷史小說《坂上之雲》便是以日俄戰爭為主題，描繪日本在明治時期如何面對西方列強奮起直追的故事。這部小說原來自1968 年至 1972 年在《產經新聞》上連載，由於小說中對明治時期的日本有高度評價，把日俄戰爭描繪成一種面對列強環伺不

得不採取的「自衛戰爭」，引發評論者對司馬遼太郎的質疑，認為這部小說有美化戰爭、歌頌軍事英雄的嫌疑，論者以「司馬史觀」稱之並加以批判（小森陽一 1998，成田龍一 1998）。這種對（日俄）戰爭詮釋的方式影響到後來的「自由主義史觀」與接踵其後的《新歷史教科書》，引發更大的風潮與更激烈的爭辯[19]。儘管如此，日本放送協會（NHK）仍舊大費周章地將《坂上之雲》改編成「大河劇」，除了破規格動員大批人力物力，同時大張旗鼓地自 2009 年起分三年，在每年年底時高調宣傳播放。這些例子在在說明戰爭之框不會隨著戰爭結束消失，而會不斷地被重新建構與挪用。

（二）中國：推倒「三座大山」、洗刷「百年國恥」的戰爭之框

和日本相較，現代性在中國的開展，同樣也始於 19 世紀中葉，也是在西方的堅船利炮強行叩關之下而發生的。不同的是，當時的滿清王朝面臨的不僅是戰爭威脅，而是一連串敗戰、割地賠款與不平等條約的恥辱。滿清王朝的覆滅並沒有讓中國立即蛻變成一個現代化的民族國家，而是陷於長時期的內部分裂與更多的戰亂。近代中國，可說是一連串戰爭與革命所打造出來的。從 1840 年第一次鴉片戰爭開始，到 1949 年中華人民共和國成立為止，中國有一個世紀以上的時間陷在長期戰亂之中（Zarrow 2005）。這些大小、規模、期間不等的大小戰爭，因參與的主體不同，自然也有許多不同的「戰爭之框」，其中兩個最主要、也最具有代表性的，非國民黨與共產黨莫屬。

---

19 有關「自由主義史觀」與《新歷史教科書》的來龍去脈與其所引發的風潮，可參見汪宏倫（2010）。

這兩個戰爭之框代表兩種對戰爭的詮釋方式，他們不但有著不同的建國圖像，而且彼此相互敵對。一直到 1949 年，共產黨取得全面勝利，中華人民共和國成立，戰爭之框與國族之框始定於一尊。

　　相較於日本戰後之框的破碎扭曲，當代中國的戰爭之框呈現另一種光景，是一個從敗戰恥辱到光榮勝利的光明故事。一個典型的中國民族主義歷史敘事，必然從 1840 年的鴉片戰爭開始講述起，歷經英法聯軍、八國聯軍、甲午戰爭、辛亥革命、土地革命戰爭、抗日戰爭，其間伴隨著種種不平等條約、外國軍隊的燒殺擄掠、資產階級與反動政權的無情鎮壓、日軍的殘酷暴行等。而到最後，則是以解放戰爭的勝利與共和國建立為終點，以「中國人民站起來了」做為結論[20]。整個新中國的建立，是立基在一連串大大小小的戰役之上。中共以武裝鬥爭起家，對於軍事行動與暴力抗爭給予極高的評價。當代中國的建國神話，戰爭與革命是絕不可少的核心要素。

　　在塑造中國的「戰爭之框」上，毛澤東無疑是最重要、也最具代表性的人物。毛澤東師承俄共的「戰爭共產主義」（見本書第二章），主張以武裝革命奪取政權。他被吹捧為不世出的軍事天才，他的軍事戰略思想被深刻鑽研反覆探討，而他發表過的許多關於軍事與戰爭的名言，迄今仍被一再傳誦，歷久不

20　這裡討論的當然是共產黨所建立的中華人民共和國版本的民族主義敘事；國民黨的中華民國版敘事，自然有所不同。國民黨版本的敘事更強調辛亥革命、北伐與剿匪，以及對日抗戰的領導角色。作為國共內戰的敗方，國民黨版本的民族敘事也有完全不同的詮釋，強調重點在未來的民族統一與復興，而其內容也隨六十年來海峽兩岸局勢的變化而有修正。詳見下節討論。

衰。毛澤東本人對馬克思學說雖然鑽研不深，但他對戰爭的看法，卻是典型馬克思主義的。在〈中國革命戰爭的戰略問題〉一文中，毛澤東是如此看待戰爭的：

> 戰爭——這個人類互相殘殺的怪物，人類社會的發展終久要把它消滅的，而且就在不遠的將來會要把它消滅的。但是消滅它的方法只有一個，就是用戰爭反對戰爭，用革命戰爭反對反革命戰爭，用民族革命戰爭反對民族反革命戰爭，用階級革命戰爭反對階級反革命戰爭。歷史上的戰爭，只有正義的和非正義的兩類。我們是擁護正義戰爭反對非正義戰爭的。一切反革命戰爭都是非正義的，一切革命戰爭都是正義的。人類的戰爭生活時代將要由我們之手而結束，我們所進行的戰爭，毫無疑義地是屬於最後戰爭的一部分。但是我們所面臨的戰爭，毫無疑義又是最大的和最殘酷的戰爭的一部分。最大的和最殘酷的非正義的反革命的戰爭，迫臨在我們的頭上，我們如果不打起正義戰爭的旗幟，人類的大多數就要遭受摧殘。人類正義戰爭的旗幟是拯救人類的旗幟，中國正義戰爭的旗幟是拯救中國的旗幟。**人類的大多數和中國人的大多數所舉行的戰爭，毫無疑義地是正義的戰爭，是拯救人類拯救中國的至高無上的榮譽的事業，是把全世界歷史轉到新時代的橋梁。**人類社會進步到消滅了階級，消滅了國家，到了那時，什麼戰爭也沒有了，反革命戰爭沒有了，革命戰爭也沒有了，非正義戰爭沒有了，正義戰爭也沒有了，這就是人類的永久和平的時代。我們研究革命戰爭的規律，出發於我們要求消滅一切戰爭的志願，這是區別我們共產黨人和一切剝

削階級的界線。（毛澤東 1965：167-168；黑體為筆者所加）

　　這段話值得注意的有兩點。第一是「戰爭的目的是為了消滅戰爭」，也就是為了永久和平，正如同共產主義實現之後就不再有階級壓迫，國家也將被取消一樣。這是一種以歷史的最終審判者自居、延續黑格爾到馬克思的目的論線性史觀。其二是毛澤東也把自己（共產黨）所領導的戰爭提升到人類史與世界史的高度，宣稱自己正在從事的戰爭對人類文明有所助益。雖然這樣的修辭也同樣常見於其他戰爭之框，不算特殊，但和第一點結合起來看，可說是一種典型的啟蒙以來的現代性論述。關於這點，我們將留待下一節進一步探討。

　　從「反圍剿」與「長征」開始，毛澤東發表過無數談話演說，為紅軍的戰爭定位，嘗試建立一個共產革命的戰爭之框。這個戰爭之框，隨著不同時期「統一戰線」的變化而有所修正[21]。中華人民共和國成立後，毛澤東以「新民主主義革命」來為前一個時期定調：由中國共產黨所領導的新民主主義革命戰爭推倒了帝國主義、封建主義與官僚資本主義這「三座大山」[22]。這個戰爭之框所界定的敵人主要包括了代表帝國主義的日本與反動的

---

21 「統一戰線」其實正是一種戰爭之框的構聯或整併（alignment）。最典型的例子就是抗日戰爭期間，原本處於敵對交戰狀態中的國共兩黨暫時停止彼此互鬥，聯合起來對抗日本。

22 「新民主主義」的說法最早見於毛澤東於 1940 年發表的《新民主主義論》（毛澤東 1965：655-704）。在這篇文章中，毛澤東首次對中國革命的歷史提出分期，以「新民主主義革命」來與「舊民主主義革命」區隔。「舊民主主義革命」指的是 1919 年五四運動之前，由資產階級知識分子所領導的革命；「新民主主義革命」則是指 1919 年之後，由共產黨領導無產階級所進行的革命。

國民黨政權。國民黨不僅是階級敵人，也是民族敵人，因為蔣介石與西方掛勾，背後有美國帝國主義的支持。「三座大山」之所以被推倒，戰勝敵人之所以可能，一切要歸功於中國共產黨的正確領導。從這個角度看，中共政權的合法性，可說是建立在武裝抗爭與軍事戰鬥上，而其思想源頭，可追溯到馬克思與恩格斯建立的階級鬥爭與列寧式的革命路線上。「槍桿子出政權」，這句毛澤東一再被複誦的名言，言簡意賅地總結了中國近百年來歷史發展的教訓。暴力原來只是工具，但在當代中國的建國神話中，暴力變成了合法性的來源，暴力本身被合法化，成為國家本質的一部分了。這不僅是當代中國才有的現象，而是大部分現代國家都歷經的過程，也都具備的特質，只是在當代中國，這個特質看得特別明顯。

　　當代中國可說是一個從重重戰爭之框所精鍊鍛造出來的一個現代民族國家，因此它的國族敘事，必然充滿大量的戰爭記憶與軍事元素。毛澤東的軍事思想與戰略指導方針（如著名的《論持久戰》、「游擊戰十六字訣」等），已經成了當代中國建國神話的一部分，不僅官方喉舌長期提倡宣揚、學界不斷鑽研闡釋，即使尋常百姓也耳熟能詳。「新民主主義革命」的歷史階段劃分，也成了官方的國族敘事框架。新中國成立前後各個階段的主要戰爭──從土地革命戰爭、抗日戰爭、解放戰爭到抗美援朝──被編成各種故事、教材、文學作品與電影，為老百姓所津津樂道。其中最知名的如《地道戰》、《地雷戰》、《小兵張嘎》等電影，還有《紅旗譜》（梁斌 2005），《紅日》（吳強 1961），《紅岩》（羅廣斌、楊益言 2000），《創業史》（柳青 1960），《青春之歌》（楊沫 1959），《山鄉巨變》（周立波 1958），《保衛延安》（杜鵬程 1956），《林海雪原》（曲波

1959）等被稱為「紅色經典」的文學作品[23]。解放戰爭中的遼瀋、淮海、平津三大戰役，更是被寫入教科書與通俗文學，也被拍成許多膾炙人口的影視作品。這些關於革命戰爭的記憶，並沒有隨著改革開放與市場經濟的轉型而消褪，而是結合新興的消費趨勢與市場力量有新的發展。如 1990 年代末期到 2000 年初期，曾經出現過一股將「紅色經典」改編為電影電視劇的浪潮。2005 年官方開始推動「紅色旅遊」，嘗試結合觀光消費與市場經濟的力量來恢復戰爭與革命的記憶[24]。透過這些文學、電影電視作品與旅遊消費活動，戰爭之框也滲入日常生活而被一再複製。

　　戰後日本的主流戰爭記憶，大多是追悼戰爭的受難者。只有在靖國神社（以及分散各地的護國神社與慰靈碑等）這樣的地方，才見得到這些歌頌戰爭與紀念英靈的論述與活動。在中國，歌頌戰爭則是常態，烈士與英雄（英烈）這類的修辭隨處可見。共和國建立之後，傳統上應當祭祖的清明節，被拿來紀念烈士，這背後的邏輯再清楚不過：共和國能夠建立，是這些烈士勇敢拋頭顱、灑熱血，犧牲小我完成大我才可能達成。如果共和國有所謂「祖先」可言，那麼這些前仆後繼犧牲生命的烈士

---

23 可被稱為「紅色經典」的作品其實還有不少，其中以這八部作品知名度較高，為那些曾經經歷革命戰爭世代的人所熟知，甚至得到「三紅一創、青山保林」的合稱。這些紅色經典有些雖然不直接與戰爭有關，但基本上都是以革命為背景。

24 「紅色旅遊」指的是到那些與革命戰爭相關的地點參訪旅遊，例如延安（抗戰時期共產黨根據地）、韶山（毛澤東的故鄉）、井岡山（紅軍最初根據地）等。結合紅色旅遊，還有大量紅色商品，將革命與戰爭記憶商品化。進一步分析，可參見 Wang（2012）。

們無疑非之莫屬。在著名的《為人民服務》講演中，毛澤東引用司馬遷，闡述了共產黨的生死觀：

> 人總是要死的，但死的意義有不同。中國古時候有個文學家叫做司馬遷的說過：「人固有一死，或重於泰山，或輕於鴻毛。」為人民利益而死，就比泰山還重；替法西斯賣力，替剝削人民和壓迫人民的人去死，就比鴻毛還輕。張思德同志是為人民利益而死的，他的死是比泰山還要重的。……
>
> 中國人民正在受難，我們有責任解救他們，我們要努力奮鬥。要奮鬥就會有犧牲，死人的事是經常發生的。但是我們想到人民的利益，想到大多數人民的痛苦，我們為人民而死，就是死得其所。不過，我們應當盡量地減少那些不必要的犧牲。我們的幹部要關心每一個戰士，一切革命隊伍的人都要互相關心，互相愛護，互相幫助。
>
> 今後我們的隊伍裡，不管死了誰，不管是炊事員，是戰士，只要他是做過一些有益的工作的，我們都要給他送葬，開追悼會。這要成為一個制度。這個方法也要介紹到老百姓那裡去。村上的人死了，開個追悼會。用這樣的方法，寄託我們的哀思，使整個人民團結起來。（毛澤東1965：1003-1004）

就像大部分共產黨所塑造的人民英雄一樣，張思德是一名普通的戰士，沒有顯赫彪炳的戰功；他甚至不是死在戰場，而

是在陝北燒炭時炭窯坍塌意外而死。毛澤東在他的追悼會上表揚他，發表了著名的「為人民服務」演說。為人民服務，推到終極是為人民而死。這可說是一種新的「神義論」或生死觀，為人民服務、為人民而死，就是「重於泰山」，要開追悼會紀念；反之，如果不是為人民服務、甚至是階級敵人的死，那就是輕於鴻毛[25]。由於共產黨抱持的是無神論的立場，否認彼岸或來世的存在，也沒有祭祀的儀式，因此對於烈士的褒揚，主要是強調其事蹟「永垂不朽」，「永遠活在人民的記憶中」，而每年透過學校與單位動員的行禮如儀的紀念活動，也就顯得格外重要。Gellner（1983）曾引用涂爾幹的說法，認為民族主義是自我崇拜的現代宗教，這個特質從民族國家的紀念悼亡儀式看得特別清楚：「人民」，也就是民族，成為新的神，人生最崇高的意義與價值，莫過於將生命奉獻給這個新的神。而作為民族代理人的國家，也有義務要為這些為人民獻身的烈士英靈建立祭祀殿壇，鼓勵人們繼續為國家民族犧牲奉獻[26]。

　　儘管中國改革開放已經超過三十年，許多人認為馬克思列寧主義與毛澤東思想已經難以為繼，民族主義與愛國教育成為新的意識型態基礎，但也正是因為如此，革命傳統與戰爭記

---

25 可與這種「戰爭之框」類比的是用來對付內部敵人的「鬥爭之框」，在文革時期發揮到極致：框外的階級敵人是「不值得悲傷」的生命，因此公開批鬥、羞辱、毆打、凌虐致死的例子數見不鮮。關於「戰爭之框」如何被轉化成「鬥爭之框」，參見汪宏倫（2013）。關於「內部敵人」，可參見本書朱元鴻（第二章）、姚人多（第五章）。

26 關於國家與犧牲、祭祀等活動之間的關聯及其批判，可參見高橋哲哉（2008），子安宣邦（2004）。高橋與子安的討論雖然主要針對日本，但其實其中所分析的普遍現象與原則，放在其他國家也適用。

憶再度被強調，甚至被提升到「精神文化遺產」的高度。歷經1989年的合法性危機後，中共自1990年代以來大力提倡愛國主義教育，除了學校的正式課程外，並積極採取各種手段擴大愛國主義教育的制度基礎，其中「愛國主義教育基地」即為一例。根據筆者自行統計，在目前已經公布的356個「愛國主義教育基地」中，高達82％以上的愛國主義教育基地（293個）直接與戰爭、武裝鬥爭或軍事有關[27]。此外，框構集體記憶敘事的戰爭之框，也會隨著情境與時勢改變。1980年代以前，有關戰爭的記述強調的較多是英雄的角色、犧牲的典範以及「中國人民站起來了」的勝利榮光。1980年代之後，側重苦難與悲慘面的「受害者記憶」開始大量出現，包括對「百年國恥」的重新強調，以及對日軍暴行（如南京大屠殺、七三一部隊等）的刻畫描繪（Callahan 2004, 2006, Mitter 2003, Denton 2007, Alexander and Gao 2007）。

　　上述這些例子說明了，戰爭與革命是當代中國重要的集體記憶，戰爭之框也不斷被加強與重塑。這種戰爭之框被延續到今天，成為人們理解兩岸局勢與「台灣問題」的基礎。從這個戰爭之框來看，台灣問題是甲午戰爭的遺緒（被帝國主義割去土地的恥辱印記），也是國共內戰的延長（因美帝干涉而無法渡海解放台灣）。正因為台灣在中國近代史上具有如此重要的象徵意義，中國在台灣問題上不願退讓，否則只是證實自己的軟弱，

27　這些愛國主義教育基地分別在1997、2001、2005、2009年分為四批公布，其中又以第三批（2005）當中戰爭與革命所占比率最高，將近94％，主要原因在於該年正逢抗戰勝利六十週年，隔年則為紅軍長征勝利七十週年，中共官方特意凸顯此一面向。

還沒有強大到在軍事上可以收復失土的地步。台灣要冀望中
國承諾放棄武力，基本上是極為困難（如果不是完全不可能）
的事情。武裝鬥爭是當代中國的立國根本，也是中國共產黨的
合法性來源。落後就要挨打（這句話現在被改成「軟弱就要挨
打」），槍桿子才能出政權，這是當代中國無論官方或是民間都
信奉不渝的鐵律。當前的民族主義者，無論像是《中國可以說
不》（宋強等 1996）、《中國不高興》（宋曉軍等 2009）的作者
們，或是網路論壇上不時發表激亢言論的「憤青」，動不動就是
要和美國較量、要跟日本算帳、要用武力給台灣一點教訓，基
本上都是用這種戰爭之框來看待世界[28]。

　　中國的這個以漢人與「中華民族」為核心的主流戰爭之框，
在國內也面臨不同框架的挑戰，主要的挑戰來源是包括新疆、
西藏等原本位於帝國邊陲、在民族國家打造過程中被以武力或
其他方式納入中國版圖的地區[29]。在對外關係上，這個戰爭之框
則經常成為中共官方與民族主義者看待世界事務的主要框架。
在與日本的關係方面：中日戰爭的記憶與遺緒的處理，一直是
個棘手的問題，所謂「歷史認識問題」，日本首相參拜靖國神
社的問題，乃至近年來的釣魚島問題，抗日戰爭的戰爭之框一
直起著深刻的作用。在與台灣的關係方面，如前所述，台灣問
題被理解為日本侵略中國的歷史殘留問題，1949 年後兩岸對

---

28 有關毛澤東時期所樹立的戰爭之框與尚武精神如何影響當代中國民族
　　主義，參見汪宏倫（2013）。

29 另外，國家對「內部敵人」所行使的暴力，包括反右、文革、六四、法
　　輪功等，也是當前常被提出來批判的議題。然而，這些對中共國家機
　　器內部暴力的檢討與批判，較少涉及國族的層次，也較少嘗試拆解既
　　存的戰爭之框。

峙的情勢被理解為國共內戰的延續，背後也有帝國主義干涉的痕跡。因此，中共從來不曾放棄以武力作為解決台灣問題的手段，但如下節的討論所示，這樣的策略，卻也進一步鞏固了海峽對岸的戰爭之框。近年來，隨著中國的國力增強、兩岸的局勢和緩，戰爭雖然不再是主調，但仍是重要的認識框架。中國一方面強調「和平崛起」，一方面仍舊持續擴充軍備、強調國防與軍事作為「民族復興」的重要手段，在南海問題與釣魚島爭端上屢屢採取強硬立場，說明了戰爭之框仍居於支配決策思維的主導地位。

（三）台灣：多重交錯、矛盾互斥的戰爭之框

台灣的戰爭之框，遠比日本、中國都要來得複雜許多。首先，近現代史中的台灣，鮮少以自身（即這塊土地及居住其上的人民）為主體從事過戰爭，少數稱得上的例外大概是 1895 年台灣民主國曇花一現的抗日戰爭，以及日本殖民統治台灣初期遍布各地、規模不一的武裝抗日行動，其中最具知名度的，又以 1930 年的霧社事件為代表。台灣民主國奉大清為正朔，大致上可視為中日甲午戰爭的延續；霧社事件則是一個前現代的部落社會對抗現代殖民國家的戰爭，由於武力懸殊等因素，最終以悲劇收場。霧社事件之後，台灣再也沒有出現過具規模的武裝抗日行動，而隨著日本發動侵華戰爭與東亞擴張，台灣也被整合進入日本帝國的戰爭之框，在皇民化運動時期達於高潮。二戰之後，台灣重新被劃入中國版圖，框外的敵人變成了框內的祖國，這個識框的轉換並不容易，過程也極不平順。1947 年爆發的二二八事件，對於某些參與者與觀察者來說，毋寧是另一場對抗外來統治者的戰爭。1949 年，在國共內戰失利的國民黨政權遷台，從此台灣又被納入一個國共內戰的戰爭之框。這

個戰爭之框對台灣政治、社會乃至經濟與文化各方面的發展，都具有巨大而深遠的影響。

以上的簡要勾勒使我們發現，儘管台灣本土似乎並未歷經大規模的主權戰爭，但其實台灣的近現代史一直不乏戰爭的陰影與影響，我們甚至可以說，台灣當前的國族問題——包括內部的統／獨、藍／綠、族群問題，以及外部的兩岸關係——其實都是 19 世紀以來一連串戰爭所留下的遺緒。這些戰爭所導致的版圖重劃與政權轉移，使得台灣也在不同的戰爭之框中被劃來劃去，一下子在框內、一下子在框外，而不同的戰爭之框之間，有的彼此敵對，有的則相互轉化變形。簡要地說，我們大致可以在當代的台灣，發現幾個不同的戰爭之框：

（1）（碎裂的）「大東亞戰爭之框」：

這個戰爭之框，可說是日本殖民統治的遺緒。儘管許多台灣人民並不願被捲入戰爭之中，但在二戰期間，不少台灣人或志願或被迫，以軍伕、軍屬、通譯、士兵等各種不同身分，參加了日本帝國的「大東亞聖戰」，則是不爭的事實 [30]。隨著日本戰敗與殖民帝國的瓦解，台灣的「大東亞戰爭之框」和其在日本本土的命運一樣，在戰後被有意識地拆解，取而代之的是國民政府的「抗日戰爭之框」。這同樣也是一個「典範轉移」的過程，原來在框外的「敵人」變成了框內的「祖國」。這個過程和日本有相似之處，但也有著明顯的差異。首先，和日本類似的是，戰後台灣也是以原來交戰敵手的戰爭之框來取代原有的戰爭之框，面臨「頭下腳上」的典範轉移。然而，台灣畢竟不是

---

30 台灣人的參戰經驗與戰時台灣社會的光景，可參見周婉窈（2003）。

發動戰爭的主體，而是被迫接受殖民主的戰爭之框，因此戰後要拋棄舊的框架，相對來說包袱較小。再者，和日本要面對一個種族、語言、文化完全不同的「宗主國」（美國）相比，居台灣人口主流的漢人與中國大陸在歷史、文化、血緣上的聯繫，使台灣很容易認同這個原來在框外的「祖國」，即使台灣在被割讓時仍是由清朝統治，中華民國尚未誕生。因此，台灣毋須像日本在戰後經過一段漫長而痛苦的「擁抱敗北」的過程，而是歡天喜地地「慶祝光復」[31]。弔詭的是，這個過程卻因為祖國的「抗日戰爭之框」，把台灣人視為曾被敵人的皇民教育所「毒化」、忠誠度可疑的二等公民，產生了諸多摩擦衝突。兩年後發生「二二八事件」，一種隱形的戰爭之框已然成形，從「本省 vs. 外省」逐漸變成「台灣 vs. 中國」。此點將於下文討論。

　　和日本當今仍舊殘存的「大東亞戰爭之框」不同的是，台灣所留下的大東亞戰爭之框，並不具有現實的實踐意涵，而主要在於對過去的記憶與詮釋。台灣畢竟不是發動大東亞戰爭的主體，只是被動捲入，而當前的台灣也鮮少有人嘗試去提倡、合理化過去那場戰爭。對那些曾經參與過以「大東亞」為名的戰爭的人來說，他們所難以忘懷的，與其說是對「大東亞共榮圈」的憧憬夢想，毋寧說是對青春歲月的懷念、以及戰場上一同出生入死的同袍情誼。這些人有些或許仍抱著皇民思想、有些則未必[32]。他們人生中的黃金歲月曾經消磨在一場殘酷的戰爭中，

---

31 此處必須強調慶祝光復的是漢人，因為「光復」的意識主要來自漢人的祖國想像，原住民族則缺乏此一意識。相反地，日本帝國是原住民族（日治時期通稱「高砂族」）所接觸到的第一個現代國家，因此他們對日本的忠誠，往往較漢人來得更高。參見黃智慧（2011）。

32 無可否認的是，台灣仍有部分老一輩世代的人，標舉著「大和魂」，緬

但在戰爭結束後，他們被「敵」、「我」兩個戰爭之框所排除摒棄。他們的記憶不被承認尊重，甚且求償無門。由於得不到兩邊的認可，他們對新舊兩個政權往往都心懷怨懟不滿[33]。

　　歷史學者周婉窈曾在一篇關於台灣人參戰經驗的論文中提到：「差堪告慰和慶幸的是，台灣人雖然被動地參與日本的對華戰爭，但派遣到大陸的台灣人並不是荷槍實彈的軍人。」言下之意是說，由於台灣人與中國人沒有在戰場上互相殺戮，因此有利於（與外省人所擁有的）戰爭記憶的「整合」（周婉窈2003：181）。不過，我們必須留意的是，戰爭之框最重要的作用在於劃清內外、區辨敵我，至於是否真的在戰場上交手廝殺，恐怕還是在其次。因此，即使台灣人在二戰期間沒有真的在戰場上與中國軍隊作戰，但中國在大東亞戰爭之框被界定為「敵人」，這對於日後獨派陣營形塑「中國」這個敵人，有相當

　　懷大東亞戰爭，甚至為之辯護。他們對過去歷史的解釋，以及對當前時局的看法，與採取「大東亞戰爭之框」看待世界的日本右派無異，兩者間也經常互相唱和。參見鄭春河（1995）。

33 關於這些通稱為「台籍日本兵」在戰後的遭遇，參見周婉窈（1997），蔡慧玉（1997）。另可參見本書第七章有關台籍戰犯的討論。另外，相較於上述男性，還有一群女性面臨的是深層的心理創傷，她們的記憶曾經得不到承認、自己也想要抹除。參見本書第八章有關慰安婦的討論。

　　另外，值得留意的是，台灣學界在討論台灣人的參戰經驗時，似乎有意無意避開了具有爭議的「大東亞戰爭」，而採用「第二次世界大戰」，或甚至自動轉換識框，採用日本戰後「太平洋戰爭」的說法。事實上，對當時參與戰爭的台灣人來說，他們所參與的是「大東亞戰爭」，「太平洋戰爭」的說法對他們來說恐怕是陌生的。

的親近性[34]。而統派陣營動不動把獨派形容為「日本皇民」，也是基於「大東亞戰爭之框」與「抗日戰爭之框」的對立而來[35]。為了對抗國民黨政權所灌輸的大中國意識，獨派陣營往往避談「光復」而改稱「終戰」，因為台灣人很難在「戰勝者」或「戰敗者」之間定位，僅能以看似中性的「終戰」來指涉戰爭的終結。這個說法，在曾受日本教育、自認二十二歲前曾經是日本人的李登輝主政時期開始流行起來。然而，「終戰」的字眼畢竟與日本所採取的說法相同，引發反對者「皇民意識」或「殖民遺毒」的批評[36]。

　　儘管「大東亞戰爭之框」在台灣並非主流，但這個識框仍舊影響著許多人的戰爭記憶，也屢屢引發爭議，例如高砂義勇軍紀念碑事件、高金素梅到日本靖國神社抗議「還我祖靈」，以及李登輝訪日時參拜靖國神社紀念其胞兄所引發的爭議等等。這個識框也幫助日後「反抗中國」的戰爭之框的形成，此點將於下文討論。

---

34 下文將會提到，二二八事件發生時，許多曾經直接或間接參與過大東亞戰爭的台灣人被動員起來參與對抗國民政府軍隊的武裝作戰，進而形塑了新的「反抗外來政權」的戰爭之框。

35 另外值得參照的反例是，許多曾經在中國戰場直接參與殺戮的日本士兵，在戰後因為揚棄了「大東亞戰爭之框」，願意坦承過去的錯誤甚至道歉，反而能夠與中國人和解。曾經造成一時話題的東史郎即為一例。因此，若要論及記憶的「整合」或和解，重點不在於是否曾經在戰場上面對面直接交手廝殺，而在於採取什麼樣的識框來理解戰爭。

36 事實上，即使是獨派陣營內部，對於訴諸日本殖民遺緒來充當台灣民族主義內涵的做法頗有批評，認為台灣民族主義是從反殖民主義的運動中發展出來的，應該與殖民者劃清界限，例如史明（2001：53）。

（2）抗日戰爭與國共內戰之框：

這兩個戰爭之框，是由以「戰勝者」之姿接收台灣、又以「戰敗者」身分撤退遷台的國民黨政權所帶來。這兩個戰爭之框雖然一脈相承，日後合而為一，但就其起源、時間、含意與影響都有不同。 1945 年被帶入的是抗日戰爭之框，其目的在於扭轉台灣人的戰爭認識，確立中華民族的認同。 1949 年國民黨政權撤退來台後，「反攻復國」的國共內戰之框才以台灣海峽為界被確立下來，而其主要的功能則是合理化國民黨在台灣的威權統治。

和共產黨相較，國民黨版的中國民族主義同樣也凸顯百年來的民族苦難與恥辱，但其所採取的框架與強調的內容，則與共產黨迥異。尤其有關抗日戰爭，國民黨與共產黨互相指控對方不抗日，只有自己才是真正拯救民族危亡苦難的領導者[37]。由於不同的戰爭之框將造成戰爭記憶的衝突，因此國民黨在接收台灣之後，便極力重建抗日戰爭之框，重新建立一套敘事框架，把台灣人反抗日本殖民統治的種種作為都納入中國民族主義的敘事，包括將霧社事件納入「抗日戰爭之框」，甚至連從來沒有意識要為「中華民國」效命捐軀的莫那魯道也被入祀中華民

---

37 關於兩岸對抗戰的歷史書寫與紀念方式的差異，可參考張瑞德（1998）。事實上，兩岸對抗日戰爭的詮釋與歷史書寫，近年來也成了政治問題，每逢相關歷史紀念日時便被拿出來討論。共產黨過去一味強調自己在抗戰中「中流砥柱」的角色，對國民黨的角色不是刻意忽視就是扭曲抹殺。近年來，為了對台灣釋出善意，許多影視通俗作品已經較多地呈現國民黨「正面戰場」的貢獻，而即使對解放戰爭的描述，國民黨的正面角色也比以往多了不少。不過，中共官方喉舌與政治領導人在正式場合言及抗戰時，仍舊只片面強調共產黨的領導地位。

國的忠烈祠，便是典型的「再框構」（reframing）的過程。

　　另一方面，國共內戰的框架，除了強調國民黨代表民族主義的正統之外，更大一部分在於合理化國民黨在台灣的威權統治。在「一年準備，兩年反攻，三年掃蕩、五年成功」的口號下，台灣社會被動員起來，透過戰爭來進行治理，成為國民黨在台灣長期維持威權統治的基礎；而「十年生聚、十年教訓」的勾踐復國故事，也成為國民黨官方意識型態所一再強調的宣傳教化內容（黃金麟 2009）。到了 1950 年代末，即使主客觀情勢已經顯示出「反攻無望」，但「動員戡亂」的戰時動員體制仍然牢牢地桎梏台灣的政治與社會發展，除了包括戒嚴令在內的各種法令規章外，為了代表法統、維護國民黨統治正當性的萬年國會，也可說是戰爭之框的產物。為了維持威權統治，國民黨政權在「動員戡亂」的名義下，一方面以戰爭威脅恐嚇人民，一方面則以「安定進步」、「和平繁榮」為訴求，限縮政治自由，壓制反對勢力。在此脈絡下，台獨與中共、黨外被塑造成「三合一」的敵人，都對台灣的和平與穩定造成威脅，內部敵人與外部敵人合而為一[38]。

　　在此情況下，為了強調中國民族主義的抗日戰爭之框與為了維持威權統治的國共內戰之框合而為一，成為冷戰時期台灣社會的基本框架。此一時期，除了學校中所推行的歷史教育、軍訓教育、保（密）防（諜）教育外，戰爭與軍事題材也成了大眾媒體與商業娛樂的重要元素。 1970 年代起，國民黨營的中央電影事業公司與軍方所屬的中國電影製片廠拍攝了大量以戰爭及軍事教育為題材的電影，包括《英烈千秋》、《八百壯士》、

38　參見本書第五章的分析。

《梅花》、《古寧頭大捷》、《黃埔軍魂》、《成功嶺上》等，除了商業放映外，也透過學校、機關、社教活動與電視頻道等大量反覆播映，成為台灣戰後集體記憶的一部分[39]。

　　我們可以說，國民黨自 1945 年以來在台灣的威權統治是建立在抗日戰爭與國共內戰兩個戰爭之框上，而台灣的民主化過程，其實也同時拆解了這兩個戰爭之框。若林正丈（1989）以「脫內戰」來描繪台灣民主化的過程，正是捕捉到了這個特質。 1991 年終止「動員戡亂時期」、廢除「臨時條款」，1992年國會全面改選之後，中華民國正式邁向「第二共和」，與國共內戰脫鉤[40]。由於「共匪」不再被視為一個叛亂團體，國軍開始有了「不知為誰而戰、為何而戰」的迷惑。過去官方所界定的「三合一」敵人不復存在，中共已經不再是假想敵，「黨外」成為合法政黨，而台獨不但成為合法的政治主張，受言論自由保護；尤有甚者，提倡「獨台」路線的李登輝與主張台獨的陳水扁，更先後贏得總統直選，成為三軍統帥。

　　儘管動員戡亂時期已經終止，中華民國政府不再和對岸的

---

39 這些類型的電影大量製播的結果，是使得「軍教片」大行其道，成為台灣電影傳播史上的一個重要類型。在這股潮流下，不少民間電影業者也投入軍教片的製作，市場反應不差，例如 1987 年的《報告班長》，由於賣座甚佳，一連拍了多部續集。時至今日，儘管時空環境已經大不相同，軍教片仍是電影電視偏好的題材類型。這和台灣長期處於戰爭動員體制、各級學校學生都曾接受軍訓教育、且男性皆須服兵役的制度條件有關。軍教片容易引起廣泛的觀眾共鳴，喚起跨越世代的集體記憶。在此意義下，軍教片也可說是某種戰爭遺緒，和前一節提到中國大陸的「紅色經典」改編熱潮形成對照。

40 「中華民國第二共和」的說法源自若林正丈（1994），李登輝本人後來也採用類似的說法（林佳龍 2001：255）。

共產黨政府處於「交戰狀態」，但國共內戰的框架，仍是國民黨、統派以及對岸的共產黨定位兩岸關係的基本框架。換言之，儘管敵對關係暫不存在，但兩岸的關係仍被界定為因為內戰所造成的分裂。從李登輝到陳水扁，台灣基本上已經完成了「脫內戰」的過程，但國民黨在 2008 年後重新執政，在兩岸政策上試圖再次回到國共內戰的框架來詮釋兩岸關係，引發新的緊張、扭曲與矛盾。此點將於下一小節討論。

　　值得留意的是，抗日戰爭與國共內戰的框架，其實也是台灣社會內部分歧的主要區隔之一，例如所謂「本省」與「外省」的族群分類，背後也存在著戰爭之框所造成的區隔。尤其「外省人」因為戰亂而造成的流亡意識與離散經驗，是世代定居在台灣的「本省人」所缺少的。過去一種常見的說法認為，「外省人」作為一個族群類屬，其實是在 1980 年代末、1990 年代初因為族群動員而被打造出來，畢竟「外省人」之間在語言、文化上的差異，不會比他們與本省人之間來得小。不過，這樣的看法，恐怕低估了戰爭之框與國族建構對框構現代中國國民（來到台灣後變成「外省人」）的影響。外省人所共同擁有的，是「抗日戰爭」與「國共內戰」的戰爭之框，他們有著共同的戰亂經驗，也有流亡主體所共有的恐懼（流離失所、無處可逃，有可能「被本省人丟到海裡」）[41]。相對地，普遍缺乏抗日戰爭與國共內戰經驗的本省人，即使不再抱持「大東亞戰爭」的識框，但因為雙方曾經深處敵對的陣營，彼此之間的猜忌與不信任，在戰後依舊持續，甚至進一步轉化成為新的「反抗外來政權」的戰爭

---

41 參見趙彥寧（本書第九章）。關於外省人的戰亂流亡經驗，另可參見李廣均編（2010）。

之框[42]。

（3）「反抗外來政權」與「反侵略／併吞」的戰爭之框：

　　台灣存在的第三種戰爭之框，可以用「反抗外來政權」與
「反侵略／併吞」來概括。和前兩種戰爭之框不同的是，這個
戰爭之框是以台灣為預設的戰爭主體，不存在另一個殖民母
國或祖國。如前所述，民族主義的背後多有一個或多個戰爭
之框，台灣民族主義也不例外。從台灣民主國開始，台灣早期
的武裝抗日行動雖然缺乏清楚的現代民族國家意識，而且不乏
「前現代」的特質[43]，但一個「我族 vs. 他者」、對抗外來統治者
的戰爭之框，已然存在台灣社會。到了 1945 年以後，由於對
「祖國」的失望，「外來統治者」的指涉對象從日本殖民政府轉
為國民黨所代表的外省人／中國政權，二二八事件所引發的激
烈對立衝突，對某些參與者與詮釋者來說，其實已經不啻一場
戰爭[44]。這個「反抗外來政權」的戰爭之框，將國民黨視為來自台

42　精確一點地說，本省人在 1945-1949 年間也曾被短暫動員參與國共內
　　戰，其中一部分人或因被俘，或因轉投共軍等因素而留在大陸。這些
　　被稱為「台籍老兵」的人，和「台籍日本兵」類似，被原有的效忠對象
　　摒棄、在現有體制中又因曾為「框外的敵人」而得不到肯認，是一群處
　　於夾縫中的「零餘主體」。參見許昭榮（1995）。

43　例如姚人多（本書第五章）所引述林少貓與日本殖民政府交涉的文字，
　　明顯可看出「前現代」的林少貓完全不識現代民族國家為何物。

44　值得留意的是，戰爭在此處並不僅僅是個比喻，而是實質存在。從現
　　有的研究與資料可以發現，當時全台各地都有組織武裝部隊的紀錄，
　　曾經參與大東亞戰爭的台籍日本兵也在動員之列，參與對抗國民政府
　　軍隊的作戰。參見行政院研究二二八事件研究小組（1994）。有關暴
　　動、叛亂、起義、內戰等不同概念與戰爭間的模糊關係，參見朱元鴻

灣外部的殖民統治者，否定中華民國的合法性，是所謂「台獨基本教義派」所一貫堅持的識框[45]。這個識框，基本上是針對台灣過去因戰爭造成統治者更迭所導致的苦難傷痛，逐漸醞釀而產生。

到了 1990 年代，隨著台灣政治的民主化，執政黨從人民主權、而非歷史法統取得了執政合法性，中華民國也因為「第二共和」而獲得正當性，一種新的「反侵略、反併吞」的戰爭之框開始浮現。這個新的戰爭之框，伴隨中共不斷的軍事演習與武力威脅而逐漸醞釀生成，在 1996 年的台海危機臻於完備。「中共武力犯台」不再只是國民黨拿來恫嚇人民、打擊「三合一敵人」的藉口，而是活生生的經驗事實，進一步激發台灣內部「同仇敵愾」的共同體想像[46]。這個戰爭之框，延續著國民黨過去反共、仇共、恐共的框架，但已經被「轉調」（re-keying）或重新定調。此時中共對台灣的武力威脅，已經無法再用「國共內戰」的延續來理解，而是被視為「侵略」、「併吞」；兩岸間的對抗，被理解為作為新興的想像共同體（無論其名稱為「中華民國」或「台灣」）與中華人民共和國之間的戰爭。

就當前的台灣民族主義而言，無論是否認同「中華民國在

（本書第二章）。

45　例如主張武裝鬥爭路線的史明，把台獨運動定位為「反殖民地革命」，反對民進黨的體制內改革，認為必須推翻中華民國體制，台灣獨立革命才算達成。

46　值得一提的插曲是，1990 年代的台灣曾經出現過一本描述解放軍攻台的預言小說《一九九五‧閏八月》（鄭浪平 1994），雖然事後證明是毫無根據的無稽之談，但從當時這本書的熱賣與台灣社會的議論反應來看，當時正值民主轉型的台灣，的確深深被戰爭陰影所籠罩。

台灣」，無論是認為「建國尚未成功」或認為「台灣已經獨立」，都共享這個對抗中國的戰爭之框。例如黃昭堂就曾說：「面對中國的對台侵略，**台灣人應有『來，就戰罷！』這個決心，否則不要奢望獨立**，也不要以為維持現狀就能保持平安。……**不惜一戰的決心，是台灣最需要、最基本的國防能力。**」（黃昭堂 1998：178；黑體為筆者所加）。史明（2001）的武裝鬥爭路線原來針對的是國民黨政權，但後來也針對中國。從 1992 年至 2008 年，無論是國民黨的李登輝或民進黨的陳水扁主政，這個戰爭之框都是受到國家機器的支持的。弔詭的是，獨派陣營一方面要擺脫國共內戰的遺緒（因此台灣問題不應被視為中國國內事務、也不是國、共兩黨可以私相授受予以解決），一方面則又承襲了國民黨的「反共」遺緒，將「反共」轉調成「反中」，建構出新的對抗中國的戰爭之框。

上述的戰爭之框，在李登輝與陳水扁主政的時代，儘管執政黨不同，但都得到國家機器的背書支持。2008 年，馬英九贏得總統大選，國民黨重新取得政權之後，大陸政策改弦更張，對中國不再採取對抗的策略，不但招致獨派陣營「親中賣台」的批評，也引發了「敵我不分」的疑慮。由於獨派陣營把中國當成框外的敵人，因此舉凡與中國相關的事務，包括資本、企業、觀光客、留學生等，都傾向於採取敵視或防禦的態度。「反侵略／併吞」的戰爭之框，其實繼承了「大東亞戰爭」與「國共內戰」的框架，把台灣與中國對立起來，僅是將前兩個戰爭之框加以轉調。2013 年，馬英九出席世界自由日大會活動，發表了一席關於兩岸和平的談話，卻引來獨派陣營的強力反駁與抨擊。我們可以從《自由時報》的社論來理解這個轉調的變化：

馬英九為了強調和平的重要性，又指「兩岸有相當長時間
處於內戰狀態，死亡人數可說破百萬人」，這就更讓人不解
馬在不知所云什麼了。中國國民黨與中國共產黨打內戰，
死了超過百萬人是有的，但「兩岸」之間何時打過內戰？
一九四五年之前的八年，發生的是國與國之間的中日戰
爭，台灣當時是日本殖民地；一九四五到一九四九年國共
爆發內戰時，戰場在中國，因此，馬英九的「兩岸內戰說」
可以休矣！兩岸之間若爆發任何軍事衝突，就是侵略，毫
無模糊地帶，更不容主政者懷抱大中國情結危及台灣的安
全。

（《自由時報》2013/1/24 社論）

　　這段文字可幫助我們理解獨派陣營如何承襲過去既有的戰
爭之框並加以轉調。第一，1945 年以前，作為日本殖民地的台
灣與中國其實是屬於敵對狀態，而且是主權國家之間的戰爭，
不是內戰。第二，國共內戰在時間和空間上，僅限於 1949 年以
前的中國大陸，與台灣無涉。第三，兩岸之間的軍事敵對關係
不是「內戰」，而是「侵略」，且「毫無模糊地帶」。很顯然地，
這段文字極力想要撇清台灣與國共內戰的關係，另外重新樹立
一個「反侵略」的戰爭之框，而 1949 年以後台海曾經發生過的
諸多戰役，在這套框架下，也從國共內戰被轉調為「反侵略」的
戰爭了。

　　根據上面的討論，我們可以說，在當前的台灣存在著多重
的戰爭之框，這些戰爭之框彼此之間存在矛盾，卻又相互生成
轉化，以致造成許多矛盾或弔詭的現象。1990 年代國軍「不
知為何而戰、為誰而戰」的迷惑，到了馬英九時代恐怕更加凸

顯。李登輝與陳水扁時代，無論主張「獨台」或「台獨」，至少以中國為假想敵的戰爭之框是很明確的。國民黨重新執政之後，「反攻復國」既然不再是一個受到官方支持的戰爭之框，那麼國共將領「一家親」的畫面，便在 2008 年以後頻繁出現，而國軍高階將領成為「共諜」，也時有所聞[47]。但另一方面，儘管「動員戡亂時期」早已結束，國民黨仍用「國共內戰」的格局來理解兩岸關係，使得台灣在民主轉型過程中所產生的「脫內戰」效果打了折扣，似乎又走回了內戰的格局。此外，獨派陣營與中國政府看似處於對立狀態，但兩者所懷抱的戰爭之框卻是錯位的。中國想用國共戰爭的遺緒來框住台灣，宣稱台灣是中國的一部分，台灣問題是中國的內政問題；獨派陣營則是想要掙脫國共內戰的框架，以國與國之間的主權戰爭來定位兩岸對立的態勢。這些交錯在台灣內部與外部的戰爭之框，也造成了統獨問題的複雜難解[48]。

---

47 嚴格來說，國共雙方互相滲透、吸收對方成員作為己方間諜，並非新的現象，早自「剿匪」、「長征」時期即有。由於缺乏明確的資料與統計數據，我們很難判定現階段的國軍「變節」而為對方吸收比起過去更多或層級更高，但可以確定的是，由於國家定位與「敵人」不明確，國軍在民主化之後面臨轉型而產生士氣低落的情形，這在李登輝、陳水扁主政時期尤其明顯，不少將領對於作為三軍最高統帥的總統並不認同。

48 最近的一個例子是，馬英九在 2013 年國慶文告中宣稱兩岸關係並非國際關係，引起綠營不滿。隨後國防部長在立法院回答民進黨籍立委質詢時，被迫說出兩岸關係是「敵對關係」。換言之，對於尋求台灣獨立的人來說，兩岸之間的戰爭之框是不可以被模糊抹滅的。

四、結語：重審現代性——戰爭、國家與「合法暴力」

為了將戰爭問題化，本文提出「戰爭之框」作為分析戰爭與戰爭遺緒的概念，並探討了日本、中國與台灣的戰爭之框。戰爭與戰爭遺緒對社會生活的影響，除了表現在政治體制、統治技藝、生產消費、社會制度、身體規訓以外，還有一部分在於戰爭所創造出的識框。和 Goffman 的框架分析相同，本文的分析也可說是一種「現象學的還原」[49]，試圖探討與揭露戰爭在這個看似和平的時代所曾經發生的作用與留下的遺緒及其影響。戰爭裡有太多生離死別的感人故事，有人性的扭曲，有命運的捉弄擺布，有捨己為群、犧牲奉獻、捨生取義的高尚情操，另外還有慘絕人寰的凌虐殺戮，以及多不勝數、無情殘酷的悲慘遭遇。如果不去探究戰爭之框及其背後的作用與意涵，我們很容易深陷在記憶的泥淖裡，在紛亂複雜的細節中迷失，甚至流於表面浮淺的描述、感慨與唱嘆。面對形形色色的戰爭之框保持清醒與警覺，是我們處理戰爭與戰爭遺緒時最基本也最重要的態度。

49　在傳統的社會學理論教科書中，Goffman 常被標示為「戲劇論」（dramaturgy）或「互動論」，比較少被當成現象學。但事實上，從理論系譜來說，他直接受到 Alfred Schutz（1967）與 Berger and Luckmann（1967）的影響（本文援引的《框架分析》尤然），可說是介於現象學與結構主義（structuralism）之間的一種取向。此外，他的分析主要是把現象學當成一種方法論的基礎，但對於現象學理論所注重的人類意識與經驗，他則較少著墨。參見 Lanigan（1988），Smith（2005）。

　　戰爭之框也幫助我們理解，人與人之間為何無法和解，甚至要相互殘殺。不去追究戰爭之框的形成，無法從根化解紛爭、達致和解。戰爭與國家暴力所造成的苦難與傷痛，其實是類似的，不同群體間的苦難經驗，也有很多可以相通之處。然而，戰爭之框卻隔離了不同的群體，阻斷了彼此的感知與體驗交流。框內與框外難以相互理解，兩個敵對的戰爭之框尤其如此，彼此不可共量。現代性強調人的平等與尊嚴，戰爭之框卻讓人的生命不再平等、也失去尊嚴。有些人的生命比起另外一些人更有價值，有些生命的失去是「可悲傷的」，而另外一些生命的失去則是「不可悲傷的」。用克勞塞維茲的話來說，戰爭以屈服敵人的意志為目的，因此戰爭之框的存在，不僅妨礙了彼此的理解，也阻斷了溝通與對話的可能。

　　本文並不是要強調戰爭之框的牢不可破與無所不在；恰恰相反，戰爭之框能夠藉由不斷地反思而被超越。近年來的許多研究與事例也顯示，許多戰爭的記憶與敘事是逸出標準的戰爭之框的。然而，我們也不應忘記，戰爭之框依舊牢固也深遠地影響著許多人對這個世界的過去、現在與未來的看法，正如同儘管「全球化」的說法人人琅琅上口，許多人相信「後民族」或「超國族」的時代已經到來，但民族主義與民族國家的制度仍舊深刻地影響著我們的日常生活運作，構成了「日常的國族主義」（banal nationalism, Billig 1995）。同樣地，戰爭之框的作用，讓人們不自覺地活在「戰爭狀態」中。戰爭之框提醒我們，在這個看似和平的年代，戰爭其實離我們不遠；戰爭的遺緒，透過戰爭之框，繼續影響著人們看待世界、界定問題的方式。戰爭之框幫助人們認識世界、詮釋民族的過去與未來，但也加

諸許多限制，使得不同框架的人們難以相互溝通理解[50]。當前東亞民族主義情緒高漲，僅僅是喊出「和平」、「和解」、「共生」的口號，恐怕效果有限；最重要的是，身處其中的人們有必要在不同識框之間轉換，進而超越這些戰爭之框。

　　另一方面，本文的分析也試圖指出，以民族國家為核心的現代性在中國與日本的開展，以及台灣國族問題的起源，都直接與戰爭（或戰爭威脅）與戰爭遺緒有關。原本封閉自足的德川幕府與滿清朝廷對於西方外來文化與政經體制原來一直抱持抗拒的態度，但西方的堅船利炮迫使兩國不得不打開大門，開啟現代國家建設之路。這兩個國家的國族建構過程都涉及一連串的戰爭，也都出現過十分明確而影響深遠的戰爭之框。在日本，這個戰爭之框從日清、日俄戰爭發足，經過滿洲事變與支那事變，至大東亞戰爭而達於全盛。這個戰爭之框在 1945 年 8 月之後隨著日本敗戰而被拆解。美國在占領期間嘗試以自己的戰爭之框（太平洋戰爭）來取代舊有的戰爭之框（大東亞戰爭），但又同時以指導者的姿態建立了「和平憲法」，一方面要讓日本這個國家放棄部分「合法武力」的行使，一方面則以「美日安保條約」將日本納入自己的戰爭之框。這一切的扭曲，造成戰後日本許多紛爭擾攘的根源，而新民族主義者也以「歷史修正主義」的方式，嘗試回覆戰前的戰爭之框。而在中國，歷經土地革命戰爭、抗日戰爭與解放戰爭乃至抗美援朝戰爭，中

---

50 這種溝通理解的障礙，不僅出現在政治場域，也出現在文化場域。例如近年引發話題的電影《賽德克巴萊》，在中國大陸上映時反應不如預期，甚至招致批評，因為觀眾們透過習以為常的戰爭之框，在電影裡看不到抗日戰爭所應該有的「民族大義」。

共政權成功地確立了一個以中國共產黨（領導中國人民）的戰爭之框。這個戰爭之框合法化暴力與武力的使用，充滿了對烈士英雄的謳歌讚美，以及對軍事戰爭的稱頌肯定。這個戰爭之框提供了當代中國的國族定位，維持政權合法性，不但為官方一再複製重述，成為國族敘事的基本框架，更是許多民族主義者理解包括台灣問題在內的世界局勢的參考架構。

由於這樣的差異，我們在兩國的戰爭記憶中觀察到一種不對稱的光景：一方面是對戰爭記憶／紀念的否定、壓抑、抹消、反覆質疑與不斷淨化，另一方則是對戰爭英雄、革命烈士與建國神話的大肆紀念與謳歌頌揚。這個不對稱，並不能簡單地以「侵略戰爭」與「自衛戰爭」的對比來作結；彰顯這個對比，也不是要暗示哪一邊比較「好戰」、哪一邊比較「和平」。這個比較的目的並不是為了價值評判的目的，而是希望以此為出發點，進一步反省戰爭作為一種集體暴力如何在現代性的歷史進程中被正當化的問題。何以中國與日本的現代化，都是從戰爭與戰爭威脅開端？為什麼現代民族國家的建立過程，都必然經過、走向戰爭之路？戰爭與現代性之間，究竟存在著什麼樣的關聯？

關於戰爭與現代性的關聯，近年來已開始受到學界關注（Lawrance 1997, Joas 2003）。這些研究都指出一個明顯的悖論：現代性所立基的啟蒙理性，其實對人類世界的和平前景抱著樂觀的態度，人們相信隨著理性文明、工業科技與自由市場貿易的到來，人類社會將從蒙昧走向開化，從野蠻邁入文明，被視為野蠻與非理性的暴力與戰爭將會逐漸減少，甚至消失。然而，歷史卻向我們證明，啟蒙以來的現代性在全球的開展，只帶來了更多的暴力與戰爭，19 世紀以來全世界因為戰爭與集

體暴力而死亡的人數，甚至遠超過先前人類歷史的總和。為什麼人們相信理性與和平，而其結果卻是暴力與戰爭？這不只是個道德與倫理的課題，也是個社會學的課題：為什麼在人的生命價值被奉為無比神聖崇高的現代，組織化暴力卻如此橫行，造成史上空前的殘酷殺戮與巨大傷亡？為什麼以解放為名的各種運動（無論解放的對象是工人、農民或是弱小民族），卻帶來了更多的壓迫與苦難？

　　現代性並不是一個扁平單一的結構，而必須同時從不同的面向來加以掌握。現代性可以從幾個制度叢結（institutional clusters）來理解，包括資本主義的經濟體制、工業化、現代民族國家與國際體系等（Giddens 1990）。這些制度叢結，創造了人與人、群體與群體、國家與國家之間的巨大不平等，包括財富、權力與軍事實力。資本主義或工業化本身並不必然隱含暴力，與戰爭並不存在必然的因果關聯；然而，在以民族國家為主體所構成的國際體系，以及背後所牽涉的地緣政治中，重視戰爭與尚武精神的軍事主義（militarism）卻是國家生存極為重要的關鍵（Mann 1988: 124-145）。資本主義的財富積累，以及工業化所帶來的科技進步，使得部分國家得以藉由擴張軍備與改良武器而獲得了更強的軍事實力。一旦軍事實力的不平等結合上累積財富與擴張權力的欲望，現代性便帶來了規模越來越大、殺傷力越來越強的戰爭，而其結果，是帶來更多的壓迫與更深的不平等。東亞的現代性，正是在這個反抗不平等的過程中展開。的確，放在世界史的脈絡中來看，中國與日本並不特殊。和許多歐美國家比起來，他們並沒有特別「好戰」，也沒有從事更多的戰爭。他們甚至可以根據過去的歷史經驗宣稱，自己之所以「被迫」走向戰爭之路，透過軍事武力來建立自己

的國家，也正是因為受到西方列強的暴力侵侮。我們所面臨的
課題，是必須重審現代性，檢視現代性與暴力、戰爭的關聯。
如同本書導論所指出的，暴力如何取得合法性、戰爭與政治如
何關聯，是理解現代性的一個重大關鍵。如果在東亞有一個共
同的現代性，那麼戰爭與戰爭遺緒，將是構成其核心的重要元
素；如果要從東亞共同的歷史經驗裡尋找一個可行的「現代性
批判」方案，那麼對於戰爭與戰爭遺緒的反省，也許將是獲取
金鑰的線索。這也是未來的研究中值得繼續探索的課題。

參考書目

一、中文及日文書目

《自由時報》，2013/1/24，〈社論〉。

子安宣邦，2004，《国家と祭祀：国家神道の現在》。東京都：
　　青土社。

小林よしのり（小林善紀），1998，《新ゴーマニズム宣言：戦
　　争論》。東京都：幻冬舍。

小森陽一，1998，〈文学としての歴史／歴史としての文学〉，
　　收於小森陽一、高橋哲哉編，《ナショナル・ヒストリーを
　　超えて》，頁 3-17。東京都：東京大学出版会。

小熊英二，2002，《〈民主〉と〈愛国〉：戦後日本のナショナ
　　リズムと公共性》。東京都：新曜社。

山室信一，2007，《憲法 9 条の思想水脈》。東京都：朝日新聞

社。

木坂順一郎，1993，〈アジア・太平洋戦争の呼称と性格〉。《龍谷法学》25(4):28-76。

毛澤東，1965，《毛澤東選集》（四卷）。北京：人民出版社。

牛村圭，2005，《「文明の裁き」をこえて：対日戦犯裁判読解の試み》。東京都：中央公論新社。

加藤典洋，1997，《敗戦後論》。東京都：講談社。

史明，2001，《台灣民族主義與台灣獨立革命》。台北：前衛。

司馬遼太郎，1978，《坂の上の雲》。東京都：文藝春秋。

白永瑞，2009，《思想東亞：韓半島視角的歷史與實踐》。台北：台灣社會研究雜誌社出版；唐山發行。

石坂浩一等，2005，《東アジア・交錯するナショナリズム》。東京都：社会評論社。

成田龍一，1998，〈司馬遼太郎の歴史の語り〉，收於小森陽一、高橋哲哉編，《ナショナル・ヒストリーを超えて》，頁69-84。東京都：東京大学出版会。

曲波，1959，《林海雪原》。香港：生活・讀書・新知三聯書店。

竹內好，2005，《近代的超克》。北京：生活・讀書・新知三聯書店。

行政院二二八事件研究小組，1994，《「二二八事件」研究報告》。台北：時報文化。

西尾幹二，1999，《国民の歴史》。東京都：扶桑社。

吳強，1961，《紅日》。香港：生活・讀書・新知三聯書店。

宋強、張藏藏、喬邊，1996，《中國可以說不：冷戰後時代的政治與情感抉擇》。北京：中華工商聯合出版社。

宋曉軍、王小東、黃紀蘇、宋強、劉仰，2009，《中國不高興：
　　大時代、大目標及我們的內憂外患》。南京：江蘇人民出版
　　社。

李廣均（編），2010，《離與苦：戰爭的延續》。台北：群學。

杜鵬程，1956，《保衛延安》。北京：人民文學出版社。

汪宏倫，2001，〈制度脈絡、外部因素與台灣之 "national
　　question" 的特殊性：一個理論與經驗的反省〉。《台灣社會
　　學》1:183-239。

汪宏倫，2006，〈怨恨的共同體，台灣〉。《思想》1:17-47。

汪宏倫，2010，〈從《戰爭論》到《新歷史教科書》：試論日本當
　　代民族主義的怨恨心態及其制度成因〉。《台灣社會學》
　　19:147-202。

汪宏倫，2013，〈當代中國民族主義的多重變貌：形式結構與
　　質料內涵的解析〉，發表於「台灣：族群、民族與現代國
　　家的經驗與理論」研討會。台北：中央研究院社會學研究
　　所，2013-10-25。

周立波，1958，《山鄉巨變》。北京：作家出版社。

周婉窈（編），1997，《台籍日本兵座談會記錄并相關資料》。台
　　北：中央研究院臺灣史研究所籌備處。

周婉窈，2003，《海行兮的年代：日本殖民統治末期臺灣史論
　　集》。台北：允晨。

林佳龍，2001，〈台灣民主化與國家形成〉，收於林佳龍、鄭永
　　年編，《民族主義與兩岸關係》，頁 217-266。台北：新自
　　然主義股份有限公司。

林房雄，1964，《大東亞戰爭肯定論》。東京都：番町書房。

河上徹太郎、竹內好，1979，《近代の超克》。東京都：冨山房。

柳青，1960，《創業史》。北京：中國青年出版社。

若林正丈（著），何義麟、陳添力（譯），1989，《轉型期的台灣：脫內戰化的台灣》。台北：故鄉。

若林正丈，1994，《台灣：分裂國家與民主化》。台北：月旦出版社。

倉沢愛子、杉原達、成田龍一、テッサ・モーリス・スズキ、油井大三郎、吉田裕（編），2005，《なぜ、いまアジア・太平洋戦争か》。東京都：岩波書店。

高坂正顯、西谷啟治、高山岩男、鈴木成高，1943，《世界史的立場と日本》。東京都：中央公論社。

高橋哲哉，2007，《靖國問題》。北京：生活・讀書・新知三聯書店。

高橋哲哉，2008，《國家與犧牲》。北京：社會科學文獻出版社。

張瑞德，1998，〈紀念與政治──台海兩岸抗戰勝利五十週年紀念活動的比較〉，收於紀念七七抗戰六十週年學術研討會籌備委員會編，《紀念七七抗戰六十週年學術研討會論文集》，頁 1075-1138。台北：國史館。

梁斌，2005，《紅旗譜》。北京：人民文學出版社。

許昭榮，1995，《台籍老兵的血淚恨》。台北：前衛。

黃金麟，2009，《戰爭、身體、現代性：近代台灣的軍事治理與身體 1895-2005》。台北：聯經。

黃昭堂，1998，《台灣那想那利斯文》。台北：前衛。

黃智慧，2011，〈解讀高砂義勇隊的「大和魂」：兼論台灣後殖民情境的複雜性〉。《台灣原住民族研究學報》1(4):139-174。

楊沫，1959，《青春之歌》。香港：生活・讀書・新知三聯書

店。

福澤諭吉，2003，《時事小言・通俗外交論》。東京都：慶應義
　　塾大学出版会。

蔡慧玉（編），1997，《走過兩個時代的人：台籍日本兵》。台
　　北：中央研究院臺灣史研究所籌備處。

鄭春河，1995，《台湾に生きる大和魂》。出版地不詳。

鄭浪平，1994，《一九九五・閏八月：中共武力犯台白皮書》。
　　台北：商周。

羅廣斌、楊益言，2000，《紅岩》。北京：中國青年出版社。

藤岡信勝、自由主義史觀研究會，1996，《教科書が教えない歷
　　史》。東京都：産経新聞ニュースサービス。

鶴見俊輔，1982，《戰時期日本の精神史：一九三一～
　　一九四五》。東京都：岩波書店。

二、英文書目

Alexander, Jeffrey C. and Rui Gao. 2007. "Remembrance of
　　Things Past: Cultural Trauma, the 'Nanking Massacre' and
　　Chinese Identity." pp. 266-294 in 孫康宜、孟華編，《比較視
　　野中的傳統與現代》。北京：北京大學出版社。

Anderson, Benedict. 1998. "The Goodness of Nations." pp. 360-
　　368 in *The Spectre of Comparisons: Nationalism, Southeast
　　Asia, and the World*. New York: Verso.

Arendt, Hannah. 1963. *On Revolution*. New York; London: Viking
　　Press; Penguin.

Benford, Robert D., and David A. Snow. 2000. "Framing Processes and Social Movements: An Overview and Assessment. "*Annual Review of Sociology* 26:11-39.

Berger, Peter L., and Thomas Luckmann. 1967. *The Social Construction of Reality*. New York: Doubleday.

Billig, Michael. 1995. *Banal Nationalism*. London: Sage.

Bourdieu, Pierre. 1977. *Outline of a Theory of Practice*. Cambridge: Cambridge University Press.

Bull, Hedley. 1977. *The Anarchical Society: A Study of Order in World Politics*. London: Macmillan.

Butler, Judith. 2009. *Frames of War: When is Life Grievable?* London; New York: Verso.

Callahan, William A. 2004. "National Insecurities: Humiliation, Salvation, and Chinese Nationalism." *Alternatives* 29:199-218.

Callahan, William A. 2006. "History, Identity, and Security: Producing and Consuming Nationalism in China." *Critical Asian Studies* 38(2):189-208.

Denton, Kirk, A. 2007. "Horror and Atorcity: Memory of Japanese Imperialism in Chinese Musuems." pp. 245-286 in *Re-envisioning the Chinese Revolution*, edited by Ching Kwan Lee and Guobin Yang. Stanford, CA: Stanford University Press.

Dower, John W. 1999. *Embracing Defeat: Japan in the Wake of World War II* . New York: W.W. Norton & Company, Inc.

Duara, Prasenjit. 1995. *Rescuing History from the Nation:*

Questioning Narratives of Modern China. Chicago: University of Chicago Press.

Duara, Prasenjit. 2003. *Sovereignty and Authenticity: Manchukuo and the East Asian Modern*. Lanham, Maryland: Rowman & Littlefield.

Foucault, Michel. 2003. *"Society Must be Defended": Lectures at the Collège de France, 1975-76*. New York: Picador.

Gellner, Ernest. 1983. *Nations and Nationalism*. Ithaca, NY: Cornell University Press.

Giddens, Anthony. 1985. *The Nation-State and Violence*. Oxford: Polity Press.

Giddens, Anthony. 1990. *The Consequences of Modernity*. Stanford: Stanford University Press.

Goffman, Erving. 1974. *Frame Analysis: An Essay on the Organization of Experience*. Cambridge: Harvard University Press.

Igarashi, Yoshikuni. 2000. *Bodies of Memory: Narratives of War in Postwar Japanese Culture, 1945-1970*. Princeton, N.J.: Princeton University Press.

Joas, Hans. 2003. *War and Modernity*. Cambridge: Polity Press.

Kestnbaum, Meyer. 2005. "Mars Revealed: The Entry of Ordinary People into War among States." pp. 249-285 in *Remaking Modernity: Politics, History, and Sociology*, edited by Julia Adams, Elisabeth S. Clemens, and Ann Shola Orloff. Durham: Duke University Press.

Kuhn, Thomas S. 1969. *The Structure of Scientific Revolutions*.

Chicago: The University of Chicago.

Lanigan, Richard L. 1988. "Is Erving Goffman a Phenomenologist?" *Critical Studies in Mass Communication* 5(4):335-345.

Lawrence, Philip K. 1997. *Modernity and War: The Creed of Absolute Violence*. New York: St. Martin's Press.

Mann, Michael. 1988. *States, War, and Capitalism: Studies in Political Sociology*. New York: Basil Blackwell.

Minear, Richard H. 1971. *Victors' Justice: The Tokyo War Crimes Trial*. Princeton, N.J.: Princeton University Press.

Mitter, Rana. 2003. "Old Ghosts, New Memories: China's Changing War History in the Era of Post-Mao Politics." *Journal of Contemporary History* 38(1):117-131.

Mosse, George L. 1990. *Fallen Soldiers: Reshaping the Memory of the World Wars*. New York; Oxford: Oxford University Press.

Oliver, Pamela E., and Hank Johnston. 2000. "What A Good Idea! Ideology and Frames in Social Movement Research." *Mobilization* 5(1):37-54.

Orr, James J. 2001. *The Victim as Hero: Ideologies of Peace and National Identity in Postwar Japan*. Honolulu: University of Hawai'i Press.

Renan, Ernest. 1990[1882]. "What is a Nation?" pp. 8-22 in *Nation and Narration*, edited by Homi K. Bhabha. London: Routledge.

Rose, Nikolas. 1999. *Governing the Soul: The Shaping of the*

Private Self. London: Free Association Books.

Said, Edward W. 1979. *Orientalism*. New York: Vintage Books.

Saito, Hiro. 2006. "Reiterated Commemoration: Hiroshima as National Trauma." *Sociological Theory* 24 (4):354-376.

Schutz, Alfred. 1967. *The Phenomenology of the Social World*. Chicago: Northwestern University Press.

Seraphim, Franziska. 2006. *War Memory and Social Politics in Japan, 1945-2005*. MA: Harvard University Asia Center.

Sewell, William Jr. 2005. *Logics of History: Social Theory and Social Transformation*. Chicago; London: University of Chicago Press.

Smith, Gregory W.H. 2005. "Enacted Others: Specifying Goffman's Phenomenological Omissions and Sociological Accomplishments." *Human Studies* 28(4):397-415.

Snow, David A. 2004. "Framing Processes, Ideology, and Discursive Fields." pp. 380-412 in *The Blackwell Companion to Social Movements*, edited by David A. Snow, Sarah A. Soule, and Hanspeter Kriesi. Malden, MA: Blackwell Publishing Ltd.

Snow, David A., and Robert D. Benford. 2000. "Mobilization Forum: Comment on Oliver and Johnston." *Mobilization* 5(1):55-60.

Snow, David A., E. Burke Rochford, Steven K. Worden, and Robert D. Benford. 1986. "Frame Alignment Processes, Micromobilization and Movement Participation." *American Sociological Review* 51:464-81.

Tilly, Charles. 1992. *Coercion, Capital, and European States, AD 990-1992*. Cambridge, Mass.: Blackwell.

Wang, Horng-luen. 2012. "War and Revolution as National Heritage: 'Red Tourism' in China." pp. 218-233 in *Routledge Handbook of Heritage in Asia*, edited by Patrick Daly and Tim Winter. London; New York: Routledge.

Wang, Horng-luen. Forthcoming. "Comparison for Compassion: Exploring the Structures of Feeling in East Asia." in *Comparatizing Taiwan*, edited by Ping-hui Liao and Shu-mei Shih. London; New York: Routledge.

Winter, Jay. 1995. *Sites of Memory, Sites of Mourning: The Great War in European Cultural History*. Cambridge; New York: Cambridge University Press.

Yoneyama, Lisa. 1999. *Hiroshima Traces: Time, Space, and the Dialectics of Memory*. Berkeley: University of California Press.

Zarrow, Peter. 2005. *China in War and Revolution, 1895-1949*. London; New York: Routledge.

第四章

以戰為治的藝術：抗美援朝

黃金麟

一、戰場與戰略

> 控訴會，是抗美援朝中最為普遍，是開展群眾政治宣傳的
> 重要形式……控訴會之所以成為教育群眾的有效方式，是
> 由於它是用群眾經驗、群眾痛苦、群眾利益，教育群眾、
> 發動群眾，是很好的群眾自我教育方式。通過這種形式，
> 使群眾的舊仇新恨集中起來，昨天今天和明天聯繫起來，
> 個人利益和國家利益結合起來，認識到人民中國的偉大，
> 新生活的可貴，因而更加熱愛我們偉大的祖國，發揮了大
> 無畏的自我犧牲精神，為堅決反對美帝國主義侵略保衛祖
> 國而奮鬥。所以控訴會教育群眾最深，最具體，發動群眾
> 也最有力。（富振聲 1951/3/18）

對熟悉土地改革時期的讀者來說，這是一個十分眼熟的場
景。以群眾聚集訴苦的方式來進行群眾的自我教育，在土地改
革時期曾經發揮立竿見影效果。在抗美援朝運動時期，這個充
滿情感與情緒政治的動員手段，又再度粉墨登場，為共產黨的
對外與對內鬥爭扮演扎根動員角色。訴苦會的廣泛使用不只
意味一種歷史延續，同時也顯露統治技藝與統治威信的緊密關
聯。和國共內戰相比較，1950 年 6 月下旬開始的朝鮮戰爭，和
10 月後開始的抗美援朝運動，在戰場經營和戰略謀定上都具有
更多複雜性。如何配合各個戰場與戰略的需要動員群眾，贏得
勝利，自然是重要課題。但動員策略與統治技藝的開展，即便
內容豐富，也不能涵蓋抗美援朝運動和隨之進行的愛國主義運

動的全部，因為後兩者涉及的範圍和問題甚為廣泛。不過，動員策略和統治技藝的謀畫與實踐，將透露共產黨人是如何透過抗美援朝運動，進行征服社會的行動。

將抗美援朝運動當作共產黨治理中國，征服社會的舉動，這個觀看沒有忽略土地改革在政治、社會和經濟層次上造就的改變。我們可以想見，就算沒有朝鮮戰爭的發生，以政治理念和手段干預與領導社會的動作，還是會發生。在社會主義或要走向社會主義的國度，這是一個難於避免的動作。 1949 年後的中國，在奉行馬克思主義和國際主義的道路時，這更是必然會發生的行動。也因為如此，我們不能將抗美援朝運動的政治干預效應過度放大，低估已然存在的歷史必然性。不過，作為「新中國」誕生後的第一場關鍵大戰，抗美援朝運動形成的政治和社會效應還是應該受到正確評估，畢竟，作為征服社會的有利路徑，它補充土地改革無法做到的全面政治穿透。戰爭的發生，和中國決定派出志願軍援助北朝鮮作戰的決定，讓愛國主義和反對帝國主義的聲浪急速高漲。在中國人民保衛世界和平反對美國侵略委員會（簡稱中國人民抗美援朝總會）的組織與動員下，各種志願愛國的舉動在各地隆重登場。在保家衛國的理念統合下，出現密集的支前行動和討伐帝國主義的聲音。這些支援前線，支持政府，慰勞志願軍和反對帝國主義侵略朝鮮與中國的動作，為共產黨的社會治理打開方便之門。共產黨或許不會感謝美國的出兵朝鮮半島，但戰爭的爆發確實讓共產黨能順水推舟，及時利用愛國主義加快其對內統治。能將愛國主義和反帝鬥爭提上檯面，並成為征服社會的契機，這個時機並不經常出現，也難由中國自己單獨孵出。

學術界對於朝鮮戰爭（或韓戰）的研究，在過去二十年已

有豐富成果。拜賜於美國和其他西方國家相關檔案的開放，以及蘇聯解體後相關檔案的翻譯出版，和不同國家參與者的回憶錄與口述歷史的製作提供，1990 年代成為韓戰研究鼎盛突破的年代[1]。從過去以美國為首的研究場景，快速轉變為不同國家、不同角度和不同語言共同參與討論的場面。這個變化明顯表現在研究課題的選擇上。在冷戰時期，韓戰被視為美蘇兩大帝國的代理人戰爭，發動戰爭的責任、內中的陰謀、美蘇兩國的外交政策、美國的東亞戰略、美國政策的對錯、蘇聯的角色和中國介入韓戰的原因等，是研究的主要課題。隨著冷戰的結束，和官方檔案與個人回憶錄的出版，不同的討論可能性也隨之浮現。韓戰的起源仍舊是重要問題，但相關資料的出版也讓共產黨陣營（蘇聯、中國和北朝鮮）內部的利益差距與衝突，清楚表露。中國介入韓戰的原因、決策和戰略考慮，以及蘇聯在戰爭過程中扮演的角色，也更具體呈顯。除了國際政治的探究外，軍事上的戰略、戰役、戰史和俘虜問題的討論等，也是大宗。與此同時，戰爭對亞洲各參戰國（南、北朝鮮和中國），以及周邊國家（日本和台灣）的政治、經濟、軍事、外交和社會影響等，也益加受到重視。二十年中，明顯可見的變化是，關於韓戰的研究已日漸多樣化，中心問題不再局限於冷戰格局和美蘇的同盟角力。政治史、軍事史和外交史的發言仍舊存在，但經濟史、社會史和文化史的討論也開始浮現。另外一個值得注意的變化是，中國對韓戰問題的討論也因為執政當局的開放態度，不再墨守成規。在檔案、回憶錄和口述歷史的資料支持

1　關於韓戰後，各主要參戰國和受影響國家對韓戰的分析研究，見張淑雅（2000），尹良武、陳時偉（2000）。

下，中國介入韓戰的原因與過程，中蘇關係和中朝關係在戰爭過程中的矛盾與變化，以及參戰對中國的利弊得失，都獲得相對明白的分析。但對於 1950 年代，中國宣稱戰爭是由南朝鮮所發動，因此中國必須為正義而戰的說法，卻始終沒有新的官方評論。關於後者的政治堆積效應，我會在後文進行分析。

上述的回顧顯示，韓戰在過去二十年確實已經獲得充分重視。而以中國作為出發點寫就的抗美援朝運動，也可以放在這些論述中做參照評定。畢竟，只從中國的角度出發，就像過去多從美國的角度出發一樣，都只是對韓戰做出以自己為參照點的描繪。在無意涉入這些既有爭論的前提下，我希望對抗美援朝運動涉及的政治與社會治理，進行歷史性探討。抗美援朝運動為何與如何成為共產黨治理「新中國」的捷徑與妙方？其間顯現的征服社會動作，有何值得留意之處？抗美援朝在愛國主義和國際主義之間，有何細微取捨？這些動作和取捨如何造就共產黨的統治威信，人民的臣服和困擾，從而牽引出戰爭與治理的多重交錯面貌，是本文要處理的主要課題。不同於之前著重探討的軍事史課題，或政治史方面的評論，特別是中國介入朝鮮戰爭的原因與決策過程，以及毛澤東在戰爭過程中扮演的主導角色，或者是國際關係史的觀察解釋[2]，在探討抗美援朝運動時，我將把視野擺回中國社會來考察，探究朝鮮戰爭對共產黨統治中國社會的深刻影響，與戰爭對中國社會的塑造。這個評估沒有忽略共產黨在經營抗美援朝運動時，一直面對多個戰場同時作戰的挑戰。這個評估也無意放大抗美援朝運動在塑造

2　重要的代表作包括沈志華（1997），Whiting（1960），Cumings（1990），徐焰（1990）和楊逵松（2000）等著作。

中國社會的力度，與遭遇的反制。怎樣如實地刻畫戰爭與社會的多樣關係，是這裡要進行的工作。

與二次大戰後多數的國際戰爭一樣，中國在 1950 年 10 月派出志願軍參與朝鮮戰爭後，也開始面對多個戰場同時作戰的情況。不過，略為特別的是，因為戰場不在中國，中國也非開戰國，因此，中國參與朝鮮戰爭是從國際領域開始，然後再演變成出兵參戰，進而形成抗美援朝的愛國主義運動。這個由國外轉變為國內的參戰動作有其順序，雖然歷時不長，卻反映一定的政治現實。本文的討論將以國內戰場為主，國際關係領域的鬥爭，和朝鮮戰場的經營各有其重要性，其變化也牽動著國內戰場的營造與推動，在顧及連動性下，我將把分析的焦點置放在愛國主義、情感政治與治理技藝的察考上。這個側重只是分析上的權宜，不代表戰場重要性的高低，或征服社會時戰場只有一個。

研究朝鮮戰爭（或韓戰）的學者都同意，朝鮮戰爭必須被置放在東亞冷戰的框架下來思考。從發生到最後的停戰談判，美國和蘇俄都是最主要的決定者。現有的研究也清楚揭示，戰爭的發生確實和史達林的同意，與金日成的企圖跨過 38 度線，以武力統一朝鮮半島有直接關係。當然，1950 年代初期，「國際形勢發生了變化」（史達林用語），是史達林願意改變立場，支持金日成揮兵南下的條件。這些形勢因素至少包括（1）中國共產黨的勝利與建國；（2）1950 年 1 月美國宣布其安全線不包括台灣和朝鮮（即美國不會出兵保護這些地方）；（3）1950 年 2 月中蘇簽訂「友好同盟互助條約」，中國將收回旅順、大連兩個不凍港和中長鐵路，影響到蘇聯在遠東的軍事利益，使其必須在朝鮮另覓出海口；以及（4）美國企圖扶持日本以對抗蘇聯的動

作等[3]。這些客觀因素的變化是 1950 年 3 月，史達林一改前一年的保留態度，同意金日成北朝鮮可以開始行動的原因。在贊成金日成以軍事行動統一朝鮮時，史達林也要求金日成必須就此問題與中國同志和毛澤東本人進行討論。為此，金日成在 1950年 5 月走訪中南海，告知中國同志史達林的批准與北朝鮮的計畫，並徵求中國的支持。毛澤東的回應是將三個解放軍中的朝鮮族師及其裝備移交給北朝鮮，增加人民軍的戰鬥力。一個多月後，北朝鮮就在蘇聯軍事顧問的協助下，以先發制人的方式跨過 38 度線，快速占領漢城和絕大部分的韓國領土。也由此開始，朝鮮戰爭成為新中國爭取國際地位，建立現代化兵種，營造反帝氣勢和經營愛國主義的戰場。戰爭不只在前線，也在後方，抗美援朝運動就是在後方打起來的戰爭。

　　有趣的是，中國雖然知道戰爭即將開始，並保證北朝鮮若受到進攻時將給予實質援助，但毛澤東卻是在戰爭發生後才從外國報紙上得知戰爭已然開始。在此之前，運送到北朝鮮的蘇聯武器一律透過海路，而不是透過中國的鐵路運送到北朝鮮。這個迴避是不想讓中國獲知並介入北朝鮮的戰爭準備工作。即便到戰爭開打後，史達林和金日成還是對中國封鎖消息與情報。 1950 年 9 月麥克阿瑟在仁川登陸後，戰局產生嚴重變化，金日成才不得不承認無法靠人民軍統一朝鮮，必須求援於蘇聯和中國。按照梁鎮三的分析，金日成對中國參與朝鮮戰爭的最

3　除了這幾個宏觀因素外，不同學者對於美、蘇、中、朝的盤算，和戰爭發生前後的決斷考量，也各有陳述。史料的開放和口述資料的出版，都增加討論的條件，爭辯自然也不少。有關這些因素的評論與辯論，可見沈志華（1995, 1996, 1997, 2000）；邁可‧沙勒（1992）。

初保留態度，除了和金日成對戰局的過度樂觀評估有關外，也和中朝之間過去存在的宗藩關係，不希望朝鮮再度成為中國的藩屬或活在中國的陰影下有關。另外，中國軍隊進駐朝鮮，也會讓朝鮮勞動黨中的延安派（從中國軍隊歸來的幹部）趁勢坐大，影響到金日成為首的游擊隊派的主導地位（梁鎮三 2003：89）。這些歷史和宗派利益的計較是金日成對中國封鎖情報，不願其介入「南進」行動的原因。由於蘇聯不願在朝鮮戰場上與美國兵戎相見，引發美蘇之間的大戰，金日成只能在 9 月底請求中國派出志願軍協助抵抗，以阻擋聯合國部隊的進攻。在蘇聯只同意支援裝備和空中掩護鴨綠江以西的中國後方的條件下，1950 年 10 月 19 日，中國人民志願軍開始由安東、長甸河口和輯安等地夜渡鴨綠江，展開抗美援朝的作戰。

　　朝鮮的疑慮和排斥態度，與蘇聯的利益設想，說明社會主義國家之間未必是一條心。朝鮮戰爭爆發後，中國有三個月的時間「不得其門而入」，對朝鮮戰爭的發言和介入只能停留在宣示的狀態。在聯合國大會的發言與鬥爭，顯現這個欠缺實質戰場的困窘。當然，我們也不適合將抗美援朝運動無條件地提前至朝鮮戰爭爆發的開頭。兩者之間有時間落差，抗美的動作亦有實質不同，應該予以分別。以朝鮮戰爭爆發初期的情況而言，新中國的領導人只能透過嚴正聲明的方式表達中國的立場，以及對美國派出第七艦隊進駐台灣海峽，防衛台灣的不滿。很顯然地，美國的安全線已經因為朝鮮戰爭的爆發，在旦夕之間出現戲劇性改變。這也是一般認定韓戰解除台灣可能被共產黨軍隊攻占的危險原因[4]。在仁川登陸前，共產黨領導人在

4　除了第七艦隊的進駐，防止共產黨軍隊渡海進攻外，派出志願軍赴朝

國際舞台上的發言，明顯將台灣問題與朝鮮戰爭串聯，視之為
美國侵略亞洲的陰謀動作，而台灣問題還較朝鮮戰局具有優先
性。

　　很顯然地，對此刻的中國領導人而言，不能收復台灣，「徹
底消滅蔣介石殘餘匪幫」，是重點所在。 1950 年 7 月世界工會
聯合會號召全世界工人階級支援朝鮮人民解放戰爭，舉行「支
援朝鮮人民週」時，中國人民反對美國侵略台灣朝鮮運動委員
會，也號召中國人民舉行「反對美國侵略台灣朝鮮運動週」[5]。
而在此後的兩個月中，抗議美國在朝鮮戰爭中侵入中國領空，
炸傷中國人民、損毀中國財產，侵犯中國主權，並拒絕中華人
民共和國代表出席聯合國安全理事會，做意見陳述和討論的動
作頻仍。這些議題和涉及的代表權問題，占據著 1950 年夏天
中國官方對聯合國的發言版面。這個側重說明，在戰爭初期，
中國對朝鮮問題的關注一直和台灣問題，以及中國的主權問題
聯繫在一起。又由於金日成的疑慮和封鎖，中國對朝鮮戰爭實
難有介入空間。控訴美國武裝侵略台灣，和拒絕中華人民共和

鮮作戰的決定，也讓解放軍無法分兵執行中共中央預計在 1951 年春
天攻打台灣的計畫。「韓戰救了台灣」的說法，大略以此為據。不過，
1951 年 1 月，美國因為朝鮮戰場軍事失利，同意聯合國所提朝鮮停火
的五步方案時，將台灣問題和中華人民共和國在聯合國的代表權問題
列入協商議題，這個動作說明美國「保台」的立場在當時確實鬆動過。
稍後，美國在第四次戰役的勝利，則是讓五步方案成為歷史文件。

5　相關號召見〈中國人民反對美國侵略台灣朝鮮運動委員會關於舉行「反
　　對美國侵略台灣朝鮮運動週」的通知〉（中國人民抗美援朝總會宣傳部
　　1954：7-8）。這個委員會成立於 7 月 10 日，臨時辦公室設於北京中華
　　全國總工會，本通知發出於 1950 年 7 月 14 日。

國的代表於聯合國大門外，這兩個議題成為戰爭初期，共產黨
領導人與聯合國隔空對話最頻繁的議題[6]。志願軍赴朝作戰後，
停火協定與戰俘的談判等，漸漸成為重要議題。台灣問題和中
國代表權的問題仍舊是共產黨在意的課題，但其急迫性和共產
黨能握有談判籌碼的空間，已經因為聯合國軍隊的反攻成功，
漸次退位。在內外有別的前提下，這兩個問題被劃歸為外交與
國際事務，繼續在聯合國大會和安全理事會上進行纏鬥。在對
內的領域，特別是抗美援朝的運動過程中，聲討「美國武裝侵
略台灣」的聲音快速零星化，取而代之的是對美國帝國主義的
攻擊，以及對志願軍的精神與物質支持。這個區隔與變化，和
志願軍的源源派出，並在前三次的戰役中意想不到地打敗美軍
有直接關係。朝鮮戰場的變化牽動著抗美援朝運動的進程與安
排，其連動性在下文中會有分析。

　朝鮮戰爭提供新中國領導人一個投身國際事務的契機，並
在參與作戰中取得國際發言權，這是明顯可見的變化。美國在
聯合國上的抵制與封鎖，阻擋不了共產黨人欲進入國際社會的
企圖。入兵朝鮮，讓中國領導人實質取得以戰爭發言的空間，
也突破美國在安理會上排除中國對朝鮮問題發聲的限制。這個
有利地位的取得，並不出現在毛澤東最初堅持中國必須出兵幫

6　在周恩來發表聲明後，中國的各個群眾組織，包括中國國民黨革命委
　員會、民主同盟、民主建國會、民主促進會、農工民主黨、致公黨、
　九三學社、台灣民主自治同盟、新民主主義青年團、中華全國總工
　會、全國民主婦女聯合會和學生聯合會、文學藝術聯合會等，都呼應
　發表公開聲明，譴責美國發動戰爭，並誓言要從美國侵略者手上解放
　台灣。一時之間，「解放台灣」成為熱門口號。相關聲明，見中國人民
　抗美援朝總會宣傳部（1954：641-649）。

助朝鮮人民軍的意見上。在毛澤東給密訪莫斯科尋求蘇聯軍事援助的周恩來的電文上提到，「（出兵朝鮮）對中國、對朝鮮、對東方、對世界都極為有利；而我們不出兵讓敵人壓至鴨綠江邊，國內國際反動氣焰增高，則對各方都不利，首先是對東北更不利，整個東北邊防軍將被吸住，南滿電力將被控制。」「總之，我們認為應當參戰，必須參戰。參戰利益極大，不參戰損害極大。」（毛澤東 1999：103-104，原電文時間為 1950 年 10 月 13 日）對毛澤東而言，由於有中蘇同盟互助條約的屏障，美國未必會不顧一切進犯中國，但不出兵將會讓中國的邊境受到威脅，不利東北工業基地的長遠發展，這是十分明顯的危險。不過，在舉行政治局擴大會議時，與會的政軍領導人都顧慮美軍和解放軍在火力和裝備上的絕對差距。而剛剛結束內戰的中國能否在經濟上支撐這場戰爭，也是問題。在戰與不戰皆有利弊的情況下，毛澤東在尋得彭德懷的支持，並同意出任志願軍司令員兼政委後，在 10 月 8 日發出組成中國人民志願軍的命令。隨著志願軍的派出，中國必須經營的戰場也隨之丕變。

就戰爭的發生和參戰的過程來說，中國參與朝鮮戰爭並非意願的結果。在蘇聯不願意介入與美國開戰的情況下，中國被迫登上戰爭舞台，接手史達林和金日成聯手製造的戰爭攤子。對中國而言，史達林可以放棄北朝鮮，但美軍北進和朝鮮統一的後果，要由中國來承擔。為了避免中美開戰的危險，中國也順應金日成的請求，以派出志願部隊的名義，而非解放軍的名銜，給處在絕望的人民軍以軍事援助[7]。對北朝鮮而言，志願軍

7　1950 年 10 月 1 日，金日成正式求援於史達林，請求蘇聯的直接軍事援助。由於估計到蘇聯不會出兵援助，金日成的信函特別提及，「如果由

是在國際公法的規定下，徵集外國公民參加自己的武裝力量，裡頭不涉及志願軍所屬國籍的國家干涉交戰國一方的問題，這是維持北朝鮮主權比較恰當的做法。對中國而言，「交戰國可以徵募其他國籍的人（不論這些國家是同盟國或中立國）加入自己的武裝力量，作為戰鬥員，或非戰鬥員，歷來所發生的戰爭是很少沒有這種情況的。因此，有外國國籍的人成為武裝戰鬥力量的一員，這並不能構成違反國際公法規定的任何罪行。」另外，國際公法的學理和 1928 年美國簽署的哈瓦那公約也提及，「中立國對於本國公民自願地，即使成群結隊地參加交戰國這件事，不應加以阻止。」[8] 英美的國際公法教程和簽署過的國際公約，顯然也方便中國以志願軍的名義參戰，而不會形成中美正式開戰的結果。交戰而不宣戰，變成抗美援朝的特質。 1950年 11 月，美國確實透過安理會指控中國武裝干涉朝鮮問題，試圖讓中國坐上「被告」的位置，但受惠於國際公法的原則與史例的支持（如美國獨立戰爭即受惠於法國人民的志願行動），這個指控沒有發揮作用。很顯然地，朝鮮和中國都樂於以志願軍的名義，迴避主權與外國干涉的問題。但志願軍的戰鬥員多為東北邊防軍和其他軍區的解放軍兵員，卻是不爭的事實。

於某些原因不可能做到這一點時，請幫助我們在中國和其他人民民主國家組織國際志願部隊，給我們的鬥爭以軍事援助。」見〈什特科夫轉金日成致斯大林電〉，轉引自楊逵松（2000：139）。

8 有關國際公法的學理和慣例討論，見扎朵羅日內依（1951/1/15）的辯論。另外，1950 年 11 月 11 日，中國外交部也發表聲明，宣稱中國人民志願抗美援朝是合理與正義的動作，反擊美方的指控。原文見〈外交部發言人關於我國人民志願抗美援朝是完全合理的和正義的行為的聲明〉（中國人民抗美援朝總會宣傳部 1954：44-45）。

　　除了聯合國的戰場外，朝鮮戰場的經營也考驗著中國、蘇聯和北朝鮮的國際主義立場。在決定出兵朝鮮時，毛澤東曾義正辭嚴地駁斥反對出兵的意見，認為不論就國際主義還是愛國主義來說，中國都不能對朝鮮見死不救。不過，志願軍的文字藝術並不能迎刃解決赴朝作戰可能產生的問題。由於時間短絀，中國在派出志願軍時並未就出兵後的戰場指揮、通信、補給和運輸等問題，與朝鮮達成協定。顧慮到軍隊指揮權是國家主權的象徵，金日成不願輕易放手，由此產生的缺乏協調和作戰受阻，也開始浮現檯面[9]。由於補給線維持不易，加上制空權欠缺，後勤補給和運輸問題也成為志願軍的弱點。為了營造越過 38 度線的勝利條件，金日成在史達林的指示下，在 12 月初同意交出指揮權，成立聯合司令部，並由中國方面統一指揮。這個磨合與之前的情報封鎖一樣，都顯示國際主義並非萬用通行證。既有的歷史矛盾和現實利害，可能讓國際主義隨時跛腳。從朝鮮戰爭爆發，到 1953 年 7 月交戰雙方就戰俘問題和締結停戰達到協定前，中朝之間一直存在一些認知和利益的歧異。這些分歧說明，志願軍在朝鮮戰場要面對的不只有美軍的抵抗與反攻，還有朝鮮勞動黨和人民軍的疑慮與計較。這些利益的出入沒有強過國際主義的宣示，但我們也不宜將後者視為牢不可破的防線。

　　上述的討論說明，在出兵赴朝作戰後，中國面對的戰場開始變得多元、複雜。如何形成源源不絕的兵力與物資輸送，以持續前三次戰役的勝利，在 1951 年初成為抗美援朝運動的主要任務。不過，在此之前，定義朝鮮戰爭的性質和中國出兵的正

9　關於朝鮮戰場的爭執與磨合，見梁鎮三（2003）的例證討論。

當性與正義氣質，已經在聯合國的戰場，和中國對內的宣傳工作上持續展開。雖然台灣問題和聯合國的代表權問題在抗美援朝運動中，快速被保家衛國的愛國主義浪潮所掩蓋，反對美國帝國主義侵略亞洲，進犯中國的最初宣示則繼續留存，甚至被高度放大，以營造反美、抗美的積極性。在下文的討論中，我將把分析焦點置放在抗美援朝的經營上，就其操作過程和權力技術探討戰爭與治理的交互滲透關係。

二、歷史的意義

在討論朝鮮戰爭時，有兩個值得留意的戲劇性動作。這兩個影響深遠的認定和說法，牽繫著往後數十年，中國對朝鮮戰爭與抗美援朝運動的解釋，以及相關的歷史演變。一個是關於戰爭發動者的認定與偏執解釋；一個是關於中國成為侵略目的的認定和宣示。前者塑造美國的侵略形象和中國的出兵正當性，後者影響中國繼續參戰，並掀起反美愛國浪潮，造成「保家衛國」的政治效果。這兩個動作有其現實效應和刻意之處，值得進一步考察。

一個有趣的出入是中國對朝鮮戰爭爆發的歷史記事。 1954年，中國人民抗美援朝總會出版的《偉大的抗美援朝運動》大事記中，第一條就記載：

> 1950 年 6 月 25 日，南朝鮮傀儡政府在美國指示下向北緯 38 度以北發動全面進攻。朝鮮人民軍進行了堅決抵抗，並迅速轉入反攻。同日，聯合國安全理事會在沒有蘇聯和中華人民共和國代表參加下，非法通過美國關於朝鮮情勢的

提案，誣指朝鮮民主主義人民共和國武裝侵入南朝鮮，來替美國侵略朝鮮製造藉口。[10]

對照 1950 年 3 月和 5 月金日成密訪莫斯科和中南海，尋求蘇聯和中國支持其武力統一朝鮮半島的計畫，並在 6 月向 38 度線以南發動奇襲式的全面進攻，上述的記載明顯與事實不符。這個刻意的認定不能用中國領導人不知情來解釋，雖然金日成確實沒有事先告知毛澤東戰爭的發動日，但金日成的走訪和朝鮮族師的撥交，已經說明中國領導人預知其事。但從戰爭爆發開始，中國方面對於戰爭的起因就出現特別解釋。 1950 年 6 月 26 日，《人民日報》的報導顯然只以北朝鮮內務部的公報，作為全部消息來源，西方通訊社的評論和報導未被採納[11]。按內務部公報，「南朝鮮的偽國防軍突於 25 日拂曉在三八線（按：北緯 38 度為南北朝鮮的交界線）全線向北朝鮮發動了意外的進攻。敵軍在黃海道的海州西部地區與金川地區以及江原道的鐵原地區，三路侵入北朝鮮 1 公里至 2 公里。朝鮮民主主義人民共和國內務部已命令共和國警備隊將侵入三八線以北地區的敵人予以擊退。目前，共和國警備隊正抵抗著敵人，展開了激烈的防

10 原文見〈抗美援朝大事記〉（中國人民抗美援朝總會宣傳部 1954： 1293）。《偉大的抗美援朝運動》為中國政府在停戰後編輯的官方文件選集，內中收集所有的政府宣言、官方報告和新華社發布的重要新聞，有其代表性。

11 朝鮮戰爭爆發當天和隔天的西方媒體，包括 *The New York Times, BBC News, Guardian, San Antonia* 等，都口徑一致地報導北朝鮮入侵南朝鮮（包括其出兵時間、宣戰時間和南朝鮮的淪陷情況），以及聯合國對北朝鮮的譴責。中國的外交、文宣和情報單位對這些報導應不陌生才是。

禦戰。」(《人民日報》1950/6/26)這個訊息開啟了往後四十年,中國對朝鮮戰爭的傳播和報導。「朝鮮民主主義人民共和國因為遭受李承晚偽軍的大規模軍事進攻而被迫反擊,展開全面內戰」,成為不能撼動的標準說法。6月28日周恩來對杜魯門總統前一日聲明的回應,更是直接將戰爭的起因歸諸於美國的指使。最經典,並成為後來官方統一說法的是,「美國政府指使朝鮮李承晚傀儡軍隊對朝鮮民主主義人民共和國的進攻,乃是美國的一個預定步驟,其目的是為美國侵略台灣、朝鮮、越南和菲律賓製造藉口」,為其干涉亞洲事務做鋪路(中國人民抗美援朝總會宣傳部 1954：4)。1953 年 9 月彭德懷在朝鮮戰爭結束後,對中央人民政府委員所做的報告,也重複宣稱,「美國反動統治集團唆使南朝鮮李承晚政府發動了對朝鮮民主主義人民共和國的進攻,美國侵略者自己跟著也直接參加了這個進攻。英勇的朝鮮人民抗美戰爭從此開始。」(中國人民抗美援朝總會宣傳部 1954：389)

　　這些口吻一致的認定和宣稱,不能僅以中國領導人和媒體等昧於事實而一筆帶過。冷戰造成的對立形勢,和中國內戰中美國支持國民黨政權的事蹟,以及中蘇同盟的架構,都客觀地決定共產黨人在面對朝鮮戰爭時能選擇的立場。在戰爭爆發後的隔日,毛澤東才從西方通訊社中得知戰爭已經開始。開戰後的第三天(6 月 28 日),朝鮮才派出一位校官到北京通報戰況。但開戰後的第二天,中國的官方和媒體就以北朝鮮內務部的公報為憑,認定這是杜魯門唆使南朝鮮發動的對朝鮮民主主義人民共和國的進攻,北朝鮮是在被迫應戰的情況下越過 38 度線。在金日成刻意封鎖戰爭消息,甚至中國要派出觀察員到朝鮮了解戰況,都受到拒絕的情況下,中國何以能夠如此篤定戰爭是

由南朝鮮所發動？在訊息不足，甚至西方通訊社已發出北朝鮮
出兵進攻南朝鮮的情況下，這個斷定實在缺乏事實基礎。說這
是一個政治判斷高過事實判斷的結果，並不為過。很顯然地，
對錯問題，或是否符合事實問題，對中國領導人已無關緊要。
如何透過明白、強勢的語言，創造一個黑白分明，邪惡與正義
不能兩立的局面，才是重點。從這個動作開始，我們可以說，
中國就涉入了一個關於戰爭的戰爭，即對朝鮮戰爭進行定義的
戰爭過程。

　　有趣並值得一問的是，誰是這場定義戰爭的潛在閱聽者？
中國官方對此戰爭的「未審即判」有何政治設想？這個問題必
須分階段來澄清。就戰爭爆發時的情況而言，中國急於處置的
是美國軍艦巡防台灣海峽，讓解放事業無法繼續進行的問題。
中國領導人未必不曉得，此時美國對蔣介石政權並無好感，但
譴責美國武裝侵略台灣之說仍然不絕於耳。另外，北朝鮮在戰
爭初期的驚人勝利，也讓中國領導人無須顧慮人民軍若失敗，
中國必須採取的對策。1950 年 7 月，中央軍委雖然討論並決定
成立東北邊防軍，加緊整訓，但戰火並沒有北轉的跡象。等到
8 月人民軍南進受阻，9 月美軍在仁川登陸後，中國的壓力和
參戰機率才大幅增加。就此而言，在 1950 年 9 月之前，中國都
沒有急迫動員群眾應戰與參戰的必要。因此，斷言戰爭是美國
唆使南朝鮮發動對北朝鮮的奇襲進攻說法，除了附和北朝鮮的
說法外，主要是要在國際外交舞台上攻擊美國，抨擊美國介入
亞洲事務，妨礙解放軍渡海攻台的計畫。國際舞台的主角和配
角，是主要的閱聽者。作為報紙和官方宣傳的閱聽人，中國群
眾此時只是處在被告知的位置，仇美、反美和抗美的氣氛還未
刻意掀起。

　　中國人民成為主要的閱聽人，並在各個層面參與抗美援朝的運動，支援前線、支持國家，這個轉變發生在志願軍赴朝作戰後。這也是一般討論抗美援朝運動的主要時段。由此開始，各種以人民群眾作為對象的訴求、口號、廣播、演講、遊行、集會、簽名、訴苦和捐獻活動等，紛紛出現在中國的省市和鄉鎮上。和之前的定義十分不同的是，朝鮮戰爭已經變成一個美國將要入侵中國的前哨戰，如何保家衛國，保護土地改革的果實，變成急切的任務。這個界定沒有推翻戰爭是由美國挑動的指責，但侵略的目的不是朝鮮，而是中國。為此，中國必須支援朝鮮的「反侵略」作戰，因為救鄰就是救己。美軍兵臨鴨綠江的軍事行動，證明這個聯想與指控並非無的放矢。也是在如此的重新定義中，大量的愛國主義動作在抗美援朝運動總會的領導下湧現中國。這個新的認知和宣示，與戰局的演變直接有關。除了設定中國人民為閱聽者外，歷史具有的警世價值，以及情感政治的營建對國家滲透社會、征服社會的通達作用，開始表露無遺。

　　對共產黨人而言，對當下事實的描繪顯然比對當下事實的還原和掌握，更具有政治價值。對朝鮮戰爭的認定就是一例。畢竟，事實是什麼？共產黨人在當時未必有興趣或能力進行還原掌握。要擱置政治做學理的還原和釐清，這是學者的工作，不是革命者的天職。而當時的中國人民也未必會對客觀中立的分析有熱情和好奇。就像文藝必須服務於政治一樣，對事實的描繪也必須服務於現實的需要，這是革命的常理。將朝鮮戰爭描繪為美國帝國主義侵略亞洲的北方戰場，或入侵中國的取道路徑，以及將抗美援朝視為保家衛國的動作，都有這類傾向。共產黨人不是不知道這些描繪裡頭有扭曲和刻意，但為當下的

鬥爭需要，事實和真相也只能擺在革命需要之後。 1990年代，冷戰時期的檔案陸續公開，中國官方對於朝鮮戰爭的爆發原因還是模糊其詞。在不能繼續 三十五年前的說法後，簡單地陳述，「1950年6月25日朝鮮戰爭爆發後，美國隨即出兵，打著聯合國軍的旗號進行干涉，同時派軍隊侵略中國領土台灣」，成為新的表述方式（鄧小平1993：418，注釋3）[12]。但這個變化無法更改1950年代的認定對於歷史造成的結果。

　　1950年11月4日，是抗美援朝運動的關鍵轉折日。因為從這一天開始，中國社會開始變成抗美援朝運動的競技場。戰爭也從前線擴展至中國本土。如果說10月19日是中國介入朝鮮戰爭的軍事起點，11月4日則變成全民防衛戰的開始。這個戲劇性的變化和美軍跨越38度線，以及「各民主黨派聯合宣言」的發表直接有關。前者構成論述的物理生成條件，後者形成抗美援朝的絕對必要性。在這份由中國共產黨領銜，中國國民黨革命委員會等十個民主黨派具名的宣言中，首次將朝鮮戰爭的目標指向中國，而且是以歷史實證的方式陳述中國即將成為美國入侵的對象。麥克阿瑟的保證——即美軍不會進入中國大陸的談話——並不為中國領導人所接受。如同日本侵略朝鮮，再入侵中國一樣，美國帝國主義也預備利用這條路徑侵略中國。美軍越過38度線，向鴨綠江和圖們江逼近的動作，就是證明：「今天的情勢已經十分明顯了。美帝國主義者正襲用著當年日寇先侵略朝鮮隨後侵略中國的故技……美帝國主義者侵略朝鮮的目的，主要地不是為了朝鮮本身，而是為了要侵略中國，如像日本帝國主義者過去所做過的那樣。」（〈各民主黨派

---

12 原文係鄧小平在中央軍委擴大會議的講話，時間為1975年7月。

聯合宣言〉，中國人民抗美援朝總會宣傳部 1954：36）[13] 此後，中國的報刊和各類文宣活動，就一再出現日本侵略中國的路線和記憶提示。將美軍的北進比擬為日軍進攻動作的再版，確實能激起一些危亡意識，不論就國際的視聽操作，或就人民的愛國熱忱激揚，這都是合理可解的動作。 1950 年代的中國領導人無疑正利用這個隨手可得的記憶，創造自己欲望的場景。作為官方的喉舌，《人民日報》扮演著衝鋒陷陣的角色。

　　將美國帝國主義的行徑日本化，對飽受日本荼毒的中國人民無疑具有切身感，也比較容易打動人心。但美國終非日本，抗戰時期美國還是中國的同盟國，被中國政府和人民視為打敗日本帝國的最重要幫手。除了政治和軍事同盟外，經濟上的往來和文化知識上的接觸，也讓美國在經濟利得外，多了一個盟友的頭銜。在國共內戰時期，雖然出現反美的示威遊行，但這些事件式的抗議並沒有將美國帝國主義化，更沒有將其類比於日本。要拔除美國的盟友頭銜，和改變美國在中國的舊有面貌，以日本的侵害作為回憶和檢討範圍並不足夠。充其量，它只能提醒群眾帝國主義的可惡和可怕，希望歷史不再重演。當時，一個典型的做法是回憶淪陷區的亡國奴慘況，以激起群眾的憤怒和愛國熱情。在京漢路保定機務段的職工座談中，亡國奴的生活和切身經驗成為職工訴苦的共同焦點。而美國帝國主義「正走著日本鬼子侵略中國的老路」，「想把中國人民再驅到過去日本鬼子侵占下的悲慘境界中」，「這樣的日子還能讓他再回來嗎 ?!」「要是和美帝幹起來，我吃糠也能行！」（《人民日報》 1950/11/11）這些充滿憤怒和仇恨情緒的座談，與相關的劇

---

13 原文發布於 1950 年 11 月 4 日。

情報導,在《人民日報》上連篇累牘地出現。個人的現身說法,和激起的群眾情緒在訴苦會中蔓延。由此激發出來的認識和行動,將成為抗美援朝運動的重要力量來源。

除了以亡國奴的生活和經歷作為情緒真實的生產來源外,抗議美國重新武裝日本,使其成為美國在朝鮮戰場上的戰鬥部隊,復活其法西斯精神,威脅亞洲的和平,也在抗美援朝總會的號召下在各處登場。對中國而言,在日本建立軍隊化的「警察後備隊」,不只違反 1945 年波茨坦公告關於日本必須非軍事化的規定,其結果也將在朝鮮戰場上威脅中國的安全。甚至,無視日本作為侵略者的歷史,給予政治、經濟和軍事支持。為此,中國各地舉行了反對美國武裝日本的控訴活動。

1951 年 4 月,在北京婦女反對美國武裝日本廣播控訴大會上,四位婦女分別以親身經歷,對日本和美國帝國主義進行血淚控訴。除了現聲說出悲慘外,營造出來的集體義憤更是明顯可見:

> 住在北京市第二區的韓文菁,以她一九三八年在湖北雲夢縣王幹村親身的見聞,控訴了日寇強姦和屠殺大批婦女的暴行。一區的李老太太控訴了日寇在高陽轟炸和燒殺時,槍傷她兒子、侮辱她自己的罪行(當時她還懷著孕)……第三個控訴的,是三輩子受盡日、美帝國主義和國民黨反動派殘害的常老太太。八國聯軍攻北京時,她父親被美國鬼子打死;日寇占領北京時,逼得她母親討飯餓死。她自己生過十個孩子,連病帶餓就死掉了八個。最後上臺控訴的是含冤十一年的王淑雲,她說:她的兩個哥哥在天津被漢奸惡霸活埋的冤仇,今天才由人民政府給報了仇。在控

訴當中，每個控訴者的血淚和仇恨，都激起了每個收聽者的憤怒。幾千處的收聽群眾都同聲高呼：「不准日本鬼子再來！」「打倒美帝國主義！」「為死難姊妹們報仇！」（《人民日報》1951/4/26）

很顯然地，土地改革時期慣用的控訴大會，此刻被援用作為動員群眾的法寶，而且，不只是大小會不斷，以無線電波製造和傳播悲憤，跨越空間的限制，也成為一時創舉。人民廣播事業的快速擴張，意味共產黨統治中國的下層建築又多了一些管道。加上報紙的傳遞，這些座談會和控訴會的舉辦，以及掀起的情緒與憤恨，也為不同地區的人民所知曉。

　　必須透過日本來攻擊美國，就像必須透過蔣介石政權的腐敗來揭露美國的「真面目」一樣，1950年的反美浪潮都面對著一個必須製作關聯性的挑戰。之所以如此，主要是因為美國沒有日本的惡行劣跡可以作為攻擊的目標。相較於日本的屠戮中國，美國在中國沒有大量的燒殺擄掠可以作為鬥爭條件。零星的犯罪和惡行雖然存在，但規模和意圖都難以和日本的軍事占領相比擬，更遑論日本還有南京大屠殺的血債未償還。缺少直接和重大的惡行可以揭發，或可以索償的血債與仇恨，是反美浪潮必須克服的限制。共產黨人不是不知道這個缺憾，但在抗美援朝運動初期，能突破這個限制的條件並不多。以上海滬西居民控訴解放前的美帝罪行為例，四次的時事座談，居民多半只能就個案控訴美國士兵的迫害與侮辱。國仇家恨的意識付之闕如。美國人做的壞事沒有日本人多，這個常識性的認知還流通在中國社會。如何翻轉它，將關係到抗美援朝運動的成果表現。

　　為了將反美和仇美的意識上綱到國仇家恨的層次，對群眾進行「認識美國」的教育已是必要之舉。這是落實「美國帝國主義是中國的敵人」，必須進行的工作。事實上，中國是以刻不容緩的態度在面對這個問題。因為就在「各民主黨派聯合宣言」發表的隔天，中國就刊印了〈怎樣認識美國〉的宣傳提綱，統一各地的教育口徑。在抗美援朝的過程中，這是第一份整理清楚的文宣手冊。它的目的很明白。「過去有些中國人上了美國帝國主義的當，認為中國需要依賴美國，應當把美國當作好朋友，也有人以為美國是個很文明、很民主的國家，中國應該向美國學習，還有人以為美國的力量真是強得很，誰也惹它不起。事實上，親美的主張是反動的，崇美、恐美的想法也都是錯誤的。在充分了解了關於美國的真相後，每一個愛國的中國人都應當仇視美國、鄙視美國、蔑視美國！」（〈怎樣認識美國〉，中國人民抗美援朝總會宣傳部 1954：675）[14] 為了達到逆轉的功效，宣傳手冊就朝鮮戰爭前後，美國陸軍進逼鴨綠江、海軍掠奪台灣、空軍轟炸東北邊境，在聯合國干涉中國代表權，和重新武裝日本等進行批判。同時，也就鴉片戰爭後到國共內戰間，美國侵略中國的事實進行歷史追溯。這些事例已足以顯示，美國確實是「中國人民的死敵」。中國人除了要仇視美國外，也要鄙視美國，因為它是被少數資本家統治的國度。它的對內政策是壓迫和剝削人民，絞殺民主；對外是發動武裝侵略和輸出戰爭。它是「腐朽的帝國主義國家，是全世界反動墮落的大本營」。在軍事和政治部分，美國也只是隻「紙老虎，是完全可以打敗的」，因為它有戰線太長、後方太遠、兵力不足和同盟者

---

14 原文刊印於 1950 年 11 月 5 日。

不強的諸般問題無法解決。以強大的蘇聯為首的世界和平民主陣營，和中蘇兩大國的結盟，完全有力量打敗它（〈怎樣認識美國〉，中國人民抗美援朝總會宣傳部 1954：675-684）。很顯然地，親美、崇美和恐美的態度，將不為中國官方所包容。在群眾中植根和反映這個立場，將成為後續的中心工作。而朝鮮戰場上的交鋒和報導（詳見第四節討論），將寫實地協助這個工作的完成。這些連成一氣的發展，在 1951 年達到高峰。

　　不過，這些以國家理性作為出發點的努力，也在中國形成一種交戰。將美帝比擬為日寇，將美帝與地主老財、國民黨的反動統治掛勾，和完整條列美國侵略中國、控制世界的罪行，只是「進攻美國」的一部分。而且，紙面戰場只是這場戰爭的一部分。在群眾中形成具體的認識和愛國行動，才是目的。手段不能取代目的。在抗美援朝總會的領導下，中國社會快速出現兩個集體性行動，一個是訴苦會的到處舉行，一個是愛國公約的無所不在簽訂。作為征服社會的手段，這些既有方式的再度使用，意味它們的功效受到肯定。但如同任何的群眾動員手段一樣，它們的作用不能被過度放大，畢竟，每一種動員都有它必須面對的利益和設想限制。群眾未必會捨棄自己的私利與私念，拳拳服膺於國家的理性號召。如何「動之以情、說之以理」，也成為關鍵舉動。延安時期的共產黨對此已有深刻體認，這也是他們一再討伐教條主義和形式主義的原因。1950 年11 月，隨著聯合宣言和「認識美國」行動的進行，中國各地也開始出現以控訴美帝暴行為主題的訴苦會。

　　對熟稔群眾心理與群眾情緒掌握的共產黨人而言，控訴會的召開和思想教育的進行有其內在關聯，不能分開作業。特別當苦難的解除是革命的目標與出發點時，以訴苦的方式洗刷農

民的糊塗認識，造就革命的合理性，在土地改革時期已經有清楚結果。大大小小的訴苦會，甚至也累積了共產黨戰勝國民黨的政治和軍事本錢。如此的成就，自然不會讓它受到忽視。抗美援朝運動中，控訴會成為最普遍的群眾政治教育方式，實在有其條件。雖然不是唯一的政治宣傳和教育管道，卻是最能深入人心，發動群眾的利器[15]。從 1950 年 11 月後，這種「想想過去，看看現在，望望將來」的群眾自我教育方式，又大量在中國出現，不過這次它承載的使命略有不同。

　　進行控訴活動，直如一場人心改造的藝術表演。情感、情緒和仇恨的拿捏表現，雖然未必能為籌畫者所全然掌控，但當場流露的悲傷與憤怒，卻能勾起集體的傷痛回憶。由此產生的當下立志與決心，正是為政者要收割的果實。沒有動之以情，這些果實不會從群眾中自己冒出來。在抗美援朝運動期間，以活生生的事實通過回憶訴苦的方式，激起群眾對帝國主義的仇視，在各地紛紛上演，其數量和例證實在不勝枚舉。以血淚故事控訴帝國主義的殘暴，並立志絕不再當亡國奴，是最常見的場景。不管是以日本入侵中國，還是以城市中的美國軍人欺壓中國平民，或是美國提供的武器如何使蔣匪軍殺害自己的親人，訴說者的眼淚和切齒痛恨，都立即感染當下的聆聽者。「不能再忍氣吞聲地活著」，幾乎成為訴苦會必然產生的結果。

　　整體而言，抗美援朝運動確實在各個領域和群眾團體中發揮引領作用。在抗美援朝是為了要保家衛國的教育宣導下，不管是城市或鄉村，都可以看到愛國主義的身影。當然，這些身

---

15 除了控訴會外，當時常用的宣傳管道還有群眾大會、小組座談、個別談話、集體讀報、文字與圖表展覽、收聽廣播和文藝表演等。

影的出現，和中國人民抗美援朝總會作為大本營的組織與動員有直接關係。說它是官方主導下愛國運動，並無不妥。不過，官方的意圖在多大範圍內可以充分表現在群眾的認識和配合上，這個問題猶待仔細檢視。要用「風行草偃」、「一呼百應」來形容群眾的配合，可能言過其實。因為從蘇維埃革命開始，共產黨的革命就一直處在和群眾拉鋸的過程，要群眾交心、交人，和要幹部去除形式主義的配合，都不是容易之事。1949年的建政，雖然讓共產黨有更多條件領導人民，但「全國一條心」還不是事實。這個認識和利益的落差，同樣表現在抗美援朝的過程中。雖然「蔣介石是地主階級的靠山，美國鬼子又是蔣介石的爸爸」的宣傳不絕於耳，大小座談會和控訴會的舉辦，也讓帝國主義的罪惡再度浮現世人眼前，但抗美援朝的思想教育也一直存在不易突破的限制。

以1951年5月在各地展開的檢討結果來看，不平衡和不夠深入的發展是共通的問題。一般而言，在鄉村地區，宣傳效果通常是「主村比屬村好；村莊集中的比分散的好；男人比女人好；青年人比老年人好。」（《人民日報》1951/5/13）接受共產黨統治較晚的地區，則「還存在著大量的空白區與空白點，群眾對抗美援朝運動的認識也還是不夠」。在錦州和在北京，都不難發現群眾對於美國和日本存在不同態度。仇美和反美的教育並未能抹平兩者的差異。以錦州來說，「群眾在思想上還存在著兩個問題：第一，群眾雖然覺得美帝國主義可恨，但還沒有達到如同對日本鬼子的那種仇恨程度。美國到底是個什麼樣的國家？究竟為什麼可恨？許多人還是搞不清楚。第二，群眾對抗美援朝愛國教育中的幾個基本問題的認識，還是零碎的，沒有系統的。有的人覺得『心裡明白，嘴裡說不出』；許多人還

有一些模糊的甚至錯誤的認識。」(《人民日報》1951/5/30)
在京畿所在的北京，這個問題同樣存在。「對日本帝國主義仇恨
深，但對美帝國主義的仇恨不深。群眾一提起日本，都咬牙切
齒地痛恨；但提起美國，雖都知道是敵人，但總不像恨日本那
樣恨。」(金建 1951/6/22)這個實際存在的差別，限制了抗美
援朝總會的努力。欠缺系統和零星的認識，也說明這場運動有
它不易克服的困難。

　　之所以產生如此的落差，其原因是複雜的，有些來自仇美
與反美本身的勉強，有些來自幹部的怠工和認識不夠，有些則
來自群眾的無知與無法理解宣傳的內容。對許多農民而言，朝
鮮是陌生的，沒有地圖的配合解釋，他們難以理解朝鮮戰爭與
中國何涉？就像戰爭爆發初期，許多民眾的認識一樣──「朝
鮮戰爭，礙不著中國的事」，「什麼朝鮮不朝鮮的，只要不打到
中國，就沒關係」──這種農民和街頭老大娘的認識，到五次戰
役結束時還存留在一些地方。在朝鮮戰場打得人仰馬翻之際，
中國的一些城鎮和鄉村還是沒有用力地在宣傳抗美援朝。有部
分的群眾甚至連「抗美援朝」四個字都未曾聽聞。中國太大，和
民眾忙於謀食，缺乏教育等，都是原因。幹部的欠缺正確認識
和形式性的應付一下，也是原因：

> 我們貴州省惠水縣，至今未訂出開展抗美援朝運動的計
> 畫。領導思想上以為這只是個「階段性」的運動，而沒有
> 認識到抗美援朝運動是經常性的。如在捐獻慰問中朝人民
> 部隊的慰問金時，領導上只是把它當成一個突擊任務來完
> 成，一時宣傳工作搞得火熱。等完成了一千四百多萬元的
> 捐獻金後，大家就鬆懈下來了。全縣除了第一、二區外，

其餘各區都沒把獻金交縣，有的區甚至根本沒有進行這一
工作，領導上也沒有過問。由於縣領導幹部對抗美援朝運
動忽視，區、鄉幹部就更不重視了，至今很多群眾不知道
抗美援朝是怎麼回事。縣農民訓練班的一百七十人中，當
問他們聽講過「抗美援朝」的有多少人時，舉手的只有三
人，其餘的一百六十七人都未聽說過。還有些人雖然也知
道這件事，問他為什麼抗美援朝卻答不出。（鮑濤、董智輝
1951/5/16）

很顯然地，我們不能將「抗美援朝」的動作和內容，當作家
喻戶曉的情況來接受。在國家的努力和人民的反應之間還有一
定落差，這是自然的差距。如何以組織活動和說服的技藝來減
少這份差距，是抗美援朝期間各種動員技藝出現的目的。而從
上述的討論中，我們也看到這個戰場並不容易經營。相較於聯
大的搏鬥，和朝鮮戰場上的勝負計較，動之以情，說之以理，
和繩之以公約，是這場戰爭的主要手段。雖然不能謂為全盤勝
利，這場戰爭還是為政權初立的共產黨人打開一扇門，以愛國
主義來引領和約束其剛統治的社會。

三、競賽與公約

一個十分明顯的特質是，抗美援朝雖然隱含濃厚的國家理
性，但在執行的層面，特別是涉及動員群眾的部分，卻是充滿
激情與感性。這種激發愛國熱情的方式雖然有一定成效，但只
從激情和感性來理解中國的處境和抗美援朝的必要，終究有其
限制。「以日本打美國」的手法運用是典型代表，但仇恨不能轉

嫁的事實，也限制這個手法的效果表現。這是用「切身之痛」來喚發群眾意識必須面臨的瓶頸。不過，對迫在眉睫的危機處置者來說，這卻是最便利的動員群眾路徑。因為擺道理和發說帖未必能在情感層面上打動群眾，形成統治者要看到的立即效果。在土地改革的過程中，共產黨已經領會到控訴會可以製造的洗滌人心效果。重複使用這套熟稔的技藝，自非難事。有意思的是，以情感動員和約束群眾的情形，在抗美援朝期間一直蓬勃發展。即便沒有分土地和分浮財可以作為發動條件，「保衛翻身果實」的號召和訴諸個人的仇恨，還是可以產生刺激人心的作用。另外，以革命競賽的方式製造比賽效果，也可以加強情緒的組織利用，使國家統領社會的意圖在群眾的相互競爭中發酵、落實。這也是舊技術的新運用。慰問袋和慰問信的大量製作，反映革命競賽的成果，也反映共產黨在情感工作上的特殊用心和成果。

在共產黨的革命與治理過程中，發動群眾進行競賽式的生產和從軍活動並不少見。但以革命競賽的方式，製作慰問袋和寫慰問信給前方戰士，以鼓勵其奮勇殺敵，則不多見。在國共內戰時期，曾有家書式的鼓勵或歡送場合的鼓舞，但大規模的精神鼓勵和溫情慰問，則要到朝鮮戰爭才開始。 1950 年 11月，在抗美援朝總會的主導下，各地開始展開慰問志願軍與朝鮮人民軍的動作。除了捐獻前方戰士能用的生活物品外，慰問袋的縫製與慰問信的書寫，在工人、農民、學生、婦女和機關團體中熱切展開。在「保家衛國」的意義設定下，志願軍被視為正義之師。各種溫情和鼓勵的語言，也毫無保留地顯露在給志願軍戰士的慰問信中。在天寒地凍、冰雪滿地的朝鮮戰場上，這些慰問袋和慰問信確實起過激勵作用。不過，也從這些充滿

溫情的問候和鼓勵中，我們看到共產黨對「溫情」的認知：只有與黨、與國有關的溫情才能被接受，甚至獲得推崇。兒女私情或妨礙黨國發展的個人溫情，都不在可接受的範圍。

　　在 1950 年的年底，這類的活動競相在中國各地出現。在抗美援朝總會的領導下，送給志願軍的物品、代金和信函等大量湧向總會指定的收集點。不能否認的是，這些活動都有抗美援朝總會的身影在後頭。除了以慰問袋和慰問信來激勵前線戰士外，在抗美援朝總會的領導下，革命競賽的方法也被大量使用在經濟生產和愛國主義的行動上。前者以生產競爭的方式進行，後者以訂定愛國公約，履行個人對國家的忠誠和責任作為目標。兩者在當時都形成重要風潮，也造成一定的後果。在下文的討論中，我將先針對生產競賽上的愛國表現做評論，愛國公約和反帝統一戰線的問題將留待第二部分再討論。

　　從蘇維埃革命時期開始，革命競賽就成為共產黨動員群眾參與革命的重要手段。從購買公債、借穀運動、招募團員，到紅軍的訓練，都可以看到革命競賽的淋漓運用。由於它確實有調動群眾，在競賽中增加群眾的積極性與創造性的作用，在 1930 年代，它成為黨、政、軍部門和群眾團體偏好使用的動員手段。 1940 年代的延安領導人只是繼續在這個信任上，擴大革命競賽的使用。不過，革命競賽的特質也成為它的限制所在。當各方習慣以革命競賽方式推動其工作後，玩弄革命競賽的遊戲、規則和成果的問題也顯露出來。只注意數目統計的成績，在數字上領先競賽對手，成為革命競賽的主要形式，連帶產生的美化、作假，和忽略實質問題的情況也不少[16]。在抗美援朝的

16 關於革命競賽在蘇維埃革命時期的使用與衍生的問題，見黃金麟

過程中，革命競賽又重出江湖，成為經濟生產線上的重要動員手段。這次，它不只以農業生產作為主要施展範圍，工業生產也是重點。在展開愛國主義的生產競賽時，「機器當武器，工廠當戰場」成為流行口號。不遲到、不早退，在生產線上打垮美帝，「多做一件活，就等於多消滅一個敵人」，變成許多車間的工作規則。

當然，我們無須假定所有人都熱中於這種競賽。這種情況事實上並不存在。相關的檢討也顯示，許多職工並未積極投入生產競賽。有些地方在競賽開始後就發生一切為產量，從而忽視勞動安全與技術改善的問題。為了提高勞動強度與產出，不放假、自動延長勞動時數成為常見舉動，連帶產生的過於疲勞問題也漸次浮現。這種以精神克服體力的勞動表現，確實在一定程度上突破原有的產量限制，形成英雄性的事蹟。而透過媒體的報導與各級幹部的鼓舞，不同的行業都在 1950 年底出現一些向同業，或向同廠職工進行的戰帖挑戰。為了達到「有為者，亦若是」的學習效果，行業英雄、模範英雄的表揚成為風潮。青年、工人、農民、婦女、醫護人員和少數民族，都在進行找典型、立英雄的動作。樹立典範，是革命競賽的必然結果，也幾乎成為革命的傳統。在行業英雄的標竿作用和幹部的支持下，創造新的生產紀錄或新的節約紀錄成為競賽的目的。

同樣重要，並值得細緻分析的是愛國公約的簽訂。從 1950 年 11 月下旬開始，北京、上海、天津、廣州、瀋陽、武漢、重慶、濟南、太原、迪化和張家口等大小城市，開始透過遊行和集會的方式簽署工商業的抗美援朝愛國公約。整體而言，這是

（2005），第四章對動員的政治經濟學的討論。

一個全民性的運動，範圍擴及全中國。不過，在最開始時，它是以工商業界作為主要簽署對象，隨後迅速擴大成為工廠、礦山、農村、部隊、學校、機關、團體和各行各業都要參加的運動。與前述的各類動員一樣，愛國公約的簽訂也是抗美援朝運動總會的傑作。它完全不是工商業自發的舉動，也不是群眾醒覺的自然產物。《人民日報》宣稱「這是一個人民群眾自己的創造」，並非事實（《人民日報》1951/2/4）。以北京的情形來說，它的愛國公約是在 11 月 21 日，北京市工商界保衛世界和平反對美國侵略委員會的成立大會上，由與會的市商業局副局長和工商聯副主席提出來的。他們要求與會的工商界代表要「堅決執行工商界的五項愛國公約，擁護中央人民政府貿易部發布的嚴格取締投機商業的指示，發揮經濟戰線的力量，保證不囤積居奇、投機倒把，並進而檢舉非法經營分子，穩定市場」（《人民日報》1950/11/23）。隨後在北京、上海和天津等地也召開工商業界的愛國示威大遊行，並把不投機倒把，搞好生產等工作，視為工商業界擁護祖國的行動。由此開始，各地工商業界開始列出四項到七項不等的愛國公約條文，進行集體式或挨家挨戶式的簽署行動。

各地工商聯合會的組成和介入，以及抗美援朝總會和分會的從後要求，是愛國公約能在大小城市迅速簽署的原因。作為反帝統一戰線的一環，它確實發揮指導和約束工商業界的功能，使其融入反帝陣線。畢竟，集體的力量非個別店家或行業所能抵擋。不過，在愛國公約的簽署中，不再買賣美國貨只占極小的比重，真正重要的是對工商業界的精神收編，使其在生產、稅收、捐獻和物資流通上，配合抗美援朝的行動。向國家交心，擁護抗美援朝保家衛國的行動，無疑是這些公約存在的

目的。在代表大會或宣傳隊登門要求簽署的時刻，大概沒有行業代表或商家敢於冒著「不愛國」的指責，拒絕簽署這些公約。簽名不代表真心，這裡頭不能排除有店家以簽名虛應了事。對於這些表裡不一的服膺，訴諸群眾的檢舉和監督是最好的解決方式。

比較特別，但後來也出現在其他城市的是，杭州工商業以不漏稅作為愛國行動的表示。在工商業界，逃稅、漏稅和欠稅是一般常見的情形。在建國初期，共產黨並沒有能力做到全面的查稅。除了沒有足夠的查稅行政能力外，在新民主主義的合作條件下，也不適合向資產階級開刀，影響到共產黨政權需要的經濟生存條件。進行愛國的道德勸說和集體的約束，是相對可行的方案。抗美援朝的出現適時提供這個機會。在要求不逃稅、不漏稅的同時，繳清欠稅也是重點。在杭州市工商聯合會籌委會訂出的六項納稅公約中，「完成納稅任務，並相互督促，做到不匿報、不漏稅和不欠稅」，是主要內容。為了擴大這一運動，杭市工商聯已號召全省各市、縣工商聯展開肅清欠稅運動」（《人民日報》1950/12/11）。這些動作說明，愛國公約已經成為共產黨政權收編工商資產階級的便利管道。在保家衛國的名義下，沒有人能不俯首稱臣。

更積極的作法是相互競賽和集體繳納辦法的執行。為了保證稅收任務的完成，不同的徵收手段也紛紛出籠。最戲劇性的是集體繳納的動作安排。在近現代中國的歷史中，這應該是創舉，而且效果奇佳！

1951 年 1 月 28 日南京市一萬多工商戶舉行了集體繳納 1950 年秋季營業稅的大遊行。在遊行之前，已有三十七個

行業預先集體繳納了稅款，占全部受評七十四個行業的二分之一。是日，集體繳稅的隊伍清晨分頭出發，匯成長達數里的隊伍，前往稅務局指定的地點集體繳稅，沿途受到各界人民的歡迎。

這種踴躍納稅的運動正在大中城市展開，廣東汕頭市工商界打著鑼鼓扭著秧歌去繳稅，中小學校學生和店員職工組織秧歌隊口琴隊自動參加集體繳稅的行列，女學生們很熱誠地對他們說：「我們要向你們致敬，希望以後仍要保持今天的繳稅熱情……」這運動也逐漸向小市鎮發展，福建省南平工商界一手拿著紅旗，一手拿著用紅紙包好了的稅款，在劍津中學腰鼓隊的伴送下，不到一小時就繳清了全部的稅款，獲得繳稅模範的稱號。（楊濟之 1951/4/12）

很顯然，這種集體繳稅是在人民群眾的凝視與護送下完成的。繳稅者的真實心思如何，我們難以判斷，但瞞稅、拖稅的情況確實存在，而且數量也不會太少。不過，這個熱鬧的場景和描繪沒有說出的另一半故事是，集體繳稅運動在 1951 年上半年已經成為深具組織和節奏的運動。就其性質而言，實難謂為自發自決的運動「自整自肅」才是實相。因為實際的情況是，為了展開這一運動，許多中小城市的行業都被組織起來，「訂立集體納稅公約和互助互查制度，從臨時籌集發展到預存稅款、定期集體繳納」，統統都有。各地人民政府和工商業聯合會也會組織工商戶學習稅收政策和法令，舉行稅務座談（《人民日報》1951/6/2a）。這些方法的運用是集體繳納能成熟出現的原因。

除了工商業界的愛國公約外，將愛國熱情和對帝國主義的

認識表現為公約簽署的形式，也出現在不同的群眾和團體中。包括工人、學生、婦女、民兵、機關工作人員，和教育界、文化界、醫藥界與宗教界等，都發起和簽署自己的愛國公約。響應祖國的號召，以行動支持抗美援朝保家衛國的決心書，在各地以不同內容出現。山西文水縣雲周西村的農民愛國公約，更是具體又典型，其主要內容有：「擁護毛主席，擁護共產黨，擁護人民政府，遵守政府的一切法令；全力支援中國人民志願軍，積極參加支援朝鮮前線的各種活動；保證交好公糧，作好優待軍人家屬代耕工作；提高警惕，協助政府鎮壓反革命，取締一貫道，管制不法地主，追查反革命謠言；大力開展愛國豐產運動，搞好互助組，提高生產技術，勤勞生產，多種棉花，多打糧食；積極參加民校、讀報組，學習時事，提高政治覺悟。」（《人民日報》1951/5/23）說這是一場官方在後，以群眾組織掀起的愛國運動，並不為過。

　　這種儀式性的宣誓，也表現在各地發給毛澤東主席的電文中。從天津工商界舉行遊行示威，並致電毛澤東表示抗美援朝的決心後，毛澤東的復電引發了一場全國性的致電「比賽」。這些電文清一色以毛澤東作為英明的領導者，並以毛主席作為親切宣誓的對象。「毛主席，我們向您保證」的類似話語，不斷出現在各種決心抗美援朝的電文上[17]。在愛國不落人後的氣氛下，即便其主動性有所差異，也無礙於這類政治忠誠儀式的一再出現。遊行示威的舉行，愛國公約的簽署，和致電毛主席宣誓決心的動作，都有儀式展演的成分，由此製造的情緒真實也影響

17　具體的電文內容和發電城市，見《人民日報》（1950/12/28）的整理報導。

到民心的走向。

在共產黨的文宣作業中，一直宣稱愛國公約「是人民群眾在這次抗美援朝運動中，自己創造出來，用以表示愛國決心和愛國行動的一種方法」。「愛國公約是由人民群眾自覺自願地訂立的」，目的是「為自己樹立一個反帝愛國的奮鬥綱領和計畫」。通過愛國公約，可以把「人民群眾的個人的愛國活動和我們國家的總的政治鬥爭連結起來」（《人民日報》1951/6/2b）。就功能論的角度而言，這個連結的立論有其道理，而實踐的部分也確實顯現這種自我約束的效果。不過，聲稱愛國公約是人民群眾的創意和自發自覺的表現，卻有違事實。這個聲稱過度放大「人民群眾」的影像，隱藏了共產黨自上而下的領導與推動。事實上，從 1950 年 10 月 26 日抗美援朝總會成立開始，它就隱身在各種動員活動中，以「人民」之名推動抗美援朝保家衛國的行動。但總綰其成的動作，還是表現在總會對各群眾組織單位的指導和建議上。以總會的主席為郭沫若（政務院副總理），副主席為彭真（北京市委書記兼市長）和陳叔通（全國政協副主席），它的任何動作其實都蘊含官方立場。1951 年2 月，因應朝鮮戰場的失利，全國政協發出要將抗美援朝運動「進一步地普及和深入到每一農村、每一機關、每一學校、每一工廠、每一商店、每一街道和每一民族聚居的區域」的電文。隨後，抗美援朝總會也建議各界採取相應措施。就其具有的政治和符號地位而言，總會的「建議」其實就是來自上級的命令。

以歷史的角度觀察，愛國公約確實是抗美援朝的產物，而且，它的出現和抗美援朝總會的支持直接有關。在南京時期的中國，或延安統治下的地域，公約都不是常見的約束個體或集

體的行動綱領，更難謂為人民愛國行動的自我表現。在國民黨統治時期，比較著名的以公約約束個體和集體的方式，主要有新生活運動時期的〈新生活公約〉，和抗戰時期制定的〈國民抗敵公約〉[18]。在延安統轄的領域裡，則有 1943 年的〈陝甘寧邊區政務人員公約〉。這三份公約是「新中國」誕生前，比較有代表性和重要性的公約。前兩份以全體國民為對象，後一份以邊區政府人員為對象，原則上，他們都是官方立場的表現物。也從這些數量甚少的制定中，我們了解，公約在 1950 年以前並不普遍。以革命競賽方式將其紀律作用擴大，並結合愛國主義的符碼，這個完美結合到抗美援朝運動才出現。

值得考究的是，愛國公約對鞏固共產黨政權，滲透其治理能力至工廠、農村、機關、學校和街道的助益。雖然愛國公約的出現，是以抗美援朝保家衛國作為主要方針，各種條文的訂立也都以此為方向，但在實做的過程中，也大幅強化共產黨政權對群眾和群眾組織的領導。當然，這不是當時唯一存在的領導群眾條件。我們不能忽略土改和鎮反在同時期的存在。在檢討愛國公約的成效時，如何避免抽象、瑣碎、無用和做不到的條文，經常成為討論的問題。「愛國公約的內容必須切實、具體、簡明，不要太抽象，也不要太繁瑣，使得人人都能記憶背誦，條條都可實際做到」，才是其理想。而且，更重要的是，訂約時一定要讓人民群眾「進行民主討論和決定，絕不允許別人強迫命令或包辦代替」。「因為只有訂約的意義為大家所充

---

18 例如，新生活運動期間，上海新生活運動促進會和安徽新生活運動促進會都制頒了〈新生活公約〉。〈國民抗敵公約〉制定於 1939 年，此時國民政府已退守重慶，其紀律作用也相對受限。

分了解，公約中的每一條文為每個參加訂約者所完全同意，保證能夠按期做到，所訂立的愛國公約才能真正發生效能。」當然，「各訂約單位事先進行由上而下的號召和動員，說明訂立愛國公約的意義和方法」，也是絕對必要的（《人民日報》1951/6/2b）。這個作業流程和要求，已經說明愛國公約的最高境界，就是要讓每個人在愛國的前提下自覺自願地交出自己。「繩之以理」、「繩之以無形」，並自願地「受繩」，會比威逼壓迫更難反抗，這是愛國公約好用之處。

雖然如此，從相關的檢討中，我們也清楚看到這個運動的發展並不十分平衡。邊遠的農村和中小型的城市在訂定愛國公約時，還存在強迫訂立，或形式上應付一下，沒有具體執行公約的動作。這些不足可能也出現在大城市中，形成有名無實的狀態。但抓住這個時機對人民群眾進行政治教育和自我教育，在政治上、生產生和學習上突破局限，也一直是抗美援朝總會努力的重點。雖然無法做到全國皆然，系列的工作已經讓抗美援朝的動員產生具體效果。

四、另類的交戰

研究抗美援朝，一個豐富但又欠缺探討的是後方戰場的「戰況」與變化。這個沒有真切炮火的戰場，也在廝殺著中國人民對抗美援朝的認知，對政府的支持，和對美國帝國主義的仇恨程度。戰爭不只在前線，後方的「戰況」同樣精采。在前文的討論中，我們已經看到抗美援朝在經營情感政治上的努力，但日帝與美帝終究不同，這個差別仍須透過對美國帝國主義和其軍隊的「進攻」來弭平。隨著朝鮮戰爭的進行和戰場交

戰狀態的報導，這個過去沒有的著力點也快速浮現出來。透過朝鮮人、志願軍和美軍戰俘的故事陳述與表白，美國帝國主義的邪惡與志願軍的正義氣勢，都獲得鮮活描述。各式各樣的說故事舉動，在當時非常普遍。透過志願軍慰勞團、志願軍歸國代表團的親身口述，和《人民日報》等對朝鮮人民、志願軍戰士和美軍戰俘的口述故事報導，一幅幅圖像清晰、黑白分明的戰場實景，就顯現在億萬中國人眼前。其所產製的效果和醞釀的過程，值得進一步分析。另外，也從這些黑白對立的敘述中，我們看到革命過程中的找典型、豎英雄，再次出現在抗美援朝的作業中。革命時期的慣用手法，沒有因為革命的完成就束之高閣。對英雄事蹟和模範人物的讚頌，同樣出現在革命後的建軍備戰和社會建設工程中。這種常態性發展雖然符合建國、建政需要，卻讓政治對社會的強制更難扭轉。對志願軍的英雄形象塑造和正義包裝，也構成戰場的一景。其所體現的精神和價值，在當時和後來的中國都具有重要分量。對比於美軍的殘暴，志願軍在朝鮮戰場的表現只能以正義使者名之。

　　一個略帶刻意，但某種程度也免不了的動作是對敵人的暴行揭露。在戰爭中，敵人總是泯滅人性的一方，這種刻畫不是朝鮮戰爭特有之物，歷來的戰爭都有類似認定。這是粉碎敵人形象，建立戰爭的必要性和正義性，甚至是動員一國之力以為一戰的必要動作。發動戰爭的一方和防衛入侵的一方，乃至因為同盟關係而參戰的一方，都可能進行類似動作。不過，對抗美援朝期間的中國而言，這個動作更有必要。因為反美和仇美的戰術，一直欠缺一個足以將美國和日本相提並論的條件。沒有切身的仇恨，群眾情緒不易發動，製造一個足以讓群眾反感的情緒真實，有現實的必要。不過，在志願軍赴朝作戰前，這

個條件並不存在。隨著反美和仇美宣傳的開展，相對的迫切性也逐漸增高。畢竟，要以少數美軍在中國的犯案和美國的亞洲戰略，顛覆美國在中國的舊有形象，並不容易。美軍在朝鮮戰場的「犯行」，正好彌補這個欠缺[19]。雖然不是直接對中國人民的踐踏和蹂躪，但令人髮指的場景描繪還是可以激起一些同仇敵愾之情。1950 年 11 月開始，中國的報紙就大量出現由朝鮮人民軍、朝鮮婦女、志願軍戰士和戰地記者口述或撰寫的美軍暴行報導。其殘酷之情景，已嚴重侵犯人類的道德底線。除了指控美軍的殘酷與不仁外，對人類道德和情感的索討也明顯可見。

　　隨著志願軍歸國代表團的分赴各地訪問，以婦女和兒童作為對象的暴行描繪，在 1951 年達到高峰。透過集會、座談、報紙和廣播，志願軍歸國代表戰士將前線的慘無人道情景，如實地播放在聽講者和讀者之前。與一般的認知無異，婦女和兒童是戰爭的最大受害者，對婦女的性暴力更成為描繪的重點。這個比重和「野蠻」的強調自然有關，但邏輯上的關聯還不是重點，這些場景不能再現於中國才是重點。透過歸國志願軍代表的口述，朝鮮婦女的遭遇比碰到野獸還可怕。無關乎其真實性如何，這些表述已足以形成震撼效果。第一人稱的敘述，除了讓不在場的「被起訴者」沒有辯駁可能外，也加強故事的真實性。由於這些故事和場景有其現實教育作用，重現這些片段可以讓讀者了解當時的戰火是如何「慘烈」。當然，也從這些論述

---

19 除了以朝鮮戰場的非人境遇來揭露美國帝國主義的真面目外，中國也曾指控美國破壞人道公約，以被俘的志願軍人員做細菌武器的實驗品，和在中國東北投擲帶有細菌的昆蟲等，不過其攻擊力道遠不若前者強烈。

中，仇美和反美產生了不同於以往的情感和道德條件。過去難以摧毀的「文明」和「友好」形象，現在已不難扳倒。這些略有長度的描述，值得讀者一讀：

美帝國主義的滔天罪行是說不完的。僅僅漢城及其附近地區，在很短的淪陷期間，當地人民被殺害和因受酷刑致死的就有四萬三千五百九十人，被捕的七萬五千餘人，其中有兩萬八千多人被殺害，其餘的都被餓死，或帶走。據我們耳聞眼見的事實，當長津湖包圍殲滅戰之前，美國海軍陸戰隊第一師，到達長津湖附近的下碣隅里，就曾把幾十個村莊的房屋全部燒光，把居民全部捉走。男的被抓去當偽軍，女的全部被強姦。一個名叫金俊真的女學生，被一群美軍獸兵輪姦後，又被殺死。他們把婦女拖在汽車或坦克上強姦。在我們繳獲的坦克車上，還掛著些婦女的屍體，下碣隅里三千多名老幼，被他們趕到黃草嶺附近一個山溝裡，集體槍殺。當我軍到達時，還有一些人在掙扎著。我們的部隊見到這種情形，沒有一個人不咬牙切齒，要立刻消滅敵人。

在雲山戰鬥中，我軍在美軍騎兵第一師第八團的俘虜兵身上，發現一種「性交證」，這證明美軍強姦的獸行，是按照麥克阿瑟總部的命令幹的。婦女拒絕強姦就會遭到槍殺。這夥野獸們，拿侮辱和殺害婦女的數目作比賽，誰最多就算誰最「光榮」！

我們突破三八線後，在美軍二十四師十九聯隊的工事裡，發現大量的婦女屍體和骯髒不堪的淫穢照片。他們把婦女拖進工事裡強姦，並在敗退時大量屠殺。獸兵們的工事

裡，到處有著這種獸行的痕跡。（中國人民抗美援朝總會宣傳部 1954：784）

很顯然地，這些場景已經非人類道德所能容忍。不管其真實性如何，相比於日軍侵華期間犯下的戰爭罪行，美軍一點都不遜色。而新華社和《人民日報》會連篇累牘報導這些罪行，和當時中國正在進行的剪除親美、崇美心態無疑有關。如果說〈怎樣認識美國〉是文獻上對美國進攻的第一步，這些以朝鮮戰場作為基地的進攻，顯然更有破壞力。為了徹底讓美國改頭換面，凸顯美國帝國主義的非人面目，製造憤怒和仇恨是必要的。深諳階級鬥爭之秘的共產黨，不會不知道這個道理，並將之付諸實現。戰地記者的寫實報導，讓距離戰場遙遠的中國人民也不得不驚心於美國侵略者的殘暴：

在朝鮮採訪期間，我穿過多少燃燒的村莊，走過多少成群的新墳，這種血淋淋的現實，使人明確地想到，美國侵略者到朝鮮來的目的之一，就是毀滅朝鮮的人民和人民的朝鮮……在一個不滿五十戶的小莊子上，就有八個農民被殺。敵人在那個莊子上吃掉了一半的耕牛，全部的豬和雞，搗毀並燒掉所有的農具。在全郡（縣），被敵人慘殺者達一千七百九十九人，其中有五百二十九個婦女和三百四十三個兒童；有一千九百一十四個婦女被姦污；有四萬一千六百餘人，至今還找不到下落。
敵人的殘暴是說不盡的。在端川郡的新洞里，二十一個青年婦女被敵人百般侮辱後，還被剝光了衣服，用繩子牽著，在大街上遊行，最後一個一個地被砍死在稻田裡。在

僅有二百一十人的朱用里，就有七十二人被殺，其中有
二十個八歲以下的兒童，六個背著吃奶嬰兒的母親。在二
上里，匪徒們剝光兩個孕婦的衣服，用木棍敲打她們的腹
部。孕婦的肚子破裂了，野獸們在一旁鼓掌大笑。在寧邊
郡蘭田里，匪徒們捉住一位懷孕八個月的青年婦女，先剁
去雙足，又剁去兩手，而後開膛破肚，把未出世的嬰兒挑
在刺刀尖上……。（田流 1951/4/16）

　　這些對殘暴和獸行的極盡能事描寫，其真偽已經超出我們
的檢視範圍。以當時的政治條件和不能有二論的現實來說，不
能排除裡面有政治正確下的誇大和加油添醋。由於資料欠缺，
我們無從判斷其說服性終究如何。不過，若從抗美援朝總會的
各種動員成果來看，在情緒真實的製造上，這些論述是有一定
效力的。因為很多捐獻都和群眾的義憤填膺牽扯在一起，革
命競賽本身無法創造這種「真可惡，比狼虎豹還厲害，這還是
人呀！」的悲憤。這種透過說故事而再現的慘況，和引起的義
憤，在不同的群眾中都產生過重新認識美國的作用。在婦女和
兒童的團體中，效果更是明顯，因為他們都是這類故事中的受
害者。以婦孺的無助和死亡作為訴求，能產生的道德張力遠非
人民軍和成年男子所可比擬。「有一個朝鮮的媽媽，背著她可愛
的嬰兒，離開被美國鬼子燒毀了的家園，在路上，又被凶惡的
美國鬼子殘殺了。子彈由媽媽的胸膛，穿過嬰兒的脊背。媽媽
的血流入嬰兒的胸膛，嬰兒的血流入媽媽的胸膛，兩人的血匯
流到一起了。」「在朝鮮的某地，有一個朝鮮的媽媽被美國鬼
子槍殺後，屍體躺在血泊裡，把地上的白雪染成了紅雪。那吃
奶的嬰兒還在媽媽的身旁，用手撫摸著媽媽的胸膛，嘴裡不斷

地喊著媽媽。媽媽的血沾在孩子的身上、手上、頭髮上，把孩子染成了一個血的孩子。孩子還是撫摸著媽媽；但是媽媽卻永遠不會再給他一口奶吃了……。」（《人民日報》1951/5/3）[20]以尖刀下的婦女和兒童身體作為主題，確實能經營出論述生產者所要的情緒真實。在將美軍的惡行「鬼子化」時，相對產生的不只有憤怒和嫌惡，由此生出的同情和正義期待，也在影響著歷史的發展。對共產黨人而言，這是一石兩鳥的論述動作。在刻畫美國鬼子的邪惡和野蠻時，它也增加志願軍赴朝作戰的正當性，和群眾必須支持志願軍的理由。道理很簡單，在這套論述下，志願軍必然是解救朝鮮人民於水火的正義之師。中國人民秉於國際主義和愛國主義，應當義無反顧地支持志願軍出兵。這個論述的生產和發展無疑符合國家理性的需要，也符合抗美援朝需要的步調突破。在「破」中樹「立」抗美援朝運動的偉大，這些高度交互指涉的論述同時完成兩個使命。

　　從志願軍赴朝作戰到南北朝鮮簽訂停戰協定為止，以文字、圖片、影像等記錄和肯定志願軍的動作就未曾歇手。相對於敵人的邪惡，志願軍的形象無疑是正面又友善的。除了被稱讚為「最可愛的人」外，作家丁玲對志願軍的歌頌，更是在動人的文辭中將志願軍提升成為真理、巨星、英雄和理想的化身[21]。在近現代中國，軍人的形象從未曾如此突出過，其歷史地位和光榮景象甚至高過他們的原有出身——人民解放軍。這個提升和其肩負的愛國主義與國際主義直接有關，也和他們面對的強

20　這兩則故事是由志願軍代表李激濤說給小學生聽的。

21　將志願軍親密地稱為「最可愛的人」，見魏巍（1951/4/11）的文章。這篇文章刊登後引起過一些讀者的迴響與呼應。

大敵人——美國帝國主義的軍隊——有關。畢竟，從鴉片戰爭以來，中國軍隊就沒有打敗過歐美帝國主義軍隊的戰績可稱讚。志願軍在前三次戰役中的獲勝，直如劃時代的功績。它讓毛澤東的名言——「帝國主義和一切反動派都是紙老虎」，獲得事實印證。

　　一個比較特別的做法，而且大大提高志願軍英勇、愛國和無私無畏氣象的是志願軍歸國代表團的組成。在朝鮮戰爭期間，應抗美援朝總會的邀請，志願軍總共派出兩批代表團回國，分赴中國各地做演說、報告、座談和廣播，其時間分別是1951 年 2 月到 9 月，和 1952 年的 1 月到 5 月。整體而言，這兩批代表團都成功完成總會和志願軍司令部賦予他們的宣傳任務，讓前線戰士的英勇作戰情形，和美帝的可憎面目，獲得充分流傳。在現身說法，激勵後方的支前士氣後，他們也帶回後方群眾的支持聲音，激勵前方的作戰士氣。這種人力動員的交流，對處在後方，不了解朝鮮戰場的群眾，和處在異域前線的志願軍戰士，都屬重要。「君自前方來」和「君自後方來」一樣，都能產生鼓舞人心的效果。 1951 年 2 月，第一批志願軍歸國代表團在致志願軍首長和全體指戰員的信中，提及一個月來工作概況：「我們到達北京後，從 2 月 2 日到 28 日，已向中央各機關、各民主黨派、各人民團體、文化界、工商界、宗教界及工人、學生、兒童等做了四十五次報告，聽眾約十萬人。」「現在首都各界到處歌頌與讚揚著志願軍的偉大勝利與英勇作戰故事，並對志願軍表示了無限的熱愛與感激。這是我們全體志願軍同志的無尚光榮！」「接受各大城市熱烈的邀請，我們將立即乘火車或飛機到全國各地，以廣播、報告、座談等方式，介紹志願軍英勇戰鬥情形，以深入抗美援朝的宣傳。志願軍的勝

利和英雄們的名字將傳遍全中國，傳遍全世界！」（中國人民抗美援朝總會宣傳部 1954：787-788）[22]

　　的確，在抗美援朝總會的領導和各地分會與人民團體的配合下，志願軍代表團是以馬不停蹄的方式，在中國各地進行抗美援朝的宣傳。在報告朝鮮前線的英勇鬥爭情況時，他們也揭露了美國帝國主義侵略軍在朝鮮的史無前例殘暴罪行。從 3 月初開始，代表團就分成三組，分赴華東、中南、西北、西南和華北，報告中朝人民部隊在朝鮮前線並肩作戰的英勇事蹟。新華社在代表團光榮返回前線後，對他們的宣傳工作做了高度評價。也從這些文字中，我們看到他們的足跡，和萬人空巷的熱鬧場景。雖然是動員出來的結果，各地的歡迎會還是充滿了集體亢奮，由此產生的愛國情緒和捐獻物資也十分可觀。按新華社的統計，在六個月中，這些志願軍代表親手接到的慰勞物品，就有慰問金 119 億元，慰勞信 50 餘萬封，慰勞品 20 餘萬件，慰勞袋 10 萬餘個，象徵光榮和勝利的鮮花 2 萬餘束，以及大量的書籍、報紙和其他禮品（里若、新華社 1951/9/23）。這些驚人的參與盛況和慰勞物品的捐獻，自然都和抗美援朝分會、各地的領導機關和人民團體的介入有關。

　　同樣的歡迎場面和愛國主義教育，也隨第二批歸國代表團的蒞臨而在各地上演。而且，這次的歡迎場面更令回到祖國的志願軍代表感到動容。「我們到海南島南端崖縣去的時候，出現了七十二里長的歡迎隊伍，許多兄弟民族同胞從幾十里地以外趕來歡迎我們。青海省西寧市四萬多人，在黃風瀰漫，塵土四起的天氣裡，列隊等了我們三個鐘頭。青海省級首長們，親到

---

22 原件寫於 1951 年 2 月 28 日。第一批的代表團成員為十人。

十五里地外來迎接我們，高昂的歡呼聲響徹了祁連山下和黃河之源的每個地方。到卓尼自治區時，三百里以外的藏族同胞連夜趕來看我們。」（中國人民抗美援朝總會宣傳部 1954：929-930）[23] 馬在奔馳，人在歡呼，到處揚起愉快的歌聲和歡笑，這些場面直如歡會一般地呈現在歸國志願軍代表眼前。對聚集的群眾而言，這也是一個分享和感受國家光榮的時刻。因為這些平常散落各地，為生活而忙碌的群眾，並不會有機會在大場面中聆聽歸國英雄們講述朝鮮戰場的勝利過程。面對面的報告，讓遙遠的戰場，隆隆的炮火聲，和志願軍衝殺陣地的場景，再現在中國的各個角落。多少的英雄事蹟和愛國心志也在此流傳。

　　聲稱抗美援朝提供共產黨政權一個加速支配中國社會的條件，不是過度的形容。當然，要征服社會、支配社會，管道不能也不會只有一個，但抗美援朝掀起的愛國主義和競賽氣氛，確實讓中國人民產生和土地改革運動不一樣的情愫。能在戰場上將美軍打回 38 度線，對共產黨政權和志願軍都是莫大驕傲。雖然第四和第五次戰役，志願軍都沒有再傳捷報，甚至損失慘重，但訊息的阻隔或解釋角度的「轉彎」，都減少志願軍打敗仗的後座力。以第四次戰役中，人民軍和志願軍撤離漢城的動作來說，戰局顯然已被美軍所扭轉。面對這個變化，志願軍自然沒有垂頭喪氣，讓祖國人民失望的本錢。為了減少懷疑氣氛的上升，各地的宣傳員也開始以解放軍的作戰經驗來釋疑——即一城一地的得失不是解放軍作戰的目的，瞄準時機，消滅美帝國主義的有生力量才是重點。志願軍撤離漢城是要放長線，捉大魚（力文 1951/5/10）。這個安定人心的說法，讓正在如火如

---

23 原文發表於 1952 年 5 月 25 日。

荼進行的愛國主義活動不致光芒折損。不過，也從這些刻意的
動作中，我們看到，共產黨在進行抗美援朝運動時，並不允許
對立性或矛盾性的說法出現。消息的過濾和管控，是支配社會
的必要條件。

　　這個片面過濾，或不能打擊士氣的立場，也表現在對志願
軍傷亡人數的噤聲上。在朝鮮戰爭期間，中國先後派出的戰鬥
和後勤部隊大約 130 萬人。這些志願軍多由現役部隊簽結志
願書後編裝組成，從最早的東北邊防軍，到後來上戰場的國民
黨舊屬部隊，都是如此。正規軍之外，出自民間的志願者所占
比例不高。不過，在中國方面大肆放送敵人的死傷人數和武器
耗損時，中朝方面的傷亡報導卻始終付之闕如。在人民軍和志
願軍司令部發布的聯合戰績公報中，只有敵人的傷亡統計和武
器損失數字，中朝部分，未有隻字片語[24]。志願軍歸國代表團在
陳述朝鮮戰場的慘烈時，通常也只提及敵人的死傷數目，志願
軍的傷亡依舊是個謎。在抗美援朝一週年的各式紀念文章中，
也看不到相關統計。英勇、愛國和成就，而不是死亡，是這些
文章撰寫的目的。即便在彭德懷所做的戰後工作報告中，也看
不到 130 萬大軍擺在狹長的半島作戰後，究竟死傷多少人。
「從一九五零年六月二十五日到一九五三年七月二十七日停戰
時止，朝中人民軍隊斃、傷、俘敵軍共一百零九萬多人，其中
美軍三十九萬多人，擊落擊傷敵機一萬二千二百多架，擊沉擊
傷敵軍各種艦艇二百五十七艘，擊毀和繳獲敵軍其他各種作戰

24　見〈朝鮮人民軍最高司令部和中國人民志願軍司令部發布的兩年來聯
　　合戰績公報〉，與〈朝鮮人民軍總司令部發布的朝鮮反侵略戰爭第二年
　　戰績公報〉（中國人民抗美援朝總會宣傳部 1954：235-237）兩份文件。

物資無數。敵人在這一期間運往朝鮮的作戰物資在七千三百噸
以上，直接戰費的消耗在二百億美元以上。」（彭德懷 1954：
392）中朝的傷亡人數依然是個謎。這個謎底要到 1980 年代晚
期才逐漸揭曉。最初的一般說法是，中方傷亡合計 36 萬餘人。
2006 年丹東市的「抗美援朝紀念館」終於公布比較準確的數
字。在戰爭期間，志願軍直接犧牲的人數為 183, 108 人[25]。這些
片面的宣揚和過濾都有政治上的考慮，但清除負面資訊的動作
也說明，在運動群眾參與抗美援朝時，共產黨並不允許陰暗面
的出現。可以揭露敵人的殘暴和陰暗，但不能暴露自己的「敗
象」，是這裡的底線。

　　一個昭然若揭的變化是，隨著志願軍的出征和勝利，抗美
援朝的動作也取得一定的突破與進展。除了以戰場的殘暴和故
事「鬼子化」美國帝國主義，增加反美、仇美的正當性外，也
透過各種英雄事蹟、助民動作和扶弱除強的故事，榮耀志願軍
在朝鮮戰場的表現。兩梯次的志願軍歸國代表團安排，更是將
抗美援朝的愛國主義與國際主義內涵表現至極致。不支持前線
的志願軍，不足以作為熱血的中國人；不打勝仗，對不起祖國
人民的支持與愛戴，歸國代表團讓這兩個情緒極點成功地融合
在一起。對共產黨領導人而言，戰場只有一個，貫通前方與後
方是經營這場戰爭的必要條件。歸國代表團正扮演這個「貫通
天使」的角色，而他們確實也沒有辱沒這個神聖使命。當然，
也從滿布情緒、情感、熱血、慘酷、暴力和超出道德底線的故
事敘述中，正義與邪惡的界線被劃分出來。人可以有怎樣的選

---

25 美軍的死亡人數不到 37,000 人。由於志願軍的死亡數字高過美軍 5 倍
　　左右，中國是否光榮獲勝，也成為可議的問題。

擇，和應該做怎樣的選擇，已經顯現其中。作為戰爭的一環，
這些交戰沒有距離朝鮮戰場太遠。在抗美援朝的過程中，論述
和符號的戰爭一直沒有缺席，只不過它們的炮火沒有像朝鮮戰
場上的廝殺和戰役那般，受到論者的重視與洞察。

五、戰爭與治理的辯證

　　以較長的時間來觀看，從共產黨決定採取武裝革命的方式
來實現其理念後，打仗幾乎成為共產黨的「家常便飯」。但共產
黨人也非常清楚，純軍事主義路線不足以造就共產黨的天下。
沒有政治鬥爭的同步進行，甚至成為指導軍事鬥爭的方針，共
產黨的努力將和軍閥無異。由於有長年的戰爭經驗和經營根
據地的磨練，對於戰爭與治理的辯證發展關係，共產黨是了然
於胸。除了戰場上的熱戰外，在政治、外交、經濟和社會文化
上的爭戰，也必須有戰略和戰術的布置。這些都是總體戰的一
部分，不能有所割裂。「戰爭中有治理，治理中有戰爭」，兩者
的關係隨戰爭的類型和性質而變化，也隨治理的火熱程度而產
生變異。在國與國之間的主權戰爭，在爭奪國家權柄的內戰，
在清除社會異類的防衛作戰，和在論述與符號層次的文化戰爭
上，戰爭與治理都會有因地制宜的表現。這些戰爭可能同時交
錯發生，也可能獨自進行，要在概念上形成全部模式的推定有
其困難。很多時候，它可能也無此必要。但必須注意的是，戰
爭有不同類型，相應的治理動作和治理中呈顯的交戰，都應該
受到關注。戰爭和治理不是兩回事。在最根本的地方，戰爭也
是一種治理方式，只不過它是以赤裸裸的武力來遂行治理的實
現。更多時候，治理也可以用非武力的方式來進行，但非武力

不代表沒有競爭和鬥爭。呈顯在論述和符號上的攻伐，以及群眾路線的布署，也和治理的展開脫離不了關係。就其功能關係和因果角色而言，戰爭和治理是連體雙胞胎。只討論戰爭而不顧及治理，就像只討論治理而忽略戰爭一樣，都無法對任何一方做清楚分析。

　　這裡，我無意將日常化的競爭當作戰爭來看待，因為兩者之間還是有性質、對象和程度的差異，不能一概而論。比擬式的解釋，像「商場如戰場」的說法，並無不可，但戰爭還是有其特定的規模、內容與密度，以及操作戰爭的戰略與戰術，甚至是情緒真實的建立，這些未必是日常化的競爭會在一定時間內密集經營的對象。我們可以說戰爭無所不在，但要進行嚴謹的戰爭分析時，可見與不可見的因果變化，以及戰爭中隱含的權謀與計算，還是必須透過事件史來掌握。在跳脫經驗分析時，我們也可以就兩者的主從關係，其在目的、過程和手段上的關聯性進行類型學劃分。這個靜態分析只是方便我們梳理其複雜關係，真實的歷史不會只在一個框框內演變。作為一個啟發性的劃分，它至少在概念上釐清戰爭與治理的不同層次關聯。由於本文無意進行靜態式的分析和陳述，我將在此打住對於這個劃分的進一步討論，但讀者至少知道，戰爭與治理可以有不同層次的關聯。

	war/governance（主／從）	governance/war（主／從）
目的（for）	war for governance	governance for war
過程（in）	war in governance	governance in war
手段（by）	war by governance	governance by war

　　事實上，從毛澤東決定出兵朝鮮，抵抗美軍的北進時，中國內部對於抗美援朝可能產生的利弊得失，就有清楚評估。朝鮮戰爭的發生雖然讓共產黨必須擱置解放台灣的軍事行動，但利用戰爭爭取國際發言權，甚至加速其統治中國的幅度與速度，也充分顯現戰爭作為一種過程和手段，對共產黨統治中國的助益。在前文的討論中，我已經針對抗美援朝蘊含的政略，和各種治理性操作進行分析，也從這些動作中，我們看到共產黨人如何化被動為主動，將朝鮮戰爭轉化為治理中國的利基。若不計較其中的強制成分，僅就其結果而言，這個轉化無疑是成功的。不過，也從抗美援朝運動開始，加上已經展開的土地改革和鎮反運動，中國開始變成一個過度動員的社會。相較於抗戰和內戰時期的動員，其幅度、深度和情緒亢奮度都是過去難以比擬的。其中一個關鍵的差別自然是共產黨在中國已經沒有對手，它是政治上唯一的領導者和發言者。反帝統一戰線的組成，就和之前的抗日民族統一戰線一樣，是以共產黨作為主角，各民主黨派和群眾團體作為配角，形成的政治聯盟。群眾的「自發性」和這些白手套的催動一直有絕對關係。

　　劉少奇的評語也說明，抗美援朝確實對共產黨正在進行的立威動作有關鍵幫助。它不只是一場對外的戰爭，它也是對內的征服，而且是有統合性的征服。因為愛國主義已經成為共產黨可以隨時運用的武器，其效果甚至比國際主義更明顯。1951年5月，劉少奇在說明鎮壓反革命何以能夠大張旗鼓地進行時，將之歸功於抗美援朝的適時發生。「抗美援朝很有好處，使我們的很多事情都好辦（如搞土改、訂愛國公約、搞生產競賽、鎮反等）。因為抗美援朝的鑼鼓響起來，響得很厲害，土改的鑼鼓、鎮反的鑼鼓就不大聽見了，就好搞了。如果沒有抗美

援朝的鑼鼓響得那麼厲害，那麼土改（和鎮反）的鑼鼓就不得了了。這裡打死一個地主，那裡也打了一個，到處鬧」，「很多事情不好辦」[26]。這個坦白並不恣意。它清楚點出抗美援朝具有的隱性報酬。這些報酬未必在一開始就浮現，但共產黨卻能在風險中持續創造抗美援朝的政治好處，這確實已臻於一種「藝術表現」。

征服社會需要時機與戰略，其效果也會受到人性和利益的考驗。我們無須假定這是一個可以畢其功於一役的過程。事實正好相反，國家的意圖和社會與個人的利益之間經常處在拉鋸狀態，臣服和反抗都可能只是片面和片段的過程。以較長的時程來觀察，戰役隨處在進行，贏家也未必全然是掌握國家權柄的一方。不過在抗美援朝戰爭時期，透過愛國主義的操作和情感政治的經營，共產黨確實是站在贏家的一邊。而且，他也試圖將這種勝利和對人民的片面要求經常化，使之成為共產黨治理中國的條件。當然，歷史不會停留在原點，此時的勝利和臣服能維持多久？這個問題只能透過時間來檢證。它不是任何理論能回答的問題。在抗美援朝的高峰時刻，我們不難看到熱情的反美動作。從大規模簽名宣誓不再收聽「美國之音」的廣播，不再穿牛仔褲、花襯衫、看美國電影，到個別教育和文藝工作者批判自己的崇美思想，撕毀自己的美國學位文憑和榮譽獎章，割斷自己與美國帝國主義的聯繫，乃至大義滅親地檢舉自己的親屬有崇美思想等，這些充滿熱情與熱血的動作都是真實的。作為「前方打美帝，後方挖美根」的一環，他們的發生都反

---

26 劉少奇，〈劉少奇在第一次全國宣傳工作會議上的報告〉，轉引自楊遠松（2006：41）。原件報告於 1951 年 5 月 7 日。

映國家的意圖與成就。 1980 年代後出生的中國人，大概很難體
會他們的父祖輩曾經如何熱情地、身體力行地反抗美國帝國主
義。歷史的難料當然也包括中國此刻已經成為美國的最大債權
國。從反美、仇美，到成為美國的債主，時間只有半個世紀。
反映在國家層次上的變化，是否也會反映在國家和社會之間的
關係變化上？這個問題也只能交給時間來回答。

　　就結果而言，朝鮮戰爭確實提供共產黨政權一個有利的時
機，清算美國在中國的影響力。雖然從 1949 年開始，毛澤東就
決定「新中國」的外交政策必須與「舊中國」有所不同。重新審
查現有條約，去除帝國主義的特權與影響是其中一個重點。若
沒有朝鮮戰爭的發生，廢約和談判會是一般的解決方式。但朝
鮮戰爭的發生改變了這些既有可能。除了政治、經濟和軍事的
對抗外，全面肅清美國帝國主義的文化侵略，也隨抗美援朝運
動而立即提上議程。而且，其層面廣及於教育、文化、醫療、
出版、救濟、和宗教事務等方面。就其比例而言，清除美國的
影響力，幾乎就等於清除歐美帝國主義的在華影響力，其在治
理上的作用自然不容小覷。郭沫若的報告顯示，1949 年前後，
接受美國津貼的文化教育救濟機關和宗教團體，幾乎占全部接
受外國津貼的同類機關和團體的一半。接收和結束這些機關團
體，是走出新治理遲早要進行的工作。抗美援朝等於加速了這
些動作的「合法」進行（郭沫若 1954：798）[27]。關閉或接收這些
外國勢力的宣傳和活動管道，甚至要求教會進行教務重整，實
現自立、自養、自傳的傳教原則，在抗美援朝期間達到高峰。

---

27 此文件係 1950 年 12 月郭沫若以副總理身分在政務院做出的報告，其
　內容經政務會議通過。

對共產黨而言，這是鼓吹反美、仇美的一致性動作，也是挖美根的具體表現。但若從治理的角度觀察，這也是去除對照組和競爭者的開始。由此展開的一元化發展，將使原來支持共產黨建政的知識分子和民主人士，開始感到窒息。1957 年的反右派運動是這份窒息的代表作，但其原因不能只從抗美援朝的結果來尋找。畢竟，一元化的思維深埋在馬克思主義的理論中，抗美援朝只是在這條道路上摒除其對手，加速它的前進而已。

從經驗或理論思辨的角度，推定戰爭和治理的共構關係，或者析釐出其間的辯證發展關係，確實可以讓我們對戰爭的性質和複雜度，以及治理的目的、技藝，和涉及的交戰面貌等，有更多留意，甚至也可以因此而更了解一個政權的性格與使命。在進行這類的考察時，戰爭涉及的國際關係和戰場的勝敗演變，比較不是觀察重點。戰爭如何與為何可以營造一個國家或政權征服社會的條件，其機會與限制各自如何，是這裡要計較的議題。當然，要從抗美援朝的動作來回答戰爭與治理的所有問題，並不容易，畢竟，戰爭本身的複雜度和本文採取的討論立場，都限制了這個可能性的出現。在沒有意圖要對戰爭進行一個一般性和全面性的討論前提下，我希望能透過抗美援朝的動作來檢視戰爭與治理、戰爭與社會，乃至國家透過戰爭來征服社會的細部動作。這些動作未必會重複出現在其他社會或國家中，但作為國家治理的一部分，他們有值得被檢視的價值。要了解 1950 年代的中國和共產黨政權，這些都是重要的片段和素材。

六、結論

　　將朝鮮戰爭和抗美援朝運動置放在冷戰框架下來分析，是政治史、外交史和軍事史經常採取的進路。一般而言，這些討論都呼應著克勞塞維茲的命題，即戰爭是政治通過其他手段的延續。從冷戰的經營，到朝鮮戰爭的爆發和停戰協定的簽訂，都不難發現這個命題的存在。不過，這個命題也預設政治是常態，戰爭是非常態，唯其如此，戰爭才能作為政治的選項和延續。政治為主，戰爭為從，是其位階秩序，其關係不能倒轉。在克勞塞維茲的認知中，動用一定的武力在固定的土地上進行會戰與決戰，是戰爭的主要特質，總體戰更是這種戰爭的極致代表。朝鮮戰爭的發生和結束，無疑都具有這些特質。不過，在聚焦於克勞塞維茲式的觀看時，我們也不能忽略戰爭和內部統治的關係，與戰爭和主權政治的經營一樣，都有值得一究的必要。在不否認克勞塞維茲的命題具有意義的前提下，我希望能將抗美援朝涉及的統治技藝、論述操作和征服社會面向揭露出來。這個焦點的置換不會改變戰爭的結果，卻能讓我們看到，共產黨人是如何因勢利導地將外部戰爭轉化為對內支配的利基。當然，相應的治理之戰也由此揭開序幕。

　　這裡，我們顯然面對一個「以戰為治」的命題。一個基本問題是，它究竟是一個例外狀態，還是一個普遍局勢？按照克勞塞維茲的說法，它只能是總體戰的一部分，配合主權戰爭而出現與結束，沒有獨立性。證諸抗美援朝運動的發生，特別是它的非預期成分，這個面向確實存在，也說得過去。然而，若將時間拉長，將抗美援朝運動置入中國革命的歷程來觀看，以戰為治卻又是一個時期的常態，而非偶發狀態。對比於後來發生

的各種征服社會動作，如鎮反、三反、五反和反右運動，以戰為治幾乎成為共產黨治理中國的主要型態。說它是例外狀態，可能還得考慮革命的屬性與持續的歷程，才不會產生理論上的誤判。簡單地以偶發狀態來看待這段歷史，或凸顯以戰為治的特質，可能忽略掉革命的本質其實就是戰爭。當然，若以傅柯的社會戰爭概念來印證以戰為治的場面，後者就會變成恆常狀態，雖然這種戰爭未必會以兵戎相見的方式來進行，也未必會和主權戰爭緊緊相連，但戰爭的密度和場景依舊可觀。因此，以戰為治究竟是歷史的常態，還是例外狀態，還得看戰爭的種類究竟是社會戰爭還是主權戰爭來決定。以中國革命的情況來說，它包含武裝鬥爭與征服社會的動作，後者已經超出克勞塞維茲的命題，比較和強調敵對關係、緊急處置和懸置法律的史密特和阿岡本有理論上的親近性[28]。不過，可以確定的是以戰為治有其極限，不管是以政治、軍事或群眾運動的方式來征服社會，總是會遇到不同程度的稀釋與隱微抵制。這也是類似的征服在共產黨建政後，一再出現在中國的原因。以宏觀和歷時的角度來考察「新中國」的歷史，我們將清楚看到，以戰為治如何讓既有的人際倫理與社會信任，在戰爭滲透入社會的毛細孔時迅速萎縮，這是中國社會為革命付出的昂貴代價。

　　另外，一個有趣，但未必會有明確答案的問題是，如果沒有朝鮮戰爭和抗美援朝運動的發生，共產黨對中國社會的統治將變得如何？這個假設性問題不會有具體答案，但卻是評估抗美援朝的重要性不能缺少的動作。就戰爭的整體結果而言，朝

28　由於篇幅關係，作者會另文討論史密特與阿岡本的「例外狀態」在研究中國革命的適用問題。

鮮戰爭無疑是中國成為大國的重要一步，雖然它的國力和影響力還不及於蘇聯，但相較於 1949 年前的中國，它的內聚能力和抗外條件都有明顯突破。作為社會主義陣營的一員，它獲利於蘇聯提供的政治、經濟、軍事和情感援助。這些條件不能從朝鮮戰爭中抽離，也不能從中國宣稱的「光榮勝利」中隱退。在評估中國的抗外條件時，蘇聯的因素不能缺席。但在內聚能力部分，蘇聯幾乎沒有角色可以扮演，因為中國的領導人不願意蘇聯插手其內部事務。也因為如此，在檢視抗美援朝總會的動員中，完全看不到來自蘇聯方面的「支持」或「奧援」。內外有別，這個界線被清楚地維護著。

對剛剛建立政權的共產黨人而言，抗美援朝是個負擔，也是個紅利。這些利弊得失在中國領導人決定參戰的討論中，已經多有揭露。在劉少奇的評價中，抗美援朝更是一個利益甚多的政治行動。它讓土改和鎮反行動，都能和愛國主義牽扯上關係，使鬥爭地主和鎮壓反革命分子成為保衛祖國的有意義舉動。在此情況下，清算和槍殺地主、惡霸與反革命分子就不是政治上的惡行或惡德，反而是愛國的表現。我們可以想見，倘若沒有朝鮮戰爭的發生和抗美援朝的動員，共產黨還是可以透過土地改革和鎮壓反革命的路徑，進行政治、經濟和社會層次上對中國社會的領導與改造。對幹部的整風動作也不會停止。類似大生產運動的經濟生產要求也會繼續出現。這些都是可以預期的結果。對工商資產階級的清算和取消，對意識型態戰場的清理等，也早晚會發生。這些也是完成無產階級革命必然要進行的動作。就革命已經踩出或將要踩出的步伐而言，抗美援朝似乎沒有對革命的方向有所影響。事實確實也如此。但方向、內容和速度未必是一回事。抗美援朝對後兩者的影響值

得觀察，這也是本文著墨的重點。一個明顯的差別是，土改、鎮反、整風和大生產運動的執行，都難於在群眾中造就出熱愛祖國，願意為祖國犧牲奉獻的時代精神。共產黨可以透過土改取得農民擁護，可以透過鎮反壓制敵對力量，可以透過整風整肅幹部腐敗，也可以透過大生產運動增加糧食生產，甚至也可以透過稅收平衡貧富差距，但這些都無法令人民產生愛國主義的熱情。這股集體的興奮和狂熱，雖然夾雜著生產競賽、愛國公約和情感政治的操作，只因抗美援朝才出現。在愛國主義的浪潮下，不但土改和鎮反獲得道德支持，在反抗帝國主義的濃烈氣氛下，剷除帝國主義的經濟和文化侵略也成為重頭戲，連帶產生的是一元化的加速進行。對剛取得政權的共產黨人而言，這是突破群眾遲疑和立威的絕佳時刻，而他們也確實抓住時機，以熟練的治理技藝和情感操作，要人民無保留地支持祖國、支持志願軍、支持共產黨。就此而言，抗美援朝實可謂為「甜美的負擔」。史達林在同意金日成揮兵南下時，肯定沒有意識到這場戰爭會成為毛澤東加速支配中國的契機。

參考書目

一、中文書目

《人民日報》，1950/6/26，〈李承晚偽軍向北朝鮮發動全線進攻，朝鮮共和國警備隊展開防禦戰，朝鮮中央通訊社斥責戰販杜勒斯在南朝鮮的活動〉。

《人民日報》，1950/11/6，〈為什麼我們對美國侵略朝鮮不能置之不理〉。

《人民日報》，1950/11/11，〈京漢路保定機務段職工控訴帝國主義侵略暴行，熱烈展開愛國主義的生產競賽，把仇恨變成力量！〉。

《人民日報》，1950/11/15，〈滬西梅方里等里弄居民控訴美帝罪行〉。

《人民日報》，1950/11/23，〈北京工商界保衛和平反對侵略委員會成立〉。

《人民日報》，1950/11/24，〈京市大中學校師生熱烈慰勞我志願部隊和朝鮮人民軍〉。

《人民日報》，1950/12/28，〈各地工商界致電毛主席，堅決抗美援朝加強反帝愛國統一戰線，保證穩定物價積極生產供應軍需民用〉。

《人民日報》，1951/2/4，〈介紹各地各界人民的愛國公約〉。

《人民日報》，1951/4/26，〈北京婦女舉行廣播控訴大會，四十萬人收聽控訴並參加簽名投票〉。

《人民日報》，1951/5/3，〈孩子們要求打垮美帝國主義，河北石家莊少年兒童隊隊員聽了志願軍歸國代表報告後的來信〉。

《人民日報》，1951/5/10，〈川北區抗美援朝使一千萬人結成一股勁〉。

《人民日報》，1951/5/13，〈山西武鄉重點檢查抗美援朝宣傳教育工作〉。

《人民日報》，1951/5/16，〈平定怎樣啟發群眾仇視美帝國主義的？〉。

《人民日報》，1951/5/23，〈劉胡蘭的故鄉制訂深入抗美援朝計畫，愛國公約和生產結合成為全村人民的行動綱領〉。

《人民日報》，1951/5/30，〈各地抽查抗美援朝宣傳教育工作的情況〉。

《人民日報》，1951/6/2a，〈「迅速納完國稅，增加國防力量！」工商界集體納稅運動向中小城市擴展，若干地區有偷漏稅現象，仍須注意克服〉。

《人民日報》，1951/6/2b，社論，〈廣泛訂立並認真執行愛國公約〉。

《人民日報》，1951/6/25，〈朝鮮戰爭的一年〉。

丁玲，1951/1/14〈寄給在朝鮮的人民志願軍〉，《人民日報》。

力文，1950/12/1，〈「這是我們對美帝侵略的回答」—記湖北省農具製造廠的愛國主義生產競賽〉，《人民日報》。

力文，1951/5/10，〈抗美援朝運動中的宣傳員楊春華〉，《人民日報》。

中國人民抗美援朝總會宣傳部（編），1954，《偉大的抗美援朝運動》。北京：人民出版社。

尹良武、陳時偉，2000，〈四十年來中國大陸的韓戰研究〉。《近代中國》137:133-143。

扎朵羅日內依，1951/1/15，〈中國人民志願軍是不容毀謗的〉，《人民日報》。

毛澤東，1999，〈中國人民志願軍應該和必須入朝參戰〉，收於《毛澤東文集》第六卷，頁103-104。北京：人民出版社。

王繩祖（編），1995，《國際關係史》。北京：世界知識出版社。

平權、蕭文，1951/6/3，〈中共唐山地委怎樣使全區每一個人都受到了抗美援朝教育〉，《人民日報》。

田流，1951/4/16，〈殘暴的獸行，英勇的反抗〉，《人民日報》。

沈志華，1995，《朝鮮戰爭揭秘》。香港：天地圖書公司。

沈志華，1996，〈朝鮮戰爭研究綜述：新材料和新看法〉。《中共黨史研究》6:86-90。

沈志華，1997，《毛澤東、斯大林與韓戰》。香港：天地圖書公司。

沈志華，2000，〈朝鮮戰爭爆發的歷史真相〉。《二十一世紀》57:55-67。

金建，1951/6/22，〈在深入抗美援朝運動中應注意些什麼？北京市第四區抗美援朝運動中需要解決的問題和今後的計畫〉，《人民日報》。

徐焰，1990，《第一次較量——抗美援朝戰爭的歷史回顧與反思》。北京：中國廣播電視出版社。

張淑雅，2000，〈近二十年來的韓戰研究概況〉。《近代中國》137:101-116。

梁鎮三，2003，〈朝鮮戰爭期間中朝高層的矛盾、分歧及其解決——冷戰中社會主義陣營內國家關係研究案例之一〉。《中央研究院近代史研究所集刊》40:55-98。

郭沫若，1954，〈關於處理接受美國津貼的文化教育救濟機關及宗教團體的方針的報告〉，收於中國人民抗美援朝總會宣傳部編，《偉大的抗美援朝運動》第三編上冊，頁797-799。北京：人民出版社。

富振聲，1951/3/18，〈東北區建立宣傳網的經驗〉，《人民日報》。

彭德懷，1954，〈關於中國人民志願軍抗美援朝工作的報告〉，收於中國人民抗美援朝總會宣傳部編，《偉大的抗美援朝運

動》第一編，頁 389-400。北京：人民出版社。

黃金麟，2005，《政體與身體：蘇維埃的革命與身體，1928-
　　1937》。台北：聯經。

新華社，1950/12/11，〈各地工商界響應毛主席號召，行動起來
　　加強反帝統一戰線〉，《人民日報》。

新華社，1950/12/17，〈朝鮮人民軍戰士金恒千函我解放軍中的
　　老戰友，揭露美軍暴行報導朝鮮人民抗戰決心〉，《人民日
　　報》。

新華社，1950/12/18，〈全國鐵路職工熱烈寫信送慰問袋〉，《人
　　民日報》。

楊逵松，2000，〈中共出兵朝鮮始末（1950-1951）〉。《國史館館
　　刊》復刊 29:125-158。

楊逵松，2006，〈毛澤東與「鎮壓反革命」運動〉，收於陳永發
　　編，《兩岸分途：冷戰初期的政經發展》。台北：中央研究
　　院近代史研究所。

楊濟之，1951/4/12，〈工商界的抗美援朝運動與稅收工作〉，
　　《人民日報》。

里若、新華社，1951/9/23，〈志願軍歸國代表昨光榮重返前
　　線，行前發表談話，號召繼續增強國防力量，要把國內抗
　　美援朝偉大成就向全軍傳達〉，《人民日報》。

劉金質，2003，《冷戰史》。北京：世界知識出版社。

蔭桐、薛鵬起，1950/11/29，〈勞模帶頭努力抗美援朝，東北
　　煤礦生產競賽獲成績，京市各廠工人競賽生產捐獻工資嚴
　　防特務〉，《人民日報》。

鄧小平，1993，《鄧小平文選》。北京：人民出版社。

鮑濤、董智輝，1951/5/16，〈貴州省惠水縣抗美援朝運動還未

普遍展開〉,《人民日報》。

邁可・沙勒（著），郭俊禾（譯），1992,《亞洲冷戰與日本復興》。台北：金禾出版社。

魏巍，1951/4/11,〈誰是最可愛的人〉,《人民日報》。

二、英文書目

Whiting, Allen S. 1960. *China Crosses the Yalu: The Decision to Enter the Korean War.* N.Y.: Macmillan.

Cumings, Bruce. 1990. *The Origins of the Korean War.* Princeton: Princeton University Press.

第五章

社會是戰爭的延續： 日治時期以來台灣「國家的敵人」與「治安戲碼」的歷史考察

姚人多

> 現在我要把你們的注意力轉移到這些現象，但是，你們可
> 能會抗議，不管是宇宙間或是在人類心靈裡面都有許多更
> 大的問題……所以把時間與精神花在這些無聊的瑣碎事情
> 上，真的顯得有點無聊。

——Sigmund Freud, *The Psychopathology of Everyday Life*
（1901[1989]）

一、傅柯的問題

1976 年，當傅柯（Michel Foucault）在法蘭西學院進行一
年一度的講座時，他按照慣例給了當年的講座一個奇怪的名
字：必須保衛社會。在那一年的講座中，傅柯提出了許多與戰
爭、權力、論述、政治相關的重要議題。不過，對於社會學家
來說，那可能是一場非常奇怪的講座。因為社會學的讀者一直
在尋找，「社會」在哪裡？到底什麼社會必須要被保衛？被誰
保衛？為了誰的利益而保衛？經過了頗為冗長的等待，3 月
17 日的最後一場演講中，傅柯終於給了我們答案。「國家種族
主義」（state racism）是傅柯把這一年來所有有關權力與戰爭
的論點跟「社會」串起來的重要且唯一線索。傅柯自認為看到
了一個很大的歷史弔詭，用他的話來說：「這個權力的目標實
質上就是要讓人們活（live），在這個意義上，它怎麼能夠讓人
死呢？這個死亡的權力、死亡的功能，是如何在一個強調生命
權力（biopower）的政治體系中被實踐呢？」（Foucault 2003:
254）在這個脈絡之下，傅柯談到了納粹。納粹對他而言是一個

典型的代表，一個現代生命權力卻不斷訴諸於屠殺的政權。傅柯也注意到歷史上也曾存在另一類的政權，它們同樣是強調生命，可是另一方面也不斷屠殺，這一批政權是所謂的社會主義政權。傅柯向巴黎現場的觀眾承諾，他以後會針對這些政權作研究。不過，據我所知，傅柯在 1984 年他去世之前，就再也沒有回過頭來處理戰爭與種族的議題。 1976 年的傅柯是用以下這個問句作為他整年講座的結尾：「一個政權如何能在不變成種族主義者的情況下，還能一方面讓生命權力運作，另一方面同時實踐戰爭的權利、謀殺的權利與死亡的功能呢？對我來說，那就是問題所在，而且我認為，它到今天仍然是個問題。」（Foucault 2003: 263）

　　並不是所有談論戰爭歷史或戰爭社會學的人都必須訴諸於傅柯，我今天之所以會這樣做，其實只是拿傅柯的問題作為這一篇論文的出發點。對傅柯而言，當權力的形式已經從過去那種國王的生殺大權式的權力轉變成以人口為對象的現代生命權力時，屠殺就變成一項需要正當性的政治行為。上述傅柯那段文謅謅的引文，如果用白話文講就是，一個政權如何一方面要人口蓬勃發展，另一方面卻又大量屠殺？傅柯提供的唯一答案就是「種族」。換句話說，一個現代政權殺人的唯一理由就是因為被殺的對象是來自於不同的種族。這就是國家種族中心主義的精髓。不過，我想要用台灣的例子來證明傅柯上述的論點其實是有待商榷的。從 1895 年開始，從日本人到中國人，這兩個相繼的政權屠殺了許多台灣人。不過，重點在於，他們殺人，可是他們卻沒有變成傅柯意義下的種族主義者。也就是說，我想表達的是，「敵人」不見得一定會沿著「種族」的軸線而被建構，那個必須被保衛的社會也不是因為該社會內部有著不同的

種族。社會必須被保衛是因為這個社會內部存在著「敵人」，他們是國家「不想要的人」（people unwanted）。

那麼，誰是敵人？誰是國家不想要的人？什麼是不想要的人？這個社會裡面是不是有一些人比其他人更不被國家想要？國家又是如何處理這一批不想要的人？國家又是如何區辨誰是他們的敵人？然後，當一個社會內部長期有這些敵人或不想要的人的時候，這個社會會變成什麼樣子？這是一篇處理國家殺人的論文，我們會用許多不起眼的小故事與例子建構出一個完整的架構。我們將會處理暴力、屠殺、說謊、籠絡、欺騙、污名化等國家的手段，然後，我們會回到歷史現場——為各位區辨這些瑣碎手段的細微變化與不變。

二、敵人與戲碼

有關於「敵人」，在汗牛充棟的文獻當中，我選擇以下這一段瑣碎的小插曲來當成討論的開頭。

1943 年 4 月，當戰爭在中日兩國之間如火如荼展開之際，有鑑於日本統治下的台灣人在這場戰爭中重要地位，中國國民黨中央宣傳部所屬的中央電台特別於每週五晚上九點，開闢了一個從中國對台灣發送的廣播節目。節目的主講人叫柯台山，不過，他負責的工作可能只是用閩南語把稿子讀出來，實際的撰稿人則是國民黨中央宣傳部。而且，從目前殘存的史料看來，每次的廣播稿在播出之前，都有高層主管對播出內容做最後的修改與把關，因為每一篇文稿上面至少都有兩種不同的字跡。第一次播出的主題是「抗戰與台灣」（1943 年 4 月 16 日），裡頭提到「台灣同胞當前最迫切的歷史神聖任務」是「不要跟敵

人合作，反對徵兵反對勞役，使敵人的腳跟不能站得穩。」（中國第二歷史檔案館、海峽兩岸出版交流中心編 2007：8）

　　當時台灣已經在日本統治之下超過四十年，不過，中國國民黨宣傳部基於民族主義立場，依然用中國人區辨敵我的方法來向台灣人喊話：中國的「敵人」就是台灣的「敵人」。在那個戰雲密布的年代，到底有多少人聽到這個節目，目前已經不可考。不過，從當時台灣年輕人對日本殖民政府徵兵辦法的熱烈反應可以看出，這種把日本人定義為「敵人」的宣傳說法，其成效顯然非常有限。

　　在所有遺留下來的廣播文稿中，有一篇最吸引我的注意。那是 1943 年 4 月 30 日的「確定三民主義為台灣革命的最高原則」。它吸引我的部分不在於它說出來的文稿，而在於那些被審稿人用毛筆刪掉與修改的部分。經過還原，當時擺在柯台山廣播桌上的文稿應該長這個樣子：

> 我們大家都知道，自從台灣被割與日本，至今已是四十八年了。其間~~雖~~我們全台同胞曾因不願為異族奴隸，不斷地起來反對敵人，~~其~~我們的目的~~固然是~~~~致力~~在於推翻敵人的統治，爭取自身的解放，~~無如~~可是始終因敵人的壓迫過甚，竟未獲得如何成就，尤其是~~在這數十年資本主義與帝國主義~~日寇軍閥財閥強制壓迫之下，簡直不容許我們達到一種思想上的統一，與全力鬥爭的局面，講起來真是痛心。（中國第二歷史檔案館、海峽兩岸出版交流中心編 2007：11）

　　再一次，我們可以觀察到「敵我區辨」在廣播稿中的重要角

色：「我們全台同胞」對抗「日本敵人」。這種以民族主義為主的敵我區辨是個有趣的研究主題，不過，對我而言，這段文稿最耐人尋味的地方在於，「資本主義與帝國主義」被刪掉了。為什麼會被刪掉？當然，可能的原因有很多。比如說，「資本主義」與「帝國主義」這幾個字太過艱深，國民黨怕一般台灣民眾聽不懂，於是就改成比較有針對性的「日寇軍閥財閥」。由於史料的缺乏，我無法完全排除這種可能性。然而，我認為，更根本的原因應該從資本主義與帝國主義的對立面去尋找。「資本主義」與「帝國主義」在當時的使用脈絡裡面，是一個非常「社會主義」與「共產主義」的語言。也就是說，當國民黨的宣傳部把「資本主義」定義成「敵人」時，那它自己就成了左翼的政黨，它與共產黨之間的界線將會模糊不清。總之，這不是國民黨會用的語言。

當時究竟是誰做最後的修改已經不可考，不過，不管他的身分為何，他所進行的修改有著相當程度的「先見之明」。儘管中國國民黨與中國共產黨之間，在20世紀前半葉有許多分分合合，不過，在戰後數十年的歷史中，這個島上的蔣家政權將會針對共產黨發動一場巨大的鬥爭。

上述這個例子，在歷史的洪流中，只是台灣過去近百年來，國家機器針對「敵人」是誰，所做的眾多論述中一個不起眼的小插曲。如果不仔細閱讀，它很有可能不會出現在任何史學或社會學的文章中。然而，對於本文的目的而言，這篇經過塗改的廣播文稿卻有著重要的意涵。因為它點出了一個事實，國家在建構「敵人」時那個處心積慮與謹慎小心的角色。

這是一篇探討國家如何在其統治的領域內找出敵人、建構敵人、對付敵人的論文。對統治者而言，沒有人天生就是敵

人。敵人往往必須透過精心的計算與縝密的組織才能成功在社
會中建構出來。本文就是試圖書寫從日治時期（1895）到動員
戡亂時期結束前（1991），有關於「國家的敵人」的歷史。從日
治時期開始，每一個階段的台灣都有其固定之「國家的敵人」。
這群人在不同的時代裡，國家會給予他們不同的稱呼。有的時
候叫「土匪」，有的時候叫「漢奸」，有的時候叫「共匪」。不管
被稱為什麼，他們有著一個共同點：他們都是被國家機器所建
構、形塑、打造、並且向全民公開宣布的「敵人」。他們不是
隨機的、單純的對國家不滿的反抗者，他們是被國家直接放到
對立面，國家毫不隱瞞地告訴人民，這些人必須加以殲滅、消
滅、摧毀，社會才會安定，國家才會安全。國家對待這些人的
態度與方法絲毫沒有偷偷摸摸與遮遮掩掩的意思，最普遍的做
法是向全體人民宣布，他們就是「我們的敵人」。像這種人，不
只是國家有責任，全民都有責任要把他們消滅。

　　本文所謂的「敵人」所指涉的不是個人所憎恨的對象，而
是一個集體的概念。如 Carl Schmitt 所說，「敵人不僅僅是個
競爭者，或者在一般衝突中的兩造。敵人也不是個人所憎恨的
私人對手。敵人之所以存在，一定是當一個人民的戰鬥集體
（fighting collectivity），遭遇了另外一個相似的集體。敵人永
遠只能是公眾的敵人」（Schmitt 1996: 28）。換句話說，它本身
是一個戰爭的語言：一群人對另外一群人的集體對抗。再根據
Schmitt 的說法，如果政治的最終劃分就是在區辨誰是敵人、誰
是朋友（Schmitt 1996: 26），那麼，在戰爭時期，這種敵我區辨
毫無疑問便是它被推到極限的展現：為什麼要消滅他們？原因
很簡單，因為他們是敵人。

　　不過，在本文中，我們即將看到，在台灣即使已無實際的

軍事動員與行動，國家機器為了自身的生存，會把這種戰爭語言延伸到非戰爭的時期。「在和平與戰爭之間沒有任何中間物」這種二分法是錯誤的。對特定的國家機器而言，只要這個社會內部仍有存有敵人，我們就是處於戰爭狀態。敵人的無處不在、敵人的心狠手辣、敵人的狡猾邪惡，往往成了國家製造恐懼的方便說法。這種在共同體內部所進行的全面性且摧毀性的敵我區辨，在台灣斷斷續續持續了近一百年。前面提到，敵人的身分或許會隨著政權的不同而有所不同，不過，一個世紀以來，在社會共同體內部持續搜捕敵人的動作卻不斷上演。魔鬼往往藏在細節裡，在以下的篇幅中，我將論證，從 1895 年到 1991 年廢除動員戡亂時期臨時條款為止[1]，台灣歷經了日本殖民統治與國民黨威權統治，這將近一百年的時間裡，國家機器建構與對付其敵人的方法，在表面上看來，似乎無顯著的差異：殺戮、招降、納編、監禁、監視。不過，如果仔細比較箇中差異，我們會發現，兩個政權，特別是在統治初期，在建構與對付敵人時所運用的行動策略的總戲碼（repertoires），其實是有一些細微的不同。也正是因為戰後國民黨政權在戲碼上的增添與消減，台灣社會內部有了戲劇性的改變。人類學家與社會學家往往在尋找台灣社會的凝聚法則（謝國雄 2003：3），不過，透過檢視這段歷史，我想挖掘的是台灣社會的對立分化法則。

1　必須特別強調，我並沒有企圖要對這將近一百年的歷史作完整的書寫，這已經遠遠超出一篇論文的規模。我的焦點將會集中在兩個政權剛來台灣的那幾年。在日治時代，我的討論集中在 1895 年到 1902 年，在國民黨時代，由於他們遲至 1991 年才正式結束「動員戡亂時期」（脫離戰爭狀態），所以，處理國民黨的時間規模會拉長一點。日治中後期，以及 90 年代之後的歷史，則有待其他學者之努力。

所有的社會連結，不管是血緣、地緣、功能關係，在政治面前都將凍結或讓位[2]。政治上的敵我區辨已經滲透到各種社會組織之中，社會就是戰爭的延續。沒有任何社會在全面搜捕內部敵人的同時，仍然能維持正常的信任與凝聚，這篇文章就是試圖去理解這個改變的始末。

　　在進入歷史的討論之前，有必要針對一個概念先做說明。什麼是「戲碼」？這是 Charles Tilly 在 *The Contentious French* 這本書中所使用的概念。他觀察到，「在 17 世紀的布根第，他們（當權者）慣以騷亂、激動及失序來形容民眾為了爭取自身權益所採用的種種手段。但當我們越是詳細地審視這樣的抗爭，就越會發現，其中其實秩序井然……其實，它們只是有限幾種行動形式的不斷重複。」（Tilly 1989: 4）於是，Tilly 告訴我們：「對任一特定的團體而言，在抗爭時，他用以面對不同的個人或團體，以及面對不同的行動目標時，所能採用的所有方法的集合體，可以稱之為是其行動策略總戲碼。」（Tilly 1989: 4）Tilly 的重點在於，幾個世紀以來，在法國各地，這些看似千變萬化的集體抗爭行動，其實是有秩序可言，而且，它們往往只是幾種形式的不斷重複：這是一個不會有多大創意的領域。在這本書出版的四年後，Tilly 對歐洲集體行動的關懷從法國轉移到英國。"Contentious Repertoires in Great Britain, 1758-1834" 這篇文章就是他初步的成果。在該文中，他把「抗爭戲碼」

2　謝國雄指出，「要確認某種社會構成法則，首先要確認這些法則在當時社會的各種社會組織的形式上，均具有支配性與決定性。」（2003：6）如果依照這個標準，尤其是國民黨統治的白色恐怖時期，政治上的敵我區辨無疑地是社會上最具支配性與決定性的法則。

（repertoires of contention）做了更詳細的說明（Tilly 1993）。
根據他自己的解釋：

> 戲碼這個字指的是一組有限的例行事務（routines），它是
> 透過一個相對審議的選擇過程所學習、分享，以及做出
> 來。戲碼是學習而來的文化創建物，但是它並不是來自於
> 抽象的哲學，也不是政治文宣形塑的結果；它是從鬥爭中
> 浮現。人們學著在抗議中打破窗戶，攻擊那些被上頭銬手
> 鍊的罪犯，拆了那些不義的房子，舉行公開遊行，請願，
> 組辦正式的聚會，組織特殊利益的協會。不過，在任何一
> 個特定的時間點上，在集體行動時只有相當少數的替代選
> 項（alternative ways）可供他們學習……抗爭戲碼是那些被
> 確立的行動方案（the established ways），在那裡頭一對行
> 動者針對各自的利益出擊與接招。（Tilly 1993: 264-265）

與四年前相比，Tilly 在抗爭戲碼這個概念中加入了一點新的
東西，除了保留原先的「有限的」（limited）、「學習來的」
（learned），以及「被確立的」（established）之外，他提到，這
個概念同時指涉了兩組人，出擊與接招的（make and receive）。
換句話說，抗爭戲碼不再是抗爭行動者本身的戲碼，它是一個
互動的概念，人們在分析抗爭戲碼時應該把被抗議的團體之反
應納進考量：這是一個抗議者與被抗議者共同協商、共同學
習、共同確立的過程。這是一項觀念上的補充與進步。不過，
耐人尋味的是，1993 年的 Tilly，對於「抗爭戲碼」這個概念是
否可以成功解釋這麼複雜與多樣的集體抗爭行動，他反倒變得
謙虛與保守。到底有無「戲碼」？如果有，從何處觀察？如何

確認？他相當程度承認，這些問題並沒有在文章中獲得滿意的解答。他自己提到，「從其他學者的反應看來，我不能說抗爭戲碼這個觀念是非常成功。」（Tilly 1993: 276）不過，在理論與概念上的謙虛，並不妨礙 Tilly 在分析英國的集體抗爭行動時的大膽推論：「在英國，抗爭戲碼在 1750 年代到 1830 年代之間，發生了根本的改變。」（Tilly 1993: 271）[3] 舉之大者如抗爭時的死傷人數大幅降低了，各式各樣的利益團體正式組織出現了，以及酒吧等公共空間的重要性之提升等等。

本文的寫作直接受到 Tilly 的啟發。過去這幾年來，我所研究的主題多半集中在，台灣在不同政權統治下「治理性」（governmentality）的發展與改變。我曾研究日治時期的統治技藝與政治理性（姚人多 2001），我也曾經寫過 1945 年之後國民黨政權來台之後對日本殖民治理性的承襲與轉化（姚人多 2008）。不過，在看了 Tilly 對歐洲集體抗爭行動的歷史分析之後，我對長期歷史發展過程中的「變」與「不變」有了新的一層體悟，特別是我意識到我之前的研究從未針對一群特定的人，往往流於空泛[4]。我開始思考，台灣這個島上，從以前到現在，

3　附帶一提，Michel Foucault 在 *Discipline and Punish* 中開場的那一段殘酷的行刑與之後枯燥的時間表，正好與 Tilly 所指出的兩個時間點是高度契合的。可見，那幾十年的歐洲，的確有一些關鍵性的改變。不過，這不是本文的重點。

4　有一次我在苗栗大埔，那一天台灣某個政黨所提名的總統候選人正好也在那裡拜訪。就在這名總統候選人跟當地農民講話的時候，天空突然出現了「異象」。原本被雲遮住大半的太陽突然出現，而且其周圍帶著整圈的日暈。這幅自然景象讓在場的農民鼓譟起來，「凍蒜」聲不絕於耳。農民們興奮地高喊要變天了，要出新總統了。當場，我想起了

人為什麼會抗爭？誰在抗爭？他（她）們在抗爭什麼？在抗爭的過程中，他（她）們在做什麼？為什麼他（她）們會選擇用這種方式而不是其他方式抗爭？以及，最重要的，這幾個世紀以來，台灣人民抗爭的方式是否歷經了改變？於是，我開始對那些實際從事抗爭的人產生了興趣。我想知道這一群人是誰，他（她）們到底要什麼？今天那些我們習以為常的在凱達格蘭大道上抗議的群眾，如果把時間往前推個一百年，他（她）們會怎麼做？這些問題把我導向今天這篇論文的主題：國家不想要的人（people unwanted）。我發現，過去一百年來，這個島上的政權總是會鎖定一群人，攻擊他們、逮捕他們，甚至消滅他們。從這些抗爭者的立場與角度出發，來為這些人寫一部由下到上的歷史也許是一個值得嘗試的計畫。不過，這畢竟不是我熟悉的取向。所以，同樣是這些人的歷史，我的文章將從另外一個我比較熟悉的視角出發：國家。

如果抗爭的行動模式，照 Tilly 的說法，總是在有限的選項中做選擇，那麼，反過來思考，國家在處理這些抗爭的人所展現的行為模式是否也面對同樣的情況？會不會與「抗爭戲碼」一樣，在漫長的歷史中，國家在對付這些「敵人」或是「不想要的人」時，同樣也「只是有限幾種行動形式的不斷重複」？換句話說，有別於「抗爭戲碼」，我想論證的是那套國家對付敵人時的「治安戲碼」（security repertoire）。「治安戲碼」就是國家在建構、面對、對付所謂的「敵人」或「不想要的人」時，它所能採用的所有方法的集合體。而且，我想知道，在台灣的「治安

Tilly 的書。我相信，這個場景在過去台灣無數次的集體抗爭行為絕對也出現過。這大概就是「抗爭戲碼」，有些東西是不會變的。

戲碼」有沒有像在法國與英國一樣，在某個歷史時刻裡經歷了「根本的改變」？

三、什麼東西沒變？

讓我們來看看以下這些例子。這是明治四十四年（1911）七月七日，在《台灣日日新報》上的一則新聞：

> 李天宝，土匪也。本年二月十五日，台中地方法院，按照違犯匪徒刑罰令，宣告死刑。六月十四日判決確定。遂於二日午前十時在台中監獄處以死刑云。

整個日本殖民時期，像上述這樣子的新聞並不少見。殖民政府的用意非常清楚，這些人被政府逮捕並處以死刑的消息必須要讓大眾知道：這是犯人或敵人對這個政權所能做的最後「貢獻」。某些特定的人之死亡必須加以公開，如此一來，社會大眾會知道，國家的權力遠遠大過這些土匪。這個強而有力的訊息必須透過不斷的重複，才能營造出一個穩定的效果。反對國家的人，違反國家法律的人，必定會被嚴懲。這是殖民政府的作為。不過，四十年過後，我們在另一個政權的另一份報紙上找到類似的新聞：

> 匪諜陳明德、曾慶溪、邱水、黃喜等四犯，於昨晨六時卅分押赴刑場執行槍決。匪犯陳明德（卅一歲），曾慶溪（廿三歲），邱水（卅一歲），黃喜（廿八歲）等，於民國三十八年參加朱毛匪幫組織，由陳明德任小組長，經常集會，接

> 受匪幫教育並力謀發展叛組織，擴大叛亂力量，從事顛覆
> 政府陰謀，經治安機關查獲，解送保安司令部訊明屬實，
> 依法判決死刑。（《聯合報》1952/01/06）

1950 年代，國民黨的機關報《中央日報》，以及素來跟國民黨政
權關係十分良好的《聯合報》上常常會刊登這些消息。與四十年
前相比，國民黨國家機器的邏輯與日本人並沒有顯著的差異。
只不過，在國民黨統治之下，這種處決的新聞變得更加有畫面
（押赴刑場執行槍決）與戲劇張力（從事顛覆政府陰謀）。除了
這些敘事上的細微差別之外，我們可以發現，兩個時代最大的
不同在於，被處決的人從「土匪」變成了「匪諜」。對日治時代
的台灣人來說，「匪諜」是一個絕對陌生的名詞，正如同 1950
年之後的台灣社會，「土匪」也並不多見一樣。一群新的人取代
了舊的人，他們的死亡在不同的歷史時刻中都同樣成為國家宣
傳的重點。有關「國家的敵人」之身分改變的歷史過程，我們將
在隨後的篇幅裡詳細處理。在這裡，我們只需點出兩個政權的
相似性：有些東西並沒有變[5]。

　　另外一個沒有變的是招降納叛的總戲碼。在日治時代，殖
民政府把這種方法稱為「土匪歸順」，在國民黨時代則是「匪諜
自首」。巧的是，它們都發生在政權統治的初期（日本時代是
1896 年到 1902 年；國民黨時代則是 1951 年），也就是權力基

5　當然，我們可以從法律的層面來比較兩個政權對付異己的差異。比如
　　說，我們可以把日治時代的「匪徒刑罰令」拿來跟國民黨時代的「懲治
　　叛亂條例」或「匪諜檢肅條例」做對比。任何人比較過兩者之後都會察
　　覺，在法律的精神上這兩個政權的法條有著高度的相似性。

礎尚未鞏固的時期。詳細的法律依據與處理情況將不在這裡討論，我們把焦點集中在那些曾經是國家的敵人如今卻「悔改」的人，在向國家投降時，他們要向國家說什麼：

> 吾人前誤入歧途糾集成群為匪，其罪該萬死，今幸浴總督閣下特別恩典獲准歸順，承賜再生之恩不勝慚愧，自今必痛悔前非改過遷善不再蹈覆轍，永守其業不復二志，爰特披露誠心真言，並由保證人連署製具誓約為憑。（台灣總督府警務局編 2008b：295）

從明治二十九年開始，日本殖民政府在台灣各地舉辦過大大小小的土匪歸順典禮，這種性質類似的悔改書，往往是典禮當天必備的「道具」。各個誓約書的文字都是大同小異，重點只有兩個，第一，「吾人」本來應該是罪該萬死之人，可是，政府慈悲為懷，寬宏大量，所以才得保全性命。第二，這條命既然是國家再次給予的，所以，「吾人」必須向國家效忠，不再回去當「土匪」。

　　上述這份「披露誠心真言」便是來自眾多典禮中的其中一場。時間地點是明治三十五年（1902）五月二十五日的斗六廳。當天，在聽完殖民政府代表發表「汝等不務正業不遵人道，糾合成群深入山間，出山騷擾鄉村，為害良民無數，汝等大惡罪該萬死。然而我總督府仁慈為懷寬宏大量，今免汝等前衍並予寬恕」（台灣總督府警務局編 2008a：296）的中文訓詞之後，立約的「前土匪」必須在當天典禮的第五個步驟[6]，將蓋

6　當天的典禮總共分成十個步驟：（1）以爆竹提醒，在禮場歸順者全員

好章的誓約書交給官方出席代表。在大部分的情況下，儀式完成之後，「土匪」就立刻變成「良民」，殖民政府管理的方式也會從搜捕殺戮變成安撫。比如說，總督府會給予一份安定的工作，也許是送信的郵差，也許是修馬路。「前土匪」所需要做的事就是「不復二志」，然後每個月固定有幾天要向當地治安機關報告。而警政人員也被要求，每個月要對這些人寫詳細的紀錄與報告，包括他們「是否有悔悟遷善的實際狀況」以及「街庄民對自首者之觀感」等等（台灣總督府警務局編 2008a：40-41）[7]。這種一旦歸順便立即視為良民的做法，可以上溯自台灣的第三任總督乃木希典時期。在明治二十九年（1896 年）十二月，台南縣警部長制定的十一條土匪歸順勸誘事項中，我們就可以找到，第一條就是寫著「自歸順之日起應寬免其一切前惡，不再追究」。而且，緊跟在後的第二條也是秉持同樣的精神，「土匪歸順後應視同為良民，通報文武各官署，予以良民同等之管理。」（台灣總督府警務局編 2008a：39）有關於土匪與良民之間的區辨與轉化，我在本文的第三個部分會詳細探討。這裡，我們只需想想，1896 年，當這名台南縣警部長在寫這些勸誘事項時，他一定不會料到，幾十年之後會有另外一個政權針對另外一群「敵人」發出同樣的訊息，而且中國人只用了八個字就把意思表達清楚了：「匪諜自首，既往不咎」。

排隊，與官員人民合照；（2）鳴爆竹；（3）訓詞布達；（4）頒授歸順證；（5）上呈誓約書如儀，其格式如另紙；（6）每人應攜帶前發給之臨時歸順小牌證；（7）提交請願書，應詳細記述各自之意見於請願書上；（8）鳴爆竹；（9）全場出席者聚餐；（10）禮畢解散。（台灣總督府警務局編 2008a：294-295）

7　有關這一點，後來蔣家政權的情治系統也學得非常成功。

　　根據統計，從明治二十九年（1896）到明治三十三年
（1900）一月止，「名冊上登載之歸順土匪人數，計五千六百
餘人，內僅匪首即達三十八人之多。」（台灣總督府警務局編
2008b：48）[8] 而且，《警察沿革誌》在記錄這些數字時，還不忘
補上一句，實際的人數應該比這個還多。19 世紀末，20 世紀
初，台灣的人口約是 290 萬到 300 萬之間。以此計算，當時歸
順的土匪人數竟占總人口數之千分之二。相當於每 500 個人就
有一個「洗心革面」的土匪。這麼多「土匪」，難怪台灣過去會
「三年一小反，五年一大反」！與殖民時期的土匪歸順相較，
國民黨的匪諜自首，也許是因為「開放」時間較短，在人數上則
遜色不少。從 1951 年 9 月 21 日到 12 月 20 日的匪諜自首期間，
只有 629 人「成功」向國家辦理自首（《聯合報》1952/01/07）。
不過，即使人數不多，我們還是可以找到同樣的戲碼：

> 自政府公布寬大為懷的自首辦法以來，我們就抱著一種欣
> 喜的心情和害怕恐怖的情緒過著二個月餘的煩悶爭（掙）
> 扎的生活，欣喜者就是像我們犯著這麼大的罪故（過），
> 只（要）我們垣（坦）誠自首，政府動不追究我們的既往，
> 並且要保障我們的生命財產和職位。所以我毫無猶豫就拿
> 起筆來寫了我自己的罪狀，決心來投政府的懷抱，可是接
> 著害怕、恐怖的觀念就發生起來。豈有此理，**像我們這樣
> 的大罪人**，政府那裡肯放我們的干休，一定是以寬大為號
> 召，來誘騙我們自投羅網，一瞬我全身感覺著戰慄震駭，

8　根據台灣總督府對土匪的分類，最大的稱為「匪魁」，其次「匪首」，再
　　來則是「匪徒」。

又將寫好了自首書扯破，拋棄地上，這樣反覆數次，遲疑
猶豫，可是時間是不等待我們，自首的期限既（即）將告
滿，我焦急萬分，苦痛難狀，閉目靜思一下，我就得到如
下的結論：台灣是四面環海的寶島，而且我們既經脫離了
群眾或（又）被群眾所厭棄，我們要逃亡到那裡去？假是
（使）我們自己一身敢作敢當，可以跑上自滅的道路，但是
最愛顧我們的父母兄弟，最親愛的妻兒，最愛護我們的親
戚朋友，可以和我們同胞滅亡的道路嗎？不！不！為著
救濟一批無辜純良的家族親戚朋友，我們應該走的道路是
無弟（第）二條，妄信有弟（第）二條路可走，那就是最違
背人性的殘酷悲慘的馬寧思想的錯誤，所以我拿出決死的
勇氣和決心，**投入政府的懷抱了。如今我們在政府溫暖的
懷抱下，可以自由自在闊步著光明的街路，過著溫暖的家
庭生活，胸中充滿著感謝和感激，在想怎麼樣來報答鴻恩
之萬一**。（《聯合報》1951/11/30；黑體為筆者所加）

這段頗為冗長且十分矯情的文字出現在 1951 年 11 月 30 日的聯
合報上。根據當時記者的說法，它本來是一封信，寫信的人是
兩位已經自首的「匪諜」青年。他們在自首之後，很感念政府慈
悲為懷，特別寫信給替他們辦理自首的政府官員來表達謝意。
該名政府官員於是將信交給報社的記者，希望報社能刊登，讓
更多的「迷途的人」知道這兩名自首青年感人的心路歷程。所
以，記者就把信中的錯別字修改之後，全文照登。

　　從今天的角度來檢視，這封信很有可能是國民黨政權所捏
造的，再轉交給國家文宣機關發表。也就是說，一切的過程全
部是作假的，國家如此用心良苦、大費周章，甚至不惜把自己

的身分掩飾起來的目的在於鼓動更多的匪諜來自首。由於史料的缺乏，我無從分辨這封信的真偽，不過，重點在於，就因為它可能是作假的，我們更能看出它跟日治時期一樣的治安戲碼。雖然「前土匪」已經變成「前共匪」，不過，1951年這兩名青年筆下，那種對自己過去罪行的極大化，以及感激政府恩同再造的激動，在在都與五十年前那群寫誓約書給殖民政府的土匪沒什麼不同。

　　然而，我必須強調，過度強調這中間的相似性其實是有偏頗的嫌疑。畢竟，隨著時代的進步，可供國家機器利用的資源或科技只會越來越多：舞台上上場的人會越來越多，道具布景會越來越多樣，劇情也會越來越複雜。如果翻閱當時的報紙，我們會發現，從1951年9月起，聯合報出現了一系列有關於匪諜自首的相關報導。黨政軍各個層級的官員都出來向匪諜溫情喊話，希望他們迷途知返，「共產黨所本的唯物哲學，將人當物看，他的手段是先甜後辣，用著你時百般誘惑，用完即殺了。他殺人的方法是『政府不殺群眾殺』，『白天不殺夜裡殺』，『明裡不殺暗裡殺』，『城裡不殺鄉裡殺』，『近處不殺遠處殺』，當了匪諜，最後一定不會有好結果。」（《聯合報》1951/10/04）已經自新的匪諜也被國家動員來向過去的同志喊話，「比我們更有地位，有歷史，領導過我們的蔡孝乾、張志中都幡然悔悟，現在過著光明的自新生活，而且披上三民主義鬥士的武裝，堅決徹底地為自由民主而鬥爭了。」（《聯合報》1951/11/04）[9]知識分子也出現這一波的「治安戲碼」中，比如說，胡秋原（《聯合

9　另外，蔡孝乾的〈前已自首的匪幫在臺最高負責人：蔡孝乾 發表告匪諜書〉則發表在另外一份報紙。見《中央日報》（1951/10/9）。

報》1951/10/13）、台大校長錢思亮（《聯合報》1951/10/15）、李萬居（《聯合報》1951/10/18），或者是在日治時代即有好名聲的社會名流，如丘念台（《聯合報》1951/10/10）、黃朝琴（《聯合報》1951/10/06）全部都被動員來發表專文或公開呼籲匪諜自首。然後，電影院裡也開始製播勸告匪諜自首的四分鐘短片（《聯合報》1951/11/29），廣播電台也開始播放自首匪諜的公開談話，最後連「匪酋」周恩來在台灣的弟媳婦也「為了響應政府號召台匪諜潛台迅速自首起見，昨天特地寫書面告潛台共產匪黨黨員書，交由本社記者發表。」（《聯合報》1951/11/26）

　　以上所有列舉出來的文章都是出現在那匪諜自首的三個月期間。如果沒有一個集中指揮的力量，那這一切的發生也未免過於巧合。當時的台灣，究竟有誰能讓胡秋原、錢思亮、李萬居、丘念台、黃朝琴、閻錫山這些人，在同一時間針對同一問題發表文章或談話呢？答案非常清楚。除了強而有力的國家機器之外，沒有其他力量可以完成此事。從本文的角度來看，我們所看到的是一種鋪天蓋地的力量，所有的社會組織與社會團體都被動員來做政治上的敵我區辨。某種程度來說，它是新的，是日治初期所看不見的。當然，除了新的元素被加進來之外，有關戲碼的改變，我們還必須留意有些舊的東西也會被揚棄。比如說，生性多疑的蔣氏父子就對於把過去的敵人全部集合在一起，然後舉行公開效忠儀式的做法興趣缺缺：這不是他們對待（前）敵人的方式。

四、土匪與治安戲碼間的認知落差

　　公開的歸順儀式可以是一個充滿風險的場合，也難怪蔣氏父子不敢輕易嘗試。在這種奇怪的典禮中，兩個原本兵戎相見、你死我活的敵對團體聚在一起，互相測試對方的能耐與誠意。如果有一方突然反悔，那一定會產生災難性的後果。在歷史上，這樣的事也確實發生過。前面提到的那張明治三十五年斗六廳的誓約書，其實當天交出那張誓約書的土匪們，在典禮完成之後就被殺了，連禮堂都沒走出去，更不用說重新做人改當良民了。這個事件的詳細情況，由於篇幅的關係，不需在此多做敘述（台灣總督府警務局編 2008b：297-298）。總督府給的理由是，當天這些土匪們沒有依照約定，在歸順時繳交武器。這樣的講法其實也沒有錯，當天確有些歸順的土匪生怕日本人的歸順典禮是個陷阱，便趁典禮進行期間進出之便，偷偷把武器藏於衣內，以防萬一。這是一個缺乏互信的儀式。在總督府的認知裡面，還帶著武器的就是土匪不是良民，而在土匪的認知裡面，就算不帶武器，總督府還是會把他們當土匪給殺了。這一場鬥智鬥力、互相猜疑的詭譎典禮，最終的贏家是殖民政府，根據官方統計，當天現場被殺死的土匪總共有 78 人。

　　斗六廳的歸順典禮屠殺事件最令人感到震驚的是，它並不是一個突發的意外個案。事實上，當天在斗六各支廳也有舉行同樣的歸順典禮，殖民政府也同樣以檢查武器為由，下令拘禁檢查，結果也同樣發生暴動，暴動之後就發生屠殺。跟據《警察沿革誌》的記載，都在同一天，林圯埔支廳被殲滅的土匪有 63 人，崁頭厝支廳 38 人，西螺支廳 30 人，他里霧支廳 24 人，內林派出所則有 39 人（台灣總督府警務局編 2008b：298-

299）。短短的一個春天上午，共有272個土匪就這樣一輩子失去當「良民」的機會。

　　從史料上看來，當天斗六廳與各支廳的歸順典禮屠殺事件，很有可能是殖民政府事先所計畫好的。各地的土匪之間沒有管道互通聲息，集體反叛。並且，以當時的通訊設備水準，這幾個地方相隔遙遠，各地的軍隊警察很難在典禮進行期間相互授意。所以，接下來的問題就是，為什麼殖民政府要這樣做？為什麼明明土匪已經歸順了，還要如此痛下殺手？這是一個什麼樣的行動「戲碼」？

　　單純用殘忍來解釋殖民政府的行為並不是個令人滿意的答案。Michael Mann 曾經在一篇文章中提到，統治者擁有三項別的團體所沒有的策略：恣意的分而治之（arbitrary divide-and-rule）、選擇性的策略鎮壓（selective tactical repression）、集體協商（corporate negotiation）（Mann 1987: 342）。我認為，雖然他的參考架構是在歐洲，不過他的想法對於理解日本殖民政府在台灣的所作所為仍然頗有助益。所以，應該從下列三個方面來理解歸順典禮的屠殺。第一、總督府想在台灣人民心目中留下一種天威難測的印象。國家隨時可以殺你們：有關誰是敵人的最終決定權是落在國家機器上，要不要接受歸順，是殖民政府說了算數，與土匪們的自我認知無關。國家本質上就是一種暴虐而不確定的權力，而國家也很樂意人民對它有這樣的感受。第二、總督府的做法是在殺雞儆猴，因為過去的經驗告訴殖民政府，歸順的土匪並沒有真的歸順，他們還是在地方上為害良民。當時的報紙看不下去，曾寫過以下的報導，「土匪戴歸順之假面具，獲數萬元資金忙於購槍枝彈藥。其首領乘四人之大轎，以數十壯丁為隨從，搖搖擺擺遊街之景，宛如我封建時

代之小領主一般。」（台灣總督府警務局編 2008a：312）第三、歸順典禮是一種緩兵之計，給了國家自我調整的空間。擁有豐沛資源的國家機器可以邊打邊談，在棍棒與胡蘿蔔之間他們擁有選擇權與發牌權，而且時間總是站在他們這一邊。

　　上述這三個原因都指向當時社會的一個事實：當地社會跟殖民國家機器對彼此的想像有著一段不小的落差。對台灣人民來說，由於之前從未有接觸過現代國家的經驗，所以他們別無選擇地只能照著以往對清廷「衙門」的想像來理解出現在他們眼前的日本殖民政權。特別是對這些雄踞一方的土匪而言，清朝的衙門是一個充滿協商與妥協的地方，後者的權力運作往往必須依賴前者的合作與協力。換句話說，在土匪的認知架構裡，「國家」跟「土匪」的關係並不是非此即彼（either/or），沒有理由前者出現之後，後者就必須消失。「國家」或「政府」如果不是跟他們平起平坐，至少只是一個實力伯仲之間的勢力而已。再加上，19 世紀末 20 世紀初時，一般台灣的居民，雖然對土匪的搶劫深惡痛絕，但，如當時在台日本官員的觀察，但土匪這一群人，「在長久清國統治下的經驗，使本島人產生行政官署可並立共存的概念」（台灣總督府警務局編 2008b：21）。也就是說，當時的台灣人民不曾想像過一個沒有土匪的社會：就他們的日常生活而言，有時候靠官府，有時候靠土匪，雙方都有武力，都有「保護」的作用，在日本人來之前，他們已經這樣過了幾世紀。他們會「在街上備鐘鼓，並繫舟於河岸」（台灣總督府警務局編 2008b：74），準備土匪來時隨時逃命。土匪走了之後，他們又回到原地，繼續每一天的生活。

　　這就是當時台灣社會的整體認知框架，這也是當時歸順者習以為常的對衙門的想像。明治三十二年（1899）台灣南部的

「匪首」林少貓對想要招降他的殖民政府，在歸順典禮中「大
膽」所開出的十點要求就是這種想像的典型產物。根據《警察
沿革誌》的記載，歸順典禮前一天晚上，林少貓「招來親族故舊
徹夜歡飲」（台灣總督府警務局編 2008b：399），典禮現場甚至
「悉武裝隨侍展其威風」（台灣總督府警務局編 2008b：399），
完全不像是一個即將面對「現代國家」處置的土匪。他所提的
十點要求非常值得抄錄，因為它代表了一個時代即將結束的開
始。再次強調，林少貓並不特別，他只是依照當時台灣社會的
認知向這初來乍到的政權說出自己的「合理」想法：

1. 准許居住於鳳山後壁林地區
2. 開墾後壁林荒蕪地免除其地租
3. 林少貓居住之地除原有通路，雖官吏亦不得通行
4. 部下犯過錯及犯法時，由林少貓逮捕交官，官署不
   得自行逮捕
5. 林少貓居住地發現土匪或遁逃者，林少貓應自行捕
   捉交官審辦
6. 林少貓之黨羽為生業外出，攜帶武器被官署逮捕
   時，若有林少貓保證應予開釋
7. 林少貓前有之債權及被官剝奪物，准予歸還之
8. 屬林少貓之族黨而官署記錄有案者，赦免其罪，不
   然者應視林少貓要求開釋與否後處置之
9. 官署推誠以待林少貓，林少貓亦應痛改前非，竭誠
   報效官署
10. 官署應給予林少貓授產金二千圓（台灣總督府警務
    局編 2008b：400）

這是一個典型的前現代國家（pre-modern-state）人民的「原始思維」。這樣子的要求不太可能會出現在戰後「匪諜」對蔣氏政權的談判中，也不太可能出現在抗爭團體跟國民黨政府的協商過程中。即使是 1947 年 3 月 7 日，「二二八事件處理委員會」所提出的最激進之「三十二條要求」（賴澤涵、馬若孟、魏萼 1993：323-326），也不曾找到類似林少貓在 19 世紀末那種「劃地為王」的要求。經過五十年日本人的統治，台灣人民，如果有「抗爭戲碼」的話，早就把現代國家「治安戲碼」的演變納入考量。

　　不管從什麼角度來檢視，任何現代國家接受林少貓的條件，就等於自廢武功。更令人難堪的是，在當時的時空背景下，不只林少貓曾對殖民政府開出這種條件，雲林的柯鐵（台灣總督府警務局編 2008b：267），嘉義的阮振（台灣總督府警務局編 2008b：395）都曾提出類似的要求。林少貓的十點當中，有些要求等於是在強迫日本人承認「國中有國」，林少貓不需繳稅、他的領地之內國家不得進入、他的人國家不得逮捕。令人吃驚的不是林少貓為什麼會提出這種要求，真正令人吃驚的是，當時負責歸順的台南縣辦務署竟然會接受。毫無意外，在台北的總督府並不認帳。面對各方責難，台南縣的官員給的答案是：「為馴服無識土匪，不得已之暫行權謀手段。」（台灣總督府警務局編 2008b：400）台南縣的官員顯然講對了，三年之後，林少貓及其黨羽被殖民政府殲滅，當初接受他無理的要求果然是項精心的政治計算。《警察沿革誌》中洋洋灑灑數百頁的「本島治匪始末」就是以他的死亡作為結局：「全島土匪根絕開創台島未曾有的治局。」（台灣總督府警務局編 2008b：563）從國家的角度來看，林少貓果然是「無識土匪」，他也許

很會打仗，很會做生意，甚至殖民政府還稱讚他，「身材短勁目不識丁，但為人機靈長於治產貨殖之能，確為諸匪首中罕見之才也」（台灣總督府警務局編 2008b：401），不過，他畢竟缺少了一項關鍵的知識：區別現代戲碼的知識。19 世紀末，正在他眼前上演的「治安戲碼」已經改變，日本人所帶來的現代國家機器裡頭有一些清廷的衙門所沒有的東西，可是他並未察覺，他跟他的同伴們依然按照往常衙門的想像來與殖民國家機器打交道。現代戲碼已經登場，他們卻依然穿著古代宮廷的戲服。他們以自身悲劇的命運來訴說現代國家興起的過程，以及，更重要的，對本文的目的而言，那難以被當事人所察覺的「戲碼」之根本改變。

　　然而，某種意義來說，林少貓、柯鐵、阮振、陳秋菊、林火旺等「匪首」並不是最令殖民政府困擾的人。因為這些人的身分非常確定，他們就是「土匪」，他們就是「國家的不想要的人」。面對他們，「治安戲碼」也許有彈性，也許有權謀，但整體而言，並無窒礙難行之處。作為一個與本土社會缺乏連結的外來殖民政權，真正令日本人頭痛的是如何在台灣人中區分「土匪」與「良民」。再回到 Schmitt 的架構，國家的視角其實很簡單，「土匪」就是「敵人」，「良民」就是「朋友」。問題是，人海茫茫，統治無方之際，一個新的政權如何能做好政治上的敵我區辨呢？誰是「國家的敵人」？誰又是「國家的朋友」呢？台灣總督府的第一任民政局長水野遵在回顧他治理台灣的經驗時曾說：「台灣的土人有時候是容易治理的人民，有時又是難以駕馭的人民，換言之，有時全部是良民，有時又全部是土匪」（水野遵 1898）。水野遵也許是有感而發，不過，難道國家在面對

這個問題時真的只能「玉石俱焚」（鴻洲生 1898）[10]嗎？

五、土匪與良民

James W. Davidson 是一個美國記者，19 世紀末時他在台灣，目睹了日本軍隊在台灣的討伐行動。除了看到兩軍交戰時的槍林彈雨與刀槍劍棍外，這是當時他看到的：

> 新竹城內都是漢兵……因為剛才看到的盡是淺色的軍隊。現在則像是舞台忽然換了布景，原本戰場上狂暴的士兵，轉眼變成和諧帶著微笑的商販以及嘻嘻哈哈的苦力。對於歐洲士兵來說這真是出神入化的技藝，然而，漢兵卻於短短十分鐘，也就是在頭一位日本兵攀上城牆，到日軍完全進城為止的這段期間，就完成了。槍砲、彈藥、軍裝、長槍以及一些裝備丟了一地，由這些裝備來推算，漢兵大概有一千人，他們都還留在原地，這一點由家家戶戶都擠滿了男丁可以證明。可惜的是，沒有任何辦法可以用來辨別誰是士兵。（Davidson 1903: 319）

對現在的讀者而言，這一段生動的文字也許夾雜著些喜感，不過，對 1895 年時實際在台灣打仗的日本軍人來說，無疑是個

---

10 事實上，整個日治初期，在探討台灣的土匪時，出現「玉石俱焚」這四個字的文獻非常之多，此處僅以鴻洲生的報導為代表。值得一提的是，光是 1898 年，就有三篇以「台灣の土匪」為名的文章。一篇是上述中的水野遵，一篇是這裡的鴻洲生，另外一篇不是別人，正是後藤新平本人所寫。

噩夢。沒有任何辦法來辨別誰是士兵，也就是說，沒有任何辦法來辨別誰是敵人。對日本軍隊來說，令他們難堪的是，這些敵人還留在原地，十分鐘之前他們中間的一些人手上還拿著武器，十分鐘之後就變成了商販，而且還面帶微笑。軍裝與長槍被丟在地上，就像是被這些「村民」立即丟掉的身分認同一樣。不過，這還不是最糟的。 Davidson 接下去寫到：

> 日軍在台灣遭遇最大的阻礙，即是那些站在懸掛著白旗的
> 門口，看著日軍自眼前走過，卻仍舊臉上堆滿笑意的村民
> 們。當他們離開村民的視線時，在士兵們把槍拿出來之
> 前，往往從同一個窗口，就會有子彈射向落單的士兵。士
> 兵們這時回過頭來發現他們同伴被肢解的身體躺在街上，
> 在這個時候，附近房子的門口與窗戶，他們看到的，還是
> 那些狡猾的惡魔，一樣的笑容，與一樣的白旗，飄揚在這
> 些行兇的人頭上。（Davidson 1903: 323）

對任何統治者來說，類似的現象是一個嚴重的警訊。這個世界上，沒有統治者可以長期在這種敵我不分的狀態下存活下來[11]。其實，當天的日本軍隊大可以對台灣居民進行無差別的屠殺，可是，他們沒有這樣做。他們沒有這樣做的原因，不是如 Davidson 所說的是基於「指揮官的仁慈」（Davidson 1903:

---

11 Davidson 所描述的現象並不是個案。《近衛師團台灣征討史》中有記
　載，日軍的櫻井部隊一行35人先是在三角湧受到鄉民厚待，然後當地
　鄉民卻見機行事、用計襲擊，一時間該地方「草木皆兵」，35人中只有
　4人生還。見大槻正秋編纂（1935：100-102）。除了這些之外，《警察
　沿革誌》上頭，這種例子也常常出現。

323），而是他們根本還搞不清楚到底要如何治理台灣。或者，說得更精準一點，他們仍然對一個最根本的問題處於茫然無措的狀態：到底台灣人是「敵人」還是「天皇子民」？如果是前者，那問題也許會比較簡單。然而，如果是後者，那面對台灣人的反抗時，殖民政府就必須思考一些屠殺之外的事情。日本治台初期的混亂，其根本原因就是在這兩個端點之間擺盪，而且，我們等一下就會看到，在這兩個端點中間，還有些模糊曖昧的地帶。正是在這個如日本人所說的「良莠難辨」的曖昧地帶，人們可以捕捉到當時殖民統治的難題。

　　某種程度上，日本學者小熊英二有捕捉到當時日本人的困境。在他探討日本同化政策的著作《日本人の境界》中，他提到，當時有兩種對待台灣人的論點，一個是「從屬於日本人」，一個是「從日本人內排除」（小熊英二 1998：70）。針對「從日本人內排除」的論點，他舉了一個例子。在 1896 年時，統治台灣已經邁入第二個年頭的總督府，曾向日本首相松方正義提出了一份「台灣的實況」的報告書。裡頭曾經提到一個有關台灣施政方針的選項：「帝國對於該島之領有，全出於國防上的需要。因而應致力於將該島住民排除，而移植日本人民（到台灣）。或者是，帝國對於該島之領有以富源開發為主，綏撫該島居民以利用其資本與勞力。」（小熊英二 1998：71）這份文謅謅的報告書中所稱的選項，講得簡單一點，指的就是，日本統治台灣並不需要統治台灣人。報告書中還寫到：「將台灣人排斥出去的這種想法，是普遍充斥於當時的台灣總督府。」（小熊英二 1998：72）在這裡，如果加入當時的歷史背景將更有助於了解日本殖民政府的統治心態。殖民政府在 1895 年初來乍到時，曾給了台灣人兩年的時間，來決定國籍。很明顯的，當時有些官

員和學者專家並不希望有太多台灣人選擇留下來當日本帝國臣民。這個報告書於是以某種的「陰謀論」來闡述他們來台初期的軍事行動。為了將台灣的住民排斥出去，「以嚴酷武斷為最佳方法，一切政令措施皆為苛虐橫暴且違反公道，使得台灣土民怨嘆。」（小熊英二 1998：72）

　　這份報告書所彰顯的治台理念就是前面我所提到的兩個端點的其中之一：把台灣人當成敵人。事實上，我們也的確可以從日治初期找到許多血腥鎮壓的例子來作為這個端點的佐證。然而，我必須強調，這並不是故事的全貌。當然，如果有人站在另外一個端點而主張，日本殖民政府打從一開始便是把台灣人當作天皇子民，或者說，一開始就把台灣人當成「從屬於日本人」，則又是荒謬的推論。過去的學者犯了一個錯誤，他們都把台灣人看成一個整體。或者應該這樣說，他們在討論日本殖民政府的作為時，都誤以為殖民政府未曾對台灣人內部做出區隔。

　　所以，我認為，要理解日本治台初期歷史的全貌，最好的出發點是從第一任台灣總督樺山資紀於 1895 年 5 月 27 日在登陸台灣前於海上所發表的訓示講起。意識到台灣島上並不安寧，似有清國駐軍與台灣住民不願接受被割讓之事實，樺山把他的態度說得很清楚：「我陸海軍軍官若遭暴民抗我之變，必與痛擊而不緩貸，遇順民則不怠愛護諄導之。我文官待人民應本恩威並施寬嚴適宜。」（台灣總督府警務局編 2008a：97-98）兩天之後，樺山的軍隊登陸基隆，尚未開張的殖民政府準備了通牒，下令部隊張貼在陸上各處，上頭寫到：「徒然執干戈抗爭者，本座不得不以武力加諸嚴厲懲罰絕不寬恕，但對良民本座則竭誠愛撫。」（台灣總督府警務局編 2008a：99）我不確定當

時到底有多少人曾經看過這個通牒，不過，從台北城內謠言滿天的狀況看來，樺山的用意顯然大打折扣。

樺山的文字如果把它翻成比較易懂的白話文就是：願意接受我們日本人統治的叫做順民或良民，殖民政府不會虐待他，相反的，不願乖乖接受日本統治的叫做敵人或暴民，我們則會殺無赦。從樺山的軍隊登陸台灣島上那一刻起，未來的數年內，日本殖民政府的一切施政就是當天訓令的實踐。截至目前為止，尚未有研究日治時代的學者注意到此點。所以，問題很清楚，不是同化，也不是該不該把台灣當成殖民地，日治初期整個政治理性與統治技藝所圍繞的主軸就是土匪與良民之間的區辨。如果從「戲碼」的角度來看，我們不妨想像，日治初期的歷史就是日本人矇著眼睛站在舞台上，然後眼前經過一個又一個的台灣人，他必須在最短的時間內辨別這些人裡面誰是敵人，誰是朋友。

如果用這個觀點來看日治初期的歷史與治理，也就是本文所一直強調的敵我分辨的治安戲碼，那麼，1896 年 6 月所發生的「雲林大屠殺」則可被視為一個重要的轉捩點。這件事情之所以突出，其中一個重要原因是，事件發生的兩個月前，殖民政府才剛廢軍政而行民政。不要忘了，若按照樺山資紀當初的說法，行民政就代表「愛育人民」的時代已經來臨。

有關「雲林大屠殺」，或者照官方的說法「雲林大匪擾」的詳細情況，史學家已有清楚記載，我不在此重複（台灣總督府警務局編 2008b：253-260）。我們只需指出，所謂雲林大屠殺之所以是大屠殺，是因為當時的日本殖民政府在當地所採取的是見人就殺，見屋就燒的「焦土大掃蕩」。根據統計，「民屋遭兵焚者，斗六街 396 戶為首，附近村莊 55 庄計達 3899 戶之

譜。」（台灣總督府警務局編 2008b：255）

　　這件事情驚動了遠在東京的天皇與皇后。他們夫妻倆「恩賜」三千圓來給罹災人民。總督府也史無前例，發出超過兩萬圓的救卹金。人在東京的台灣總督桂太郎也甚為「震驚」，命令民政局長要給他一份完整的報告。幾天之後，他向當時的拓殖務大臣繳交報告，上請懲戒處分，以下是當時拓殖務大臣所看到的書面文字：

> 該松村支廳長……身為大坪頂地區掃蕩期間之行政官，素應於軍隊討伐時，竭盡其責分辨本地民之良窳，避免無辜人民遭池魚之殃死於非命，而不貽治民之大害，並應防範軍隊有玉石混淆俱焚之舉措。卻反其常稱雲林轄區無良民，指順良村落斷言為土匪村莊，將之燒夷。尚且自行率過半之支廳員參與討伐，而招致本地民民情激昂，將本為順良之本地民，逼上梁山投靠土匪愈益增長匪徒聲勢……此乃行政官擅自使唆討伐隊，不辨良否對轄下人民加諸最嚴酷之處置……經民政局長之報告，已無庸掩蔽之事實……（台灣總督府警務局編 2008b：260-261）

再一次我們看到了「分辨本地民之良窳」以及「玉石混淆俱焚」這些關鍵字眼。如我之前強調，日治初期，這幾個字如噩夢一般糾纏著殖民政府官員的腦袋。這三個人替殖民國家機器做了非常糟糕的「敵我區辨」，為了要鎮壓土匪，他們把良民也殺了。最後，該支廳長被懲戒革職，負責討伐的佐藤少佐與石塚大尉二人被交軍法審判，除被革職之外，二人被判有期徒刑十二年（台灣總督府警務局編 2008b：261）。雲林大屠

殺之後，殖民政府在面對土匪時，顯得更加小心謹慎。他們害怕再誤殺良民，其原因倒不是在於他們的仁慈，我必須再次強調，這裡我們觸及的不是人性（humanity），而是治理性（governmentality）。日本殖民政府只是不想在民間製造怨恨，把那些被誤殺的良民之親朋好友逼上梁山，徒添統治上的困擾。

在這裡，讓我們再一次省略那些沉悶的政策宣示和複雜的歷史演變過程，直接進入殖民國家機器如何做敵我區辨的討論中。想像一下 1896 年之後的台灣，在戰場上，或者，殖民政府的軍隊警察即將進入一個有土匪出沒的村莊，軍隊裡頭從上到下沒有任何人認識村子裡的任何居民，在這種情況下，國家要如何辨別誰是土匪與敵人？光這個問題本身，對那些負責討伐的殖民地軍警來說已經很難回答，更何況這個問題還有以下幾個前提：

1. 從前面 Davidson 的敘述已經知道，由居民「自發性」舉證方法已經失去功效。比如說，在門口豎白旗（良民旗）千萬不要相信。

2. 居民與土匪之間的關係並不是水火不容，居民也不必然站在政府這邊共同對抗土匪。「本島人之通性，並不視土匪為惡漢，隨時機遷移恬然倚附匪徒，亦不為恥……故無意傾向警察、軍隊。」（台灣總督府警務局編 2008b：21）

3. 不得再進行無差別的屠殺，因為總督已有訓斥：「要使賊徒無餘孽之殘存，雖為今日各討伐隊應努力之事，但為達此而殺害無辜良民，不啻對本島爾後治民上造成極大貽害，甚至招致彼等激昂怨憤，繼而與匪加盟糾合大

集團者，徵諸過往應驗不爽。故希貴官進行討伐之際，深
切飭令部屬，不得有濫殺玉石混淆之舉為要。」（台灣總督
府警務局編 2008b：25）[12]

把以上三個條件納入考量之後，以下乃是殖民政府的做法。通
常軍隊要進行大規模掃蕩之前必先請示總督府。總督府衡量之
後，認定某地區必須加以討伐，則會動員軍憲警之力，分工合
作，先在周遭畫出警戒線然後行動。在《警察沿革誌》中，我們
找到明治三十一年（1898）軍憲警在台灣中部進行大討伐時的
一些行動準則，現節錄重要者如下：

1. 除攜有辦務署員或憲兵、警察之證明書者外，禁止任何
   人民進出警戒線。
2. 警部接獲軍隊或巡查押解前來之嫌疑犯時，諮詢辦務署
   參事、街庄長、耆老，經彼等保證為良民時，應取得其
   保證書並予以開釋。但無保證者，則應壓送附近辦務
   署。
3. 搜索民宅時，應由街庄長、耆老、鄰居、戶主、家族會
   同之。
4. 非常警戒期間以截斷人民進出警戒線為目的，但有萬不
   得已需進出者，應調查其住址、姓名、年齡及其進出原
   因，並責由辦務署參事或總理、街、庄長保證後許可之。
5. 上項許可證明，以蓋有官印之紙片緊繫於頭髮之紮辮根
   部，並在其繫結處施予封印並繫緊後，為使不能再行繫

12　提此訓詞的總督已經從樺山資紀換成桂太郎。

結，將緊接繫結處之兩端剪除之。（台灣總督府警務局編
2008b：28-29）

寫到這裡，我忍不住要為我提及這些瑣碎小事向讀者道歉。可
是，我一貫的堅持是，從這些細微小事中，我們可以讀出一些
更深層的事，比如說，當時的政治理性與統治技藝。在台灣其
他地方所進行的討伐中，我們亦可以找到類似的行動準則。文
字表達上容有差異，但精神與做法上則大同小異。這些實際做
法裡面，最吸引我注意的有兩點。第一，殖民政府為了防止土
匪與良民之間身分的隨意轉化，特別設計了一些機關。紙片要
蓋有官印，繫於頭髮之後還要施予封印，然後，為了防止居民
把紙片拆開交予他人，國家還小心翼翼地把打結之後剩下的長
度給剪掉。當時並沒有身分證，就算有身分證明也無法立刻通
訊或上網查明身分，殖民政府的所作所為在當時，已經算是窮
盡一切可能來確認並固定台灣人的身分。為什麼國家機器要如
此謹慎？原因無他，它要確認誰是敵人。

　　第二，有一批人突兀地出現在整個軍隊掃蕩的行動之中：
街庄長、耆老、鄰居、戶主、家族。這是日治時代整個區別敵
我的技藝中，最重要的一個。簡單地說，殖民政府的做法是，
當逮捕到一個可疑的人時，會先詢問當地的街庄長或耆老的意
見，如果這些地方有力人士認得他，也肯給予保證，則該名嫌
疑者會立刻獲釋，從此，在國家眼中，他就是「良民」。當然，
我們無法排除這些地方社會的領袖有因循苟且、魚目混珠，甚
至公報私仇的可能性。不過，這裡的重點在於，殖民政府在做
敵我區辨時，曾大力仰賴了當地社會既存的「識別系統」，它不
但在形式上做了諮詢地方社會的動作，也把地方社會的意見視

為重要的參考指標。如果當地社會說他是「良民」，那他就是
「良民」，反之亦然。政權建立初期，台北士紳所倡議成立的
「保良局」大概是最早的地方社會與國家機器合作的案例。雖
然該單位的壽命不長，但是，殖民者與土著社會間的協力卻不
曾因為它的消失而減弱。隨著歷史的演進，地方上這一批人的
陣容將會更加堅強；在屬性上，也會更加親近殖民政府；而且
整個台灣的地方社會也會更加「制度化」與「政治化」。這得歸
因於後藤新平將傳統的保甲制度賦予新意義。對擁有強大武力
與經濟資源的國家機器來說，一旦能清楚掌握誰是敵人誰是朋
友，所謂土匪的問題，只剩下時間的早晚而已了。這也難怪明
治三十四年（1901）後藤新平要到東京備詢時，即使日本輿論
對他非常不友善，指責台灣殖民政府的施政是一塌糊塗，尤其
是土匪問題，他仍非常有自信。他寫了一篇有關台灣統治的文
章，特別向新聞記者發表。有關台灣的土匪，他是這樣說的：

> 以全力博兔實屬獅之愚，猶如殺雞用牛刀，對區區土匪焉
> 需全力以赴，此愚之極矣！探知彼之實情施以法，則治土
> 匪等並非難事。即施以歸順政策靜窺其性情，對其反復無
> 常，則以所謂七擒八縱之策略，藉以徹底摸熟其底細……
> 所謂今日之土匪，已不同於往日之犯叛國罪之土匪，屬無
> 賴無產之流者為多，若設法開闢殖產興業之途授予生計，
> 則必獲撲滅之宏效。現從事樟腦事業者，實為往日土匪化
> 為良民一例。（台灣總督府警務局編 2008a：350-351）

前面提過，林少貓在後藤新平寫這篇文章的一年後就被殲滅
了。後藤新平高傲的說法令人反感，不過他畢竟沒說錯：「土

匪」的時代結束了。當然，1915年還會有西來庵事件，1930年也還會有霧社事件，不過，與日治初期相較，後來發生的這些流血抗爭並沒有蔓延全島。他們來得較快，去得也較快。殖民國家機器並沒有花太多時間與精神來標識他們、建構他們。在「土匪」之後，下一批在這個島上被建構成「國家的敵人」的人，就是「共匪」與「匪諜」了[13]。

六、什麼東西變了

殖民政府對土匪的搜捕、招降與屠殺，跟戰後國民黨政權對異議分子與共產黨的所作所為相比，並沒有比較溫和或仁慈。不過，從「土匪」到「共匪」，它們兩個政權之間在所謂的「治安戲碼」上，至少有三個顯著的差異。

首先，是它們兩個政權對待無差別屠殺的態度。讓我們來看看以下的例子：

何（聘儒）又回憶到高雄要塞司令彭孟緝對暴民十分痛恨，當他得知援軍即將來台時，馬上決定給地方上的暴民一次教訓。彭孟緝下令在高雄、台南等地進行血腥屠殺。彭孟緝並且說：「**錯殺幾個人，沒有關係**，一切由我負責。」何

---

13 「漢奸」曾經在1945年之後短暫的占據這個位置。 1946年，台灣省警備總司令部發布命令，規定從1月16日到29日這兩週之間，舉行全省漢奸總檢舉。這個舉動，引來台灣輿論譁然，群情激憤。請參閱，曾健民（2007：59-61）。真正被誣陷為「漢奸」的台灣人不在少數，楊基振曾經提到，他們為謀奪家產，特意羅織漢奸的罪名，企圖逮捕處刑他。請參考，黃英哲（2007）。

聘儒的回憶證實了當時在台外國人的報導是對的。但是我們卻無法得知誰向國軍提供逮捕、監禁以及處死的名單。（賴澤涵、馬若孟、魏萼 1993：268；黑體為筆者所加）

上述這段節錄的文字，應該可以看成當時蔣家政權的國家機器在面對反對者與「敵人」時的典型心態。如果對照之前日本殖民政府如何掙扎地在台灣居民中區分「土匪」與「良民」，那麼，至少就既存的史料看來，國民黨政權在這一點上並未有太多的討論與反省：對他們而言，這也許根本不是一個問題。然而，他們的「不是問題」，對本文的目的來說，卻是一個值得觀察的大問題。某種程度來說，國民黨的軍隊在二二八事件期間對付「暴民」時所展現的手段，幾乎與 1896 年的雲林大屠殺如出一轍。不過，雲林大屠殺之後，有人下台負責，有人被判處徒刑，1947 年的這場屠殺，說要負責的人，日後非但沒有受法律制裁，反而在官場上一路平步青雲。可見，這個政權，如果沒有鼓勵，基本上也是允許甚至讚許這種對「敵人」的寬鬆認定與積極搜捕。柯旗化在他的《臺灣監獄島》裡有提到，1951年他被逮捕時，被警察帶到偵訊室，他抬頭看到偵訊室的牆壁上，竟然貼有「寧可冤枉九十九人，也不可放過一個匪諜」。正是在這種「寧可錯殺一百，不可錯放一人」的基本心態之下，根據藍博洲的說法，1950 年代，至少有 4000 到 5000 名的「共匪」被殺害，而且還有「同樣數目的人投入十年以上到無期徒刑的牢獄之中」（藍博洲 1998：3）。解嚴之後，台灣陸續有許多白色恐怖案件獲得平反。之所以能平反，那就代表我們今天有足夠的事實認定當初國家在執法時確有濫捕、濫殺以及陷人入罪的不當行為。換句話說，當初有些被國家認定為是「敵人」的

人，事實上並不是「國家的敵人」。

蔣氏父子針對這一問題的態度，劉熙明曾經這樣解釋：「刑求犯人，使犯人無中生有的招出犯罪事實，或誇大渲染事件的嚴重性，正是情治單位認為是效忠領袖，完成革命任務的一種手段，也是蔣中正統治大陸末期，為了對付共產黨與反蔣人士，由蔣中正所允許，甚至是蔣中正親自下令的。」（劉熙明1999：155）是不是蔣介石親自下令還需要更多的證據才能證明，不過，同樣是在做敵我區辨，在「土匪」與「良民」之間，殖民政府，如上所述，想出了許多方法來防止錯誤的發生，他們這樣做的目的，我已經說過，並不是基於仁慈，而是基於統治上的考量。然而，一樣是基於統治上的考量，在「共匪」與「非共匪」之間，國民黨政權似乎完全沒有設計任何機制來避免錯誤的發生。「土匪」的對立面是「良民」；而「共匪」的對立面卻什麼都沒有。在戰後所留下來的文獻中，我們再也找不到「玉石俱焚」或「良窳難辨」等字眼，我們也沒有發現日治時期那些相對純樸的區辨道具：「良民旗」、「頭髮上的結」等等。從這一點，我們也許可以就看出兩個政權的差異：國民黨修改了治安行動策略的總戲碼。

殖民政府與蔣家政權在「治安戲碼」上的第二個差異則表現在，它們對既有社會關係的利用和回應上。

讓我們直接來看幾個當時的「匪諜」被逮捕的經過：

1. （楊逵案）爸爸是在四月初六那天中午被抓走的。那時我念初中一年級，哥哥與姊姊念初中二年級，都在學校裡，家裡只剩二妹楊素娟和小妹楊碧兩個小孩。當時，媽媽葉陶正在廚房煮飯，忽然有兩三個便衣走進來說要

請大家去坐一坐。（黃富三編 2001：17）

2.（崔小萍案）民國五十七年（1968）五月二十七日，調查局派了兩名年輕人到中廣公司來找我，那天正好是星期天，我在中廣做廣播……那兩個年輕人是大學生模樣，當時我在公司餐廳用餐，他們坐在那裡等我。（朱德蘭 2001：84）

3.（林正亨案）大約是凌晨三時三十分，憲兵包圍林家，破門而入，將林正亨夫妻戴上手銬帶走，住家被翻得亂七八糟。（許雪姬 2001：49）

4.（四六案謝培元）一九四九年的夏天，幾月幾日記不得了，某個晚上，來了四、五個便衣問我：「你是不是謝培元？」他們跟我說有點事找我；我回答：「是」，他們就把我抓走了。（藍博洲 1998：122）

5.（四六案路統信）當天下午二點多，情治人員由訓導處人員陪著到宿舍來對我說，警備總部有點事找我談。（藍博洲 1998：124）

我其實可以舉更多例子，不過，以上五個逮捕經過應該足夠說明一些事實：與日治時代的逮捕過程相比，有一批人不見了。地方社會的領袖不再出現在敵我區辨的戲碼中，現在剩下的只有便衣、憲兵，或警察。當然，這也許是因為國民黨的國家機器在情報的蒐集上比日本殖民政府高明，所以，不需要地方人士的居中辨別。我無法完全否定這種說法。因為根據一些退休的國民黨情治人員的陳述，當時國民黨在台灣社會中布下了「十萬特務大軍」。在「村里、學校包括科、系、所、各公家機構、工廠、水庫、彈藥庫、寺廟、觀光區、商業區、黑道組

織、農會、漁會、水利會、代表會、縣市議會、省議會、國民大
會和立法院、報社、雜誌社、人民團體如獅子會、青商會、扶輪
社、各同鄉會、黨外組織，甚至中國國民黨各級組織」（楊清海
1999：44）都有線民的布建。換句話說，當時，只要有人聚集、
組織的地方，就有情治單位的線民。

　　國家機器「跳過」地方社會直接動手逮捕被懷疑是國家的敵
人的那些人，這種做法所產生的意義在於，政治上的區辨無須
過問社會上的網絡關係，前者遠遠凌駕於後者之上。原先既存
的社會關係在國家面前被擱置或凍結，只要國家要逮捕敵人，
社會上橫向的關係與連結都不再重要。任何人想要倖免於難，
不是往既有的社會網絡中尋找資源，而是直接向國家交涉。換
句話說，地方社會網絡已經不再提供任何的保證與保護，人就
這樣空蕩蕩地單獨面對國家。

　　長期對台灣社會的凝聚法則非常關心的謝國雄不是沒有注
意到這個問題，他在書中也提到，白色恐怖「瓦解人與人之間
的信任」。「如果要探討台灣社會性質與運作法則，那麼一定要
分析這種『報』（打小報告）的『白色恐怖』的普遍效應，以及原
有的社會運作如何因應這種普遍的效應。」（謝國雄 2003：119-
120）我非常同意他的講法，不過，我感到不解的地方在於（這
也是我跟他見解不同的地方），既然他已經觀察到國家力量的
長驅直入，以及對地方社會和人際關係的摧毀與瓦解，為什麼
他仍然堅持這些東西是台灣「社會凝聚法則」的一部分呢？當
國家判定一個人是「敵人」時，過去有太多的例子證明，即使親
密如親屬關係都會基於自我保護之原則而離他而去[14]，國家不只

---

14 有關白色恐怖受難者家屬的研究，請參閱，蕭伶仔（2009）。

穿透社會、滲透社會，甚至分化、拆解、倒轉原有的關係，讓原來的親朋好友變成見面不敢打招呼的陌生人。沒有任何社會組織在這種力量的摧殘之下仍然能維持原來的信任與凝聚，在這個意義下社會是戰爭的延續，因為，政治上的敵我區辨凌駕了一切原有的關係。

　　國民黨與日本殖民政府在「治安戲碼」上的第三個差異表現在語言的使用上。整個討伐土匪的過程中，殖民政權極少直接稱呼「土匪」為「敵人」。沒有人會懷疑，「土匪」的確是當時國家最大的「敵人」，不過，「敵人」或「敵軍」這兩個字，日本人是把它們專門留給清朝的兵勇，而當劉永福這些清朝將領與士兵被擊潰了之後，殖民政府便甚少再用這個字眼來形容台灣島上的任何一個人。相形之下，蔣家政權則對「敵人」這兩個字有異常的偏好。不管在官方的文宣上，還是當時一般社會大眾的文章裡面，我們都可以發現這兩字的常常出現的蹤跡。之所以會有這樣的差異，可能的原因有很多。比如說，日本人到最後真的把台灣人視為天皇臣民，所以不會用「敵人」來描述台灣人。或者，也有可能是中國民族主義者對被「奴化」過的台灣人民極度不信任，所以，才常把「敵人」掛在嘴邊。再或者，這是因為早年蔣經國曾留學蘇聯，他把在莫斯科從紅軍手上學到的「革命語言」運用他往後的政治生活上：連蔣介石都曾經是蔣經國的「敵人」[15]。不過，我認為真正的原因還是跟戰爭有關。

15　1927 年，蔣介石在中國搞血腥的「清黨」，消息傳到莫斯科。孫逸仙大
　　學裡的年輕人群情激憤，紛紛譴責。其中罵得最兇的一個叫蔣經國。
　　他是這樣說的：「（蔣介石）背叛了革命，從此他是中國工人階級的敵
　　人。過去他是我的父親革命好朋友，去了敵人的陣營，現在他是我的
　　敵人。」（江南 1997：51）

前面提過，敵人是一個戰爭的語言，對日本人而言，當他們在1895年確認了台灣的主權之後，戰爭就結束了；而對蔣家父子的國民黨來說，只要他們還被困在台灣的一天，戰爭就從來就沒有結束過。

在這裡，如果我們再把「種族」的因素考量進來，我們更可以看出國民黨治安戲碼的特點。前面提過，傅柯認為，現代的政權是一個以生命的繁榮為首要考量的政權，當這樣子的政權要發動戰爭與屠殺時，他們往往會訴諸於種族的因素。不過，這裡就產生了一個疑問：國民黨這個有著全亞洲最成功「家庭計畫」的政權，如何能一方面推動生育計畫，另一方面又宣稱自己的社會是處於一種永恆的戰爭狀態呢？按照傅柯的見解，國民黨勢必要訴諸於種族。不過，國民黨並沒有這樣做。他們的屠殺不帶有種族的區隔與論述，他們不是為了自身種族的純淨，也不是為了要消滅另外一個被認為較為低劣的種族，簡單的說，這是在同一個種族之內的屠殺或清洗。這是一場意識型態的戰爭。

由於篇幅的限制，我將省略這幾十年的歷史發展過程。之所以可以把它省略，原因是我認為，「敵人」的語言表達方法與身分建構方式在這幾十年中間並沒有經歷太顯著的改變。基調是一致的，敵人常被掛在嘴邊，而且，弔詭的是，敵人到底是誰並沒有隨著不斷地使用而更加明確。在國民黨的治安戲碼裡面，它一直很有意識地維持一種非常寬鬆的認定方式：既然每個人都可能是「匪諜」或「共匪」，那麼，每個人都有可能是敵人。

一直到蔣經國死前，他從來都沒有放棄在社會內部尋找、建構敵人的念頭。我們要看的是1985年蔣經國的歲末感言，這

次談話的場合應該是農曆過年前的最後一次國民黨中常會，像這種年關將過的時機，對於宣稱要把敵人殲滅，而且已經給了確切時間表卻遲遲無法實現的政權是格外為難。面對這些中常委，蔣經國的調性甚為柔軟，「反攻復國」早就不再提了，取而代之的，是用「相信任何困難都可以克服」這種原則性的宣稱來致意。邁入老年的蔣經國是這樣說的：

> 一年就要過去了，在這一年中，我們的國家，我們的黨，遭遇了許多困難，不過由於大家共體時艱，同心協力，我們還是解決了很多的問題，做了很多的事情，表現了我們團結自強的精神，也因而使我們安然地度過了困難的一年……面對國內外情勢，今後我們最重要的，還是內部的團結，和社會的安定。我們過去這一年之所以能夠克服困難，主要就是靠我們內部能夠精誠團結。我們的敵人，尤其是共匪，千方百計所希望達到的目的，便是分化我們，破壞我們；要使我們不團結，要使我們不安定。所以，祇要我們安定，我們團結，不管敵人什麼樣的打擊，我們都不怕……希望本黨同志都能抱著「不退卻」、「不灰心」的態度，大家共同一致努力，相信任何的困難都可以克服，任何的敵人都可以打倒。（《聯合報》1985/02/14）

在這裡，需要注意的是有兩點，第一、蔣經國在上述引文中用了三次「敵人」，不過，從另外一個面向來思考，他卻用了十六次的「我們」。前面提過，「敵人」是一個集體的概念，或者應該這樣說，當國家機器在建構「敵人」時，將無可避免地會形塑一個「我們」的概念。「敵人」總是兩個共同體之間的作戰，

當「敵人」不斷出現時，無形中「我們」的疆界也將越清楚。換句話說，「敵人」跟「我們」之間會結伴出現。而且，歷史的弔詭在於，當「敵人」消失時，「共同體」卻會留下來。當然，這也許不是蔣經國的原意，不過，當時他的演講正是在訴說一種「共同體」。到後來，台灣這個共同體在幾十年長期的敵我區辨之中，會越來越清楚。 Benedict Anderson 說的沒錯，民族是一個「想像共同體」。不過，台灣的經驗告訴我們，這個共同體也許不是透過想像「我們」而來，而是透過建構「敵人」而來。儘管中國國民黨對台獨運動身深惡痛絕，不過，歷史的弔詭卻在於，台獨運動的出生證明上，絕對帶著中國國民黨的印記。

其次，在上述引文中，我們必須留意蔣經國的修辭，「尤其是共匪」。換句話說，在他看來，當時國民黨政權與國家的敵人不只一個。那麼，接下的問題是，當時還有哪些人在困擾著這位獨裁者呢？對台灣歷史有一點粗略研究的人都會知道，最有可能的選項來自於台灣獨立運動。

所以，台獨接替了共匪成為這個社會內部的「敵人」嗎？蔣經國本人或許是這麼認為，而且我相信很多人也會有著跟蔣經國一樣的見解。不過，如果針對上一點進行深入的思考的話，我們馬上就知道，事情並不會這樣發展。

當中國共產黨被建構成敵人之後，當國民黨幾十年來永無止盡地訴諸於「我們」的團結時，以台灣這個疆界為基礎的共同體就不可能把要搞台獨的人是敵人。在這裡，再一次，我要用一個很不起眼的小故事來說明這裡深刻的歷史變化。這個小故事是發生在 1988 年 10 月 26 日的一場餐會上。餐會的主題大概是關於國民黨的國大代表是否要與民進黨的代表合組聯誼會。故事的主角在當時並不很有名，現在也不會有太多人記得。他

叫做馬鎮方，他跟現在的總統馬英九沒什麼關係，當時他的職
稱是國民黨台灣省黨部主任委員。那一天晚上，酒酣耳熱之
際，他突然拍桌大罵，以下是傳說中他氣憤的原因：

> 馬鎮方前晚在台北市銀行招待所邀請「假日聯誼會」八位國
> 民黨籍國代和四位無黨籍國代餐敘，勸導解散或停止「假
> 日」辦活動，會後傳出，酒過三巡後，馬主委曾數度以嚴峻
> 語氣，拍桌指民進黨是「敵人」。馬鎮方認為，民進黨建黨
> 迄今拒用國號、國旗，不承認政府合法地位，又主張「台灣
> 獨立」，屢次與國民黨溝通協議事後均未遵守，說嚴重一點
> 與「敵人」沒有兩樣，國民黨國代怎可與民進黨代表共組聯
> 誼會？據了解，這番言詞席間曾引起吳豐山、陳照娥、蘇
> 裕夫等無黨籍國代委婉反駁。他們認為國民黨在立法院也
> 與民進黨溝通，國民黨應「化敵為友」，跨黨組聯誼會並無
> 不可。(《聯合報》1988/10/28)

消息傳開之後，輿論與反對黨對這位主委相當不客氣。記者追
著他問，到底有沒有這樣說？民進黨知道了自己被說成是「敵
人」之後也非常生氣，要求馬主委給個交代。原本保持沉默的
馬主委被迫親上火線，這回沒有喝酒的他給的答案是，當天餐
會的氣氛相當愉快，他沒有說過「民進黨是我們的敵人」這些話
(《聯合報》1988/10/28)。
　　這裡的重點不在於追究當天餐會的氣氛到底好不好，也不
在於進一步挖掘他到底有沒有講這句話的真相。我想藉著這個
名不見經傳的小故事來說明一件事，而這件事可以透過思考以
下這些問題來獲得答案：為什麼馬鎮方要急著否認？民進黨到

底是不是「敵人」？為什麼這一群主張台灣獨立的人不能是「敵人」？他們跟這個島上之前所出現的「土匪」與「共匪」有什麼不同？最重要的，如果他們不是「敵人」，那他們是什麼？我想，我已經給了答案了。

七、結論

　　Tilly 在一篇名叫 "Speaking Your Mind Without Elections, Surveys, or Social Movements" 的論文中，回溯了西方世界從以前到現在抗爭戲碼的演變過程。他告訴我們，從 19 世紀中葉開始，人們在抗爭時所使用的方法、組織的方式、抗議的對象、抗議的時機、抗議聚集的地點，以及抗議時所使用的道具都經歷了改變。寫到論文的結論時，他忍不住做了一下這段告白。他說：「我明白一件事，我對歷史的濃縮有一點像是連環漫畫的感覺：很快的素描、簡短的標題、過分裝飾的色彩。」（Tilly 1983）簡單的說，他認為他處理歷史的方法是「罪虐深重」（sins）。Tilly 是一個誠實的學者，人類抗爭的方式何其多樣，沒有任何一個人可以在這麼短的篇幅之內把一段這麼長時間且複雜的過程描繪並解釋清楚。被說成是連環漫畫，或者好聽一點的說法，被說成是對歷史過程的簡化，應該是在所難免。我沒有要為 Tilly 辯護的意思，事實上，我也想要做一種 Tilly 式的告解。而且，我在這篇論文所犯的「罪」也許比 Tilly 還重一點，因為，通篇論文我一直用在一些瑣碎的例子，像是被刪掉的文字、辮子上的繩結、疑似捏造的讀者投書、飯局中的酒後吐真言等等，來書寫這一段複雜的歷史。

　　然而，我始終相信，從這些瑣碎的小事件中我們可以讀出

很深層的歷史演變過程。 Carl von Clausewitz 曾經提出一個論點：「戰爭不只是一個政策的貫徹，它還是一個貨真價實的政治工具，是政治互動透過其他手段的延續」（Clausewitz 1989: 87），或者，用一個大家比較熟悉的講法：「戰爭是政治透過其他手段的延續。」Michel Foucault 在 *Society Must Be Defended* 中曾經短暫地將此命題逆轉，他主張，人們應該要思索一下：政治是否為戰爭透過其他手段的延續？（Foucault 2003: 48）或者，講得更具體一點，Foucault 真正想問的是，權力是否為戰爭用其他手段的延續？ Foucault 提問的方式一定讓很多人感到困惑，其實他要講的東西很簡單：把權力的運作比喻成打仗，到底適不適合？

　　我之所以稱它「短暫」，是因為 Foucault 其實根本沒有進入 Clausewitz 的脈絡中來討論，他只是暫時借用這個著名的講法來表達他對權力的想像。我在這篇文章中的做法跟 Foucault 差不多，我其實不是在處理戰爭，我處理的是一個長期處於戰爭狀態下的社會。

　　我是透過「敵人」的書寫來達到這個目標，而且這個「敵人」是放到 Carl Schmitt 的政治敵我區辨的脈絡下來探討。對於如何研究「國家的敵人」，本文則延伸 Charles Tilly 的「抗爭戲碼」概念，進而發展出「治安戲碼」，我試圖講的是，國家在建構、面對、處理，甚至消滅敵人的過程中，所能運用的只是一些固定的「戲碼」，它們是有限的、學來的、被確立的。不同時代有不同的敵人，不同時代也有不同對付敵人的方法。但是這些所謂不同的對付敵人的方法，實際上卻是在一些有限的選項之間的選擇，比如說，鎮壓、逮捕、屠殺、招降、污名化等等。上述這些「戲碼」，如果不仔細檢視，人們往往會認為它們

在歷史中並沒有太大變化。然而，在這篇論文中，我試圖在日治初期與戰後國民黨政權那些看似相同的「戲碼」間捕捉一些關鍵的差異：對無差別屠殺的態度、與舊有地方社會的關係、語言的運用。而這些關鍵的差異，對於台灣戰後社會的若干面向上產生了一些決定性的影響。

這些影響可以簡化成一句話：社會就是戰爭的延續。所以，作為戰爭的延續的社會是一個什麼樣的社會？我的答案是，它是一個長期處在政治敵我區辨凌駕一切的社會，它也是一個總是企圖要消滅一群人來保障本身共同體的純潔與安全的社會。當政權不在意錯殺人民，當地方社會網絡無法提供人民必要的保護，當國家機器長期把一群根本不在身邊的人建構成敵人，這個巨大卻扭曲的力量把這個社會弄得千瘡百孔，傷痕累累。但歷史的弔詭在於，我們的共同體卻正是誕生在這樣的力量下。

參考書目

一、中文及日文書目

《中央日報》，1951/10/09，〈前已自首的匪幫在臺最高負責人：蔡孝乾發表告匪諜書〉。

《台灣日日新報》，1911/07/07。

《聯合報》，1951/10/04，03 版，〈匪諜自首即是自救 檢舉匪諜人人有責閻錫山先生發表書面談話〉。

《聯合報》，1951/10/06，03 版，〈苦海無邊回頭是岸 匪諜自新 此為良機 黃朝琴議長發表談話〉。

《聯合報》，1951/10/10，07 版，〈國慶日敬告省內外同胞〉。

《聯合報》，1951/10/13，02 版，〈忠告匪諜及時覺悟 胡秋原昨 發表談話 希望不要再做奴才的奴才〉。

《聯合報》，1951/10/15，01 版，〈號召匪諜自首 錢思亮談話 勇敢擺脫匪幫桎梏 爭取新生為國奮鬥〉。

《聯合報》，1951/10/18，02 版，〈李萬居談話 勸匪諜回頭 蔡 章麟廣播忠告〉。

《聯合報》，1951/11/04，07 版，〈自新匪諜黃樹滋 書告過去同 路人〉。

《聯合報》，1951/11/26，02 版，〈潛台匪諜莫再遲疑趕速自首 重新作人匪酋周恩來弟婦馬順宜女士 發表告潛台匪黨黨員 書〉。

《聯合報》，1951/11/29，07 版，〈勸告匪諜自首影片在各戲院 上映〉。

《聯合報》，1951/11/30，02 版，〈本省兩自首青年 書告過去同 路人 盼潛台匪諜莫再猶豫 珍惜此最後一日機會〉。

《聯合報》，1952/01/06，06 版，〈匪諜四名 昨晨槍決〉。

《聯合報》，1952/01/07，01 版，〈檢肅匪諜運動勝利結束 總政 治部昨發表 三月成績報告 自首者六二九人檢舉案百餘件 張彝鼎釋長期防諜重要〉。

《聯合報》，1952/12/17，01 版，〈認清敵我！劃分敵我！ 總 政治部發表文告 提示工作檢討方針〉。

《聯合報》，1954/06/17，02 版，〈軍校三十週年校慶總統訓詞 全文〉。

《聯合報》，1958/02/10，01 版，〈共匪準備對我們做些什麼？〉

《聯合報》，1976/02/29，02 版，〈「台獨」運動的當頭棒喝〉。

《聯合報》，1978/06/27，01 版，〈「台獨」係共匪豢養鷹犬 司調局促國人警覺 匪諜滲透陰謀破壞手段狠毒 選舉期間最須冷靜勿被利用〉。

《聯合報》，1985/02/14，01 版，〈蔣主席勉國人不退卻不灰心積極樂觀面對挑戰克服困難〉。

《聯合報》，1988/10/28，02 版，〈馬鎮方得罪「貴賓」？邀宴「假日聯誼會」成員，否認說過「敵人」等語。但是參與宴會的無黨籍國代卻極表不平〉。

大槻正秋（編纂），1935，《近衛師團台灣征討史》。東京都：臺灣懇話會。

小熊英二，1998，《日本人の境界》。東京都：新曜社。

中國第二歷史檔案館、海峽兩岸出版交流中心（編），2007，《館藏民國台灣檔案匯編》第 16 冊。北京：九州出版社。

水野遵，1898，〈台灣の土匪〉。台灣協會會報，第三號，1898/12/3。

台灣總督府警務局（編），蔡伯壎（譯），2008a，《台灣總督府警察沿革誌》第二編：領台以後的治安狀況（上卷）（I）。台南：國立臺灣歷史博物館。

台灣總督府警務局（編），蔡伯壎（譯），2008b，《台灣總督府警察沿革誌》第二編：領台以後的治安狀況（上卷）（II）。台南：國立臺灣歷史博物館。

朱德蘭，2001，《崔小萍事件》。南投：臺灣省文獻委員會。

江南，1997，《蔣經國傳》。台北：前衛。

姚人多，2001，〈認識台灣：知識、權力與日本在台的殖民治理性〉。《台灣社會研究季刊》42: 119-182。

姚人多，2008，〈政權轉移之治理性：戰後國民黨政權對日治時代保甲制度的承襲與轉化〉。《台灣社會學》15: 47-108。

許雪姬，2001，《林正亨的生與死》。南投：臺灣省文獻委員會。

曾健民，2007，《台灣一九四六・動盪的曙光：二二八前的台灣》。台北：人間出版社。

黃英哲，2007，〈楊基振日記的史料價值〉。收於許雪姬編，《日記與台灣史研究》（上冊），台北：中央研究院臺灣史研究所，頁 89-122。

黃富三（編），2001，《戒嚴時期台灣政治案件事件檔案與口述歷史》。南投：臺灣省文獻委員會。

塩見俊二，2001，《秘錄 終戰前後的台灣》。台北：文英堂。

楊清海，1999，《調查局的真面目》。台北：另眼文化事業。

雷震，1978，《雷震回憶錄：「我的母親」續篇》。台北：七十年代雜誌社。

劉熙明，1999，〈蔣中正與蔣經國在戒嚴時期「不當審判」中的角色〉。《臺灣史研究》6(2): 139-187。

蕭伶仔，2009，《走進「白色家庭」：一九五〇年代政治受難者家屬生命歷程探究》。新竹：國立清華大學社會學研究所碩士論文。

賴澤涵、馬若孟、魏萼，1993，《悲劇性的開端：台灣二二八事變》。台北：時報文化。

謝國雄，2003，《茶鄉社會誌》。台北：中央研究院社會學研究所。

鴻洲生，1898，〈台灣の土匪〉。《台灣日日新報》1898/10/7。

藍博洲，1998，《五○年代白色恐怖：台北地區案件調查研究》。台北：台北市文獻委員會。

二、英文書目

Clausewitz, Carl von. 1989. *On War*, edited and translated by Michael Howard and Peter Paret. Princeton: Princeton University Press.

Davidson, James W. 1903. *The Island of Formosa*. London and New York: MacMillan & Co.

Foucault, Michel. 1977. *Discipline and Punish: The Birth of the Prison*. New York: Vintage Books.

Foucault, Michel. 2003. *"Society Must be Defended": Lectures at the Collège de France, 1975-76*. New York: Picador.

Freud, Sigmund. 1901[1989]. *The Psychopathology of Everyday Life*. London: Norton & Company, Inc.

Mann, Michael. 1987. "Ruling Class Strategies and Citizenship." *Sociology* 21:339-354.

Schmitt, Carl. 1996. *The Concept of the Political*, translated by J. Harvey Lomax. Chicago and London: The University of Chicago Press.

Tilly, Charles. 1983. "Speaking Your Mind Without Elections, Surveys, or Social Movements." *Public Opinion Quarterly* 47:461-478.

Tilly, Charles. 1989. *The Contentious French: Four Centuries of Popular Struggles*. Cambridge, Mass.: Belknap Press.

Tilly, Charles. 1993. "Contentious Repertoires in Great Britain, 1758-1834." *Social Science History* 17(2):253-280.

第六章

正義與寬恕之外：戰爭、內戰與國家暴行之後的倫理[*]

朱元鴻

奔霆飛熛殲人子，敗井頹垣剩餓鳩。

偶值大心離火宅，終遺高塔念瀛洲。

精禽夢覺仍銜石，鬥士誠堅共抗流。

度盡劫波兄弟在，相逢一笑泯恩讎。

——魯迅，〈題三義塔〉

Short then is the time which every man lives, and small the nook of the earth where he lives; and short too the longest posthumous fame, and even this only continued by a succession of poor human beings, who will very soon die, and who know not even themselves, much less him who died long ago.

—— Marcus Aurelius, *Meditations* 3:10

Without forgetting, it is utterly impossible to live at all... *There is*

---

* 　本文以英文撰寫的版本 "Jus Post Bellum, Forgiveness and Historical Denial" 發表於 2006 年 12 月巴黎舉行的 *International Conference on Historical Denials and Falsifications*（Dénis Historiques et Travail de la Mémoire）, Université Paris 8–Université de Tokyo, Saint-Denis, Paris, France. 作者感謝巴黎第八大學 Alain Brossat 教授與東京大學高橋哲哉教授的邀請。本文法文翻譯於 2008 年出版為 "Jus post bellum: Pardon et dénis, historiques en Asie de l'Est et en Europe après 1945." Traduit de l'angais par Catherine Pinguet, Pierre Bayard et Alain Brossat, *Les dénis de l'histoire: Europe et Extrême-Orient au XXe siècle*,（Editions Laurence Teper）:101-122. 作者感謝譯者的貢獻。本書兩位評審的閱讀與意見一併誌謝。

a degree of sleeplessness, of rumination, of historical sensibility,
that injures and ultimately destroys all living things, whether a
human being, a people, or a culture... ; by shaping power I mean
that power to develop its own singular character out of itself,
to shape and assimilate what is past and alien, to heal wounds,
to replace what has been lost, to recreate broken forms out of
itself alone. There are people who possess so little of this power
that they bleed to death from a single experience, a single pain,
particularly even from a single mild injustice, as from a tiny little
cut.

—— Nietzsche, *Untimely Meditation*

Today's innumerable national(ity), ethnic, and cultural conflicts,
many of them intensified by religious fervor, are unthinkable
without the driving engine of instrumentalized social memory...
Although in the recent past men and women died "for the
fatherland", after 1945... in this *fin de siécle* they are dying, and
killing, "for memory."

——Arno J. Mayer, "Memory and History: On the Poverty of
Remembering and Forgetting the Judeocide"

　　戰爭，內戰，國家對其人民的大規模暴行，在歷史上是不
可勝記地頻繁，就如梁啟超形容的：二十五史有如一部相砍

書。然而從讀史的超然高度降落到我們身處的時代，仍然頻繁
發生的戰爭／內戰與國家暴行，卻成為界定我們當代與自身存
在的關鍵性事件。

　　明確地說，本文所論及的「當代」，是 1945 年以迄今日這
個約莫一甲子的時代。本文所指認的當代特徵，不在於仍然頻
繁發生於當今世界的戰爭、內戰或國家暴行，而在於試圖終結
與無法終結這些關鍵事件的幾種象徵性演作體系。其一，正義
體系，包括國際戰犯審判（例如紐倫堡大審、東京大審、近年
海牙國際法庭對於塞爾維亞與盧安達族群清洗罪責的審判）、
舊政權審判（例如中國 1980 年四人幫受的「歷史審判」、南韓
1996-1997 年盧泰愚、全斗煥受到軍事叛亂、內亂、貪污等罪行
的審判），以及台灣近日所談論的轉型正義。其二，悔罪與寬恕
的儀式，相當特定地上演於邏輯上不對等的兩造角色之間：受
害「國」與戰敗「國」之間，以及代表受害的新政權（族群、政
黨）與代表罪行的舊政權（族群、政黨）之間。

　　正義與寬恕／悔罪，就哲學與邏輯上來說是全然不同格的
兩套演作體系，然而就社會與政治實踐來說，兩個體系相互在
條件與後果上卻有糾纏難解的關係。更重要的是，正義與寬恕
／悔罪都要求記憶的責任。正義的演作體系以調查審訊、建立
判例檔案文獻的方式企圖為記憶的責任定價。寬恕則以確認罪
行與受害角色作為記憶責任的前提。在 1945 年之後界定當代的
這兩類世界性的劇場，於是衍生出另兩類以記憶作為鬥爭或問
題意識的時代特徵：其一是蔓延的紀念時空，其二是正義與寬
恕的劇場不僅無法祛除反而持續召喚出的歷史否認（historical
denials）。

　　紀念，並非當代才有的儀式行為，然而在我們當代

卻蛻變出足以俘虜或綜攝個體記憶的各型「紀念的超我」（commemorative super-ego），以蔓延的紀念時空：文獻檔案、圖書館、博物館、辭典、神社／聖殿／祠／堂／碑／塔、合成影像、節日、遊行……征服蕪雜脆弱的個體記憶，或將其收納在「紀念的超我」的表徵或再現裡。當紀念的記憶將整個國族、族群的成員及其文化直接連結上受害與罪責的認同，無論是在正義或是在寬恕／悔罪的象徵體系之下，不可避免地牽涉「歷史人格」（historical personality）的鬥爭。在這個背景下，「歷史否認」的出現是可以預見的，不僅法律制裁不足以檢禁[1]，相反地，「歷史否認」要麼以對反或顛覆「紀念」而獲得作祟糾纏的能量，要麼與「紀念」合體共構而獲得實現的動力，例如高橋哲哉（2007）與子安宣邦（2007）所關注批判的「靖國神社問題」。

　　本文試圖辨識作為當代特徵，在戰爭／內戰／國家暴行之後的兩個交織的象徵性演作：正義、寬恕／悔罪，同時批判地關注於這幾種當代演作體系作為記憶政治與記憶倫理的問題。最後藉著尼采的 *Untimely Meditations*、魯迅的〈題三義塔〉詩句，以及幾個希有的歷史典範，嘗試地、未完成地探問一個艱難的問題：在什麼條件之下，遺忘可能作為倫理學上具有意義的行動？

1　目前有六個國家立法制裁猶太人大屠殺的「歷史否認」：奧地利、比利時、法國、德國、英國、以色列、瑞士。

一、戰後正義（Jus Post-Bellum）

　　Jus post bellum 作為一個問題意識的概念詞彙，是這幾年才出現的，幾乎可以說是 21 世紀誕生的詞彙。 1990 年代以來一系列破壞性的政治衝突，包括了波灣戰爭（1991）以及索馬利亞（1992-1994）、波士尼亞（1992-1995）、盧安達（1994-1995）相繼的內戰，使得聯合國自二戰之後首度開啟海牙國際戰犯法庭，戰時暴行的懲罪於是成為公眾注意的焦點。同時在學術界，環繞戰爭倫理的「義務論」（deontology）與「後果論」（consequentialism）的辯論、人權問題、正義戰爭與和平主義的爭議都成為受到關注的議題（Orend 2000）。過去幾年在 *jus post bellum* 這個標題之下討論的作者幾乎都是北美的學者（哲學、社會科學、政治與國際事務）。雖然他們常能熟稔地以過去一兩個世紀的戰爭實例來舉隅比較，然而他們最主要關切的實例是美國近期介入的戰爭，尤其是波灣戰爭與伊拉克戰爭，因此最常致力的批判觀點是關於占領、政治重建、戰犯審判等議題。

　　那麼為何不乾脆用 "justice after war" 而以拉丁文表達呢？很明顯地是要上紹 *Jus ad bellum*（發動戰爭理由的正當性）、*Jus in bello*（遂行戰爭手段的正當性）這兩個在思想史上超過十五個世紀的問題意識，作為「正義戰爭」（Just War）悠久思想的延伸與補遺。雖然在近年之前不曾用 *Jus Post-Bellum* 來作為思考問題的標題概念，其實，戰爭如何終結，戰後如何處置，很早就以簡單的理念蘊含在正義戰爭的理由（*jus ad bellum*）之中。奧古斯丁在《上帝之城》說：「眾所周知，和平是戰爭所欲求的目的，任何人即便是在戰爭之中也企求和平，卻沒有人在

媾和之時企求戰爭。」（St. Augustin 2009: 621）康德，儘管不常被認為是正義戰爭的理論家，卻有一套完整細緻的正義戰爭理論，也是最早強調「戰後正義」的思想家：「國際法權／正義（right, justice）部分關涉發動戰爭的法權／正義，部分關涉戰爭過程本身的法權／正義，部分關涉戰後的法權／正義問題，亦即，各國在相互強制之下放棄易於造成戰爭的狀況並創立可以締建永久和平的憲章。」（Kant 1995: 167）

　　直到最近幾年，戰後正義的問題很少被當作實質的、特別的問題來思考。Michael Walzer，在其三十年前的經典之作 *Just and Unjust War*（1977）也未曾討論過戰後正義，最近卻在一篇伊拉克戰爭的評論裡明確表述了這個問題何以具有實質的重要性：有可能一場以正當理由發動的正義戰爭，而且戰爭過程沒有不正當手段，卻在戰後陷入一場道德上困惑污穢的爛泥，甚至為下一次戰爭搭好臺架；相反地，也有可能一場不正義發動的戰爭（例如情報誤導之下的軍事介入），卻在戰後產生了高尚的政治秩序（例如推翻一個殘暴的政權而建立了一個正派的政府）；還有可能一場雙方都不正義的戰爭結果卻在協商或相互強制下達成穩定的和平解決（Walzer 2004: 163）。這些邏輯上的可能性說明了若不考慮戰後正義，正義戰爭理論是不完全的，而且戰後正義需要其自身的判準。

　　Brian Orend（2000）引述康德的主張：力量不等於正義，勝利的事實自身並不授與勝利者權利，也不加諸戰敗者義務。只有在正義戰爭的條件之下才可能有意義地討論勝利者與戰敗者的權利義務。他同意華爾澤指出正義戰爭的諺語「恢復戰前狀態」（*status quo ante bellum*）是有問題的，因為戰前狀態正是導致武力衝突的狀態，何況戰爭帶來了深遠的改變。因此戰後

所尋求的應是比戰前更為安全與公正的狀態。但是（1）由侵略所獲得的利得（領土、資源、權利）必須捲回（rollback）；（2）受害者的損失應獲賠償，發動侵略者（違反 *jus ad bellum*）以及戰時犯下不義暴行者（違犯 *jus in bello*）應受戰犯審判；（3）侵略的戰敗國應視情況受到去軍事化或政治重建以防止未來的侵略。而且以上所牽涉的賠償與審判懲罪亦應遵循「比例合度」與「區別對待」這兩項 *jus in bello* 的原則。

Gary Bass（2004）與 Walzer（2004）以 *jus post bellum* 的問題意識檢視伊拉克戰爭並反省「占領」與「政治重建」兩個問題。占領多久？何時移交權力？重建的責任到哪裡？誰來回應這些問題？美國人民如今逐漸了解占領與政治重建比起交戰是更為艱困的考驗。這些批判提出了有意義的理論問題，但並非本文直接的關切，我們有興趣的是「戰後正義」理論如何不僅與國際戰爭相干，也脫殊地（generic）與內戰情境或國家暴行後的歷史相干。

Bass（2004: 391-395）指出，戰後正義的證明責任落在戰勝者這一方，企圖改變與重建戰敗國的占領國政治領袖必須負起證明的責任。對戰敗國的戰後政治重建並非都是無私的，而經常是夾帶著掠奪與經濟宰制動機的。Bass 引述史達林二戰後的說法：「這次戰爭不同於以往，不管哪一方占領了一片領土也就將自己的社會體系強加於上，每一方武力伸展到哪裡也就將其自身的社會體系強加到哪裡。」所強加於戰敗國的新政府並不都出於公正或民主的價值，卻經常是符合戰勝國軍事與經濟利益的處置，驗於歷史的實例不勝枚舉：拿破崙戰敗後聯軍為了專制政體的安全而拱出波旁王朝的路易十八當法國皇帝，一戰後的威瑪共和國因為被視為由敵國所強加的而始終未能

獲得德國人民的忠誠擁護。 Bass 指出兩點理由警告若將戰敗國的政治重建當作戰爭的目標，可能會造成不正義的戰爭。其一，若正義戰爭的典範是自我防衛，則沒有理由要去改造一個已戰敗的國家；其二，若將對敵國進行政治重建當作戰爭的目的，則此一戰爭將成為全面戰爭，因為不藉著全面軍事征服不可能改造一個國家，而如此將牴觸 *jus in bello* 的「比例合度」原則。最後，文化上的理由：軍事上的勝利並不能證明政治組織與文化價值上的優越，一國並不因戰勝而有權利將其自身的政治與文化價值強加於被征服的國家。

　　然而 Bass（2004: 398-403）也反向申論不能全然排除政治重建的必要。戰後正義有時必須容許外國力量的介入，例如預防可能爆發新的不正義戰爭時。納粹德國政權的罪行使得戰勝的敵國有理由對其進行政治重建。發生種族屠殺或族群清洗的國家是個特別的範疇，對自己境內部分公民進行屠殺，是個喪失道德國格，不能宣稱合法性，也不具國際地位的國家。人道介入以阻止種族屠殺，並進行政治重建，是戰後正義的責任。歷史上的例子有 1915 年屠殺亞美尼亞人的土耳其，消滅猶太人的納粹德國，近期的盧安達內戰，波士尼亞與科索夫的族群清洗，在這些案例中他國若保持漠然或袖手旁觀才是道德災難。即便由一個共產極權的鄰國越南以戰爭介入，阻止了赤柬的屠殺並建立一個後赤柬的政權，越南的行為也都被認為是正當的。在一個推翻了專制政權、但其國內人民無法以自力創建一個穩定和平政治體系的狀況，給予政治、經濟與技術上重建的**協助**是必要的，否則戰敗國人民將陷於無政府狀態，成為武裝派系的俎上魚肉，困溺於戰後社會的悲慘情境。那麼是否必須建立一個穩定的自由民主社會呢？ Bass 認為沒有必要。戰

後正義的任務是懲兇撫傷、救陷溺於殘酷混亂的水火，而不是依戰勝國的價值建立一個完美的烏托邦。而且應該盡可能擴大國際多邊參與重建任務，避免被認為是一場經濟動機的征服戰爭[2]。

我們不否認這些論點有其貢獻，卻也必須指出在批判當前「國際事務」的框架之下，這般通常不脫西方自由主義的論點有其嚴重的局限與盲點。我舉兩類不曾受到考慮的例子。其一：西方殖民過程中，滅族屠殺（genocide）與美國、澳洲這類由歐洲移民建立民族國家的過程幾乎同步。完全的「滅族屠殺」事件持續發生到 19 世紀，例如北加州的 Yuki 原住民族，科羅拉多州的 Cheyennes 原住民族，遭澳洲白種歐洲移民滅絕的塔斯馬尼亞原住民族（Tasmanians）（Chalk and Jonassohn 1990）。試問美國與澳洲是否曾因為這些滅族屠殺事件而被貶為喪失道德國格、不能宣稱合法性、因此不具國際地位的國家？試想外國以人道干預阻止美、澳境內滅族屠殺、進行政治重建的理論與現實可能性之間的落差。相反地，這類民族國家的歷史不就是一部征服史，甚至是湮沒滅族屠殺的一部歷史否認的國族史？其二：狹義的種族屠殺之外，階級或意識型態分類之下有組織、大規模的殘酷謀殺，例如法國大革命、布爾什維克革命、中國「解放後」1949-1952 年間以土改鬥爭、鎮壓反革命、肅清反革命為名的數百萬人殺戮。試想這些有組織、大規模的謀殺事件如何成為民族國家慶賀的建國暴力，在週年紀念儀式下成為黨國統治的正當性來源，或團結國族的神話，同

2　Bass 與華爾澤一樣批評布希排除法、德、俄等國參與伊拉克重建乃大錯特錯，將正義戰爭墮落為美國企業牟利的專享方案。

時又是在官方歷史的再現之下的制度化失憶。

二、戰犯審判：歷史的判讀

在戰爭法權（*jus belli*）的脈絡裡，已經隱含了對於違反 *jus ad bellum* 或違犯 *jus in bello* 的犯行者制裁的要求。戰犯審判因此是 *jus post bellum* 的一項核心議題。「義務論」觀點主張戰犯審判，理由是必須剝除國家高官或主權者假藉職務為脫罪的託詞，揭露自由意志之下個人決斷的行為罪責。「後果論」觀點也主張戰犯審判，因為可以藉此去除危險的政治領袖、防杜對於所犯暴行的洗刷否認、阻止受害者群體的報復，以及嚇阻未來犯行的教育影響力[3]。

近年聯合國海牙國際戰犯法庭審判的前南斯拉夫總統米洛塞維奇（已於 2006 年 3 月 11 日死於海牙國際法庭的牢房）以及由伊拉克特別法庭審判的伊拉克前總統海珊是戰犯審判的熟悉案例。歷史上更著名的是 1945 年國際軍事法庭在紐倫堡對德國納粹政治領袖戈林及第三帝國二十多名要員的大審，以及 1946 年在東京的國際法庭對日本首相東條英機與 25 名被告的審判。1945-1946 年紐倫堡與東京的法庭在歷史上首度成功地確立了審判戰犯的國際司法演作，「戰犯審判」在歷史中的出現具有界定時代的關鍵性意義。我們該探問其背後的意義：戰爭的概念與世界的秩序經歷了什麼轉變？

3　Judith Shklar 指出紐倫堡戰犯審判用法律語言向具有法律素養的德國菁英充分呈現了納粹違反人性的恐怖罪行，對於德國公眾看待納粹深具教育影響力，參見 Bass（2004: 404）。

　　值得比較的兩個戰後處置先例是：1815 年拿破崙戰爭之後將拿破崙放逐聖海倫那島，以及一戰後凡爾賽和約於 1920 年要求德國交出包括德皇威廉二世與興登堡元帥在內約 900 名人員受審。這兩個案例之間相隔的是歐洲著名的所謂百年和平。這兩個戰後處置的案例如何透顯了相隔一個世紀戰爭概念的轉變？拿破崙戰爭在 19 世紀初為歐洲帶來的災難，與 20 世紀初的歐戰一樣，就其時代而言各自都是史無前例的。然而 1815 年，維也納會議沒有以戰犯審判的法律途徑處置拿破崙。當時的兩個戰勝的強權，專制的普魯士要的是簡單的解決：槍斃拿破崙。英國則希望比較乾淨的解決：將拿破崙交給戰勝國扶植復辟的波旁王朝進行審判（有點像當前美英兩國將海珊交給伊拉克特別法庭審判），但波旁王朝不認為他們能夠承擔此一審判而不招致自身的覆滅。結果英國採取了放逐。無論槍斃或是放逐都屬法外處置（extralegal means）。打敗拿破崙的英國威靈頓公爵，既不接受槍斃拿破崙，也不把拿破崙當作法律意義下的罪犯 [4]。這樣對待仍反映當時歐洲公法（*Jus publicum Europaeum*）的核心概念：*"justus hostis"*（just enemy），正當敵人，只是敵人，不具有法律意義下的罪犯意涵。

　　一戰戰後，英、法、美等協約國公眾對一戰期間的德軍暴行有激烈的制裁呼聲 [5]。但是當凡爾賽和約提出德國應向協約國

4　Bass（2000: 37-39）回溯了自拿破崙放逐以來戰犯審判的歷史實例。可惜的是他未曾問其背後如何見證了戰爭概念的轉變。「歐洲公法」及其戰爭概念不曾進入 Bass 的問題意識。

5　英國公眾談論的是 Edith Cavell，一位英國護士，因為協助協約國軍人逃出德國占領下的比利時而被處死；法國公眾談論的是德軍占領里耳（Lille）等城市時的掠奪與破壞；美國公眾談論的是德國潛艇在公海

交出德皇威廉二世與興登堡元帥在內約 900 名人員受審的要
求時，德國人非常憤怒，協約國也不再堅持，改由德國在萊比
錫的最高法院調查審判。結果在協約國提出犯罪證據的 901 人
中，888 人被宣告無罪或不起訴，13 名被定罪者也是輕罪處
分，且在法庭內外被當作國家英雄般呼擁。這結果在協約國公
眾看來像一場鬧劇，然而整個過程在德國卻引起了狂熱愛國主
義反抗的示威遊行，非同小可的煽起了納粹主義的擴張（戈林
與希特勒就是在示威中結識的）。為什麼協約國無法或不願堅持
國際戰犯審判？為什麼德國公眾如此激烈反抗？因為凡爾賽
和約的處置不曾有前例，牴觸並且蝕毀了歐洲公法的精神，也
預示了戰爭概念的轉變。

　　對於這個轉變最具洞察力的回溯分析，不意外，是史密
特（Carl Schmitt）在二戰後（1950）發表的 *The Nomos of the
Earth*，尤其是〈戰爭意義的轉變〉一章。 1914 年一戰開打的時
候，歐洲各國仍依歐洲公法的傳統精神「宣戰」，相互以 *justi
hostes*（just enemy）對待。侵略（Aggression），還不屬於當時
歐洲國際法傳統裡的法律概念。比利時以「不正義戰爭」指控
德國侵犯比利時中立長達四年的軍事占領，是訴諸違反 *jus ad
bellum* 的議論。如前述英、法、美公眾呼籲制裁的德軍戰時暴
行，則在歐洲國際法傳統上屬於戰爭過程中違犯「比例合度」
與「區別對待」兩項 *jus in bello* 判準的行為，戰爭犯罪（War
Crimes）只能是這個意思，戰爭本身不能視為罪行。只要歐洲
公法的 *justus hostis* 概念仍然有效，敵人是有別於罪犯的，主

　　攻擊中立國船隻的行為，造成美國的盧西坦尼亞號郵輪（Lusitania）被
　擊沉事件尤其成為標題，參見 Bass（2000: 59）。

權國家之間的戰爭本身是不能被罪刑化的。因此當凡爾賽和約（Art. 227）要求起訴德皇威廉二世，要求刑罰戰敗國元首，不是基於違反戰爭法的行為，而是以超乎當時國際法而將戰爭本身以「侵略戰爭」、「危害人類罪」名義入罪，那是個無前例的處置，撐破了歐洲公法，摒棄了 *justus hostis* 概念，否定了「無法律即無犯罪，無法律即無刑罰」原則（*nullum crimen, nulla poena sine lege*）。此所以 Art. 227, Sec. 3 只說所依據的是 "the highest motives of international **policy**" 而不說依據的是 "international **law**"（Schmitt 2003: 262-263）。對於「危害人類罪」這個超乎法律的新概念，當時即便美國代表也有所保留，因為戰爭向來是「不人道的」。侵犯罪是可能的，因為「侵犯」可能是單邊的行動，然而「侵略戰爭」卻通常是個雙邊鬥爭的過程，侵略與防衛不是絕對的道德概念，而是必須在情境過程中判斷的，因此在凡爾賽的德國代表抗議「唯獨」將德國列為挑起戰爭的侵略者。

　　凡爾賽和約主張審判戰犯的法律主義（legalism），卻以沒有前例的「侵略戰爭」、「危害人類罪」等超乎法律的新概念要求德皇威廉二世與德國公民的起訴求刑，在德國人看來充滿了對戰敗國歧視、羞辱與報復的臭味兒。萊比錫審判，協約國看來像鬧劇卻只能抗議而無法追究，多少因為當時兩百年歐洲公法為背景的歐洲公共意識尚未認可這些指控的新罪行。但是史密特指出在 1919-1939 的二十年期間，新的國際法秩序逐漸取代了舊的歐洲國際法。雖然美國未加入國聯（League of Nations），由美國民間社群積極推動的日內瓦議定書（Geneva Protocol, 1924）終於以「Shotwell 決議」成為國聯的正式文件，將「侵略戰爭」定為罪行。 1928 年的凱洛格非戰公約（Kellogg

Pact），以及 1932-1934 年的「裁軍會議」，美國與蘇聯皆積極介入界定何謂「侵略」與「侵略者」。這些以法律主義形式的成文定義來將戰爭罪刑化的企圖，在當時對遏止戰爭的危險沒有任何成效，反而阻礙了實際問題的解決，卻終究無法遏止三十年代在歐洲與亞洲全面復燃的戰爭。可確定的是，這二十年之間將戰爭罪刑化的企圖逐步拆解了歐洲國際法的戰爭概念。而在二戰後的 1945 年，將戰爭罪刑化的趨勢終於確立了國際戰犯審判的實例。但是史密特提出的一系列問題仍然迴盪在每個案例中而不易解決：犯罪的事實是什麼？誰是罪犯？誰是共謀？誰是協犯？誰是原告？誰是被告？誰是法官？法庭是什麼？以誰之名做成判決？（Schmitt 2003: 260）

老歐洲 "just enemy" 的舊原則不再。「戰犯審判」在歷史上的出現見證了戰爭概念的轉變，見證了當前「世界新秩序」的邏輯，這是自由派學者不傾向於碰觸的背景。史密特在 1950 年的分析與質問，卻在今日激進左派的「帝國」批判以及激進右派的歷史否認兩端有著邏輯不同的迴響。史密特改編老諺語「攻擊是最佳的防衛」，質問在強權主導的國際司法舞台，會不會「指控侵略的防衛是最有效的侵略？」（Schmitt 2003: 278）我們可以回想美國在冷戰以及越南、阿富汗、伊拉克進行戰爭的修辭：圍堵、安全。當前「世界新秩序」的邏輯充斥著單極強權獨占的指控修辭：「危害人類罪」（crime against humanity）、「流氓國家」（rogue states）。在這樣的背景下我們理解何以在 21 世紀初，激進左翼政治理論家哈特與內格里（Hardt and Negri 2004: 15-16）引申史密特的質問來警告：在反恐戰爭背景下「正義戰爭」論述的復燃，以及當前戰爭與世界警察行動在概念上的合流。特別是，我們聽到呼籲全人類團結對抗如「恐

怖主義」這般抽象的概念。一方代表超乎個別利益的全人類，另一方則是全人類的敵人、危害人類的罪行與邪惡。我們似乎回復到 17 世紀之前的情境，*Cujus region, ejus religio*，「誰統治，誰也就決定宗教信仰」：何謂合法政府，何謂人道，何謂戰爭規範。正義與邪惡再度淪為道德宗教式的宣傳。哈特與內格里指出，20 世紀後期，「正義戰爭」論述一度體現於冷戰對於共產蘇維埃的圍堵，再度體現於 1991 年波灣戰爭以恢復科威特國家主權之名建立「世界新秩序」，三度體現於在巴爾幹半島以人道戰爭與維和之名重劃地緣政治地圖，四度體現於九一一之後以維護安全為名進行全球秩序重構，迄今還未完成的帝國戰爭（Hardt and Negri 2004: 24-25）。

激進右派的歷史否認則運用雙重的論點：主權國家衛護國族利益的戰爭不應受罪刑化；戰犯審判不過是勝利者的正義（victor's justice）。

三、戰犯審判：確立真相的檔案或是歷史否認的包裹？

儘管史密特透徹洞察歐洲國際公法的主權與戰爭觀念在二戰後已遭顛覆，主權國家之間的戰爭本身不受罪刑化的觀念卻仍有餘響。1954 年英國史家泰勒（Taylor 1961: xiii）評論：「我始終未能理解戰爭罪責或戰爭無辜的問題，在一個主權國家各為其利益的世界裡，〔戰爭〕或許可以受到犯過失的批評，卻不應是罪行。」而迄今最大聲的餘響來自日本思想界對東京戰犯審判的否認。日本哲學家 Ueyama Shunpei 堅持日本進行的戰爭是主權國家衛護其國族利益的行為，不應受到罪刑化，尤其

是對比二戰協約國持續在朝鮮、阿爾及利亞、蘇伊士（以阿戰爭）遂行戰爭的行為。小說家 Hayashi Fusao 發表了系列評論，聲稱東京戰犯審判純粹是戰勝國的報復行動，與「正義」、「人道」、「文明」無關，日本的戰爭行為絕非戰犯法庭指控的所謂「侵略」戰爭，而是對抗西方侵略者的百年戰爭（Yoshida 2000: 77）。史密特眼中二戰後已遭肢解死亡的歐洲國際公法「主權戰爭無罪」論，在為日本歷史辯解的思想界依舊受到堅定的複誦。

西方自由派以紐倫堡與東京的審判為模範，主張戰犯法庭對於建構穩定和平有五大功效：其一，處置具有威脅性的敵方領袖；其二，嚇阻戰爭罪行；其三，重建戰敗國；其四，將暴行罪責限定於個體而非指向整個族群或國族；其五，確立戰爭期間暴行的真相（Bass 2000: 286）。而五項功效之中，「確立真相」向來被認為爭議最小。無論透過審判過程或是真相調查委員會，官方聲明到底發生了什麼，對任何正義過程都是根本的。紐倫堡大審產生了五百萬頁的文件紀錄，東京大審也產生了三萬頁的證據。歷史學者 Alan Bullock 尤其肯定這項成就：無論你要從那個觀點進行爭論，主張其間的正義或不正義，都行，但是審判產生的文件檔案與證據卻是絕不可能略過的歷史紀錄（in Bass 2000: 302）。

那麼，戰犯法庭的歷史紀錄能夠杜絕否認者的聲音嗎？當然不能！因為審判本身被視為不過是「勝利者的正義」。戈林元帥在紐倫堡受審時在獄中的抱怨也是每位否認者的說詞：「勝利者永遠是法官，失敗者永遠是受指控的被告」。被國際法庭起訴的塞爾維亞國會議長 Zeljko Raznatovic 表示：「當哪天美國人因為在廣島、長崎、越南、高棉、巴拿馬的犯行而受審時，我就甘願上戰犯法庭。」1945 年太平洋戰爭末期，美國戰爭部長

史汀生建議原子彈攻擊之前，Curtis LeMay 將軍主導用燒夷彈
持續空襲日本本島十幾個主要工業城市，每次焚城死亡約十萬
人，無分婦孺，他說：「若這場戰爭我們不贏，我們都將成為戰
犯！」這或許迄今是「勝利者的正義」的最佳註腳。近來，國際
法專家 Richard Falk 指出：伊拉克戰爭，無可推託的，就如同
德國領導分子在紐倫堡大審時被起訴求刑的那種「違犯和平罪
行」（in Chomsky 2003: 13）。

　　由東京戰犯法庭建立的歷史紀錄仍然受到不休的爭議。在
否認者眼中，審判所確立的並非真相，而是日本帝國歷史的妖
魔化，審判本身在他們眼中是不公平、不具正當性的，所控訴
的罪行在 1945 年以前並不存在，是事後司法的迫害，審判是
強加的美國版宣傳，是勝利者的虛構，是對日本人民的洗腦，
讓他們相信日本曾經從事侵略戰爭，是腐蝕日本民族驕傲的醜
化。連帶地 Tanaka Masaaki 在 1984 年出版了《南京屠殺的捏
造》[6]，否認皇軍在南京的暴行，聲稱那是在沒有制裁偽證的情況
下由東京審判與中國政府共同羅織出來的。 Fujioka Nobukatsu
（藤岡信勝），東京大學的一位教育學教授，發起了「自由主義
史觀研究會」，宗旨在重寫遭到東京戰犯審判污衊的日本帝國
歷史（in Masaaki 2000: 97）。

　　猶太人大屠殺的否認者（Holocaust deniers）也循著類似的
邏輯進行包裹式的否認：一方面聲稱倖存者的見證不足為信，
而足以證明曾發生計畫性屠殺的客觀文件不存在，另一方面攻
擊紐倫堡戰犯審判的客觀性與適法性，將審判貶為由偽證與協
約國宣傳相應和的鬧劇。歐洲國家立法制裁歷史否認，卻也未

6　英譯版 Masaaki（2000）*What Really Happened in Nanjing.*

能消除否認者的聲音。 Robert Faurisson，法國里昂大學的文學教授，因發表違反 Gayssot Act 的猶太人大屠殺否認言論而於1991 年被革除大學教職；David Irving，英國的歷史作家，因猶太人大屠殺的否認言論而於 2006 年在奧地利入獄九個月。然而，否認者，自稱的「歷史修正主義者」，不僅形成集結的組織（Institute for Historical Review）與刊物（Journal of Historical Review），2006 年且在伊朗總統艾瑪丹加的支持下集結相當規模的國際會議。值得注意的大背景是，歐洲許多國家的極右政黨，包括法國的民族陣線（*Front National*）與英國民族陣線（British National Front），主張排外、反對移民的意識型態，一致地呼應猶太人大屠殺的否認，也一致地反對制裁歷史否認的法律。美國歷史學者 Deborah Lipstadt（1993: xiii）指出這是一場集體記憶的鬥爭，歷史否認猶如「白蟻般緩慢入侵」，不是當前立即的危險，而是未來明確的危險。很快地，能夠以親身見證駁斥歷史否認的倖存者世代將會凋零殆盡，公眾將逐漸地更易於接受歷史否認的言論。

　　那麼制裁歷史否認的法律是否足以保障記憶的未來？我們應先揣度這些法律自身的未來。以法國 1990 年通過的 Gayssot Act 為例，這項法案實際上將任何質疑或挑戰紐倫堡審判紀錄的人入罪制裁，因此形同將審判的歷史紀錄抬高到教條的地位，不僅是限制言論與出版自由的檢查，也妨礙歷史的研究與討論。 Gayssot Act 在法國國會仍有批評的爭議，即便猶裔社群以及奧雪維茲倖存者之間也有反對的聲音，聯合國人權委員會也聽證討論這項法案的必要與流弊（United Nation 1996）。我認為，歷史否認與戰後的正義演作體系是同時出現於我們當代的對偶。戰犯法庭建立的歷史紀錄，與其說祛除了否認者，不如

說持續召喚出質疑「勝利者正義」的歷史否認。而以立法制裁否認者的檢禁措施，則平白將否認者塑造為思想言論遭受打壓的受害者，潛在地成為後繼信徒的英雄。否認者聰明地將自己標榜為「歷史修正主義者」，守候著未來。無可必避免地，歷史與記憶，終將都是政治修正的。

　　在亞洲不存在著如歐洲各國制裁歷史否認的立法（見注1）。因此日本對其殖民剝削與侵略戰爭的歷史否認顯得猖獗，經常引起相關鄰邦的憤怒，尤其在 1990 年冷戰結束之後遭到鄰邦受害者群體（例如被強徵的慰安婦）要求賠償或謝罪的控訴，使得日本無法跟德國在歐洲一樣受到鄰邦不再存芥蒂的接納。然而，面對這般困窘的處境，日本出現了對立於歷史否認的反省。高橋哲哉（2008）提出的「戰後責任論」，不同於東京國際戰犯審判所調查追究的「戰爭責任」。但戰後責任今日必須面對的現實，卻遺留自戰爭責任未能徹底清理的特殊情境，亦即由美國單獨占領所主導追究的戰爭責任，不僅基於美國利益免除了天皇的戰爭責任、細菌戰人體實驗的罪責追究，也從未考慮回應侵略戰爭亞洲各國受害的賠償責任。進入冷戰後，美日同盟之下對戰爭責任的寬大政策，似乎又豁免了日本國民對戰後責任的意識。高橋哲哉不能同意戰後出生的日本世代對於侵略戰爭的「無責任論」，主張他自己身屬的日本戰後世代必須傾聽亞洲鄰邦受害者的控訴，認識與學習日本侵略戰爭與殖民統治在朝鮮、台灣、中國、南洋，甚至沖繩遺留下來的許多問題，以國民個人的體認回應並承擔這些現實的問題。

　　高橋哲哉《戰後責任論》的〈前言〉表示他旅歐期間目睹德國對於戰後責任的承擔，對比於他所見到日本新民族主義的歷史否認，深刻地啟發了他。在日本新民族主義的潮流中，與他

志同道合的聲音或許是少數，但在日漸興起的全球公民社會，這一批知識分子的思想有著更為顯著的意義。比起禁制歷史否認的立法與制裁，戰後責任論所要求的，超乎正義演作的審判所確立的真相，而是持續不懈的認識、回應與承擔，共同抗拒褊狹國族主義的潮流，開啟未來的一種倫理。魯迅詩句裡「精禽夢覺仍銜石，鬥士誠堅共抗流」與戰後責任的倫理態度成為深刻的相互詮釋（詳第七節的討論）。

四、寬恕：另一個全球化的劇場 ？

Today there is a globalization, a global dramatization of the scene of repentance and of asking forgiveness.

——Jacques Derrida, "Globalization, Peace, and Cosmopolitanism," *Negotiations*

　　哲學家德希達指出，悔罪與請求寬恕，已成為一個今日在全球演作的劇場，背景是他所謂「亞伯拉罕傳統」與國際法新情境的結合。他所謂的「亞伯拉罕傳統」包括了猶太教、基督教與伊斯蘭。縱令在東亞國家如日本、韓國、中國都不算是主流宗教，但德希達認為，亞伯拉罕宗教的語言已經成為法律、政治、經濟、外交上的普世語彙，本身就是全球化的徵候之一（Derrida 2001: 28）。我一時無法對戰後倫理具有什麼跨文明比較的概念，因此暫且擱置「亞伯拉罕傳統」不論。然而我同意他的洞察，1945 年之後，由於對人權概念的改變，以及危害人類罪、種族屠殺罪，侵略戰爭罪等等新概念的出現，請求寬恕

的演作確實成為一個全球化的象徵性劇場。可以說，與戰後正義的演作雖屬不同的維度，卻是共同形成界定當代特徵的兩個象徵性劇場。

　　寬恕與正義不同格，分屬邏輯上不相容的兩個範疇。哲學家楊凱列維奇（Vladimir Jankélévitch）對於寬恕與正義如何不同格有精闢的解說。寬恕對反於法律正義的體系，也超乎任何規範性道德體系。正義要求算帳，要求決算行為者的責任，要求審辨理由，要求復原或賠償。寬恕則摒棄、違抗或超脫這些法律正義的邏輯。聽取罪行的理由或是理解罪行的理由，屬於智性的辯解（excuse），若能夠因為辯解而證明無辜，或是獲得理解與原諒（excusable），那麼是無所謂寬恕的。唯有當罪行屬於無法辯解，不能理解的時候，寬恕才相干。法律正義要求事物的賠償與復原，但戰爭與暴行之後可賠償可復原的假定是荒謬的。寬恕面對的是無可挽回、無法彌補的罪行。寬恕以善報惡，但必須是無條件的，若夾帶任何細微的交易、利益的觀望（包括和解的利益），或任何果報的概念（包括對方的皈依），不純的寬恕都只淪於偽善的妥協或議價。寬恕不要求制裁，單方面決斷，醜行不必賠償、不義不必贖回、侵犯不必扯平，超越一切刻板的果報回應（Jankélévitch 2005）。寬恕與正義不同格，因為正義體系所講求的任何條件，恰都是足以取消寬恕之所以相干的理由。

　　將寬恕與正義邏輯對比呈現，反襯了面對巨大戰爭與暴行時，正義邏輯裡的利害計算、可理解、可賠償、可復原的前提假定皆顯得荒謬。寬恕必須具有克服雙重障礙的勇氣，一來必須克服自私自利自愛自憐的計算以及報復的本能激情，二來必須克服正義邏輯的道德褊狹與成見。寬恕，一個具有倫理意

義的行動，一個獨特的事件，是正義懲罪慣性的革命性逆轉，是雙向解放的作為，是創造，具有不可限量的影響力，宣告再生新生，開啟一個新的時代。寬恕不審辨理由，不計算回報，不講條件，用楊凱列維奇的形容：似愚、近於瘋、超克自然慣性、不可言喻、猶如奇蹟、步乎法律之外、全然自由、至高的寬宏大量[7]。寬恕具有與侵略對等的主動性與力量。侵略與暴行一旦造業，是無可挽回無法消除的，唯寬恕足以勾消之，足以完成正義審判辦不到的事。

Paul Ricoeur（2000: 145）也認為寬恕與正義全然不同格，但他指出兩者之間仍有深一層的關聯。寬恕在超乎正義層次的同時卻隱約籠罩著正義的原理，恆久地提醒著人類正義（*dikē*）的有限性。正義體系的出現，原本就是企圖解脫於野蠻報復或神聖復仇的層次，脫離以牙還牙、血債血償、冤冤相報的對等報償邏輯。然而若非具有悲憫、善意、恩慈等寬恕的元素，人類的正義終仍不可能將正義跟復仇解離。這「不純正義」的情境也即是歐洲與日本極右派迄今所持的否認之柄，將 1945-1946 年的戰犯審判譏嘲為「對戰敗國報復」或「勝利者的正義」。

但是，寬恕本身可能「純」嗎？無條件的純粹寬恕，可能嗎？寬恕作為哲學概念，這問題既是個弔詭的悖論也是個難解的謎局。楊凱烈維奇在〈我們該寬恕他們嗎？〉（Jankélévitch 1996）文中透露他的憂慮：當我們寬恕時，我們也可能輕易放

7　楊凱列維奇用的表達：folly forgiveness, *"Acumen Veniae"* or mad forgiveness, amoral, sur-nature (supernatural), the miraculous, ineffable, extra-juridical, stand outside of any system of justice, truly free, most sovereignly generous.

過了犯行者，膚淺的和解可能就如再次掌摑受害者。這般憂慮，豈不是屬於正義邏輯的問題嗎？楊凱列維奇質問：若沒有人認為自己有罪而請求我們寬恕，我們的寬恕有意義嗎？然而若寬恕必須以對方的認罪與請求為條件，那麼豈不如德希達點出的：仍屬於交換的條件式邏輯嗎？若寬恕必須有意義，所要求的意義，無論是救贖的、皈信的、和解的、認罪的、犧牲的，不都仍是交換的條件嗎？德希達將「純粹寬恕」的悖論命題推至極端。一方面，寬恕的概念要求純粹：每當出於什麼目的而寬恕，那麼無論這個目的如何高貴——例如重建政治的、社會的、心理的、國族之間的正常化，或是和解的、治療的目的——這個寬恕都是不純的。寬恕不是，也不應該是常態的、規範的、正常化的（normal, normative, normalizing）；寬恕應該是非常的。唯有當無可寬恕的罪行發生時，才喚出寬恕的問題。寬恕是宣告其自身不可能性的作為，像是打斷歷史、政治、法律常態進程的革命或驚奇。然而另方面，寬恕畢竟尋求歷史的、具體的效應；而若寬恕要能夠帶來改變事物的任何效力，就不可避免涉入各種心理的、政治的、社會學的系列條件。德希達，以其一貫的風格指出：無條件的與有條件的寬恕，在概念上是異質而且不相容的兩端，在實踐上卻又相互不可解離。寬恕的決斷與責任，必然是在「無條件的」與「有條件的」這兩端不相容又不可解離的矛盾之間發生。

　　寬恕是法律正義的例外，超乎法律秩序，因此在西方政治神學傳統之下被保留為主權者的至高法權：恩赦，主權者赦免罪犯之罪刑的法權。康德在《道德形上學》裡分析了恩赦的法權／正義（*jus aggratiandi*, the right/justice of pardoning, the right/justice to grant clemency）。他警告：這是主權者所有法權之

中最易有閃失，必須如履薄冰、戒慎小心的。因為那是主權者
莊嚴法相的輝煌展示，卻也是極度的不正義（Kant 1996: 477-
478）。康德的分析繃緊呈現了主權者恩赦與正義之間的緊張，然
而寬恕與主權之間也有著深刻的矛盾關係。

　　1945 年之後的世界，在人權、違反人類罪等新的概念之
下，民族國家的主權不再絕對，國家元首自身不再豁免於戰爭
與國內暴行的罪責，其罪行原則上可受追究審判。國際體制得
以干預一國內部發生的滅族屠殺、刑虐與恐怖主義。然而對國
家主權的限制仍然相對於國際制裁的可能性，干預科索夫、東
帝汶、伊拉克，與干預美國（關達那摩問題）、法國（阿爾及利
亞問題）、俄羅斯（車臣問題）或中國（西藏問題）的可能性是
不同等的。

　　環顧當今世界，大規模的暴行、迫害、檢查、恐怖、奴役，
仍然多是以主權之名在國家的組織與支持之下發生的。原本
應是超越法律政治權力的寬恕，如今卻在世界舞台上成為由國
家主權者代表演出的認罪儀式。一方面剝除了受害者說「我寬
恕」或「我不寬恕」的可能性，另一方面，舞台上的儀式夾帶著
各種利害計算與偽善交換的寄生物。被剝奪了拒絕或給予寬恕
的能力，使得受害者受害更深；而代表賠罪寬恕儀式的主權者
卻受到確認而更形鞏固。這是何以德希達形容這般全球演出的
認罪／寬恕劇場經常有著不可忍受的臭味與猥褻。他質疑由國
家的主權者代表進行的談判或索求，遑論由政黨操弄的勒索或
炒作，寬恕成了最受濫用的詞彙。德希達最後提示他的夢想：
真正值得稱為「純」寬恕的，是無須權力的寬恕，是不受主權介
入的寬恕（Derrida 2001: 59）。這個構想並不容易，仍有待清晰
捕捉。但介入寬恕的不僅是主權的代表權力，還有記憶與遺忘

的政治。

五、記憶與遺忘的政治？

有所謂「寬恕的政治」嗎？德希達認為永遠不可能有。在了解寬恕的概念必須純粹的哲學家們看來，「寬恕的政治」不可避免地是帶著腥味與腐敗的濫用。簡單說，德希達〈論寬恕〉就是企圖解構「寬恕的政治」。但是強調寬恕的概念必須「無條件」的哲學家們，卻仍一致堅持一個條件：寬恕不能是遺忘，要求記憶的責任（duty of memory）。於是一個必須進一步探究的問題：無條件寬恕所要求的這個條件，記憶的責任，記憶的實踐，如何能夠不是政治的？

Ricoeur（2004: 68-92）討論了三種濫用的記憶：被阻絕的記憶、受操弄的記憶、強制／責任的記憶。我們可以再附帶問：如何區辨出相對於這般（政治）濫用的自然記憶？

被阻絕的記憶（blocked memory）：佛洛伊德指出在詮釋創傷記憶的工作路徑中遭遇的障礙，來自病人對壓抑的抗拒，不自知的強迫性重複，轉移。在病理治療的層次，病人必須停止隱藏其真實狀態的悲嘆自憐，有勇氣注視他的病，與分析師共同努力以回憶的工作來克服強迫性的重複，否則病人將無法與被壓抑的事物達成和解，與自己的過去獲致一個真實的關係。

受操弄的記憶（manipulated memory）：統治者提供一套被相信為正當的敘事組織——創始的事件、光榮或羞辱的故事、引起崇敬或恐懼的論述——受意識型態扭曲的記憶濫用，授權的、公開學習與慶祝的歷史，被訓練的、被教導的記憶，確認共同身分的紀念，界定認同的共同體歷史。記憶可以被轉用為

一套鑄造未來的計畫。

　　強制／責任的記憶（obligated memory）：你要記住！你不能忘記！正義的理念若要具有聯合的力量，要求記憶的責任。於是引介了一個概念：負債（debt）。這個概念不限於罪責的意思，也有著傳承的意思。記憶的責任不限於保存過去事件的物質痕跡，也是對相關的他者保持責任感；不僅清償負債，也開啟傳承。但如 Pierre Nora 警告的，我們的時代是個執迷於紀念的時代，紀念的記憶模式引進了一種新的、不可預期的、反覆無常的方式來消費過去：投效於民族國家主權，以藉由起源譜系識別身分為最終目標，以經過檢查的記憶來劃一歷史（in Ricoeur 2004: 90-91）。「台灣人，記住！」一個召喚（派性）認同的空洞指令，連接著「二二八！」一個專有名詞，寓含著一個敘事：無盡的族群悲情，絕對的無辜受害，沒有台灣人排外的暴行，沒有台灣人彼此出賣的卑鄙。這個紀念的、強制責任的記憶模式，連結了兩種被認為是對比的措辭：「聽啊，以色列人！」召喚的**指令**，連接上「阿利安神話」族群排他的**敘事**。

　　Ricoeur 分析濫用記憶的各種形式，然而我們附帶的問題卻不易回答：相對於壓抑病態的、受操弄的、強制責任的記憶，以及各類備忘與提醒的技術（*hupomnēsis*）為單純的人們提供他們相信是清晰而確定的替代記憶，我們如何能夠確認什麼是未受政治濫用的、自然的、正當、正常的記憶？若不能回答如何區辨，那麼記憶的正用與濫用之間仍然有著無法消解的根本模稜。Ricoeur 以一個古老的神話替代回答這個難題：柏拉圖 *Phaedrus* 裡的 *Pharmakon*。藥，可能是良藥，也可能是毒藥。如何用它，是治癒，還是毒害？無法確定，至少無法脫離實踐情境中的劑量拿捏而確認。文字書寫的見證，歷史書寫，

檔案文獻，都具有這般令人懸疑、無可解決的根本曖昧，記憶也是（Ricoeur 2004: 168-169）。

那麼，相反方向的問題：遺忘與記憶的政治有什麼關係？有所謂「遺忘的政治」嗎，那又指涉著什麼？ Jean-François Lyotard（1990）在這個問題上有獨特的思考。完成一件謀殺，必須消除一切痕跡。國家的暴行也如此，近例是納粹消滅猶太人，國安警察（SS）同時消滅任何痕跡、不留下紀錄；相輝映的古代例子是斯巴達人在迎戰雅典前夕消滅境內他們懷疑其忠誠的賤民族群 *Helot*，不留痕跡、完全保守秘密，史家 Thucydides 也只能提及約兩千之眾的 *Helot* 在一夜之間被作掉蒸發了，「沒人知道他們個別是以什麼方式被消滅的」（Vidal-Naquet 1992: 99-103）。但是 Lyotard 指出「政治」與絕對遺忘是矛盾的，一個「消滅」的政治其實已溢出了政治（exeeds politics），是個過頭政治（extrapolitics）。然而像這般非政治的政治（apolitical politics），卻在當代以兩種方式繼續演出。其一是刮除（effacement）：或者是罪犯將他們自己偽裝成敢作敢為的市民與國家高官，或者是以法律反擊來啟動重估其罪行的歷史否認。其二是以再現（representation）來令人遺忘罪行。再現，不可能不就是刪略，也就是再度遺忘。在他看來，將「奧雪維茲」以影像或文字再現，是一種令我們遺忘它的方式（Lyotard 1990: 25-29）：

　　每當人們再現，亦即是將它銘寫入記憶，這似乎是防衛遺忘的好辦法。其實，我相信，正相反。唯有那些被銘寫下來的，才能夠被遺忘，因為它能夠被刮除。……那些不能以具體形式被經驗的，也就不能被遺忘，因為不具有遺

　　所附體的材質。

當然，再現是不可避免的，我們總是必須以文字、以影像來銘寫記憶，然而卻並不因此能夠安全可靠的保存記憶。書寫與影像只是被保存的提示物，是刪略的銘寫，是「忘不掉時的已遺忘」（unforgettable forgotten）。電影、電視劇、小說、倖存者見證，任何再現那不可再現的企圖，都不免如此。但最糟糕的範例是國家編修的歷史與國家投資的紀念。國家很少承認其自身的大規模罪行，也不傾向於主動追究執行其意志的人員。我曾比方，1927 年國共分裂以來迄今分裂而不相容的國共兩套中國現代史，就是官方歷史否認的範例[8]。而當中國政府投資南京大屠殺的紀念，代表國族受難者登上要求日本認罪的國際劇場時，鎮反肅反、文革、六四都仍屬被刪略或被刮除的痕跡。當代對於歷史否認給予警戒的譴責以及法律制裁，卻經常忽略了國族歷史、殖民歷史、國家投資的紀念所再現的記憶，是刪略的銘寫，是歷史的否認，亦即非政治的政治化，其政治作用即在於遺忘的作用，既是發生於再現與紀念當中的遺忘，也是使得再現與紀念得以可能的遺忘，亦即，當人們相信一套已確立的過去之時所發生的遺忘。

8　本文的英文版本（見注 ＊）於 2006 年 12 月在巴黎《歷史竄偽與否認》
　　國際研討會發表的時候，這個論點頗引起一些共鳴。法國學者指出法
　　國與前殖民地（例如阿爾及利亞、越南）之間的歷史，也像國共兩套中
　　國現代史那般同樣不可相容，要編寫共通的歷史教科書幾乎不可能。

六、遺忘：與時俱逝的腐朽或是迎展生命的能力？

　　在第四節我們探討了寬恕與正義的不同格，本節試圖探討與戰爭或暴行後相關的兩種（超）倫理觀點的對比：寬恕與遺忘，分別由楊凱列維奇的《寬恕》以及尼采通常被稱為《不合時宜的沉思》第二篇的〈歷史對生命的用處與包袱〉提出影響深遠但旨趣大不相同的哲學思維。

　　楊凱列維奇在首章描述了「與時俱逝的腐朽」，對比出何以寬恕不是任何假托時間的遺忘與化解所能取代的。時間是模稜的，若人們認為時間具有療傷、息痛、痊癒、修復、再生的能力，那麼別忘了時間也帶來衰耗、癱瘓、遲鈍、停滯，以及不可避免的死亡。時間的倫理色調也是模稜的，若人們認為時間會自然帶來寬恕，那麼別忘了時間也許帶來忘恩負義、不忠不誠、輕浮寡情、見異思遷。假托時間的怠弛懶散談不上倫理性，要等待多少年才能夠自然寬恕呢？不，認命的寬恕不成為寬恕。時間的流逝，不會使得寬恕更有理由，反而令其顯得可疑。真正的寬恕是個事件，是個決斷的作為，具有指向他者的意圖，是與他者的倫理關係。而消極的遺忘不具有指向他者的意圖，不是事件，不構成倫理關係，不具有道德意義。那些假托時間來寬恕的人，以「順其自然」為理由，其實是一種順服主義。寬恕不等待遺忘，以一個注目相視、一個微笑、一個吻頰，足以脫離過去怨恨的囚牢，立即完成若等待遺忘需要數個世代乃至數個世紀才或許能做到的事，開啟未來。

　　然而，這個烘托寬恕領域的襯底，與時俱逝的腐朽，在我想來也自有其動人心魄的啟示。流變的時間如同死亡一般無所

不能，比最頑固的意志還要不屈不撓，無論抱持著什麼恩怨情仇，都終將無法抵抗這無聲無息、不休不止、無情的流變、漸進的遺忘。就如羅馬皇帝詩人 Marcus Aurelius（*Meditations,* 3.10）的詩句：最悠久的身後光榮，也僅是一瞬而已。流沙荒漠掩埋的古國，森林藤蔓纏繞的城樓，裡面不也曾有著不可寬恕的罪行、難分難解的仇怨？而今主角呢？無情無感的遺墟與天地同悠悠，一切歸於遺忘，意願或不意願！

Volens nolens! Then, rather *volens*! 楊凱列維奇是相對於這般（尼采所謂 suprahistorical）超歷史的背景來強調毋寧以寬恕的作為涉入人間倫理的領域，參與流變。既然意願與否一切終歸遺忘，那麼毋寧意願寬恕，而且無須等待。

尼采幾乎不談寬恕的問題。他關心的是當時歐洲在他認為過度的歷史感性。他認為，過度的歷史感性，對一個人、一個民族或一個文化，都是種毒害。他提到兩種必要的解毒劑。其一是無歷史的生活（lives unhistorically），像動物，如其所是地活在沒有歷史的當下，不需要紀念什麼，也不需要隱藏什麼；像兒童，還沒有什麼需要崇敬或否認的過去，無憂地活在過去與未來之間。其二是具有超歷史的觀點，能夠感受天地悠悠的超然，不再被引誘耽溺於歷史的單向度感性，認識到歷史參與者的局限、其行動皆不免有其盲目與不義；如此方能夠不再對歷史過度認真。尼采認為，歷史的感性與無歷史的、超歷史的感性，對於生命的康健都是同樣的必要。但是若沒有後兩者作為解毒劑，我們將不可避免地受到過度歷史感性的傷害與奴役。解毒的能力，亦即遺忘的能力。一個不具有遺忘能力的人永遠不知到什麼叫幸福，也永遠不會做令他人快樂的事。尼采認為遺忘與記憶同樣是生命所需要的一種能力，對生命而言，

遺忘的能力卻比記憶更為必要。失去了記憶，人仍能夠跟動物一樣快樂的活著；沒有遺忘的能力，卻根本不能活。過度的歷史感性，就像是無法闔眼入眠，最終將傷害或摧毀所有活物，無論是一個人、一個民族或一個文化。就如同沒有癒合傷口的能力，僅僅一次苦痛的經驗、遭受些許的不義，就會像是個小小的割傷，足以令他流血不止而死（Nietzsche 2006: 126-129）。

在 19 世紀後葉，尼采認為歐洲正遭受著過度記憶的歷史熱病。不得遺忘緩解的記憶，有如內腑毒火發為膿瘡潰爛，處處感染著懷恨以及相互報復的欲望，受記憶的感召而進行激狂的、野蠻的、不分青紅皂白的殺戮。在 20 世紀後葉以迄今日，在以色列占領區、前蘇聯與南斯拉夫境內、喀什米爾、斯里蘭卡、盧安達、索馬利亞、蘇丹……數不清的國族、族群、文化衝突，都在近乎宗教狂熱的、黨派褊狹的、神聖化的記憶召喚之下效死或是殺戮。尼采的診斷與解毒處方因此並未褪色過時，甚至在猶太人大屠殺的倖存者社群裡啟發了一些另類聲音，呼籲以不同的態度面對猶太人大屠殺的記憶。例如 Arno Mayer（1993）指出：在當今世界糾纏作祟的，與其說是「失憶者」的幽靈，不如說是「不忘者」的幽靈；而熱狂的集體記憶當然不會是政治單純的，而經常是工具性的，結合著黨派、官僚、學術、醫療、法律、教育的綜效（synergy），由出於自利動機的菁英所媒介。他批判分析的，包括了 *Yad Vashem*，以色列根據國會立法而建立的「猶太人大屠殺紀念館」，如何受到以色列高層官員充分利用，將大屠殺的犧牲者與倖存者收編來塑造以色列國防安全無限上綱的官方霸權論述。他不客氣的批評猶太人耽溺於我族中心的受害意識、不容比較的神聖記憶，對於其他民族受害的遭遇卻冷漠無感，反諷地印證了 "ghetto" 這個

字：「專屬猶太人的族群隔離區」，一種記憶與感性上鎖族，也是一種野蠻的形式（Mayer 1993: 18）。

　　寬恕與遺忘，是對比微妙的兩種不同籲求，其間的緊張值得進一步分析。楊凱列維奇受到戰爭經驗與猶太人屠殺的影響極為深刻，他形容他的生命發生了一個大斷裂，此後他有意識地將生活中所有德國的事物排除，刻意忘記德國語文、清除掉生活中幾乎所有德國文化。他論音樂的哲學著作竟然排除了德國音樂。他重新編輯了他出版的著作並刪除了所有德國思想人物的註腳。也因此他與熱中討論德國哲學（黑格爾、胡塞爾、尼采、海德格）的戰後法國思想界產生相當隔閡。在《寬恕》書中唯一評論尼采的一句，說他「不為孤兒而為沙魚辯護」（Jankélévitch 2005: 52）。但我認為楊凱列維奇論寬恕時尼采被當作對話想像的身影，是遠大於他願意承認的。線索在於一個尼采使用的概念：懷恨（*ressentiment*）。他必須相對於懷恨來界定純粹寬恕。

　　對尼采而言，遺忘是對反於懷恨的。遺忘不是消極的惰性（*vis inertiae*），而是具有抑制性的積極能力，能夠更新意識，使得帶來希望與歡愉的行動得以可能。相反的，懷恨卻是一種反應力壓倒行動力的狀態。若反應力能夠發為行動，無論那反應的行動我們稱之為妒恨的攻擊或是報復的侵犯，都不同於懷恨。懷恨不能只被理解為報復的欲望，而是當反應力自身已不再發為行動，卻以反轉整個行動與反動力量的關係作為報復的方式。懷恨者沒有能力讚賞或尊敬他的朋友或對手，他必須歸咎，他的不幸總是哪個別人的罪過。他不會只滿足於譴責罪行，他需要有罪的人，來為他的處境負責。他覺得應該受到補償，補償是他獲取利得的機制。懷恨的徵候，是過剩的記憶。

懷恨者的痛苦與不幸經驗，沒有一件可以拋棄，沒有一件可以消化完畢而卸除（anal-sadist complex!），他不休止地咀嚼反芻、內化痛苦情緒、玩味悲情，**懷恨**，*ressentiment* ！懷恨不是報復的行動，它是報復的精神，它最終的勝利在於感染，造成對手的內疚[9]。

　　對楊凱列維奇而言，寬恕也是對反於懷恨的。寬恕要克服恨意，清除懷恨。不經過寬恕的作為，假托時間的遺忘不能真正消除恨意，只使得炙熱的恨意與憤怒情緒隨著時間而鈍化為潛藏的冷漠或憂鬱，成為慢性懷恨（chronic *ressentiment*），在不確定的時刻再度發作（Jankélévitch 2005: 36）。然而楊凱列維奇也指出寬恕與懷恨之間有著各種遞漸的曖昧。例如，當寬恕的意圖背後夾帶著為己的動機，那麼寬恕與懷恨衍生的驕矜自得就有點混染了；又例如，好辯喧吵的寬恕，自鳴得意的寬恕者不也對於認罪者有著不可明言的微妙懷恨？我們曾經討論過，楊凱列維奇也對反於遺忘來界定寬恕。寬恕既對反於遺忘，也對反於懷恨。有趣的是，楊凱列維奇更堅持寬恕與遺忘之間的不可相容性。他堅持駁斥遺忘的意見，不指名也聽得出來是衝著誰：「忘了吧！」的哲學不是哲學，遺忘並非需要宣教的福音，人類早已太過傾向於遺忘；寬恕要求記憶的責任；記住！不要忘記！不要像菜瓜蘿蔔或低等動物般活在當下就忘了前一刻；冷淡無感的人，漠不關心的人，在罪行的第二天就可以早早跟罪犯和解。這般遺忘，"the heart is not there!"（用中文口語說）沒心沒肺！只能說是自私、怠惰、輕浮，甚至懦

9　參閱 Gilles Deleuze（1983）精闢的尼采哲學詮釋，尤其第四章 "From *Ressentiment* to the Bad Conscience"。

弱。與其如此，還不如懷恨！至少懷恨意味著認真與深刻，有顆執著的心，可能成為誠心寬恕的序曲（Jankélévitch 2005: 103）。

從楊凱列維奇的分析，我們必須指出，寬恕與懷恨確實有著一些共同的條件，至少兩點。其一，記憶的固執，或稱記憶的責任。其二，確立不容模稜的兩造，迫害者，亦即罪行者，相對於受害者，亦即有資格的寬恕者。但是這兩個問題皆可受到追問。記住！記住什麼？不要忘記！不要忘記什麼？這般堅持固執的，難道不會是個教條的記憶？ 誰是迫害者？下令的？執行的？知情沉默的公民？袖手旁觀未施援救的人[10]？他們的族群？ 他們族群的第二三代？這個國族認同下的所有人，不分世代[11]？誰是受害者？他們的親屬、第二三代？他們的族群？這個國族認同下的所有人，不分世代？三十年前下令執行的迫害者，三十年後仍是同一身分？三十年前的受害者，三十年後還是同一身分？兩造的認同身分必須囚禁多久不允許改變？

七、度盡劫波兄弟在，相逢一笑泯恩仇：是寬恕？還是遺忘？

寬恕／悔罪，我同意德希達，是亞伯拉罕傳統在當今全球

---

10 這四種身分對應四種不同的罪責，見 Karl Jaspers（2001[1948]）*The Question of German Guilt.*

11 德希達要求在此標準下反問自己若如此則任何人還可能是清白無辜的嗎？我們全都是危害人類罪、迫害者的後人！參見 Derrida（2001: 29-30）。

化劇場的演出。楊凱列維奇闡釋的寬恕，可以說是猶太基督教的（Judeo-Christian）思維。尼采毫不含糊他所拮抗的道德體系，懷恨與內疚，罪與惡，皆屬猶太基督教的特徵。戰後正義，*Jus Post Bellum*，所鑲嵌的脈絡，正義戰爭（Just War），也是聖奧古斯丁與阿奎納在基督教開啟的思維。而猶太基督教，可說是界定「西方」的主流文化內容。在 1945 年後界定世界秩序與國際政治的這幾種道德體系在當代所呈現的矛盾與困局，自然令我們思考有什麼可能的文明資源可供另類實踐的參考。我相信每個歷史悠久的文明都有著數不清的戰爭、內戰以及國家對人民的鎮壓暴行，它們如何終結、如何撫平、如何彌合？能夠留下什麼教訓與實踐智慧？這個題目我覺得有意思，卻沒有能力即刻展開有效率的比較文明研究。同時，我一點兒也不認為「東方／西方」、「中／西」這樣的比較框架是適合的。

　　在這樣的問題背景下，偶然地對魯迅〈題三義塔〉已為人熟悉的詩句感到一些不一樣的興趣。度盡劫波兄弟在，相逢一笑泯恩仇，這個詩句因為 1982 年廖承志致蔣經國的公開信而廣受流傳，被認為是以私人情誼浸透民族感情，生動自然。這封信是中共中央對台工作的一個動作，訴求是祖國和平統一。2005 年 4 月中共中央政治局常委賈慶林在北京人民大會堂歡迎國民黨主席連戰率領的大陸訪問團時，再度引用了魯迅的這個詩句。目前網上搜尋這個詩句，十中有九指涉的是海峽兩岸民族的同胞之誼或是國共從內戰到和解的兩黨兄弟之誼。這當然是對魯迅詩句境界的褊狹化。兄弟，出現在任何政治論述裡都不外乎訴之於出身（birth）、民族、親族化，也就是一個虛構的「再自然化」，象徵性的投射一個來自於同一個母親、同一個子宮的血緣：同胞。德希達指出西方以雅典為淵源

的民主與平等，從城邦（city-state）到當代的民族國家（nation-state）都不脫兄弟同胞的出身前提，民主是兄弟民主（fraternal democracy），出身平等（isogonía）是相同出身才有的自然平等（*kata phúsin*）（外邦人、奴隸／移工不在內，女性也是近幾十年才算入）（Derrida 1997: 93）。兄弟指涉民族同胞，在中文語境裡也是 20 世紀仿效西方的民族（Nation）想像之後才有的投射。

這卻不是魯迅原詩句的意涵。據 1933 年 6 月 21 日的《魯迅日記》：「西村博士於上海戰后得喪家之鳩，持歸養之，初亦相安，而終化去，建塔以藏，且征題詠，率成一律，聊答遐情云爾。」日軍侵華時期，日本生物學家西村真琴博士為了救援戰爭中的傷者，於 1932 年 2 月任「服務團長」到中國。在上海外郊的三義里廢墟發現了餓得飛不動的喪家鴿子，便帶回日本餵養，取名「三義」，期待生下小鴿後，作為日中人民友好象徵送回上海。可惜鴿子因故死亡，博士將其立塚掩埋，修書細說原委，寄上海魯迅，魯迅緣此作成「題三義塔」。

詩中的兄弟，因此絕非虛構自然血緣的民族「同胞」。相反地，呼應前句「鬥士誠堅共抗流」以及後句「相逢一笑泯恩仇」，我們讀到兩次蔑視國族認同界線的「兄弟」。前者是共同反抗的兄弟、是在社會與政治實踐中結合的兄弟，反抗的是在國族主義支配下的征服戰爭。後者是無待於國族主權媒介的倫理關係，也因此拒絕回饋任何國族權力。「三義塔」是紀念，卻並沒有確認或鞏固任何「紀念的超我」（commemorative super-ego）。可以說，魯迅詩中的兄弟是對國族認同界線的雙重顛覆。

劫波，指的當然是奔霆飛熛殲人子的戰爭。然而相較於寬恕所必要的條件 —— 確認不可模稜的兩造：「罪行者」與「受害

者」——劫波，不像「侵略」這個戰後審判的用詞，並未指認罪責的方向。這使得「相逢一笑泯恩仇」不具有寬恕所必要的悔罪主體以及寬恕主體。國族主義可以是造成劫波的潮流，劫波也可指另個在反應下掀起的國族主義。然而國族主權可以代表歷受劫波的兩國人民來悔罪或給予寬恕嗎？這個壟斷的代表，僭奪的悔罪／寬恕角色，也因此更受確認鞏固的國族主權代理權力，難道不仍是人民鬥士尚未度盡的劫波？

　　相逢一笑泯恩仇，如果不像是寬恕，那麼是遺忘麼？楊凱列維奇說，遺忘不是有意圖的行動，因此不會是具有倫理意義的作為。我們要問的正是：遺忘可以是出於意願，可以是個具有倫理意義的作為嗎？寬恕要求記憶的責任，但「回憶的作為」（acts of remembrance）難道不跟「遺忘的作為」（acts of oblivion）同樣屬於爭奪不定的場域嗎？熟悉柏格森的楊凱列維奇卻未曾用柏格森深刻的記憶存有論來看待遺忘。遺忘，不同於器質性的失憶（amnesia），例如因為醉酒、嗑藥、疲累、老年、腦傷而無法取出記憶。柏格森所謂的「純粹記憶」無非就是處於遺忘的狀態，不在我們當下意識與知覺之中，無意識卻存在（未曾消滅），並且是令我們當下的意識與知覺成為可能的先驗條件（Bergson 1991）。這個觀點，打破了「記憶 vs. 遺忘」此長彼消、此生彼滅的單向度互斥邏輯。因此，若說意願無法決定遺忘，那麼同樣的，意願也不能決定記憶。普魯斯特（Marcel Proust）與班雅明（Walter Benjamin）都懂得「非意願的記憶」（involuntary memory），搜尋的記憶未必能出現，非意願的記憶卻不期然地浮現、甚至作祟糾纏。而且實現了的記憶意象（memory-image）也無從檢證因而無法確認保證不屬於記憶幻象（memory-hallucination），或是記憶政治所灌輸、植入、訓

練、教導的意象。魯迅詩句的泯恩仇不論及未來，是否就是對未來毫無回應／責任的遺忘過去？楊凱列維奇為寬恕投射一個解放的、再生的未來，用列維納斯的話來說，卻仍是未來的現在（the present of the future），而不會是那無可掌握的真正未來（Levinas 1987: 67-79）。記憶的責任，「記住！」的指令，不能確保因此記住的不是個僵固的、對未來毫無回應的教條記憶。

寬恕與遺忘，我倒認為，兩者皆無法是全然成之於一己意識、掌握過去記憶、允諾未來的主體作為。記憶，早已具有能夠形塑主體意識、卻非主體所能掌握與確認的他性，這是柏格森的洞見。未來，一如死亡或事件的降臨，正也是暴露主體不再能夠預想與掌握的他性，這是列維納斯的洞見。寬恕必須要有他者，一如遺忘也有待於他者。相逢一笑是個先行的倫理關係，然後泯恩仇，所能夠的不過是如何記憶如何釋懷。寬恕要求的記憶責任與尼采所謂遺忘的能力，就其所能與所不能而言，沒有根本的差別，所指的其實是，能夠更新的、不受仇怨禁錮的、不再教條僵化的、放下牽掛的、無憂的、不一樣的回憶，re-remembering！

魯迅的詩句另給我們兩點啟發：其一，這樣的倫理關係，蔑視國族主權的代理權力，不受政黨或政府權力的僭奪代表，也因而不進入回饋確認其權力的迴路。其二，「三義塔」可說是個精采的「對反紀念」（counter-commemoration），紀念的是數隻戰亂中喪家鴿子的跨國境生死，不僅不曾鞏固任何集體記憶的宗派褊狹（sectarianism），不受黨派、國族的炒作收編，反而襯托出這些不惜以烽火鍛鑄黨派國族認同的歷史熱狂。

魯迅的〈題三義塔〉、卡謬的《瘟疫》、Paul Chelan 的〈死亡賦格〉，令我們思考那正義的審判與寬恕的演作之外、對反紀

念的歷史見證、難忘卻不再固守偏執的回憶。

參考書目

一、中文及日文書目

子安宣邦（著），董炳月（譯），2007，《國家與祭祀》。北京：三聯書店。

高橋哲哉（著），黃東蘭（譯），2007，《靖國問題》。北京：三聯書店。

高橋哲哉（著），徐曼（譯），2008，《戰後責任論》。北京：社會科學文獻出版社。

二、英文書目

Augustine, St. 2009. *The City of God*, translated by Marcus Dods. Peabody, MA: Hendrickson.

Bass, Gary Jonathan. 2000. *Stay the Hand of Vengeance: the Politics of War Crimes Tribunals*. Princeton: Princeton University Press.

Bass, Gary Jonathan. 2004. "Jus Post Bellum." *Philosophy and Public Affairs* 32(4):384-412.

Bergson, Henri. 1991. *Matter and Memory*, translated by N.M.

Paul and W.S. Palmer. New York: Zone Book.

Chalk, Robert and Kurt Jonassohn (Eds.). 1990. *The History and Sociology of Genocide*. New Haven: Yale University Press.

Chomsky, Noam. 2003. *Hegemony or Survival: America's Quest for Global Dominance*. New York: Penguin.

Deleuze, Gilles. 1983. *Nietzsche and Philosophy*, translated by H. Tomlinson. New York: Columbia University Press.

Derrida, Jacques. 1997. *Politics of Friendship*, translated by G. Collins. London: Verso.

Derrida, Jacques. 2001. *On Cosmopolitanism and Forgiveness*, translated by M. Dooley and R. Kearney. London: Routledge.

Derrida, Jacques. 2002. *Negotiations*, translated by E. Rottenberg. Stanford, CA: Stanford University Press.

Hardt, Michael and Antonio Negri. 2004. *Multitude: War and Democracy in the Age of Empire*. New York: Penguin.

Jankélévitch, Vladimir. 1996. "Should We Pardon Them?" translated by A. Hobart. *Critical Inquiry* 22(3):552-572.

Jankélévitch, Vladimir. 2005. *Forgiveness*, translated by A. Kelley. Chicago: The University of Chicago Press.

Jaspers, Karl. 2001. *The Question of German Guilt*, translated by E.B. Ashton. New York: Fordham University Press.

Kant, Immanuel. 1995. "The Theory of Right," translated by H.B. Nisbet. In *Kant: Political Writings*, edited by Hans Reiss. Cambridge: Cambridge University Press.

Kant, Immanuel. 1996. *Practical Philosophy*, translated and edited by M.J. Gregor. Cambridge: Cambridge University

Press.

Levinas, Emmanuel. 1987. *Time and the Other*, translated by R. Cohen. Pittsburgh: Duquesne Unviersity Press.

Lipstadt, Deborah. 1993. *Denying the Holocaust: the Growing Assault on Truth and Memory*. New York: Penguin.

Lyotard, Jean-François. 1990. *Heidegger and "the jews"*, translated by A. Michel and M. Roberts. Minneapolis: University of Minnesota Press.

Masaaki, Tanaka. 2000. *What Really Happened in Nanjing*. Tokyo: Shekai Shuppan.

Mayer, Arno J. 1993. "Memory and History: On the Poverty of Remembering and Forgetting the Judeocide." *Radical History Review* 56:5-20.

Nietzsche, Friedrich. 2006. "On the Utility and Liability of History for Live." In *The Nietzsche Reader*, edited by K. Ansell-Pearson. Oxford: Blackwell.

Orend, Brian. 2000. "Jus Post Bellum." *Journal of Social Philosophy* 31(1):117-37.

Ricoeur, Paul. 2000. *The Just*, translated by D. Pellauer. Chicago: University of Chicago Press.

Ricoeur, Paul. 2004. *Memeory, History, Forgetting*, translated by K. Blamey & D. Pellauer. Chicago: University of Chicago Press.

Schmitt, Carl. 2003. *The Nomos of the Earth in the International Law of the Jus Publicum Europaeum*, translated by G.L. Ulmen. New York: Telos Press.

Taylor, A.J.P. 1961. *The Origin of the Second World War*. New York: Atheneum.

United Nations. 1996. *International Covenant on Civil and Political Rights*. Human Rights Committee, 58th session, 21 October-8 November.

Vidal-Naquet, Pierre. 1992. *Assassins of Memory*, translated by J. Mehlman. New York: Columbia University Press.

Yoshida, Takashi. 2000. "A Battle over History: The Nanjing Massacre in Japan." In *The Nanjing Massacre in History and Historiography*, edited by Joshua A. Fogel. Berkeley, CA: University of California Press.

第七章

可悲傷性，「戰爭之框」與台籍戰犯 *

藍適齊

一、前言

　　在近代台灣史當中,第二次世界大戰無疑是對台灣社會影響最為巨大而且深遠的一場戰爭。在這場戰爭中,超過了二十萬名的台灣人被徵召到亞洲各地參與戰爭,超過三萬人喪命於戰場。其中,更有上百名台灣人在戰後遭各個盟國以 B/C 級戰犯來審判並因而服刑。雖然戰爭已經在六十多年前結束,這場戰爭的意義——特別是在台灣史的脈絡之下——卻還沒有得到學界充分的討論,也鮮少成為主流社會關注的議題。其中的一個重要原因,當然是因為在戰後的歷史書寫和集體的戰爭記憶中,台灣的戰爭經驗有相當長的一段時間遭到邊緣化甚至忽略(Lan 2013)。

　　本論文將透過重新檢視二戰歷史——特別針對學界目前仍在發掘的台籍戰犯歷史[1]——來進一步探討第二次世界大戰對台灣的意義。在戰後有 5 個盟國分別對台灣戰犯進行審判:澳大

* 　本文研究為國科會一般型研究計畫編號:NSC102-2410-H-194-015 研究成果之一,並曾得到日本學術振興會研究經費的支持(若手研究〔B〕: KAKENHI 23720356)。

1 　有關台籍戰犯的學術研究非常的有限,而且多是在與其他題目相關的論文當中提到。屈指可數的例子有鍾淑敏(2001),許雪姬(2006),李展平(2007a),許雪姬(2008)。另外,李展平根據訪談記錄,出版了兩本口述歷史(2005, 2007b)。有幾位台籍戰犯也留下了他們自己的回憶錄,已經出版的有濱崎紘一(2001)。另外值得注意的是陳志和以台籍戰犯為題材所拍攝的紀錄片《赤陽》(2008)。

利亞／澳洲、中國、荷蘭、英國和美國。最終有至少173名台灣籍戰犯被判刑確定，其中21名被判處並執行死刑[2]。而各盟國中又以澳大利亞對台灣籍戰犯的影響最大，共計審判並判刑確定了95名的台籍戰犯（超過台灣籍戰犯總數的55%）。因此，本文將以受澳大利亞審判的台灣戰犯以及中華民國政府相對應的處理為焦點。

在當代對戰爭的反思之中，Judith Butler提供了一個值得思考的方向。特別是針對媒體近年來所作的戰爭報導和照相／照片的分析，Butler她提出了「戰爭之框」（frame of war）這個概念來解釋在戰爭進行當中，社會規範如何再現「暴力」和「苦痛」（suffering），進而「認可」（recognize）──但同時也在否定──某些生命其「可悲傷性」（grievability），進而賦予這些生命生存的「價值」。Butler指出，每一個生命的「價值」並非平等，更非與生俱來的。「生命」的存在及其價值。生命的本質其實是「不確定的（precarious）」（Butler 2004），需要「各種社會和經濟條件的滿足才能夠持續為一個生命」（Butler 2009:

---

2 許多研究都指出共有26名台灣籍戰犯被處以死刑，見鍾淑敏（2001：262），李展平（2005：4, 6）。但是日本方面的研究則指出，其中的5名是在受審監禁期間因為疾病、自殺，或其他原因而身故，見東京裁判ハンドブック編集委員會（1989：225）。日本官方的統計資料也確認了這一點，見日本厚生省引揚援護局（1955）。中記載，澳洲管轄之下有2名台籍戰犯的死因是「意外」，1名的死因是「疾病」，1名的死因是「自殺」；另外在中國的管轄之下也1名台籍戰犯的死因是「疾病」（日本厚生省引揚援護局 1955：36-38）。基於以上分析，本文確認受到死刑處決的台籍戰犯人數為21名。這個數字也符合其他日本學者的研究，例如內海愛子（1982：ii）。

14）。由此觀點出發，Butler 進一步的指出,「可悲傷性」是某個生命之所以有價值的「前提（presupposition）」（Butler 2009: 14）。唯有被「戰爭之框」之中的社會規範賦予「可悲傷性」的某些生命，才會被視為是值得哀悼而具有「價值」的。相對的，某些未能在「戰爭之框」中受到社會規範認可為「生存的」（living）的特定個體，當他受傷甚或喪失的時候將不會被理解為受傷或喪失（Butler 2009: 1）。換句話說，這些個體也就會被視為是不值得哀悼而沒有「價值」的生命或是「他／它者」。

　　根據 Butler 的看法,「戰爭之框」是一種「認識論（epistemological）」的框架，透過對暴力「有所選擇而且有區別（selective and differential）」的框架來規範社會在情感與道德方面所作的處置（Butler 2009: 1）。而我們作為一個社會正是透過這些「人之所以為人的典範原則（paradigmatic principles of the human）」來認識並決定「誰是有價值的，誰的生命是值得保護的，誰的生命是不確定的，而，當它喪失的時候，是值得公開的／大眾的（public）追悼」（Butler 2009: 125）。易言之,「戰爭之框」對戰爭及戰爭經驗的書寫再現，界定了誰是不值得我們關心的對象例如我們的「敵人」，而同時誰又是我們應該關心的對象例如「同胞」。

　　借用 Butler 的概念，本論文將不把生命的「價值」視為一種先驗的存在。本論文將首先檢視在台灣的戰爭歷史中，台籍戰犯的生命「價值」是否存在，或是台灣戰後的社會規範是否建立了台籍戰犯的生命「價值」。在確立了台籍戰犯的生命「價值」存在與否之後，本文將進而探討戰後的台灣又是如何建構了台籍戰犯的「可悲傷性」及其生命「價值」。與 Butler 不同的是，本文關注的是「戰後的」社會規範。更具體的，本文將以探

討「戰爭之框」在戰後台灣的影響，特別是「戰爭之框」如何在戰後有關戰爭的歷史書寫中建立（或否定）生命的「可悲傷性」和「價值」，以及歷史書寫中所反映的台灣戰後社會規範。

　　本文將從台籍戰犯在戰後的經歷當中，嘗試描繪出這個特定群體的生命「可悲傷性」和「價值」被建構的過程。必須先說明的是，雖然台籍戰犯們的自我敘述在這過程中應該也扮演了一定的作用。但是由於本文的關注點將放在這過程中，不同的社會與國家力量如何在一個跨國的脈絡之下，就台籍戰犯的「可悲傷性」進行角力／協調（negotiate）、爭辯，和重塑（reshape）。因此本文的主要檢驗對象是以戰犯家屬、地方民意機關，和民間團體為代表的社會力量，以及包括總統府、外交部、駐澳大利亞國大使館等中華民國各級單位所組成的國家力量。而台籍戰犯們的自我敘述則不列入討論範圍。

　　二次大戰結束之後，澳洲很快的便成立了軍事法庭開始對包括台籍（和朝鮮籍）戰犯在內的日本戰犯進行審判。根據紀錄，1946年的6月份就有首位台籍戰犯遭判刑進而執行死刑[3]。其後，澳洲的戰犯審判一直進行到1951年，在該年4月9日在曼南島／曼納斯島（Manus Island）的審判之後才告結束[4]。全部共有7名台籍戰犯遭澳洲法庭判刑並處決，4名因事故、疾病，或自殺等死於獄中，另外有84名遭判刑並拘禁在澳洲管轄之下的各個監獄中（日本厚生省引揚援護局 1955：18-23, 25-28, 30-

---

3　最早被澳洲判刑並處決的台籍戰犯是在1946年6月份，見日本厚生省引揚援護局（1955：36），茶園義男（1990：93）。

4　"Jap war criminal trials end." *China News* (report by AFP), April 16, 1951. 中華民國外交部檔案 075。32/0006 戰後被盟軍拘禁之台籍戰犯遣返案 11-EAP—02235，頁51。

33, 36-38）。

如前所述，澳洲所進行的戰犯審判在 1946 年就已經將許多台籍戰犯定罪判刑、並開始執行其徒刑。但是目前能夠找到的、記錄中華民國政府參與台籍戰犯相關問題的檔案多數是在 1951 年之後到 1956 年這段期間所留下的。這個時間點並非巧合，因為各國共同處理第二次世界大戰對日本的和平協定，《舊金山和約》一直到 1951 年 9 月 8 日才正式簽訂。換句話說，由於 1945 年後國際局勢的種種複雜因素，戰後對戰爭責任的界定和戰後國際秩序的重建要到了 1951 年才比較塵埃落定。在此脈絡之下，各國政府也開始了一個得以重新檢視與戰犯相關問題的機會。對中華民國政府而言，這個時間點甚至還要稍微的延後，因為要到了（各盟國之間與日本在 1951 年簽訂的）《舊金山和約》在 1952 年 4 月 28 日生效後它才得與日本單獨簽訂和平條約（《中日合約》）。而從現有的台籍戰犯相關資料當中，我們也可以看出在 1951 年之後出現了幾項值得注意的發展，例如「發還原籍」、「赦免減刑」，和「釋放及遣返」等不同的議題。

以下本文將分別分析戰犯家屬、民間團體、地方民意機關，以及中華民國政府（包括總統府、外交部、駐澳大利亞國大使館）等各方對台籍戰犯的各種議題所採取的反應與行動，以從中來了解台籍戰犯的生命「可悲傷性」是如何在這段時間被建構的。

二、民間活動

從目前可以蒐集到的檔案當中可以看出，台灣各地的**戰犯**

家屬很早就開始了各種的請願營救活動，希望能夠促成這些台籍戰犯早日回到台灣並獲釋。他們訴求的對象是以 1945 年後管轄台灣的中華民國政府為主。最早的例子之一是一群家屬們 1946 年在台灣新生報刊載的一則頭版廣告；他們一方面以此廣告「歡迎蔣主席暨夫人蒞台灣」，但是同時在另一方面則「向主席陳情」、救援並「赦免在婆羅洲被英軍」判刑為「戰犯之冤慘台灣省民」（台灣青年文化協會編 1951：119-120，台灣新生報影本）[5]。而除了直接向中央政府遞送陳情書之外，**戰犯家屬**也透過**地方民意機關**來表達他們對政府的請求。而在收到民眾的請求和意見之後，地方民意機關往往先向各地的**地方政府**反映，並要求**地方政府**採取進一步的行動。另外值得注意的是，在此同時戰犯家屬也透過了許多不同的**民間團體**來推動他們的訴求。其中比較活躍的包括了台灣青年文化協會（台灣青年文化協會致外交部部長 1951：20-21；台灣青年文化協會致台灣省臨時省議會 1952：101）、中華民國紅十字會總會（和國際紅十字會）（National Headquarters 1951；中華民國紅十字會總會函 1951：61-63），和中國佛教會等（中國佛教會致外交部 1952：26-27）。

　　檔案資料顯示，在台籍戰犯的請願營救活動中，**戰犯家屬**、**地方民意機關**，和**地方政府**面對中央政府的立場相當的一致。但首先值得注意的是，在這過程當中戰犯家屬、民間團體以及地方民意機關都傾向少用或避免「戰犯」這個名詞，或是在

5　由於影像模糊，無法辨識報紙的年份。但是根據該報同日刊載台灣行政長官公署和國民大會籌備委員會的公告來判斷，應該是在蔣介石首次來台的 1946 年 10 月。

提到「戰犯」時隨即加上受到強迫冤屈等形容。例如，1951年
台灣青年文化協會所編的相關資料多用了台籍「戰俘」，而非
「戰犯」一詞（台灣青年文化協會編 1951：119）。該會並組成
「營救二次大戰台籍戰俘委員會」，由林衡道擔任主任委員，發
動「營救二次大戰台籍戰俘運動」（台灣青年文化協會致台灣省
臨時省議會 1952：101）；該委員會的活動則包括向外交部、省
議會、蔣夫人請願，「提倡請願簽名運動」，「整理資料公開宣
言喚起輿論」（台灣青年文化協會營救二次大戰台籍戰俘委員會
第一次會議紀錄 1952：97），以及為已經獲釋的「台籍戰俘」舉
辦「曼南島歸還者現地報告座談會」（台灣青年文化協會致外交
部 1952：93）。很明顯的，台灣青年文化協會透過文字和各種
活動，將台籍戰犯定位為「台籍戰俘」，借此減低其「戰犯」的
色彩。

　　同樣的情況也見諸於家屬的陳情書中。例如在 1951年的
一份陳情書中，只見「被押台胞」和「英澳軍當局不法將我台胞
長久監禁」等詞，而完全避免稱「台籍戰犯」；僅有在提到「軸
心國家之主要戰犯多蒙盟總無罪釋放」時，才有「戰犯」一詞出
現（呈為籲請交涉釋放被英澳軍當局扣押在曼南島等地台胞黃
木川等由 1951：131）。另外一份 1951年台灣省政府致外交部
的請願資料，雖然其中提供了一份由台南市政府轉送、內容十
分詳盡的 86 名「台籍戰犯名冊」和 17 名的「台籍戰犯滿刑釋放
者」名冊，但是在電文的事由和解釋的部分，被關押在海外的
台籍戰犯則被描述為「台胞被日閥強徵送往南洋群島」而在戰後
「被英澳荷軍當局扣押」（台灣省政府致外交部 1951：152）[6]。

6　該份「台籍戰犯名冊」為手抄本，應該是由戰犯家屬與／或地方民間團

幾年後在 1953 年，台灣省政府轉送屏東市民代表會和南投縣議
會等分別通過的「請政府致力交涉日據時代被徵服役海外而戰
後又被拘禁外國迄未遣回之台胞」動議案給外交部；從動議案
的內容可以看出，雖然當中提到了海外台胞為「戰犯」等文字，
但是加上了「或以其他因由被外國拘禁」，「不明其生死或過地
獄生涯使其家屬日夜不安啼哭之聲不絕於耳尤其該批青年乃一
家棟樑今奪其贍養之途已久不免受生活上之威脅歷盡萬般之痛
苦」以及「未准返國迨至於今已有九載遙遙……歷盡千般萬苦
實免贅言」等描述（台灣省政府致外交部 1953：100-102）。另
一份 1954 年嘉義縣議會的議決案和台南縣新市鄉鄉民代表會的
請願書的內容，則同樣的指這些台籍戰犯為「日據時代被其強
迫徵送往海外各地服役者」，之後「被判為戰犯或因其他關係尚
被拘禁國外不准返國」，而其家屬「日暮不安且有因家庭無人負
擔而生活陷於絕境覩狀堪憐」，因此行文「懇請當局循外交途徑
向聯合國有關國家交涉俾其早日遣返以安生業」（嘉義縣政府致
台灣省政府 1954：4-5；台灣省政府致外交部 1954：28）。

　　如上述的資料顯示，為了在請願營救活動的過程中刻意淡
化「戰犯」的色彩，戰犯家屬、民間團體以及地方民意機關都
選擇了避免提及任何的戰爭罪行。這樣的做法，很明顯的是在
強調台籍戰犯在戰爭進行期間、以及他們在戰爭結束之後持續
受到逼迫的悲慘遭遇，還有家屬們的痛苦。而他們同時也強調
台籍戰犯所受到的不公平對待，希望以此爭取台灣社會和國

體所編；其內容涵蓋了原籍散布台灣各地的戰犯其姓名、住址、在台
眷屬姓名、罪狀及罪名、判刑日期、刑期、執行地，和判刑國等詳細資
料。

內外政府的同情。更為明確的，行文內容對外國政府特別舉出已經獲得釋放的日籍甲級戰犯為例，來強調「無辜台胞反被不明拘禁不准放歸殊屬令人費解」（台灣省政府致外交部 1953：102）。而相對的，對於中華民國政府，行文內容則舉了「香港調景嶺難民、滇緬游擊戰士、富國忠貞僑胞、韓戰反共義士，以及大陳義胞之先後來台」等例子來凸顯政府對台籍戰犯未能給予平等的對待和協助（台灣省政府致外交部 1955：89-90）。這些做法，明顯的是要將台籍戰犯規範為（frame）受到社會認可為「生存的」（living）的個體，使得台籍戰犯被視為是值得哀悼而具有「價值」的。因此，當台籍戰犯受到傷害（甚或喪失）的時候將**會被**理解為受傷（或喪失）（Butler 2009: 1）。而也就是在這樣的請願營救活動中，戰犯家屬、民間團體以及地方民意機關共同建構了台籍戰犯作為一個特定群體的「可悲傷性」，並進而強化了台籍戰犯他們生命的「價值」。

而特別值得注意的，家屬和民間團體當時都非常積極的透過**報紙等媒體**來進一步的確立台籍戰犯的「可悲傷性」。例如前述 1946 年家屬們利用報紙頭版廣告所做的請願陳情（台灣青年文化協會編 1951：119-120）。之後，1951 年台灣青年文化協會在召開會員大會時議決，以「全體會員名義，向政府建議交涉釋放被扣南洋英荷兩屬各地之台籍「戰俘」；其後相關的新聞報導中也多用「戰俘」來形容台籍戰犯，並用了「曼南島的悲劇：被扣南洋台胞之慘況」和「哀念曼南島」等為標題（台灣青年文化協會編 1951：119, 121）。 1955 年另有家屬吳林梅雨為其兄林朝銘向中央日報和台灣新生報分別遞交陳情書（吳林梅雨致

中央日報社總編輯 1955：14, 15）[7]，此舉並進一步引起了外交部
和駐日大使館的注意和行動（中央日報編輯部致外交部 1955；
外交部致駐日大使館 1955： 12, 13）。駐日大使館隨後派員到巢
鴨監獄前往探視並慰問林朝銘，經查「該監獄並無虐待台籍戰
犯事實」（中華民國駐日本國大使館致外交部 1956a：21）。這
些行動一再的顯示，家屬和民間團體透過了報紙等媒體，創造
了對台籍戰犯注意而同情的輿論，並藉此強化建構台籍戰犯的
「可悲傷性」。

　　從以上這些民間對台籍戰犯的請願營救活動中，我們可以
見到台籍戰犯的「可悲傷性」是如何逐漸的被建立起來。非常清
楚的，由家庭所產生的「倫理」是當中最根本也最重要的一個條
件。無論是戰犯家屬所寫的陳情書，或是民間團體以及地方民
意機關的請願活動都可以見到以「家庭倫理」為訴求。一方面，
陳情請願所強調的是家屬作為父母、妻子、兒女，或手足對台
籍戰犯的親情；而另一方面，則是強調台籍戰犯作為兒子、丈
夫、父親，或手足對家屬的責任。前面曾經討論過，Butler 認
為「戰爭之框」是一種「認識論」的框架，透過對暴力「有所選
擇而且有區別」的框架來規範社會在情感與道德方面所作的處
置（Butler 2009: 1）。從這個角度來看，在台籍戰犯的例子中，
「家庭倫理」正扮演了「人之所以為人的典範原則」（Butler
2009: 125）。透過或是民間以「家庭倫理」為訴求的請願活動，
社會逐漸的開始來認識台籍戰犯「是有價值的」、「值得保護
的」，而當台籍戰犯喪失的時候，是「值得公開的／大眾的追

7　林朝銘當時被監禁於東京巢鴨監獄；吳林梅雨指稱其兄與其他同在巢
　　鴨監獄的同胞受到獄方的虐待。

悼」的(Butler 2009: 125)。

三、中華民國政府的參與和立場

在分析了民間對台籍戰犯的請願營救活動和他們建構台籍戰犯「可悲傷性」的過程之後,本文將進一步探討中華民國政府官方對台籍戰犯問題的處理,其中參與的政府單位包括總統府,外交部,和駐澳大利亞國大使館。

實際上,中華民國政府在 1946 年的 1 月就已頒布命令、宣布所有的台灣人民為中國籍(中華民國籍)。而早在 1951 年,「中華民國駐澳大利亞國大使館」就已經開始就台籍戰犯的國籍問題與澳國政府進行溝通。在初期,駐澳大使館回報部裡的消息是,對拘留在曼納斯島的台籍戰犯之國籍問題「澳方仍在研究中」(中華民國駐澳大利亞國大使館 1951a:191)。其後則做出結論,認為澳方態度「始終認為被拘台省籍人民為日籍戰犯」(外交部收電、駐澳大使館發 1953:100)。而值得注意的是,在與澳國政府的交涉過程中,駐澳大使館卻未對澳方明確做出台籍戰犯具有中華民國國籍的主張。反而多是以台籍戰犯家屬的期盼,戰爭結束已久,和「彼等縱有罪行亦係被徵迫不得已而非由於其個人行為」等為由來向澳方交涉台籍戰犯的釋放(或減刑)(Chinese Embassy in Canberra to the Department of External Affairs 1951: 193; 中華民國駐澳大利亞國大使館 1951c:23; Chinese Embassy in Canberra to the Department of External Affairs 1952: 81, "as the concerned Formosan war criminals committed themselves under circumstances beyond their own volition")。更重要的是,中華民國駐澳大使館本身

對台籍戰犯國籍的態度似乎也不甚明確。其中甚至還曾經去電向部裡徵詢，「澳方可能提出國籍及刑期未滿等問題（，）我方應如何交涉。」（中華民國駐澳大利亞國大使館 1951b：4）但是在接下來的幾年間，中華民國政府卻接受了澳大利亞政府將台籍戰犯「發還原籍」到日本繼續執行刑期一事。

進一步的分析更顯示，中華民國政府對台籍戰犯國籍身分的界定一直都未能有一個明確的態度。根據中華民國政府與澳大利亞和日本等國交涉所留下的相關外交檔案，本文發現在戰後對台籍戰犯的相關處理當中，特別是在面對幾項不同的「跨國性」的議題時，中華民國政府對台籍戰犯的「國籍身分」——包括他們在法律上的權利義務等——都顯得模稜兩可甚或是矛盾的，因而在處理上出現了許多的爭議。

首先是在有關「發還原籍執行刑期」的問題方面。在戰犯審判結束、判刑確定之後，未受到處決的台籍戰犯，和其他的日本戰犯一樣，都是先在澳國管轄之下的監獄中服刑。其中，台籍戰犯受刑為數最多的是在曼南島的監獄。但是在服刑一段時間之後，從 1953 年開始，澳大利亞政府分批將這些戰犯「發還原籍」，並要求其原籍政府繼續對這些戰犯執行刑期。資料顯示，雖然有少數的台籍戰犯被送往台灣[8]，但是在此同時大多數的台籍戰犯在這過程當中是被送往日本，而非中華民國管轄之下的台灣[9]。

8　在 1953 年 8 月，見中華民國外交部檔案 075。32/0001 台籍戰犯，11-EAP—02230，頁 110-111、116-118。

9　澳洲政府分批將其管轄之下的日本戰犯（包括台籍戰犯）從曼南島送往日本繼續執行刑期。台籍戰犯人數最多的一批是在 1953 年的 7-8 月和 10 月，見中華民國駐澳大利亞國大使館致外交部，中華民國外交

　　1952 年駐澳大使館發回台北部裡的文件當中顯示，向澳國政府提出「發還原籍執行刑期」要求的是日本政府（中華民國駐澳大利亞國大使館 1952：23）。由此可見，中華民國政府是被動的而且比較晚的才開始參與其事。甚至，在澳國政府對日本政府的要求做出正面回應、已經開始考慮將「未服滿刑期之日籍戰犯遷移日本繼續執行」之後，中華民國駐澳大使館都還對「是否應請日本政府一併要求澳方將未服滿刑期之台籍戰犯遷往台灣或日本繼續執行」一事，去電請台北的外交部做進一步的指示（中華民國駐澳大利亞國大使館 1952：23）。由此可見，中華民國政府對台籍戰犯「發還原籍」在台灣執行刑期一事的態度也不甚明確。一方面，駐澳大使館確實幾次的向澳方提出要求釋放仍被拘留在曼納斯島的台籍戰犯。但是在另一方面，對是否願意接受將這些台籍戰犯「發還原籍」回台灣繼續「執行刑期」這個問題，卻一直抱持著保留的態度。一直到澳國政府提出若「允其先行遣送台灣」之後中華民國政府能夠「保證繼續服刑」的意見，中華民國政府才開始考慮此事（外交部收電、駐澳大使館發 1953：152；中華民國駐澳大利亞國大使館 1953g：158-159）。此項建議雖然後來得到中華民國外交部指示「必要時我方願意考慮將判刑二十年或無期徒刑」的台籍戰犯「遷台繼續服刑以留轉圜地步」（中華民國駐澳大利亞國大使館 1955：111-112），並幾次向澳方表達此立場（外交部收電、駐澳大使館發 1956：36），但為時已晚，最終也未能實現。反

部檔案 075。 32/0001 台籍戰犯 11-EAP─02230，頁 56-57、71、102-104、123-128；中華民國外交部檔案 075。 32/0002 台籍戰犯 11-EAP─02231，頁 26、95。

而是澳方在 1956 年 7 月逕行宣布「對日本戰犯之新減刑釋放辦法」，隨後便很快的將許多「已服刑滿三分之一期限或服刑已滿十年以上」的台籍戰犯分批釋放（中華民國駐澳大利亞國人使館 1956a：44-45；1956b：57-58；1956c：93-94）。

事實上，中華民國政府不曾對盟國所做有關台籍人民的戰犯判決提出過任何異議。所以它在「發還原籍執行刑期」問題上所做的反應，更說明了中華民國政府對台籍戰犯採取的是比較消極而被動的態度。

其次，從 1952 年開始出現了另外一項議題：戰犯的「赦免減刑」。資料顯示，日本政府（以法務省轄下的中央更生保護審查會為主）和中華民國政府曾經分別的代表台灣戰犯對澳大利亞政府（以及其他盟國）提出訴求，希望能夠對這些 B/C 級戰犯減刑，甚或赦免其罪而讓他們得以在服刑期滿之前就被釋放。在這個問題上，日本和中華民國的兩個政府都認為它們有代表台灣戰犯的正當性。但值得注意的是，針對究竟中華民國或是日本政府是否有權代表台籍戰犯提出「赦免減刑」訴求一事，中華民國政府似乎採取的是一種消極的對應。有關台籍戰犯的國籍問題，如前所述，在 1946 年中華民國政府就已頒布命令、宣布所有的台灣人民為中國籍（中華民國籍）。而與日本相關的戰爭問題，包括台灣人的國籍問題，更是在 1952 年《舊金山和約》生效以及中華民國與日本單獨簽訂《中日合約》之後理應獲得確認。但是在面對日本政府代表台籍戰犯提出「赦免減刑」訴求時，中華民國政府卻保持沉默，在這段期間並不曾對盟國或是日方提出過任何異議。由此可見，中華民國政府在當時對台籍戰犯的國籍問題仍然抱持著消極甚至模糊的態度。

第三個與台籍戰犯國籍界定有關的「跨國性」的議題是戰

犯的「釋放及遣返」。從 1951 年開始，在澳大利亞受刑的台籍
戰犯逐漸的有服刑期滿而被釋放的例子。為了進一步「營救被
拘南洋一帶台胞」，台灣省政府在 1952 年也曾經去電其轄下
的二十二個地方縣市政府，進行「日據時代被迫從軍台胞」的
調查；之後也根據各地縣市政府給予的回覆，將調查所得的資
料呈送外交部（台灣省政府致外交部電文 1952：42-44）。雖然
當時中華民國就曾向澳大利亞政府交涉，要求將被釋放的台籍
戰犯送回台灣，但是在中華民國和澳大利亞政府之間，對台籍
戰犯的國籍身分界定並沒有一個共識。結果是，陸續的有許多
獲釋的台籍戰犯被澳大利亞政府直接從曼納斯島送往日本，而
並非送回台灣[10]。而值得注意的是，在這段期間中華民國外交部
透過其駐澳大使館仍然持續的針對此事與澳國政府保持聯繫，
包括遭遣送台籍戰犯的名單、遣送日本的時間，和所搭乘的
船艦名稱等細節（中華民國駐澳大利亞國大使館 1953a：33；
1953b：53；1953c：123），但卻未見任何對澳國政府提出的抗
議或反對之意。反而在檔案中看到的是，中華民國政府消極的
接受了澳方這樣的決定和行動。甚至在澳方確認台籍戰犯將與
其他日籍戰犯一同被遣送往日本之前（中華民國駐澳大利亞國
大使館 1953d:26）[11]，就有「倘我事前與日方密商似可獲得日方
同意設法將台省籍人民遣返台灣」等建議（外交部收電、駐澳
大使館發 1953：100），將對獲釋台籍戰犯遣返問題的主導權交
給了日本政府。

10　中華民國外交部檔案中華民國外交部檔案 075。 32/0007 戰後被盟軍
　　拘禁之台籍戰犯遣返案 11-EAP—02236，頁 65-85。

11　「澳外交部……願證實遣送被拘曼納斯島日籍戰犯包括台省籍人民。」

　　根據中華民國政府自己的報告，在 1953 年此事引起了台灣民間的「頗多非議」。而此事嚴重的程度，甚至引起了中華民國政府最高當局的重視。見到了「台籍同胞對報載在澳服刑期滿之台胞將遣返日本後之反應」，當時的總統蔣介石透過他的兒子蔣經國，下指示給外交部長葉公超，要求「應詢外交部為何不主動交涉」（蔣經國致函葉公超 1953：209）。根據總統府本身的報告，台灣民間認為這些台籍戰犯：

> 雖係以日本戰犯服刑但刑期已滿即為無罪之自由中國國民應遣送返台或通知我政府領返以示尊重而不應遣送日本我外交當局對此未見有何表示足見歧視台胞。（蔣經國致函葉公超 1953：210）[12]
>
> 而中華民國政府在同一個時間點上對「華僑」的關注，更導致了台灣民間更高的不滿：「菲律賓政府此次大批逮捕無辜華僑我政府當局曾一再提出交涉毫不厭煩雖無成效但僑胞精神上頗能獲得安慰今服刑期滿之台胞政府竟不為之交涉實屬不當。」（蔣經國致函葉公超 1953：209）

　　在此之後，就如駐澳大使館公使自己所述，「上峰指示及台省輿論」都成為了就台籍戰犯問題對澳洲政府交涉時必須考慮的關鍵條件（中華民國駐澳大利亞國大使館陳岱礎致子健司

12　此件乃總統府根據 5 月 18 日新生報刊載「以戰犯罪服刑期滿之蘇發興等十二名台胞將於 6 月中旬自澳洲曼納斯島遣返日本」之後，「一般台籍人士」對此事的反應而作的綜合分析。

長 1953:154-157)[13]。很快的,中華民國駐澳大使館立刻就開始對澳方提出「台灣籍人犯已成為中國籍人民澳方不予釋放卻與日籍戰犯同送日本繼續服刑於情於理均有不合」的主張,並要求澳方考慮將服刑期滿的台籍戰犯「直接遣返台灣」(中華民國駐澳大利亞國大使館 1953e:69-70)。一反先前消極的態度,駐澳使館甚至提出,「我方之一貫主張仍希澳方早日同意赦免或假釋遣返台灣。」(中華民國駐澳大利亞國大使館 1953f:119-121)這些改變,而此前所引發台灣民間的反應和不滿的「台省輿論」,恰恰凸顯了中華民國政府對台籍戰犯相關問題的被動態度。而這樣被動的態度,甚至在總統府本身的報告當中都受到了批評,可見其嚴重和普遍的程度。

而更值得注意的是,在此之後民間的輿論就成為了中華民國政府在面對處理台籍戰犯相關問題時不可忽略的一個考量因素。例如,幾年之後在 1956 年,澳洲政府決定要釋放仍關押在東京巢鴨監獄的多名台籍戰犯。但是隨著時空環境的改變,許多獲釋的台籍戰犯表示希望出獄後能夠在日本居留工作,而不願返回台灣。此時,針對勸說獲釋的台籍戰犯返台一事,駐日大使館就表示對「彼等本身之願望以及我國內一般輿論之反應」必須要能夠「兼籌並顧」(中華民國駐日本國大使館致外交部 1956c:69)。

在 1950 年代中期,特別是在上述的「赦免減刑」訴求提出之後,澳大利亞政府(以及其他盟國)逐步的開始對 B／C 級戰

---

13 陳岱礎 1952 年出任中華民國駐澳大利亞大使館公使,後曾任駐賴比瑞亞(Liberia)大使。子健司長應為袁子健,後曾任駐委內瑞拉(Venezuela)公使,駐越南大使,駐土耳其大使等職。

犯進行減刑，甚或赦免其罪。大多數在「發還原籍」後繼續在日本執行刑期的台籍戰犯，都得以在服刑期滿之前就被釋放。衍生出來的問題時，當這些台籍戰犯從巢鴨監獄釋放之後，他們何去何從？究竟台灣戰犯歸屬於哪一個國家？資料顯示，從1955年6月開始，日本和中華民國兩國政府都出面與澳大利亞政府安排相關釋放事項[14]。當澳大利亞政府在1956年6月開始將受刑的台籍戰犯從巢鴨監獄釋放時[15]，它首先透過其駐東京的大使館通知日本政府[16]。中華民國政府是在事後透過其駐坎培拉的使館才得知台籍戰犯獲釋的消息（中華民國駐澳大利亞國大使館致外交部1956d：57；1956e：61；1956f：93-94）。

　　值得注意的是，有部分獲釋的台籍戰犯直接遣返回中華民國，但是也有為數可觀的台籍戰犯被釋放後在日本居留。例如在1953年6月，有11名在日本獲釋的台籍戰犯從橫濱送往台灣，但是也有其他同時獲釋的台籍戰犯（得以）選擇在日本居留[17]。

　　事實上，中華民國政府的最高層級，總統府辦公室都知悉此事，甚至主動提供「澳洲台籍戰犯四十七名押抵日本」繼續執行徒刑的情報和名單給外交部（總統府機要室資料組致外交

14　中華民國駐澳大利亞國大使館致外交部；中華民國駐日本國大使館致外交部，中華民國外交部檔案075。32/0003台籍戰犯11-EAP—02232，頁111-118。

15　中華民國外交部檔案075。32/0004台籍戰犯11-EAP—02233，頁41-58。

16　中華民國外交部檔案075。32/0004台籍戰犯11-EAP—02233，頁42。

17　中華民國外交部檔案075。32/0001台籍戰犯，11-EAP—02230，頁41-53、100。

部 1953：35-38）。總統府還指出這四十七名台籍戰犯當中「有九名已經刑期屆滿釋放，現住橫濱由日政府提供膳宿，彼等對其本身處境極感困窘，但未表明是否返台」（總統府機要室資料組致外交部 1953：36）。無論中華民國政府是否是被迫或是在沒有選擇的情況之下接受了澳大利亞政府的這項決定，它最終接受了這樣的決定。而報告中更顯示了中華民國政府消極的態度。在已經確知在日本有被釋放的台籍戰犯「對其本身處境極感困窘」的情況之下，相關單位卻未主動爭取要求讓這些台胞回台，反而坐視他們「但未表明是否返台」。

　　弔詭的是，許多台籍戰犯在被監禁在曼納斯島監獄的時候（1953），曾寫信請求中華民國政府幫助讓他們獲釋並送回台灣[18]。當時他們未得到中華民國政府的支援和幫助。但是當澳大利亞政府決定在 1956 年 10 月（在赦免減刑後）釋放所有在東京巢鴨監獄的台籍戰犯之後，中華民國政府則提出主張要求必須將他們送回台灣。最終，獲釋的台籍戰犯當中，有些人選擇拒絕中華民國政府的主張，而要求在日本居留[19]。之後中華民國政府曾經透過不同的管道，設法說服從巢鴨監獄釋放出來的台籍戰犯不要留在日本、而選擇回到台灣（中華民國駐日本國大使館致外交部 1956f：110-111）。很清楚的，中華民國政府對台籍戰犯問題的態度和政策一直是**不確定**的，甚或是矛盾的。

　　特別值得注意的是，意識型態在國民政府對台籍戰犯問

18　共計有 68 名台籍戰犯提出陳情，見中華民國外交部檔案 075。32/0007 戰後被盟軍拘禁之台籍戰犯遣返案，11-EAP—02236，頁 169-175、196。

19　見中華民國外交部檔案 075。32/0007 戰後被盟軍拘禁之台籍戰犯遣返案，11-EAP—02236，頁 229、238。

題的處理中也扮演了一定的角色。在 1950 年代國民黨固守台灣，和共產黨隔海對峙的局勢底定之後，「反共」和「反台獨」就成為了國民政府施政的最高指導原則。在台籍戰犯「釋放及遣返」的問題上，可以見到意識型態對國民政府的處理態度有相當的影響。例如在 1956 年 7 月和 8 月之間，澳洲政府決定要釋放仍關押在東京巢鴨監獄的戰犯，包括多名台籍戰犯。但是其中有多人表達希望出獄後能夠在日本居留工作，而不願返回台灣。面對此一問題，日本政府表示「無權強制遣返」獲釋的台籍戰犯回到台灣（中華民國駐日本國大使館致外交部 1956b：66）。中華民國駐日大使館隨後向外交部請示，「獲釋之台籍省民經我勸導後仍不願返台而欲在日繼續居留時我需如何因應」（中華民國駐日本國大使館致外交部 1956b：66）。之後並從日本外務省得知，確有 15 名台籍戰犯表示在獲釋後不願返台（中華民國駐日本國大使館致外交部 1956c：68）。從後續的電文中可以得知，外交部的指示是「勸導獲釋之台籍戰犯返台，免為匪偽利用」、並要求外館人員「隨時密切注意」（中華民國駐日本國大使館致外交部 1956d：75）。提防在日繼續居留的台籍戰犯受「偽僑委會」或「台灣獨立黨」的拉攏（中華民國駐日本國大使館致外交部 1956e：84）。隨後中華民國駐日大使館確實也採取了行動，「派員分贈各戰犯計六十五名慰勞品，告以國內生活安定」（中華民國駐日本國大使館致外交部 1956e：84）。不過這些「勸導」似乎成效有限，在「對在獄出獄全部台籍戰犯計六十五名各贈台灣寶島香煙一聽及價值日幣二百元之餅乾一盒，以表本館之關切，並藉機勸導早日返國」之後（中華民國駐日本國大使館致外交部 1956g：110-111），僅有少數的台籍戰犯在獲釋後決定返台。最後一批巢鴨監獄裡的台籍戰犯在 1956

年獲得釋放。根據當時駐日大使館的調查報告，共有六十四名
獲釋的台籍戰犯在日本，但是只有兩人計畫返回台灣（中華民
國駐日本國大使館致外交部 1956g：111；1956h：133-134）。

　　根據以上的分析，「反共」和「反台獨」的政治考量都相當
程度的影響了國民政府在台籍戰犯「釋放及遣返」此一問題上的
處理態度和方式。有趣的是，國民政府當時的「反共」的意識型
態也成為地方民意陳請政府解救台籍戰犯的一項訴求，台南市
議會就曾經提案請政府「設法迎回流落海外之台灣子弟以慰家
屬而增強反共力量」（台灣省政府致外交部 1955：89）。

　　以上這些與台籍戰犯「釋放」相關的情況都顯示了，中華民
國政府遲遲未對台籍戰犯的國籍做出明確的主張，以至於台籍
戰犯的歸屬出現了許多的爭議。在「發還原籍執行刑期」問題
上，中華民國政府採取的是比較消極的態度，並未堅定的主張
台籍戰犯的國籍為中華民國。爾後，在「赦免減刑」和「釋放及
遣返」兩項問題上，中華民國政府則逐漸採取了比較積極的態
度，開始較為明確的主張台籍戰犯的國籍為中華民國。但是這
樣的改變，多是出於對社會輿論和意識型態的考量。與民間所
發動的陳情請願運動相比較，中華民國政府並未積極的對台籍
戰犯做出救援和協助，而多是被動的接受澳大利亞或日本政府
對台籍戰犯所做的相關決定。對中華民國政府而言，台籍戰犯
的「國籍」持續的處在一種未能清楚界定的狀況。這個過程凸顯
了台灣戰犯在戰後並未完全被中華民國認定為其國民；以至於
在戰後的十年之間仍然有受刑期滿或是需要移監服刑的台灣戰
犯陸續被遣返到日本。上述的幾點爭議更顯示了在多國和跨國
的脈絡之下所進行的台灣戰犯審判中，台灣戰犯的身分是處在
一種矛盾而同時不穩定的狀態。

四、民間 vs. 國家

　　根據以上的分析，我們發現當戰後台灣在對戰爭的認識——也就是「戰爭之框」——當中來決定「誰是有價值的，誰的生命是值得保護的」的時候（Butler 2009: 125），出現了一個特殊的狀況。從民間的立場，親情或是「家庭倫理」被視為「人之所以為人的典範原則」，並以此為根據來認定當台籍戰犯喪失的時候，是「值得公開的／大眾的（public）追悼」的（Butler 2009: 125）。但是相對的對官方來說，「人之所以為人的典範原則」似乎與民間有所不同。在面對台籍戰犯的時候，中華民國政府一方面在主權的考量之下，必須介入相關的問題，例如回籍或遣返的問題。但是在另一方面，中華民國政府對台籍戰犯的問題始終保持著一定的距離。而且，在和台灣的民間團體或是日本政府初期的反應相比較，中華民國政府的行動一直是比較緩慢的。要到了民意輿論開始形成一定程度的壓力、同時可能面臨（中國）共產政府或台獨勢力的競爭的時候，中華民國政府才做出相對的回應，開始對台籍戰犯「釋放及遣返」等問題有了比較多的行動。可見在台籍戰犯的問題上，對中華民國的官方來說，「人之所以為人的典範原則」是民意輿論和反共、反台獨等政治考慮。也因為如此，政府對台籍戰犯的關注是比較被動的。

　　在這樣的情況之下，中華民國政府在處理台籍戰犯問題的過程中與民間的反應有了一個明顯的落差。從「戰爭之框」的角度來看，當家屬和民間團體以「家庭倫理」為訴求，透過陳情活動和報紙媒體在創造建構台籍戰犯的「可悲傷性」的同時，官方對台籍戰犯採取的是比較消極而且前後不一致的態度。換句話

說,中華民國政府並沒有積極的透過官方的「戰爭之框」來賦予台籍戰犯「可悲傷性」。

　　為什麼中華民國的官方和民間會在台籍戰犯的「可悲傷性」這個問題上出現這麼明顯的一個落差?為什麼中華民國政府對台籍戰犯的「可悲傷性」抱持著比較消極的態度?這些問題的答案就在中華民國政府官方的「戰爭之框」當中。在第二次世界大戰相關的歷史書寫之中,受到反帝國╱反殖民思想和國家機器由上而下的政治力量的雙重影響之下,最普遍而重要的社會規範是「國族屬性」(being national)。無論是在戰爭進行當中或是戰後,「國族」的存亡往往是對二戰歷史書寫的核心關懷。Timothy Brook 就曾指出,在一種國族式的「抗戰迷思(myth of resistance)」影響之下,戰後許多中國人對戰爭的認識都只能停留在以苦難和抗戰為基礎的集體記憶中。而政治菁英則樂於不斷的利用了這種「抗戰迷思」,來建立強化他們自己的「道德正當性(moral legitimacy)」(Brook 2005: 6)。相關的討論也請參見本書的第三章〈東亞的戰爭之框與國族問題:對日本、中國、台灣的考察〉。

　　在這樣的歷史論述框架之下,戰後在中國──中華民國和中華人民共和國──的論述都一致的把戰爭再現為中華「民族」神聖的「抗戰」。同樣的,在戰後的台灣,國家機器由上而下所建立的最普遍而重要的「戰爭之框」也是一種「國族性」的社會規範。在這樣的「戰爭之框」下,唯有國族屬性清楚的戰爭經驗才能夠被認定是值得悲傷、值得追悼的戰爭歷史。而唯有在其「可悲傷性」受到認定後,經歷這些戰爭經驗的人們他們的生命價值才會被肯定,這些生命的戰爭歷史也才會成為戰後歷史書寫和集體戰爭記憶的一部分。

　　而很不巧的，台灣人──特別是台籍戰犯─作為日本帝國之下的殖民地人民，他們在第二次世界大戰中的經驗與中國的「抗戰」不但不相容，甚至還是敵對的。在這場戰爭中，當時身在日本殖民統治之下的台灣人（除了極少數前去中國、而且未受懷疑為間諜乃至於遭逮捕入獄的抗日分子之外），不但沒有參加「抗戰」，事實上是站在與「中華民族」的「抗戰」相對／敵對的一方。無論是被迫或是自願，台灣人都成為了日本帝國戰爭體系的一分子。當中有人被徵召，成為廣義的「台籍日本兵」，被送往日本戰線所及的中國、東南亞，與太平洋島嶼等地。在戰爭結束之後，日本的殖民統治也告終，台灣人成為了中華民國的人民。一夜之間（1945 年 8 月 15 日），戰爭當中的敵人卻在政治的安排之下成為了同胞。

　　在 1945 年開始的中華民國政府統治之下，有關第二次世界大戰的歷史論述基本上都是以「抗戰」為立足點，描述「中華民族」如何團結一心，抵抗外敵日本的入侵，最終取得勝利。在戰後國民政府的統治之下，「抗戰迷思」為基礎的「戰爭之框」之下，只有對抗日本的「生命」才會被賦予「可悲傷性」，也只有這樣的生命才會被視為是值得哀悼而具有「價值」的。相對的，在「抗戰迷思」影響之下所建立的歷史論述當中，台灣人的二戰經驗是會引發問題的（problematic）。在這樣的「戰爭之框」中，台灣人的第二次世界大戰（經驗），以及作為歷史主體的「（二戰當中的）台灣人」，是不能受到社會規範認可的個體。在二次世界大戰期間，（絕大多數的）台灣人不但沒有參與中華民族的神聖「抗戰」；作為日本殖民地的人民，他們事實上是站在中華民族神聖「抗戰」的相對面，（有意／無意的，直接／間接的）支持日本的「聖戰」。因此，在以中國的「抗戰」為基

礎所建立的「戰爭之框」之下,戰爭當中的台灣人——包括台籍
戰犯——以及他們的戰爭經驗當然不會被中華民國官方視為是
值得哀悼,或是有「可悲傷性」和「價值」的生命。事實上由此
延伸,台灣人在日本殖民時期的歷史在戰後也不見容於中華民
國政府及其主流歷史論述,因而大多長時間的受到遺忘抹滅。

　　但是,本文的分析也發現,雖然中華民國政府並未將台籍
戰犯完全視為值得哀悼而有「價值」的,它也並未將台籍戰犯視
為完全不值得哀悼或完全沒有「價值」的「他者」。如本文的分
析,在1950年代中華民國政府對台籍戰犯還是持續的保持了一
定程度的關注。換句話說,中華民國政府雖未清楚的在它官方
的「戰爭之框」之中將台籍戰犯視為生命值得追悼或具可悲傷性
的「同胞」,但是卻也並未將台籍戰犯視為生命不具價值的「敵
人」。也就是因為這樣,中華民國政府才會對台籍戰犯的「可悲
傷性」抱持著比較消極、但卻又未否定的態度。而在1950年
代,這樣不確定的態度影響了中華民國政府對台籍戰犯問題的
處理方式,也因此在政策上出現立場反覆、前後不一致的情況。

五、結論:戰爭記憶與台灣的身分認同

　　從建構「可悲傷性」的角度出發,本文以戰後各盟國(主要
是在其東南亞殖民地)所進行的 B/C 級台籍戰犯審判的歷史為
例,分析了台灣本土的戰爭經驗在戰後台灣的歷史意義。透過
分析台籍戰犯在澳洲審判之下受監禁,以及之後釋放及遣返等
過程的歷史,本文檢視了戰後台灣民間和政府如何就台籍戰犯
的「可悲傷性」及其生命的價值進行建構和協調。從「戰爭之
框」的角度,本文發現戰犯家屬和民間團體多以親情或是「家庭

倫理」來作為「人之所以為人的典範原則」，以此創造建構台籍
戰犯的「可悲傷性」。而在此同時，中華民國政府在處理台籍戰
犯問題的過程中是比較被動的，對台籍戰犯的「可悲傷性」抱持
著不確定的態度。最終雖然基於民意輿論和反共、反台獨等政
治考慮，對台籍戰犯有了比較多的關注，但是在政策上出現了
許多立場反覆、前後不一致的情況。

值得注意的是，戰後台灣在國家與社會之間針對如台籍戰
犯及其「可悲傷性」等議題所顯現的落差，可以幫助我們來進一
步的解釋，從戰後延續至今台灣社會所出現的身分認同分裂。
如 Ernest Renan 所言，「擁有共同豐富的記憶」是構建國族的
重要基石之一（Renan 1996: 52）。然而在戰後的台灣社會，由
於統治者和被統治者在戰爭當中的立場與經驗都是對立的，彼
此之間對於第二次世界大戰所形成的記憶也會是迥然不同的。
如果「抗戰」的記憶有助於形塑中國人的國族認同，那麼台灣
（人）的二戰記憶則是一股反作用力，不但無法有助於在戰後
中國政府統治下的台灣建立強化（台灣人作為）「中國人」的國
族認同，反而會瓦解甚或破壞這樣一種同質性（homogeneous）
的認同。因此，為了要建立維繫中華民國政府在戰後台灣所
追求的「中國人」的國族認同，台灣（人）的二戰經驗——例如
台籍戰犯的相關議題——也就會受到忽略甚而遺忘。再次引
用 Renan，「遺忘」其實也是創造國族的必要條件之一（Renan
1996: 45）。也就是為此原因，在中華民國政府及其戰後的歷史
書寫之中，台灣人在日本殖民時期的歷史大多受到忽略甚至遺
忘。從去殖民／脫殖民的角度來看，雖然台灣的殖民狀態在二
戰結束之後終止，但是包含二戰歷史在內的殖民歷史在戰後大
多被排除在以「抗戰」為基礎的主流歷史論述之外，或是在黑白

二元的中國民族主義意識型態切割之下一面倒的被譴責為對台灣完全負面的影響。正是因為這種官方以政治力量強加的歷史「失憶症」（Lan 2013: 807-810），台灣在戰後／殖民狀態結束之後並未能夠有機會充分的對其殖民歷史進行反思，思想文化層面的去殖民／脫殖民也受到了長期而且嚴重的耽擱。

　　但是本文的研究更進一步的發現，在官方力量主導之下所形成的如此「理想」的「歷史遺忘」或「失憶症」情況，在戰後台灣並未永久持續，也並不是完全的被實現。的確，中華民國政府在戰後台灣掌握了歷史論述的話語權，而戰後也確實有長達大約五十年的時間台灣（人）的二戰經驗幾乎完全受到忽略甚而遺忘，特別是在學校教育與主流媒體當中。在忠烈祠或是有關老兵／榮民／退伍軍人的論述當中，台籍日本兵或是台籍戰犯都是缺席的（Lan 2013: 804-807, 813）。但是，如本文的研究結果所示，在 1950 年代中華民國政府對台籍戰犯的態度並非完全的遺忘。由於其他的種種因素考量（包括民意輿論的壓力、共產中國或台獨勢力可能的競爭等），中華民國政府對台籍戰犯還是持續的保持了一定程度的關注。中華民國政府雖未清楚的將台籍戰犯視為生命值得追悼或具可悲傷性的「同胞」，但是卻也未能夠將台籍戰犯視為生命不具價值的「敵人」。而中華民國政府對台籍戰犯抱持的這種比較消極的態度，以及在政策上反覆的立場，在此同時也默許甚而鼓勵了台灣民間持續的賦予台籍戰犯「可悲傷性」，並得以將台籍戰犯視為值得追悼的生命。

　　而從社會學的觀點來看，中華民國的官方和民間在台籍戰犯的「可悲傷性」及其生命的價值上所存在的這個落差，正好說明了國家與社會之間複雜而又緊密的關係。如果我們將賦予一個生命的價值與否視為國家的一個政策，當台灣的民間與政

府在建構、協調台籍戰犯的「可悲傷性」的時候，政府與民間之間確實存在著一定的政策矛盾甚至衝突。但是，在這過程當中，國家的力量並未完全凌駕於社會之上。事實上，民間的力量反而對政府的決策產生了相當程度的制約作用，使得政府最終採行的政策必須要在一定程度上配合或是滿足社會的某些要求。從國家與社會之間的關係的角度來看，台籍戰犯的例子更加肯定了如 Theda Skocpol 等學者所倡議的一種「關係性的研究（relational approach）」的價值（Skocpol 1985: 20）。透過這樣「關係性的研究」，我們更能夠同時注意到國家與社會各自的角色和互為影響的力量，更能夠對建構台籍戰犯的「可悲傷性」及其生命價值的過程有更深入細微的了解。

　　從歷史記憶與身分認同的關係來看，根據本文有關台籍戰犯及其「可悲傷性」的分析，中華民國政府這樣對台籍戰犯問題比較消極、但卻又未否定的態度，提供了一個空間，讓台灣人所擁有的國族屬性不清楚的戰爭經驗以及其歷史記憶得以留存。這也導致了中華民國政府在戰後為了在台灣建立（台灣人作為）「中國人」的國族認同所做的歷史「遺忘」──以及原先意欲建立強化台灣人的「中國人」國族認同──都無法徹底或是長久的成功。當 1990 年代與台灣（人）相關的二戰記憶在台灣廣泛的出現之後，台灣社會就不斷地在面對歷史論述與國族認同的衝突和爭議（Lan 2013: 832-833）。歷史記憶的「遺忘」，未能徹底的在戰後台灣創造「中國人」的國族認同。反而，在中華民國政府這樣對台籍戰犯問題不確定的態度影響之下，台灣民間得以有機會重新建構自己的歷史記憶與一種異質性的（heterogeneous）國族認同。

　　從歷史方法學（historiography）的角度來看，長時間以來

台灣民間就是在這樣的狀態之下，持續的保存了與台灣（人）相關的二戰記憶。雖然在戰後台灣官方的歷史論述當中，台灣（人）的二戰經驗長期的受到忽略甚而遺忘，但是當新的歷史論述在 1990 年代開始出現的時候，有關台灣（人）的二戰記憶即如雨後春筍般出現，包括有關台籍慰安婦（請參照本書第八章〈過不去的過去：「慰安婦」的戰爭創傷〉的相關討論）和台籍日本兵的口述歷史等作品（Lan 2013: 814-818）。在有關台籍日本兵的作品中，許多作者都不約而同地提到他們撰寫的目的，不外乎是要記錄、追憶、重建、並公開台籍日本兵曾經經歷過的戰爭歷史（周婉窈 1997：4；蔡慧玉 1997：1-2）。這樣的動機，其實就是將過去曾經在歷史書寫中被忽略遺忘過的台籍日本兵，賦予如同本文所討論的台籍戰犯的「可悲傷性」，並將其重新確立為「有價值的」、「值得保護的」、「當它喪失的時候，是值得公開的／大眾的追悼」的（Butler 2009: 125）歷史主體。由於包括口述歷史在內的這些作品在 1990 年代的出現，台灣興起了一股重新書寫台灣二戰歷史的風潮。從這個角度來看，台灣民間在 1950 年代建立台籍戰犯「可悲傷性」的努力，以及在 1990 年代以後重新書寫台灣歷史的力量其實都是在建構／協調／再建構台灣戰後的「戰爭之框」。

　　更值得注意的是，本文發現雖然中華民國的官方和民間在台籍戰犯的「可悲傷性」上有一個明顯的落差，但是官方和民間卻在減低或是淡化台籍戰犯的「犯罪性（criminality）」方面，又有著態度一致的地方。無論是在民間所推動的為台籍戰犯赦免、減刑，或釋放的陳情請願活動中，或是官方在處理台籍戰犯遣返台灣的過程當中，台籍戰犯在戰犯法庭上被指控並判刑確定的犯罪行為——以及衍生的責任問題——多被輕描淡寫，

甚至完全忽略。在這些過程中，民間所強調的主要是台籍戰犯在戰爭進行期間以及戰爭結束之後持續受到的悲慘遭遇，還有家屬們的痛苦。對此，中華民國政府也未對此提出任何異議。戰後台灣的官方和民間的這些做法，確實在相當程度上成功的建構了台籍戰犯的「可悲傷性」及其生命在「戰爭之框」當中的價值。但是在此同時，從歷史方法學的角度來看，建構台籍戰犯其「可悲傷性」的過程卻對歷史的了解造成了一些阻礙。而從長遠的結果來看，由於在戰後的論述中刻意或無意的忽略了部分台籍戰犯的戰爭經驗，例如赦免減刑等與台籍戰犯相關的法律責任問題，日後有關台籍戰犯（以及擴大來說第二次世界大戰）的歷史就不可避免的會有一些片面與不足之處。這個歷史認識的問題，則進而對當代有關「戰爭與社會」在台灣的意義的討論，以及集體的戰爭記憶更會帶來直接的影響。

參考書目

一、中文及日文書目

內海愛子，1982，《朝鮮人 BC 級戰犯の記錄》。東京都：勁草書房。

日本厚生省引揚援護局，1955，《韓國，台灣出身戰爭裁判受刑者名簿》。東京都：厚生省引揚援護局。

李展平，2005，《前進婆羅洲──台籍戰俘監視員》。南投：國史館台灣文獻館。

李展平，2007a，〈台籍戰犯、盟軍監視員口述歷史經驗談〉，收
　　於許雪姬召集，詹素娟執行秘書，《第十一屆全國口述歷史
　　工作會議會議手冊：記錄多元的聲音》。台北：中央研究院
　　臺灣史研究所口述歷史室。

李展平，2007b，《戰火紋身的監視員——台籍戰俘悲歌》。南
　　投：國史館台灣文獻館。

周婉窈（編），1997，《台籍日本兵座談會記錄并相關資料》。台
　　北：中央研究院臺灣史研究所籌備處。

東京裁判ハンドブック編集委員會（編），1989，《東京裁判ハ
　　ンドブック》。東京都：青木書店。

茶園義男，1990，《BC級戰犯豪軍ラバウル裁判資料》。東京
　　都：不二出版。

許雪姬，2006，〈日治時期台灣的「通譯」〉。《輔仁歷史學報》
　　18:1-35。

許雪姬，2008，〈1937年至1947年在北京的台灣人〉。《長庚人
　　文社會學報》1(1):33-84。

陳志和，2008，紀錄片《赤陽》。

蔡慧玉（編），1997，《走過兩個時代的人：台籍日本兵》。台
　　北：中央研究院臺灣史研究所籌備處。

濱崎紘一（著），邱振瑞（譯），2001，《我啊！：一個台灣人日
　　本兵簡茂松的人生》。台北：圓神出版社。

鍾淑敏，2001，〈俘虜收容所——近代台灣史的一段悲歌〉，收
　　於《曹永和先生八十壽慶論文集》，頁261-288。台北：樂
　　學書局。

二、英文書目

Brook, Timothy. 2005. *Collaboration: Japanese Agents and Local Elites in Wartime China*. Cambridge, MA: Harvard University Press.

Butler, Judith. 2004. *Precarious Life: The Power of Mourning and Violence*. London and New York: Verso.

Butler, Judith. 2009. *Frames of War: When Is Life Grievable?* London: Verso.

Lan, Shichi Mike. 2013. "(Re-)Writing History of the Second World War: Forgetting and Remembering the Taiwanese-native Japanese Soldiers in Postwar Taiwan." *positions: Asia Critique* 21(4):801-852.

Renan, Ernest. 1996. "What Is a Nation?" pp. 42-55 in *Becoming National: A Reader*, edited by Geoff Eley and Ronald Grigor Suny. New York: Oxford University Press.

Skocpol, Theda. 1985. "Bringing the State Back In: Strategies of Analysis in Current Research." pp. 3-43 in *Bringing the State Back In*, edited by Peter Evans, Dietrich Rueschemeyer, and Theda Skocpol. Cambridge: Cambridge University Press.

三、檔案資料

"Jap War Criminal Trials End." *China News* (report by AFP), April 16, 1951. 中華民國外交部檔案 075。32/0006 戰後被

盟軍拘禁之台籍戰犯遣返案 11-EAP—02235。

〈中華民國駐澳大利亞國大使館陳岱礎致子健司長〉，1953 年 12 月 6 日。中華民國外交部檔案 075。 32/0002 台籍戰犯 11-EAP—02231。

〈台灣青年文化協會營救二次大戰台籍戰俘委員會第一次會議記錄〉，1952 年 6 月 8 日，中華民國外交部檔案中華民國外交部檔案 075。 32/0007 戰後被盟軍拘禁之台籍戰犯遣返案 11-EAP—02236。

〈呈為籲請交涉釋放被英澳軍當局扣押在曼南島等地台胞黃木川等由〉，1951 年 5 月 21 日，中華民國外交部檔案 075。 32/0006 戰後被盟軍拘禁之台籍戰犯遣返案 11-EAP—02235。

Chinese Embassy in Canberra to the Department of External Affairs, 8th August, 1951. 中華民國外交部檔案 075。 32/0006 戰後被盟軍拘禁之台籍戰犯遣返案 11-EAP—02235。

Chinese Embassy in Canberra to the Department of External Affairs, 25th March, 1952. 中華民國外交部檔案 075。 32/0007 戰後被盟軍拘禁之台籍戰犯遣返案 11-EAP—02236。

National Headquarters, The Red Cross Society of China, February 28th, 1951.

中央日報編輯部致外交部，1955 年 12 月 22 日。

中華民國外交部檔案 075。 32/0001 台籍戰犯 11-EAP—02230。

中華民國外交部檔案 075。 32/0002 台籍戰犯 11-EAP—02231 。

中華民國外交部檔案 075。 32/0004 台籍戰犯 11-EAP—02233。

中華民國外交部檔案 075。 32/0007 戰後被盟軍拘禁之台籍戰
　　犯遣返案，11-EAP—02236。

中華民國紅十字會總會函，1951 年 5 月 10 日。中華民國外交
　　部檔案 075。 32/0006 戰後被盟軍拘禁之台籍戰犯遣返案
　　11-EAP—02235。

中華民國駐日本國大使館致外交部，1956a（1956 年 1 月 6
　　日）。中華民國外交部檔案 075。 32/0004 台籍戰犯 11-
　　EAP—02233。

中華民國駐日本國大使館致外交部，1956b（1956 年 7 月 30 日）。
　　中華民國外交部檔案 075。 32/0004 台籍戰犯 11-EAP—
　　02233。

中華民國駐日本國大使館致外交部，1956c（1956 年 8 月 3
　　日）。中華民國外交部檔案 075。 32/0004 台籍戰犯 11-
　　EAP—02233。 [1956c]

中華民國駐日本國大使館致外交部，1956d（1956 年 8 月 20
　　日）。中華民國外交部檔案 075。 32/0004 台籍戰犯 11-
　　EAP—02233。

中華民國駐日本國大使館致外交部，1956e（1956 年 9 月 5
　　日）。中華民國外交部檔案 075。 32/0004 台籍戰犯 11-
　　EAP—02233。

中華民國駐日本國大使館致外交部，1956f（1956 年 10 月）。
　　中華民國外交部檔案 075。 32/0004 台籍戰犯 11-EAP—
　　02233。

中華民國駐日本國大使館致外交部，1956g（1956 年 11 月 9
　　日）。中華民國外交部檔案 075。 32/0004 台籍戰犯 11-
　　EAP—02233。

中華民國駐日本國大使館致外交部，1956h（1956 年 12 月 12
　　日）。中華民國外交部檔案 075。 32/0004 台籍戰犯 11-
　　EAP—02233。

中華民國駐日本國大使館致外交部。中華民國外交部檔案
　　075。 32/0003 台籍戰犯 11-EAP—02232 。

中華民國駐澳大利亞國大使館，1951a（1951 年 8 月 23 日）。
　　〈呈覆關於交涉遣返被拘於曼納斯島之台籍戰犯結果情形
　　由〉。中華民國外交部檔案 075。 32/0006 戰後被盟軍拘禁
　　之台籍戰犯遣返案 11-EAP—02235。

中華民國駐澳大利亞國大使館，1951b（1951 年 9 月 18 日）。
　　〈呈覆關於設法釋放曼納斯島台籍戰犯案〉。中華民國外交
　　部檔案 075。 32/0007 戰後被盟軍拘禁之台籍戰犯遣返案
　　11-EAP—02236。

中華民國駐澳大利亞國大使館，1951c（1951 年 10 月 31 日）。
　　〈電呈關於交涉遣還曼納斯島台籍戰犯案〉。中華民國外交
　　部檔案中華民國外交部檔案 075。 32/0007 戰後被盟軍拘
　　禁之台籍戰犯遣返案 11-EAP—02236。

中華民國駐澳大利亞國大使館，1952 年 10 月 1 日，〈呈報關於
　　交涉釋放台籍戰犯事〉。中華民國外交部檔案 075。
　　32/0001 台籍戰犯 11-EAP—02230。

中華民國駐澳大利亞國大使館，1953a（1953 年 6 月 5 日）。〈檢
　　呈關於交涉釋放台籍戰犯事澳來　及附件呈請鑒督由〉。中
　　華民國外交部檔案中華民國外交部檔案中華民國外交部檔
　　案 075。 32/0001 台籍戰犯 11-EAP—02230。

中華民國駐澳大利亞國大使館，1953b（1953 年 7 月 11 日）。
　　〈檢呈澳外部來略關於釋放曼納斯島之台籍人民事抄件呈請

鑒督由〉。中華民國外交部檔案中華民國外交部檔案中華民國外交部檔案 075。 32/0001 台籍戰犯 11-EAP—02230。

中華民國駐澳大利亞國大使館，1953c（1953 年 8 月 7 日）。〈檢呈關於被拘曼納斯島台省籍人民有關資料呈請鑒督由〉。中華民國外交部檔案中華民國外交部檔案中華民國外交部檔案 075。 32/0001 台籍戰犯 11-EAP—02230。

中華民國駐澳大利亞國大使館，1953d（1953 年 8 月 22 日）。〈檢呈關於澳方擬將被拘曼納斯島台省籍人民送往日本執行未滿刑期事有關資料呈請鑒督由〉。中華民國外交部檔案 075。 32/0002 台籍戰犯 11-EAP—02231。

中華民國駐澳大利亞國大使館，1953e（1953 年 9 月 12 日）。〈電呈覆關於向澳方交涉將被判為戰犯服刑之台省籍人民減刑釋放或假釋遣返台灣一案由〉。中華民國外交部檔案 075。 32/0002 台籍戰犯 11-EAP—02231。

中華民國駐澳大利亞國大使館，1953f（1953 年 10 月 16 日）。〈密不錄由〉。中華民國外交部檔案 075。 32/0002 台籍戰犯 11-EAP—02231。

中華民國駐澳大利亞國大使館，1953g（1953 年 12 月 28 日）。〈檢呈關於交涉釋放被澳判刑之台籍人民事有關節略敬祈鑒核由〉。中華民國外交部檔案 075。 32/0002 台籍戰犯 11-EAP—02231。

中華民國駐澳大利亞國大使館，1955 年 6 月 4 日。〈呈覆關於交涉將被澳方判刑之台籍人釋放返台事檢呈本館節略澳方抄件呈請鑒核由〉。中華民國外交部檔案 075。 32/0003 台籍戰犯 11-EAP—02232。

中華民國駐澳大利亞國大使館，1956a（1956年7月12日）。〈檢

　　呈澳外長與陸軍部長發表聲明公布對日本戰犯之新減刑辦
　　法原聲明呈請鑒督由〉。中華民國外交部檔案 075。
　　32/0004 台籍戰犯 11-EAP—02233。

中華民國駐澳大利亞國大使館，1956b（1956 年 7 月 28 日）。
　　〈檢呈澳釋放第三批台籍戰犯十人名單敬祈鑒核由〉。中華
　　民國外交部檔案 075。 32/004 台籍戰犯 11-EAP—02233。

中華民國駐澳大利亞國大使館，1956c（1956 年 10 月 4 日）〈檢
　　呈關於澳政府釋放台籍戰犯事有關來函抄件敬祈核轉
　　由〉。中華民國外交部檔案 075。 32/0004 台籍戰犯 11-
　　EAP—02233。

中華民國駐澳大利亞國大使館致外交部，中華民國外交部檔案
　　075。 32/0003 台籍戰犯 11-EAP—02232 。

中華民國駐澳大利亞國大使館致外交部，1956d（1956 年 7
　　月）。〈第三批獲釋台籍戰犯〉。中華民國外交部檔案 075。
　　32/0004 台籍戰犯 11-EAP—02233。

中華民國駐澳大利亞國大使館致外交部，1956e（1956 年 8
　　月）。〈第四批獲釋台籍戰犯〉。中華民國外交部檔案 075。
　　32/0004 台籍戰犯 11-EAP—02233。

中華民國駐澳大利亞國大使館致外交部，1956f（1956 年 10
　　月）。〈獲釋台籍戰犯〉。中華民國外交部檔案 075。
　　32/0004 台籍戰犯 11-EAP—02233。

中華民國駐澳大利亞國大使館致外交部，中華民國外交部檔案
　　075。 32/0001 台籍戰犯 11-EAP—02230。

台灣青年文化協會致台灣省臨時省議會，1952 年 6 月 19 日。
　　〈為懇請鈞會籲請中外各界主持公道並採取迅速行動援救二
　　次大戰台籍戰俘使其重見天日骨肉團圓由〉。中華民國外交

部檔案中華民國外交部檔案 075。 32/0007 戰後被盟軍拘禁之台籍戰犯遣返案 11-EAP─02236。

台灣青年文化協會致外交部，1952 年 5 月 31 日。〈函為曼南島歸還者現地報告座談會並討論善後問題敬請賜蒞臨指導由〉。中華民國外交部檔案中華民國外交部檔案 075。32/0007 戰後被盟軍拘禁之台籍戰犯遣返案 11-EAP─02236。

台灣青年文化協會致外交部部長，1951 年 4 月 10 日。〈為呈送調查被扣留於英澳軍曼南島台胞青年戰犯名冊懇請移轉交涉釋放由〉。中華民國外交部檔案 075。 32/0006 戰後被盟軍拘禁之台籍戰犯遣返案 11-EAP─02235。

台灣青年文化協會編，〈二次世界大戰台籍戰俘有關資料照片〉。 1951 年 4 月調查。中華民國外交部檔案 075。32/0006 戰後被盟軍拘禁之台籍戰犯遣返案 11-EAP─02235。

台灣省政府致外交部，1951 年 6 月 23 日。中華民國外交部檔案 075。 32/0006 戰後被盟軍拘禁之台籍戰犯遣返案 11-EAP─02235。

台灣省政府致外交部，1953 年 9 月 26 日。〈抄付台灣省民政廳民政類第二案及南投縣議會二屆二次大會臨時動議〉。中華民國外交部檔案 075。 32/0002 台籍戰犯 11-EAP─02231。

台灣省政府致外交部，1954 年 3 月 10 日。中華民國外交部檔案 075。 32/0003 台籍戰犯 11-EAP─02232。

台灣省政府致外交部，1955 年 5 月 5 日。〈據台南市政府呈為設法迎回流落海外之台籍子弟一案請惠於核辦〉。中華民國外交部檔案 075。 32/0003 台籍戰犯 11-EAP─02232。

台灣省政府致外交部電文,1952 年(月日不詳)。中華民國外交部檔案中華民國外交部檔案 075。 32/0007 戰後被盟軍拘禁之台籍戰犯遣返案 11-EAP—02236。

台灣新生報致外交部,1955 年 12 月 20 日。中華民國外交部檔案 075。 32/0004 台籍戰犯 11-EAP—02233。

外交部收電、駐澳大使館發,1953a(1953 年 7 月 29 日)。中華民國外交部檔案 075。 32/0001 台籍戰犯 11-EAP—02230。

外交部收電、駐澳大使館發,1953b(1953 年 12 月 17 日)。中華民國外交部檔案 075。 32/0002 台籍戰犯 11-EAP—02231。

外交部收電、駐澳大使館發,1956 年 1 月 26 日。中華民國外交部檔案 075。 32/0004 台籍戰犯 11-EAP—02233。

外交部致駐日大使館,1955 年 12 月 22 日。中華民國外交部檔案 075。 32/0004 台籍戰犯 11-EAP—02233。

吳林梅雨致中央日報社總編輯,1955 年 12 月 18 日。中華民國外交部檔案 075。 32/0004 台籍戰犯 11-EAP—02233。

嘉義縣致台灣省政府,1954 年 1 月(日不詳)。中華民國外交部檔案 075。 32/0003 台籍戰犯 11-EAP—02232。

蔣經國致函葉公超,1953 年 7 月 13 日。中華民國外交部檔案 075。 32/0007 戰後被盟軍拘禁之台籍戰犯遣返案 11-EAP—02236。

總統府機要室資料組致外交部,1953 年 8 月 27 日。中華民國外交部檔案 075。 32/0002 台籍戰犯 11-EAP—02231。

第八章

過不去的過去：「慰安婦」的戰爭創傷

彭仁郁

一、研究背景及問題意識

　　倘若發生在第二次世界大戰期間，由納粹主導的猶太大屠殺（Holocaust）已成為人類極限暴力創傷的典範，同一時期遭到日本皇軍籌組的性奴役制度迫害的「慰安婦」，則堪稱女性戰爭創傷的象徵。然而，不論是前者或後者，這兩件在人類史上重大戰爭時期發生的極限暴力創傷，皆經過漫長曲折的見證和抗爭過程，才獲得國際社會中絕大多數人的認納（recognition）[1]。暴力創傷社會認納的延宕時間性，除了反映了創傷主體理解、敘說自身創傷的困難，亦同時取決於創傷敘說的聆聽者，針對可能的／不可能的、可忍受的／不可忍受等對立範疇，按照直覺、理性、道德價值觀所做出的判斷，能否賦予敘說內容歷史真實的地位和重量。當事件的真相超越人們的想像範圍時，易被斥為幻想或陰謀而遭否認（第一批猶太死亡集中營駭人的見證描述便遇上這樣的困境）；此外，當聽者的意識型態框架無法指認某些暴力事件的暴力性質時，其嚴重性勢必被低估，而被視為無涉正義範疇的、一般日常生活中隨機發生的不幸遭遇[2]。因此，暴力事件的受害者尋求社會認納、號召

1　筆者的另一篇文章〈進入公共空間的私密創傷：台灣「慰安婦」的見證敘事作為療癒場景〉（彭仁郁 2012）較仔細地介紹了慰安制度的歷史脈絡，以及「慰安婦」創傷在多國女權 NGO 團體倡議下形成社會議題的過程。本文除非行文必要，不重複贅述。

2　比方，一直被傳統父權社會默許的對女性的性侵行為，在台灣要等到1990 年代末，才逐漸被視為必須負刑責的重罪。

集體行動或啟動社會機制，以修補受損的正義和人權的前提，首先是必須證明暴力事件為真，其次是讓欲影響之社會成員理解、感受到事件的暴力性質，以召喚、集結不平之鳴。

「慰安婦」的戰爭遺緒成為公共事件，南韓始於 1980 年代末，台灣則起自 1990 年代初。文獻史料的刻意毀損或遺失，或許是造成揭發延遲的原因之一。但事實上，在戰後的五十年當中，對於慰安婦存在的「知」，並非純然處於真空狀態。1970 年代美軍於沖繩軍事基地四周進行人口徹查時，即發現戰後滯留於日本處於精神失序狀態的朝鮮婦人裵奉奇，引發新聞媒體高度好奇。日本記者川田文子耗費多年與裵交往、訪查，於 1987 年出版報導文學《紅瓦之家》（1987），掀起一般社會大眾對於慰安婦史實的注目。而千田夏光於 1973 年出版的《從軍慰安婦》（1973）[3]，更是第一部蒐證詳實的口述見證報導，成為日後的歷史研究經常援引的著作。因此，性別歷史學者便指出，坊間反覆引述的慰安婦史實真相被掩蓋了半個世紀的說法，其實有待商榷（Lévy 2012）。

如果說性別、族群、階級弱勢在主流歷史論述中一向占據邊緣地位，自太平洋戰爭爆發到 1990 年代，「慰安婦」無疑是累積了多重弱勢身分而被主流論述擠壓至底層、被迫噤聲的主體。在 1992 年台北市婦女救援基金會設立專線搜尋前台籍「慰安婦」之前，關於她們的故事，只能以流言蜚語的形式，在村莊、部落半隱蔽的社交空間裡流傳。「聽說村尾那個 X 家的二女兒，戰時曾被日本人抓去當新娘」、「曾經被日本兵睡過」、「曾去海外賺過那種錢」、「曾經為日本兵脫褲子」……。在

3　此書已於 1977 年在台灣翻成中文，詳見千田夏光（1977）。

隱密角落裡竊竊私語的非當事人版本，有的委婉隱晦，有的輕描淡寫，有的粗鄙譏讒，有的羞辱唾斥。如此交頭接耳在街坊散布、蔓延的結果，當事人遭丈夫棄如敝屣者有之，在家族脅迫下離鄉遠走者有之，受不了流言污衊鬱鬱寡歡、瀕臨瘋狂者亦有之。少數人心生惻隱、設法暗中送暖，但總也無法光明正大地直言相挺。另有些故事，因當事人堅守沉默、旁人不敢聞問，從未被說出，但也從未消逝，反而如拔不去的隱形芒刺插在心口上，夜裡反覆炙灼。

　　半個世紀之後，性別視框的翻轉、人（女）權論述政治正當性的取得，使慰安婦創傷憶痕有潛力晉升至（國家）集體敘事的層級，獲取國際輿論的關注（Schaffer and Sidonie 2004; Sidonie 2005）。只是這段長久被壓抑的戰爭創傷記憶的喚醒和復返，發生在台灣解嚴五年後，因而在進入公共空間的同時，不可避免地被捲入不同倡議團體在族群、性別、統獨、轉型正義等政治議題上角逐崢嶸的競技中。在女權運動推波助瀾下產生的半私密創傷敘事，一旦遇上國族認同的「正史」框架，很容易便被吸納到國仇家恨的國族主義論述裡──不論是中國（中華）國族主義，或台灣國族主義──成為撻伐異己或連結勢力的樣板故事。然而，即使避開了國族政治的工具化使用，主體敘事不見得能跳脫樣板化的命運，而可能在「永不再犯」（never again ！）的正義宣示裡，被運用來實現一種盡速挖掘真相、分辨是非善惡、記取教訓、尋求寬恕或和解途徑的集體記憶政治（Lefranc 2002; Edkins 2010; Amadiume and An-Na'im 2000）。此種聲討正義的人權論述在為創傷主體代言之後，是否能在個體和集體層次真正發揮修補或療癒的效應，值得觀察。

　　從 2007 年起，筆者以田野觀察及訪談研究法，試圖了解前

台籍「慰安婦」原本封鎖在私領域的創傷經驗與記憶，如何透過
國際倡議運動進入公共領域，逐漸織構成可公開的敘事版本。
就筆者的觀察，透過倡議運動的努力，慰安婦創傷史在國家和
國際社會層次獲得高度承認（雖然亦不時被不同的政治群體工
具化為對內或對外協商談判的政治籌碼），但在家族、微社群層
次的歷史傳承，卻依舊籠罩在禁忌的氛圍裡，難以為繼（彭仁
郁 2012）。先前的分析，把焦點放在私密創傷進入公共空間的
場景描繪，以及「慰安婦」公共論述形成後，與心理療癒實踐可
能產生的張力上，未能仔細處理歷史創傷的主體敘事與公共敘
事之間的辯證關係，以及其延伸的歷史傳承和銘印的問題。本
文希望進一步以精神分析創傷概念提供的視角，藉由探討創傷
經驗、回憶與哀悼的分享性（shareability）的問題，嘗試在人權
正義論述之外，提出對於「慰安婦」議題的另一種認識觀點。此
問題可在概念層次上分成下列三個彼此交疊的面向：（1）你—
我之間：戰爭創傷難言的主體經驗，如何透過他者的聆聽，
蘊生出創傷敘事；（2）從「我」到「我們」、又從「我們」回到
「我」：公共敘事的形構條件，以及在個人敘事與集體公共敘事
的辯證關係中，敘事主體的主體性如何維繫；（3）「我們」和另
一個「我們」：當不同社群或次社群，基於不同政治立場或集體
認同，選擇了對於創傷事件的不同理解版本時，如何能避免創
傷的回憶與哀悼過程，觸動重複創傷的負面衝動（毀滅傾向）？
換句話說，創傷敘事作為一種暫時固定創傷記憶的版本，應以
何種形式傳承、銘印？究竟應該如何理解、敘說個人史與集體
史糾結的人為暴力創傷，才不致剝奪創傷主體揭露自身真相的
權力位置，同時允許集體身分認同據以奠基的集體記憶維持其
內部的動態異質性？

從精神分析的觀點來看，創傷主體的自我敘說需要聆聽他者的在場才可能發生。但他者的現身本身無法引發敘說，這個他者必須具備認納的能力，亦即能夠與創傷主體共同創造可以承接駭人情節與強烈情緒的在場經驗。敘說的內容和形式，將會隨著聆聽的品質、敘說者與聆聽者的移情關係而改變[4]。透過對他者的敘說，主體有如在他者的陪伴下重返創傷現場，在延宕的時間性中回觀事件及事件中的「我」，進而可能產生理解、詮釋的位移。意即，自我敘說從來都緊扣著「我—你關係」，而處於暫時定格、但保持流動性的未完成狀態。反之，一旦在我—你關係中生成的敘說，出自倡議、反駁、保護等需要，經過刪修、潤飾，傳遞給第三者或進入公共空間，經由他者敘說／代言所生成的「她」或她們的經驗敘事，則可能成為固著僵化的創傷意象，終止意義蘊生的可能性。

自 1990 年代以來，人權倡議運動的敘事生產與傳播，確實具有為弱勢族群發聲的政治解放效應，這點毋庸置疑。值得進一步追索的問題是，當原本屬於個別主體的生命經驗，因為社群中成員建構集體身分認同的需求，被指認為集體歷史中不可或缺、警醒毋忘的一部分，進而固定為某種公共敘事版本時，主體所屬群體之全體或部分成員，以何種立場、動機，將此歷史片段涵納、整合到集體自我認同的建構裡，或者對其產生拒斥，來成就「我」和「我們」？

由此，延伸出敘事傳承與集體認同的問題：誰是去傳誦、

4　移情（*Übertragung*）或譯作傳會。關於此概念意涵的流變，可參見拉普朗虛（J. Laplanche）和彭大歷斯（J.-B. Pontalis）（2000[1967]: 525-535）。

或阻止某一種版本集體敘事的「我們」？傳承一段關於某一群體的故事，涉及一個不斷重新描繪、形塑「我們」這個集體認同的敘說行動。在本文欲討論的「慰安婦」戰爭創傷主題裡，不同的「我們」傳誦著不同版本的「慰安婦」敘事，究竟集體認同是因著被傳誦的「慰安婦」敘事而重新被形塑，或者是某種先行的集體身分認同的安置，決定了「慰安婦」故事被敘說的方式？當慰安婦私密敘事公共化之後，即當個人生命史（小歷史）匯入（被統整進）令「我們」的集體認同發生的大歷史脈絡之後，是否仍能保留其挑戰、質疑集體公共敘事的能力？

　　創傷記憶出現彼此競爭的敘事版本的事實，引出記憶共享性問題的第三個面向：歷史創傷敘事承繼、共享的想像社群的單位為何？（國籍、性別、族群、姓氏、村落／部落？）如何開創出長久對立的政治群體可共享的記憶摹本，而非假借過度簡化的創傷敘事以服務強化區辨、切割他我群體的政治目的？易言之，共享相同、或至少是類似敘事軸線的歷史記憶，是否為不同的「我們」生活在一起的前提？傳承創傷意味著傳承歷史的差異與連續。歷史敘事非僅文字敘述的堆疊，而需具備讓聽者或讀者藉想像回到過往的能力，讓過往在當下重新現身。但是如何避免這樣的『感同身受』延續創傷的負面效應，如仇恨、報復、複製衝動、陷溺於受害位置（victimization），或解離、否認？在個人或集體層次，與過往的距離如何能出現，即過去如何能真正被指認為與現在既區分又相連的過去？而非歇斯底里症似的否認關聯、又迂迴地以症狀出現，或如強迫症般懷抱返至事件前、抹除創傷源頭的衝動？抑或是如精神病深陷在過不去的過去，卡在創傷事件的凝滯時間之中？

二、創傷研究的倫理質疑：方法論問題

（一）「揭瘡疤」：挑戰社會污名化 ？或研究者的偷窺癖 ？

　　筆者在研究過程中曾經受到這樣的質疑：「你不是研究歷史的，為什麼要揭這些老阿嬤的瘡疤 ？去訪問這些老阿嬤痛苦的過往，你難道不怕帶給她們二度傷害 ？」提問者站在已入垂暮之年的前「慰安婦」立場著想，認為半世紀前承受的恐怖性創傷是一段不堪回首的過往，除了內心清洗不去的污穢感、恥辱感，仍須面對曝光後社會污名化的眼光。對於這些難堪的過往和處境，創傷主體想隱瞞都來不及了，深加探問只會帶來二度傷害。論者認為，筆者欲以精神分析取向從事這些主體的心理創傷研究，除非能夠肯定研究的介入具有療癒效果，否則不應擾亂這些主體好不容易恢復寧靜的生活。這個觀點和立場不無道理。有趣的是，類似的擔心不只發生在非心理工作者的身上，就連提供創傷處遇或治療的「同行」們，對於「慰安婦」創傷研究的可行性亦抱持相當程度的懷疑，不斷提醒筆者，訪談研究可能為這些阿嬤們帶來二度創傷。

　　「污名」（Goffman 1963）乃是以僵化社會眼光（有色眼鏡）看出的僵化身分認同，因此，打破污名的最好方式並非隱藏，而是設法透過允許主體現身的多重敘事，使得流動的主體得以顯像。污名化的擔心，揭露了性創傷污名化的文化迷思仍舊漂浮在知識生產者和臨床實踐者的思緒中。而二度創傷的擔心，則顯示了研究作為一種取得知識的手段，可能具有某種入侵性。這個關於研究者與被研究者不對等權力關係可能損及研究對象的提醒，恰好點出實證主義研究典範在界定科學知識的性質與科學研究方法時，似乎難以兼顧主體的心理動力。

　　筆者將此類問題歸結於不同學科訓練對於研究目的及方法的預設，以及（包括心理治療者在內）對性暴力受害者脆弱、被動的刻板想像。彷彿心理學研究「物化」（objectify）其研究對象是個命定的過程，其客觀中立原則在進入性創傷這個敏感私領域時，將無法避免地被迫做兩難抉擇：要不就堅持研究者應具備的、外於研究對象的客觀立場，幾近偷窺癖、甚至殘忍地挖掘關於創傷事件的種種細節；要不就必須為了照顧到創傷主體的心理狀態，而放棄研究者與被研究者的客觀距離。

　　這類提問延伸出「如何研究心理創傷？」「如何研究創傷主體經驗？」「研究的正當性是否取決於可預見的社會目的或貢獻？」等涉及研究倫理的問題。但有趣的是，似乎在「慰安婦」議題上，歷史學家比精神分析學家更有學術研究的正當性。歷史學者向當事人採集、求證日軍性奴役制度迫害的歷史細節，是為了挖掘史實、更是為了幫她們申求公平正義。然而，這個必要的事實採集過程，是不是應該由受過心理專業訓練的人來從事？以及「事實採證」與「聆聽創傷經驗」之間可能存在哪些差異，甚至是衝突？則往往為這類問題的提問者所忽略。

（二）特異主體的代表性問題：個別的加總等於全部？

　　筆者經常遇到的另一個提問是：「老阿嬤正在迅速地凋零，每個慰安婦的主體經驗之間存在諸多差異，而你所能夠接觸到的研究對象，又只不過是所有慰安制度受害者的一小部分，這樣的研究能有什麼代表性意義呢？」關於代表性的提問背後似乎隱含一種知識觀點，認為「慰安婦」研究必須涵括各種不同型態慰安制度的系統性調查，蒐集不同地區、族裔、受到不同對待的「慰安婦」的經驗，並將史料與主體敘事做交叉印證，以

求超脫個別主體的創傷經驗敘事，達到一種對於此重大歷史事件、普遍、全面、全觀的認識。這種大規模的史料調查方式，屬於歷史學者的研究範疇和工作內容。中研院人社中心研究員朱德蘭教授的《台灣慰安婦》中所採取的實證歷史研究取向可謂箇中典範。除了針對日治時期總督府史料的研究調查之外，朱教授並採用訪談法彙集台籍慰安婦的口述歷史，藉著第一手經驗敘事中呈顯的更多細節，彌補史料文件的不足（朱德蘭2009）。

　　然而，即使是如朱教授按照實證史學的嚴謹研究方法，以六大類、70個子問題詢問了13位仍在世、並願意投注心神與時間回答的老阿嬤們（朱德蘭2009：29-30），有限的受訪者數量仍可能招致代表性的問題[5]。再者，口述歷史的運用在實證史學中並非全無爭議（游鑑明2002）。個別主體的經驗敘事經常被批評為主觀性過強，無法排除記憶謬誤或刻意瞞騙的可能性，而有誤導對於歷史事件進程理解的危險等。但我們也可以反駁，所謂的客觀史料文件，不見得完全脫除遭假造、誤植、湮滅的危險，反而危及研究者全然仰賴史料進行歷史詮釋、重構「史實」的信念（LaCapra 2001; Champion 2008; de Certeau 1986）。

　　所謂「集體」經驗中必然存在的個別差異性，其實削弱了統計學觀點下代表性問題的重要性。與其尋找一種擴及整體但

5　朱教授依據太平洋戰爭時期總督府海關文件紀錄，日本戰敗前約有3,000位「慰安婦」被運送出國，而1992年至2002年間，通過婦援會尋訪查證的「慰安婦」只有60位左右，而這裡面願意露面或接受訪視的也只有十多位。詳請參見婦女救援基金會編（1999）及朱德蘭、婦援會（2002）。

抹除差異性的通盤描述，筆者認為更值得關切的是個人史（小歷史）與家國社會史（大歷史）如何可能相互參照的問題，尤其是當小歷史中的個人，並非主流社會框定為對大歷史進程的演變、扭轉，具有決定性影響力的菁英，而是「常民」、「女性」、「異族」、「幼者」等邊陲族群。被指稱為「慰安婦」的女性雖有著類似的遭遇，但受害過程和際遇確實存在個別差異，是否有必要集結成一個具有共通性的「慰安婦記憶」，並將之嵌入以主流群體論述觀點形構而成的「大河歷史論述」？或如何以蒙太奇拼貼手法，在描繪「全貌」時保留個人史經驗的豐富性？又，在台灣複雜糾結的族群、政治、文化、社會脈絡下，應當站在什麼樣的立場訴說這段過往，才能達成真正的平反正義，而不至發生受害者競爭的局面？

　　筆者深知關於戰爭創傷、個人和集體記憶、歷史銘印、集體認同形塑等彼此交織且涉及心理、政治、文化、歷史、社會等多重面向的問題，無法在一篇文章中作完整的處理，本文僅以慰安婦戰爭性創傷為案例，將訪談、現有史料、報章新聞等田野資料，放在戰爭與性／別、戰爭創傷的臨床論述、創傷主體敘事、歷史詮釋權的競逐等框架中做討論，以回扣到貫穿筆者研究的歷史創傷記憶的主體性和分享性的探問，並試圖在論述鋪陳的過程中，一併觸及上述關於研究倫理和方法論的問題。

三、戰爭與性／別

　　戰爭一詞，除了涉及政治勢力的傾軋、重整，政治群體的勝敗榮衰，無可避免地與死亡、創傷連結在一起。而戰爭創傷首先引發的聯想，經常是被砲彈襲擊的軍人身軀，是敵軍瀕臨

城下，手無寸鐵的平民百姓在烽火中攜家帶眷逃難奔命的殘破景象。然而各國正史所不願著墨的是，自人類有戰爭以來，幾乎在每一場大小戰役中，都有一群女性以邊緣、隱匿的形式被動員著，宛如部隊不可或缺的一員，為戰士提供護理、烹飪、性服務，卻從來未被賦予正式職位，亦未曾獲頒勳榮。而那些被敵軍當成洩慾、洩憤、羞辱或滅族的戰爭工具的女體，也難以成為集體哀悼的對象。

　　戰爭中的性議題，一直要到 1980 年代以降，才受到戰爭研究學者的重視（Summerfield 1998:12-13; Anderson 1981; Costello 1985; Holmes 1985; De Pauw and Grang 1998; Goldstein 2001）。這些研究指出，無論古今、不分東西，在每一場戰役的不遠處，皆麋集著或明或暗的性活動場所。再者，為遠離家鄉、面臨死亡威脅的戰士們安排性慾發洩的管道，幾乎成為指揮官們研擬作戰計畫之際不得不籌謀的一部分[6]（Goldstein 2001: 342-5）。

（一）戰場上的男性性需求管理

　　一旦男性主導下的國家軍隊，把軍人的性需求視為戰爭規劃需處理的事項之一，依照軍事技術思維所能設想的解決途徑，即是將「活的女體」納入必須設法獲取的人／物力資源。無論成立官方紅燈區或讓民間性產業進駐，在軍事管理技術的思維下，女人的存在型態，不僅被吸納進勞力市場的工具性認識

6　舉例來說，在第二次世界大戰期間，包括擔任盟軍歐洲最高指揮官艾森豪在內的英、美將領，曾認真考慮仿照法國軍方發照紅燈區的方式有效管理美軍的性活動，但因遭到國內民間組織強烈的道德抨擊而作罷（Goldstein 2001: 344）。

框架，而成為一種性別化的人力資源；在許多情況裡，軍方對於女體的物化使用（將女性轉換為軍需資源），更取消了被「使用」的女性，是否擁有思想、情緒、感受，是否具備行使自由意志的權力，其受到的對待是否合乎人道原則等關於主體性的問題。此外，此性別化人力資源獲取的手段，是否合乎當時的道德判準與不同層次的法律規定，主事者考慮的深廣度，隨著所屬群體自身的政治體制、社會風俗信念，以及其與「女體」來源社會的政治關係屬性而異。戰爭情境中，允許或不允許某些事件發生的社會認知框架，也決定了參戰男性性需求處理策略的選擇。

（二）日軍「慰安」制度的歷史定位爭議：性奴役制度或性產業？

　　明治維新後亟欲「脫亞入歐」、效法西方殖民帝國主義的日本，繼發動日俄戰爭、攻占中國東北成立滿洲國之後，決意南進、擴張領土，以建立所謂的「大東亞共榮圈」（林慶元、楊齊福 2006）。隨著戰事擴大、兵員擴增，原屬於軍妓性質、以日本女性為主要性服務提供者的性商業結構，不敷作戰官兵愈來愈高漲的性需求。再者，日本皇軍從日俄戰爭經驗中記取了深刻的教訓：軍隊在戰地因性病蔓延所損傷的軍力，遠高於作戰傷亡者[7]（吉見義明 1992：236-239；千田夏光 1996[1978]：14）。此外，日軍在南京大屠殺中姦殺婦女的殘暴程度，引發國際輿論強烈譴責（吉見義明 1992：209-211），更加使得日軍高層認為必須設法控管官兵性慾。自 1937 年起，日本皇軍著手發展出

---

[7]　1870 年的普法戰爭及兩次世界大戰的歐陸戰場，都觀察到同樣的問題（Goldstein 2001: 341-342）。

今日我們認識的「慰安」制度，以「慰勞」作戰官兵、避免戰力因感染性病過度折損，並減緩士兵姦殺當地女性的情事[8]。從中國東北、華南、台灣、菲律賓、印尼等東南亞國家，幾乎日軍部隊所到之處皆設有慰安所。一群無法被官方承認存在、卻嚴加控管的女性軀體，以軍備補給品的名義，如影隨形地跟著純男性的軍隊攻守移駐。

　　目前大部分東亞歷史研究者，將「慰安」制度定義為自1937 年中日戰爭爆發[9]、至第二次大戰結束為止，在日本皇軍主導下設置的，少數由軍方直營，多數由民間經營、軍方控管的性奴役制度（吉見義明 1992, 1995；Hicks 1995；朱德蘭2009）[10]。然而，日本右翼歷史修正主義學者不同意這樣的見解，認為沒有任何證據指出日本皇軍直接涉入「慰安」制度的設立，真正加害「慰安婦」者，是戰時進行非法人口販運的民間業者（秦郁彥 1999）。少數在日本國家級研究機構占有重要職位的極端右翼學者，甚至動用陰謀論，抨擊整個「慰安婦」對日訴訟求償事件，是日、韓仇日分子——包括日本左翼分子和女性

8　關於慰安制度設立的其他原因，可見李國生（1999[1997]：16-18）的整理。

9　中國歷史學家傾向將慰安制度的起點放在 1931 年九一八事變和 1932年一二八事變之後，認為第一個正式軍用慰安所為奉甫上任的軍參謀副長岡村寧次之令，設於上海（陳麗霏 2006：66, 78-79）。

10　聯合國人權委員會防止歧視及保護少數民族分委員會特別報告人 GayJ. McDougall，在 1998 年 6 月 22 日提出名為《當代奴役形式：武裝衝突期間蓄意強暴、性奴役與類性奴役之作法》的報告書，內容直指慰安婦的遭遇即為戰爭中性奴役形式的一種，自此確立了國際輿論對於「慰安婦」議題的人權論述，即這些女性乃身體（性）自主權及身心完整性遭到參戰之軍政體蓄意損害之性奴役受害者（McDougall 1998）。

主義運動者——聯手羅織的騙局（Nishioka 2007）。部分學者即使一方面對此極端論述提出批判，另一方面卻也認為南韓推動慰安婦國際倡議運動的女性主義社運人士，刻意忽略非暴力徵召的「真相」，一味地將這些女性視為可憐的受害者，故而使用「性奴役」的強烈字眼，以喚起世人同情，但也悄悄地為南韓當代國族主義論述推波助瀾（Soh 2008）[11]。

　　依筆者淺見，日軍慰安制度的實施，依戰況、地點、被徵召女性的族裔等因素而有所差異，因而其奴役性質在某些情況下的確不易指認。以台灣慰安婦的遭遇為例，比起在中國、南洋等戰地，遭到日軍逕以暴力虜獲，長期被囚禁在惡劣環境裡、時時驚惶於命在旦夕的婦女來說，大多數有幸生還返家者所受到的待遇——如獲得定期醫療檢查（雖然目的是為了防止日軍染病）、有長短不一的放風時間、生病或懷孕時有獲准離開的可能性等——相對地「人道」許多。除了相較之下外在環境表面上看起來並不特別險惡之外，台灣漢族受害婦女大多被送往日軍專用的民營慰安所，其中的片面性交易活動，也遮蔽了這些女性的自主意志、情緒感受被嚴重忽視，身體遭到極度剝削、戕害的奴役實質。

　　之所以稱之為「片面」交易，是因為在大部分由軍方直營或官辦民營的慰安所中，軍人被視為「顧客」，需買牌才可換得「性服務」。但被冠上「慰安婦」[12]或「慰安土人」稱名的提供者

11　文本無力處理南韓新國族主義與韓人被殖民經驗，及仇日情緒的關係，有興趣的讀者可參閱 Shin Yong-ha（2000）及 Sheila Miyoshi Jager（2003）。

12　「慰安婦」無疑是日軍「慰安」性奴役制度受害者的婉詞，僅考慮男性戰士的主體，而視受害婦女的主體性於無物，但為了強調此現象的歷

的意願，從來不在經營者考量的範圍內。質言之，這些女性根本不被認為是具有自主意志的人，這點可從日軍司令部下達徵集令的電報內容，以及涉事軍官的口述證詞中看出，這些女性基本上被視同「軍需物資」（西野留美子 1992：171-172）。再者，皇軍在殖民地、戰地「徵募」過程中，運用詐騙手段、強制徵召或強行擄架，視這些年輕女性為無需成本即可用以換取私利的器物。因此，交易行為實際上僅發生在經營者（日本官方或民間）及使用者（隸屬日本皇軍軍官士兵）之間；提供者則是被動地被捲進交易過程[13]。為了安撫其情緒，經營者有時承諾「工作契約」期滿後將給付「工資」，但在戰爭結束時，這些被經營者代為「保管」的工資，往往化為煙塵，或只剩下一紙無法兌現的存簿。

　　無論是遭到強徵或誘騙而來，這些女性在長期行動自由受到限制的情況下，被迫從事違反其自主意志的性活動，就連如何命名發生在自己身上的事件、定位自身經驗與感受的權力都被剝奪：每日反覆多次的強暴、性侵，不時伴隨死亡威脅、肢體暴力或言詞羞辱，被慰安制度的設立者、經營者，重新命名為性「勞動」。如此，實質的性奴役，因商品交易邏輯的滲入，被掩飾為性服務商業活動。

　　在另一些剝除了商業表象、且欠缺醫護管理的臨時慰安

　　史特殊性，多數學者在文章中提及時，必冠上引號以示此名詞指涉對象的被迫性質。筆者的立場亦是如此，但為了避免冗贅，以下文字提及此名詞時，不再加上引號。

13 這種將人體視為活體商品的強制交易偽商業邏輯，亦存在當代人口販運的性奴役模式中。

站，性奴役的特徵更是徹底顯露[14]。在此，屈從、凌辱、恐懼的程度，往往達到人性所能承受的極限。落難的女性，或白天從事洗衣、煮飯、灑掃等雜役，晚上充當士兵們的洩慾工具；或長年累月被監禁在極度簡陋污穢的環境中，淪為數不清的參戰男性的「流動廁所」。

（三）「慰安」制度的特殊性：官方的地下性奴役產業

是以，日本皇軍主導的「慰安」制度並非史上首見之戰爭「性產業」，惟其特殊之處，不僅是組織規模之龐大[15]，更是國家機器直接涉入違反國際人權公約的非法行為，運用直接或間接暴力的手段取得性服務提供者的來源，剝奪人身自由，對受害者的身心施予暴力、折磨、酷刑。戰場殺戮氛圍所啟動的權力慾，混雜著面對死亡的焦慮感，可能導致戰士以性暴力的形式作為奪回掌控感的發洩管道。軍方高層在戰爭期間照顧到冒著生命危險為國作戰的男人的性需求，除了意圖解決戰爭情境所引爆的狂亂暴力行徑之外，某種程度上勉強可謂出自對戰士的「人道」關懷，以補償這些男性為國家的犧牲。然而父權思想

---

14 台灣原住民慰安婦的遭遇多屬此類。

15 按不同史料估計之數據，受害的「慰安婦」人數在九萬到四十一萬不等。估計數字的多寡經常反應研究者的政治意識型態，愈是親日本右翼的學者提出的數字愈傾向偏低，如否認日軍強徵慰安婦事實的自由史觀學社歷史學家秦郁彥（1999）估計僅有九萬慰安婦，而中國學者在反日的中國國族主義驅使下，提出最高的受害數據（比方蘇智良、陳麗菲〔1999〕），且傾向以中國婦女為最主要受害者（管寧 1993；蘇智良、陳麗菲 1998）。不同歷史學家估算慰安婦人數的數字比較，可參考「慰安婦與亞洲女性基金」虛擬博物館的資料整理（Asian Women's Fund 2007）。

根深柢固的統治者提出的解決方案，卻是違反人道的。在戰火下求生存的第二性，被強擄、誘拐至慰安所，被軍國主義物化為「皇軍禮物」（西野留美子1992：44），被化約為「ピー」[16]、「公共廁所」（西野留美子 1992：42-60；千田夏光 1996[1978]：36、47[17]）或「方便屋」（陳麗霏 2006：66）[18]。借用 Judith Butler（2004）的語彙來說，這些女性生命的「岌岌可危性」（precarity），落在慰安制度組織各階段不同層級參與者的認知框架之外。也就是這些生命受到斲傷時，不再被參與組織者的「我」視為可哀悼的對象。這些被排除在可哀悼性（grievability, Butler 2009）[19]——或被排除在自我認同所依附的所屬想像社群——之外的個體，並不完全隸屬敵軍族群（發洩仇恨的理所當然對象）。在此，「他」、「我」的劃分，跨越了敵我、族群、階

---

16 「品」，實暗指女性性器官「屄」（西野留美子 1992：32, 46）。

17 千田在採訪一位曾任職第 11 軍兵站部的經理校官時，後者不諱言：「老實說，當時大家認為慰安婦像公共廁所，就像不能沒有兵站部一樣，在中國戰場上不能沒有她們。」（千田夏光 1996[1978]：36）

18 關於「慰安婦」作為「天皇的禮物」、「ピー」、「性奴役受害者」的不同社會表徵下所隱含的意識型態的討論，可見 Soh（2000）。

19 關於「岌岌可危性」（precarity）概念的詳細討論，請見 Butler（2004）。另關於「可哀悼性」（grievability）以及關聯概念「戰爭之框」（frames of war），則見於 Butler 在後續著作 *Frames of war : when is life grievable?*（2009）中的討論。

級[20]的分類範疇，甚至跨越親屬、血緣關係[21]。性別認知價值體系對於生理性別的工具化剝削和貶抑，可謂「慰安」制度，及歷史上曾經發生，或正在發生的戰爭性奴役制度最根本的共同點。因而，性別的社會認知和相涉的倫理議題，是理解這段歷史不可或缺的視角。

（四）戰火下的性別視框：女殤、國族仇恨、父權思維的強化

性別研究學者 Goldstein（2001）在《性別與戰爭：性別與戰爭體系的彼此形塑》一書中指出，戰爭將性別角色兩極化推展至極致。「慰安婦」戰爭創傷即為此性別階序差異的極端例證。但這般慘烈女殤，不易成為戰後社會修復歷程裡集體悼念的對象；而即使集體悼念儀式發生，亦往往退居為烘托國仇家恨或地緣政治角力的配角。

性別成為國族政治意識附屬品的現象，在台灣戒嚴時期所拍攝的愛國主義抗戰電影中尤為彰顯。善惡二分的敘事手法，不外頌揚己軍的慷慨英勇和敵軍的凶殘卑劣；依照性別傳統框架所刻畫的男女角色，唯有在愛國旗幟下可能獲得某種程度的平等地位[22]。其中敵軍姦殺我族女性的場景，形塑敵方所屬族群

---

20 即使大部分受害者來自下層社經階級，但其中亦包含少數出身中、上階級家庭的婦女。「慰安所」因應顧客軍階，採用服務分級的規定，這些婦女往往按照原生家庭背景的社經階級和美貌程度，被分派「服務」不同對象。

21 部分受害婦女是被家人或親戚賣掉的。

22 舉例來說，抗日愛國電影《八百壯士》裡林青霞飾演的女童軍楊惠敏，奮不顧身地冒著被「匪」軍擒殺的危險摸黑游過河，為受困在四行倉庫裡的國軍送國旗的英勇行徑，表面上看似突破了傳統性別框架，然而在電影敘事脈絡裡，其身分的特殊不過是為了更佳凸顯其愛國情操的

非人性格的成分，往往大於強調女體在戰爭中如何普遍地成為男性外顯為性暴力的毀滅衝動的洩慾對象。同樣的現象亦見於歷史教科書。 1980 年代台灣的國、高中歷史課本中對於日軍在南京大屠殺的殘酷描述與屍體肢解、堆積的照片，即出自同樣的非我、非人之他者集體人格建構的邏輯：唯有非人的他者，才可能殘暴的將我族類化為非人的肢解軀殼。顯示國民黨與日本皇軍的戰役，藉由國民教育體制下中華民族族群認同的形塑，以思想戰（或對立視框）的模式一直延伸到戒嚴時期的社會生活中 [23]。

　　值得思考的是，在中華民國／中華民族集體認同的國族意識型態建構工程裡，何以「慰安婦」史實從來不曾在戒嚴時期官版歷史教育中被提及 [24]？集體身分認同建構過程中習慣性地抹除性別身分認同或許是重要因素。但另一個可能因素是，對於國族意識型態建構工程而言，「慰安婦」並非「完美的受害者」。慰安制度的受害者／倖存者，與南京大屠殺遭日軍姦殺的受害者最大的不同處，在於這些婦女的經歷不符合悲壯史詩的國族敘事。國族認同建構工程中的正史規格，需要的是可歌可泣、富醒世惕人教化寓意的故事。對於父權社會傳統所設定的婦女美德價值體系而言，無論是否被迫，為殖民者戰士提供「性服

　　難能可貴，目的仍在藉由觀者的想像認同捍衛父權主導的國家體制秩序。

23 詳請參見本書〈社會是戰爭的延續〉一文。

24 2001 年 3 月發生小林善紀台灣論事件後，當時教育部部長曾志朗呼籲民間高中教科書編排歷史教材時，將慰安婦史實納入（紀麗君 2001）。而婦援會亦於 2002 年起推動「慰安婦史實納入國高中歷史教科書」運動，不定期舉行校園宣導推廣活動。

務」的「慰安婦」的身分是曖昧的，尤其是有幸自戰場歸返的倖存者，未在受辱後自盡以示清白，以致無法被納入「犧牲小我、完成大我」國族大愛論述的哀悼及表彰對象。

（五）父權體制對女體的剝削：殖民與被殖民者的文化共通性

　　許多台灣漢人慰安婦的生命故事，是起自溢出父權社會傳統性別分工的嘗試。這些出生在日治時期社會中的年輕女性，試圖鬆動傳統性別價值觀的束縛，卻再度落入傳統性別角色劃分的陷阱。所謂溢出，乃因許多台籍「慰安婦」是希望跳脫以往女人固守家園的角色，才會接受殖民政府警政人員或掮客的慫恿、誘騙，前往危險的戰地謀生、以便改善家境。但弔詭的是，這些女性將經歷傳統社會「秩序」所默許的性別不平等權力結構的最極致展現，即對男性性暴力的容忍、安置，對女體的宰制、剝削，以及對女性自主欲望的忽視和壓抑。傳統的性別階層化分工及性別權力的不對等，既是「慰安婦」創傷的事出源起，亦是事後命其緘默的壓迫力量。原本抱著賺錢顧家的念頭毅然遠行的年輕女性，因落入陷阱或被強壓至慰安所，在傳統父權僵化歧視的分類系統裡，被歸類為不堪「使用」的不潔物。戰時、戰後，「慰安婦」的身體都被物化成某個焦點器官，在慰安所被化約成提供男性性慾發洩的陰道，返回家園後，則因為無法滿足作為傳宗接代的子宮的要求，而難以實現恢復常人生活的渴望。這份渴望卻是支撐這些女性忍受煎熬活下來的動力。

　　是以，研究慰安婦史實的性別學者特別強調，「慰安婦」不僅是日本軍國主義的受害者，被殖民社會內存的父權和男性沙文主義思維，亦被動配合，甚至主動參與了殖民政權所發動的迫害結構，因而在討論日本戰後責任時，以國家集體身分認同作為單位以劃分加害與被害關係的二元對立論述，難以捕捉

殖民和戰爭情境中社會關係的細部現象（Soh 2008; Yang 2008; Ueno 1999）。慰安制度的徵召、組織、經營過程的每個環節，都有「本地人」——被殖民或被迫害的社群成員——的身影。而受害者返鄉後，所遭受的排斥、驅逐、羞辱，亦是父權思想的極致表露，而非殖民政權的直接產物。

四、戰爭創傷的臨床論述

　　回到一個臨床的探問：慰安婦的戰爭性創傷，該如何被理解？現有的臨床創傷理論概念，是否足以涵蓋重大人為暴力所引致的創傷經驗？

（一）心理創傷的標準化診斷：當代精神醫學的科學論述

　　在歐美精神醫學與精神分析學史上，對於人為暴力心理創傷的研究風潮，可謂緊扣著世界戰爭史[25]，因而，研究對象一直以來集中在戰場傷兵身上。從彈殼震盪（shellshock）、戰鬥疲乏（combat fatigue），到「戰爭精神官能症」（"war neurosis", Ferenczi 1980[1916/1917]）等出現在二次世界大戰戰後的精神醫學概念可看出，早期的創傷研究的確圍繞著男性的戰鬥經驗（Shephard 1995: 31）。直到 1980 年代以降，集中營倖存者、受虐兒、大型天然災害的難民等，才陸續成為心理創傷研究的主要關懷對象，但是從戰士身上觀察到的創傷症狀，至今仍是精神醫學建構創傷認識模式的主要參照標準。最明顯的例子是創傷後壓力失調症（PTSD）成為當前主要，甚至唯一的創傷相

---

25 當然，這部「世界」戰爭史也跟精神醫學史一樣，是以歐美的「西方」觀點作為自我參照主軸而寫成。

關精神疾病診斷標籤的過程。 1980 年在越戰退役軍人壓力團體與（左派反戰）精神科醫師多年的努力鼓吹下，PTSD 正式被納入美國精神醫學學會（American Psychiatric Association）出版的《精神疾病診斷暨統計手冊》第四版（DSM-IV）。出自診斷標準化的需要，肉眼不可見的心理創傷在此被客觀化為條列式的生理心理症狀診斷描述。但值得一提的是，享有國際盛名的《創傷與復原》作者、女性主義精神科醫師 Judith Herman 曾經是 PTSD 委員會的一員，她根據自己三十多年的臨床治療經驗，對 PTSD 症狀診斷標準選擇以退伍軍人創傷症狀作為主要參照樣本的現象提出批判。 Herman 在《創傷與復原》中指出長期性侵、家暴、心理虐待等較易發生在女性、孩童身上的長期創傷形式對人格的影響，並未受到足夠的重視（Herman 1992）。由此可見，性別不平等的社會權力結構，一直延伸到精神醫學對於戰爭創傷的認識觀點與研究取向當中。

　　以自然科學為典範的精神疾病病理學，傾向將心理創傷視為具有固定病徵表現的疾病，不論創傷事件——即 PTSD 診斷標準中的壓力源（stressor）——的屬性為何，這一套病徵描述可普遍地適用在所有生病的創傷主體身上。伴隨診斷標準化而來的即是治療的標準化，在這樣的認識框架底下，創傷事件發生時的歷史、政治、社會文化脈絡，主體對於創傷經驗的詮釋，與臨床工作者對於心理創傷的理解、治療取徑和介入技術無太大關聯。 PTSD 的標準化診斷，必須將心理創傷生理醫學化、去差異化、去主體化，才可能把不同成因的創傷症狀放在同一個平面上。如此，戰爭性創傷這個子集合，便可以跟士兵的戰鬥創傷置放於一個名為 PTSD 的集合之內。然而當這兩種創傷所涉及的性別不平等地位在表面上被弭平的時候，隨之被消除

的也是創傷主體的殊異經驗，和心理創傷的歷史、社會面向[26]。

（二）PTSD 看不見的創傷

　　2007 年，眼見亞洲各國受害者控告日本政府的刑事訴訟案，接二連三以無罪定讞的結果收場，中國律師團決定改變訴訟策略，盼以改提民事訴訟的管道，突破日本各級法院主張受害案件已超過賠償請求權時效的一貫推辭。為此，他們邀請到以研究二戰退伍士兵心理創傷而著稱的日本人道主義精神科醫師和 PTSD 專家野田正彰醫師，前往中國山西太原和海南島為受害婦女進行義診，希望能夠證明受害者的精神損傷乃在日中簽訂聯合聲明之後才發作。當時，代表台籍慰安婦對日求償的婦女救援基金會在得知野田醫師即將訪視海南慰安婦阿婆之後，即央請他順道為台灣慰安婦阿嬤進行義診，希望 PTSD 的診斷，能開啟另一波法律訴訟行動。

　　診斷的結果，野田醫師認為海南島「慰安婦阿婆」[27] 大都罹患慢性 PTSD，台灣方面則僅有一位「慰安婦阿嬤」獲得這個疾病標籤。在接受我訪談時，野田醫師如此說明他觀察到的差異：「就我的觀察看來，發生嚴重 PTSD 的原因大概有下列幾項，第一、被抓去當慰安婦時年齡越小的，第二、在軍營而

---

26 實際上，針對 PTSD 和其他 DSM 精神疾病診斷標籤背後所涉及的知識論缺陷，和相關的精神藥物濫用的社會文化問題，歐美學界和臨床實務界已陸陸續續出現不少批判。可參見 Allan Young（1995）、Arthur Kleinman（1988）、Christopher Lane（2007）、Peter Conrad（2007）、Allan V. Horwitz（2002）和 Maurice Corcos（2011）。

27 由於這些在二戰期間受害的婦女至今年事已高，國際支援慰安婦倡議運動組織的成員，一律按照各前「慰安婦」的國籍或慣用語言，呼喚她們阿婆、阿嬤、위안부（Halmoni）、grandma 等。

非在慰安所內受害的，也就是說被凌辱的情況特別嚴重的，第三、受害時無法和其他人溝通的，這些婦女會有最嚴重的PTSD。」[28] 然而就我所知，台籍慰安婦中某幾位的創傷經驗描述可以符合上述條件，卻沒有被診斷為 PTSD。野田醫師如此回答我的疑惑：「中國太原、海南島的慰安婦所遭受的恐怖待遇，和日、台、朝鮮慰安婦的經歷，完全不能相提並論，因為對日本人而言，中國人是敵人，隨時可任意宰殺，但是台籍、朝鮮的慰安婦畢竟是被殖民者，處境沒有這麼淒慘。而台灣原住民慰安婦恰好介於這兩者之間。」作為一位日本人，野田醫師如此揣測當時日本戰士的心理，無疑是令人欽佩的。但從不同國家慰安婦的口述紀錄來看，筆者認為個別慰安婦經歷的恐怖程度，無法以國籍——是否為敵國婦女或是否具有日本殖民身分——作為劃分範疇。但這樣的劃分範疇，很顯然存在 PTSD 專家的認知框架內[29]。

此外，移情關係與敘說內容之間可能的交互作用，並不在 DSM 標準化診斷程序的考量之內。在婦援會及國際慰安婦支援網絡義工的協助下，野田醫師平均與每位願意接受義診的阿嬤們花三十分鐘的時間問診，便做出定論。再者，他對於自身作為日本人男人的身分在問診過程中可能引發的困難，並不自知。在場陪同問診的一位日籍義工事後告訴我，其實在十多位接受義診的阿嬤當中，至少有兩位，在見到野田醫師時表示，

---

28 訪談時間 2007.11.4，台北。

29 主流文化精神醫學在考量社會文化向度時，的確經常存在把族裔、階級、性別等文化相關範疇視為固著概念而導致分析僵化的偏誤。這方面討論可參見 Goddard（2010）。

他的容貌讓她們想起當年的日本軍官，很不想跟他說話，但為
了不造成困擾，才在翻譯義工和社工的安撫下勉強完成問診。
在一次晤談裡，同一位日籍義工語帶激動地說：「我們陪伴阿
嬤已經十幾年了，我們親眼看到阿嬤們的變化，有些阿嬤一開
始談起過去的事情的時候，難過得說不出半句話，只能一直掉
淚。有些阿嬤在藝術治療工作坊裡，整個地表現出憤怒、驚恐
的情緒，真的很令人震撼！可是這些，醫師都看不見！他只來
跟她們相處不到半小時，就在他的診斷量表上打打勾，怎麼可
能會了解這些阿嬤的創傷?!」[30]

　　的確，中國「慰安婦阿婆」和台灣「慰安婦阿嬤」最大的
差別在於，自 1995 年以來，婦援會為阿嬤籌辦了平均二、三
個月進行一次的團體治療工作坊（後更名「阿嬤身心照顧工作
坊」）[31]，處理這些老婦人的創傷情緒，並提供一個在彼此之間
建立姊妹情誼、與支持者形成社會支持網絡的空間（彭仁郁
2012）。反觀中國或其他地區的慰安婦，除了南韓和菲律賓之
外，幾乎沒有固定官方或民間組織為她們提供醫療及生活照
顧。野田醫師免費為慰安婦阿嬤義診的善行令人感動，但整
部 DSM 的精神病理認識框架乃建立在外顯症狀的統計學評估
上，而 PTSD 所蘊含的壓力刺激──反應線性因果論，及其症
狀描述（重新經歷、避免接觸相關人事地、情感麻木、過度警
覺……），無法幫助心理臨床工作者「看見」這些老婦作為女性

---

30 這位義工參與國際慰安婦支援網絡已十餘年，為了避免造成他的困
　　擾，在此以匿名引述訪談內容。

31 關於阿嬤身心照顧工作坊曾經提供的不同心理療癒形式，可參見婦援
　　會（2005）。

在戰爭集體暴力體制下所經歷的創傷，亦無法理解她們的受苦
狀態如何因為關係網路的情感承接而得到轉化，以至於將症狀
的嚴重程度直接歸因於族群差異。

（三）聆聽創傷主體：心理創傷的精神分析研究取向

　　心理創傷的「臨床田野」（彭仁郁，出版中），是精神分析
後設心理學、分析治療理論建構和臨床實踐技藝的源生地，
而戰爭創傷則又是 20 世紀最主要的臨床觀察和治療研究發展
的主要現場之一（Freud, Breuer 1996[1895]; Freud 1955[1917],
1955[1919], 1955[1920], 1955[1939]; Ferenczi and Abraham
1921; Abraham 1907; Ferenczi 1980[1916/1917]; Bion 1940;
Herman 1992）。本文無法詳細闡述精神分析心理創傷理論及臨
床實踐的源流及發展，在此僅簡扼說明精神分析（或更嚴格地
說，一位精神分析師）觀看極限暴力心理創傷的視角。

　　19 世紀末，當佛洛伊德在歇斯底里症謎樣難解的症狀底
下，發現了潛意識及其違背理性邏輯的心理運作過程的同時，
也同時察覺到外在創傷事件與心理創傷之間並不存在線性因
果關係。心理創傷並非天災人禍、外在暴力事件直接導致的
神經或心理病變，而是創傷事件記憶及意義的形構和意識化
過程，與潛意識自我防衛機制兩相抗衡的妥協結果：為了避
免遭到意義的意識化過程中引發的強大負面情感淹沒，具有
防衛本能的潛意識，便「製造」出各式精神官能症（neurosis，
又譯為「神經症」），用迂迴曲折的方式，對抗創傷記憶的復
返所夾帶的憤怒、攻擊衝動、羞恥感、罪惡感等意識難以承
受的負面情緒（Freud and Breuer 1996[1895]）。誠然，佛洛伊
德當年討論的是個人史上曾經發生的性創傷事件，如何可能
引發歇斯底里症、強迫執念精神官能症、性倒錯、妄想症等心

理疾病。這個關於精神官能症的病源學理論，即「誘惑理論」
（*Verführungstheorie*）。縱使此理論後來被佛洛伊德自己（部分）推翻（Laplanche 1987），但他自歇斯底里症研究中所觀察到的心理創傷形構過程的兩大特徵，直至今日仍是精神分析心理病理學的基礎概念。即：

（1）創傷症狀生成的「延宕性」（*Nachträglichkeit*）；

（2）創傷經驗中「詞」（詞語表徵 'representation of word'）與「物」（情感表徵 'representation of thing'）之間的斷裂、錯結（移置、濃縮），以避免意識化的潛抑作用（*Verdrängung*）和裂解作用（*Spaltung*）。

心理創傷的真實一如拉康意義下的潛意識主體欲望，只有在敘說者（分析者）與聆聽者（分析師／治療者）進入移情關係，那有如「入侵異物」（Freud and Breuer, 1996[1895]: 4[32]）不斷騷擾主體、令他長期處於孤絕狀態的創傷憶痕，才可能短暫地、以半遮半掩的方式顯露、傳達自身。當主體確知，這個難以用言說抵達、卻又只能透過言說彰顯的巨大情感黑洞，在移情關係中被他者「看見」時──即發生我所認為的分析情境內的主體「認納」──，「異物」或創傷憶痕才有機會發生意義的質變（符變）。換句話說，創傷主體需要重新被賦予言說主體的位置，而非被視為外顯身心症狀的叢結。創傷主體之所以受苦，是因為無法走出不斷以現在式反覆出現的夢魘。主體難以象徵化、意識化的心理真實，需要透過與他者（other）的可共享性，及象徵秩序中至高他者（Other）的認納，才可能以過去式在個人史上銘印下來，即成為被標記為過去的歷史真實，或如 Freud

---

32 筆者參考的《歇斯底里症研究》一書之版本為法譯本。

所說，「失去它的殺傷力」（Freud 1973[1896]: 110[33]）。

然而，精神分析對於真實創傷的研究，一度因心理真實
（psychic reality）在理論建構上的優位而遭遇困難（Roussillon
et al 2004; Peng 2009: 71-75）。傳統佛洛伊德精神分析理論
也因而遭到將主體封鎖在中產階級家庭伊底帕斯幻想內的抨
擊。事實上，歷史真實與心理真實孰輕孰重的爭論，至今未休
（Sklar 2011: 5-7）。1990 年代以降，精神分析學界才逐漸顯
露對戰爭、種族清洗等極限暴力創傷研究的重視（Felman and
Laub 1992; Caruth 1995, 1996; Waintrater 2003; Davoine and
Gaudillière 2004）。這樣的知識「冷感」乍看之下頗難理解，
因為許多猶太裔精神分析師，包括佛洛伊德自己，都是為了逃
離納粹屠殺，才紛紛離鄉背井逃往異鄉。弔詭的是，精神分析
理論家雖不直接談戰爭創傷中與死亡交手的驚駭惶恐，卻藉著
思考「一般人」可能共享的「創傷」經驗，設法迂迴地接近極
限創傷經驗：創傷的難以言喻、特殊的時間性（延宕性 *après-
coup*）、防禦性失憶、強迫性重複（repetition compulsion）、抑鬱
（melancholia 或哀悼的困難）、代間傳承現象（trans-, or inter-
generational trauma）等。精神分析學界花了近半個世紀的時
間，才有足夠的心理距離，反身觀看自身經歷的戰爭創傷，並
開始在論著中談論臨床個案在診療躺椅上訴說的戰爭憶痕和他
們心理症狀的關聯（Waintrater 2003: 77-78）。

由此出發，當代精神分析學者更進一步闡述心理創傷主體
經驗中破除線性時序的特殊時間性、存在感／意義感喪失、
社會繫連斷裂等心理創傷的深層現象（Caruth 1996; Waintrater

---

33 筆者此處參考的是〈歇斯底里症病源學〉的法譯本。

2003; Davoine and Gaudillière 2004; Douville 2007）。有別於生理心理學取向的認識框架——有機體被動地承受外來創傷、或對衝擊做出神經生物反應——，精神分析理解心理創傷的觀點認為，主體在潛意識層次「參與」了自身的創傷形構。所謂的「症狀」，是一種根本存在感斷裂之後的賦義嘗試，及社會關係的再連結嘗試。這樣的「診斷」角度，便預示了心理創傷治療／分析療癒所強調的創傷賦義轉化，必須在與他者（other/Other）的關係中才能發生，而非在大腦神經傳導層次做生物機制式的修正所能達成。

五、創傷主體真實的可共享性

　　心理真實與歷史真實不可或離的交互性，在極限暴力受害者身上得到極度彰顯。當遭到潛抑（repressed）、裂解（splitted）的主體真實，恰好深深嵌扣在為主流歷史論述刻意「遺忘」的歷史真實片段時，無限期地懸置歷史真實，意味著背離主體的真實。對主體而言，不管是「客觀的」或「主觀的」歷史真實，皆非自存於外在物質世界或內在心理世界當中的獨立存在，歷史真實／真相的重構或建構所涉及的表徵化過程，必須在主體（敘事者／分析者 analysand）與他者（聆聽者／分析師 analyst）的關係中發生，而這樣的關係同時包含了雙方的想像涉入與象徵秩序的再建構（Spence 1982）。有能力提供涵容（containing）支持的他者的在場和聆聽，使得恐怖真實的表徵化本身，可以不再是令憶痕承載主體驚駭的歷程。

（一）「症狀」作為被淹沒歷史的見證

　　精神分析取向的心理病理學，將症狀視為記憶的一種形

式。佛洛伊德（1999[1914]）在〈回憶、重複與修通〉[34]一文中指出，強迫的重複衝動，乃是創傷憶痕在潛意識防衛機制的潛抑作用下以迂迴手法出現的潛意識「記憶」，主體唯有在確知復返的情緒不致淹沒、摧毀自身與聆聽的他者時，才可能以回憶的意識形式出現。當代精神分析則進一步將創傷、哀悼、回憶與療癒的可能，重新放置在更大的社會歷史脈絡裡。原因是當主體經歷的創傷事件涉及人為暴力，尤其是國家政權主導下的集體暴力或制度暴力時，創傷歷史憶痕的抹除或掩蓋，不只是個人或社會集體潛意識自我防衛機轉作用之下的「症狀」（妥協），更是施暴體制有意識的壓制、審禁、扭曲或粉飾的結果。或許在特定時空氛圍下，失憶、噤聲、否認，的確是包括受害者在內的相關當事人，為求「自我保存」（auto-conservation 或 self preservation）而做出的妥協「選擇」。但事實上，在人為暴力創傷事件中，無論是「受害者」、「加害者」、「目擊者」都可能發生潛抑（repression）、解離（dissociation）、裂解（splitting）或否認（deny）的心理需求（有時候，承認自己是非人暴力受害者或目擊者的困難程度，不下於加害者）。但其中最大的差別在於，受害者經常是事件唯一的見證者，不論願意與否，都被賦予看守遭大歷史抹除的創傷憶痕的任務，亦總是被永恆復返的歷史幽靈附身。而避免自己、親人或後代，被這些糾纏不去的幽靈壓垮的唯一方法，是讓這些創傷憶痕獲得銘印，而銘印的發生必須以他者的共在、共享為前提（Felman and Laub 1992; Felman 2002; Schaffer and Sidonie 2004）。

34　本文參考 Anne Berman 的法譯版 "Remémoration, répétition et perlaboration"。

　　自 1970 年代起從事關於「瘋狂」的社會學研究、同時接受拉康學派精神分析訓練的 Davoine 和 Gaudillière，選擇進入精神療養院，面對被精神科醫師放棄的重度精神病患。二人以逾三十年的精神分析臨床經驗，在「瘋狂」的外顯症狀下，抽絲剝繭地拉出一段段被大歷史主流論述淹沒、未能被銘印的戰爭創傷點滴，因而呈顯了戰爭、創傷、歷史、瘋狂之間非線性因果關係式的連結。他們的臨床觀察指出一個重要的事實：創傷主體身上的症狀夾帶著鎖碼訊息，藏匿著家族或社群中大多數人有意、無意地遺忘或掩蓋的共同集體潛意識記憶（或應該說是未形成記憶的創傷憶痕）。在分析式的聆聽下，「瘋狂」或精神症狀，成為被噤聲的戰爭創傷開口說話的方式；「瘋子」或精神病患者，成為被遺忘的、被消抹的歷史真相的承載者。當群體中的絕大多數人選擇與「現實原則」妥協，即，將引發痛苦的創傷憶痕排除在意識之外時，這些極少數的「瘋子」堅持付出被集體驅逐的代價，用自身的症狀嘗試把難以言說的創傷憶痕外化為表徵，傳遞給周遭人（Davoine and Gaudillière 2004: 79）。因而，分析治療必須首先學習聆聽症狀這個特異古怪的語言（個人方言、囈語、詩語……），創造一個開放的場域、一個新的參照空間，在其中，情緒得以被重新動員、流通，向埋藏在深淵底部的區域開放，讓災難用另一種方式說話。當然，並非所有的創傷主體都選擇以瘋狂作為迂迴的發聲語言，但兩者皆是因著關係網絡、意義網絡斷裂而受苦的主體，都必須藉著向殊異性開放的聆聽者才有機會呈顯自身。

（二）敘說、見證、認納：我—你之間的分享性

　　Waintrater（2003）將聆聽極限人為暴力創傷經驗的分析師／治療者命名為「見證者之見證者」（*témoignaire*），而認為

倘若分析師或治療者不先進入這個見證位置，將無法展開任何形式的療癒工作。分析或治療情境中，分析師／治療師作為擁有親近心靈的專業知識的聆聽者，極易被放置在超越主體／至高他者的位置，這預示了他的聆聽對於主體敘事的歷史建構的真實性，擁有賦予認納（'recognition', Honneth 1996[1992]; 'reconnaissance', Ricœur 2004）的權力——即使分析師意圖從這個位置上逃脫。倘若在分析師這一端所形構的主體真實表徵，與外在歷史真實處於割裂的狀態，主體真實的認納便不可能發生，分析者在訴說中嘗試勾連的創傷憶痕，便將仍處於無主體索認（unclaimed）的飄零狀態（Caruth 1996）。分析師／治療師／聆聽者須化身為領航員、陪伴者、助產士，引導創傷主體將經驗轉化為可傳達、解讀形式的象徵化歷程。擔任這個角色，必須有能力同時瞥見主體的心理真實，及主體置身的外在社會歷史真實。而銜接此二層次真實的工作，絕非謹守「善意中立」的古典分析技巧所能及。

　　然而，讓創傷說話並非易事。Paul Ricœur（2000）結合佛洛伊德兩篇文章——〈回憶、重複與修通〉（1955[1914]）和〈哀悼與抑鬱〉（1955[1917]）——的閱讀，指出精神分析最重要的體認之一在於，回憶過往乃是一項耗時費力的工程（*travail*, 法文／*arbeit*, 德文），其困難程度不下對於喪失生命重要客體的哀悼過程。並且，說出來、重複講述，不等於令被流放的歷史片段在主體或集體層次獲得真正的銘印。原本對不同對象說過千百次的故事，可能因為版本的固著造成意義的僵化、樣板化、教條化，而失去蘊生意義的能力。真正的主體性也將在僵化的版本中消失，而被敘說版本反過來決定自身樣態（異化之我）。主體的話語需要一個允許衝突、憤怒、陰影、羞恥、醜惡

現身的開放空間，才可能經由他者（分析師、治療師）的聆聽反身地回到自己，說給存於自身內的他者聽，和至今無法或不願指認的意義網絡產生勾連，彰顯出從來不曾觸及的、超越道德情結的新意，掙脫異化之我的束縛。意即，這段不斷嘗試返回、卻又不斷被意識隔開的過往，終於能在與他者共在的此時此刻（*hic et nunc*），如實地「發生」在意識主體身上，被主體「看見」。如此，被遺忘、淹沒的過去，或被凍結、停滯的意符鏈，才可能重新開始流動。

（三）寬恕／恩賜：從分析情境至社會生活？

　　Kristeva（1997, 2005）把分析移情所促成的，在情感與意象、意象與意象之間發生的前所未有的連結，稱作精神分析意義上的「寬恕」（*par-don*）[35]。在此，「寬恕」（*Par-don*）脫除了宗教、道德的意味，亦無涉一種由上而下的、為了顧全集體和諧而要求受害者「原諒」，與加害者「和解」的修復政治，而是一個特殊的「符變」或賦義過程（*signifiance*）。它令創傷事件得以在主體的意義網絡中發生移動、轉化，亦重新為主體照亮他存於世界（與他者關係形成的網絡）的位置和樣態。在分析情境中，分析師同時作為有面貌的他者、和象徵秩序中至高他者的化身，當分析主體確認新的意義理解由自己和分析師共構、共享，原本斷裂的存在感及與他者的關係，才可能重新開始。易

35　原本寬恕的法文寫法是 *pardon*，拆成兩個字之後，*par don* 的字面意義為「藉由贈與」。對語文、詞源具有極高敏感度的 Kristeva，經常藉由新詞的創造、重組來發掘文字可能開放的多重意義。*Par-don*，英文可能直譯為 by-gift 或 for-giving。詳請參見 J. Kristeva（1997）〈寬恕能否帶來療效？〉（ "Le pardon peut-il guérir? "）一文，特別是當中的頁 23-39。

言之，創傷事件意義理解的演變，和主體潛意識自我意象的修補、內裡複製外在壓迫攻擊（次級自虐）傾向的終結，與他者關係斷裂或糾結的重織或鬆綁，是同時發生的一體多面[36]。

　　Ferenczi（1955[1932]）在處理童年性侵創傷時便觀察到，他者對於創傷事件的拒認所引致的二度傷害，其影響不下於暴力事件本身，因而鼓吹精神分析師擺脫傳統分析技巧中，對創傷主體而言無異於冷漠的「善意中立」和虛偽的專業性。當代分析師或心理治療師把自己視為陪伴創傷主體與夾帶龐大情感的歷史憶痕戰鬥的「副手」，在分析情境中藉由敘說的共構及意義的詮釋循環歷程賦予主體認納，試圖改變主體與自身承載記憶片段的關係。當然在此過程裡，分析師自身的視框亦不斷地在進行解構、重構。然而，無論分析師如何著重客體依附關係，分析心理療癒可直接處理的是主體對於創傷事件意涵的轉化，不易在他人（包括加害者）對於事件真實性否認的層面上施力。當社會生活中仍然存在不斷否認主體真實的聲音時，在分析診療室裡發生的認納、「寬恕」——讓主體重新看待創傷事件，並使自己與自己，以及與他者的關係得以重新織連的過程——是否可能過渡到政治社會的生活當中？能否支撐她／他擔任集體歷史記憶承載者的角色，要求社會集體以任何可能有效的方式令創傷記憶獲得銘印？不致如猶太大屠殺記憶最重要的傳承代表 Primo Levi（1987[1947]），在書寫下大量死亡集中營的恐怖

---

36 P. Ricœur（1985）在《時間與敘事》（*Temps et récit*）第三卷〈敘說的時間〉（*"Le temps raconté"*）談到，敘說具有達成「時間面貌的重構」（la refiguration du temps）的力量，與此處有異曲同工之妙，但是以「織構情節」（*mise en intrigue*）的方式組構時間的敘說，又與分析中的主體言說不盡相同。

見證之後，仍舊選擇以自盡一途，終結個人難以承載的巨大歷史重擔。此問題面向看似超出一般精神分析或心理治療臨床實踐的範疇，但當分析師／治療師所面對的是國家集體暴力下的創傷主體時，分析治療便不得不考量創傷事件發生所在的社會歷史脈絡。

實際上，分析（或心理治療）情境提供的具有涵容（containing）、護持（holding）功能的過渡空間（'transitional space', Winnicott 1971），藉由觸動想像及象徵創造的自由體驗，促使與創傷表徵鍵結的沉重負面情感獲得釋放，與此同時發生的，即是分析者在其中被賦予、並自我賦予言說主體的位置。而類似的經驗，是主體能夠在社會自我展演或實踐場域，授權自己進入言說主體位置的前提。只不過，「尋求（社會）認納之路」（Ricœur 2004）崎嶇坎坷，分析情境或親密關係中獲得的「認納」，是否足以支撐外來的否認力量，涉及更複雜的創傷記憶集體分享性的問題。這一點稍後再進一步討論。底下先就以一位前「慰安婦阿嬤」田野訪談的再書寫，呈現精神分析在移情關係中聆聽主體敘說的可能面貌。

六、說不可說、傾聽瘖啞

為了分享從聆聽中理解到的「慰安婦」主體經驗，唯一可能的方式是再說一遍聽見的故事，卻不抹除聆聽者的在場和自我涉入。在進入一位「慰安婦」的敘事之前，有一點必須澄清：筆者與幾位較親近的「慰安婦阿嬤」的關係，並不是分析治療的關係。首先，最初關係的建立並非由阿嬤主動要求。再者，筆者

一開始進入「田野」，是以「身心照顧工作坊」[37]義工的身分，接受婦援會主責社工員的工作分配安排，負責接送阿嬤們，或在工作坊分組活動中擔任協同人員，因而得到貼身照顧阿嬤、與阿嬤同寢等較親密的相處機會。因此，嚴格說來，筆者與阿嬤們從未進入分析情境的移情關係。但在私下交談、單獨家訪場合的某些時刻裡，「移情」確實在發生。舉例來說，有回在工作坊活動進行中，一位我初識不久的阿嬤，腳板因病腫大、不良於行，她要我攙扶她如廁、幫她換尿布。我一面不動聲色地照料她，一面訝異於她的信任，不介意當著我的面赤身露體。清潔完畢後，我們以極緩慢的速度，慢步返回活動會場。路程上，她告訴了我她當時最掛心、但無法在工作坊裡說的事，並且交代我不要告訴別人：「會告訴你，是因為跟你親，你知道嗎？跟外人是不會講這些的。」我靜默收下阿婆的擔憂，也承諾守密。在參與了婦援會不同形式的活動之後，我逐漸明白令「移情」快速發生的背景。自從 1990 年代初，以日本、南韓為主力的支援「日軍性奴役受害者」跨國網絡開始組織動員後，所有長期投身其中的核心成員，跟阿嬤們用十幾年的光陰，織成了一個類親屬的關係網絡。在台灣方面，「基金會」[38]和王清峰律師是阿嬤們口中念茲在茲的恩人[39]，而社工員、義工、幾位攝

---

37 關於身心照顧工作坊曾運用的不同治療取向和歷程描述，可參見婦女救援基金會（2005）《阿嬤的故事袋：老年・創傷・身心療癒》。

38 阿嬤們對婦援會的一貫稱法。

39 多位阿嬤曾受到王律師慷慨救助，才能稍微改善原本貧潦不堪的生活環境。因而王律師擔任法務部長期間，每回家訪，幾位阿嬤們總要與有榮焉地豎起大拇指讚嘆不已。「這是好人有好報你知母，你看，現在官做得這麼大！」

影師，和每回工作坊必到的日本左派友人，跟阿嬤們形成類似昔日村落鄰舍的小社群。對部分阿嬤而言，「基金會」成為可信賴關係網絡的符徵。在不同基金會活動場合出現的我，也就很快地被指認成網絡裡的一分子。

即使筆者與阿嬤們的關係，難以被定位成嚴格定義下的分析關係[40]，在這份既陌生又熟悉的關係裡多次出現的「移情」時刻，教經過多年分析聆聽訓練的筆者，選擇以支撐分析詮釋的「反移情」位置，書寫 M 阿婆對筆者點滴陳述的「故事」。目的在呈現分析式聆聽中，分析師如何透過認同想像將自己的在場現身（presence）和感受性（sensibility）「借」給在創傷情境中決然孤立、以致懷疑自身感受的言說主體，以便使分析情境中的雙方，藉著彼此折射出的鏡像，理解言語無法盡述的細微情緒感受。筆者深知此舉勢必引來恪遵客觀研究準則的實證取向學者的批評，認為筆者不應將主觀感受與客觀的史實重構相互混淆。但本文的目的之一即在試圖說明，所謂「客觀、中立」的科學要求，經常只能讓研究者或臨床實踐者看見外顯「症狀」，而無視於症狀源生的真實黑洞。在人為暴力創傷的研究裡，以一種超越主、客觀對立的理解和真實建構方法，或許更能接近心理創傷的主體真實（ 'the Real', Lacan 1982）。

---

40 亦非嚴格定義下的「研究訪談」。阿嬤們經常接受媒體記者的訪問，但對於「研究」訪談僅止於必須回答許多細瑣問題的印象。由於有幾位阿嬤曾隱晦地表達對於「做研究」的反感，筆者便避免強調自己的研究身分。只是低調的遞上中研院助研究員的名片，詢問阿嬤是否願意讓我到家裡拜訪。有些阿嬤婉拒，有些不置可否，有些阿嬤接過名片時，會用對晚輩鼓勵的語氣說「很棒很棒！當然歡迎！」

（一）養女

> 小時候家裡很窮，從小就送給大伯養。養父母對我很好，
> 願意讓我讀書，但是每天早上上學以前要先去採茶，放假
> 的時間也都在茶園裡幫忙採茶。後來是我自己不愛讀，上
> 了兩年小學，跟不上，就不想念了。十七歲的時候，我在
> 甘蔗園工作，有一個 XX 旅社的老闆來跟我說，海外在徵
> 看護婦，薪水比採茶高好幾倍。我說我沒有念書，不懂得
> 護理工作，他說沒有關係，只是簡單的護理工作，學一學
> 就會，不然去做食堂端菜小妹也可以。（客家阿婆 M）[41]

1940 年代的台灣，對這名生在貧戶的鄉下女孩來說，戰爭
原本十分遙遠，即使親戚中有年輕男性被派到南洋前線，戰地
仍是個難以想像的遙遠異地。而今，鄰村一名有財富、有關係
的男人來通告前線招聘女性工作者的好消息，引人焦慮的模糊
戰場，驀地轉變成一個可能脫貧致富、改善生活環境的淘金地。

---

41 這位阿婆是極少數願意跟筆者私下長談、並接受筆者獨自家訪的「慰
安婦阿嬤」之一，其餘阿嬤，筆者只能在婦援會協助進行的國際友人
來台家庭訪視、每兩、三個月舉辦的「阿嬤身心照顧工作坊」，和其他
公開活動等場合見面。 M 阿婆的故事已刊登在婦援會（2005）出版的
《鐵盒裡的青春：台籍慰安婦的故事》裡。本文中引用的口述內容，
若無特別註明，乃取材自筆者多次訪和參加身心照顧工作坊時，與
M 阿婆私下的零星談話片段。阿婆能操客、台、國、日語，談話大多
以客語進行。雖然阿婆跟我談到的內容，許多都已經在 2002 年朱德蘭
教授與婦援會合作的《「歷史的傷口──台灣慰安婦口述史」計劃成果
報告書》（2002）（即《鐵盒裡的青春》的前身）中談過，但筆者傾向使
用自己的訪談記錄版本，本文中引述的原談話內容的客語用詞極為口
語，為了閱讀的平順，引述時經過轉譯、潤飾。

「你不怕萬一被砲彈打死怎麼辦？」

「反正留在這裡也怕窮死、餓死，冒險出去賺幾年，或許有機會讓家裡過好一點。」

賺錢保命、改變生活的夢想，跟當前所有甘冒生命危險、高舉債務前往「先進國家」打工賺錢的「第三世界」移工並無二致。M 跟同村其他二名女孩，收拾簡單行囊，在旅社老闆的安排下，踏上開往太平洋戰爭前線島嶼的軍艦。

（二）女體的磨難

女孩們心理預備好了將要承受身體勞動的辛苦和戰地不可預知的危險。她們早習慣了採茶、挑磚、農事等苦差事，而且跟著日本皇軍軍艦去前線，他們總該會稍微照應這批弱女子吧。抵達島嶼，未來的工作場所兼住所仍在興建中，女孩們暫時住在一旁的簡陋木屋裡。不久，即將竣工的建築物旁立著似乎是標示著此地名稱的牌子。詢問之下，不識字的女孩們得到了一個令她們似懂非懂的答案：「這裡是『慰安所』，以後你們就住在這裡、在這裡工作。」

等到「正式開張」，門口牌子的意義，大剌剌地、如赤紅烙印般，體現在身心的苦痛、折磨，和無法休止的恐懼裡。人生地不熟，求救無門。經營慰安所的日本夫婦軟硬兼施的脅迫，士兵不可預測的性情和暴虐舉措，在有形的監控之外罩上無形的牢籠。為了不讓女孩們鎮日以愁苦涕淚面對來洩慾求歡的士兵，也為了避免她們自戕，經營者用暫時的隱忍將可換取餵養家人的金錢作為安慰。但是為了賺這筆錢必須付出的代價，遠非體膚之苦堪言。

一個清清白白的細妹，平白被人家這樣糟蹋……。第一
個日本兵進來的時候，他開始脫褲子，我問他你要做什
麼?!……那些日本兵，有的真的很壞，你不從他就打你，
還有的用軍刀嚇你、逼你。有的實在很變態，把你的身體
翻來翻去，要求你擺一些姿勢，你只能任他擺布。

(三)Mieko，奉茶

　　據說是經營者為了聊慰日本兵的鄉愁，每位女孩都被冠上
日本名、著和服，「接待」那些被國家派到前線作戰的青年。
然而，這副被迫偽裝成日本女人的女性軀殼，對大部分來「光
顧」的日本軍官、士兵、台籍軍伕來說是沒有內在的。甚至有
的「顧客」奉帝國主義之名訓斥不順從的女孩：「我們為天皇上
戰場，你們這些慰安婦為我們服務應該感到榮幸才對！」

　　被命名為 Mieko 的 M，因幼齒漂亮、乖巧溫順，而極受
「歡迎」。叫牌的「客人」多的時候，每「服務」完一個士兵，
M 便要趕緊用紫色消毒水（過錳酸鉀稀釋水）迅速清洗下
體，預備供下一位顧客「使用」。而女孩為了保全自己的內在
（interiority），也必須讓思維停滯，暫時將「自我」擱置。所有
的「生之欲力」皆被動員以維持自我的裂解狀態（splitting），好
抵抗身體被反覆入侵、摩擦、撞擊，以致紅腫、發炎的不堪痛
楚。而下體被磨破、出血的痛，跟作粗工破皮見血的苦，別如
天淵。後者，等生了繭便可不再疼痛；而前者，即使表面上復
元，淚水總也流不完，總要惦念著不知能否再見的家人，才能
壓下一了百了的衝動。

　　是什麼樣的生存本能，讓 Mieko 向老闆娘要了一副茶具？
她解釋說，想要泡茶請軍官、士兵們喝，陪他們聊天，紓解戰

爭吃緊的壓力。我不由得聯想到 Agamben 在《奧戌維茲遺存》中引述 Primo Levi（2001[1986]）《滅頂與生還》裡的一個詭異場景：在猶太死亡集中營內，納粹護衛隊（Schutzstaffel，簡稱 SS）安排了一場足球友誼賽，二個參賽隊伍，一方由 SS 組隊，另一方的成員則從主要為猶太囚犯組成的「特殊工作隊」（*sonderkommando*）中挑選。或許有些人會認為那是恐怖駭人的死亡集中營裡，極少數「短暫的人性時刻」。但是對 Agamben 而言，「這場球賽、這段似乎恢復正常的間隙」，恰好是死亡集中營最令人毛骨悚然的一幕。賽事中，兩個奮力投入球局的隊伍，各有啦啦隊在旁高聲打氣、歡呼，令人產生日常生活的錯覺／幻覺，彷彿屠殺已然結束，人們暫時遺忘了仍冒著煙的焚化爐，遺忘了瓦斯房旁推積如山的屍體。Agamben 提醒，這些看似「正常」的時刻所形成的「灰色地帶」，正是倖存者焦慮和羞恥感的來源（Agamben 1998/1999: 27）。

　　為了設法維繫自己內裡的人性，確立自己歸屬於人類社群的地位，少女 M 刻意營造出喝茶聊天的「正常」時刻。但此舉卻恰好讓自己進入了老鴇和買牌官兵們要求她扮演的 Mieko 角色。一時之間，彷彿她跟其他所有因貧困而「自願」賣身的妓女（或妓權運動者偏愛使用的「性工作者」[42]）共享一般身世。這個

42　1995 年南韓及日本女權團體為了喚醒國際間對於「慰安婦」問題的重視、爭取國際法界的支持，又為了突破日本政府及法院一再以曾主張日皇軍主導之「慰安制度」曾犯下強迫婦女勞動、雇用童工等違反國際勞動組織（ILO）於 1930 年制定的第 29 號「強迫勞動公約」的違法事實，向國際勞工組織提出申訴。結果 ILO 的公約執行調查及建議專家委員會（Committee of Experts on the Application of Conventions and Recommendations, CEACR），認為日本皇軍確實違反強迫勞動公約，

在險惡環境下「偽裝正常」的心理需求和防禦，將成為事後令倖存者百口莫辯的「灰色地帶」。也是為「阿嬤」們奔走、爭取訴求正當性的婦權團體，極力避免強調的部分。

（四）懷了「加害者」的孩子？

每星期唯一的外出機會是到軍醫那裡接受下體健康檢查，以確保不會讓士兵們染病、減損軍力。理論上，「慰安所」經營者會在官兵們買牌時，附贈一枚包裝上書有「突擊一番」的老式保險套（為軍需品之一），但部分「顧客」不願遵守規定。並且，有時保險套品質不良導致破裂，或當軍需品運輸船隻遭炮擊、補給不及時，女孩們必須撿回、清洗用過的保險套，以便重複使用。如此，女孩們長期暴露在陰道、子宮染病發炎和意外懷孕的危險裡。

> 「有的阿嬤比較不幸，子宮染病，只好開刀拿掉，沒有辦法生小孩……我十七歲到那裡，十八歲懷孕，跟日本婆（老闆娘）吵著要回來。一開始她不肯，說契約還沒到期，我肚子大了還逼我接客！一直到我懷孕八個月，生了病（陰道感染），醫師幫我開證明，才讓我回來。」

自 1996 年至 2012 年，十七年的年度報告中，曾十二度提出強烈要求日本政府負起法律及道義責任的建議（詳見 Women's Active Museum on War and Peace 2009: 41-72 及 ILO 2011）。然而，這個動員策略最大的問題是將「慰安婦」受到的「性暴力」定義為「強迫性工作」，無疑是間接認定了於「慰安所」發生的「性交易」（其實絕大部分的情況下，交易只發生在經營者與使用者之間，真正拿到錢的「慰安婦」為極少數）乃屬合法勞動範疇，這與國際女權團體視「慰安制度」為由國家主導的「性奴役制度」的觀點產生了牴觸。

「你知道孩子是誰的嗎？」

「知道……」

「日本兵的？」

M 停頓了三秒鐘：「欸……」

　　在簡陋狹隘如囚牢的斗室裡，每天被迫與一、二十個不知看不看得見明天日出的陌生男子，發生參雜肢體暴力、口語暴力、變態程度不等的性關係。在人性被推擠至角落、每時每刻遭踐踏鄙夷的情景下，愛情仍是可能的嗎？被迫做了一年性奴隸的十八歲年輕女孩懷孕了。「父親是誰？」的問題才到嘴邊，問者立即明白「父親」這個字眼的荒謬性。強暴者？沒有明天的「情人」？總之，少女 M 對肚子裡的孩子沒有絲毫怨懟。返台不久，一名陪伴年輕母親熬過兩百多個不為人知的苦難日子的男嬰誕生了。M 似要悄悄紀念這段創傷經歷，將幼兒命名為「海雄」：渡過險惡之「海」、毅勇歸來的英「雄」。但是，被投以極大關愛與期盼的男嬰，只活了三十八天便因病過世。為安撫喪子悲慟，M 託人說情，買下鄰床已有七個小孩要養活的婦人同天產下的女嬰，用自己的奶水餵養她。

「怎麼從來沒看過你女兒？」

「我女兒六十幾歲了，她的命不好，嫁去 H 市以後，生了個小孩得腦性麻痺，一直就忙著照顧這個孩子，連來看我的時間都沒有。」

（五）竭力求生存的母親

　　18 歲的 M 為了育嬰、維生，作過各式各樣的工作。返台

初期，曾待過一家當地極著名的茶室。講述這一段時，M 的情緒夾雜著興高采烈和羞愧不安，一方面亟欲讓我感受當時茶室出入的都是些政要富商、歌舞昇平的繁華景象，一方面又低下眼瞼、赧於細述自己在那裡的工作性質。為了娛賓，她學會許多日本歌。但她的最愛還是客家山歌，擅長自己填詞吟唱，只因不識字、無法寫下歌詞，得靠一位在茶室結識的胡琴師傅幫她記下、再搭上傳統曲調。當 1960 年代台灣省開始舉辦客家山歌大賽時，成為友人的師傅多次慫恿她參加比賽。M 抱回滿滿的大小獎盃，一回更奪得全省大賽老山歌組的冠軍。M 將獎盃用塑膠袋仔細包裹，陳列在櫥櫃頂端。三十多年後，前來探視已成為阿嬤的 M 的來訪者，仍可在狹隘簡陋的小廚房裡的碗櫃上，發現這堆包著沾滿黑膩油塵的塑膠袋的獎盃。

　　38 歲的 M 終於還是結成了婚，婚後不久生了一個小男孩。小男孩六個月大時染上小兒麻痺，捉襟見肘之際，多虧蔣宋美齡開辦的振興醫院[43]免費為小兒麻痺症患者提供治療及復健，否則真不知何處掙得這麼大一筆醫療費。

　　「他本來到七歲都還不會走路，都用爬的，後來醫到會走。」

一股知恩圖報之情，讓 M 義無反顧地加入國民黨，成為一輩子忠貞不二、按時繳交黨費的國民黨員。

　　「你看這是我的黨員卡，一年 200 元而已，你入黨了

43　全名為「振興復健醫學中心」（游鑑明 1999）。

嗎？……要記得投給馬英九喔！」[44]

　　幫國民黨拉票，低調地炫耀和馬英九的合照，幾乎已成為選舉前後家訪時的例行公事。

　　四十多歲時，不識字的 M 在友人介紹下開始拉保險。從事保險業這幾年是她收入最豐厚、生活最穩定的時期。從這個時期留下來的照片上，可看出她的衣著打扮相當體面入時。但就在生活稍見改善的當口，M 的丈夫自親戚處聽說了她「做過慰安婦」，不久便拋下 M 和親兒，搬去和另一個女人同住。

（六）洗衣阿婆

　　1980 年末，年入六旬的 M 不再有工作機會，鎮上分局幾位警員得知 M 的遭遇，便弄來一台舊洗衣機，央請她幫忙洗衣服，至少能補貼房租。這一洗便結下二十幾年情誼。 1990 年初，該分局警員接獲報案，一對精神病患夫妻發生爭執，父親威脅殺死才剛出生只有六天大的男嬰。當年，社工收養救助體系不盡完善，警員跟 M 阿婆商量，請她代為照顧、收養這名男嬰，這一養也就二十載光陰。男孩上小學四、五年級時，生父母家人曾找上門來，想把男孩帶回去認祖歸宗，但男孩執意留在阿婆身邊。 1992 年 2 月，分局警員看到婦援會設立前台籍「慰安婦」申訴專線消息，便替阿婆打電話聯繫[45]。

---

44 這次家訪時間恰值 2008 年總統大選前。

45 婦援會自 1992 年設立申訴電話起，即成為主導台灣「慰安婦」運動的
　　NGO。其工作項目包括為慰安制度受害者爭取台灣政府的社會福利照
　　顧，開辦阿嬤身心照顧工作坊，協助對日求償申訴，進行國內外倡議
　　行動，與國際 NGOs 組織合作尋求國際支持等。 2008 年設立「阿嬤的
　　網站——慰安婦與女性人權虛擬博物館」，作為慰安婦暨女性人權和平

　　1995 年，日本政府為避免正式承擔戰後責任而設計的「亞洲女性和平及友好基金」，以民間財團法人名義籌措經費，並到各國遊說受害者接受賠償金。已被婦援會整合起來的台灣阿嬤們，在聽過說明之後，絕大部分不願接受這嗟來之食。在婦援會創辦人王清峰律師的奔走協調下，婦援會自 1995 年起為前「慰安婦」爭取到台北市（陳水扁任內）及台灣省（宋楚瑜任內）的生活扶助費和社會醫療救助資源。 M 常說：「還好有基金會幫我們要到每個月 15,000 元的補助，不然早就死了！」

　　對許多位家境貧苦的慰安婦阿嬤來說這寶貴的 15,000 元，是養活一家數口的主要經濟來源。當年難以承受的創傷，如今居然變成一家子的「資源」，這是「慰安婦阿嬤」們始料未及的。拒絕了日本政府偽善金錢的阿嬤們，不得不仰賴台灣政府和民間的經濟資助，卻也讓某些原本就不容易的親子依賴關係，更加複雜起來。

（七）死命撐起來的「家」？

　　跨國支援「慰安婦」運動的參與者，經常把這些不畏旅途勞頓、赴世界各地做見證、勇於說出自己悲傷故事的「阿嬤」們，譽為「最年長的女權鬥士」。催促我生子、讚嘆我命好嫁了個好丈夫，是我每回去探望 M 時，除了馬英九之外總也避不開的話題。對 M 來說，傳統父權價值根深柢固，生兒育女是女人的天職，女人最淒涼的晚景不外無夫、無後。知道我遲遲未生子，每回總要摸摸我的肚子問：「要生了嗎？阿婆也是 38 歲才生，來得及喔！生個孩子以後才有人照顧你，知道嗎？」雖然在現實生活裡， M 自幼被親生父母送養、自己婚姻破裂、家庭殘

紀念館之籌備工作。詳情可參考婦援會網站 http://www.twrf.org.tw/。

缺、晚年縱有親人亦幾乎形同無所依恃，她卻如溺水之人死命抓住救生圈般，自始至終緊握「家」的意象，無論如何要把自己看成一個牢牢嵌在家庭結構裡的人。

2011 年初，年已 86 歲的 M 去分局收衣服時不慎在階梯上摔跤，右邊大腿近髖關節處骨折。出院後返家休養，生活無法自理，需要貼身照料。 M 的兒子希望她到養護中心接受全天候專業護理人員的照顧，但 M 堅持道：「我是有兒子的人，你懂嗎？」身障的親生兒子難盡照顧之責，認養的孫兒又不懂得如何悉心照料，M 卻執意選擇留在淫穢破陋的家裡，不願到乾淨舒適、隨時有人看護照應的免費安養所在，任憑受盡一生勞碌折騰、業已筋疲力竭的身軀，癱在無人隨侍在旁的陋床上。

M 跌倒不久，新竹縣長邱鏡淳數度派人至醫院、家中探望這位「新竹縣僅存的慰安婦」。 2 月底邱親自前往家中慰問，M 的貧病交迫顯然令一行人怵目驚心，邱立刻答應幫 M 長期失業的兒子在縣府社會局安插職位。隔幾天，輪到馬英九總統親自來探望。聽鄰居說，當天維安人員和媒體記者加起來的陣仗，龐大到把 M 居住的這條小鎮街道堵得動彈不得。 M 的兒子在病榻旁接待總統，不知是否因為面對媒體過度緊張，竟在總統面前稱自己母親為「國寶」[46]，彷彿作為碩果僅存的「慰安婦阿嬤」之子，也算是個光榮。事後我再訪 M，M 告訴我兒子已經正式在縣府工作，「你知無？縣長是看在我的面子上才答應幫他找事做的。」多次公開露面參加抗議行動的 M，很清楚她的「慰安婦」身分在現下台灣，甚至是國際社會裡可能擁有的號召和動員力量，即使這力量往往隨著媒體轉換焦點的速度瞬起

---

46 見徐養齡（2011）。

即滅。

（八）失序的類屬

　　最後一次去 M 家裡看她，她那張單人木板床，一如往常地被衛生紙、菸盒、打火機、報紙、手機充電器，與馬英九的合照輯冊、收藏各式日常用品的紅白紋塑膠袋等雜物包圍。但躺在木床上的她明顯地瘦削、孱弱許多，臉頰、四肢的肌肉乾癟地貼在骨頭上。我推開虛掩的門進房時，看見 M 的臉龐左側被一張隨意摺疊的舊報紙微微遮住，報紙中間擺著一個桃紅色塑膠免洗碗，碗裡盛著因淋了過多醬油膏而呈黑褐色的飯，飯裡夾著兩道細細的菜葉，上面躺一支白色塑膠免洗湯匙。飯已涼，阿婆大概只動了一兩口。來了這麼多次，早已習慣 M 住所的老舊、狹窄、髒亂、氣味，但眼前這一幕讓我禁不住心驚，有幾秒鐘的時間，懷疑眼前這副疲憊衰老的軀體是否還有氣息。我陷入沉思：當一個人就寢歇息的地方，同時跟食物、垃圾如此混雜地接近，人該如何保持尊嚴？極不合時宜地，我憶起六、七十年前海外那一張奪去女孩 M 對未來憧憬夢想的床，那個讓 M 從 17 歲開始學會用菸祛散苦悶、藉酒澆愁，竭力避免讓自己感覺到自己真正感受的恐怖空間。

　　幾個月後，M 被送進加護病房。趕去看她時，我認識的阿婆已不成人形。許多得知消息前來探她的訪者，幾乎都是不同時期在倡議運動中認識她的社工、義工、影像記錄者等，兩兩輪流換上隔離衣進去探視。我們在床邊握著 M 冰冷的手，不斷喊她的名字，說些連自己都不太相信的鼓勵話語，其實都心知肚明，這是最後一面了。

（九）誰來為濟公斟酒？

　　M 是所有「慰安婦阿嬤」裡，被公認最開朗活潑、社交能

力最強的阿嬤。一回，我幸運地獲准全程參與「阿嬤身心照顧工作坊」，晚上就寢時，被分配到跟 M 同房。二人輪流梳洗完畢，各自側躺在單人床上，有一搭沒一搭的聊著。細心的 M 說：「你還有問題要問我嗎？」我如獲至寶地繼續我們前幾次斷斷續續進行的「訪談」。

「想到以前的事還會難過嗎？」
「已經不去想了，不要想那些。基金會找這些老師來幫我們上課，教我們不要覺得自己因為做過那種事就是不乾淨的，教我們不要理別人怎麼想。有一個年輕醫師還說我們是菩薩呢！要不是我們受苦，可能是他自己的阿嬤會被欺負。再說，是日本人的錯，不是我們的錯！」

說到菩薩，M 突然想起什麼要緊的事，猛地爬起身，邊低聲輕嚷：「啊，這不可以忘記！」她從行李袋中取出一個塑膠袋，打開平結，裡面是一個八寶粥鋁罐。剝開圓塑膠蓋，倒出三小團衛生紙，小心翼翼地一一打開，眼前出現了一把迷你蒲扇、一個裝著白色透明液體的小塑膠瓶，和一個約四、五公分高的小神像。M 把蒲扇插進迷你濟公右手握拳的洞裡，虔敬地把神像放在電視機座頂的正中央，然後懸開塑膠瓶，往濟公嘴邊送，口中念念有詞。一巡、二巡、三巡。我靜靜地看著 M 完成她每日睡前必行的朝拜儀式。

「這濟公很靈！阿婆從年輕時就拜祂，都靠祂保佑。」

由神明、家、基金會、小鎮分局警察、國民黨、馬英九、山

歌、酒友、跨國義工等構成的關係網絡，整個撐起了 M 的內在世界，減緩了爭取二十年仍遲遲得不到日本官方賠償和正式道歉的怨憤。

七、歷史銘印、共享記憶：真相版本之戰

在你—我的主體對偶關係中生產的私密敘事，一旦遇上研究、司法、倡議、教育、社會運動、政治動員等需要，而轉化為不同形式的公共敘事時，立刻會遇上敘事的再生產和工具化的問題。可想見的是，既存於公共空間的權力結構將影響敘事再生產版本的形塑，不同社會行動者會試圖生產服膺自身史觀認知框架，並能強化、鞏固其發聲主導權或權力正當性的敘事版本。在此情況下，創傷主體是否能在外延的人際關係網絡或更抽象的想像社群中，尋得願意聆聽、分享創傷記憶的他者，勢必遭遇更多挑戰。

在慰安婦歷史創傷敘事的例子裡，最明顯對立的兩個公共論述，是人道主義女權論述和歷史修正（否認）主義論述。前者認為，慰安性奴役制度乃日本皇軍運用國家力量迫使本國或他國平民從事奴役勞動的行為，其有系統或大規模違反人權的程度，符合國際公約對於違反人道罪之定義[47]，因而人權版慰安婦

---

47 自 1948 年《紐倫堡憲章》起，國際公約首度對於違反人道罪做出較為明確的定義。隨後南非、前南斯拉夫、盧安達等國際法庭，曾先後對其內容加以修訂。《紐倫堡憲章》第 6 條第 2 款（c）將違反人道罪定義為：「在戰爭爆發前或戰爭期間對平民進行屠殺、滅絕、奴役、放逐或其他非人道行為，或假借政治、種族或宗教的理由，而犯下的隸屬本法庭管轄權範圍、業已構成犯罪或與犯罪有關的迫害行為……。」

敘事強調的是日本皇軍與慰安性奴役制度的直接關聯和受害者的悲慘境遇，以喚起社會意識為其爭取正義。反之，日本右翼自由史觀學者提出的歷史修正論，全面否認日本在二戰期間犯下的戰爭罪責，慰安婦在這個版本裡仍舊是受害者，只不過加害人並非國家機器，而是逼良為娼的惡商。是以作為民間慰安所「消費者」的日軍，在歷史修正論者的口中反倒成為無辜受牽累的「受害者」。

關於「慰安婦」私密創傷經由國際人權倡議運動進入公共空間、成為公共敘事的歷史過程，筆者已為文討論（彭仁郁2012），在此僅以一次國際意識宣導串聯行動為例。

（一）國際支援「慰安婦」人權 NGOs 的正義申訴

1994 年 12 月 8 日，在日本政府決定透過「亞洲和平女性基金會」（又稱國民基金），以向日本民間募款的方式賠償日本皇軍「慰安制度」受害者之後，台北婦女救援基金會隨同南韓、菲律賓、荷蘭等受害國民間代表團體，聯合以多國語言在全球十餘國重要大報，同步刊登替前「慰安婦」爭取正義、人權的申訴廣告：

> 日本政府，還我慰安婦**尊嚴**！
> 控訴日本政府的**不義**
> 漠視慰安婦**人權**
> 譴責日本政府的**罪行**

2002 年生效的國際刑事法庭規約（簡稱國馬規約）第七條對於違反人道罪的定義中，更明確地納入（g）「強暴、性奴役、迫使賣淫、強迫懷孕、迫使不孕，或任何其他具同等嚴重性的性暴力。」

慰安婦所遭遇的是日本政府制度化的暴行，其違反人權的
罪行，即使經歷戰後五十個年頭，**慰安婦身心深處的創痛
仍舊無法平復。**

日本政府企圖以民間基金會的方式解決戰後的賠償問題，
逃避對慰安婦賠償的責任。此種做法實缺乏道歉與賠償的
誠意，對受害者的人格亦是侮辱，應予以公開的譴責。

伸張慰安婦人權
**強烈的羞恥感日夜腐蝕著慰安婦的心靈、她們的健康狀況
更是低落。無力自我表白的慰安婦，其人權與尊嚴一再的
受到戕害**，未能獲得合理的金錢、住屋、醫藥等援助，使
得痛苦持續的蔓延。因此，支持慰安婦挺身而出爭取應有
的權益是你我的責任。而控訴不義日本政府，擔負起戰後
應盡的職責則刻不容緩。[48]

　　這篇抗議申訴文強調的重點是，「慰安婦」乃日本政府於戰
時犯下的違反人權罪行的受害者，她們承受的身心創傷五十年
後仍然熾烈，因而拒絕作為加害者的日本政府以民間基金的慈
善家姿態，繼續羞辱受害者、推諉所應擔負之戰後責任。上述
廣告中所言的「無力自我表白」，不僅是「慰安婦」的性創傷尋
不著適切的話語，更因為缺乏準備好聆聽的耳朵。這則廣告邀
請全球讀者張開自己的眼耳，進入見證者的位置，接納慰安婦

---

48 台灣方面刊登於中國時報與聯合報。廣告內容則摘自江美芬（1995）
　　〈台灣慰安婦調查報告〉。斜體和黑體為作者所加的。

的歷史故事，並對卸責的加害國施壓。

　　1980 年代末、1990 年代初人權、女權訴求的全球化，促成日、韓、台女權 NGO 組織的蓬勃發展及跨國連結，讓「慰安婦」的歷史真實，在長達半世紀僅出現在零星的文學作品或報導後正式進入公共領域，也相當程度地固定了「慰安婦」故事的敘說版本和形式。當面容布滿歲月刻痕、身軀佝僂、腳步蹣跚的「慰安婦阿嬤」們，首次用第一人稱的「我」描繪自己的受難經過時，聽著的時間感被斷續交錯的言說、哽咽和淚水，拉回半世紀前，宛如眼睜睜地「目睹」當年的青澀少女一步步落入陷阱，或被強行拖入無力扭轉的悲慘境遇中。見證者第一人稱的敘事，與聆聽者第一人稱的想像認同，共同完成了見證事件。如此獲得與我相似、卻又非我的他者（l'autre semblable）目光反照出的鏡像的確認，原本凝結、停滯的創傷時刻，得以重新開始流動。被封存在凍結時間裡的受創、受辱的孤寂少女，必須重返與他者共在的世間，才能進入哀悼歷程。

（二）「慰安婦」創傷敘事與性別政治

　　國際女權團體為了喚醒世人切勿遺忘女性戰爭創傷而生產、流傳的慰安婦受害敘事，很快地被中國、南韓、台灣的仇日國族主義論述收編，藉以集結境內力求恢復過去中華民族或朝鮮民族輝煌光榮歷史的政治勢力。針對南韓「慰安婦」進行政治、社會、經濟人類學研究調查的 Sarah Soh 甚至認為，國際女權團體的主流論述，與韓國新國族主義反日論述，不約而同地形構出「慰安婦」乃「日本皇軍性奴役制度的受害者」的「偏頗事實」，進而將女權團體、南韓新國族主義所描繪的

受害者「範例故事」，與日本右翼主張的「自願說」[49]，放在同一個「真相」水平上，認為三種論述皆僅指出「部分真相」（Soh 2008: xiii）。接著，為了擺脫將「慰安婦」視為被動受害者的主流故事，Soh 在描述韓籍「慰安婦」離家求職（落入陷阱）的誘因時，強調當時韓國女性普遍受到自日本傳入的平面媒體所塑造的「新女性」形象的召喚，對於日本社會充滿進步、光明未來的想像，因而把離開家鄉赴日本或海外工作，視為這些女性爭取獨立自主的機會[50]（Soh 2008: 4-7）。筆者十分同意 Soh 站在女性主義人類學觀點，指出「慰安婦」現象、「慰安制度」的出現，實由多重因素形構而成，倘若想完整理解「慰安制度」之所以可能，光是歸罪於下令徵召的日本皇軍是不夠的，尚需考量當時殖民社會中更複雜的社會經濟及文化因素，尤其是當時亞洲普遍的父權社會宰制結構，可謂慰安制度的潛在共謀。 Soh

---

49　小林善紀（2001[1998]）在《台灣論：新傲骨宣言》中引述許文龍及蔡焜燦等人，認為「慰安婦」皆為自願前往前線掙錢翻身的貧家婦女，因而出現「自願說」或「出人頭地說」。然而，在東京接受劉黎兒專訪時，小林坦言許和蔡其實未提到自願二字，僅表示當時未曾聽聞有「強制」徵召之事，而所謂的「自願說」和「出人頭地說」其實是「日本一般的常識」（詳見劉黎兒 2001）。下文將討論台灣論中譯版出刊時引發的風波。

50　台籍慰安婦阿嬤們的見證中，亦有少數提到前往海外之前，掮客帶她們去添購時髦新衣、幫她們化妝，打扮得像雜誌裡的日本現代女性。但依據前台籍「慰安婦」的口述史調查（朱德蘭 2004）推測，有機會接觸這些雜誌的實為少數。且徵募廣告大多明確指出工作地點在戰地，並非可實現新女性獨立夢想的理想地。倘讀者對日治時期殖民政府如何透過平面媒體塑造現代女性形象有興趣，亦可參見楊翠（1993）的分析。

舉出的社會結構成因包括工業現代化、資本主義經濟制度的引進使得女性可藉由工作獲得流動可能，父權家長制對於女性的貶抑和性身體控制，對於男性性需求的寬容，卻又對女性性工作默許等。但是，為了賦予這些女性積極正面的「能動者」位置，Soh 將「慰安婦」刻畫成受教育機會提高，因而渴望獨立自主的「新女性」的說法，則令筆者持保留態度。至少在台灣的情況裡，這樣的描述無法適用於婦援會尋獲的絕大部分女性。這種基於性別政治正確而回溯地賦予二戰期間亞洲婦女解放形象的論述，未嘗不是落入意識型態先行的片面「真相」。

（三）慰安婦敘事與認同政治：台灣論事件

　　2001 年 2 月初，日本右翼政論漫畫家小林善紀的《台灣論：新傲骨宣言》（2001[1998]）在台發行中文版。這本漫畫書的立意，主要是期盼當今日本社會擺脫二次大戰後形成的「自虐史觀」，恢復昔日（帝國時期）輝煌榮耀，因而企圖在前殖民地台灣追尋一種作者認為業已在日本失落的「大和魂」。書中藉由許文龍和蔡焜燦兩位台獨立場鮮明、被指為親日的企業家之口，指「慰安婦」皆為自願從娼，且受到日軍妥善的醫療照顧和相較於同業更優渥的薪資，不啻為戰時台灣貧家婦女出人頭地的途徑。中文版上市後立即在媒體引發軒然大波，收到歷史學者、婦女救援基金會等婦權團體、泛藍政治人物等多方強力抨擊。儘管「慰安婦」議題僅占此書極小篇幅，且書中仍包括其他顯示作者立場偏頗、值得延伸討論的歷史議題（比如偏重國民黨執政威權時期對人權侵犯的描述，而對日本殖民政府壓迫輕描淡寫等），針對此書的激烈評論幾乎都圍繞在許蔡扭曲史實、污衊受害者人格上。相較於泛藍政治人物的及時抗議，民進黨──尤其是理該首當其衝捍衛婦女人權的民進黨中央黨

部婦女部——卻要到 2 月下旬才緩緩出現批評的聲音，要求與
蔡許兩人的親日史觀做出區隔。就在部分親民黨、新黨立法委
員公開撕書、焚書，婦援會發起拒買、拒看行動時，幾位台聯
和建國黨立委至著名連鎖書店大批購買該書以表支持。一時之
間，慰安婦議題與《台灣論》，幾乎成為統獨政治光譜兩極之民
族主義民粹分子，爭奪歷史詮釋及族群政治認同的戰場。彷彿
「慰安婦」傷痕可以直接與「外省」族群的國仇家恨連結，參與
慰安婦倡議運動就等於反日、仇日[51]，甚至反台獨；彷彿支持台
獨就必然親日、擁護軍國主義；彷彿台灣住民只能按照自己的
族群認同，在白色恐怖與慰安婦兩種歷史創傷記憶中間擇一繼
承。在這場風波之中，自由、正義、人權／女權或性別平權等
普世價值，未能超越政黨和族群認同群體的政治操弄，成為台
灣內部共識的基礎。

　　台灣論事件對於台灣「慰安婦」阿嬤們造成的心理衝擊是毋
庸置疑的。在事件風波中進行的那一回身心照顧工作坊，充滿
公開遭辱的憤怒。多位阿嬤激動地表示應要求許文龍親自來向

---

51 劉黎兒在小林善紀專訪中曾問道：「對於各國均有的慰安婦運動您的
　看法如何？」小林回答說：「我認為這是一種反日運動，日本國內有一
　些左翼人士發起，然後到亞洲各地展開此一運動，中國大陸、南韓原
　本即相當反日，其他地區則有基本經濟的動機參與的……台灣最好不
　要拿慰安婦問題等來反日，因為一提起慰安婦問題便很可能出現『停
　止思考』的現象，萬事皆為之停擺，以台灣的國家利益而言，與日本
　維持良好的關係，為台灣未來而設計一個藍圖是很重要的。」（劉黎兒
　2001）2001 年 3 月初，內政部以「有違我國對慰安婦人道關懷形象，
　傷害國家民族尊嚴，影響國際視聽，危害我國利益及善良風俗」為由，
　決議拒絕小林善紀來台入境申請（羅廣仁 2001）。

他們當面道歉，有的甚至堅持「不道歉就告他」，但此提議最終未被參與的全體阿嬤們採納。以商擁政的企業家自以為是的言論，再次撕扯阿嬤們仍未癒合的傷口。

「慰安婦」阿嬤們自身不同的政治傾向和族群認同在工作坊從來不是焦點[52]，促使她們凝聚的是難以為外人道的痛楚和彼此護持、見證真實的需要。共同的創傷主體經驗，讓阿嬤之間得以暫時拋開族群認同政治的差異，形成類親屬的情感聯繫。但在慰安婦支持者之間，政黨及族群認同政治差異的超越則需要緊扣著人權的普世價值作為理性結盟的基礎。2008 年 11 月，台灣立法院追隨美、英、歐盟等國國會的腳蹤，無異議通過慰安婦決議文，正式向日本政府表態支持台灣「慰安婦」對日求償的行動。這項決議文由民進黨立委黃淑英與國民黨立委楊麗環連袂推動，朝野兩黨一致支持，因而可以說是自 1992 年台灣慰安婦問題被發掘以來，第一次對此議題形成跨政黨共識。當然，這次跨黨派合作中形成的「我們」，某種程度是受迫於歐美非受害國國會早一步通過慰安婦決議文的壓力，而不得不為。

---

52 但不代表阿嬤們不會指認彼此的政治和族群差異。按筆者觀察，經常參加婦援會活動的阿嬤當中，支持國民黨的比例相當高，亦有不少「馬迷」。這和慰安婦倡議運動代表人物王清峰自身的政治色彩不無關聯。此外，儘管藍綠政治人物在不同時期、以不同形式參與過為「慰安婦」伸張正義的行動，泛藍政治人物行動的高度媒體化，比方 1997 年馬英九參加議題宣傳廣告的拍攝，同年李敖舉辦私人收藏義賣會捐給仍在世的阿嬤，都加深了「慰安婦」是泛藍議題的印象。這點不僅影響了阿嬤自身的政治選擇，也影響了社會大眾對於慰安婦倡議運動的參與意願。其中的一項指標是，成立於 2004 年的阿嬤後援會，雖然沒有設定加入門檻，至今才累積一千六百多名會員，願意定期收到倖存阿嬤的生活訊息及慰安婦議題相關活動資訊。

通過決議文對於領導倡議運動的婦權 NGOs 而言是個重要的里程碑，對於慰安婦阿嬤則是安慰效果大於實質意義，因為即使面對排山倒海的國際譴責，日本政府仍舊不動如山。

（四）從我—你的理解循環，到不同「我們」封閉防禦的跨越

創傷主體認納的社會面向，把我們引導向創傷歷史記憶傳承的問題：應該形構什麼樣的可共享集體記憶，才能讓國家暴力的創傷主體獲得社會認納，又能避免複製仇恨、報復的強迫衝動，走出受害情緒，甚至是被迫害妄想的耽溺？此共享記憶涵蓋的範圍，不僅限於有面孔的他者（有直接往來的社群成員），亦將擴張至無面孔的他者（媒體、教育、出版品可達之處），更須考量地緣政治、國際司法體制（至高他者象徵）的參與。理論上，完美的答案可能是，加害者與受害者能夠藉由認罪和寬恕的過程達成和解，一同形構共享記憶的內容和銘印形式。此共享記憶銘印的最高形式即如 Ricœur（2004）所言，雙方達成「相互認納」（mutual recognition），如此才可能終止無人承擔的罪惡感，並使受害者停下尋求認納的重複衝動。

但世界上各個角落正在進行的極限暴力真相調查、寬恕、和解嘗試，都令我們意識到這個答案的高度理想性和實踐的困難（Thomas 2011）。部分學者認為，為了解決加害群體與受害群體在暴力屠殺過後必須生活在一起的實際需要，令加害者與受害者藉由對彼此的同理、達成和解是必要的終極目標（Gobodo-Madikizela 2008）。但若將「和諧」、「和解」的理想狀態視為前提，進而鼓勵加害者為了換取減刑、赦罪等一己私利認罪——如南非真相與和解委員會的做法——，或甚至在沒有任何加害者出面認罪——如「慰安婦」和台灣白色恐怖——的情況下，單方面要求受害者放下怨憤並寬恕加害者以尋求表面

和諧，無非是否認歷史創傷、再次剝奪主體詮釋權的另一種暴力。

　　實質的相互認納，並非純粹立碑、立法、入史、建館等外在建制所能及。歷史創傷事件中的相對行動者，需移動理所當然的本位，與異己／他群在一個暫時剝除族群、性別、階級、意識型態等身分限定，即具有普世性的「人」的基礎上發生想像認同，而使異己者成為擁有可哀悼性的我類。但若僅停留在此階段，不同創傷主體的殊異性依然可能被抹平，而成為一群面貌模糊的受害者整體。普世人的想像認同仍須挪移至他者殊異的身分認同中，想像地體受特有族群、性別、階級之人的歷史經驗如何形塑其主體性，進而回觀作為他者之異己的我群，如何可能被他者想像建構。如此，多重異己歷史或主體經驗的相互承接，意味著加害者、受害者、旁觀者的身分將隨著不同歷史事件的焦點流動。

　　這樣的主客位置流動必然使相互認納的過程充滿苦澀，因為認納者承接的不僅是異群的創傷史，亦是己群的迫害史。曾經，為了鞏固己群的理想化形象，抵禦身分認同不確定性所引發的生存焦慮，最便捷的途徑是將偏執的被迫害恐懼投射至選定的他群（需逐出的壞客體），據此正當化任何激烈的防禦或消除異己的暴力行為。其後，為了避免內部因矛盾崩解，僵化的集體歷史記憶便成為維繫身分認同完整幻象的「社會心理飛地」（"psychosocial enclave", Figlio 2011）。在此觀點下，相互認納是一個複雜的動態過程，不同的「我們」與「我們」在其中照見彼此、揭露自身、承認「閹割」（非全知全能）、放棄理想自我完美幻象。過程中將引發集體理想自我（官方集體歷史版本）某種程度的崩毀，需要漫長的哀悼和修補歷程，才能達

成真正的轉化、昇華或解放[53]。

八、結語：戰爭創傷敘事的歷史銘印

　　表面上看來，創傷記憶僅屬於親身經歷過的人，創傷主體乃記憶的唯一承載者，一旦主體辭世創傷記憶也隨之消滅。但精神分析對於世代間創傷（transgenerational trauma）的臨床研究，指出創傷憶痕的潛意識繼承現象。意即，未曾銘印的歷史傷痕，猶如拉康理論中從象徵界被逐出、褫奪權力（forclore）的感知痕跡，將幻化成恐怖的幻覺，不斷地從真實界復返。（Lacan 1956: 321）未被宣稱所有權的創傷憶痕不隸屬於任何人，而有如未安息的幽靈般在家庭和社會的集體生活中出沒。（LaCapra 2001）它將附著在欲追尋真相的人們身上，以不同的「症狀」形式現身[54]，直到創傷獲得他者的認納、形成象徵銘印為止，也就是使創傷憶痕成為可分享的意識記憶或歷史敘事。

　　筆者沒有足夠的田野資料說明台灣慰安婦子代如何繼承這段創傷史，但從家訪和相關活動中，可觀察到家族內傳承的困難，或一種涉入（engagement）的反同心圓現象，即距離主體愈近的人愈傾向避開慰安婦議題。除了願意公開身分、經常在媒

53　感謝審查人之一提醒所有打破普世價值的創傷（如本文所談的「慰安婦」戰爭創傷）皆具有潛藏的解放力量。但筆者需補充說明的是，這樣的力量並不來自集體創傷本質上的普世性，而是來自站在不同位置的主體對創傷認納過程所投入的修通（working through）努力，令創傷經驗的普世性得以被彰顯。

54　「症狀」（symptom）原為徵兆之意，顯示無法直接觀察的根源不僅包含負面的受苦狀態，亦是歷史創傷尋求意義和銘印的彰顯。

體出現的幾位阿嬤之外，絕大多數阿嬤的親人並不贊成自己的母親或長輩參與婦援會的倡議活動，有些家屬甚至至今不知她們身上背負的歷史傷痛。傳統父權對於性侵受害者遭玷污的想像和社會污名的擔心仍舊作用著，對於女性貞操的片面要求難以根除。人權普世價值的論述，國際一致支援的聲浪，敵不過「家醜外揚」的污名恐懼[55]。由親人、鄰居對於承接慰安婦創傷史的拒斥，我們可從反面看出敘事和認同的根本關聯——他人敘說自己的故事的方式，即為自己如何被他人指認的方式。有能力將慰安婦創傷敘事自家族史層次挪移到集體史的社會脈絡中來看的人，較可能接納自家女性長輩是「慰安婦」的事實。

　　2001 年的台灣論風波，無疑是潛藏在台灣社會多重戰爭遺緒的症狀展現。「慰安婦」主體創傷經驗在形成公共敘事、尋求集體歷史銘印的過程中，不可避免地撩起了其他源自不同時地、不同戰爭，而未被安置的歷史創傷（中日戰爭、中國內戰、反殖民抗爭、原漢衝突、威權鎮壓……）。於是，自我認同乃至集體認同的形塑，經常意味著選擇承繼或拒斥某一特定創傷敘事版本。如此，繼承敘事版本的可分享性（包含可言說和可被聽見兩層面），便決定了不同社群集體認同之間關係的張力程度。

　　在國際層次，慰安婦公共敘事的版本，1996 年聯合國人權委員會特別調查小組提出的報告和 2000 年在東京召開的國際女性戰爭法庭[56]，皆將「慰安婦」歷史定調為日本皇軍在戰時違反

---

55 筆者的另一篇文章中曾談及一位原住民慰安婦的例子（彭仁郁 2012）。

56 全名為 The Women's International War Crimes Tribunal on Japan's Military Sexual Slavery。一年之後，法庭做出的判決是：作為國家最高領導者

人權強徵殖民地與戰地婦女為性奴隸的罪行。反觀台灣，若以
國、高中歷史教科書的內容作為歷史銘印的初步指標，2001 年
時高中歷史仍未編入，國中統編版則以中國史觀出發，將「慰
安婦」一詞放在八年對日抗戰的章節中，與南京大屠殺並置，
描繪日軍侵華手段的慘絕人寰。 2002 年民進黨政府開放民編
版，實施一綱多本。此後，絕大部分國、高中歷史教科書版本
皆納入慰安婦史實，多數版本皆以台灣史為視框，將其置於日
治時期皇軍對殖民社會的戰爭動員和皇民化的框架底下，筆調
較為平實，但描述仍顯簡略。其中，僅有全華出版的教科書部
分採納「自願說」：「慰安婦的來源除風塵女子外，也有自願到
海外從事慰安工作，及軍部透過役場（公所）在各轄區以抽籤
方式徵調民間婦女，或以「奉公」名義抽掉年輕女性，另外還有
被騙而至海外從事軍妓工作的女性。」（李力庸 2006：132）[57]
但所有將歷史視框從中國移至台灣的敘事版本，皆被統派人士
譴責為去中國化的皇民史觀[58]。然而，當歷史學家在爭執台灣慰
安婦創傷史究竟是屬於台灣殖民史，或是日本侵華史的一部分
時，「慰安婦」的主體經驗敘事整個地被淹沒在國族認同的戰鼓
聲中；創傷記憶（主體敘說）與集體認同（公共敘事）的辯證關
係也陷入停滯狀態。

　　的天皇，必須為日軍性奴役制度負法律刑責。法庭審理過程可參閱
　　Kim Puja（2001）。

57 有關慰安婦之內容，被編在此書第八章〈戰爭時期的台灣社會〉中的第
　　四節「看護婦與慰安婦」。

58 詳見〈王曉波：皇民史觀入教科書，馬將成歷史罪人〉（NOW news
　　2010）之報導及〈社論：撥亂反正乎，為德不卒乎──評高中歷史教科
　　書課程綱要修訂草案〉一文（海峽評論 2010）。

　　無論是人權論述、性別政治，或精神醫學論述等公共敘事或普遍描述，皆只能捕捉「慰安婦」主體經驗的一部分。若欲維持以獨特性、異質性為特徵的主體創傷敘事對大歷史、公共敘事的挑戰能力，必須尋得私密創傷敘事的繼承人，或者，替阿嬤繼續說故事的人。敘說者呈現的不是被集體認同框定的無面孔、無血肉的專有名詞（what 的身分指稱），而是曾在特定時空中活著、擁有特殊經驗的人（who 的身分認同）。敘說者可以是研究者、治療者、運動分子、藝術家、文學家、村民、鄰居、孫兒……

　　歷史創傷記憶的傳承——包括個人到集體、世代之間的傳承——仍是個尚待進一步思考的議題。筆者把創傷分析療癒的「終點」（若終點存在的話），視為主體社會實踐的起點，亦是精神分析與社會學可能彼此銜接、對話的交界。筆者以為，精神分析的聆聽訓練，及其對於主體特異性和詮釋權的重視，有助於促使創傷憶痕的表徵化（經驗與象徵的流動轉換），闡明創傷敘事傳承、身分認同建構與社會繫連修補的根本牽連，並協助敘說主體化的生成，令個別經驗敘事在匯入大歷史的同時，能保留持續挑戰、質疑主流歷史敘事的異質力量。聆聽異己，意味著超脫各種身分認同的框架，向未知的他者開放。承受不同戰爭創傷的群體之間的相互認納——聆聽彼此創傷敘事，成為異質複音集體歷史繼承者——是允許衝突撕裂後獲得修補、共享社會生活的必要途徑。然而，不論古今，以仇恨或恐懼持續地化約他者的偏執型防衛，仍是許多拒絕進入回憶、哀悼歷程的「我們」，欲尋求迅速解除認同崩垮危機的簡易選項。

　　多元創傷敘事的社會認納實踐的確存在極高的理想性。一方面需兼顧普世性與殊異性：創傷敘事必須維持高度殊異性

（沒有一個受害者應該被遺忘，且每個受害者都有自己的故事），而受害者尋求社會認納的論述亦需超越個人層次才能彰顯其凝聚群眾的普世性。另一方面，在某一群體尋求平反正義的同時，勢必面臨對立他群理想自我喪失可能引發的偏執反挫。不同的「我們」可能在不同歷史創傷事件中發生前後群角色的對調。分享社會生活的成員必須認清歷史創傷之間不具有相互抵銷的等價性，但創傷主體／認納主體的身分是流動的、互換的；意即，集體社會生活中的成員無法藉由「受害者」或「加害者」的單一命名被識別、認識。共享記憶的可能便發生在「我們」、「你們」、「他們」的流動想像認同中，發生在「我」與「我們」的批判認識距離裡。誠如 Figlio（2011）的弔詭觀察，愈是「成功的」集體敘事愈不具有集體性（2011: 174），也就愈無法服務國族主義為維持自戀而漠視、否定異己的目的。對戰爭歷史創傷的反思提供了一個哀悼污名化自我或被閹割自我的機會。而如精神分析所示，創傷療癒必須在與他者相互認納的關係中發生，儘管此歷程總是充滿不確定性，並且沒有可供指認的終點。

參考書目

一、中文及日文書目

《海峽評論》，2010，〈社論：撥亂反正乎，為德不卒乎──評高中歷史教科書課程綱要修訂草案〉。《海峽評論》239:1-

5。

NOW news，2010，〈王曉波：皇民史觀入教科書，馬將成歷史罪人〉。NOW news 2010/3/2。http://www.nownews.com/2010/03/02/91-2575129.htm，取用日期：2012 年 8 月 2 日。

川田文子，1987，《赤瓦の家──朝鮮から来た従軍慰安婦》。東京都：筑摩書房。

千田夏光（著）、黃玉燕（譯），1977，《日本隨軍慰安婦的悲慘遭遇》。台北：源成文化。

千田夏光，1973，《従軍慰安婦》。東京都：双葉社。

千田夏光，1978，《従軍慰安婦正篇》。東京都：三一書房。

千田夏光，1996，《慰安婦》。台北：傳文文化出版。

小林善紀（著）、賴青松、蕭志強（譯），2001[1998]，《台灣論：新傲骨精神宣言》。台北：前衛出版社。（小林善紀，2001，《新ゴーマニズム宣言スペシャル・台湾論》。東京都：小學館出版。）

台北市婦女救援基金會（編），1999，《台灣慰安婦報告》。台北：臺灣商務印書館。

台北市婦女救援基金會（編），2005，《阿嬤的故事袋：老年・創傷・身心療癒》。台北：張老師文化。

台北市婦女救援基金會、夏珍，2005，《鐵盒裡的青春：台籍慰安婦的故事》。台北：天下文化。

吉見義明（編），1992，《従軍慰安婦資料集》。東京都：大月書店。

吉見義明，1995，《従軍慰安婦》。東京都：岩波書店。

朱德蘭，2004，《「歷史的傷口──台灣慰安婦口述史」計劃成

果報告書》。台北市政府文化局委託研究計畫。

朱德蘭，2009，《台灣慰安婦》。台北：五南出版社。

江美芬，1995，〈1995 台灣慰安婦報告〉，《台灣婦女資訊網》。
　　http://taiwan.yam.org.tw/womenweb/papers/0010.htm，取用
　　日期：2011 年 11 月 30 日。

西野留美子，1992，《從軍慰安婦：元兵士たちの証言》。東京
　　都：明石書店。

李力庸（編），2006，《普通高級中學一年級上學期用書──歷
　　史 1》。台北：全華圖書股份有限公司。

李國生，1999，〈性與戰爭：殖民政府對台籍慰安婦的動員〉，
　　收錄於婦女救援基金會編，《台灣慰安婦報告》，頁 3-62。
　　台北：臺灣商務印書館。

拉普朗盧（J. Laplanche）、彭大歷斯（J.-B. Pontalis）著，沈志
　　中、王文基譯，2000[1967]，《精神分析辭彙》。台北：行
　　人出版。

林慶元、楊齊福，2006，《「大東亞共榮圈」源流》。北京：社
　　會科學文獻出版社。

紀麗君，2001，〈台灣論／教部呼籲慰安婦納入高中教材　九
　　年一貫課程將納入〉。NOW news，2 月 26 日。http://
　　www.nownews.com/2001/02/26/545-378516.htm，取用日
　　期：2012 年 5 月 9 日。

徐養齡，2011，〈總統馬英九訪新竹慰安婦盧滿妹〉。聯合影
　　音網 2011/2/27。http://video.udn.com/video/Item/ItemPage.
　　do?sno=334-233-2B3-2F4-233-2B3-2F3c333c3-2F4-233-
　　2B3-2F-21-3D，取用日期：2011 年 11 月 25 日。

秦郁彥，1999，《慰安婦と戰場の性》。東京都：新潮社。

陳麗霏，2006，《日軍慰安婦制度批判》。北京：中華書局。

彭仁郁，2012，〈進入公共空間的私密創傷：台灣「慰安婦」的見證敘事作為療癒場景〉。《文化研究》14:135-192。

彭仁郁，出版中，〈臨床田野：遇見異己者、把「人」找回來〉。

普利摩‧李維（Primo Levi）著、李淑珺譯，2001[1986]，《滅頂與生還》。台北：時報文化。

游鑑明（編），2002，《傾聽她們的聲音：女性口述歷史的方法與口述史料的運用》。台北縣：左岸文化。

游鑑明，1999，〈蔣宋美齡創辦振興復健醫學中心：小兒麻痺患者的福音使者〉。《近代中國》134:87-114。

楊翠，1993，《日據時期台灣婦女解放運動：以〈台灣民報〉為分析場域（1920-1932）》。台北：時報文化。

管寧，1993，〈慰安婦問題與日本的國際化〉。《世界史研究動態》9:27-39。

劉黎兒，2001，〈小林善紀：慰安婦出人頭地　非許文龍所言〉。《中國時報》2001/2/25。

羅廣仁，2001，〈內政部決議禁止台灣論作者小林善紀入境〉。《中央通訊社》2001/3/2。

蘇智良、陳麗菲，1998，〈侵華日軍慰安婦制度略論〉。《歷史研究》4:88-103。

二、外文書目

Abraham, Karl. 1955[1907]. "On the Significance of Sexual Trauma in Childhood for the Symptomatology of Dementia Praecox." pp. 13-20 in *Clinical Papers and Essays on*

Psycho-Analysis, edited by Hilda C. Abraham. London: The Hogarth Press and the Institute of Psychoanalysis.

Agamben, Giorgio. 2003. *Ce qui reste d'Auschwitz : l'archive et le témoin, Homo Sacer III*, translated by Pierre Alferi. Paris: Éditions Payot & Rivages.

Amadiume, Ifi and Abdullahi An-Na'im. 2000. *The Politics of Memory: Truth, Healing and Social Justice*. London; New York: Zed Books.

American Psychiatric Association. 2000. *Diagnostic and Statistical Manual of Mental Disorders*: DSM-IV-TR. Washington, D.C.: American Psychiatric Association.

Anderson, Karenm. 1981. *Wartime Women: Sex Roles, Family Relations, and the Status of Women during World War II*. Westport, CT: Greenwood.

Asian Women's Fund. 2007. "Number of Comfort Stations and Comfort Women." In *Digital Museum: The Comfort Women Issue and the Asian Women's Fund*, http://www.awf.or.jp/e1/facts-07.html (Date visited August 5, 2012).

Bion, Wilfred Ruprecht. 1940. "The War of Nerves." pp. 180-200 in *The Neuroses in War*, edited by Miller and Crichton-Miller. London: Macmillan.

Butler, Judith. 2004. *Precarious Life: The Powers of Mourning and Violence*. London; New York: Verso.

Butler, Judith. 2009, *Frames of War: When is Life Grievable?* London; New York: Verso.

Caruth, Cathy (Ed.). 1995. *Trauma: Explorations in Memory*.

Baltimore: Johns Hopkins University Press.

Caruth, Cathy. 1996. *Unclaimed Experience: Trauma, Narrative, and History*. Baltimore: Johns Hopkins University Press.

Certeau, Michel de. 1986. "L'Histoire, science et fiction." pp. 66-96 in *Histoire et psychanalyse, entre science et fiction*. Paris: Gallimard.

Conrad, Peter. 2007. *The Medicalization of Society: On the Transformation of Human Conditions into Treatable Disorders*. Baltimore: Johns Hopkins University Press.

Corcos, Maurice. 2011. *L'Homme selon le DSM : le nouvel ordre psychiatrique*. Paris: Albin Michel.

Costello, John. 1985. *Virtue under Fire: How World War II Changed Our Social and Sexual Attitudes*. New York, N.Y.: Fromm International.

Davoine, Françoise and Jean-Max Gaudillière. 2004. *History beyond Trauma: Whereof One Cannot Speak, Thereof One Cannot Stay Silent*, translated by Susan Fairfield. New York: Other Press.

De Pauw, Linda Grant. 1998. *Battle Cries and Lullabies: Women in War from Prehistory to the Present*. Norman: University of Oklahoma Press.

Douville, Olivier. 2007. *De l'adolescence errante*. Nantes: Pleins Feux.

Edkins, Jenny. 2010. "Remembering Relationality: Trauma Time and Politics." pp. 99-115 in *Memory, Trauma and World Politics*, edited by Duncan Bell. New York: Palgrave

Macmillan.

Felman, Shoshana and Dori Laub. 1992. *Testimony: Crises of Witnessing in Literature, Psychoanalysis and History.* New York: Routledge.

Felman, Shoshana. 2002. *The Juridical Unconscious: Trials and Traumas in the Twentieth Century.* Cambridge, Mass.: Harvard University Press.

Ferenczi, Sándor and Karl Abraham. 2010[1921]. *Psychoanalysis and the War Neuroses.* London: Kessinger Publishing, LLC.

Ferenczi, Sándor. 1955[1932]. "Confusion of Tongues between Adults and the Child." pp. 156-167 in *Final Contributions to the Problems and Methods of Ppsychoanalysis.* London: Maresfield.

Ferenczi, Sándor. 1980[1916/1917]. "Two Types of War Neuroses." pp. 124-141 in *Further Contributions to the Theory and Technique of Psychoanalysis,* edited by John Rickman. New York: Brunner/Mazel.

Figlio, Karl. 2011. "A Psychoanalytic Reflection on Collective Memory as a Psychosocial Enclave: Jews, German National Identity, and Splitting in the German Psyche." *International Social Science Journal* 62(203-204):161-177.

Freud, Sigmund and Josef Breuer. 1996[1895]. *Études sur l'hystérie,* translated by Anne Berman. Paris: PUF.

Freud, Sigmund. 1955[1914]. "Remembering, Repeating and Working-Through." pp. 145-156 in *The Standard Edition of the Complete Psychological Works of Sigmund Freud, Vol.*

XII (1911-1913). London: Hogarth Press and the Institute of Psycho-Analysis.

Freud, Sigmund. 1955[1917]. "Mourning and Melancholia." pp. 237-258 in *The Standard Edition of the Complete Psychological Works of Sigmund Freud, Vol. XIV* (1914-1916). London: Hogarth Press and the Institute of Psycho-Analysis.

Freud, Sigmund. 1955[1919]. "Introduction to Psycho-analysis and the War Neuroses." pp. 205-210 in *The Standard Edition of the Complete Psychological Works of Sigmund Freud, Vol. XVII*. London: Hogarth Press and the Institute of Psycho-Analysis.

Freud, Sigmund. 1955[1920]. "Beyond the Pleasure Principle." pp. 1-64 in *The Standard Edition of the Complete Psychological Works of Sigmund Freud, Vol. XVIII* (1920-1922). London: Hogarth Press and the Institute of Psycho-Analysis.

Freud, Sigmund. 1955[1939]. "Moses and Monotheism." pp. 1-138 in *The Standard Edition of the Complete Psychological Works of Sigmund Freud, Vol. XXIII* (1937-1939). London: Hogarth Press and the Institute of Psycho-Analysis.

Freud, Sigmund. 1973[1896]. "L'étiologie de l'hystérie." In *Névrose, psychose et perversion*, translated by Jean Laplanche. Paris: PUF.

Freud, Sigmund. 1996[1897]. "Letter N° 69." pp. 190-191 in La *naissance de la psychanalyse: Letters to Wilhelm Fliess, notes et plans (1887-1902)*, translated by Anne Berman. Paris: PUF.

Freud, Sigmund. 1999[1953]. "Remémoration, répétition et perlaboration." *La technique psychanalytique*. Paris: PUF.

Freud, Sigmund. 2001[1896]. "The Aetiology of Hysteria." pp. 191-221 in *The Standard Edition of the Complete Psychological Works of Sigmund Freud, Vol. III*, translated by James Strachey. London: Vintage.

Freud, Sigmund. 2001[1916-17]. *Introductory Lectures on Psycho-analysis* (Part III), in *The Standard Edition of the Complete Psychological Works of Sigmund Freud, Vol. XVI*. London: Vintage.

Gobodo-Madikizela, Pumla. 2008. "Trauma, Forgiveness and the Witnessing Dance: Making Public Spaces Intimate." *Journal of Analytical Psychology* 53:169-188.

Goddard, Michael. 2011. *Out of Place: Madness in the Highlands of Papua New Guinea*. New York: Berghahn Books.

Goffman, Erving. 1963. *Stigma: Notes on the Management of Spoiled Identity*. Englewood Cliffs, N.J.: Prentice-Hall.

Goldstein, Joshua S. 2001. *War and Gender: How Gender Shapes the War System and Vice Versa*. Cambridge: Cambridge University Press.

Herman, Judith L. 1992. *Trauma and Recovery: The Aftermath of Violence-from Domestic Abuse to Political Terror*. New York: BasicBooks.

Hicks, George. 1995. *The Comfort Women: Japan's Brutal Regime* of Enforced Prostitution in The Second World War. New York: W.W. Norton.

Holmes, Richard. 1985. *Acts of War: The Behavior of Men in Battle*. New York: Free Press.

Honneth, Axel. 1996[1992]. *The Struggle for Recognition: The Moral Grammar of Social Conflicts*, translated by Joel Anderson. Cambridge, Mass.: Polity Press.

Horwitz, Allan V. 2002. *Creating Mental Illness*. Chicago; London: University of Chicago Press.

International Labour Organization (ILO). 2011. "Observation (CEACR)–Adopted 2010, Published 100th ILC Session (2011)–Forced Labour Convention, 1930 (No. 29)–Japan (Ratification: 1932)." http://www.ilo.org/dyn/normlex/en/f?p=NORMLEXPUB:13100:0::NO:13100:P13100_COMMENT_ID:2324794:NO (Dated visited: August 9, 2012)

Jager, Sheila Miyoshi. 2003. *Narratives of Nation-building in Korea: A Genealogy of Patriotism*. N.Y.; London, England: M.E. Sharpe.

Kleinman, Arthur. 1988. *Rethinking Psychiatry: From Cultural Category To Personal Experience*. New York: Free Press; London: Collier Macmillan.

Kristeva, Julia. 1993. *Les Nouvelles Maladies de l'âme*. Paris: Fayard.

Kristeva, Julia. 1997. *La révolte intime: Pouvoirs et limites de la psychanalyse, tome II*. Paris: Le Livre de Poche.

Kristeva, Julia. 2005. *La haine et le pardon : Pouvoirs et limites de la psychanalyse, tome III*. Paris: Fayard.

Lacan, Jacques. 1982. "Le symbolique, l'imaginaire et le reel." *Bulletin de l'Association Freudienne* 1:4-13.

Lacan, Jacques. 1993[1956]. *The Seminar of Jacques Lacan, Book III: The Psychoses*, edited by Jacques-Alain Miller. N.Y.: Norton.

LaCapra, Dominick. 2001. *Writing History, Writing Trauma*. Baltimore: Johns Hopkins University Press.

Lane, Christopher. 2007. *Shyness: How Normal Behavior Became a Sickness*. New Haven: Yale University Press.

Laplanche, Jean. 1987. *Nouveaux fondements pour la psychanalyse*. Paris: PUF.

Lefranc Sandrine. 2002. *Politiques du pardon*. Paris: PUF.

Levi, Primo. 1987[1947]. *If This Is a Man*, translated by Stuart Woolf. London: Abacus.

Lévy, Christine. 2012. "The Japanese Imperial Army's 'Comfort Women': Political Implications and the Gender of Memory." In *Online Encyclopedia of Mass Violence*, http://www. massviolence.org/The-Japanese-Imperial-Army-s (Dated visited: August 5, 2012)

McDougall, Gay J. 1998. "UN Sub-Commission on the Promotion and Protection of Human Rights." In *Systematic Rape, Sexual Slavery and Slavery-like Practices during Armed Conflict: Final Report*, http://www.unhcr.org/refworld/ docid/3b00f44114.html (Date visited: 21 May, 2012)

Nishioka, Tsutomu. 2007. *Behind the Comfort Women Controversy: How Lies Became Truth*. Tokyo: Society for the Dissemination of Historical Fact. http://english. historyfoundation.or.kr/?sidx=209&stype=2 (Dated visited: August 9, 2012)

Peng, Jenyu. 2009. *À l'épreuve de l'inceste*. Paris: PUF.

Puja, Kim. 2001. "Global Civil Society Remakes History: The Women's International War Crimes Tribunal 2000." *Positions: East Asia Cultures Critique* 9(3):611-620.

Ricœur, Paul. 1985. *Temps et récit, Vol. III: Le temps raconté*. Paris: Seuil.

Ricœur, Paul. 2000. *La Mémoire, l'histoire, l'oubli*. Paris: Seuil.

Ricœur, Paul. 2004. *Parcours de la reconnaissance*. Paris: Stock.

Roussillon, René and Bernard Chouvier. 2004. *La réalité psychique. Psychanalyse, réel et trauma*. Paris: Dunod.

Schaffer, Kay and Smith Sidonie. 2004. *Human Rights and Narrated Lives: The Ethics of Recognition*. New York: Palgrave Macmillan.

Shephard, Ben. 2001. *A War of Nerves: Soldiers and Psychiatrists in the Twentieth Century*. Cambridge, Mass.: Harvard University Press.

Shin, Yong-ha. 2000. *Modern Korean History and Nationalism*, translated by N.M. Pankaj. Seoul, Korea: Jimoondang Pub. Co.

Sidonie, Smith. 2005. "Narrating the Right to Sexual Well-being and the Global Management of Misery: Maria Rosa Henson's

Comfort Woman and Charlene Smith's Proud of me." *Literature and Medicine* 24(2):153-180.

Sklar, Jonathan. 2011. *Landscapes of the Dark: History, Trauma, Psychoanalysis*. London: Karnac.

Soh, C. Sarah. 2000. "From Imperial Gifts to Sex Slaves: Theorizing Symbolic Representations of the 'Comfort Women'." *Social Science Japan Journal* 3(1):59-76.

Soh, C. Sarah. 2008. *The Comfort Women: Sexual Violence and Postcolonial Memory in Korea and Japan*. Chicago: University of Chicago Press.

Spence, Donald P. 1982. *Narrative Truth and Historical Truth: Meaning and Interpretation in Psychoanalysis*. New York: W.W. Norton.

Summerfield, Derek. 1998. "The Social Experience of War and Some Issues for the Humanitarian Field." pp. 9-37 in *Rethinking the War*, edited by Bracken and Petty. London; New York: Free Association Books.

Thomas, Nina. 2011. "Who's Truth? Inevitable Tensions in Testimony and the Search for Repair." pp. 45-63 in *First Do No Harm: The Paradoxical Encounters of Psychoanalysis, Warmaking, and Resistance*, edited by Adrienne Harris and Steven Botticelli. New York; London: Routledge.

Ueno, Chizuko. 1999. "The Politics of Memory: Nation, Individual and Self." *History and Memory* 11(2):129-152.

Waintrater, Régine. 2003. *Sortir du génocide. Témoigner pour réapprendre à vivre*. Paris: Payot.

Winnicott, Donald Woods. 1971. *Playing and Reality*. London: Tavistock Publications.

Women's Active Museum on War and Peace. 2009. *An NGO Shadow Report to CEDA*, http://www2.ohchr.org/english/bodies/cedaw/docs/ngos/ComfortWomen_Japan_cedaw44.pdf. (Dated visited: August 9, 2012)

Yang, Hyunah. 2008. "Finding the 'Map of Memory': Testimony of the Japanese Military Sexual Slavery Survivors." *Positions: East Asia Cultures Critique* 16(1):79-107.

Young, Allan. 1995. *The Harmony of Illusions: Inventing Post-Traumatic Stress Disorder*. Princeton, N.J.: Princeton University Press.

第九章

親密關係倫理實作：以戰爭遺緒的男性流亡主體為研究案例

趙彥寧

一、導論

別老是望著那空了的小書房
燕子已快從南方回來
媽媽不要哭

菩薩是不懂的哇
卜者也測不出腳下的路有多長
媽媽不要哭

砲聲總會停止的
而現在我們必須擁抱戰爭
媽媽不要哭

樹葉還會落盡
今年的秋裝不用剪裁了
媽媽不要哭

沒有名字的小墳長滿了野草
雲的棉絮已夠禦寒了
呵！媽媽不要哭

——沙牧，〈媽媽不要哭〉（1957/1986）

　　伴隨著二戰的結束，蔣介石政府與中國共產黨之間的政治和軍事鬥爭日趨白熱化。 1946 年 7 月，五十萬國民政府軍對中共蘇皖占領區展開攻擊，國共內戰於焉正式展開。其後，因應全國輿論壓力，1947 年 1 月國府公布中華民國憲法，並於當年 12 月實施。然而，隨著國共戰事的緊張，1948 年 4 月國民大會通過憲法修訂案〈動員戡亂臨時條款〉和〈建設台灣為自治模範省〉案；準此，同年 12 月 10 日蔣介石下總統令，進行全國戒嚴。 1949 年 4 月底，國共內戰最後關鍵一役「渡江戰爭」後，國府先遷廣東、再遷成都、終抵台灣。 1949 年 5 月 19 日，台灣省警備總司令部發布台灣省戒嚴令，凍結了諸如集會結社、罷工罷課、出入國境等等憲法保障的基本公民權利，直到近四十年後的 1987 年 7 月取消戒嚴令為止。伴隨後解嚴的民主化過程，早期有關國府流亡政權的研究，多集中在國府如何在台灣這個流亡地鞏固國家主權、並確立其正當性的主題。比如，法令制度及其對應之國家機器的運作，為不少法政與社會學者視為全面性反應威權政體實作的關鍵模式，並將「解嚴前／後」視為「全面禁絕／釋放整體社會能動性」之二元對立的關係；意即，1987 年戒嚴令的取消，以及 1991 年 5 月 1 日〈動員戡亂臨時條款〉的廢止不僅決定性地影響了民主化法規的施行（如 1987 年 7 月 15 日發布實施〈國家安全法〉、1992 年修正〈刑法第一百條〉），也近乎全面性地轉變了台灣社會的政治、經濟和文化結構，並大幅影響了公民的自我認知和公民行動的連結模式 [1]。

1　該論點幾已成政治社會學界以及整體社會的「常民共識」。相關研究甚多，或可參見朱偉誠（2003）；李永熾、薛化元（1993）；何明修

伴隨國府「轉進」台灣，約百萬原籍中國的人士主動或被迫播遷來台[2]，受制於中台兩國近半世紀的政治對立關係，在國府因應「老兵自救運動」[3]而在 1987 年開放返鄉探親之前，他們[4]除非透過香港、日本、美國等第三地的管道，無法與原鄉親友聯繫，更遑論歸返故土，且終其一生，皆在移居地台灣被稱作（或自我認同為）「外省人」，自 1990 年代以降國際文化研究學界的角度觀之，他們是典型的「離散流亡者」（diasporists）。源出舊約聖經的離散流亡（diaspora）一詞，具體指出了因國族戰爭和政權更迭，而造就的常民播遷四處且難以歸鄉之情境。而諸如 Talal Asad（1990）、Stuart Hall（1990）、Edward Said（1992）、Daniel Boyarin and Jonathan Boyarin（1993）、Paul Gilroy（1991, 1993）、Ruth Behar（1997）等從事印度裔、非裔和猶太裔離散政治的文化研究和文化人類學者，已在其先驅性研究裡指出流亡者與「祖國」的情感與國族認同不僅多元歧異且

（2000）；林芳玫、郭美芳（1999）；張茂桂（1989）；范雲（2003a, 2003b）；裴佩恩（1997）。

2　歷來對於該數字的估計具有 90 萬至 180 萬的巨大差距，晚近楊孟軒（2010）參考多項資料而提出百萬的結論，且廣為國內族群研究學者接受。非常感謝楊孟軒（Dominic Yang）和張茂桂對此議題的協助。

3　有關該運動的始末，可參見胡台麗（1989）。

4　由於本文主要的分析對象為底層中國流亡男性，為求行文順暢，故通篇使用男性的第三人稱代名詞。這個意思當然不是說流亡者僅有男性。我在早期的研究中已指出，性別政治在流亡過程中扮演相當重要的角色，然而囿於父權體制在流亡社群以及整體台灣社會裡的作用，她們的生命經驗鮮少受到社會科學研究者的重視（趙彥寧 2001）；少數的例外為趙剛和侯念祖（1995）、吳忻怡（1996）、趙彥寧（2001）、楊斯曼（2006）。

往往內在矛盾，所謂的「流亡地」常成為這些人士並行不悖或更具多重價值的「國家」，他們的多重國族認同內涵多半與階級、性別、移居地的國族意識型態和運作方式互相建構，而且與感官直接相關的某些文化產物也常在移居地取得生產、再生產，或創新發明（reinvented）的形貌。中國流亡並非二戰後人類社會獨有的現象。1940 年代末印度、巴基斯坦分裂（partition）、1970 年代柬埔寨波帕（Pol Pot）政權的全國大清洗、1990 年代初期坦桑尼亞族群戰役等所引發的跨國離散現象，以及全球社群觀諸國族主義和族群屠殺的國際學術界相關討論頗多：比如，關於印巴分裂，早有諸如 Gayatri Chakravorty Spivak（1985）和 Veena Das（1996）等等文化研究學者進行有關創傷與國族認同如何互相建構的重要探討；針對柬埔寨波帕政權造成的跨國難民現象，人類學者 Aihwa Ong（2003）提出公民身分和國家權力的分析架構；有關坦桑尼亞族群戰役之戰爭遺緒與流亡者的國族認同，亦有人類學者 Liisa Malkii（1995）在難民營所進行的經典民族誌研究。相較之下，國內外社會科學界顯然忽視了來台中國流亡者的離散研究課題：在英語學界，直到相當晚近，方有諸如 James L. Watson（2004）等人類學者使用 “diaspora” 一詞以取代過去習用的 “migration”，然其研究對象仍為海外華人社群（或所謂的「華僑」），且多沿襲功能結構論以及實用主義的觀點，以分析該社群如何挪用「華僑」的身分以累積或轉化經濟和文化資本[5]；而在國內學界，受制於前述解嚴前後政治民主化運動的發展及其帶動的「四大族群論」（張

5　Lok C.D. Siu（2005）藉由移居地的華裔小姐選美比賽以探討性別展演和國族認同的研究，是少數不落窠臼的例外。

茂桂 1993；王甫昌 2008），早期有關中國流亡者的研究多集中
在政治社會學界，故而在趙彥寧（2000, 2001, 2002）、吳明季
（2001）和黃克先（2005）等帶入文化研究批判觀點以分析流
亡與創傷記憶、敘事型態、物質條件、宗教信仰與入世／出世
的研究發表之前，中國流亡者皆被通稱為「外省人」或「外省族
群」，研究者多試圖探究其被等同為國族認同的選舉模式（吳乃
德 1993；王甫昌 1998），故而較少分析其離散流亡主體與當代
台灣和整體人類社會的動態性互構關係[6]。

　　延續上述流亡主體的研究，本文試圖藉由「戰爭遺緒」
（war legacies）的切入點，以提出理解中國流亡主體的其他可
能性，其理由如下[7]。戰爭不僅是引發 1940-1950 年代中國流亡
的因素，中華民國這個現代國家建立後發生的諸種不間斷的
戰爭（即用國府正統歷史話語所稱的「北伐」、「抗日」、「勦
匪」）橫亙 20 世紀上半葉，時間遠較前引國外離散流亡的案
例為長，其對流亡主體（尤以親身參與戰爭行動的底層士兵為
然）產生的效應理應有所不同，且幾乎可視作中華民國史的「常
態」、而非「異端」。若社會研究（social studies）與社會學想
像力（sociological imagination）的本質確實如 C. Wright Mills
（1959: 7）所言，為爬梳既存社會中個人生命史和歷史互相交
錯的細微連節點、並據此理解現代社會的運作形式，那麼「戰
爭遺緒中的流亡主體」顯然是一個相當值得深入分析的議題。
然而，也誠如 Mills（1959: 14, 22-23）所指出的，相較受制於
實證主義和「大理論」（grand theory）的正統社會學者，藝術和

6　希望讀者不致以為本文有意批駁政治社會學界對於族群研究的貢獻。

7　我要特別感謝本論文集主編汪宏倫對此分析角度的建議。

文學工作者往往才是實踐上述「社會學想像力」的先行者，略舉數例如下[8]。文學評論者尉天聰藉由與愛荷華大學寫作中心創建人 Paul Engle（保羅・安格爾）有關「為何台灣現代詩人竟有這麼多是來自軍中」的討論，發表下述有關長年戰亂、被迫從軍、在流亡地建立超越原鄉認同的社會連結，以及台灣藝文界現代主義之間環環相扣關係的看法[9]：

> 災難和戰爭來了，一波接著一波，即使未屆成年的兒童和青少年，為了活下去竟也不得不投入軍營，不管是自願還是被迫的自願，當兵便成了他們短時期唯一解脫困境的道路，至於慷慨從軍，不是沒有，說起來，實在為數不多。相反的，被抓兵入伍的卻為數更多，其中很多都是出身農村社會的知識分子。這些人，在入伍以後，既不能像一般農人、工人出身的那樣可以很快地習慣於兵士的勞苦，也很難在艱苦的處境中找到什麼生存的意義和希望。在這樣的情況下，寫作也就成為唯一可以廉價抒發自己心靈的管道。這管道也許並不寬敞，但在那樣窒息的境遇下，也多

8　由於本文主旨為闡釋如微風燭火中一時難以詳盡言說的戰爭遺緒主體之性質，故未引述 1950-1960 年代於正統文壇（或「反共文學界」）由黨國高層文人主導的「熱望反攻」文類，有關後者的分析，可參見趙彥寧（2000）。值得一提者為，囿於文學界的思想箝制，底層士兵出身的軍中文學作家僅能以隱晦的，以及日後（該箝制失去力道之後）追憶的方式敘事這些不安的、掙扎的、無奈的飄浪情感；另，感謝一位審查人對此議題的提問。

9　我非常感謝陳巨擘提供這份參考資料。另，尉氏的論點也延續了其一貫對於社會寫實主義／現代主義二元對立的批判架構。

多少少可以成為朋友與朋友間相濡以沫的溫床。（……）

我和安格爾先生的這一段談話，其實就是 1949 年以來，台灣現代詩的背景。然後擴及到繪畫、到小說、到實驗劇場，於是 1950 年代的台灣就很像康定斯基（Kandinsky）「藍騎士」時代的歐洲，在連續的戰亂後的喘息中，便努力著去突破沉悶的現實而去嘗試各種試驗和追求。於是，在那樣的承受著熱戰冷戰的交互造成的悶局下，一些極膚淺的從外面舶來的呼喊，也就成為觸媒，像一絲火種那樣，立刻在人們心靈中燃燒起來。生命顯現出來的便是一股活生生的「存在主義」，其中沒有多少義理的解說，卻真真實實地呈現了生存的面貌、不安、掙扎和無奈，而其中的種種，在空虛中也就必然地呈現出狂熱的虛無主義的情調。這就是 1950 年代以降，台灣的現代主義的特色。（尉天聰 2011：296-297）

知名現代詩人瘂弦在兩岸開放前一年壯年早逝的詩人沙牧悼亡文裡，指出了流亡主體在戰爭遺緒狀態下「悲愴、無奈、茫然」，以及彷似再無社會倫理和感官知覺的生命基調，此基調也顯然呼應了前引 Mills（1959: 3）極力闡釋的二戰後歷經前所未有的急速社會變遷狀況下，人們普遍感受之籠罩於凶險羅網的生命情境（"private lives are a series of traps"）：

我曾寫過一首詩〈上校〉，說上校夫人給人縫補衣裳，作點零工來幫忙家用，縫衣機的嗒嗒之聲，在退役的老上校來

　　說，彷彿是戰場上的斥堠戰⋯⋯[10]，悲愴、無奈、茫然，是戰爭終結之後的基調，可嘆的是，在人類還沒有釐清上一場戰事的意義何在時，遠方又隱隱傳來了炮聲。更何況，中國近代以降的動亂悲劇，所帶來的痛苦，可以說已經超越了人類的負荷。以離別為例，七、八年的分離也許再見面時可以用相聚的快樂來彌補；而近代中國人，多的是一別三、四十年，所有的回憶都磨得精光，這已經不是人間的闊別，而是永生永世的隔絕。「時遠」歸夢難成，使得一些朋友好不容易到香港會見親人，卻發現經過二、三十年的睽違，見了面連共同的語言都沒有，那種感覺實在太恐怖。沙牧就是這樣的時代下的一個受傷的人，他是我們人群中的一個。（瘂弦 1986：14）

　　同屬「創造詩社」的知名現代詩人洛夫（1986：4-5），則

10　全詩如下：

那純粹是另一種玫瑰
自火燄中誕生
在蕎麥田裡，他們遇到最大的會戰
而他的一條腿訣別於一九四三年
他曾經聽過歷史和笑
什麼是不朽呢
咳嗽藥刮臉刀上月房租如此等等
而在妻的縫紉機的零星戰鬥下
他覺得唯一能俘擄他的
便是太陽
（瘂弦 1960，出處不詳）

在前引沙牧歿後編纂之詩文集的序言起始，藉由早亡詩人成名作的經典段落，以闡釋「前半生羈身軍旅，在大時代的悲劇中扮演一個微不足道的小角色」的低階士官在「現代社會的結構下」，「自暴自棄」、「莫名其妙」、「個人尊嚴殆失」、「孤傲任性，自命瀟灑，而實際上什麼也擺脫不了」的「虛無」（意即：失去對於既存道德觀和倫理準則之依循）人格本質：

> 垂尾狗般之無聊
> 虛空緊綑著我們如待鍘的麥稭
> 而蝟集於淺淺的井畔
> 嘈嘈著以竹籃汲水的
> 那夥兒，冷醒時
> 茫然伸著一些手
> 抓握著的仍是虛空

—— 沙牧，〈死不透的歌〉
（洛夫 1986：3）

　　相較於流亡文評家與軍中詩人，社會科學界顯然乏人探究上述「狀似異端之常態」的戰爭遺緒生命樣貌，因此鮮少據此以闡釋生命史與社會史之間的勾連互構性質，更遑論如本節起始所引沙牧在 1950 年代駐紮金門大膽島時同感傷憐無名陣亡的流亡士兵，故而撰寫之反戰詩作所試圖含蓄傳遞的道德評述。然而，若僅由「創傷」、「虛無」、「茫然」等等現代詩人和軍中作家揭示的「失序」角度以理解戰爭遺緒下的中國流亡主體，恐怕會忽視以下事實。首先，前引詩作與論述皆著重分析解嚴

前之流亡者羈留台灣的主體狀況，但未予討論開放探親至今
流亡主體的變化。其次，晚近研究暴力（violence）、受苦蒙難
（suffering），與主體性（subjectivity）形構的文化研究學者們
均已指出（Biehl 2007; Das, Kleinman, Ramphele, and Reynolds
2000; Fischer 2007; Kleinman 1994, 2006），此類主體性絕非
可由單一概念予以闡釋，其與個人生理感知、既存社會和政經
結構，以及表述性的象徵媒介（比如語言和文字）之間複雜、
時而衝突矛盾、亦常彷彿不具因果連結的關係，可見人類學者
Michael M.J. Fischer（2007: 424）這段精闢的闡釋：

> 主體性是個模糊的、鮮少開發的領域，它是爆炸的、充斥
> 噪音的、疏離的緘默、隔絕與分離、恐懼、恐怖機制、愉
> 悅、幻象、流亡，以及屢次再做修正的原初場景，它與理
> 性、合理化，和非邏輯的推論相混，且皆帶有強大的社會
> 與政治面相的影響。主體性在語言、個人、社會政治，與
> 生物學之間迴旋，以至於它難以經由表面意思或第一印象
> 予以理解。

　　那麼，吾人如何可以試窺此類主體性的樣貌和社會作用
呢？上述學者皆指出，情感表述、親密關係，和日常生活的
道德實作乃為關鍵切入點：暴力與苦難下的主體樣貌固然可能
多元斷裂，個人仍然藉由日常生活裡仿似與既存社會政治秩序
衝突的舉止，以試圖建立其與個人認為的親密關係人士之間的
倫理連結、道德施為，以及道德批判[11]；然而，上述作為往往與

11　換句話說，中國流亡主體不僅絕非僅能藉由「虛無」等等「失序」狀態

「理性、合理化，和非邏輯的推論相混」，故而挑戰研究者的想像理解能力，也因此，Fischer（2007）方會在前引文之後做此昭示：「（暴力主體性的研究）已然成為關鍵的人類學〔按：應可延及整體社會研究者〕地貌。」

　　本文延續我過去有關流亡主體的研究（趙彥寧 2002, 2004, 2008），以試圖回應前述有關流亡主體的議題。本文第二節「重建美好烏托邦的未來」將指出，對於不少抓伕來台的男性中國流亡者而言，「老總統」和「老娘」等早已無法實體接近，或甚至難以再現的關鍵人物，如何可在他們來台後的生命過程裡與其社會能動性互相建構，故而創發出多元且往往矛盾衝突的日常生活倫理實作。本文第三節「國家給予的私下授受」藉由榮家就養榮民的晚年照護狀態、與梁大哥和美華締婚的故事，以分析「老家」（以及特別是「老娘」）的實質和象徵意義皆已消亡之後，瀕死榮民如何借助就法理角度而言私下授受國家給予（包括就養金、退休俸、預定的遺產、諸如牛奶和抽痰管等醫療物資，等等）的途徑，以不僅在臨終前進行倫理實作，且預想性地

予以理解，恰恰相反的，其彷彿失序的思維和表述，相當可能遮掩了其狀似瑣碎、反理性、無邏輯的道德實作。另，流亡作家大多無法或無意借助文字以試圖呈現這個現象，我認為少數的例外，是鮮少受到文評界重視的舒暢（1928-2007，本名舒揚，原籍湖北漢陽，受孫立人案牽累，1962 年循自謀生活途徑退役，未婚，生前居住單身退員宿舍）。舒氏的《那年在特約茶室》（1992/2008）具體描繪長年駐守外島的單身老兵與特約茶室（即俗稱的「八三么」）性工作者之間的情感和倫理聯繫；《院中故事》（1981/2008）則敘事退員宿舍裡諸多單身退役老兵狀似瘋狂、無禮、突兀的晚年生命情境，其表述的狀況實與我十餘年的田野調查研究發現雷同。

持續了另一個晚年生命（比如乏子照顧的美華）的基本物質基礎。本文第四節將回應「流亡創傷」的論點，並提出對於「瀕死倫理實作」的看法，以作為結語。

二、重建美好烏托邦的未來：照顧蔣公與懷念母親

2012 年舊曆年節前一週，我第二次來 A 榮家[12]養護堂進行看護勞動的田野調查。每間榮家皆設有自費和公費安養堂，與養護堂，前者入住具備生活自理和行動能力的榮民[13]，後者則收容欠缺此能力者，並配有照服員（即俗稱的看護）[14]與護理人員；因應人口老化的需求，晚近部分榮家也開始設置失智專區。目前全國有十四間榮民之家和四間自費安養中心，除了桃園、台南和花蓮等少數的例外，大多設在邊遠地區，A 榮家便位於蜿蜒的山道頂上，由於地點過於荒僻，我和助理們首次來訪時，差點迷路。該院週間僅有每隔兩個小時的區間公車通行、每週二日駛有需事先預約座位的麵包車往赴榮民醫院，若有急需，則需自雇無牌出租車下山，再改乘其他大眾交通工具。出租車費不低，平常至少為六百元，我這次來訪遇到春節

---

12 為求保護研究對象，本文民族誌資料所引報導人和機構（包括「光華榮院」）皆為假名，足以揭示其身分的背景資料（如地名、年齡）亦做了若干修改。

13 少數榮家亦收容榮眷，故設有夫妻房。

14 根據長照法和退除役官兵輔導委員會（以下簡稱「輔導會」）的規定，照服員的人數需符合一比十五的照顧比例，然而事實上囿於經費，每位看護照顧的對象往往高達二十餘人。

假期，便聽說幾位伯伯[15]為了去外地乾子女家過年，甚至花了兩三千元，對於每月僅領取 13,550 元就養金的就養榮民來說，不啻天文數字。可想而知，如此的地理位置和交通狀況，對於平均年齡為八十六歲的伯伯而言至為不便，那麼其空間設置的考量究係為何？社會隔離顯然為首要考量，其目的在於維繫戒嚴時期的「社會治安」，故而今日的榮家早年多為某種形式的「管訓中心」；比如，楠梓自費安養中心的網頁[16]便指出該中心在 1960 年代的前身為「訓練中心」，其設置的「初期任務」為「專責收容軍中不適任現職與無職軍官、大陸來台軍文職資遣人員，及流落社會失業遭取締之停除役官兵，施以再教育訓練，使潛移默化向善進取，培養其謀生基本技能，間接維護社會治安」。至於 A 榮家，其在戒嚴時期的前身為實質隸屬警備總部的某管訓大隊，隊員（即入住榮民）多為各類「反共義士」、兼收其他「思想不穩定」的退／停除役官兵；直至今日，該院尚有近二十位就養榮民為前管訓隊員，不少幹部且為前警總退役軍官。當日主要的管訓機制為集體體力勞作，A 榮家故而擁有諸榮家中面積最大的人工湖、農場與人工步道，湖邊且遍植垂柳和櫻樹。不過，受訪伯伯固然會主動表示：「這裡所有的你看到的東西，道路啦、湖啦都是當年我們一鏟子一鏟子給挖出來的」，但對於我們對其優美風景的稱述，卻不置一詞。事實上，

15　根據輔導會的規定，老年榮民意指具備申請就養資格之六十一歲以上的榮民，因此也包括出生台灣、不分省籍族群的七十五歲以下之退除役官兵，不過在各地榮家，此類榮民多被稱作「年輕榮民」，而「伯伯」一詞多僅指涉出生中國者。

16　網址：http://www.vac.gov.tw/vac_home/liazan/content_out/index.asp?pno=1321；資料擷取於：2013 年 3 月 6 日，上午 11:51。

他們不僅未曾培養步上堤岸欣賞山光水色的習慣，根據看護和社工的說法，湖邊且遍地皆是伯伯便溺的穢物。

　　與絕大多數中國流亡者相同，Ａ榮家榮民對於國家暴力以及絕對異化之管訓勞動的批判，僅聚焦於日常生活中可具體感知之管訓他者的最高層代表。比如，人工湖邊砌有一座彎橋，興建落成後，當時的輔導會主委落款題字（「中華民國六十八年三月二十八日某某題」），對於這位主委，受訪伯伯僅有二字評語：「獨裁！」而若提到現任前警備總部退役的家主任，數位伯伯唯一的回應，便是「哇哦」一聲啐口痰。然而，或許相當矛盾的，理論上應為中國流亡與軍事暴力負責的蔣介石，卻莫不受到各榮家榮民的愛戴。最具體的例子即為不論在哪個榮家，一進入大門即可見到的蔣公銅像（這也是不少榮家最高的建築）；某榮家社工室主任首次引領我們進行參訪時，便主動表示：「陳水扁那個時候說要拆各公家單位的蔣公銅像，這個在我們這裡絕對不行，你把它拆了，伯伯生命沒有重心，他會活不下去啊！」再以Ａ榮家為例，可知蔣公的形象式意象不僅維繫了榮民日常生活的行為準則與倫理實作，甚且成為照顧人員規訓伯伯的關鍵手段：首先，不論晴雨，每日清晨伯伯們便絡繹不絕地親赴銅像前脫帽鞠躬致敬（用他們的話來說：「向老總統請安」），之後方可安心赴餐堂進食早餐；其次，我們這次來訪遇到農曆年，不少榮民認為蔣公也要換新裝過年，便在半夜時將梯子搭在銅像邊，輪流登上以清洗一年來為鳥糞和雨水染污了的蔣公「頭頂」[17]；此外，各榮家和榮院失智專區的看護莫

17　請讀者注意：以伯伯的年齡和身體狀況而言，這是對生命安全相當危險的行為。

不為清掃伯伯隨地之便溺所苦，唯 A 榮家照服員無此困擾，數年前起，她們將「蔣公遺照」遍貼病床四周和病房角落，看護告訴我：「伯伯不敢在蔣公的臉上大便尿尿啊，有誰不小心這麼做，其他人會罵他揍他喔」，不僅如此，「貼了以後，伯伯也變『乖』了，有伯伯亂發脾氣的、不肯吃飯的，我們就說『伯伯，老總統在看著你喔，你要乖喔』，他就聽話了；伯伯常常不聽我們的話，就只『聽』老總統的話。」對此，不分族群背景的社工和護理人士皆歸因為「伯伯從年輕的時候就被洗腦了」、「他們到現在都還以為蔣總統會帶他們回老家」、「他們在軍隊待久了，所以習慣服從權威」。然而，「蔣公」的意象對伯伯顯然同時具有恐懼、尊敬、服從、愛護、照顧等等就理性思維而言，彼此矛盾衝突的意義，且此意義不僅是情感性的，亦可展現於倫理性的身體實作上（即「請安」和「洗頭」等自發性的活動）。此類倫理實作且隨著他們邁入生命晚期以及社會的變遷，故而具有「與死相搏」之「不能不然」的迫切性，絕非僅出於恐懼或純然服從權威的表現；不少伯伯便態度嚴肅地指出：「我們在軍隊的時候只有老總統照顧我們，所以現在換我們來照顧他當然是應該的」[18]、「沒有老總統怎麼會有今天的台灣？可是現在的社會太無情了，大家都把他給忘了，可是我們老兵不能忘」。

　　「蔣公」之外的另一普見情感性倫理實作，則聚焦於（再也無法得見與再現的）「母親」意象之上，唯該意象固然也融合了尊敬、服從、愛護、照顧的情感，卻不見恐懼的感知。兩次參

---

18 邏輯類似的倫理照顧實作，亦可見趙彥寧（2004：12-13）一文中，痛恨黨國專政的抓伕老兵江伯伯自垃圾桶裡拾出蔣介石壽誕瓷盤，並「恭奉」於狹小居所最顯著之位置的作為。

訪 A 榮家養護堂，都見到方伯伯大張笑嘴、挺身坐在輪椅上、不斷對訪客揮著右手打招呼。因為韓戰期間「因公傷殘」，方伯伯長期住在養護堂，歷任看護都很喜歡他，因為相較於該堂多數榮民，他「人特別好」（就是「聽話、不需要運用特殊手段就很好照顧」的意思）。根據我多年的觀察、並對照看護和護理人員的訪談，餐食（內容不合意、未按時發餐）是最常引發伯伯對照護不滿的項目，精神與身體狀況尚佳的榮民，甚至會致電或寫信向主管榮家的輔導會二處「檢舉」榮家主任侵吞公款、剋扣他們的吃食[19]；某些伯伯們之間也會因為諸如打麻將的糾紛、行動或輪椅擋到通道、選擇交誼室的電視頻道、未依序看診等等他們長期發展出的公共空間「道德公約」（Goffman 1963: 3-32）而發生齟齬，甚或拳腳和拐杖相向；此外，自青壯至年老時期，部分榮家榮民因爭奪固定來此攬客之性工作者的青睞，彼此間也會產生爭執，而位處「第一線」的看護即是上述事件的當場協調者。相較之下，方伯伯胃口好、從不抱怨、未曾交往異性，甚至沒有乾子女、對管理人員和其他榮民總是笑容以

19　因此，在乎名聲的家主任莫不竭盡所能有效使用日漸緊縮的公務預算，以提供可以令榮民不致（向上級）抱怨的三餐。此類家主任與榮家幹部不僅會邀請我們與榮民共餐，他們平日也會與伯伯在公共飯堂共食內容無異的三餐；某位自有全國榮家評鑑以來皆得最優的家主任，且在進餐時在伯伯面前親自打飯，並設計幹部（包括他自己）與榮民皆同的飯票，每打完一次飯，便撕下一截票根，釘在飯鍋旁牆柱上懸掛的保麗龍板裡，以昭示所有在座者。每位家主任均表示，以上作為皆具明確的展演性質，其欲求達到的效果，則為「我們某某榮家是個不分你我的大家庭」。

另，以上費心的管理作為也顯示榮家伯伯，絕非如前護理和社工人士所以為地純然服從權威。

對、早幾年阿茲海默症病情尚未發作，雙手不會竟日顫抖時，閒時皆以寫毛筆字為樂，無怪乎看護們皆視他為「最親切的伯伯」、「最好照顧的榮民」。另，方伯伯早年只在農閒時斷斷續續念過一年的私塾，來台前幾乎不識字，書法是他入住 A 榮家後跟著（用他自己的話來說）「那些有學問的榮民」學的。與所有「老舊」（即「尚未改建」）榮家相同，A 榮家交誼廳四面牆上掛滿早期入住榮民的裱裝字畫，不少創作者生前且是文藝界知名人物；比如，半年前我初次來訪時，年近六十的福佬籍社工便興奮地指著某幾幅水墨畫，表示其出自某位在 1960-1970 年代與臥龍生齊名的某武俠小說家之手：「是某某某耶！我小時候好愛看他寫的小說！我來這裡工作以前完全不知道榮家都是『臥虎藏龍』！」

　　根據養護堂堂長和社工室的資料，方伯伯在 1921 年出生川西德陽農村，不論在中國抑或台灣，皆未曾結婚。十五歲中日戰爭方興，方伯伯遭抓伕加入川軍；抗戰結束後因被俘和開小差等等因素，輾轉於國、共軍旅；1948 年底以國軍的身分參與淮海戰役而被俘，監禁年餘；1950 年韓戰爆發，調去北韓戰場「抗美援朝」，次年又被俘並編入巨濟島戰俘營，1953 年與其他一萬四千名「反共義士」經仁川來台；1955 年以「因公傷殘」的自謀生活方式退役後，即入住 A 榮家。我每回問候他：「伯伯你今天好不好？」他便會笑瞇瞇重述以下這段話：

　　　姆媽姆媽，咱院裡那小花叢昨天夜裡我走的時候給種下啦
　　很漂亮地啊它長大以後姆媽你就會看到地啊，這花我喜歡
　　我知道姆媽也喜歡所以我走的時候著意就想一定給姆媽你
　　栽下它，姆媽你瞧眼看吧是不是真的長得特別高大又漂亮

啊？玫瑰花，漂亮漂亮！

他的川西口音太重，前次來訪時，我完全聽不懂，不知如何回應，看護王小姐笑嘻嘻地走過來解釋：「唉呀，他把你當作他媽媽啦！他頭腦退化啦！只要是個女的，他就叫媽媽。」王小姐說，六年前她甫來此榮家做照服員時，除了「姆媽」一詞與她的母語客家話類似，也聽不懂方伯伯在說什麼，只知道他講完後，若回覆「乖喔，伯伯你最乖最聽話喔」，對方就會開心地順服她諸如洗澡、換衣、擦藥、做復健，和按時飲食的指示；不過，她說：「每天聽、聽久了，就知道他在講什麼。他想媽媽啊！他把我們（看護）都當作媽媽，那麼我們照顧起來就會方便很多啊！」曾在某醫學大學取得護理碩士專班學位的高護士，則以科學理性的專業口吻告訴我：

> 這是中度 dementia 常見的狀況：他記不得最近發生的事，越早的他反而記得最清楚。可是你說他記得的就是真的嗎？那也不一定。我們接觸這位伯伯很多年，我們也給他做過很多種測試，他其實不太可能小時候離開家以前特別給他媽媽種玫瑰花，因為他應該是在很突然的狀況下被抓去當兵的，所以怎麼可能前一天晚上還特別去想種花給媽媽看呢？而且那個時候他老家是不是有可以長成一個大樹的玫瑰花，我們想這應該也是不太可能的。
>
> 我們也注意到這幾年伯伯對玫瑰花很有興趣，他會請我們的照服員下山幫他買玫瑰花的種子、買玫瑰花的根莖，買來以後種在人工湖邊邊，現在有幾棵已經長出來了。可是

那是台灣的玫瑰花，不是四川的玫瑰花喔，我們先不管四川到底有沒有玫瑰花喔。當然，伯伯們想做什麼事，只要是有助於他的心情和健康，而且不會妨礙到其他伯伯的，我們都是樂觀其成。可是，我們也不能不合理的懷疑伯伯他這兩年突然開始講這個故事，甚至種起玫瑰花，應該就是 illusion 的一種表現。Dementia 跟 illusion 是不一樣的事，伯伯他如果真的有 illusion，那麼我們就要開始考慮是不是該把他送去（榮民醫院的）精神病房？不過這位伯伯很穩定，沒有暴力傾向，照服員也都喜歡他，所以我們還是先把他安置在這裡。

我在之前發表的論文裡提過，與軍官退役且多半出身正統軍校的男性報導人相較，底層男性中國流亡者的生命史敘事，不僅與國府欽定的建國編年史序列幾無關聯，且敘事內容顯然破碎、片段、不具事件和時間的直線連續性（趙彥寧 2000, 2001, 2002）；而連接這些不具時間且甚至邏輯接連性的敘事節點（node）[20]，多為具有直接生理和情感連結的轉喻（metonymy）：比如，抓伕後的連日行軍過程裡潰爛的雙足（趙彥寧 2002, 2004）、前述經歷中綑綁身軀的草繩和逼驅行走的皮鞭（趙彥寧 2002）、抓伕後至來台初期，因軍方剋扣軍糧而造成的極端飢餓感受（趙彥寧 2004）。我之前未曾指出者為，幾乎每一位報導人，不論受訪時精神狀態良好，抑或已長期失智，皆會在訪談之初，情緒激動地主動提起離家後再也無法得

---

20 我在這裡延續 Michel Foucault（1972）的概念，意即知識網絡中，連結參考系統（a system of reference）的節點。

見的母親。我要特別請讀者注意：在此類流亡敘事中，不論是否為虛構或幻象，母親在記憶裡的最後意象，具體地區分了「永遠失落地烏托邦般的美好過去」和「之後的現實」。前述榮家專業護理人員認為方伯伯的「姆媽敘事」證成了他老年失智，甚或精神異常的「非理性」生命狀態，然而，就我訪談過的非自願來台報導人來說，這段敘事所欲表達的思母意象不僅具有高度代表性，「為姆媽種下美麗的玫瑰花」的「比喻性敘事元素」（narrative trope），也象徵性地連接了「之後的現實」與「重建美好烏托邦的未來」。因此，對於方伯伯，這不僅是近乎「魔幻寫實性」[21]的真實，「種花」（狀似虛擬和「精神病態」）的身體勞作也是凸顯生命本質意義的親密關係倫理實作。

在我十餘年的中國流亡生命史研究過程裡，類似的「思母倫理敘事／身體實作」比比皆是，這個現象似乎彰顯了「人子思母」的「普世人性」（universal humanity），然而每位報導人就敘事和實作的關係，則有相當差異；我認為該差異反映的是個人擷取流亡過程和移居地之不同元素的作為，故應被視為其彰顯文化創造性和社會能動性的表現[22]。囿於篇幅，以下僅以魏伯伯的故事為例說明。魏伯伯在 1934 年出生河南省信陽市潢川

---

21 對於「魔幻寫實」的概念，可參見趙彥寧（2002）有關底層中國流亡者自我敘事和物質條件的討論。

22 根據我的觀察，軍階或文化資本較高的報導人較習用為子女命名的方式，而非正文所述的「魔幻寫實敘事」，以傳遞懷念先輩之意。依循漢人性別意識型態，兒子之名多在紀念父系傳承邏輯（比如，「念祖」、「懷德」），或承載該邏輯的地點（比如，「台生」、「湘台」）；女兒之名，則多直截了當地傳遞思母之意（比如，「念慈」、「憶慈」）。又，我很感謝李廣均（中央大學）對此議題的賜教。

縣農村，1948 年家鄉動亂，他幾次被國共二軍輪流抓伕，最後一次開小差連夜逃回家，寡母已湊了三枚「大頭」（銀圓）囑他出外避難（「老娘說：『出去躲躲，沒事啦就快點回來』」）；走到漢口遇到組地方團隊的老鄉，跟著部隊流竄到廣州時，對方意圖侵吞他的口份軍糧，把魏伯伯充了通信員的缺，他因此不得不隨軍來台；1949 年 5 月在高雄港上岸，因為「心裡著急一直想回家啊！我老娘不知道我來台灣啊！軍隊裡不給通信地啊！」他又開小差從左營逃到台北，經其他難民建議，去火車站對面的「七洋行」打地鋪，同樓的東北流亡學生教他以肥皂當模版，假造各式證件，他藉此考入台北行政專校，畢業後分發擔任低階公務員。魏伯伯偶爾自我調侃：「像我這樣才念過一兩年學堂的老粗，最後居然搞個十職等退休，你就知道我們那個時代各方面都是如何顛倒混亂啦！」「我觀察我這一代的朋友幾十年，沒有人是因為愛國才從軍的」、「在那個時候你不加入軍隊怎麼有辦法來到台灣？第一，你這個入境證就沒有。我們『這種人』哪裡像『那些人』說要去哪裡就飛過去？」上述話語顯然在批判戰爭和流亡過程的荒謬、政黨和高階軍官寡占的特權，以及流亡地政權失序的官僚體制；然而，如本文導論所述，多音、疏離的緘默、隔絕與分離，以及恐懼、恐怖、愉悅和幻象等等非／理性混合體組成的流亡主體性，才是魏伯伯意欲傳達的重點。比如，就「恐懼、恐怖、愉悅和幻象」的混雜情感性意象而言，他常提到 1948 年徒步去漢口的一路上，不斷見到「一隻手啊、一條腿啊掛在樹枝上」、「人頭啊，在溪裡滾來滾去」，但這些景象遠不及他在漢口看勞軍電影所造成的震撼。魏伯伯之前沒看過電影，在銀幕上他首次見到諸如臉部特寫鏡頭（close-up）、聚焦、放大、倒敘（flash-back）等等違反日常

生活認知邏輯的影像，剛開始很興奮（「原來這就是電影！就是把你本來以為很一般的東西給它重新組合，我看地心幻神迷，唉呀，好神奇、好美麗啊！」）。但是再看下去，他害怕了（「一個人就只剩那個腦袋，然後就只剩雙眼睛，咕溜溜地往左轉、往右轉，然後定著對你看」），他以為這才是更勝戰爭現場的真正「鬼域」，看不到一半便嘔吐，連日噩夢[23]，兼染當日盛行軍中的痢疾，魏伯伯差點亡故在由漢口去廣州的行軍途中。也正因為他老鄉「忖忖我這條命肯定報銷」，才會「放心大膽地吞下我這口軍糧」；魏伯伯露出自嘲的微笑：「反正我那時就在人跟鬼的邊邊上，死了是鬼，活下來其實跟條鬼也沒啥兩樣。」

　　那麼，是什麼樣的狀況或力量（用魏伯伯自己的話來說）把他「拉回到人的世界」呢？1999年秋，我首次拜訪魏伯伯在北縣的住所，一打開錄音機，他便以濃重的河南鄉音吟哦般地唱起這首歌，邊唱邊落淚：

> 淮河的水呀湟川的浪，
> 那樣的沉痛那樣悠長；
> 拖載著千萬個母親的哀傷，
> 母親的心好像烏雲遮蓋的太陽，
> 母親的眼睛常被淚水洗盪，
> 母親的胸中失去了希望；
> 孩子們呀！孩子們呀！母親在呼喚你，
> 孩子們呀！孩子們呀！母親在等待你，母親在等你回到她

---

23 囿於篇幅，我無法在本文進一步分析（以電影為代表的）暴力性現代性感知與離散流亡主體形構間的關係，我將另文討論。

的身旁；

家鄉的月亮分外的光，

家鄉的流水分外的長，

家鄉的田地要你耕種，

家鄉的苦難要你分嚐；

孩子們呀！孩子們呀！母親在呼喚你，

孩子們呀！孩子們呀！母親在等待你，

像淮河的水呀湟川的浪，

那樣的沉痛！那樣悠長！

　　該歌詞對魏伯伯具有如此重大的情感表述意義，以至於他見我對於其內容不甚了然，特別請正在讀大學一年級的女兒將全文以電腦打出，兩個星期後親自攜來我的台北住處要我「好好收著」、「彥寧啊，你也學著唱，你唱了就知道媽媽真的很偉大」。這首歌原名〈母親的呼喚〉，是九一八事件後至 1950 年代間傳唱於東北流亡學生間的愛國歌曲[24]。十五歲的魏伯伯在「七

---

24 〈母親的呼喚〉這首歌顯然對 1950 年代眾多不分省籍的中國流亡者意義重大。比如，1930 年出生山東膠縣的知名基督教牧師兼散文作家殷穎，晚年在回憶錄裡特別提到，1950 年因遭「南下工作團匪諜案」構陷，在台北市青島東路保安司令部看守所中羈押約兩個月的期間裡，也終夜聽到東北獄友們「如泣如訴、如怨如哭」地傳唱此歌。這段記述可見以下網址：http://www.worldjournal.com/view/full_news/10507856/article-《歲月憶往》囚籠中的悲歌 -?instance=iNews；擷取日期：2012年 3 月 14 日，17: 42。

另，本文導論引述的離散流亡學者 Gilroy（1991, 1993）指出，諸如歌曲和舞蹈等「情感表述性文化產物」（expressive cultural artifacts）往往超越語言的藩籬，可在移居地建構跨族群的流亡者集體認同，〈母親的

洋行」打地鋪的那幾個月裡，因為思母心切，夜夜無法入眠，每晚同樣失眠的東北學生們反覆吟唱這條歌曲，他不久便默記下來，將原曲中的「遼河的水啊松花江的浪」改為具有他老家特色的「淮河的水啊湟川的浪」。（他半自嘲半嚴肅地告訴我：「其實那淮河咱沒瞧過，那湟川嘛，只是條稀巴爛的小溝，大半年都是乾枯底，哪裡會有浪？但那不重要。」）魏伯伯自小不愛唱歌（「咱破鑼嗓子一條，所以就不愛唱」），原先只在想家（更精確地說，「想媽媽」）時「在咱心裡默默地唱」，他說，剛來台灣的前十多年，遇到許多不順心的事，但在心中默唱這首歌，「整個人精神就來了，就覺得未來很有希望，咱就感覺你再怎麼痛苦，沒事地啊，你老娘還在湟川那兒，總有一天你衣錦還鄉，見得著她嘛。」然而，1959-1961年中國「大躍進」政策引發了「三年困難時期」，魏伯伯的河南老家是重災區，數十萬人因饑荒而亡，1977年待台灣政治管訓較為放鬆且中國結束文革之際，他透過多重輾轉的海外通信，得知母親亦屬受難之列，魏伯伯在其任職的金融機關匍匐遙祭老家方位，當眾涕泣著唱起「湟川版」的喚母之歌，這也是他首次在公共空間裡無視閱聽者評價的身體和情感展演。唱完後，他感覺：「很傷心很難過啊，我嗚嗚嗚嗚哭個不停〔哽咽〕。但是很奇怪呀彥寧，我也覺得……啥地說呢……**就是好像我這個身體我這個人突然變得強壯了、我真地長大啦、我既然是個大人了那又還有啥事可以讓我害怕地呢？**」次年年底，經由同事介紹，將屆四十五歲的魏伯伯結婚了，下一年女兒出生；他笑著說：「在老家，我那個年紀早就當爺爺啦，哈哈哈，我們這個世代的人，**可能很多都跟**

呼喚〉即為一例。

我一樣，成長地比較晚吧！老娘不在身邊，不能結婚啊！」接著又哽咽：「當了人家的老爸，才更能體會當年我老娘催我出門逃難的心情呢，**所以我照顧女兒，跟我照顧老娘沒啥不同地。**」

　　本節藉由 A 榮家榮民、方伯伯和魏伯伯的故事，以指出對於不少抓伕來台的男性中國流亡者而言，「老總統」和「老娘」早已無法實體接近，或甚至難以再現的關鍵人物，如何可在他們來台後的生命過程裡與其社會能動性互相建構，故而創發出多元且往往矛盾衝突的日常生活倫理實作。然而，不少此類報導人也經由 1980 年代後逐漸開放的兩岸探親政策，終而在流亡近四十年後與老家親人再次晤面；那麼，何以本文導論所引悼念詩人沙牧一文裡，瘂弦會表示：「一些朋友好不容易到香港會見親人，卻發現經過二、三十年的睽違，見了面連共同的語言都沒有，那種感覺實在太恐怖？」這個「恐怖」的來源為何？當事者是否如瘂弦暗示的因此恐怖情緒而喪失社會能動性、又或恰好相反地，卻藉此創發了另類倫理實作的模式？本文下一節將藉由梁大哥和美華的故事，以試圖回應上述的提問。

三、國家給予的私下授受：延續生命的倫理實作

　　1954 年 12 月 3 日《中美共同防禦條約》（The Sino-American Mutual Defense Treaty）簽訂之後，部分美援挹注榮民輔導事務，目前共十二所的榮民醫院因此先後成立。光華榮院位於台灣西北部農業縣的光華鎮（假名），前身為國防部陸軍醫療大隊，1955 年 9 月由就輔會接管，1957 年 9 月改組為醫院。該院安養病房內設公費輕癱病房（收容輕度中風和氣喘的內科榮民病患、膝蓋和股關節受傷的外科病患，以及癌症榮民）、公費重

癱病房（收容行動難以自主、無法自理日常生活的伯伯，他們
多因氣切、尿失禁、無法自行進食而需插三管，部分為瀕臨中
度失智者），和自費安養病房（入住自願負擔照顧費用的榮民和
榮眷）。在輔導會體系裡，榮民醫院安養病房通稱為「榮內院」
（意指「正規醫院內部轄屬於輔導會的它種醫療機構」），其機
構編制上的「閾域性」（liminality）也呼應了入住榮民的生命狀
態：單身者皆因疾病或受傷而為原住榮家送來治療休養，已婚
育有子女者則因長年疾患、家屬無法或不願照顧，故自願或被
迫來此度過餘生；易言之，不論其意識是否清楚、行動可否自
主、有無民法承認的在台親屬，入住者皆是處於生死交接、且
自知終將亡故於此的老年榮民。其日常生活所需，舉凡飲食、
服藥、就醫、洗澡、外出活動、消費、娛樂，皆委由輔導會公
務預算編列之團體照護照服員協助進行，囿於晚近該預算日
益減縮，一位看護的照顧對象可多達二十人，然月薪卻不及兩
萬。在一般公家或私人療養機構，如此嚴苛的勞動狀況必然會
造成看護聘雇的困難，然此現象未出現在光華榮院，原因在於
這些勞動者鮮少具有流動的條件。首先，該院近三分之二的看
護為左近山區原住民部落婦女，夫婿在台灣西岸北、中部建築
工地從事模版勞動，她們則就職光華榮院這個光華鎮唯一提供
穩定工作和「正常」上下班的場址，如此也方便「照顧家庭」[25]。

---

[25]「白班」照服員早上 7 點上班，下午 3 點下班，如此也方便她們接送子
　　女上下學。另，如同其他鄰近原鄉的平地漢人鄉鎮，自 1970 年代起，
　　光華鎮也設有不少「小吃店」和卡拉 OK 店，多由原民女性「坐檯」，
　　並提供諸如伴唱、脫衣陪酒、「半套」和「全套」服務；多數光華榮
　　院的原民看護或有女性親友，抑或本人早年時曾從事上述情感和性勞
　　動，但是她們皆認為這是與家戶再生產衝突的「不正常」工作，故而在

其次，該院約三分之一的看護為與安養病房榮民結褵的大陸配偶。囿於 1950 年代施行軍中的禁婚令，多數底層士官兵來台後難以結婚（李紀平 1998；吳明季 2001；范郁文 2006），其中不少在兩岸開放後與二婚的中年中國籍女性結褵（趙彥寧 2004, 2008）。在 2003 年〈台灣地區與大陸地區人民關係條例〉（簡稱〈兩岸條例〉）放寬陸配居留、定居、勞動，和社會福利相關規範之前[26]，她們依法不得在長達八年至十年的入籍歸化申請期間中從事有給職，便藉由照顧就醫或就養丈夫的身分，非公開地擔任其他榮民的照服員。換言之，光華榮院的就養者和照顧者共享生命階段的特殊性、親屬關係的斷絕或維繫、經濟與物質條件的缺乏、公民身分的限制等社會與文化特性，該特性且直觀性地為雙方理解。這多少也解釋了何以榮民伯伯慣以「乾女兒」、「小姨子」或「老相好」等等擬親屬稱謂稱呼照服員、並常藉由致送禮物（包括早餐和點心、紅包、金項鍊）以表達此親屬實作；而所有我訪談過的看護亦皆態度理所當然地表示：「照顧伯伯就像照顧我的爸爸（或「阿公」、「姊夫」、「部落裡的長輩」）一樣，沒有什麼不同的」、「錢少賺一點沒關係，伯伯開心我們就很開心啦」。然而，護理和輔導人士站在執行（日益減縮之）公務預算以及監督管理照顧勞動的依法行政者主體位置，故而難以理解上述顯然不符合「程序正義」、且彷彿違背經濟理性精算原則的情感勞務——尤以同時具有「領薪勞動者」和「被照顧者之配偶」之身分的中國籍看護為然。

婚後紛紛退出。

26 有關這些權益的規範過程，及其對於兩岸婚姻者的具體影響，可參見趙彥寧（2004, 2005, 2008）。

　　我在之前發表的論文裡指出，「母愛話語」是貫穿這些中年陸配生命史、理性計算和自我合理化的主軸：根據她們的說法，自己之所以跟其口中的「老先生」（或「老頭子」）結婚，無非出於在市場經濟掛帥的中國社會裡，為小孩籌措每年數萬人民幣的學雜費、資助子女的個體戶生意、為他們買房準備結婚等等考量（趙彥寧 2008：121）。在光華榮院[27]，她們是工作最勤奮的照服員，只要看護公司排得出班，她們樂意每日工作二十四小時（即接續擔任白班和晚班）並全年無休，不少人身兼多職，包括直銷保健食品、清掃住家、販售老家土特產[28]、擔任居家看護或保母、為院內教堂聚會準備點心或午餐、在榮院附近的餐廳擔任內場或外場服務員、仲介老鄉親友結婚來台，等等。或許性質最特別的兼職者是出生重慶的黃珍珍，她上士退役並領有終身俸的榮民丈夫，因中風癱瘓在該院臥床十餘年，為了照顧對方，她在病床邊搭了張行軍床，除了兼職其他住院榮民的看護，黃珍珍且在醫院後門外畸零地搭建流浪動物收容處所，建材為她在榮院內外蒐集的報廢木板，狗食則取自該院病友和工作人員的食餘。2007 年我們初次拜訪黃和這間狗舍時，她已收容了三十八隻流浪狗和十八隻流浪貓，其義舉屢經志工學生上網發表並引發愛護動物者的源源捐款，除了丈夫每半年發放一次的退休俸，這也是黃在台期間主要的經濟收入。

　　不過，從榮院護理長和輔導員的角度看來，這些「阿姨」（輔導系統對於此類陸配的俗稱）固然是法理層面上必須優先

---

27 事實上，也包括所有聘雇此類人士的照顧和醫療機構。

28 比如，文後將提到的美華便販賣過杭州絲綢、龍井和杭菊，以及諸暨珍珠（她的媳婦是浙江諸暨人）。

輔導就業的榮眷，然而其自發性地身兼多職的作為，卻與她們被移民署和輔導會定調的「照料型婚姻移民者」的入境身分[29]大相衝突。多年來，輔導人士對於「阿姨」的看法如出一轍：「與其說她們是來照顧老公，還不如說是來賺錢寄回去，因為她們在台灣賺新台幣比在大陸賺人民幣那好賺太多啊。」不少護理長且認為陸配看護皆有為求獲利，不惜變賣伯伯（包括她們自己的丈夫）醫療用品（比如抽痰管、灌食用牛奶），或甚至盜領其銀行存款之嫌，故而研發多種管理監督手段以「保護『我們的』伯伯」、並「管教這些最惡劣、最缺乏愛心的看護」。依循這個獲利邏輯，前述黃珍珍收養流浪狗的行為與愛護動物的義舉無關，而是「有意地利用『我們』台灣人的愛心來牟利」；而「阿姨」們莫不希望與領有終身俸（俗稱「吃終身」）的伯伯結婚或再婚、以在對方亡故後領取半俸的事實，也再次證成了她們「貪婪欺詐」的「本性」。令護理和輔導人士困擾的是，伯伯們不僅無所謂前述阿姨們「變賣」、「盜領」、「利用」和「欺詐」的作為，且往往自願配合或甚至主動提出協助，以至於她們無法將阿姨訴諸於法、更遑論給予自認適當並合乎照護倫理的管訓；而伯伯們令其困擾的主要作為如下：故意不吃灌食牛奶，並鼓勵看護將之賣出、趁護理站不注意時，塞紅包給阿姨、保證可提供半俸和遺產，向丈夫亡故時尚未取得公民身分的陸配求婚，等等。對伯伯們私下授受國家給予的此類作為，倍感困擾的護理和輔導人士多歸因於老年榮民心智能力欠佳、加以情感空虛，故而易受蠱惑利用；部分則表示可以理解他們渴求關愛的需求，比如，輕癱病房的護理長便對我感慨地表

---

29 可參見趙彥寧（2008：100-104）對此國境管理身分的討論。

示：「伯伯年紀這麼小的時候就被抓來台灣當兵，他幾乎一輩子都沒有人真心關心他、沒有人真的愛他，他跟我們不一樣，他特別需要愛，所以他才會這樣，他以為給別人牛奶啊、半俸啊，就可以得到愛。」上述的說法固然出自體貼伯伯之心，卻在扁平其生命經驗之時，也否定了他們自我反思的能力、關愛與欲望她者的需求，以及日常生活倫理實作的能動性，並且隱含地複製了正統攝社會對於老年（特別是臨終）人士欠缺自主意志和思辨能力的成見。以下將藉由陸配看護洪美華和榮民梁大哥三婚這個具有代表性的故事，以彰顯上述難以為護理和輔導人士理解的能力、需求和能動性。

美華在 1946 年出生於上海，解放後與家人隨著擔任絲織廠女工的母親遷至杭州，1966 年去雲南下鄉插隊，五年後結婚，丈夫老陳同為杭市知青，婚後育有獨子小寶。 1976 年文革結束，為了讓女兒恢復杭州城市戶口並接續她的工齡，美華的母親提早下崗，並運用「關係」，將老陳由雲南調赴杭縣某醫療單位任職。老陳婚後外遇不斷，夫妻在 1995 年離婚。次年經親友介紹，美華與公務人員退休後定居光華鎮的浙江籍老朱結婚後來台，雙方皆是二婚。首次探親來台後，由於丈夫無意資助小寶開牙醫診所的費用，且囿於前述〈兩岸條例〉有關工作權的規定，她經由外包左近署立醫院看護中心之友人的協助，取得以「陳秋香」為名的假造工作證，在光華榮院先後擔任安養病房團護、一對一和精神病房的照服工作，直至今日，該院護理和看護人員、榮民伯伯與榮眷仍習慣性地稱呼她為「秋香」。與所有前述「母職敘事」的女主角一樣，美華將大半在台勞動所得匯回老家，以資助不具正式醫科學歷的兒子小寶購買執業證照、在杭市承租精華地段的店面開設標榜高級整牙的診所，與在該

市某重點大學市場行銷系的講師結婚、婚後在 2002 年以每平米人民幣上萬元的花園小區購得兩戶各兩百平米的樓層。美華偶爾不經意地對我提到兄弟們、姪子姪女，甚至前夫老陳等人因各種需求向她「調錢」花用。 2005 年我和兩位助理隨美華返鄉探親期間，且目睹她自發性地動用各種「關係」並致送各類「禮物」，以協助媳婦小江取得上海某重點大學博士班入學資格；又，四年後小江順利取得學位，也因此在任教的杭市大學提升為副教授。

　　與原鄉親屬相較，美華跟老朱的關係顯然冷漠許多。 2001 年接任精神病房看護工作後，出於接近終年無休的工作需要，她在靠近病房的儲藏室內搭了個臥鋪，除了偶爾搭護理人員的便車去光華市大賣場購買個人日常用品，與安撫重度失智伯伯和戒毒病友的零食，以及週三傍晚和週日上午參加院內教會查經班和禮拜之外，她絕少踏出精神病房的管制區之外。老朱因此相當不滿，曾經在 2002 年向戶籍所屬派出所檢舉美華「行蹤不明」，根據當時入出境管理局的行政法規，此項紀錄將關鍵性地左絕陸配居留和定居身分的取得，美華不得不透過找朋友（包括我）向警方送禮和說情、（用她自己的話來說）「塞紅包」以及「三天兩頭請假包雞腿好大一個的便當」給老朱的方式以息事寧人。其間，老朱前婚所出的兩位女兒常安慰她，在山產料理餐廳打工做外場的次女也經由雇主請她吃了幾頓飯，美華因此念念在心，故而當她在 2005 年取得定居證後，老朱以必須照顧經濟狀況不佳的女兒們為由，向美華要求離婚時，她立刻無條件同意。美華如此的做法，等同自願放棄半俸和不動產的繼承權——亦即所有中老年陸配莫不認為在台安居的兩項必要條件。此事在光華榮院傳開，不久後，在輕癱病房安養的榮

民梁大哥便主動告訴她：「秋香，你想要半俸，我給你半俸」、「你要房子，我給你房子」，兩人便在 2006 年 5 月結婚。美華並非該病房的看護，兩人之前的互動不多，數次見面皆因她來該病房探訪山東籍陸配關大姊：1992 年關大姊與自謀生活退役領取就養金的丈夫劉大哥結婚來台後不久，丈夫便初次中風導致左身癱瘓，五年後二次中風入住台北榮總，就醫三個月間雇用的一對一看護即為持「陳秋香」偽造工作證的美華，兩人因此結為好友；劉大哥出院後因喪失神智和生活自理能力而轉置光華榮院就養，在護理長和輔導員的默許下，關大姊「占」了鄰近丈夫的一張病床，以方便日夜照顧。劉大哥是領就養金的自謀生活榮民、多年就醫期間變賣房產並用盡存款、加以結婚不久即病倒故而夫妻感情淡薄[30]，從前述「獲利邏輯」而論，關大姊「理應」將他委由榮院團護照顧以利自己去外地打工，或提出離婚以便與吃終身的榮民三婚；然而她即使早在 2000 年便取得台灣身分證，至今仍對丈夫不離不棄，原因為兩人尚未在青島辦理公證結婚時，劉大哥便為她和家人各購買一套一百五十平方米的房子。關大姊和丈夫病床後的牆上貼滿老家四代家人的照片，她總指著它們告訴我們：「那個時候在我們那裡有這兩套房是上等人的生活啊，你看我孫子（或「孫女」、「外孫女」）長得多好，我們全家都得感謝我老公，所以我照顧他二十年是應該的，他走了以後，就換我回老家給小孩照顧囉。」也因此，美華對關大姊特別憐惜（「趙老師你沒做過看護你不知道，中風失

---

30 每次我問關大姊：「你老公對你好不好？」她皆淚眼汪汪地回答：「他還來不及對我好就生病啦」、「他腦子早就不行了你跟他講話他也沒反應，所以我也不知道他有沒有想法」。

智的最難照顧啊！你給他把屎把尿他也不會領情的唷！」），且自認兩人命運與獨立自主的個性（或操守）相通：「我們這裡大陸妹幾乎都有『姘頭』〔按，指不必然具有性關係的男性親密友人〕，這也是沒辦法，大家的老頭子腦子跟身子都不行了，有個朋友至少可以給你出出主意還是好的你說對不對啊？」「可是我跟大姊用這裡客家人講的話來說，脖子很硬地，我們這麼多年，一個姘頭都沒有，別人給介紹我們都不要！」

想找「姘頭」或尋覓三婚對象的陸配看護比比皆是，梁大哥為何獨獨向美華求婚、並主動允以半俸和不動產？我們參加兩人在光華鎮舊火車站前某湘菜館擺了兩桌的喜酒宴時，僅知道他來台後曾與本地女性結婚並育有二子，1975 年退役前在該鎮購得一間老舊平房，不久妻子因病過世，兩個兒子移居外地且鮮少與他聯絡，因罹有無法經由手術移除的心臟血管腫瘤且乏人照顧，故而在 2003 年申請就養光華榮院輕癱病房；另，梁大哥缺乏（或不重視，甚至鄙視）親友連帶關係的事實也反應在那場婚宴的來客身分上：除了我和前一年隨美華返鄉探親的兩位助理，以及關大姊，其他皆是光華榮院的陸配看護，且所有人都是美華的朋友。相對於求婚時的直截了當，以及美華理解的「大手大腳」（即「大方、大氣」），梁大哥對於婚宴的態度（用美華那段期間屢次抱怨的話語來說）卻「綁手綁腳」：他不僅原先無意擺酒請客，當天一大早我們去梁大哥求婚成功後即與美華遷回的自宅平房拜訪兩人時，他只顧著讀中央日報，彷彿無視進進出出興奮地招呼友人的美華，對於我兩位助理長達一個小時試圖攀談的百般嘗試，他僅態度明顯敷衍地哼唱了幾句無人聽得懂的京戲段子，接著便放聲不悅地表示：「不要再吵我了！出門以前我得把報紙看完！」但是在婚宴餐桌上，梁大

哥仍仿似無視眾人反應般地繼續專心閱讀那份中央日報。宴後待陸配看護們返院工作，自覺失禮且丟臉的美華對我們哭了出來：「老頭子太可惡了！結婚怎麼這麼隨隨便便？我第三次結婚，在我們老家，是很丟臉的，他還這樣亂搞！」因為太生氣了，她也彷似年輕戀人一般地賭氣，當日下午即放棄原先向院方商請的一週婚假，返回精神病房日夜工作，兩週後才申請排調白班；之後每日下午 4 點下班後買菜「回家照顧老頭子」，次日早上 6 點起床赴院工作，直到兩個半月之後，她上班期間梁大哥心臟肌瘤爆開倒斃臥床上為止。梁大哥對於婚宴的態度為何如此冷淡？ 既然如此，梁大哥為何仍想結婚？他是否理解美華對於中老年續婚也必須兼顧情感互動和異性戀公開儀式性的關懷呢？

　　懷著以上的問題，在梁大哥與美華婚後共居的兩個半月期間，我在他住處進行過兩次訪談。幾乎所有我訪談過自擁或租有廉價住處的單身榮民，均將報紙（多為《中央日報》和《聯合報》）黏貼在破損和污漬嚴重的牆面和玻璃窗上，並借此遮陽，梁大哥比較特別的是，他特意擇選並拼貼影藝版中諸如孫燕姿和蔡依林等年輕貌美女星的彩色頭像照片，我湊前觀看時，他笑瞇瞇表示每年過年前大掃除時，便把蒐集一整年的「美女圖」裁剪後貼上，這個工作通常要花上一週的時間；接著又說：「你梁媽媽〔按，意指美華〕沒過來陪我以前，我天天晚上看著她們就睡得著啦，醫院那邊〔按，指他在光華榮院的就養病房〕你過去看，牆上啊窗玻璃上啊我也都糊滿啦。」為了證明自己具有實踐欲望異性的生理能力，梁大哥且數次刻意在我面前碎步來回行走於客廳和廚房間，邊走邊說：「你看，我的『腰腎』還是挺不錯的。」見我沒有特別反應，他又主動告訴我尚未

就住光華榮院時，曾有該院就養榮民的「大陸妹」妻子上門，門打開一看，「唉呦，這小妹妹又年輕又漂亮，又高又瘦身材好地很，她說自己才三十七歲，浙江人」。兩人即刻發生性關係，因為「她說我人特別好，想跟我做愛」、「好久沒做了，我想試一試看看身體怎麼樣」；他對此次性行為自我的感覺相當良好：「射精以後我感覺很好很舒服」，對方也驚嘆：「唉喲你才一次，我可有四次呢！我才舒服呢！你太厲害啦！」梁伯伯邊講邊笑：「我上回看報，有個醫生說男人過了六十五歲就不行，這他說得不對，我就想寫信反駁他！」

　　兩人「做愛」三次，每次事後他給對方一千元，滿三次後再包一萬五千元的紅包，之後卻不再聯繫，對方的電話號碼也丟掉了。為何如此？梁大哥蹙著眉頭說：「她要錢太凶了。」沉吟半晌後補充：「她拿了紅包就當著我面把鈔票拿出來一張張點數，數完了嚷嚷『你吃終身，怎麼這麼小氣給我這麼一丁點？』」梁伯伯感覺很沮喪：「這樣太難看了，你真的想要錢，跟我講，我也可以給你啊。」我再問：「何必丟掉電話號碼呢？再過幾年你可以再找她試試看身體行不行啊？」他面露促狹微笑：「這個，就沒有必要啦，我還得等到『點秋香』不是嗎？」原來，梁伯伯特意引述「腎功能良好」一事，固然如不少底層老兵受訪者一般地顯露其對異性的渴望，以及性能力可超越軍中權威階序所制約的流亡男性主體性[31]，也在於間接指出他與美華結褵的動機不完全與性的滿足或自我肯定有關。他接下來便笑著告訴我，「我和你梁媽媽緣分很深很長啊！」梁伯伯入住輕癱未久，美華來此探望關大姊，那段期間他心情抑鬱，常躺

31　可參見趙彥寧（2004）有關「藥酒伯伯」的討論。

在床上不願與人互動（「『小姐』〔按：「護士小姐」在光華榮院的簡稱〕她們都叫這個病房『唉唉唉病房』你知道嗎？老兵住久了出不去，成天唉唉唉嘆個不停，我聽了就煩」），聽到看護和其他住院伯伯叫「秋香」，他想「唉呦不得了，秋香可是個美女啊」，好奇又興奮地推開棉被坐起一看，卻發現「哈哈，又矮又胖³²」，梁大哥便對美華調笑：「你是秋香？哈哈那我不就是唐伯虎嗎？」據他解釋，這個反諷玩笑的意思是：「你不美我也醜，咱兩人全都名不副實，豈不恰好湊成一對？」不過，美華認為（根據兩人結褵後，她對我的說法）「老榮民都是這個樣，沒事就嘴巴上吃吃你豆腐，哼，你走過去摸你屁股的都有的唷，我全部都把他的髒手給死力打下去」，故而怒叱對方「老不修！」梁伯伯講起這段他所謂「我倆緣分的開始」，則哈哈大笑：「她搞不清楚啊，她說我『老不修』。」

　　我問：「人家這麼討厭你，你為什麼以後還要跟她結婚？」梁伯伯不直接回答我的問題，而是回顧起他流離來台的生命史。他在 1925 年出生於湖北，上有三個哥哥和兩個姊姊，下有一個弟弟，他自小歸給無子嗣的叔叔。十五歲時，鄉間實施「三丁抽一、五丁抽二」的抽兵制，他是叔叔的獨子，原本不需被抽，但因「家裡有錢」，徵兵者本想抓了他以向叔叔索取贖金，恰好該日軍隊移防，他因此被迫從軍。與所有此類受訪者相同，梁大哥有關從軍的回憶多環繞在「蒙冤受苦」的主題上

---

32 出於遺傳，美華全家人皆有肥胖和心臟病的問題，她身高 150 公分，體重卻近 90 公斤。美華在台期間，曾因勞動過劇而發心臟病數次，直到取得身分證（亦即健保給付無虞）之後，方赴台北榮總安裝三根心臟支架。

（趙彥寧 2008）。「食物」（或「永遠匱乏的食物」）是聯繫此類敘事的關鍵話語節點、也是展現「冤苦」等難以表述之情感（affects）的文化親近（cultural intimacy）符碼[33]：他反覆告訴我，抓兵後在這個師待了兩年，薪餉沒有不說，「我們光講吃的就可以了：一年到頭只有青菜，一滴油也沒有」、「大米少得可憐，還都是霉的」、「只有過陰曆年的中午每個人發四個『陀陀』[34]的豬肉」、「那天就吃這，早飯晚飯沒有」。「很苦、很餓，我開小差，反正開小差會死，不開小差也會死」：開小差會死，因為部隊後頭總跟著一個軍官，拿著兩條帶刺的鞭子抽打脫隊的士兵，受傷過重者倒死在路邊，也無軍醫救治；但「這總比餓死好些」，因為「那餓啊，太難受啦！你們不懂地啊！」[35]成功脫隊後，他加入三十二軍，中日戰爭結束後編入黃杰兵團並在國共戰爭末期赴越南富國島，1953 年隨軍團來台後轉駐多地，對於來台後的感受，他僅以一句話予以表述：「那就是吃得越來越好啦！」

　　那麼，上述挨餓流亡的體驗又與他決定與美華結婚有何關係？梁伯伯彷彿答非所問地告訴我，十五歲時，他在老家和年

33　在此沿用 Herzfeld（1997）研究民族國家情感一書中所提出的分析概念：「文化親近性」（cultural intimacy）指涉只有「自己人」可以互相調侃、自覺尷尬、但又可召喚強大集體認同的「我族文化特色」。對於抓兵來台老兵受訪者而言，「永遠匱乏的食物敘事」即具有此類標誌共同認同的感知親近特質。同類敘事亦可見趙彥寧（2004）。

34　他將右手食指和拇指圈出直徑約三公分的圓圈，以示該「陀」肉之小。

35　老兵敘事往往以「那時候多苦，你們不懂地啊」為結語，這也再次標示出具有「文化親近性」的「我們老兵」和「其他人」（包括「國家」）的本質差異。

長他兩歲的同村女性成親，兩人尚未「發生關係」，他便遭抓兵。1987年兩岸開放後過了兩年[36]，他和老家通信，三哥回信表示父母已雙亡，兄弟姊妹裡只剩他自己、二姊和小弟，但是「還有個女孩子是我的」，也就是說，三哥認為這個「女孩子」是他離家後「老家太太」生的遺腹女。梁伯伯說：

> 我心裡很清楚這個女孩子不是我的。可是我突然地就走了，老家太太要和別人在一起，也是很正當的，她既然是我太太，那麼不論她和誰生的孩子，算成我的，也是應該的。我照顧這個孩子，就是感謝她願意等我這麼多年，這不是做人最基本的道理嗎？我當了國民黨的軍人，文化大革命的時候，老家太太不知道又多受了多少苦啊！這是我造成的，我當然要多帶點錢回家補償她。我台灣太太死了，兒子不管我，晚上睡不著淨瞪著美女圖，瞪了幾十年，多沒意思，所以我決定回家跟我那女孩子過晚年啦。

但是當他把所有積蓄和退休金換成美金，且著手賣房時，接到二姊的來信，才明白：「我被抓了沒多久，老家太太就跑了，跑去哪裡沒人知道。我懂啦，我被三哥給設計了，他搞了

---

36 與不少榮民相同，梁大哥之所以不在開放之際即與老家聯繫，乃出於對國家權力近乎本能地不信任：「它剛來（台灣）的時候，一會兒說三年就回去、一會兒又說五年，然後就不說啦，你等啊等了四十年，嘿，它突然又說你現在可以回去啦，你能相信嗎？這個我們不太敢相信，我們要觀望一下。」梁大哥總以第三人稱的「它」來指稱「國家」，這也凸顯了「國家機器」（包括國府政權、部隊，以及輔導會）對他而言，不具備可表述情感關係的「非人」性質。

一個女孩子要來騙我的錢。二姊擔心我回去以後被騙到最後連命都沒了，才捎信給我」。他又說：

> 這種事〔即「被騙到最後連命都沒了」〕在這裡，也不是沒發生過。我以前隔床的老廣〔按：指廣東人〕哪天突然接到老家來的信，說你老娘快死啦，她一直惦記著你，你快回來送終給她蓋個大墓吧。老廣就要回去。走兩步他就喘他連個樓梯一步也爬不動他還硬要把官餉給換了帶回去，我們怎麼勸都沒用。我說：「**你以為那是你老娘？她是來要你的命、騙你的錢的煞星啊**，你看看我的例子吧，腦袋千萬別糊塗了啊！」講了沒用。你看吧，回去沒幾天就死了，怎麼死的都不知道，死了還有那邊的人來爭遺產，沸沸揚揚搞了好久，多難看。

見諸自己和其他「老兵」被原鄉血親化約為純然之經濟條件供給者的事實，梁大哥不僅因此發現「老家不再」，且領悟了生死交關之際社會實作的特殊意義：

> **「回家」沒有意思的**，我接到阿姐的信我就醒悟了。**我再不回去了。連你親哥哥都會騙你，還有誰可以信任？哪裡還有個家？根本沒有。**所以，**什麼都是假的，只有官餉是真的**。我們老兵隨隨便便都會死，國家要你死、部隊要你死。那一年我爬原始森林[37]找吃的時候，我就想我會死。所以我不怕死。可是，我可不想糊裡糊塗像那老廣連自己怎

37　應指今日劃為湖北省「清江國家森林公園」之區。

麼死的都搞不清楚，我還要想想看我還做什麼有意義的事。

上述敘事清楚地指出：（一）「真實的」（意即血緣與異性戀婚姻等具有民法正當性的）親屬關係可能的虛偽展演性質；（二）該展演與貨幣對價間的關係，以及以餘生長度所兌換的「官餉」，如何可或許轉化為足資信任的實質屬關係；（三）「國家」和「老家」皆已「非人化」（即不再擁有傳達「真實」情感的能力）之後僅具有純粹的貨幣價值，但是這個理解反而促使梁大哥重新評估生命將盡前的有意義（可產生具體效果、可傳達至切身的感情）作為，故而會「『把國家本來就應該給我的／國家欠我的』錢『讓』給真正有需要的人」[38]。**因此，在退撫和護理人士理解中僅能等同於貨幣價值的半俸、遺產、可轉賣的醫療物件，對梁大哥等人而言，卻是情感性的禮物。且正因這些禮物的致送時刻為施送者自知生命將盡之際，它們既不具備 Marcel Mauss（1967）以降象徵交換學者試圖闡釋的互惠性質，且其收受更與 Pierre Bourdieu（1977, 1990）等視禮物收受可積累或轉換社會和文化資本的概念無關。**故而，上述理論在過度自然化（naturalize）「整體社會事實」（total social fact）此一近乎霸權的文化機制之時，不僅忽視了文化霸權的形成和內在衝突往往奠基於 Raymond Williams（1977）所稱之情感結構（structure

---

38 「國家積欠榮民薪資」是此類受訪者晚年時至為關切的議題，可見趙彥寧（2002）。兩次訪談，梁大哥皆出示十餘年來多次申訴國防部「欺上瞞下，侵吞我兩成半本薪」的信函，根據他的計算，幾十年來國防部積欠他的本薪加利息後的數字近兩百萬。果若發得這筆金額，打算如何運用？他的回答皆是：「就給比我更有需要的人啊！我自己沒有需要，我隨時就會死嘛！」

of feeling）的事實，也過度強調了行動者類同經濟精算和操弄的思維，因此也就狹隘化或甚至扭曲了以死亡為自知必然之生命進程的主體能動性。他之所以彷彿驟然地告知美華「你要半俸，我給你半俸，你要房子，我給你房子」，乃因他認為對方理解自己「被親哥哥給騙了」、「再也沒有老家可以回去了」的悲傷心境。2003 年梁大哥入住安養病房不久，便自認與美華產生「無需讓對方知道我知道她可以理解我」的同理互通感受：

　　有個老兵叫陳義的從大陸回來，錢嘛也被什麼姪子姪女說要蓋房子啦買摩托車啦什麼什麼地給騙個精光，然後把他給踢回來。陳義不肯起床，每天躺著嗚嗚嗚嗚哭個不停，小姐啦阿長啦過來安慰他，他都不理。秋香看到了，就嘆氣，說可憐啊，這種事她看過好多，就陪著那陳義流眼淚。我就想，她在老家有兒子有媳婦，怎麼還非得要半俸？那肯定是子女不肖，把老媽送來台灣打工賺錢，就以為她老了以後就不用養她了，後來一問，就是這樣沒錯。唉〔長嘆一口氣〕，我就想，我們命運相通啊。她那不肖子不照顧她，我來照顧她吧！我也活不久沒關係，就讓「我的」半俸來照顧她吧！

　　當時美華甫從杭州返鄉探親回來。她已經四年沒回家，三年多前獨子小寶結婚，兩年前孫子寶寶出世，她都不敢回去看看，就是因為擔心「等到身分證」之前法令又有所變化。我們抵達杭州當晚，美華的兄弟姊妹和姪兒姪女們都過來小寶家吃飯，美華屢次欲表述在台勞動的辛苦，以及取得身分證之艱辛（趙彥寧 2006：128-136），眾人若非左顧右盼、便是藉故離

席，連兒子小寶也不想聽，最後小江不耐煩地高聲說：「好啦
好啦，過去的事情就算了嘛！你在台灣這麼多年不是也賺了
不少錢？那有什麼好抱怨的呢？」那天半夜，美華睡不著覺，
流著淚告訴我：「只有你跟穎如、惠欣[39] 理解我的苦，連小寶都
不想聽這些、連媳婦都罵我。」梁大哥自認和她「命運相通」，
即在於深切體會被至親（梁大哥的二哥、美華的兄弟姊妹與兒
子、媳婦）輕易轉化為金錢獲利關係、以至於沉默無語的冤苦
情感；也因為這個悲苦傷憐的同感，他才會認為「國家給我的
補償金」應該「讓給」美華，方可得到真正的照顧效果，以及實
質的社會正義。請讀者特別注意，這個「轉讓」的實作並非出自
期待回報的動機：梁大哥生前未曾告知美華上述想法，以至於
儘管美華每半年返台以領取半俸、並順便在台北榮院複診心臟
病的期間裡，皆赴梁大哥的靈骨塔上香祭拜，但直至今日，她
仍然不理解對方出於感同身受的受苦蒙難情感，故而向她求婚
的心理背景。 2011 年冬美華來台期間與我們聚餐時，提起梁大
哥，她仍抱怨：「（我嫁的）兩個老頭子都小氣啊！姓梁的本來
連喜酒都不想擺地欸」；不過，每次抱怨完，她也會補充：「老
頭子給我半俸那還是很感激地啊，沒有那半俸，我現在在杭州
活不下去，兒子媳婦不給錢地啊！」梁大哥「讓『我的』半俸來
照顧她」的預想，確實實踐了。

　　本節藉由 A 榮家就養榮民的晚年照護狀態、與梁大哥和美
華締婚的故事，以分析「老家」（以及特別是「老娘」）的實質和
象徵意義皆已消亡之後，瀕死榮民如何借助就法理角度而言私

---

39 紀穎如和黃惠欣是那次與我隨美華返鄉探親的研究助理，之前她們也
　協助她爭取身分證。

下授受國家給予（包括就養金、退休俸、預定的遺產、諸如牛奶和抽痰管等醫療物資，等等）的途徑，以不僅在臨終前進行倫理實作，且預想性地持續了另一個晚年生命（比如乏子照顧的美華）的基本物質基礎。我將在下一節回應「流亡創傷」的論點，以作為本文的結論。

四、永續創傷化的流亡主體 ？：瀕死倫理實作的意義

　　前兩節的田野資料指出，在國共內戰期間被迫從軍的底層老兵，儘管缺乏本文首節所引 1950 和 1960 年代現代詩人們的象徵文字運用能力，仍持續藉由各類身體實作以傳遞控訴國家的規訓暴力（比如，在親手挖掘的人工湖邊肆意便溺），以及懷念（以母親為代表之）原鄉（比如，在傳唱愛國歌曲時將自我建構為「母親」不斷呼喚的情感主體）等不少國際離散研究學者著力分析的流亡主題。然而，上述資料也顯示，這些底層流亡人士不僅未曾在思維邏輯的層面上，將蔣介石與軍事暴力和家國離散做出因果連結，且即使在生命將盡之際，仍對這位解嚴後定位的獨裁者懷有強烈的正向認同、並同樣地透過多種身體展演以表達該類認同情感（比如，過年前為蔣公銅像「洗頭」）。從主流社會正義觀和工具理性的角度觀之，伯伯們晚年的「不合理」舉止，尚包括自知不見得可在餘生時取得物質和情感的回報，仍樂意主動提供各類合法（比如半俸和遺產）與不合法（比如就養金和醫療照護材料）物資，以建立與他者（尤以積極尋求此類物資的中國籍看護為然）的親密關係，或希冀藉此達到照顧的目的。換句話說，對這些報導人而言，「照

顧主體」（the caring subject）之情感體會（尤以「同悲共苦」
為然）遠強過自憐、悲憤、飄浪於世無所歸依的創傷感受；此
外，對於行動者本身，該主體之照顧實作的倫理含意（ethical
implications），甚且遠勝於維繫肉體性生命存有的必要性。如
此的瀕死生命實作意義，回應了醫療人類學家 Arthur Kleinman
（2006）對於「何謂道德性」的基進理解：意即，眾多狀似普
通平凡、並缺乏既存社會定義之文化和經濟資本的個人，卻常
在面對生命危機之刻，藉由表面看來微小的日常生活行動，而
自發性地選擇了利他（且與是否同時利己無關）的社會實踐。
Kleinman 認為，在普世驚慌無助於災難頻仍、生命無常、社會
秩序彷彿嚴重傾頹的晚近人類社會裡，上述照顧實作乃為建構
理想集體生活的必要基礎，且正因為建構此基礎的人士皆為凡
人，其道德力道（moral forces）和社會效應固然一時間狀似渺
小，長時以往，卻足可抗拒訴諸所謂「基本價值」（fundamental
values）之國族和宗教團體所引發的毀滅性災難。

　　然而，如前兩節所述，榮民之家和榮民醫院的護理和輔導
人士，多將底層老年榮民的倫理實作歸因於他們老年心智能力
欠佳，故而無法進行符合工具理性的決策，以至於容易遭受言
詞蠱惑與利用；此外，她／他們也常訴諸擬精神分析的思維邏
輯，視伯伯們為幼年被剝奪親子關係的情感受創者，因此晚年
不能不藉由主動給予的途徑，以建立實質意義值得懷疑、然而
當事者自以為可以替代原生家庭的親密關係。（如前節所引光華
榮院輕癱病房護理長之語：「伯伯年紀這麼小的時候就被抓來
台灣當兵，他幾乎一輩子都沒有人真心關心他、沒有人真的愛
他，他跟我們不一樣，他特別需要愛，所以他才會這樣，他以
為給別人牛奶啊、半俸啊，就可以得到愛。」）

　　不僅如此，退撫體系亦將這些榮民理解為欠缺理性思維能力的「類公民」，並常據此判準而主動否決了對方理應受到憲法保障的政治權行使權利（比如，即使榮院就養伯伯們表達投票意願，其戶籍所屬的榮民之家也無意發車載送至投票所）。退撫體系有關榮民欠缺理性思維的說法有二，兩者往往互相印證，而且在病理化歸因的層面上，此二說法與前引護理人員的理解大致相同。首先，老年單身榮民多半精神異常，至於肇因何在，則無需解釋（換言之，此乃「必然的」現象）；比如，2007 年我因執行某委託研究案，赴輔導會做結案報告時，提到某綠島單身榮民不願入住台東榮家之擔憂為「去台東沒一個活著回來啊，他們會給你打毒針啊，我不敢去」（趙彥寧 2008：130），主持該會議的某高階行政主管立刻勃然大怒：「這個人我看根本精神不正常，該把他『關』去玉里[40]！我們現在對老榮民這麼關心，哪裡有什麼打毒針的事 ?! 老榮民很多根本精神『本來』就有問題！」其次，抓夫等青壯年時顛沛流離的經驗，造成永難治癒的創傷。不少中青代退撫人士訴諸「創傷論」的歸因框架，以解釋他們亦自覺不可解的榮民狀似純然服膺國家權威之舉止。比如，2007 年底輔導會主責輔導照顧的某客籍專員受訪時，即表示「如果我們用『理智』的想法去看待他們的行為，會無法理解他們的心態」，並指出他抓夫來台的岳父與其同僚，皆罹有「斯德哥爾摩症候群」：「在那種被蔣

---

40 1958 年花蓮玉里榮民醫院正式隸屬於輔導會。 1985 年之前，該院僅收罹有精神病的榮民和榮眷，此年起經衛生署核定為精神病防治醫療網東部核心醫院，1989 年通過評鑑為精神科專科醫院。值得一提的是，1950-1980 年代，不少「政治思想犯」亦收容於此。

氏政權綁架的時空狀態下，他們也不知道要如何是好，只好去適應它，慢慢地可能就習慣性的接受它，如果不是這樣的話，他們還有什麼其他的可能性來解決問題呢？」少數社會科學的研究者也引用「創傷論」，以延伸性地解釋「外省族群」的投票模式。典型的代表是林芳玫（1998）在分析 1998 年台北市長選舉一文中，表示外省人固然已藉由通婚、交友和工作等社會關係而狀似與本省人融合，但卻無法化解「早年逃難時的顛沛流離、對中國鄉土的孺慕依戀」等「歷史傷口與悲情」，且將之折射為「台灣人的暴力與悲情」，故而無法落實地「學習做台灣人」。沿用 Freudian 精神分析的「談話治療」（talking cure）論，並同比於遭受性侵害的女性，她認為外省族群應「大聲說出」其歷史悲苦，如此方可超越悲情，以和本省族群偕手打造建立台灣本土的國族認同。

　　我歷來的研究則指出，「受苦」和「蒙冤受難」固然是廣義中國流亡者（抓兵來台的老兵、歷經文革的大陸配偶）生命史敘事的主軸，然而「創傷論」以及延伸的「談話治療論」不僅無助於理解其晚年的自我認同與情感表達形式，甚且可能在貶抑其行使公民權力的能力時，也將之（再次？）創傷化。如 Didier Fassin and Richard Rechtman（2009）所指出的，「創傷」的概念應被理解為一歷經諸種歷史情境和權威機構建構的知識範疇，在這個知識建構的過程裡，若干特定人群如同 Michel Foucault（1980）所分析的「同性戀」一般，成為必須藉由告白以鑑別並證成真相（truth）的「新物種」（a new species）；換言之，究否有所「真相」並非重點（又，這當然不表示創傷不曾存在，或皆屬虛構），關鍵的是個人不能不藉由特定的告白敘事，以證成其身為創傷見證者的正當性，並在再次強化既存情感化的知識系

統時，方得以取得之前被排除於外的公民身分性資源。 Fassin and Rechtman 分析的案例為一戰與越戰結束後的返鄉士兵、遭受性侵害的婦女和小孩、與政治庇護者——很顯然地，其觀點也適用抓兵來台的老兵[41]。回顧本文提供的田野資料與分析，可在此做出以下幾點結論。首先，國共內戰以及之後長達四十年的兩岸分隔，確實曾對底層士兵造成難以彌補的創傷，該創傷的核心情感有二，一為與母親／原鄉強迫分離的恐懼、失落、期待，和傷痛，二為抓兵與從軍期間的痛苦、無依、匱乏，與憤怒；此二類情感彼此交融，建構了當事者同悲共苦的「文化親近性」感知，並形塑了自覺難以為他者理解的我群（「我們老兵」）認同。其次，然而，創傷並非唯一的戰爭／流亡情感主軸，前所未見的現代性文化媒介（比如電影、愛國歌曲，和現代詩的象徵文字）不僅創發了新興且多元的感知能力，也為個人挪用以直接或間接地表敘上述的創傷情感。第三，過了四十年廣義的戰爭結束之後，母親／原鄉形式上的失而復得，不見得保證流亡身分的終結；「老娘」可以變成「索命的煞星」、親生兄弟亦可能成為玩弄親情以謀取金錢的利益精算者。最後，我認為最值得注意的是，如本節起始處所指出，不論在其青壯年時，抑或歷經「索命煞星」並自知生命將盡之際，藉由狀似細瑣、服膺黨國霸權、並且違反工具理性的諸種日常生活倫理實作，本文田野報導人卻建立了正統社會和榮民照顧體系難以理解的另類親密關係，並且成為自我滿意的照顧者。這個「瀕死

---

41 以及公民身分取得不易的陸配。我之前的研究已指出（趙彥寧 2006：116-128），為求證自己足以成為「適任的」台灣公民，她們會藉由做見證和唱台語歌曲等方式，以「展演愛台灣的集體想像夢境」。

照顧者」的實踐形式，不僅提醒吾人面對諸如社會正義與社會
資源重新分配等攸關晚近人類社會福祉之議題時，必須對於邊
緣社群人士彷彿突兀異端之情感創發和行動方式做出更深刻的
理解，同時也表示生命政治的複雜道德意涵，仍需更進一步的
研究和闡釋。

　　不僅如此，我認為，以上的生命故事也指出以下值得注意
的底層來台中國流亡倫理實作的本質。首先，以「母親」為懷
念主軸的「原鄉」道德秩序，以及以「積極照顧」為核心腳本的
「移居地」倫理行動，貌似具有「舊的」（或「過去的」）與「新
的」（或「此刻的」）斷裂性；然而，可以在適當的社會脈絡之
中進行之照顧實作，基進地串聯了兩者在時間、空間、親密關
係重要她者的差異，並且在賦予前者原本匱乏的／被剝奪的意
義，更重要的，這個意義指向未來──儘管就實證角度觀之，這
個「未來」即為個人生命的消亡，然而，也正是因為個人充分理
解這個事實，倫理實作的基進意義方得持續地、無法預測其效
應地展現。其次，故而，如同晚近諸多從事日常倫理（ordinary
ethics）研究的文化人類學者所指出的[42]，倫理乃生命賴所持續之
核心準則，且必然透過與他者的揣摩性互動中，於無所確定結
果為何（或甚至會否具有特定之效果）的社會脈絡裡，在刻意與
不經意的曖昧界域中，被公開展演出來，而該展演的公開性，
再次證成了個人實作者（以及即使貌似極具「私密性」之倫理實
作）的社會性。這也解釋了，（一）何以文前所引魏伯伯得知母
歿後，必須透過公開高鳴〈母親的呼喚〉，方得以抒發情感、並
創造性地建構下一步的人生階段；（二）為何梁伯伯以仿似公開

42　尤其值得參考者為 Michael Lambek（2010）所編的論文集。

調笑的方式，以傳遞與美華締結親密聯繫的試探意圖，以及何以得知遭對方誤解為「老不修」，反因雙方意圖和詮釋之巨大差異所產生的諷喻性（irony），而覺有趣好笑；（三）也誠如前引從事日常倫理研究之人類學者們所闡釋者，倫理實作同時奠基於既存的道德脈絡、但也創構嶄新的正義評斷、且兩者的聯繫仰賴於個人意欲感同身受的想像能力，而這也解釋了何以梁伯伯在某個特定的時刻、於某個特定的空間脈絡、將他可唯一持有掌握的物質保障，傳遞給某個顯然他感覺命運相通（即，遭受至親背叛拋棄）、且符合正義原則的特定對象（美華）[43]；（四），最後，與本文首節所引諸多國際流亡離散的民族誌研究左異，在晚年行動上可以回去、但是個人自願放棄的所謂原鄉，才是流亡主體內在關鍵的情感倫理參照座標；這個發現不僅凸顯了來台中國流亡的特殊性，相信亦可作為日後有關流亡研究理論的進一步思考基礎。

參考書目

一、中文書目

王甫昌，1998，〈族群意識、民族主義與政黨支持〉。《台灣社會學研究》2:1-45。

王甫昌，2008，〈族群政治議題在台灣民主轉型中的角色〉。《臺

43　我要再次感謝某位匿名審查人對此議題的評述。

灣民主季刊》5(2):89-140。

朱偉誠，2003，〈同志・台灣：性公民、國族建構或公民社
　　會〉。《女學學誌》15:115-151。

吳乃德，1993，〈國家認同與政黨支持〉。《中央研究院民族學
　　研究所集刊》74:33-61。

吳忻怡，1996，《「多重現實」的建構：眷村、眷村人與眷村文
　　學》。台北：國立臺灣大學社會學系碩士論文。

吳明季，2001，《失落的話語：花蓮安和、樂利村外省老兵的流
　　亡處境及其論述》。花蓮：國立東華大學族群關係與文化研
　　究所碩士論文。

沙牧，1986，《死不透的歌》。台北：爾雅。

李永熾監修、薛化元主編，1993，《台灣歷史年表：終戰篇
　　（1945-1965）》。台北：業強。

李紀平，1998，《寓兵於農的東部退撫政策：一個屯墾的活歷
　　史》。花蓮：國立東華大學族群關係與文化研究所碩士論
　　文。

何明修，2000，《民主轉型過程中的國家與民間社會：以台灣
　　環境保護運動為例（1986-1998）》。台北：國立臺灣大學社
　　會學系博士論文。

林芳玫，1998，〈族群差異　全應坦然面對〉。《中國時報》，15
　　版，時論廣場，1998/12/13。

林芳玫、郭美芳，1999，〈解嚴與媒體：媒體閱聽人多重身分的
　　轉變與重組〉，論文發表於「威權體制的變遷：解嚴後的台
　　灣」國際研討會。台北：中央研究院民族學研究所，
　　1999/4/3。

洛夫，1986，〈序〉，收入沙牧，《死不透的歌》，頁3-8。台

北：爾雅。

胡台麗，1989，〈從沙場到街頭：老兵自救運動概述〉，收入
　　徐正光、宋文里編，《解嚴前後台灣新興社會運動》，頁
　　157-173。高雄：巨流。

范郁文，2006，〈婚姻與軍隊戰鬥士氣：國家管制下大陸籍士
　　官兵的男子性（1950-1970）〉，論文發表於「台灣社會
　　學會年會暨國科會論文成果發表會」。台中：東海大學，
　　2006/11/26。

范雲，2003a，〈連結運動者與變動的政治機會結構：八〇年代到
　　九〇年代台灣民主轉型過程中社會運動參與者的個案研
　　究〉，收入《兩岸社會運動分析》，頁137-173。台北：新自
　　然主義。

范雲，2003b，〈政治轉型過程中的婦女運動：以運動者及其生
　　命傳記背景為核心的分析取向〉。《台灣社會學》5:133-194。

張茂桂，1989，《社會運動與政治轉化》。台北：國家政策研究
　　資料中心。

張茂桂等，1993，《族群關係與國家認同》。台北：業強。

裘佩恩，1997，《戰後台灣政治犯的法律處置》。台北：國立臺
　　灣大學法律學研究所碩士論文。

尉天聰，2011，〈掉進豬籠草的飛蟲〉，收入《回首我們的時
　　代》，頁296-311。台北：印刻。

舒暢，1981/2008，《院中故事》。台北：九歌。

舒暢，1992/2008，《那年在特約茶室》。台北：九歌。

黃克先，2005，《原鄉、居地與天家：外省第一代的流亡經驗與
　　改宗歷程》。台北：國立臺灣大學社會學研究所碩士論文。

趙彥寧，2000，〈國族想像的權力邏輯：試論五〇年代流亡主

體、公領域與現代性之間的可能關係〉。《台灣社會研究季刊》36:37-83。

趙彥寧，2001，〈戴著草帽到處旅行：試論中國流亡、女性主體、與記憶間的建構關係〉。《台灣社會研究季刊》41:53-98。

趙彥寧，2002，〈家國語言的公開秘密：試論下階層中國流亡者自我敘事的物質性〉。《台灣社會研究季刊》46:45-85。

趙彥寧，2004，〈公民身分、現代國家與親密生活：以老單身榮民與「大陸新娘」的婚姻為研究案例〉。《台灣社會學》8:1-41。

趙彥寧，2005，〈社福資源分配的戶籍邏輯與國境管理的限制：由大陸配偶的入出境管控機制談起〉。《台灣社會研究季刊》59:43-90。

趙彥寧，2006，〈情感政治與另類正義：在台大陸配偶的社會運動經驗〉。《政治與社會哲學評論》16:87-152。

趙彥寧，2007，〈親屬連結、社會規範與國境管理：中國福建省無證移民的研究〉。《台灣社會學》13:129-191。

趙彥寧，2008，〈親密關係作為反思國族主義的場域：老榮民的兩岸婚姻衝突〉。《台灣社會學》16:97-148。

趙剛、侯念祖，1995，〈認同政治的代罪羔羊：父權體制下的眷村女性〉。《台灣社會研究季刊》19:125-63。

楊斯曼，2006，《我們是誰：國族想像的權利與大陸新娘》。台中：東海大學社會學研究所碩士論文。

楊孟軒，2010，〈五零年代外省中下階層軍民在臺灣的社會史初探：黨國、階級、身分流動、社會脈絡，兼論外省大遷徙在「離散研究」（diaspora studies）中的定位〉，收入台灣

教授協會（編），《中華民國流亡台灣 60 年暨台灣戰後國際
處境》，頁 536-551。台北：前衛。

瘂弦，1986，〈文人與異行：懷念沙牧〉，收入沙牧，《死不透
的歌》，頁 9-15。台北：爾雅。

二、外文書目

Asad, Talal. 1990. "Multiculturalism and British Identity in the
Wake of Rushdie Affair." *Politics and Society* 18:455-480.

Behar, Ruth. 1997. *The Vulnerable Observer: Anthropology That
Breaks Your Heart. Boston: Houghton Mifflin.*（露思・貝哈
著，黃珮玲和黃恩霖譯，2010，《傷心人類學：易受傷的觀
察者》。台北：群學。）

Biehl, Joao. 2005. *Vita: Life in a Zone of Social Abandonment.*
Berkeley: University of California Press.

Bourdieu, Pierre. 1977. *Outline of a Theory of Practice.* Trans.
Richard Nice. New York: Columbia University Press.

Bourdieu, Pierre. 1990. *The Logic of Practice.* Trans. Richard
Nice. Stanford, CA: Stanford University Press.

Boyarin, Daniel and Jonathan Boyarin. 1993. "Generation and the
Ground of Jewish Identity." *Critical Inquiry* 19(8):693-725.

Das, Veena, Arthur Kleinman, Mamphela Ramphele, and Pamela
Reynolds (Eds.). 2000. *Violence and Subjectivity.* Berkeley:
University of California Press.

Das, Veena. 1996. "Language and Body: Transactions in the

Construction of Pain." *Daedalus* 125(1) (Social Suffering):67-91.

Fassin, Didier and Richard Rechtman. 2009. *The Empire of Trauma: An Inquiry into the Condition of Victimhood.* Princeton, NJ: Princeton University Press.

Fischer, Michael M.J. 2007. "Epilogue: To Live with What Would Otherwise Be Undurable." pp. 423-446 in *Subjectivities: Ethnographic Investigations,* edited by Joao Biehl, Byron Good, and Arthur Kleinman. Berkeley: University of California Press.

Foucault, Michel. 1972. *The Archaeology of Knowledge.* London and New York: Routledge.

Gilroy, Paul. 1991. *"There Ain't no Black in the Union Jack": The Cultural Politics of Race and Nation.* Chicago: University of Chicago Press.

Gilroy, Paul. 1993. *The Black Atlantic: Modernity and Double Consciousness.* London: Verso.

Goffman, Erving. 1963. "Part I: Introduction." pp. 3-32 in *Behavior in Public Places: Notes on the Social Organization of Gatherings.* New York: The Free Press.

Hall, Stuart. 1990. "Cultural Identity and Diaspora." pp. 222-237 in *Identity: Community, Culture, Difference,* edited by Jonathan Rutherford. London: Lawrence & Wishart.

Herzfeld, Michael. 1997. *Cultural Intimacy: Social Poetics in the Nation-State.* New York and London: Routledge.

Kleinman, Arthur. 1994. "Pain and Resistance: The

Delegitimation and Relegitimation of Local Worlds." pp. 169-197 in *Pain as Human Experience: An Anthropological Perspective*, edited by Mary-Jo DelVecchio Good, Paul E. Brodwin, Byron J. Good, and Arthur Kleinman. Berkeley: University of California Press.

Kleinman, Arthur. 2006. *What Really Matters: Living a Moral Life Amidst Uncertainty And Danger*. Oxford: Oxford University Press.

Lambek, Michel (Ed.). 2010. *Ordinary Ethics: Anthropology, Language, and Action*. New York: Fordham University Press.

Malkki, Liisa. 1995. *Purity and Exile: Violence, Memory, and National Cosmology among Hutu Refugees in Tanzania*. Chicago: University of Chicago Press.

Mauss, Marcel. 1967. *The Gift: The Form and Reason for Exchange in Archaic Societies*. Trans. Ian Cunnison. New York: W.W. Norton.

Mills, C. Wright. 1959. *The Sociological Imagination*. Oxford: Oxford University Press.

Ong, Aihwa. 2003. *Buddha Is Hiding: Refugees, Citizenship, The New America*. Berkeley: University of California Press.

Said, Edward W. 1992. *The Question of Palestine*. New York: Vintage.

Siu, Lok C.D. 2005. "Queen of the Chinese Colony: Gender, Nation, and Belonging in Diaspora." *Anthropological Quarterly* 78(3):511-42.

Spivak, Gayatri Chakravorty. 1985. "Three Women's Texts and a

Critique of Imperialism." *Critical Inquiry* 12(1):43-61.

Watson, James L. 2004. "Virtual Kinship, Real Estate, and Diaspora Formation: The Man Lineage Revisited." *The Journal of Asian Studies* 63(4):893-910.

Williams, Raymond. 1977. *Marxism and Literature*. Oxford: Oxford University Press.

第十章

浪漫的虛擬史詩：2008年後台灣電影中的戰爭記憶[*]

莊佳穎

一、前言：電影作為戰爭記憶書寫的所在

This war will never be forgotten. Nor will the heroes who fight in it.

——電影《特洛伊》（*Troy*）[1] 台詞

這是史詩戰爭電影《特洛伊》中，一句引人入勝的台詞。奧德修斯（Odysseus）勸進阿基里斯（Achilles）參與戰爭，以「這是一個不會被遺忘的戰爭，而參與其中的戰士也將留名青史」的語藝，試圖勸服阿基里斯參戰。這句台詞最有趣的地方，在於導演（和製作團隊）透過電影中歷史人物／角色間的對話，邀請觀眾成為這段戰爭歷史電影的目擊者，並走入由影像、音符和話語所構築的，獨特的敘事空間。奧德修斯的台詞帶有強烈的「後設敘事」（meta-narratives）[2] 色彩，導演藉其之口，帶領

* 本文為 100 年度國科會專題研究計畫「台灣政治消費文化：二次政黨輪替之後」（NSC100-2410-H-003-059）的部分研究成果。論文初稿發表於 2011 年 12 月 9 日中央研究院社會學研究所「戰爭與社會工作坊」，感謝評論人蘇碩斌教授及當天與會來賓給予本文的寶貴建議；同時感謝研究助理鄭艾馨小姐及林雨佑先生協助收集相關研究資料。

1 《特洛伊》改編自《伊里亞德》（*The Iliad*）中的特洛伊戰爭，於 2004 年上映。

2 此處所指的後設敘事，與文學中的「後設小說」（meta-fiction）較相近，指的是作者在故事情節的發展過程中，刻意凸顯書寫之手法和過程，或借故事中人物之口，「不僅製造事件、操作事件，還要對整起事件進行觀察、描述，甚至最後為事件代言」（洪健元 2005），以取得一

觀眾從歷史讀者和電影讀者的雙重俯視視角，進入這個搭設在戰爭事件、歷史詮釋、電影藝術和當代脈絡等多層次文本之上的故事。

　　戰爭，法國哲學家 Georges Sorel[3] 論及，總以其高尚面向（noble side）出現在詩人對於戰功彪炳軍隊的謳歌中。詩歌文學是如此看待戰爭的：（一）人類歷史完全植基於戰士的征戰；（二）戰爭體現的是「榮耀的情感」（the sentiment of glory），具有在歷史上無可比擬的價值；（三）在偉大的戰鬥裡試鍊自己的力量、並以生命為代價，是人類的渴望（Sorel 1908: 188）。

　　歷史，則是具有高度創作性和政治性的產物。歷史是由一群具有當下心態的工作者所生產的，一種移動的、有問題的論述（Jenkins 2006: 121）。歷史的書寫須經由語言的描述，而這樣的描述在生產的過程中將通過多次替換、修改、分析和詮釋。同時，歷史的正統話語，「總是由贏家書寫」（...history is written by winners）（Mann 1992: 153）。也因此，歷史無法脫離其根本的「創作性」，並對應於一系列時刻存在的權力關係（White 1989: 297）。理論家試圖從不同觀點理解戰爭坐落於歷史繁複系譜中的特殊性：戰爭可以是 Sorel 所言被視為是史學構成的必然存在；戰爭，對於傅柯而言，是以政治的姿態恆常化於常態之中的（黃金麟 2009：4-5）；戰爭同時也可以是馬基維利式為鞏固君王政權所精算的軍事操演（King 2011）。戰爭

個從更高角度與讀者對話的位置。

3　作為工團主義（syndicalism）革命派理論家，Georges Sorel 論及，若將社會鬥爭與罷工比擬為戰爭，則對於戰爭的憧憬或可成為達成理想與目標的強烈動力（Sorel 1908: 187-188）。

歷史在高度創發的歷史軌跡之上，具有更加濃重的創作性和政治性。

　　集體記憶，相對於歷史，則是由當下社會文化脈絡中的「文化工具」（cultural tools）所「中介」（mediated），用以提供社會成員在進行對於過去的共同書寫時，言說和思考的基礎框架（Wertsch 2002, 2008）。James V. Wertsch（2008）將這個基礎架構描述為鑲嵌在當下、並從目前的社會和文化脈絡中提取素材的「敘事模板」（narrative templates）。「敘事模板」由成組的文化工具構成，且通常「以敘事的形式」（in the form of narratives）呈現（Wertsch 2008: 139），並搭配相對應的人物、日期、事件和情節等，以提供社會成員在進行對於過去的集體記憶建造／再造工程時，一個參考基準。同時，由於「敘事模板」往往在不同社會文化脈絡的更迭中，隨著當時的政治和文化氣氛而持續變動（Novick 1999; Wertsch 2008），集體記憶的構成，也因此常常是在（官方）歷史上，以一種「去歷史的、甚至是反歷史的」（ahistorical, even anti-historical）（Novick 1988: 3），又或是表現該社會若干「永恆的或根本的」（eternal or essential）、通常也是「悲劇性的」（tragic）（Novick 1988: 4）神話之姿態進行。

　　而電影，作為形塑集體記憶之文化工具的一種敘事形式，則是融合了詩歌的優美文字、繪畫的詮釋手法和攝影的摹寫技巧等，介於藝術和商品、又兼具政治性和商業性的創作文本。電影所再現的場景，是一個由攝影機所捕捉的空間。對於觀眾而言，透過電影音像配置和敘事結構的巧妙安排，電影所再現的不再只是一個存在於過去的空間，而更是一個持續帶有「此時此刻」（here and now）、一直存在於現下（being-there）

的永恆空間（Doane 2002）。同時，電影也是一種記憶的載體（vehicles of memory）（Yerushalmi 1989: xxix），不僅具有再現物質現實的特性[4]（Kracauer 1997），更指涉範圍更廣闊而繁複的社會文化現象（Metz 1990）。也就是說，電影不僅構組每日生活中「所有真實樣態的原型」（matrix of all other modes of reality）（Kracauer 1997: 304），更反映了根基於「集體意識深刻層面」（Kracauer 1947: 6）的，「心靈的極致樣態」（extreme states of mind）（Kracauer 1997: 58）。

因此，戰爭歷史和電影書寫，此二「透過濃縮（condensation）、置換（displacement）、符號化（symbolization）和限定性描述（qualification）」（White 1988: 1194）所產生的創作性文本，每每在集體記憶的建造／再造過程中，進行辯證與對話。同時，戰爭歷史和電影書寫的對話關係，更往往隨著所坐落之社會脈絡的更迭，為回應當下的政治和文化氛圍，具有不同的樣貌。我們可以看到，在政治與社會領域中，諸如「大中國主義」這個曾經的偉大的概念，歷經台灣解嚴、開放黨禁、政黨輪替等社會脈絡的轉變後，已然從《八百壯士》（1975）和《梅花》（1976）等愛國政宣電影中的唯一真理，退位為《悲情城市》（1989）和《超級大國民》（1996）等電影中被挑戰的黨國意識型態，更萎縮為在《牽阮的手》（2011）和《女朋友・男朋友》（2012）等電影中被電影人、文化人爭相嘲諷的過時教條。而在文化與經濟領域中，當全球化浪潮所夾帶的文化商品（如：黃色小鴨、中國好聲音）蔓延至台灣社會每日生

4　Kracauer 在書中以 physical existence、material reality 和 nature 交替呈現「物質現實」此一概念（Carroll 2003: 282）。

活的各個層面之中，人們來自影音媒體、動漫作品和虛擬網路的超現實體驗，覆蓋了既有社會秩序的排列方式，並進而消解了原來支撐社會運作的價值體系。影音符號素材的隨手可得性與創作發表的任意近用性，致使網路媒體突破了主流媒體發言的絕對位置。因此，即使在真實世界中修法失靈而街頭抗爭未果，惡搞文化（kuso）仍提供了台灣市民社會一個透過改造網路世界既有影音符號素材並加入反面訊息之，戲謔時事和諷刺政客的快樂抗爭手段。

　　本文處理的是 2008 年後的三部台灣電影 ──《一八九五》（2008）、《海角七號》（2008）與《賽德克・巴萊（上）（下）》（2011）[5]，如何生產當代台灣社會的戰爭記憶。戰爭歷史、戰爭遺緒和戰爭記憶，不僅是這三部電影的共同舞台，更是本文討論的起點。全文的核心提問，植基在戰爭歷史和電影書寫的在集體記憶建造工程中的雙重創作性，及電影在反映當代台灣社會集體思維的高度政治性之上。這三部電影取材自 1895 年日治時期肇始和 1945 年二次大戰終戰之間的戰爭歷史，並分別描述發生於 1895 年日軍接收台灣之初的乙未戰爭（《一八九五》）、1930 年的霧社事件（《賽德克・巴萊》）和 1949 年日軍戰敗撤離台灣的歷史記憶（《海角七號》）。

　　在本文中，本書前面幾章所論及的，用以詮釋戰爭、組構集體記憶、動員國族認同、讓人們區分「可悲傷」（grievable）與「不可悲傷」生命之框架的「戰爭之框」（frames of war）（請見 Butler 2009；另見本書作者汪宏倫和藍適齊〔2014〕等的相

5　以下簡稱《賽德克・巴萊》。

關延伸討論）[6]，被視為在當代台灣社會脈絡裡用以生產戰爭歷史和記憶的「敘事模板」。筆者認為，「戰爭之框」（Butler 等人的概念）強調的是人們在理解、詮釋、界定戰爭經驗及遺緒時所依憑的意義框架，強調的是建構意義時所依據的選取原則，具有認識論色彩；而「敘事模板」（Wertsch 的概念）強調的是人們在書寫、重構、再現戰爭經驗及記憶時所依賴的參考基準，及由此參考基準所延伸之成組成套的文化工具（資料庫），具有工具論色彩。「戰爭之框」／「敘事模板」在集體記憶的建造／再造過程中，提供當代台灣電影生產與消費實踐過程中，一個便於理解戰爭經驗、詮釋戰爭遺緒、書寫戰爭記憶和重構戰爭歷史的基礎架構。

然而，從「戰爭之框」／「敘事模板」所提供的基礎架構出發，2008 年後的當代台灣電影到底填充了哪些內容物到台灣社會的集體記憶建造／再造工程中？而這些被填入的內容物，究竟是在既有之記憶地景上複寫的新頁，抑或實則是當代台灣社會集體戰爭記憶的再現？

筆者認為，2008 年後在台灣電影生產實踐中被想像（imagined）與書寫（narrated）[7]的戰爭經驗、遺緒和記憶，因為戰爭概念在當代台灣社會脈絡的漂浮性，與戰爭歷史和電影書寫的雙重創作性，其內容物的本質論色彩已經褪去。也就是說，「戰爭之框」／「敘事模板」雖然提供了集體記憶書寫的基礎架構，但所被填入的內容物，則是已然將戰爭經驗、遺緒和

6　請見本書汪宏倫及藍適齊各文中所提出的相關討論。

7　這裡借用了 Benedict Anderson 在 *Imagined Community*（1991）和 Homi Bhabha 在 *Nation and Narration*（1990）中的概念。

記憶的厚重包袱撒除，並端賴人們自由揀選拼裝的，一首浪漫的虛擬史詩、一組組可供消費的美麗符號和一個個動人的小故事。筆者同時認為，文中的這三部電影，因為戰爭概念在當代台灣社會脈絡的漂浮性，更因為內容物的高度虛擬性和可被消費性，雖然以「美學」與「情感」演繹的精巧手段複寫又再現了當代台灣社會的集體戰爭記憶，卻只召喚了淡淡的哀傷和美麗的嘆息。筆者在接下來的討論中，將逐一描繪在台灣這個戰爭記憶的漂浮之島上，這三部電影如何化身為帶著戰爭傷痕之台日情意結的，三張來自戰地的明信片。同時，筆者亦將反思，2008 年後的台灣電影，在深情的詠嘆和精緻的商品美學之外，又在台灣社會集體戰爭記憶地景之上印刻了什麼。

二、台灣，戰爭記憶小故事的漂浮之島

　　筆者希望在這裡用一些篇幅，考察戰爭概念在台灣社會得以橫久存在之，垂直面向和水平面向的累積條件，以及戰爭概念在當代台灣社會脈絡的漂浮性。首先，筆者在這裡所指的垂直面向，是近似於本體論觀點之，人類存在所必然發生的，在日常生活中必須不斷面臨的「生命斷裂」（disrupted lives）的根本議題（Becker 1997）。戰爭本身所可能涉及的，個人和摯愛之生命的徹底斷裂，和自我與（重要）他人、自我與世界之關係的全面重組，便是戰爭所依憑的，垂直面向的累積條件。

　　而戰爭所依憑的，水平面向的累積條件，則可從社會學所關注的社會關係的構想上發揮。我們可以看到，因為水平社會關係的不穩定性，台灣社會成員間的彼此連帶關係顯得相當脆弱。譬如，在政治和社會領域中，我們看到政治消費文化在台

灣過去三十年消費社會的快速蔓延和民主化的急速發展中形成
（莊佳穎 2009b）。政治商品在台灣當代社會的生產與消費，
讓國家認同成為一種美學選擇。認同的飄移，展現在國家機
器的搖擺，政黨政治的媚俗，與政策制度的民粹上。又譬如，
在文化和經濟領域中，社會網絡建立在虛擬、淺薄、脆弱的網
路世界裡；人們「在電子新域上起厝」（homesteading on the
electronic frontier）[8]，在開心農場上從事虛擬墾殖和勞動，或在
北港天后宮網站上求籤。

其次，從水平面向的累積條件來看，所謂的戰爭，在當代
台灣社會具有三個層次的意義。第一個層次，是在近代中日兩
國的戰爭纏鬥中，發生在台灣本土或台灣人集體記憶中的戰爭
—— 前者如發生在台灣 1895 年的乙未戰爭，後者如台灣被迫捲
入的二次大戰。第二個層次，是由戰爭現場延續至台灣人每日
生活語境之中，將戰爭觀念作極大延伸（Wright 1968: 454），
用以描繪競爭概念或衝突關係的戰爭隱喻（metaphor）和語藝
（rhetoric）。第三個層次，是無所不在地存在於當代影視文化
商品中，優游於小說字裡行間，跳躍於漫畫框格、電視頻道、
電腦螢幕光點之間的，發生在地球另一端的遠方戰事或發生在
文化工作生產機制中的虛擬戰役。

台灣的歷史，是一部在「戰火邊緣的歷史」（黃金麟 2009：
21）。背負著過往戰爭的印記，台灣在日本和中國間擺盪，也在
兩大帝國角力戰火中，被動地進入了東亞現代化過程和戰爭歷
史。

1895 年台灣被清國讓渡給日本，被納入一個新的帝國。

8　此 Howard Rheingold 著作 *The Virtual Community* 的書名副標題。

在日本政權統治期間，發生了持續不斷的反日戰役與抗爭，如 1895 年的乙未戰爭和 1930 年的霧社事件。然而，日本統治在規訓台灣人「成為日本人」（becoming Japanese）[9] 的過程中，透過地方自治、經濟、法律、教育、社會教化機制（吳文星 1997）所帶來的現代性，提供了台灣走向與中國差異化的物質基礎。在日本人發動的二戰期間，台灣作為帝國的一部分被捲入戰爭，在武人總督戰時機制下實踐糧食管制與言論管制等。帝國政府的軍事動員（鄭麗玲 1994），或徵召或哄騙台籍青年作為軍伕[10]、台籍女性作為護士和慰安婦至中國和東南亞戰場，在殘酷的一線戰地透過身體演練他們對帝國的效忠。1945 年日本戰敗後，台灣面對的是日本政權離去和國民黨政權移入的衝擊。台灣自此被納入中華民國版圖，更在國民黨政權流亡至台灣後，成為光復大陸失土的「復興基地」。國民黨政權帶來大量由官員、軍隊及難民所組成的，普遍經歷對日戰爭和國共內戰的新移民。而帶著戰敗創傷和流亡傷痛，掌握了軍事、政治、經濟和文化機器的國民黨政權，開始在台灣社會施行高壓統治，因而引爆了二二八事件和隨之而來長達數十年的白色恐怖（李筱峰 1998）。

　　戰爭，對於當代多數的台灣人而言，除了在二戰期間中國與日本大規模武裝衝突中曾有一線戰地經驗的二戰世代（包含台籍日本兵、中國籍老兵[11] 和 1949 年大遷徙的新移民等）之外，更像是一個延伸的、間接的、想像的概念。那種發生在

9　我在這裡借用了 *Becoming Japanese*（Ching 2001）書名。

10　請見周婉窈（1995）、蔡慧玉（1997）等的相關討論。

11　請見吳明季（2001）的相關討論。

戰地裡，人和人之間的血腥廝殺與因之造成的流離失所，並沒有真正發生在台灣本土。也因此，並不是當代多數台灣人生命歷史中的直接經驗。在時間和空間上距離當代台灣人最近的戰爭，是 1958 年、主戰場為金門的八二三炮戰。然而，台灣社會雖然躲過戰爭在本土的發生，卻仍舊受制於人為營造的戰爭氛圍。二戰之後，台灣社會同時操演著國家之戰和社會之戰。在國家之戰的神聖號召下，國民黨政權以近似於日本政權的統治手法，透過無所不在的政治和軍事統治技藝，在數十年國共對峙的準戰爭氣氛中，將台灣的身體經營為高度軍事化的身體（黃金麟 2009：30）。而由國民黨透過國家機器主導的社會之戰，自二二八事件後的四十二年，以「獵捕內部敵人」（黃金麟 2009：13；另見同作者在本書中的討論）為宗的國家治理術，透過監控系統無所不在的滲透，迫使台灣社會長期處在草木皆兵的威脅中。在「全天候戰爭」（黃金麟 2009：173）的政治監管中，集體看管彼此、個體看管自我、隨時確認敵我的戰爭心靈，漸次被落實在日常生活中，轉化為無處不競爭的生存策略。

　　在高度軍事化和全民皆兵的社會脈絡中，對於戰爭的擬想與隨時備戰的身體高度戒備，讓戰爭概念四處橫溢，成為台灣社會不同族群間的共同語言。戰爭的隱喻意義（metaphorical meanings）（Wright 1968: 454）蔓延至台灣人日常論述之中，成為台灣社會不確定的國家境況和認同問題的共同紐帶，也成為一種描繪競爭、衝突和敵我攻防情境的載體。作為一個存在於台灣社會的普遍論述，戰爭隱喻可能體現於競選（林靜伶 1995；宋惠貞 2001）、疾病（Sontag 1990；吳安琪 2010）或對於電腦駭客的描述（陳梅英 2003）等。戰爭隱喻在台灣社會的滲透，更表現在以下的可能句型中：男女戰爭（性別議題）、貧

富戰爭（階級議題）、理念與文化戰爭（意識型態議題）等。

　　最後，是在前述戰爭概念存在於台灣社會之垂直和水平積累條件之上，因為全球化資本主義、市場經濟，及自由主義等多方作用所造成的，戰爭概念在當代台灣社會脈絡的漂浮性。目前，「戰爭」除了以二戰世代的生命經驗、透過軍事化身體的擬想，及隱喻和語藝的形貌存在於台灣社會，更無所不在地存在於當代文化商品（如：文學作品、影視商品等）之中。台灣文學作品中的戰爭，以日治和二戰時期以降之台籍日本兵戰爭經驗與台灣本地族群戰爭記憶、及外省族群流亡經驗與眷村生活記憶為代表[12]。而當代影視和文化商品中的戰爭，則以新聞影像、漫畫、電影、電視劇、電玩等文本出現在台灣社會中。

　　Bjørn Melhus（1991）在《神奇的玻璃》（*Das Zauberglas/ The Magic Glass*）這個 6 分鐘的作品裡反思了當代消費社會中，大眾傳播媒介如何利用「螢幕」這片神奇的玻璃作為魔法施行的場域，建構、扭曲、強化、描繪、抹除人們心中的真實和想像。電視新聞 24 小時持續播送聚焦於過去和現在、東方和西方的戰爭影像，在訊號可及的角落任意搭設能隨意加入隨時抽離的戰爭現場。從世界大戰、史達林大屠殺、猶太人大屠殺、南斯拉夫戰爭、伊拉克戰爭到阿富汗戰爭等，戰爭概念既是無孔

---

12 戰後台灣文學，請見楊照（1995, 1998）、蕭阿勤（2000）等的討論。日治和二戰時期以降之台籍日本兵戰爭經驗與台灣本地族群戰爭記憶相關文學作品的討論，請見吳慧婷（1994）、陳芳明（1998, 2000）、彭瑞金（1999, 2000）、彭小妍（1999）、呂正惠（1999）、余昭玟（2002）、謝惠芳（2001）等。外省族群流亡經驗與眷村生活記憶相關文學作品的討論，請見尚道明（1995）、吳忻怡（1996）、梅家玲（1998）、蔡淑華（1999）、楊佳嫻（2010）等。

不入、隨時滲入私領域電視螢幕、令人動容的符號，更同時也是隨時可在遙控器快速轉台過程中被隨意丟棄、漂流在各頻道間、無意義的符號。

電影銀幕中的戰爭，不但也是既近且遠、既真實又虛幻、高度漂浮的符號，更因為大敘事在這個時代裡的瓦解[13]，而化身為一個又一個輕薄短小，關於愛情、親情、友情等的小故事。小故事的敘事軸心圍繞著電影主角和她／他週遭的人事物；簡單地說，小故事就是以主角的自我探求出發，聚焦在主角自己的小宇宙中所進行的那場自我對話過程的敘事（東浩紀 2012）。二次大戰，一直是全球電影工業熱中的電影題材[14]。而晚近的二戰電影，除了以高度精緻化的音像配置技巧統合了成千上萬的符號、以創造歷時 120 分鐘左右的感官刺激外，更聚焦在小故事以成功召喚觀眾的情感反應。在持續性殺戮場面、戰地聲軌、頻閃光源和震撼配樂鋪陳下，身體的緊張感被用以動員為對於銀幕上正在發生之戰事的真切感受。而在圍繞著主角前進的敘事結構裡，電影的重點不再是戰爭本身，而更是主角自我探索和與愛人、親人、友人對話的過程。以《珍珠港》（*Pearl Harbor*）（2001）為例，全片雖然以珍珠港世界為背景，但實際上故事卻一直都只是環繞著兩個男主角和一個女主角間的自我對話、自我追尋和恩怨糾葛而已。在這齣以史詩格局為敘事手法、以珍珠港事件為歷史場景、並串接三小時浩大戰爭殘酷畫

13　請見 Jean-François Lyotard（1979/1984）及東浩紀（2012）對大敘事之消逝的相關討論。

14　自 1930 年代迄今，全球以二戰為主題的電影約為 914 部（尚未包含正在籌拍及後製的電影）。其中，2000 年後至今以二戰為主題的電影就有 148 部（請見 List of World War II films 2011）。

面的愛情電影中，戰爭只是用以激起觀眾強烈感受以融入劇中愛情故事的背景。而另一部同樣以二戰為背景的電影《惡棍特工》（*Inglourious Basterds*）（2009），則是以惡搞藝術、黑色幽默和暴力場面所雕砌而成的，描述美籍猶太特種部隊刺殺納粹軍人為主題的黑色喜劇。戰爭在這部電影裡的意義，是無厘頭式的以牙還牙和以暴制暴，是二戰場景和納粹淪為丑角般的插科打諢；戰爭的意義，更是戲院大屠殺那場戲中，以電影膠卷燒掉整間戲院的內爆式嘉年華，和在 David Bowie 的歌聲中飛舞的華麗子彈秀。

而電玩螢幕中的戰爭，則是好萊塢戰爭電影敘事和聲光美學的延伸。更甚於電影的是，電玩遊戲的互動性（interactivity），將玩家置放在遊戲的中心，賦予了玩家決定遊戲如何發展的主導權（Newman 2004: 26）。在疊合於真實世界的戰爭遊戲過程中，玩家不但能透過鍵盤做出決策決定戰事發展，也能和線上為數龐大的玩家組成戰隊（clan）或團隊（guild）。以《戰爭機器》（*Gears of War*）射擊遊戲為例，玩家在能源大戰後的世界，體驗人類和獸族為爭取生存所進行的慘烈激戰。而《魔獸世界》（*World of Warcraft*）則是一款場景設定在寒冰霸權四年後的艾澤拉斯大陸，角色設定多達十二個種族，戰地橫跨不同地點、戰鬥型式繁複的戰略遊戲。

真實的戰爭和虛擬的戰爭，在當代台灣社會裡，被大量複製成戰爭史料、戰爭記憶、戰爭隱喻、戰爭新聞、戰爭畫面、戰爭模擬，再壓縮在電視、電影、電腦、手機可隨時開關的螢幕上。對於提出「擬像」（Simulation）此一概念的 Jean Baudrillard（1994）而言，這些大量生產並橫流於台灣的戰爭符號，是被不斷重組複製、過剩而意義缺乏、似真卻失去原型

的，彼此的回聲和倒映。虛擬的戰事在不同的螢幕中交互折射為一個「過度真實」符號系統，成為一個和真實世界脫鉤、去脈絡化的存在。而當大敘事已然在台灣當代社會凋零，取而代之的，是一個個不再被單一概念所支配、無數林立的小故事，與四處流竄於各式文化商品的文字圖像影音符號。這些可被隨意拆解和組裝的符號，及可供情感投射的片段，正是在前述雙重創作性文本所架構的歷史敘事空間中，建構當代戰爭記憶的主要素材。

影像和戰爭概念的相互穿透，甚至戰爭符號取代戰爭現實的現象，亦反映在中華民國軍隊招募的行銷策略趨勢上。為招募當代台灣社會在影像符號訊息中成長之年輕世代，學者建議中華民國國防部應借鏡相關產業經驗、以置入式行銷、體驗行銷與說故事行銷等創意思考來說能「打動人心的故事」，從電玩遊戲、體驗營區、網路與行動通訊找尋能打動年輕世代的招募通道（鄭好媛 2003；謝奇任 2007）。在這裡我們看到，國家機器在真實戰備與虛擬符號界線消解的當代脈絡裡，如何透過對於虛擬戰爭符號的盜用，動員人民加入軍隊。

三、來自戰地的明信片

「幾乎所有輿論都將 2008 年視為台灣電影的復興年代」（孫松榮 2010：138）。台灣電影在沉寂了二十年後，2008 年夏天，《海角七號》這部由台灣小人物夢想、庶民生活交疊著二戰記憶的電影所創下的 5.3 億票房成績，「吹起了台灣電影的號角」（蘇惠昭 2009），帶動了迄今一連串的「台灣電影大爆發」（小野 2011）。同年秋天，改編自李喬原著劇本《情歸大地》、

講述 1895 年乙未戰爭的《一八九五》[15]，作為台灣首部客語史詩電影，也掀起了一波對於 1895 年歷史的回溯和探討的風潮。2011 年秋天，集資 7 億製作成本的《賽德克‧巴萊》上映，截至 2011 年 11 月 10 日，上下集全台累積票房已累積到 7.6 億元。監製吳宇森為電影下了如此的註腳：「《賽德克‧巴萊》喚起了我們曾經遺忘的、忽略的這段發生在台灣土地上的歷史，是台灣第一部真正史詩般的電影，也是全人類或全世界都會感動的故事！」（賽德克‧巴萊 2011）

　　《一八九五》的導演林智育，《賽德克‧巴萊》和《海角七號》的導演魏德聖，和在 2008 年迄今一同創下票房佳績的其他幾位導演如《九降風》（2008）的林書宇、《囧男孩》（2008）的楊雅喆、《一頁台北》（2010）的陳駿霖和《雞排英雄》[16]（2011）的葉天倫[17]等，同為長期經過台灣影視工業不同訓練、初執電影導演筒、年齡介於 32 歲到 40 歲的年輕電影創作者（齊隆壬 2009）。他們在台灣新電影浪潮的文化反思、美學傾向和藝術創作手法的孕育下，以後繼者的姿態、有意識或無意識地開展了「主題構思與音像創置的當代性部屬」（孫松榮 2010：155）。這些新生代導演的電影生產實踐，在繼承過往的同時部署了或顯或隱的變貌，而將過去台灣電影中存在已久的「歷史之

15　為了方便討論，我以中文字「《一八九五》」表示 2008 年出品的電影作品，而以數字「1895」表示發生在 1895 年的歷史事件。另外，文中將出現的「1895/《一八九五》」一詞，則是表示「1895 年歷史事件」和「《一八九五》電影作品」兩者在台灣社會進行集體想像創造過程中，所可能被交互指涉與隨機混用的複雜性與動態性。

16　《雞排英雄》以 6000 萬成本，創下 1 億 2841.2 萬元的票房。

17　葉天倫同時也是《一八九五》的出品人。

重──無論是主題的沉重還是表達手法的凝重──轉換為『輕』的歷史感及『輕』的表達策略」（孫松榮 2010）。這些電影作品，亦同時在這些新生代電影工作者既重視國際影展光環更注重國內市場宣傳行銷的創作策略中，讓許多台灣的電影觀眾重新走進電影院看國片。如果票房的熱烈反應是電影引起觀眾強烈共鳴的論證依據，那麼 2008 年之後的電影已重新開啟與台灣社會的對話，進行對於台灣國族敘事、集體記憶和文化地景的重寫。

　　繼《海角七號》和《一八九五》等電影於 2008 年所掀起的國片風潮後，2011 年上映的《賽德克‧巴萊》，則以空前的製作成本和台灣社會所給予這部電影的高度關注，為台灣電影樹立了另一個里程碑。這三部刻畫戰爭歷史和記憶的電影，先後帶動了電影場景的觀光熱潮和相關商品的熱賣，同時也引發了媒體對其行銷策略的關注（如：紀瀅寰 2009；賴鼎陞、張雲翔、鄭瑋、王孝文、施懿軒、蔡宇軒 2009），網友和作家對於電影的熱烈討論（如：Cinema 2010；YenC 2011），及觀眾和作家的報紙投書（如：舒國治 2010；郭子祥 2010；小野 2011）等。

　　這三部電影的風潮也影響了學界，吸引學界以報紙投書／觀後感（如：林萬億 2008；蘇碩斌 2008；朱仕強 2010；許介麟 2010；陳宜中 2010）、部落格文章（如：石計生 2008；林泉忠 2010）、學術論文（如：劉仰芳 2009；莊佳穎 2009a；古佳惠 2010；黃如鎂 2010；詹閔旭 2010；邱子修 2010；黃惠禎 2010；張玉佩 2009；吳珊妃 2009；王萬睿 2010；Chang 2010；Tenn 2010）等不同規格的關注方式，討論這三部電影所反映的文化意涵、文化商品生產與消費、族群圖像、符號意義、認同政治、草根想像、語言使用、在歷史教學之可能運

用，和電影工業政治經濟運作等議題。

　　電影所描繪的戰爭，因為時空的流轉（戰時與戰後）、電影生產者和消費者不同的生命經驗（具有戰時經驗與否），而有著不同的樣貌。二戰期間的戰爭電影，往往圍繞在「滅私奉公的國家主義」和以戰爭為名所進行的「風景跨界的想像」兩大主題上（李政亮 2009：62）。以二戰期間的日本為例，電影成為傳遞國家意志與軍事動員的工具，並透過影像生產建構了神奇地理學（magic geography）（Speier 1941）。二戰期間的日本電影，不僅體現於帝國中心──日本本地──所進行之風景想像的生產，更擴及到日本在每一個占領地與殖民地所成立之電影拍攝基地中，以將當地天然景觀入鏡的方式，宣示對大東亞國策的效忠。從日本、滿洲國、韓國、台灣乃至東南亞，這些影像的生產和流通，「恰好構成一幅『大東亞』風景線」（李政亮 2009：61）。敵我疆域的越界攻擊（如珍珠港），和「大東亞共榮圈」指導理念下的「自我」領土的擴張（如上海和東南亞），是日本二戰期間戰爭電影最核心的空間想像。

　　而當二戰結束，戰爭雖然已經在停戰的那一刻終止，但是對於戰爭歷史的書寫和戰爭記憶的建造，才正要開始。日本的二戰主題戰爭電影，則瀰漫著對於戰爭的反省，環繞在以下幾個主題：首先是對於戰爭動員體制的反省（如：1947 年黑澤明的《我對青春無悔》）；第二是對於戰爭未亡人的描繪（如：1948 年小津安二郎的《風中的母雞》）；第三是對於戰前戰後新舊價值混亂衝突的刻畫（如：1947 年小津安二郎的《長屋紳士錄》）；第四則是反省日本軍隊在海外戰場的生存狀態（如：1950 年關川秀雄的《戰爭的聲音：日本戰役學生手記》）（李政亮 2009）。至於二戰之後德國的二戰主題電影，則企圖進行對

戰爭的反省，凸顯「不是所有德國人都是納粹」的論點，並促成過去與現在、德國和他國間的對話（陳思瑾 2009）。這些電影的生產與消費，是透過發生在背負著二戰經驗的電影工作者和觀眾之間的對話所完成的。

　　而當電影生產的時空來到 2008 年的台灣，走出了 1970 年代愛國政宣片（如：《八百壯士》、《梅花》）在冷戰結構下的二元敘事，又歷經了 1980 年代「台灣新電影」浪潮的洗禮之後，戰爭，在晚近的台灣電影作品中，不再是涇渭分明的敵我對壘，也不再是沉重的歷史創傷。作為「新電影」「師徒制下的產品」（魏德聖；劉思芳記錄整理 2008：41），2008 年後的電影創作者，在生命經驗上，是完全沒有二戰經驗、更距離二戰世代極遙遠的「戰爭不在場世代」，他們對於戰爭的認識，不是親身經歷、也幾乎不再是透過父執輩的口述歷史，而是透過課本、書籍、電玩、電視劇、電影和流行音樂；在電影創作實踐與理念上，他們一方面承繼、卻一方面超脫了「新電影」世代對於歷史的深刻關注、對於社會的嚴肅省思和對於鏡頭美學的藝術堅持（齊隆壬 2009），而以一種「輕盈力道處理沉重歷史」（紀蔚然 2008：59）。「新電影」所側重的，如《戀戀風塵》（1986）的長拍鏡頭段落與小品傳記式手法、如《恐怖分子》（1986）的都會冷調敘事風格、如《稻草人》（1987）對於人民記憶的重建，和後期如《悲情城市》（1989）對歷史創痕與國家暴力的追問，在 2008 年後的台灣電影作品中，則是以一種更隱晦的方式，被重新部署（孫松榮 2010）。這些作品雖然大致上承繼了「新電影」「有創作企圖、有藝術傾向、有文化自覺」（詹宏志 1988）的語脈，卻在主題構思、音像美學、敘事風格和創置上，開展了一種解除宏大歷史的表述手法（孫松榮 2010）。

歷史傷痛和戰爭記憶在這些作品中並未消失，但不同於「新電影」作品所採取之直接面對歷史、重構記憶和審視戰爭的表述策略，在 2008 年後的電影作品中，歷史、記憶和戰爭則被安排為開展電影敘事的界面，或構成電影敘事的基底。

　　《海角七號》中的小鎮故事將電影場景搭設在台灣南方，描繪的是一群各有故事、不太得志的小人物在七拼八湊、倉促組成樂團的過程中，對於愛情、友情與親情的體悟。三條主要的敘事軸線，由日籍男老師在六十年前寫給台灣女學生友子卻沒有寄出的七封日文情書接合並貫穿：在六十年前的 1945 年、因為日本戰敗而離開台灣的日籍男老師及學生友子間沒有結果的愛情故事；在六十年後的 2008 年，在台北不得志的樂團主唱阿嘉及來自日本的樂團公關友子間發生於恆春的愛情故事；和一群生活在當下、各自懷抱歷史的樂團成員之間，從相互摩擦到相知相惜的過程。畫面中一艘從台灣駛向日本的船、配樂〈1945 那年〉的鋼琴聲，和日籍男老師的日語口白[18]、開啟了電影的序幕：

> 一九四五年十二月二十五日。友子，太陽已經完全沒入了海面，我真的已經完全看不見台灣島了。你還站在那裡等我嗎？
>
> ——《海角七號》電影裡的日籍男老師口白／第一封情書

---

18 日籍男老師的七封情書口白由聲優蔭山征彥擔任；日籍男老師畫面則由中孝介飾演（見《海角七號》官方部落格）。

魏德聖回顧《海角七號》時曾說：「戀『日』這件事在我的電影裡並不存在，戀『人』才是我要討論的。」（魏德聖；劉思芳記錄整理 2008：49）二戰，在《海角七號》中，是七封被延宕了六十年、寄不出去的日文情書；是來自日籍男老師在電影行進過程中所穿插朗讀的，懷舊、浪漫、感傷的日文念白；是戰敗國的日本男老師和被捨下的台灣女學生間，未果的師生不倫戀；是阿嘉與友子台日跨國愛情故事的倒置互補；也是融接樂團成員在電影中從衝突到和解的溫暖聲息。戰爭，如同彩虹般舉重若輕地出現在《海角七號》中[19]，以一個若隱若現的姿態，讓「歷史糾結在當下鬆綁」（藍祖蔚 2008：無頁碼）。

相較於《海角七號》，分別以 1895 年乙未戰爭和 1930 年霧社事件為主題的《一八九五》和《賽德克・巴萊》，則可以被歸類為戰爭史詩電影。然而，這兩部電影卻都揚棄了一般戰爭電影所採取的交代戰役起承轉合之敘事手法。透過巧妙的音像配置，戰爭在《一八九五》和《賽德克・巴萊》中的出現不再僅是沉重的辯證主體，更是與現時脈絡對話的意符。

基於資金的考量和出品人對於電影市場的判斷，《一八九五》這部戰爭史詩電影，在融合了 1895 年乙未戰爭當年的歷史事件和劇情需要的虛構人物（如：操台語之土匪等）後，鎖定以愛情作為故事主軸[20]，而將敘事重心放在客籍義勇軍

---

19 我在此使用「彩虹」一詞，除了借用其字面上的譬喻意義之外，更希望凸顯「彩虹」在魏德聖作品中所具有之，導演個人印記的特殊意涵。誠如紀蔚然所言：「吳宇森有白鴿，魏德聖有彩虹。」（2008：61）魏德聖的電影作品如《海角七號》和《賽德克・巴萊》中，都有彩虹的出現。

20 出品人葉天倫在訪談中提到：「愛情是當代電影工業的普世價值，愛情……是構成電影的第一大要素。」（訪談：2009 年 8 月 20 日）

領袖吳湯興（溫昇豪飾）與其妻黃賢妹（楊瑾華飾）間的愛情故事上。同時，在嚴謹的歷史考據後，電影裡加入了如日本作家森鷗外[21]的角色[22]。森鷗外的日記在電影中被挪用，成為與導演之影像敘事軸線相交錯的另一條貫穿全片的副軸線。森鷗外的日記書寫體以感性的日語獨白音貌被置入，直線性地沿著影片裡每一個事件發生的時序推進，與導演的影像敘事共同形構了一個視聽覺融混的域址（address）。而這些自森鷗外文學作品中被去脈絡化的文字，在影片中被再脈絡化，烘托了一個「既具備宏觀而集體的歷史性，也透露著微觀且私密的日記性」的複系視角（孫松榮 2010：148），並帶領觀眾從歷史讀者、文學作品讀者、電影讀者的三重角度俯視 1895 年乙未戰爭。 1895 年乙未戰爭，在《一八九五》中，是森鷗外飄揚在畫內畫外抒情感性的語聲；是穿透過去和現在、在日記的私域和歷史的洪流之間流動的情懷。

　　在《海角七號》中以情書的形式和在《一八九五》中以日記的形式出現的書信體銘寫，亦出現在《賽德克・巴萊》。銘刻戰爭記憶和戰爭歷史的情書和日記，在《賽德克・巴萊》影片中轉化為長達 10 分鐘的原住民女性的優美歌線，在公學校出草一

21　森鷗外在日本文壇與夏目漱石齊名（田澤編輯小組 2009）。

22　出品人葉天倫和導演洪智育在訪談中皆提到，劇組在收集史料時，發現日本著名的文學家森鷗外曾經在 1895 年以醫官的身分來到台灣隨侍日本親王。找到這個線索之後，又在神田的舊書攤找到他的《鷗外全集》，其中包含了提到台灣的一小段〈徂征日記〉。〈徂征日記〉對於當時台灣時令、地景和事件所詳細記載的文字，於是成為貫穿《一八九五》全片的，來自日本人的口述觀點（訪談：2009 年 8 月 20 日；亦可見陳柏年 2008）。

役，輕柔悠遠地穿越殺戮現場，俯瞰戰地裡殞落的生命。導演
有意識地在此戰地的殺戮畫面中，搭配了阿穆依・穌路「猶如
母親婉約的歌唱聲」（許惠晴 2011），帶領觀眾從幽遠的視野全
觀地俯瞰霧社事件發生的現場：

> 我的孩子啊，你們知道嗎？時間輕如一朵火焰，你們靈魂
> 裡的星星已被點燃。
> 你們的夢廣大如一片藍色海洋，而你們靈魂裡歡樂的淚水
> 卻已乾涸。
> 我的孩子啊，你們知道嗎？
> 為唱出祖靈的歌需要吞下許多痛苦，為說出自己的話需要
> 吞下許多屈辱，為實現夢想需要吞下許多遺憾。
> 孩子啊，你們怎麼了？
> 孩子啊，你們到底怎麼了？

——〈賽德克・巴萊（The Soul of Seediq Bale）〉歌詞[23]

　　承繼了「新電影」（如：《悲情城市》）將銀幕轉變為女性書
寫展視之界面的嘗試（葉月瑜 2000），在《賽德克・巴萊》裡，
魏德聖以女歌介入男性表述的戰爭現場——先以影片編織了歷
史懷舊和戰地殺戮，卻又以音樂將 1930 年的霧社事件從戰爭的
歷時狀態中解放。在畫面呈現上，他採取了 William James 式
反對消極與默許，而「唯有鬥爭最終可能獲得某種實現，活下
去才是值得」的生命哲學（James 1895）；而在音樂呈現上，他

---

23 由阿穆依・穌路演唱。

則以母親的歌聲傳遞與畫面迥異的訊息，藉以「打破編年史的結構」（魏德聖；劉思芳記錄整理 2008：51）。溫柔母性的女歌在這裡作為另一種形式的書信體，打破了影像敘事的直線軌道，也稀釋了擬真的戰爭畫面中，原住民的出草與獵刀、日軍的鎮壓與糜爛性毒氣彈的血跡斑斑。

　　書信體小說（epistolary novel）是 18 世紀在英法兩國興起的小說文類，其敘事風格適合讀者進入深刻的內視和剖白。以台灣小說家七等生的三部書信體小說《譚郎的書信》、《兩種文體——阿平之死》及《思慕微微》為例，書信體敘事不僅構組了介於現實距離與內在距離的空間感，串聯了過去與現在的時間感，更開啟了讀者和作者的訊息交換（葉昊謹 2000）。

　　在《海角七號》、《一八九五》和《賽德克·巴萊》三部電影中，作為書信體的情書、日記和女歌，以喃喃般的私密告白姿態，在電影敘事行進的同時，進行一種去私人的、公開的陳述。書信體搭合著流轉的音像，致使電影仿若成為一張郵遞中的，「半私密，半公開」（葉昊謹 2000：62）的「明信片」（Derrida 1987）。明信片的郵遞發生在寄件者和收件者之相隔兩地的現實距離及在場與缺席的內在距離之間（Derrida 1987）。而書信體的詮釋總是發生在當下這個事件正在進行的片段過程中，以現在這個時間點對全文進行敘述，並賦予過去意義和和召喚未來（MacArthur 1990: 8-9）。

　　《海角七號》中的情書、《一八九五》中的日記和《賽德克·巴萊》中的女歌，以輕盈的信紙、書頁和音律承載了戰爭不可負荷之重，更提供了對於戰爭記憶和戰爭歷史的全視觀點。台灣年輕世代導演以書信體銘寫揉合影音展示的細膩手法，將戰爭記憶與戰爭歷史重寫為饒富意義的明信片，傳遞給台灣

社會。明信片在離開此端抵達彼端前，迂迴借道於盤旋在台灣社會上空那些過剩而意義缺乏的戰爭符號——集體記憶中的戰爭、每日生活語境和政治脈絡之中的戰爭，和無所不在地存在於當代影視文化商品中（如：電影、電視、電玩、小說）或近或遠或真實或虛擬的戰爭——在不安與不確定中，開展了一種「心靈感應」的觀閱感（孫松榮 2010）。人們在這個出於自願而加入的，架構在歷史、文學作品、電影等多重層次的，既真實且虛構文本的觀影經驗中，加入一個集體一致意念被打造的過程。在這一個意義之上，這三部電影細緻的音像布置創造了一個團結一致的神話，而電影生產與消費，則成為了一個淨化的儀式（Sennett 1996: 34-36）。來自戰地的明信片，銘刻著且公開且私密的囈語，在從過去到現在、從北方／北國到南方／南國、從發信者到收信者的傳遞過程中，為台灣社會偽造了一個差異和矛盾暫時消弭的共體感。

四、帶著戰爭傷痕的台日情意結

《海角七號》、《一八九五》和《賽德克・巴萊》所創造之獨特的音像空間，不僅建構了一個介於真實與虛構、過去與現在等多重時空概念的交會場域，更名正言順地帶領台灣社會想像戰爭和書寫歷史。

《一八九五》和《賽德克・巴萊》分別作為客語發音和賽德克語發音的戰爭史詩電影，不僅是以相對弱勢語言發聲的電影，更是關於1895年乙未戰爭和1940年霧社事件歷史的電影。透過當代演員仿古的姿態動作與語言聲調、精緻的音像錄製技術、考究復古的服飾和場景等元素所建構的當代性影視部署，

歷史真實和藝術真實於電影文本中並置（juxtaposition），而 1895 年和霧社事件的歷史時空遂被壓縮成一個適合當代流行文化下的電影時空（cinematic present）——一部適合在幾個小時內被閱讀、理解、感受的電影。

　　乙未戰爭和霧社事件戰爭現場「歷史」從史料文字轉變成原著劇本、再從文學作品蛻變為電影作品的過程，歷經了歷史工作者、文字工作家和電影工作者等多個層次的再現。而 1895 年和 1940 年的事件、地景、人們、話語則被一一細膩地揀選、重組、拼貼為具有多重指涉意義的影像真實。於是，乙未戰爭和霧社事件自汗牛充棟的文字史料上翻躍而起，在當代觀眾的眼前栩栩如生地再現。影像真實所營造的，活在 1895 年和 1940 年當下的時間感和參與戰爭、生離死別、愛情、親情的空間感，不僅跨越時空接合了過去和現在，更形構了一種因為「在場」所真切感知的，對於戰爭的體會、歷史的集體想像與對於這塊土地的認同。1895 年與《一八九五》合為一體，而霧社事件與《賽德克‧巴萊》合而為一，化身為一種近似國家神話，一種「去時間感的非理性論述」（the 'timeless' discourse of irrationality；Bhabha 1990: 294）。

　　而在當下與過去疊合的電影時空中，以理所當然的姿態訴說著歷史的戰爭影像（關志華 2009：2），不僅揭露了導演在台灣社會中的所在位置，也展現了其背後的政治、經濟、文化氛圍。在《海角七號》、《一八九五》和《賽德克‧巴萊》三部電影中，一種藉由戰爭陳述歷史，或藉由日本陳述台灣自身的表現方式，提供了轉譯自台灣戰爭與殖民歷史，或鑲嵌（embedded）在台灣社會脈絡之中，某種台灣和日本間來自戰後遺緒的糾結關係。或說，從《海角七號》、《一八九五》和

《賽德克‧巴萊》三部電影中，我們可以看到某種，台灣對於日本的難解的情意結。

> 鎌田彌彥（河原佐武飾）：「（日語）為何我會在這遙遠的台灣山地，見識到我們已經消失百年的武士道精神？」
>
> ——《賽德克‧巴萊（下）》台詞

> 北白川宮能久親王（日比野玲飾）：「（日語）美景當前，心境自在。森醫官，您覺得呢？……福爾摩沙台灣，清國一定很捨不得。……不知道櫻花生在這裡，長得好不好？」
>
> ——《一八九五》台詞

> （日語）這容不下愛情的海岸，總容得下相思吧。
> 我會假裝你忘了我，假裝你將你我的過往，像候鳥一般從記憶中遷徙，假裝你已走過寒冬迎接春天。我會假裝……一直到自以為一切都是真的。然後，祝你一生永遠幸福。
>
> ——《海角七號》電影裡的第七封情書

在《賽德克‧巴萊》敘事走向尾聲，日軍以糜爛性毒氣彈和槍砲控制了戰爭的整體局面後，負責指揮陸軍各聯隊的指揮官鎌田彌彥望著滿山的櫻花，以敬佩的語氣形容與其對戰的原

住民，感嘆：「在這遙遠的台灣山地，見識到我們已經消失百年的武士道精神。」這個引人入勝的橋段，實則是台灣電影工作者藉由影片中所設定的日本歷史人物（鎌田彌彥）和日本當代演員（河原佐武飾）之口，對台灣內在特質所進行的詮釋。而這種「武士道精神在台灣」的表述，涉及了兩個層面的自我認定──第一個層面是台灣社會對於日本武士道意涵的自我解釋，第二個層面則是台灣社會對於作為正統日本精神傳承者的自我認可[24]。

　　而在《一八九五》裡，櫻花不僅多次出現在畫面中，甚至在北白川宮能久親王的台詞裡，為日本在台灣即將展開的統治作注解。櫻花不僅僅出現在《一八九五》和《賽德克‧巴萊》，在另一部台灣賣座電影《艋舺》[25]（2010）裡，貼在男主角「蚊子」衣櫃中，生父從日本捎來的櫻花明信片，不僅是其父在電影敘事中缺席的象徵，也是開展全片敘事的重要起點。影片走向尾聲，在悲劇的打鬥砍殺中，另一位男主角「和尚」如滿天飛舞的櫻花般滴落的鮮血，則是結束《艋舺》全片敘事的重要終點。

　　誠然，在《一八九五》、《賽德克‧巴萊》和《艋舺》等片中，櫻花的花色、品種和款式並不是導演和觀眾所在意的；櫻花所指涉的，來自／前往「日本」的深沉意涵，才是電影生產和消費的兩端「透過電影所要『精準』傳達與『正確』接受的」（莊佳穎 2010：5）。

24　不過，也有日本作家和評論家（如：小林善紀 2001）認為台灣人譬如李登輝更具有日本遺落許久的武士道精神，和根深柢固的「日本精神」。

25　《艋舺》在台灣的票房紀錄為 2.6 億（見洪敏祥、楊景婷 2010）。

　　日本，對於台灣不同世代或不同族群的人而言，不論作為一個來自中日戰爭記憶的敵視對象、一種來自殖民經驗的鄉愁、一種來自文化消費經驗的想望，或甚至是消費時代裡一種難以言喻的精緻品味，都具有某種複雜、具爭議性、卻無可取代的重要位置。根據日本交流協會所執行之「2012 年度台灣民眾對日本觀感之研究」顯示，日本一直以來都是台灣人最偏愛的國家，台灣社會有高比例民眾對於日本感到十分親近（日本交流協會 2013）。2011 年 3 月 11 日的東日本震災發生後，台灣各界不僅立刻出動救災團隊赴日參與救災重建，更累積捐款給日本總金額突破 200 億日圓（約新台幣 66 億元）的援助金，捐款數目為世界第一。如果對於一個國家及其文化的喜愛度與親近度可以被量化為捐款數字的多寡，那麼台灣在 311 東日本震災後所表現出來的，正是這個社會對於日本的普遍關注、關懷、親近甚至是喜愛。而在被問及「日本印象」等相關問題時，台灣年輕世代更常以他們在日本文化商品（如：動漫、偶像劇、電影和小說等）中所看到的日本，作為他們的主要參考答案。以前述的櫻花為例，在台灣年輕世代對於日本的想像中，「櫻花」不僅代表日本，更幾乎和「浪漫的日本」此一概念相貼合 [26]。

---

26 請見〈尋找失落的戀人──台灣電影中的日本印象〉（莊佳穎 2010）一文中，台灣年輕世代在台灣電影中所看見之日本性的民族誌成果和相關討論。以文中報導人靜慧的說法為例，「……我覺得日劇有一點非常好，就是它的場景會弄得非常唯美浪漫，可能就是會有櫻花飛下來，然後兩個人就在一起擁抱的感覺（報導人靜慧，焦點團體進行日期：2009 年 10 月 28 日）」（莊佳穎 2010：7），此說法可以說是台灣年輕世代對於日本的共同印象。

　　在不同的時空背景下，日本，從 1895 年登陸並駐在台灣五十年、發動二戰而讓台灣捲入戰爭漩渦的殖民政權，到今天存在於台灣無所不在的日本文化商品，以多變的形式恆久地存在於台灣社會。日本元素可以是存在於台灣社會，許多人成長過程點滴的累積，是反映在「家中的飲食以及語言習慣所殘存的日本殖民時期氛圍……」，及「發現自己與祖父母共度的日常生活混雜著大量的日式元素」（吳佩珍 2010：315）。日本元素也是在急速紛流的科技、資金、媒介、意念、人群，及影像、聲音、符號所交疊的全球地景（Appadurai 1996; Castells 1996: 412）之中，蔓延至台灣社會每個角落的日本文化商品。

　　在台灣社會裡，日本被跨世代地感性化、浪漫化，甚至理想化，同時進一步被整合到台灣社會的集體自我想像之中（李天鐸、何慧雯 2000）。而日本文化商品，則召喚台灣社會以一種對日本的共通的情感結構（廖炳惠 2000；阮斐娜 2010[27]），一種比日本人更愛日本的「青出於藍」姿態（廖炳惠 2000：78），擁抱日本。然而，不同世代的台灣人論述日本的情懷和想望，在焦點和實踐的方式卻是大大不同的。再以日本櫻花的象徵性為例，年長親日族來自日治經驗所產生的對於櫻花和對於日本的認同，就和年輕哈日族因為日劇《戀愛世代》而喜愛櫻花、認同日本的經驗，是截然不同的（李明璁 2004: 2-3）。

---

27 阮斐娜指出，「對於日本、日本人以及日語的情感，最近被三個相關的連結詞彙所描繪：對於昔日美好殖民地時代抱有懷舊情感的『媚日族』（大都是台灣人），鄙視日本的『仇日族』（大都是大陸人），以及成長於沒有殖民記憶包袱的較年輕世代，認為日本所有的東西——從科技、時尚到流行文化，如漫畫、動畫和日本流行歌曲都優於西洋和本土的『哈日族』。」（2010：313）

　　台灣社會此種對於日本的共通的情感結構，也對映出日本
文化商品在台灣在所到之處的所向無敵。也因此，台灣社會不
僅對日本文化商品的大量生產和強勢傾銷進行大量消費[28]，更
進一步透過在地摹寫，將日本元素增生並體現在台灣自製的文
化商品之中，使其成為不可或缺的重要成分之一。日本文化元
素，在今天的台灣社會裡，宛如空氣中的香氛般，存在於台灣
自製的文化商品，如音樂、文學、電視、電影中。台灣社會隨
處可見的自製日本風，展現在都市空間中仿日本的文化地景
（如西門町的擬東京化[29]），台製偶像劇的日劇化（如改編自日
本漫畫的《流星花園》〔2001〕等[30]）和台灣流行音樂的哈日風
（翁嘉銘 2003）。此外，「日本」不但是台灣電影普遍取材的來
源，晚近的台灣電影更透過借用／盜用（appropriate）大量的日
本文化元素，創造了一種以「台灣化」的日本性（'Taiwanised'
Japaneseness）所演繹的「日式」風格和「日本味」（莊佳穎
2010）。這些飄散著濃濃日本風的台製文化商品，透過符號的挪
用，共創了一個相互參照與指涉的（intertextuality），在地的日
本風格——從 1999 年場景跨越香港和日本、過去和現在的愛情
電影《心動》[31]，2002 年被形容為帶有日本導演岩井俊二式畫面
風格和敘事手法的《藍色大門》（Crude 2010），2005 年以日本
人島英一郎的訪台演述故宮館藏的電影《經過》，2008 年由高
中生小瑗、日本交換學生渺渺及唱片行老闆陳飛為電影主軸的

28　這邊借用了 Baudrillard（1988）的觀點。

29　見李明璁（2009）的討論。

30　見趙庭輝（2003）和白詩瑜（2010）的相關討論。

31　《心動》除了有 Tempting heart 此一官方英文譯名之外，尚有日文官方
　　譯名，《君のいた永遠》。

《渺渺》，到新世代導演「至今（言情類型）依舊停留在《藍色大門》的當口」所產出之拍攝風格近似廣告、MV 的晚近台灣電影（Ryan 2010）。

　　當「日本」已成為台灣文化商品生產和消費實踐底蘊中一個永恆存在、隱隱作用的潛文本（subtext）[32]，《海角七號》、《一八九五》和《賽德克・巴萊》這三部被台灣社會視為具有高度台灣本土價值和台灣歷史精神的電影，在角色、運鏡、口白、對話、音樂符碼上和日本演員、日本象徵（如：櫻花）、日文、日語、日本歌謠的勾連，運用了大量「逼真但不盡然」[33]的日本文化元素，構組了電影中的「日式」風情和日本印象。

　　《一八九五》裡被電影工作者所挪用、象徵著「日本」（Japaneseness）的各種影像和聲音元素，如貫穿全片之日本軍醫／作家森鷗外如詩般的日語獨白，或如片尾在北白川宮能久親王病榻前翩然落下的櫻花雨，在電影中占有相當比重的篇幅，或隱或顯地隱喻著一個在當代台灣社會裡，被跨世代浪漫化與感性化的日本。以影片中的音樂元素為例，除了運用本土作曲家鄭偉杰為本片所譜寫的配樂之外，如日本歌謠〈早春賦〉[34]和捷克交響作品〈莫爾道河〉[35]等完成於 1895 年前後的知名的音樂片段更被巧妙加入其中。對於台灣經歷過日治時期的年

---

32 我在這裡借用了 L. Ching（2001）的表述方式——對他而言，日本殖民歷史，是台灣在關注自己時，不能不面對的「潛文本」。

33 這裡借用了 Bhabha 在觀察文化交界與發生對話時所作的，「逼真但不盡然的」（almost the same, but not quite）的描述（Bhabha 1994: 88）。

34 吉丸一昌作詞，中田章作曲（1913，大正二年）。

35 這是捷克作曲家史梅塔納（Bedrich Smetana）於 1879 年完成的六段連篇民族交響詩《我的祖國》中最著名的〈莫爾道河〉（Moldau）。

長者而言，〈早春賦〉一曲是他們日治時期集體記憶中重要的代表[36]，是他們提及童年回憶時一首容易被提到的歌謠之一。〈莫爾道河〉交響作品片段在電影中的出現，將觀眾帶回到 1895 年前後的時空。而〈早春賦〉在電影中的被應用，更是當代電影工作者本著再現日治時代集體記憶的需要，透過對於當代社會脈絡中日治時期集體記憶重要象徵的提取、和「對於 1895 年的想像和符號的拼貼，所營造出來的日式風格」（莊佳穎 2010：12）。

《海角七號》電影敘事和音像配置，則是透過角色、運鏡、口白、對話、音樂等呈現方式，營造了在電影中占有相當重要之主述地位的「日式」風格。七封情書在日籍男老師以日語娓娓道出的感懷語調中，串聯了《海角七號》今昔對照的台日跨國戀情。而作為一部以愛情故事為主軸、以二戰終戰記憶為背景、以樂團成員為焦點的電影，音樂元素在《海角七號》一片中更扮演著極為重要的角色。《海角七號》的電影配樂駱集益提到，他的創作靈感其實是透過對於日本動畫電影旋律、曲式和編曲的應用，特別是對於日本動畫電影《地海戰紀》配樂的揣摩而成[37]。駱集益的日式配樂在影片中與日式運鏡、口白、對話、角色等其他日本文化元素相搭合，進而構築了《海角七號》的日式

---

36 如同故鄉室內樂團《歌鄉親子名曲音樂會宣傳稿》（林肇華 2009）中所描述：「這場音樂會……（包含）國內難得一見的日本童謠名曲，包括：赤い靴（紅鞋子）、青い眼の人形（藍眼珠的洋娃娃）、早春賦，這些名曲……不但老少咸宜而是台灣阿公阿媽最懷念的日本歌曲。」

37 駱集益指出：「這電影最吸引我的地方其實就是這兩個不同時代的愛情故事，但是一開始整個腦袋是空的，直到導演給我一首參考曲是關鍵，也就是《地海戰紀》的主題曲。」（Yrleu 2008）

風情。而在片頭茂伯用日文清唱、在片中阿嘉和中孝介用中日文合唱，及片尾台灣小朋友用中文合唱，以多重形式多次出現在電影中的歌曲〈野玫瑰〉，除了是一首象徵族群融合與多語對話的歌曲，更是一首在近代殖民征戰歷史進程中，自德國、日本漂流到台灣的歌曲（莊佳穎2010）。而〈野玫瑰〉在《海角七號》中頻繁出現所隱然鋪陳的敘事次軸，勾勒出台灣在近代殖民歷史進程及邁向現代化過程中，所輾轉承接的一條西方－日本－台灣的現代化軸線。

　　「留下來，或者我跟你走」，這是《海角七號》電影接近高潮前，在陽光燦爛的沙灘上，台灣的樂團主唱阿嘉擁著日本樂團公關友子所說的話。「（海角七號這樣）類似的場景一再出現在日本偶像劇與純愛電影中，有著似曾相似的感覺」（陳儒修2011：43），不僅說明了日本文化是台灣現代性的一部分，也意味著日本性在現今台灣社會仍占有舉足輕重的地位。而台灣和日本雙方未能就彼此之間在戰前的特殊關係及在戰後的殖民遺緒進行透徹的面對、陳述與論辯（Ching 2011），造就了當代台灣社會在面對日本時，糾結矛盾的情結，及普存在晚近台灣電影中，以日本偶像劇般拍攝手法不斷訴說著的台日間剪不斷理還亂的情意結。

　　對於台灣社會而言，不論《海角七號》是對於台灣這片「土土的，醜美的，雜種的，混血的土地的相思」（石計生2008），或是一部「以日本人的調調滔滔不絕地表露，對過去殖民地台灣的戀戀『鄉愁』」（許介麟2008）、隱藏著「日本殖民地文化的陰影」的電影（許介麟2008），又或是一段藉由過去和現在的兩段愛情故事、講述自1945年被迫分離而飽受相思之苦的「台日苦戀」（陳宜中2008），這種台日／日台間的彼此交錯、不斷

錯過和不停回眸，是在《海角七號》這部電影中被細緻描繪和營造的情感氛圍。

> （第一段）微風告知春天來訪　紛紛綻放的花朵香氣　令人想起遠方的妳　如春日陽光守護下綻放的花朵　未來 希望之光也會照耀我們吧
> （第二段）黃昏告知秋日到來　移轉的霞紅天空　令人想起遙遠的過去 如秋日陽光守護著成熟的果實　總有一天妳的夢想也會成真
> （副歌橋段）當初許下的約定　是我們心中描繪的　想像中未來的顏色
> （副歌）我們踏上各自的　各自抉擇的道路 在未來的某日綻放笑容 直到重逢時
> 我們踏上各自的　各自抉擇的道路　在未來的某日綻放笑容　直到重逢時
>
> ——中孝介〈各自遠颺〉歌詞[38]

　　而在電影中，由日本歌手中孝介所演唱的〈各自遠颺〉，被精巧地編排為劇中人物——阿嘉、友子、水蛙、勞馬、大大、馬拉桑、茂伯等人——日常生活片段幾個連續鏡頭的配樂。藉著日本歌手歌聲和台灣在地影像的接合，電影成功地編織了一個介於真實與虛幻、再現與創造間的超級真實感（Baudrillard 1993），更巧妙縫合了電影敘事裡六十年前後發生在台日／日台間的兩段跨國界愛情故事。我們看到，電影中的敘事結構和

---

38 引自《海角七號》官方部落格。

音像符號配置，交織成一股在全球情境下，透過日式風情營造的在地情懷，和透過日式風情展現的、台日／日台間的彼此相捨與不捨。

　　承續中孝介歌聲中台日／日台彼此相捨／不捨的錯愛氛圍，二戰歷史和記憶，在《海角七號》中，是一場撲朔迷離的師生戀，宛如縈繞不去的幽靈般，輕飄飄地在過去與現在間流動。戰爭的意義是電影敘事的帷幔，是若即若離的音像，是呢喃般的戀人絮語，也是在觀影當下任意開始隨意結束的情緒與感受。而除了「我泥中有你，你泥中有我」式的對日本文化元素的挪用之外，晚近年輕世代導演所生產的賣座電影，更有意識地借用了好萊塢的文化生產格式，以重新訴說台灣的故事。

> 〔拍《賽德克·巴萊》心中的典範，是〕像《英雄本色》、《大地英豪》之類。看那些東西會讓我很感動。什麼是英雄呢？英雄是嚴重的人格瑕疵者，才會變成英雄。聖人是受到道德的壓抑才會變成聖人。（魏德聖；劉思芳記錄整理 2008：52）

　　魏德聖揭露《賽德克·巴萊》的發想與產製，是受到好萊塢戰爭和英雄電影的影響。評論者和學者（如：蘇碩斌 2008）[39]也樂見台灣電影工業透過師法好萊塢模式，策略性地打破其在

---

39 「《海角七號》搔到了什麼社會的癢處？我想，是導演把他自身飽受好萊塢製片全球行銷之欺凌的不滿，提升為台灣飽受美國模式全球分工之欺凌的不滿，再借由恆春這樣一個飽受觀光地景全球消費之欺凌的不滿，以有血有肉的小人物故事呈現出來。」（蘇碩斌 2008）

產銷條件、敘事風格、美學形式上對於台灣社會的長期壟斷，
而在沉寂二十年後終於重新崛起。《賽德克・巴萊》的文化生
產格式，雖然繼承了「新電影」的基本關懷，卻更積極地挪借
好萊塢電影在靈巧結合歷史性、藝術性、寫實性、娛樂性和商
業性的手法。也因此，電影將重心都放在莫那魯道從幼年、青
年至成年的自我探求過程，及他身邊的人們在戰爭洪流中，面
對愛情、親情和友情課題的掙扎。電影中的莫那魯道，在好萊
塢「拆解傳統英雄形象，並重新建立較為人性化的戰爭英雄形
象」（莊婷妤 2008）之風格的影響下，被賦予更多層次的性格和
更立體的行事特質。

五、結論：在開放的歷史書寫空間裡自由飛舞

　　本文通過三部 2008 年後描繪戰爭的台灣電影《海角七
號》、《一八九五》和《賽德克・巴萊》，觀看當代台灣社會的
戰爭集體記憶如何在電影中被生產。首先，戰爭在台灣社會有
三種層次的意義——一是存在於台灣歷史和台灣人集體記憶中
的戰爭，二是遍布於台灣人每日生活語境之中的戰爭隱喻，三
是漂浮在當代台灣社會脈絡、在無所不在於影視文化商品中，
千千萬萬或真實或虛擬的戰爭符號。而歷史本身即是個充滿著
政治性、歧異性和變動性的文本，電影所產製的戰爭概念，更
是經過多重篩選、書寫、複製、剪貼之後的文化商品。《海角七
號》、《一八九五》和《賽德克・巴萊》作為國族寓言和文化意
義再生產的政治（politics）場域，以書信體銘寫揉合影音展示
的細膩手法，將戰爭記憶與戰爭歷史重寫為來自戰地、饒富意
義的明信片，傳遞給台灣社會。這些 2008 年後的電影作品，在

「新電影」的創作企圖、藝術傾向和文化自覺之上，挪用了大量的日本文化元素和好萊塢的文化生產模式，以一個輕盈的姿態，訴說開始於 1895 年和終於 1945 年的戰爭歷史，重寫台日情意結，並重構台灣社會的戰爭記憶。

　　戰爭發生的年代、戰爭詮釋的年代和戰爭譜寫的年代，形成了歷史、政治和集體記憶間的辯證關係。在此辯證關係中，電影生產者透過音像符號的配置、持續不斷的表述書寫和文化生產實踐，再現了戰爭的現場，展開和既有史料的對話，也改變了集體記憶的形貌。人們對於歷史的共同記憶是流動的，對於歷史的共同想像也是可以被無限重新描述的。在製片、導演、配樂、音效師、特效、剪接師，和美術設計的精巧共謀之中，我們透過眼前的音像論述帶給我們的感官震撼，進入與影像、文字和聲音的自我容涉（self-involving）境界，並從電影所再現的戰爭記憶與戰爭經驗，加工生成我們對於戰爭歷史的理解和對於戰爭記憶的想像，完成剎那間的感動。

　　然而，戰爭歷史的真實景況為何，戰爭記憶在台灣社會的後座力以何種樣貌在台灣社會殘留，並不是 2008 年後台灣電影生產者和消費者所關注的焦點。如果以 Baudrillard（1993, 1994）的話語來觀看戰爭在晚近台灣電影中的意義，我們或許可以說，戰爭已成為一個由符號（sign）所構成的意義體系。戰爭的意義植基在一個情感性的、非理性與感官性的美學之上（Maffesoli 1996b: viii），致使一種基於美學判斷的心靈感應和情感交流（Maffesoli 1996b: 57; 1996a: 23），成為當代台灣社會集體情感和記憶的核心面貌。戰爭，如同一張來自戰地又歷歷如繪的、傳遞中的明信片，輕盈地存在於台灣社會之中。而如果以東浩紀（2012）和 Lyotard（1979/1984）的觀點來描繪戰爭

概念在當代台灣電影中的樣貌，我們也可以說，我們正身處在一個大敘事破綻百出且虛弱無力的時代，偉大的故事不再被需要，舊有的中心已經瓦解。而在這個已然揮別過去在經濟、政治和社會運作上高度集中聚合於特定價值體系和秩序的時代，在大敘事凋零後，千萬個意義碎裂、形式重複的小故事成為消費的重心，並迸發氾濫於各種文化商品之中。

在《海角七號》、《一八九五》和《賽德克·巴萊》三部電影中，情書、日記和女歌化身為來自戰地的明信片，以既私密又公開的書信體，挪借漂浮於台灣上空的戰爭符號，輕盈地搭合著流轉的音像，帶領觀眾進入一次又一次的，既真實又虛幻的戰爭現場。而電影中一個個動人的小故事，如《海角七號》中一群不太得志的小人物對於愛情友情與親情的體悟、和橫跨六十年的台日／日台戀情，如《一八九五》中吳湯興和黃賢妹的愛情故事，又如《賽德克·巴萊》中莫那魯道及他身邊的人們在戰爭洪流中面對愛情、親情和友情課題的掙扎，告別了過去台灣電影中（包含前述討論中提到的，自二戰期間、冷戰時期以降的電影），以戰爭作為主體，以二元對立邏輯作為大敘事核心的手法。這些美麗的小故事聚焦在電影主角和她／他身邊人們自我對話、自我追尋和恩怨糾葛的小宇宙，消解了大敘事結構中，巨大的、一元的、由上而下的戰爭書寫。

同時，2008年後台灣電影中的戰爭，亦反映了當代台灣社會一種「超越歷史」、超越個體，深藏在集體意識底層之社會形貌（configuration）和情感結構裡的「心態」（Mentalité）（Le Goff 1985: 167-169）。面對全球化所帶來之，文化疆界越來越模糊的根本挑戰，台灣社會無可避免地以透過劃定界限、指涉自我的方式，來反抗文化疆界的模糊（Hall 1992; Woodward

1997）。令人玩味的是，「日本」在當代台灣社會指涉自我的過程中，是被劃定在台灣的我群之中的。在當代台灣電影中，有別於過去，「日本」不再是敵對的一方，也不再代表絕對之惡。台日／日台間，源自 1895 年以降的戰爭遺緒，被重新詮釋為兩國間的彼此交錯、不斷錯過和不停回眸的，千絲萬縷剪不斷理還亂的情感糾葛。而在面對環繞在身邊、無數不太具有意義又無法拒絕的文化元素所形成的壓迫時（Simmel 1987: 144），台灣社會透過創造更多的文化商品，以製造暫時的共體感以解決疏離的困境。在這個暫時製造出來的共體感，或集體記憶中，「日本」和台日／日台戰爭遺緒，更弔詭地成為臨時用以縫合台灣內部分歧的黏著劑。

　　在浮動的（橫向）社會關係上，2008 年後台灣電影中所處理的戰爭主題掌握了人類在永恆的（縱向）本體論意義上所必須面對的，個人和重要他人生命的脆弱與關係徹底改變的哲學命題。而在政治環境不穩定的台灣社會中，電影中的戰爭所呈現的，人類所必須面對的脆弱性，和台日／日台戰爭遺緒，成為最好的社會黏著劑。戰爭在電影中的譜寫，在認同議題懸而未決的台灣社會，扮演了凝聚共識、消解矛盾的重要角色。而戰爭在 2008 年後台灣電影中輕盈與飄忽的美學姿態，和退位為故事背景的敘事姿態，實則是為了從當下的視點觀看歷史、重塑記憶，並與當下的台灣社會、來自平常（ordinary）文化[40]的每日生活做對話。

　　「記憶的民主化」（democratization of memory）（Gillis 1994; Kershaw 2003; Brüggemann and Kasekamp 2008）是學者們在面

40　這裡借用 Raymond Williams（1989）的概念。

對一個社會的衝突或互斥（contested）歷史時，建議每個社會成員所應具備的，對於歷史的批判性理解，和對於官方版本歷史所提供的國家神話、特定詮釋和文化教條的反思。唯有如此，歷史本身的歧異性和複雜性才能夠被看見，而對於戰爭經驗和戰爭記憶的各方論述才能夠被彼此接受，也才能化解各對立陣營因為歧異的歷史詮釋、政治立場和意識型態所產生的持續衝突（Cheskin 2012: 564）。

從「戰爭之框」／「敘事模板」所提供的基礎架構出發，2008 年後的當代台灣電影將美麗的小故事，和由高明的音像配置技巧所組構的成千上萬個戰爭符號，填充到台灣社會的集體記憶建造／再造工程中。這不僅僅是在既有的戰爭記憶地景上複寫新的一頁，也是對於當代台灣社會集體戰爭記憶的再現。2008 年後的當代台灣電影取材自當下的台灣社會，選擇從當下的視點觀看歷史、重塑記憶，且無獨有偶地反映了台灣人每日生活中共享的生活經驗——這其中包含了當代台灣社會對於「日本」的親近感和台日／日台戰爭遺緒的情感糾葛，及在這個戰爭符號橫流的世界中，對於小故事的偏愛。

過去，台灣社會的戰爭歷史和記憶基本上是一個由教科書、文學作品和電影中的官方歷史，透過大敘事結構的書寫方式加以記錄承轉。歷史書寫的權柄往往掌握在國家機器和文化菁英的手中，排除了一般市民參與其中的可能。然而，文中三部電影的生產實踐，讓我們看到在各式影像聲音色彩符號、各類象徵隱喻直敘手法，和各種愛情親情友情小故事共謀下所誕生的，一個多聲嘈雜又開放自由的歷史書寫空間。

在 2008 年後台灣電影所提供的開放自由的歷史書寫空間裡，電影本身提供了一個個既曖昧又朦朧的戰爭符號系統和戰

爭小故事，也因此巧妙地規避了主宰或直接表述台灣社會戰爭
歷史的絕對位置。電影中可能包含了可歌可泣的動人小故事、
擬真的血腥打鬥畫面、如詩如畫般的場景構成，或是飽滿的音
樂，但卻不提供一個主導性大敘事。觀眾在近120分鐘電影觀
賞過程中，因為精緻的戰爭符號系統和動人的戰爭小故事所經
歷的各種感官經驗和各式情緒，成為邀請觀眾進入歷史書寫的
一扇門。電影所再現的戰爭是穿越時空、停留在那一刻當下、
既短暫又永恆的戰爭歷史現場。然而，電影所詮釋的戰爭卻讓
觀眾得以自由而任意地揀選自己需要的敘事切片或音像符號，
從日常生活的脈絡出發，進行自己對於歷史的感知與詮釋。

　　如此，我們或許可以樂觀地盼望，晚近台灣電影工作者藉
由任意拼貼戰爭歷史、隨意組構戰爭記憶、創意挪借來自日本
和好萊塢文化元素所部署的音像論述，或許將可能造成台灣社
會的「記憶的民主化」。在當代台灣電影所提供的開放自由的歷
史書寫空間裡，台灣或可自1895年以降的戰爭遺緒中自我鬆
綁，而每個社會成員也可以在隨意中介、轉譯、詮釋戰爭記憶
的過程中，進行自我和歷史的自由對話。

參考書目

一、中文書目

小林善紀，2001，《台灣論》。台北：前衛。
王萬睿，2010，〈「客家電影」如何可能？從客家文化的在地實

踐到文化創意產業的初步嘗試〉。 2010 年文化研究學會研
討會論文。

田澤編輯部，2009，《白袍下的文學奇才：森鷗外》。台北：田
澤文化。

白詩瑜，2010，〈一個漫畫多個版本 —— 從電視劇《流星花
園》看全球在地化〉。 2010 年中華傳播學會年會論文。

余昭玟，2002，《戰後跨語一代小說家及其作品研究》。台南：
國立成功大學中國文學系博士論文。

吳文星，1997，〈日治時期殖民統治政策之演變〉，《講義彙
編》。南投：台灣史蹟源流研究會。

吳安琪，2000，《解析傳染病的社會建構：以新流感 N1H1 為
例》。台北：淡江大學大眾傳播研究所碩士論文。

吳忻怡，1996，《「多重現實」的建構：眷村、眷村人與眷村文
學》。台北：國立臺灣大學社會學研究所碩士論文。

吳佩珍，2010，〈譯後記〉，《帝國的太陽下——日本的台灣及
南方殖民地文學》。台北：麥田。

吳明季，2001，《失落的話語——花蓮外省老兵的流亡處境及其
論述》。花蓮：國立東華大學族群關係與文化研究所碩士論
文。

吳慧婷，1994，《記實與虛構——陳千武自傳性小說「台灣特別
志願兵的回憶」系列作品研究》。新竹：國立清華大學中國
文學研究所碩士論文。

呂正惠，1999，〈被歷史命運播弄的人們——論吳濁流《亞細亞
的孤兒》〉，收錄於陳義芝主編，《台灣文學經典研討會論
文集》，頁 7-20。台北：聯經。

宋惠貞，2001，《政治文宣的隱喻——西元二千年總統選舉的競

選文宣》。嘉義：國立中正大學語言學研究所碩士論文。

李天鐸、何慧雯，2000，〈我以前一定是個日本人？日本流行文化的消費與認同實踐〉，收錄於李天鐸主編，《日本流行文化在臺灣與亞洲 II》。台北：遠流。

李明璁，2004，〈「親日」的情感結構，與「哈日」的主體——一個跨世代認同政治的考察〉。台灣社會學會 2004 年會暨研討會論文。

李明璁，2009，〈去／再領域化的西門町：「擬東京」消費地景的想像與建構〉。《文化研究》9:119-163。

李政亮，2009，〈影像、戰爭機器與反省的視線〉。《電影欣賞學刊》139:60 -66。

李筱峰，1998，《解讀二二八》。台北：玉山社。

阮斐娜（著），吳佩珍（譯），2010，《帝國的太陽下——日本的台灣及南方殖民地文學》。台北：麥田。

周婉窈，1995，〈歷史的記憶與遺忘：「台籍日本兵」之戰爭經驗的省思〉。《當代》107:34-49。

尚道明，1995，《眷村居民的生命歷程與國家認同—樂群新村的個案研究》。新竹：國立清華大學人類學研究所碩士論文。

東浩紀（著），褚炫初（譯），2012，《動物化的後現代——御宅族如何影響日本社會》。台北：大藝。

林萬億，陳宜中，2008/10/8，〈社會探索——關心海角鄉土 否則它會消失〉，《中國時報》。

林肇華，2009，〈用心打造「捨不得打瞌睡的音樂會」！〉，《歌鄉親子名曲音樂會宣傳稿》。台北：故鄉室內樂團。

林靜伶，1995，〈台灣競選廣告中戰爭比喻之論辯特質〉。閱聽

人及訊息策略學術研討會，中正大學電訊傳播所。

邱子修，2010，〈《海角七號》〉。《電影欣賞學刊》142:185-195。

洪健元，2005，〈序〉，《屈剖》。台北：新雨。

紀蔚然，2008，〈what next?——《海角七號》及其迴響〉。《印刻文學生活誌》5(4):58-63。

紀瀛寰，2009，〈《海角七號》吹起了台灣電影的號角〉。《新活水》22:76-79。

孫松榮，2010，〈輕歷史的心靈感應——論台灣「後新—電影」的流體影像〉。《電影欣賞學刊》142:137-156。

翁嘉銘，2010，〈音樂哈日——日本新殖民的台灣流行文化世代翁嘉銘〉。《新台灣》360期。

張玉佩，2009，〈魯蠻與兔肥：解構客家電影的符號意象〉。2009年台灣客家研究學會研討會論文。

梅家玲，1998，〈八、九○年代眷村小說（家）的家國想像與書寫政治〉，收錄於陳義芝主編，《台灣現代小說史綜論》，頁385-410。台北：聯經。

莊佳穎，2009，〈台灣政治消費文化的民主參與和認同建構〉。2009年台灣社會學年會。

莊佳穎，2010，〈尋找失落的戀人——台灣電影中的日本印象〉。2010年台灣社會學年會。

莊佳穎，2012，〈再／誤現1895——台灣史詩的文學創作、電影產製與消費〉。《台灣學誌》5:85-110。

莊婷妤，2008，《男性「英雄形象」的鞏固與拆解——從《硫磺島浴血戰》、到《硫磺島的英雄們》、《來自硫磺島的信》》。台北：淡江大學大眾傳播學研究所碩士論文。

許介麟，2008/9/25，〈海角七號……殖民地次文化陰影〉，《聯合報》。

郭子祥，2008/10/7，〈想我那海角七號家園〉，《中國時報》。

陳宜中，2008/10/9，〈《海角七號》的台日苦戀〉，《中國時報》。

陳芳明，1998，《左翼台灣——殖民地文學運動史論》。台北：麥田。

陳芳明，2000，〈後現代或後殖民——戰後台灣文學史的一個解釋〉，收錄於周英雄、劉紀蕙編，《書寫台灣——文學史、後殖民與後現代》，頁 41-63。台北：麥田。

陳思瑾，2009，《聯邦德國電影對二次大戰的歷史詮釋（1945-2005）》。台北：輔仁大學歷史研究所碩士論文。

陳梅英，2003，《駭客新聞的隱喻分析》。嘉義：國立中正大學電訊傳播研究所碩士論文。

陳儒修，2011，《穿越幽暗鏡界—— 台灣電影百年思考》。台北：書林。

彭小妍，1999，〈等待黑暗逝去，光明來臨的日子——論葉石濤《台灣文學史綱》〉，收錄於陳義芝主編，《台灣文學經典研討會論文集》，頁 488-496。台北：聯經。

彭小妍，2010，〈《海角七號》：意外的成功？——回顧台灣新電影〉。《電影欣賞學刊》142:124-136。

彭瑞金，1999，《葉石濤評傳》。高雄：春暉。

彭瑞金，2000，〈比較鍾肇政與葉石濤小說裡的殖民地經驗〉，收錄於江自得主編，《殖民地經驗與台灣文學：第一屆台杏台灣文學學術研討會論文集》，頁 195-217。台北：遠流。

舒國治，2008/10/1，〈為什麼全台灣瘋《海角七號》？〉，《聯

合報》。

黃如鎂，2010，《客家電影《一八九五》在不同族群青少年閱聽
　　人下的解讀研究》。新竹：國立交通大學客家社會與文化研
　　究所碩士論文。

黃金麟，2009，〈序〉，《戰爭、身體、現代性：近代台灣軍事
　　治理與身體 1895-2005》。台北：聯經。

黃惠禎，2010，〈母土與父國：李喬《情歸大地》與《一八九五》
　　電影改編的認同差異〉。《台灣文學研究學報》10:183-210。

楊佳嫻，2010，〈過氣貴族？孤臣移民？談白先勇與李渝小說
　　內的「高階外省人」〉，收錄於李廣均主編，《離與苦——
　　戰爭的延續》，頁 173-206。台北：群學。

楊照，1995，《文學、社會與歷史想像：戰後文學史散論》。台
　　北：聯合文學。

楊照，1998，《夢與灰燼——戰後台灣文學史散論二集》。台
　　北：聯合文學。

葉月瑜，2000，〈女人真的無法進入歷史嗎？—— 再讀《悲
　　情城市》〉，收錄於林文淇、沈曉茵、李振亞主編，《戲夢
　　人生—— 侯孝賢電影研究》，頁 181-213。台北：麥田。

葉昊謹，2000，《七等生書信體小說研究》。台南：國立成功大
　　學中國文學研究所碩士論文。

詹宏志，1988，〈民國七十六年台灣電影宣言〉，收錄於焦雄屏
　　主編，《台灣新電影》，頁 111-118。台北：時報文化。

詹閔旭，2010，〈從《海角七號》談草根台灣思想的形塑〉。《電
　　影欣賞學刊》142:170-184。

廖炳惠，2000，〈台灣流行文化批判〉。《當代》149:76-95。

趙庭輝，2006，〈偶像劇《流星花園》的文本分析：青少年次文

化的建構與再現〉。《藝術學報》78:101-123。

齊隆壬，2009，〈2005-2008 台灣電影與新新導演顯像〉。《電影藝術》326:48-53。

劉仰芳，2009，〈既熟悉又疏離的國族想像與認同——從「海角七號」看台灣七年級生心中的「台灣味」〉。 2009 年中華傳播學會年會論文。

劉思坊（記錄整理），2008，〈認真而美好的講故事——魏德聖╳聞天祥對談〉。《印刻文學生活誌》5(4):36-53。

蔡淑華，1999，《眷村小說研究——以外省第二代作家為對象》。台北：國立政治大學中國文學系研究所碩士論文。

蔡慧玉（編），1997，《走過兩個時代的人——台籍日本兵》。台北：中央研究院臺灣史研究所籌備處。

鄭好媛，2003，《美國戰爭電影軍人形象塑造運用於國軍人才招募之研究》。台北：政治作戰學院新聞研究所碩士論文。

鄭麗玲，1994，〈不沉的航空母艦——台灣的軍事動員〉。《台灣風物》44(3):51-89。

蕭阿勤，2000，〈民族主義與台灣一九七〇年代的「鄉土文學」：一個文化（集體）記憶變遷的探討〉。《台灣史研究》6(2):77-138。

賴鼎陞、張雲翔、鄭瑋、王孝文、施懿軒、蔡宇軒，2009，〈國產電影行銷方法研究——探討海角七號熱潮〉。《資訊傳播學報》2009 年刊 :143-155。

謝奇任，2009，〈國軍人才招募的行銷與傳播〉，第三屆軍事新聞研討會。台北：國防大學政戰學院。

謝惠芳，2001，《論陳千武小說《活著回來》：一部台灣特別志願兵紀錄《獵女犯》的綜合考察》。台中：靜宜大學中國文

學系碩士論文。

關志華，2003，《一場歷史與當代的辯證：論九〇年代後華語電影中的文革再現》。台北：國立政治大學新聞研究所碩士論文。

蘇惠昭，2009，〈《海角七號》吹起了臺灣電影的號角〉。《新活水》22:50-53。

蘇碩斌，2008/10/31，〈觀念平台──更期待「海角七號」的本土〉。《中國時報》A12 版。

二、英文書目

Anderson, Benedict. 1991. *Imagined Communities*. London: Verso.

Appadurai, Arjun. 1996. "Disjuncture and Difference in the Global Culture Economy." pp. 27-47 in *Modernity at Large: Cultural Dimensions of Globalization*. Minneapolis: Minnesota UP.

Baudrillard, Jean. 1993. *Symbolic Exchange and Death*. London: Sage.

Baudrillard, Jean. 1994. "The Implosion of Meaning in the Media." pp. 79-86 in *Simulacra and Simulation*. Ann Arbor: The University of Michigan Press.

Becker, Gay. 1997. *Disrupted Lives*. Berkeley: University of California Press.

Bhabha, Homi K. 1990. *Nation and Narration*. London:

Routledge.

Bhabha, Homi K. 1994. *The Location of Culture*. London: Routledge.

Brüggemann, Karsten and Andres Kasekamp. 2008. "The Politics of History and the 'War of Monuments' in Estonia." *Nationalities Papers* 36(3):425-448.

Butler, Judith. 2009. *Frames of War: When Is Life Grievable?* London: Verso.

Carroll, Noel. 2003. *Engaging the Moving Image*. New Haven; London: Yale University Press.

Castells, Manuel. 1996. *The Rise of the Network Society: the Information Age: Economy, Society and Culture*. Oxford: Blackwell.

Chang, Ivy I-Chu. 2010. "Colonial Reminiscence, Japanophilia Trend, and Taiwanese Grassroots Imagination in Cape No. 7." *Concentric: Literary and Cultural Studies* 36(1):79-117.

Cheskin, Ammon. 2012. "History, Conflicting Collective Memories, and National Identities: How Latvia's Russian-speakers are Learning to Remember." *Nationalities Papers* 40(4):561-84.

Ching, Leo T.S. 2001. *Becoming Japanese: Colonial Taiwan and the Politics of Identity Formation*. Berkeley: Univ. of California Press.

Derrida, Jacques. 1987. *The Post Card: From Socrates to Freud and Beyond*, translated by A. Bass. Chicago: University of Chicago Press.

Doane, Mary Ann. 2002. *The Emergence of Cinematic Time: Modernity, Contingency, the Archive.* Cambridge: Harvard University Press.

Gillis, John R. 1994. "Memory and Identity. The History of a Relationship." pp. 3-24 in *Commemorations: The Politics of National Identity*, edited by John R. Gillis. Princeton: Princeton University Press.

Hall, Stuart. 1992. "The Question of Cultural Identity." pp. 274-325 in *Modernity and its Futures*, edited by D.H. a. T.M. Stuart Hall. UK: Polity Press.

James, William. 1895. "Is Life Worth Living?" *International Journal of Ethics* 6(1):1-24.

Jenkins, Keith 著、賈士蘅譯，2006，《歷史的再思考》（*Re-thinking History*）。台北：麥田。

Kershaw, B. 1993."Reminiscing History: Memory, Performance, Empowerment." Paper presented at the The Detraditionalisation Conference, Lancaster University, UK, July.

King, Ross 著、吳家恆譯，2011，《權力的哲人：馬基維利》（*Machiavelli: Philosopher of Power*）。台北：左岸文化。

Kracauer, Siegfried. 1947. *From Caligari to Hitler: A Psychological History of the German Film.* Princeton: Princeton University Press.

Kracauer, Siegfried. 1997. *Theory of Film: The Redemption of Physical Reality.* Princeton: Princeton University Press.

Le Goff, J. and Pierre Nora (Eds.). 1985. *Constructing the Past:*

Essays in Historical Methodology. Cambridge: Cambridge University Press.

Lyotard, Jean-François. 1979/1984. *The Postmodern Condition*. Manchester: Manchester University Press.

MacArthur, Elizabeth Jane. 1990. *Extravagant Narratives: Closure and Dynamics in the Epistolary Form*. Princeton: Princeton University Press.

Maffesoli, Michel. 1996a. *The Time of the Tribes: the Decline of Individualism in Mass Society*. London: Thousand Oaks.

Maffesoli, Michel. 1996b. *The Contemplation of the World: Figures of Community Style*. Minneapolis: University of Minnesota Press.

Mann, Michael. 1992. *State, War and Capitalism*. Cambridge: Blackwell Publishers.

Metz, Christian. 1990. *Film Language: A Semiotics of the Cinema*. Chicago: University of Chicago Press.

Newman, James. 2004. *Videogames*. London and New York: Routledge.

Novick, Peter. 1988. *That Noble Dream: The "Objectivity Question" and the American Historical Profession*. Cambridge: Cambridge University Press.

Novick, Peter. 1999. *The Holocaust in American Life*. Boston: Houghton Mifflin Company.

Rheingold, Howard. 1993. *The Virtual Community*. MA: Addison-Wesley.

Sennett, Richard. 1996. *The Uses of Disorder*. London: Faber and

Faber.

Simmel, Georg. 1972. *On Individuality and Social Forms*. Chicago: University of Chicago Press.

Sontag, Susan. 1990. *Illness as Metaphor and Aids and its Metaphors*. New York: Harvard University Press.

Sorel, Georges. 1915. *Reflections on Violence*. London: George Allen & Unwin.

Speier, Hans. 1941. "Magic Geography." *Social Research* 8(3):310-330.

Wertsch, James V. 2002. *Voices of Collective Remembering*. New York: Cambridge University Press.

Wertsch, James V. 2008. "Collective Memory and Narrative Templates." *Social Research* 75(1):133-156.

White, Hayden. 1988. "Historiography and Historiophoty." *The American Historical Review* 95(5):1193-1199.

White, Hayden. 1989. "New Historicism: A Comment." pp. 293-302 in *The New Historicism*, edited by H.A. Vesser. New York; London: Routledge.

Williams, Raymond. 1989. *Resources of Hope: Culture, Democracy, Socialism*. London; New York: Verso.

Woodward, Kathryn. 1997. "Identity and Difference." In *Identity and Difference*, edited by Kathryn Woodward. London: Sage.

Wright, Quincy. 1968. "War: The Study of War." pp. 453-468 in *International Encyclopedia of the Social Sciences*, edited by D.L. Sills. New York: Macmillan.

Yerushalmi, Y.H. 1989. *Zakhor: Jewish history and Jewish*

Memory. Seattle and London: University of Washington Press.

三、影音資料

阿穆依・穌路（演唱），2011，〈賽德克・巴萊（The Soul of Seediq Bale）〉，《賽德克・巴萊》CD。台北：豐華。

洪智育，2009，《一八九五》DVD。台北：新鶴鳴。

魏德聖，2008，《海角七號》DVD。台北：得利影視。

魏德聖，2009，《賽德克・巴萊》5 分鐘 200 萬電影菁華試片版 DVD，收錄於魏德聖劇本、嚴雲農小說，《「賽德克・巴萊」原著劇本、小說》。台北：天下。

四、網路資料

Cinema，2010，〈海角七號〉，《八又幾分之幾的影思》。 http://blog.yam.com/cinema/article/28049852，取用日期：2010 年 10 月 29 日。

Crude，2009，〈年少的麗日──《藍色大門》〉，《雲和山的彼端》。 http://www.wretch.cc/blog/crude/26814327，取用日期：2010 年 10 月 1 日。

Melhus, Bjørn. 1991. "Das Zauberglas (The Magic Glass)." In http://www.andreasgrimmgallery.com (Date visited: November 10, 2011).

Ryan，2010，〈後海角年代的另一種可能性 略談新世代台灣導演（下）〉。 http://movie.cca.gov.tw/files/15-1000-2838,c303-1.php，取用日期：2010 年 11 月 12 日。

Wikipedia，2011，〈List of World War II films〉。 http://en.wikipedia.org/wiki/List_of_World_War_II_films，取用日期：September 20, 2011。

YenC，2010，〈賽德克‧巴萊：太陽旗〉,《時光之硯》。 http://blog.yam.com/cinema/article/28049852，取用日期：2010 年 11 月 10 日。

YenC，2010，〈賽德克‧巴萊：彩虹橋〉,《時光之硯》。 http://blog.yam.com/YenC/article/42684819，取用日期：2010 年 11 月 10 日。

Yrleu，2008，〈超級超級大獨家！駱集益《1945》創作過程自述〉,《靈魂、夢與時空的探險》。 http://www.wretch.cc/blog/yrleu/10103061，取用日期，2008 年 10 月 8 日。

小野，2011，〈翻滾吧國片〉。 http://stn.eslite.com/Article.aspx?id=1494，取用日期：2011 年 11 月 8 日。

日本交流協會，2013，〈第四回台灣民眾對日本觀感之調查（2012 年度）〉。 http://www.koryu.or.jp/taipei-tw/ez3_contents.nsf/all/78FBC656E27E6B0F49257B97003A351C?OpenDocument，取用日期：2013 年 9 月 10 日。

石計生，2008，〈海角七號與其他〉。 http://www.cstone.idv.tw/entry/Untitled1010，取用日期：2010 年 10 月 27 日。

朱仕強，2008，〈海角七號的國境之南是不是日本的國境之南？〉。 http://www.nownews.com/2008/12/02/91-2373940.htm，取用日期：2010 年 10 月 25 日。

洪敏祥、楊景婷，2010，〈《艋舺》吸 2.6 億名利雙收〉。
　　http://tw.nextmedia.com/applenews/article/art_id/32669557/
　　IssueID/20100718，取用日期：2010 年 9 月 1 日。

許惠晴，2009，〈《賽德克》原聲帶搞很大　要像母親在唱歌〉。
　　http://www.nownews.com/2011/09/23/340-2744185.htm，取
　　用日期：2011 年 9 月 23 日。

陳柏年，2008，〈台灣史上最大戰役《一八九五》再掀啟思〉。
　　http://mag.epochtimes.com/104/5784.htm，取用日期：2009
　　年 6 月 5 日。

維基百科，〈賽德克‧巴萊〉。 http://zh.wikipedia.org/wiki/%E8
　　%B3%BD%E5%BE%B7%E5%85%8B%C2%B7%E5%B7%
　　B4%E8%90%8A，取用日期：2011 年 11 月 17 日。

藍祖蔚，2008，〈《海角七號》：天邊的彩虹〉。 http://mypaper.
　　pchome.com.tw/russiablue/post/1309561442，取用日期：
　　2011 年 10 月 1 日。

作者簡介

（依各章順序排列）

汪宏倫（導論、第三章）

芝加哥大學社會學博士，中央研究院社會學研究所副研究員。曾任臺灣大學社會系助理教授、日本早稻田大學與國際日本文化研究センター訪問學者。研究涉及中、日、台民族主義，探討東亞現代性中戰爭、情感與價值觀諸問題。曾獲國科會吳大猷先生紀念獎與中研院年輕學者研究著作獎。

鄭祖邦（第一章）

佛光大學社會學系副教授。研究領域：社會學理論、政治社會學。目前主要研究重點為戰爭與現代社會理論、1990年代以來台灣的國家構成與民主發展之研究。

朱元鴻（第二章、第六章）

交通大學社會與文化研究所教授，著有《我們活在不同的世界》以及約二十餘篇期刊論文，編有《孔恩：評論集》（與傅大為合編），主編《理論與當代戰爭》麥田翻譯書系（2003-2010），《文化研究》創刊主編（2003-2011）。研究興趣包括社會思想史、當代社會文化理論、都市民族誌。目前在撰寫《自閉症與我們的時代》，一個醫療概念史的跨文化研究。

黃金麟（第四章）

東海大學社會學系教授。主要研究興趣為社會學理論、近現代中國的文化與政治，身體社會史、戰爭與現代性等。著有《歷史、身體、國家》（2001, 2006），《政體與身體》（2005），《戰爭、身體、現代性》（2009）等書及相關論文。

姚人多（第五章）

英國 University of Essex 社會學博士，現為清華大學社會學研究所副教授兼所長。研究領域為歷史社會學與政治社會學。目前的研究興趣集中在台灣人第一次遭遇現代國家與資本主義的經驗。

藍適齊（第七章）

美國芝加哥大學歷史學博士，現為國立中正大學歷史系助理教授。曾任教於新加坡南洋理工大學和日本東京大學。主要研究興趣為台灣史、近現代東亞史、民族主義／歷史記憶／認同建構。研究成果曾發表於 *positions: asia critique, China Journal*, 『軍事史学』（日本）等期刊。

彭仁郁（第八章）

巴黎狄德羅大學心理病理暨精神分析學博士。法國分析空間學會認證之精神分析師。博士論文於 2007 年獲法國「研究世界」獎後，改寫為專書《亂倫試煉》（PUF, 2009）。現任中央研究院民族所助研究員，嘗試探討精神分析之當代性、人為暴力創傷與療癒。

趙彥寧（第九章）

　　美國康乃爾大學人類學博士，東海大學社會學系教授。歷年來研究主題包括性／別與酷兒、國族主義、國家暴力、國境管理與跨境遷移。著有專書《戴著草帽到處旅行：性／別、權力、國家》（巨流，2001），與數十篇國內外期刊及專書論文。

莊佳穎（第十章）

　　英國蘭開斯特大學（Lancaster University, UK）社會學博士，現為台灣師範大學台灣語文學系助理教授，同時兼任台師大國際台灣研究中心副主任及東亞流行文化學會理事長。學術研究興趣為民主化與消費社會、國家認同與每日實踐、流行文化等，目前正在執行的研究計畫為「可愛文化的台灣實踐」。（FB：laalaapiano@ntnu.edu.tw；網站：http://www.xiaoying.idv.tw）

聯經評論

戰爭與社會：理論、歷史、主體經驗

2014年7月初版　　　　　　　　　　　　　　　定價：新臺幣590元
2017年10月初版第二刷
有著作權・翻印必究
Printed in Taiwan.

著　　　者	汪　宏　倫　等	
編　　　者	汪　宏　倫	
叢書主編	沙　淑　芬	
校　　　對	吳　淑　芳	
整體設計	劉　克　韋	

出　版　者	聯經出版事業股份有限公司	總編輯	胡　金　倫
地　　　址	台北市基隆路一段180號4樓	總經理	陳　芝　宇
編輯部地址	台北市基隆路一段180號4樓	社　長	羅　國　俊
叢書主編電話	(02)87876242轉212	發行人	林　載　爵
台北聯經書房	台北市新生南路三段94號		
電　　　話	(02)23620308		
台中分公司	台中市北區崇德路一段198號		
暨門市電話	(04)22312023		
郵政劃撥帳戶	第0100559-3號		
郵撥電話	(02)23620308		
印　刷　者	世和印製企業有限公司		
總　經　銷	聯合發行股份有限公司		
發　行　所	新北市新店區寶橋路235巷6弄6號2F		
電　　　話	(02)29178022		

行政院新聞局出版事業登記證局版臺業字第0130號

國家圖書館出版品預行編目資料

戰爭與社會：理論、歷史、主體經驗
／汪宏倫著 . 初版 . 臺北市 . 聯經 . 2014.07
648面 . 14.8×21公分 .（聯經評論）
ISBN　978-957-08-4416-0（平裝）
〔2017年10月初版第二刷〕

1.戰爭　2.社會學　3.文集

542.207　　　　　　　　　　　　103011264